...ティアに参加してみよう！

● あなたはどんなボランティアに向いてる？

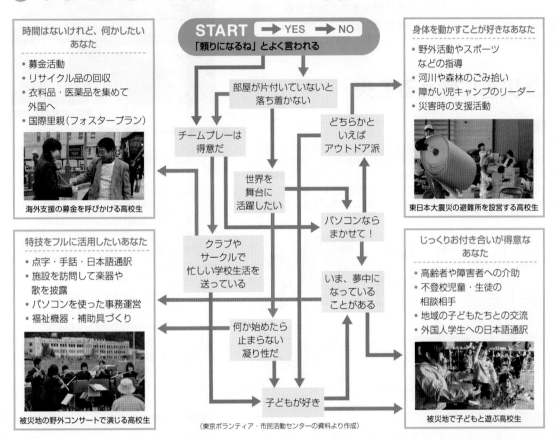

時間はないけれど、何かしたいあなた

- 募金活動
- リサイクル品の回収
- 衣料品・医薬品を集めて外国へ
- 国際里親（フォスタープラン）

海外支援の募金を呼びかける高校生

START ➡ YES ➡ NO
「頼りになるね」とよく言われる

部屋が片付いていないと落ち着かない

チームプレーは得意だ

どちらかといえばアウトドア派

世界を舞台に活躍したい

パソコンならまかせて！

クラブやサークルで忙しい学校生活を送っている

いま、夢中になっていることがある

何か始めたら止まらない凝り性だ

子どもが好き

身体を動かすことが好きなあなた

- 野外活動やスポーツなどの指導
- 河川や森林のごみ拾い
- 障がい児キャンプのリーダー
- 災害時の支援活動

東日本大震災の避難所を設営する高校生

特技をフルに活用したいあなた

- 点字・手話・日本語通訳
- 施設を訪問して楽器や歌を披露
- パソコンを使った事務運営
- 福祉機器・補助具づくり

被災地の野外コンサートで演じる高校生

じっくりお付き合いが得意なあなた

- 高齢者や障害者への介助
- 不登校児童・生徒の相談相手
- 地域の子どもたちとの交流
- 外国人学生への日本語通訳

被災地で子どもと遊ぶ高校生

（東京ボランティア・市民活動センターの資料より作成）

● ボランティアを始めるにあたって

●ボランティアの4原則

❶自ら進んで行動する

自主性 **主体性**

「やってみよう」という気持ちが大切。強制されたり義務的に行うものではない。

❷ともに支えあい学びあう

社会性 **連帯性**

性別・年齢・職業や国境を越えて、多くの人々と協力する。

❸見返りを求めない

無償性 **無給性**

活動の見返りとして金銭的な報酬を目的にはしない。感動や共感が返ってくる。

❹よりよい社会を創る

創造性 **先駆性**

自由な発想やアイディアをもとに、現状にとらわれず、新しい方法を創り出していく。

（東京ボランティア・市民活動センター資料より）

● さぁ始めよう

　年齢や性別はもちろん国境すら越えて、あなたを必要としている人は必ずいる。まずは身近な活動に参加してみよう。

　自分の住んでいる地域でどんなボランティア活動があるかは、地元のボランティアセンター（社会福祉協議会）に問い合わせてみよう。

●ボランティアセンターの役割

❶活動の相談・紹介　❷情報収集・提供
❸研修の開催　❹調査・研究　❺交流会
❻イベント開催　❼ボランティア保険手続き

いつか来る災害に備えよう

東日本大震災や熊本地震など、地震をはじめとした自然災害を完全に防ぐことは不可能である。しかし想定される最悪の事態に備えることで、被害を最小限に抑えることはできる。日頃から「災害は必ず来る」という前提で、どうすべきかを話し合っておこう。

被災した熊本城戌亥櫓

● 災害に備える工夫

地震 に備える工夫

いつ襲ってくるかもわからない地震。いざというときのために、日ごろの備えが大切となってくる。地震災害では、家屋そのものの倒壊の他に、家具の転倒やものの落下による被害が多いので、対策を施そう。具体的には、家具などの転倒や、割れたガラスの飛散を防止する。高いところには割れやすいものは置かないことも大事だ。また、家具が転倒しても安全なレイアウトを心がけよう。

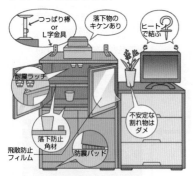

● 地震対策チェックポイント

- □ 背の高い家具に転倒防止対策はしているか
- □ 食器棚などのガラス扉に、飛散防止フィルムは貼られているか
- □ 家具の扉に耐震ラッチはついているか
- □ 家具が倒れても問題ないレイアウトか
- □ 重いものを下に、軽いものを上に収納しているか
- □ 防災グッズの準備はOKか
- □ 夜間でも懐中電灯をすぐに用意できるか
- □ 1日1人3Lの水は用意しているか
- □ 広域避難場所がどこか知っているか
- □ いざというとき、家族との連絡方法は決まっているか
- □ 家まで歩いて帰るルートを知っているか

台風 に備える工夫

台風が直撃するまでには、数日の余裕がある。気象予報などをこまめにチェックして、強い風と雨への対策をしておこう。

❶ 屋根：アンテナや瓦の確認
❷ ベランダ：鉢植えや物干し竿等は風に飛ばされるので、屋内へ取りこむ
❸ 窓：強風による破損や飛来物対策。窓を閉め、雨戸やシャッターーを下ろす
❹ 浸水の備え：家財道具を高い場所へ移す
❺ 避難の準備：浸水や土砂崩れなどの危険性がある地域では、いつでも避難できる準備をしておく

竜巻 に備える工夫

2012年5月、北関東に大型の竜巻が発生して、大きな被害が出た。竜巻は日本各地でいつでも起きる可能性がある。台風と同じ備えが必要だが、直撃すると風の威力は台風の比ではなく、家屋ごと飛ばされてしまう。「竜巻注意情報」をチェックして家屋の対策を済ませよう。もし直撃する場合は、事前に避難するようにしよう。

● 警報が出たら…

- ・外にいる場合：ビルなど頑丈な建物に避難する。車の中は危険。
- ・家にいる場合：窓には近づかない。2階より1階が比較的安全。
- ・身を小さくして、頭や体を守る。

落雷 に対する備え

● 屋外にいるとき

- ・安全な屋内に避難するのが一番だが、やむを得ない場合は姿勢を低くしてやりすごそう。
- ・高い木は落雷しやすく、近くにいるとその木から放電（側撃雷）するので、2m以上離れる。
- ・車の中は、落雷しても車体を通じて地面に電気が逃げるので、安全といわれている。

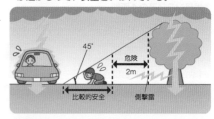

● 屋内にいるとき

- ・停電に備えて、懐中電灯や予備の電池を用意。
- ・不要な電源プラグは、コンセントから抜く。
- ・どうしても使用する場合は、雷ブロック機能付きの電源タップなど、落雷防止機器を使用する。
- ・パソコンは過剰電流に弱いので、できれば使用を避ける。ノートパソコンならコンセントを抜いて、バッテリーのみで使おう。

● 生きるための防災グッズ

> 広域に被害が生じる大地震の場合は、7日分の備蓄が必要。

● 防災グッズ——救助が来るまでの3日間をサバイバルするための必須アイテム

- ヘルメット
- 非常用持ち出し袋
- 防災ずきん
- 軍手
- 飲料水
- 非常食
- 懐中電灯
- 予備の電池
- ライター
- 救急セット — 常備薬の中からコンパクトにそろえよう。
- ろうそく
- 歯ブラシ
- ラジオ
- ゴミ袋
- 健康保険証 印鑑 通帳 現金
- ナイフ
- 生理用品
- 紙コップ
- 缶切り
- 割り箸
- 小物入れにまとめる

● ポリ袋を使って、鍋を汚さずにお米を炊く方法

[材料] 米1カップ、水1.2カップ

❶ 耐熱性のポリ袋に米と水（分量外）を入れて軽くもみ、とぎ汁を捨てる。

❷ 吸水するまで待ってから、水を入れて袋の空気を抜いて、口を閉じる。

❸ 水を入れた鍋に、❷のポリ袋を入れて、沸騰後20分ほど加熱する。その後10分蒸らす。

> 袋が鍋肌に触れないように注意する。箸などにつるすとよい。

❹ 食器の洗い物を減らすために、ポリ袋を皿にのせてそのまま食べる。

● OnePoint

- ・耐熱性がある炊飯袋を非常用に用意しておくとよい。
- ・米に具材を入れてもよい。
- ・袋を開ける際は湯気に注意。
- ・鍋のお湯の余熱で缶詰やレトルト食品を温めてもよい。

● 最も重要なものが水

生きるためには、1日約3Lの水が必要といわれている。3日分なら約9L必要だ。これ以外の生活水として、湯船の水を残しておくなどの工夫が必要だ。

● 緊急地震速報

気象庁から、地震の初期微動から予測される震度を通知する。携帯電話やテレビ放送で流される。精度に問題は残るが、数秒〜十数秒程度の時間とはいえ、車を止めたり、とっさの避難は可能となる。

● 家族とつながるために

自然災害はいつ起きるのか、誰にもわからない。大きな災害が起きた場合、一時的に家族がバラバラになる可能性もあるし、戻る自宅が失われることもある。そうした場合に備えて、家族が集合する場所を、自宅以外にも複数決めておこう。集合できない場合、家族同士の安否確認の方法も決めておこう。

● 一時避難所と広域避難場所の確認

- ・一時避難場所：延焼火災などから一時的に避難するための場所。近隣の公園などが指定されることが多い。帰宅困難者が公共交通機関が回復するまで待機する場所としても利用される。
- ・広域避難場所：地震などによる火災が延焼拡大して、一時避難所では危険になったときに避難する場所で、自治体が指定する。

東京都文京区の広域避難場所

● スマホの災害対策用アプリ

災害対策用として、各携帯電話会社からスマホ用のアプリも提供されているので、スマホ利用者は、使い方を確認しておこう。

● ドコモの場合

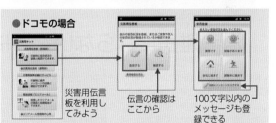

- 災害用伝言板を利用してみよう
- 伝言の確認はここから
- 100文字以内のメッセージも登録できる

● 家族の安否を確認する方法

離ればなれになったときの連絡方法を、数種類決めておこう。

- ・NTT災害用伝言ダイヤル
携帯電話は回線がパンクしてつながりにくいので、安否確認は、固定電話や公衆電話による「災害用伝言ダイヤル　番号171」（伝言は30秒）が有効だ。

171
1（録音）
自宅の電話番号
メッセージを入れる

メッセージを聞く
自宅の電話番号
2（再生）
171

> 父さん、母さん、太郎だよ。元気だよ！

被害を最小限に抑える知恵と行動

● 大地震発生時の対応

建物にある程度の耐震強度があれば、むやみに外に出ないこと。ガラスの破片や屋根瓦、看板などが落ちてくる危険がある。

また、火元の始末は大切だが、揺れが大きいと難しい。消火は揺れがおさまってからしっかり行う。

●自宅にいる場合

机の下や丈夫な構造物の下に隠れる。ドアを開けるなどの避難経路の確保は、揺れの大きさなど、状況によって判断する。

●学校にいる場合

避難訓練の成果を発揮しよう。あわてず先生の誘導に従うこと。グラウンドなど広域部分が最も安全だ。

●トイレや風呂に入っている場合

狭いところは柱や壁に囲まれているので、比較的安全。扉を開けるなど出口を確保する。緊急時のために、タンクや湯船の水は流さない。

●駅やホームにいる場合

広い場所に避難して、落下物などに注意する。線路に下りることは厳禁。誤って落下した場合は待避所へ。

●高層ビルにいる場合

柔構造の高層ビル上階の揺れは大きく長いが、まず倒壊はしないので、パニックにならないこと。ガラス窓には近づかず、構造物にしがみつこう。

●エレベーター内にいる場合

すぐ降りるのが原則。閉じこめられたら、インターホンで救助を要請して待とう。また、停電の恐れがあるので、地震直後は利用しないこと。

どうしました!?
非常ボタン

●地下街にいる場合

耐震構造の地下は、比較的安全。火災が発生した場合は、姿勢を低くしてあわてず非常口へ。停電で真っ暗になってもパニックにならないこと。

● 帰宅難民にならないために

自宅から離れた場所にいて震災が起きれば、家族や自宅が心配だ。一刻も早く帰宅しようと思うのも当然だろう。しかし、東日本大震災直後の東京都では、会社や学校から歩いて帰宅しようとする人で大混乱となった。移動が深夜におよんだことによる疲労から、野宿同然となった人もいる。

●一斉帰宅はひかえよう

東京都の試算では大規模災害時の帰宅難民は453万人と想定されている（2022年5月）。これらの人が一斉に移動を始めれば、仮に交通機関が動いていても大混乱となる。

東京都は、各事業所に従業員3日分の水と食料を備蓄するように呼びかけている。JRや地下鉄の駅では、毛布や食料を用意し、避難できるようにしている。それでも徒歩で帰らざるを得ない場合は、次のことを考えよう。

●自宅までのルートと時間

ルートと距離、徒歩でかかる時間を考える。1時間で4kmがめやす。自分の体力と相談する。

●通常のルートは使えるか？

火災や、建物や橋の崩落により想定したルートが使えないこともある。迂回路も想定する。車による移動は大渋滞を引き起こすのでひかえる。

●助け合う

帰宅者どうし、物心ともに助け合う精神を持つようにしよう。

●災害時帰宅支援ステーション

徒歩による帰宅者のために水・トイレ・災害情報の提供を行っている。学校や自治体の施設、コンビニなどが指定されている。

↑「復興の狼煙」ポスター
岩手県の釜石市や大槌町で撮影され、「第1章」として47枚制作されたポスターの中の1枚。

東日本大震災後の陸前高田市。2011年4月11日（左）と2014年3月7日の様子。
左端に「奇跡の一本松」が見えるが、復興は今も続けられている。

●「災害弱者」へのケア

お年寄りや病人、妊婦や乳幼児など、災害が発生したときに1人では逃げられない人たちを「災害弱者」という。また外国人も、言葉が十分にわからないために、ニュースや避難指示が伝わらないこともあり、こうした人たちも災害弱者といえるだろう。

近所の人たちや、居合わせた人たちで助け合う努力をしよう。

● 津波は逃げるしかない！

●津波は繰り返しやってくる

1度目の津波がおさまり、高台から降りたところへ2度目の津波がきたことによる犠牲者も多かった。

●警報の予測を上回った

警報以上の高さの津波を想定し、可能な限り高いところに逃げよう。

●「津波てんでんこ」

三陸地方の言い伝えで、「命てんでんこ」ともいう。津波がきたら、肉親に構わずてんでんばらばらに一人でもまず逃げろ＝自分の命は自分で守れ、ということ。家族を心配するよりも信頼して（きっと避難しているはず）、それぞれが避難すべし。

●「あわてず、急いで、正確に」

大きな災害が発生したときに、状況を冷静に判断し、落ち着いて行動できなければ、日ごろの備えもムダになってしまう。また、「大丈夫だろう」と高をくくると避難が間に合わないこともあるので油断は禁物。

メールやツイッターが安否確認などに非常に役に立った反面、上の例のような誤った情報が拡散したケースもあった。正確な情報を見抜こう。

デマだった！

● けが人への応急処置

●けが人を搬送する場合

1人の場合は背負うしかないが、2人いれば、つないだ腕で抱えるなどの方法もある。練習しておこう。

●腕を骨折した場合

動かさずに、冷やす。添え木は身近なもので代用、これを布などで結び、骨折箇所を固定する。

●出血した場合

患部にガーゼや布を直接当てて、強く圧迫する。手足は、心臓より高い位置に上げると止血しやすい。

● 被災地支援の方法

●ボランティアに参加して、現地に行く（→口絵 ■12）

・やること：がれきの除去や清掃、物資の仕分けや管理、食事の用意、高齢者や子どもの世話など、時期や対象により多岐にわたる。
・参加の原則―自己責任・自己完結：災害発生直後は、衣食住に関してすべて自分で用意する。
・参加の方法：自治体やNGOなどで募集している。旅行会社の企画もある。

●現地に行かなくてもできること

・募金活動と、その呼びかけ。
・必要な物資の寄付・仕分け・発送。
・被災地域の特産物の購入。
・風評に惑わされず、冷静に判断する（買い占めはダメ）。
・チャリティーイベントの企画、運営、参加。

防災マニュアルもひとつの指針に過ぎない。いざというときは、自分自身が考え、判断し、行動できるように備えることがもっとも大切だ。

少子高齢化って、何が問題？

日本を含む先進国においては、子どもの出生数が減少する少子化（→p.7）の傾向にある。一方、平均寿命が延び、高齢化（→p.40）も進行している。少子化と高齢化はそれぞれ独自の問題もあるが、総合的にとらえると日本の将来に関わる問題である。具体的に、どんな問題が生じ、どのような対策がとられているのだろうか。

➡ 労働人口が減少

日本は少子化と高齢化が進行するなか（→p.40）、2010年頃初めて人口減少に転じた。日本の総人口が減っていく初めての現象だ。これにより、働くことができる世代＝労働人口が減ることによる影響が懸念されている（ここでは労働人口を15～64歳とした）。

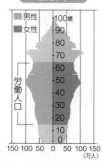
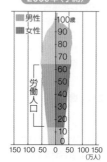

2021年 ／ **2065年（予測）**

❶ 社会保障制度の維持が困難に

日本の社会保障制度は、働く世代が高齢者や子ども世代の生活や福祉を、保険料や税金などの形でまかなっている。働く者1人あたりの負担が増加し、将来この制度を維持することが可能かどうかが懸念されている（→p.44❶）。

❷ 日本経済に与える影響

2065年に予想される人口構成は下記の通り（→p.40❷は中位推計）。楽観的推計でも総人口は1億人を下回る。一部の地方都市は「消滅」する可能性も指摘されている。労働人口が減少することで生産力が低下し、総人口が減少することで全体の購買力も低下する。このことにより、日本経済全体の規模縮小が懸念される。

●2065年における人口推計

	0～14歳	15～64歳	65歳以上	高齢化率（%）	推計人口（万人）
出生率[低]死亡率[高]	684	4,137	3,225	40.0	8,046
出生率[中]死亡率[中]	898	4,529	3,381	38.4	8,808
出生率[高]死亡率[低]	1,160	4,960	3,537	36.6	9,657

5,000万　　1億(人)

（国立社会保障・人口問題研究所「日本の将来推計人口」などより）

● なぜ、労働人口は減少

Ａ 出生率の減少と女性の退職

子どもの出生数が減少することで、将来の労働人口も同じように減少する。また、出産は女性の働き方にも密接に関連している。

❶ 子どもは欲しいけど…経済的にちょっとムリ

子ども1人あたりの教育費は、学校が公立か私立かにもよるが、1,000～2,500万円必要といわれている（→口絵■10）。このために2人目以降をあきらめたり、そもそも出産をためらう人もいる（→p.28❶）。収入が安定しない働き方が増えていることも、一因である。

❷ 仕事と育児の両立が大変

ⓐ 出産をためらう

仕事を続けながら育児をすることは、とても大変なこと。仕事と育児を両立させることが難しい場合、夫か妻の片方が仕事を辞めるか、出産を控えることになる。後者を選ぶ場合が多ければ、結果的に少子化につながることになる。

ⓑ 女性の退職

仕事と育児の両立が困難で、仕事を辞めざるを得ない場合、結果として女性の退職が圧倒的に多く、第1子出産前後に3割程度が退職（→p.28❷）し、働く女性が減少することとなる。背景にはマタハラ（→p.12）の問題もある。

右図の通り退職理由は「育児に専念するため」が1位だが、2位に「仕事との両立が困難」、3位に「解雇・退職勧奨」が続いており、本意ではない退職実態がある。

●妊娠・出産前後に女性正社員が退職した理由

	%
その他	30.1%
家事・育児に専念するため	29.0%
仕事と育児の両立が困難	25.2%
解雇・退職勧奨された	15.7%

（三菱UFJリサーチ＆コンサルティング2015年調査報告書より）

ⓒ 旧態依然とした男性の意識

仕事と育児で悩むのは父親も同じはず。しかし実態は、育児は母親の仕事と決め込み、「お手伝い」感覚の男性も多い。育休取得率も低く（→p.28❷）、女性の社会復帰が遠のく一因となっている。

ⓓ 待機児童問題（→p.29）

施設不足などのため、希望する保育所に入れない児童が多数おり、育児休業から仕事に復帰できない場合もある。

Ｂ 若者の就労状況の変化

❶ 非正規雇用の増加

現在、若者の2～3割が非正規雇用となっているが、雇用が安定せず、年収が少ないことも多い。このことが結婚や子どもを持つことをためらう原因にもなっている。また、広い視点で見ると、社会保障制度を支えるための保険料や納税額の低下にもつながる。

❷ ニートの増加

15～34歳のなかで、学校に行かず、仕事もしていない者をニートといい、58万人いると推計されている（内閣府「子供・若者白書」2022年版）。

するの？

❺ **小1の壁、小4の壁**

　小１で学童保育に入れなかったり、入っても学童保育の終了時間が保育所よりも早いこともある。さらに小４以降は原則学童保育の対象外なので、新たな待機児童問題が生じている。

❻ **育児休業制度の限界**

　職場に休業制度があっても使いづらかったり、派遣社員などは契約が打ち切られるなど厳しい実態もある。

　上記のことなどにより、育児世代の女性が退職し、労働力率曲線はM字を描いてきた（→p.13❸）。一度退職するとその後の正社員の再就職が困難であるため、収入の面で経済的な影響も出てくる。

❸ **子どもを育てるのが不安…**

　核家族化の進行や、地域のつながりが希薄化しているため、育児に関する不安や悩みを相談する相手が減っている。さらに父親が育児を母親まかせにすると、母親の孤立感はさらに強まり、その後の出産への意欲がそがれてしまう。

❹ **個人の価値観の変化**

　平均初婚年齢や出産年齢が上がる傾向（晩婚化・晩産化）にあり（→p.4）、生む子どもの数が減ってきた。また、結婚や子どもを持つことへの価値観も多様化している（→p.5）。

C 団塊世代の退職と介護離職

❶ **平均寿命の伸長**

　医療技術の進歩などにより、平均寿命が延びていることは好ましい状況である（→p.40）。

❷ **団塊世代の大量退職**

　第１次ベビーブーマーである団塊の世代（70代前半）が、定年・再雇用満了などにより大量に退職したことで、他国に例を見ない急激な労働人口減少となった。

❸ **介護離職10万人の時代**

　要介護者も増えており、このため介護保険制度もスタートした（→p.42）。しかし親の介護と仕事の両立が困難な場合もあり、仕事を辞めて介護にあたる「介護離職」も年間約10万人に達している。統計によると、そのうち8割弱が女性である。

●**介護離職者の男女別割合**

男 24.2%
介護離職者 9.9万人
女 75.8%

（「就業構造基本調査」2017年より）

● 現在の主な対策

A 安心して子育てできるように

❶ **経済的な支援**

　出産育児一時金や、育児休業制度利用者への給付金がある。また児童手当や公立高校授業料の無償化がなされている。

❷ **ワーク・ライフ・バランス（→p.13）**

　仕事と家庭を両立させるため、国として行動指針を策定。

❸ **育児休業・介護休業の利用拡大をうながす**

　制度利用者が増えるように社内の行動指針（→p.30）を設けて、基準を満たした企業には、くるみんマーク、トモニンマークを付与する。企業は自社のイメージアップを図る。

❹ **待機児童の解消（→p.29、31）**

　あらたな保育所を新設したり、自治体独自の基準を満たした認可外保育施設を含めて児童を受け入れるようにする。

❺ **子ども・子育て支援新制度（→p.31）**

　保育施設の幅を広げて施設数や定員を増やしたり、保育士の待遇改善などをうたい、2015年度からスタート。

❻ **男女共同参画社会へ**

　男女が社会の対等な構成員となるよう基本法を制定。

❼ **イクメンプロジェクト**

　男性の意識を少しでも変えようと、厚生労働省が支援。

B 高齢者も働けるしくみ

●**高年齢者雇用安定法**

　企業は、労働者が希望すれば、65歳まで働けるようにすることが義務化された。これにより、労働人口の減少を多少でも食い止め、経済活動に寄与し、税収増にもつながる。また働き続けることで、高齢者の心身の健康にもつながる。

C 若者の就労支援

●**地域若者サポートステーション**

　「働きたいけど、どうしたらよいかわからない…」「自信がない」など、悩みを抱えている若者が就労に向かえるように、厚生労働省がサポート。

　年金などの社会保障制度が将来も維持・存続できるようにという触れ込みで「税と社会保障の一体改革」の名の下に、消費増税などが議論されてきた。

おじいちゃんやおばあちゃんが長生きできるのは、うれしいよ。

子どもを生む生まないは、個人の選択の自由。これは尊重されるべきだね。

生みたいけど生めない、という人に対する対策はもっと必要かな。

少子高齢化の傾向を大きく変えることは難しいようだね。

やりたい仕事を考えてみよう

家族と家庭

●法務従事者（→p.8〜9）
司法に関連する専門的な仕事に従事するものをいう。例えば弁護士・裁判官・検察官などがある。司法試験の合格者は司法修習を終えたのち弁護士・裁判官・検察官のいずれかを選択する。

●社労士（社会保険労務士）
企業を経営していくうえでの労務管理や、社会保険に関する相談・指導をおこなう。一般企業で資格を持ち働く人もいる。【資格】社労士（国）

●キャリアカウンセラー
個人の興味、能力、価値観などをもとに、望ましい職業選択やキャリア形成を支援する専門家。【資格】キャリア・コンサルティング技能士（国）、産業カウンセラー（民）

●ウエディングプランナー
結婚するカップルの意見や要望を聞きながら、結婚式の進行や演出の総合的なプロデュースをおこなう。【資格】ブライダルプランナー（民）

保育

●保育士（→p.31）
食事、排泄、睡眠、遊びなど日常生活の基本を身につけさせ、子どもたちが心身ともに健やかに成長するように援助する。厚生労働省の管轄にあり、児童福祉法に基づいて保育をおこなう。【資格】保育士（国）

●幼稚園教諭（→p.31）
毎朝登園した幼児の健康状態をチェックし、音楽、絵画、運動や遊びなどの指導をする。文部科学省の管轄にあり、学校教育法に基づいて教育をおこなう教員。【資格】幼稚園教諭（公）

●児童福祉司（→p.29）
児童相談所に勤務する職員のこと。児童の保護や保護者への援助などの福祉に関する事項について相談に応じ、必要な指導をおこなう。地方公務員試験に合格することが前提となる。

●児童の遊びを指導する者
児童館や放課後の児童クラブ、学童保育などに勤務し、児童の自主性・社会性の育成を助けるスタッフ。地方自治体運営の児童厚生施設で働く場合には、公務員資格が必要となる。

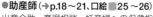

●助産師（→p.18〜21、口絵■25〜26）
出産介助、育児相談、妊産婦への保健指導をおこなう。産婦人科医は男性でもなれるが、助産師には女性しかなれない。【資格】助産師（国）

●ピアノ教室講師
ピアノを習いにくる生徒に、ピアノ演奏の指導や音楽の基礎、楽しみを教える。【関連】英会話教室講師、スイミングインストラクター

高齢者・福祉

●医療従事者
医療業務に従事するものをいう。例えば医師・看護師・薬剤師などがあり、それぞれ国家試験に合格する必要がある。

●理学療法士（PT）／作業療法士（OT）
理学療法士は基本的な身体機能回復のためのリハビリ、作業療法士は理学療法で基本動作が回復した患者に、食事や入浴など日常生活のためのリハビリをおこなう。【資格】理学療法士（国）／作業療法士（国）

●社会福祉士
身体、精神上の障がいで日常生活に支障がある人の福祉に関する相談、援助にあたる。自治体ではケースワーカー、医療機関では医療ソーシャルワーカーとして働くことができる。【資格】社会福祉士（国）

●カウンセラー（セラピスト）
悩みを持つ人の精神的自立を助け、心理学的手法で回復や解決の手助けをする。学校ではスクールカウンセラー、企業では産業カウンセラーとして活躍する。【資格】カウンセラー（民）、臨床心理士（民）

●介護福祉士／ケアマネジャー（介護支援専門員）（→p.42〜43）
介護福祉士は専門知識と技術を持ち、高齢者や障がい者の介護や支援をおこなう。ケアマネジャーはケアプランを立てるなど、介護サービス全体の調整をする。【資格】介護福祉士（国）／ケアマネジャー（公）

●介護タクシー乗務員
車いすごと乗降可能な介護タクシーに乗車して介助をおこなう。普通自動車第2種免許以外に、介護職員初任者研修修了者の資格が必要。【資格】普通自動車第2種（国）、介護職員初任者研修（民）

衣生活

●ファッションデザイナー（→p.58）
時代の流行や変化をよみ、服やバッグなどのデザインをおこなう。実際に裁縫をすることは少ない。【関連】パタンナー、ソーイングスタッフ

●ショップスタッフ（アパレル店員）
店舗での接客やレジ販売の他、商品がそろっているか、きれいにたたまれて配置されているかのチェックなどをおこなう。

●ネイリスト
ネイルサロンなどで、顧客の好みに応じて爪にさまざまなデザインをほどこす。【資格】ネイリスト技能検定（民）

●ファッションモデル（→p.58）
ファッションショーや雑誌、テレビCMなどに出演して服を着こなし、ブランドや雑誌のイメージを表現する。【関連】スタイリスト

●美容師
パーマやカットなどの技術により、ヘアスタイルを作り出す。また、メイクアップや着付けなど、全身の容姿を美しくする。【資格】美容師（国）

●パヒューマー（調香師）
香料を独自の感性で調合し、さまざまな香りを創造する。パヒューマーのほとんどは香料会社や化粧品会社で働いている。

※（国）は国が試験や講習会を実施する国家資格、（公）は各省庁が認定し、公営法人等が実施する公的資格、（民）は民間団体が独自に実施する民間資格

住生活

●建築士（→p.78〜81）
一般住宅からオフィス、公共建築物まであらゆる建築物の企画・デザイン・設計・工事監理などをおこなう。**資格** 一級建築士（国）、二級建築士（国）、木造建築士（国）

●CADオペレーター
CAD（Computer Aided Design）を使い、設計士やデザイナーの描いた図面をもとに設計図を入力していく。**資格** CAD実務キャリア（民）、CADトレース技能（公）、CAD利用技術者（民）

●大工
主に木造住宅の新築や増改築をおこなう職人のこと。かつては、木造建築の職人のことを「右官」と呼んでいたが、徐々にその呼び方はすたれていった。**資格** 建築大工技能士（国） **関連** とび職人、宮大工

●左官
家やマンション、オフィスビルなどの壁を漆喰（しっくい）や吹付（ふきつけ）をして塗り仕上げる職人のこと。土を扱う「左官」は木材を扱う「右官」と対になっていた。**資格** 左官技能士（国）

●発破技士
建設工事や採鉱現場で、発破（はっぱ）（ダイナマイトなどの火薬を使って山などを切り開くこと）に関する作業全般に携わる。**資格** 発破技士（国） **関連** クレーン運転士（国）
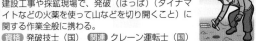

●測量士
土地の利用開発、住宅やビルの建築などで測量をおこない、建築に必要な基礎データを作る。**資格** 測量士／測量士補（国）

●家具職人
家具デザイナーが設計した図面に基づき、主に木材を用いて、テーブルやいすなどの家具を製作する。**資格** 家具製作技能士（国）

●インテリアコーディネーター（→p.74〜75）
快適な住環境をつくるためにインテリア計画を立て、その人にあったインテリア商品選択のアドバイスをおこなう。**資格** インテリアコーディネーター（民）

消費・経済

●消費生活アドバイザー（→p.83〜85）
消費者相談を中心に、製品開発に対する助言、消費者向け資料の作成・チェックなど幅広い分野で活躍する。**資格** 消費生活アドバイザー（公）

●ファイナンシャルプランナー（→p.96〜97）
貯蓄計画・投資計画・相続対策・保険対策・税金対策などといった総合的な資産設計や運用法をアドバイスする。**資格** ファイナンシャルプランナー（民）

●経理・財務担当者（→p.94〜95）
企業・団体の経理や資産運用を担当する。どちらも就職した組織で適材とみなされることで配属される。**資格** 日商簿記検定（公）**関連** 公認会計士（国）、税理士（国）
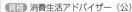

●保険外務員（保険外交員）（→p.97）
保険商品の販売や、契約後の顧客のアフターサービスなどをおこなう。保険外務員は、財務省に外務員としての登録を受ける必要がある。

環境

●パークレンジャー
国立公園内の開発をおこなう事業者への指導や、自然や環境を保護するための調査や企画などをおこなう。環境省の自然保護局に所属する国家公務員であるため、国家公務員試験に合格することが必要。

●公害防止管理者（→p.90〜92）
汚水、騒音、ダイオキシンなど、公害を発生させる施設を持つ工場に配置され、公害防止に関する業務をおこなう。国家資格が必要。**資格** 公害防止管理者（国）

●青年海外協力隊員（→口絵■12）
開発途上国の人々のために技術・知識を活かしたいと望む青年を募集し、海外に派遣する。国際協力機構（JICA）が実施している。

●国際協力NGOスタッフ（→口絵■12）
貧困や環境などの国境を越える問題に非政府・非営利の立場で取り組んでいるNGO（非政府組織）に所属するスタッフ。

食生活

●栄養士／管理栄養士（→p.102〜105、320〜325）
栄養士は、栄養バランスの取れた献立の作成や、食生活のアドバイスをおこなう。管理栄養士は、傷病者の栄養指導、大規模給食施設における管理業務にあたる。**資格** 栄養士（国）／管理栄養士（国）

●調理師（→p.116〜127）
食品の栄養や衛生について、適切な知識を持っており、安全な料理を作ることができる調理のプロ。和食調理師は板前、洋食調理師はシェフとも呼ばれる。**資格** 調理師（国）、ふぐ調理師（公）

●フードコーディネーター
食のシーンの演出から料理やメニューの企画、料理教室の企画・運営など、食に関するあらゆることに関わる仕事。**資格** フードコーディネーター（民）

●杜氏（とうじ）
日本酒の醸造工程をおこなう職人集団（蔵人）（くらびと）のなかでも、経験を重ねて就く酒造りの最高責任者のこと。**資格** 酒造技能士（国）

●パン職人
製パン工場や個人経営のパン店（ホームベーカリー）でパンを製造する。ほとんどが力仕事や立ち仕事であり、朝もとても早い。**資格** パン製造技能士（民）

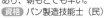

●パティシエ
洋菓子店や菓子工場で、洋菓子を製造する。パティシエとはフランス語で洋菓子職人のこと。**関連** ショコラティエ

●野菜ソムリエ
野菜と果物のおいしさと食べる楽しさを人に伝えるスペシャリスト。本来は一般人ではなく、青果販売業者等を対象とした資格である。**資格** 野菜ソムリエ（民）

●ソムリエ
ホテルやレストラン、バーなどでワインの仕入れから接客サービスまで担当する。女性の場合はソムリエールと呼ばれる。**資格** ソムリエ（民）

知っておきたいマーク&ラベル

保育／高齢者・福祉

マタニティマーク（→p.18）
外見からは判別し難い妊娠初期の妊産婦に対する理解を得るために、厚生労働省が策定した。

ベビーカーマーク（→p.24）
公共交通機関でベビーカーが使用可であることを示す。右は使用禁止の場所に表示。

次世代認定マーク（→p.30）
別名くるみんマーク。従業員の子育て支援計画を策定・実施し、その成果を厚生労働大臣が認定する。

トモニンマーク（→p.41）
介護離職を防止し、仕事と介護を両立できる職場環境の整備に取り組む企業に厚生労働省が付与する。

ヘルプマーク
一見健康に見えるが、周囲の援助や配慮が必要な人に東京都が配布した。各地に広がりつつある。

シルバーマーク
高齢者が安心して健康に暮らすことができる良質なサービスや商品を提供する事業者に交付。

国際シンボルマーク
障がい者が利用できる建築物や施設であることを示す世界共通のシンボルマーク。

ユニバーサルデザインフード
日本介護食品協議会が定めた規格により、介護用加工食品に表示される。

うさぎマーク
耳の不自由な子どもでも、音量の調節や視覚によって楽しめる工夫がなされているおもちゃ。

耳マーク
耳の不自由な人であることを表すマーク。コミュニケーションをサポートするために作られた。

補助犬同伴可マーク
厚生労働省の「ほじょ犬マーク」と、全国盲導犬施設連合会の「補助犬同伴可マーク」がある。

衣生活

ウールマーク
ザ・ウールマーク・カンパニーの品質基準に合格した羊毛製品の品質を証明する世界共通のマーク。

ジャパン・コットン・マーク
日本紡績協会が、国産100%かつ高品質の製品と認定した製品に表示される。

LDマーク
全国クリーニング生活衛生同業組合連合会に加盟し、「プロの洗い技術」を提供する店に表示。

Sマーク
厚労大臣が認可した標準営業約款に基づいて営業しているクリーニング店。理美容・飲食店も。

SEKマーク
（社）繊維評価技術協議会の認証基準に合格した繊維製品を対象に品質保証するマーク。

シューフィッター店マーク
（社）足と靴と健康協議会認定の、足の形に靴を正しく合わせる技術者（シューフィッター）がいる店。

エコテックス®スタンダード100
有害物質を含まない繊維であることを認定された商品。

取扱い表示（→p.62）
衣服の取扱いについて、標準的なマークが設定されている。JISとISOの表記がある。

住生活

環境・エネルギー優良建築物マーク
室内環境水準を満たし、省エネ性能を有する建築物に表示される。

環境共生住宅認定マーク
エネルギー・資源・廃棄物へ配慮し、周辺の自然環境と調和するよう工夫された住宅につけられる。

住宅省エネラベル
「住宅事業建築主の判断の基準」に適合した住宅。

BLマーク
品質・性能・アフターサービスなどが優秀である住宅部品につけられ、補償制度もある。

防炎ラベル
（公財）日本防炎協会の防炎性能試験に合格した燃えにくい製品につけられる。

CPマーク
警視庁が防犯性が高いと認めた建物に付与される。「防犯」を意味するCrime Preventionの頭文字。

住宅防火安心マーク
住宅用防災機器等のうち、推奨基準に適合するものにつけられる。

消防設備検定マーク
消防法に基づき、規格を満たした消火器、火災報知設備、金属製避難はしごなどにつけられる。

広域避難場所（→口絵■12）
災害時に避難できる、安全な広い場所を示す。国土交通省や消防庁により定められた。

非常口
建物の外へ通じる避難口を示すマーク。日本で考案され、世界中で使用されている。

耐震診断・耐震改修マーク
旧耐震基準による建築物が、現在の基準に合うことを（財）日本建築防災協会などが認定する。

食生活

JASマーク
日本農林規格。品位、成分、性能などの検査に合格した食品などに表示される。

有機JASマーク
基準を満たした方法で栽培された有機農産物などに表示される。

特色JASマーク
特定JASと生産情報公表JASなどが統合。明確な特色のあるJAS規格を満たした製品に付けられる。

GIマーク
地理的表示法にもとづき、産品の特性と地域との結び付きが見られる地理的表示産品であることを示す。

特定保健用食品マーク（→p.109）
科学的根拠を示して、有効性や安全性の審査や認可を消費者庁から受けた食品に表示される。

特別用途食品マーク（→p.109）
乳児、幼児、妊産婦、病者などの特別の用途に適するとして、消費者庁から許可を受けた食品。

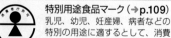
公正マーク
全国飲用牛乳公正取引協議会の会員で、公正な表示がなされている飲用乳であることの証。

Eマーク
各都道府県による地域特産品基準に合格した地域特産品に表示。ふるさと認証食品マークともいう。

認定健康食品（JHFA）マーク
（公財）日本健康・栄養食品協会による独自の基準に合格した健康食品につけているマーク。

GMP製品マーク
（公財）日本健康・栄養食品協会による基準に合格した製造工程を経た食品につけているマーク。

総合衛生管理（HACCP）マーク
原料の入荷・製造・出荷までのすべての工程が、衛生管理製造過程を経た食品に表示。

冷凍めん協会（RMK）認定マーク
（社）日本冷凍めん協会が定めた基準を満たした工場で製造された冷凍めんに表示される。

冷凍食品認証証マーク
（社）日本冷凍食品協会が定めた基準に適合している工場で製造された冷凍食品に表示される。

SQマーク
（社）菓子・食品新素材技術センターの菓子類に関する安全と品質基準に合格した商品に表示。

MSC海のエコラベル
海洋の自然環境や水産資源を守って捕獲された水産物につけられる。

米の情報提供マーク
（財）日本穀物検定協会により、米の「食味」「銘柄表示」「安全性」に関して情報提供した商品。

全国無洗米協会の認証マーク
全国無洗米協会が定めた規格基準に適合した無洗米に表示される。

消費生活

Gマーク
（公財）日本デザイン振興会が主催する「グッドデザイン賞」を受賞した商品や施設につけられる。

国際フェアトレード認証（→p.89）
国際フェアトレードラベル機構による基準を満たすことを示す。

JISマーク
日本産業規格に適合した製品につけられる。消費者が安心して製品を購入するための指標。

SFマーク
（公社）日本煙火協会が、構造や使い方について検査し、合格した花火に表示される。

STマーク
（社）日本玩具協会が定めた安全基準に合格したおもちゃにつけられる。

SGマーク
（財）製品安全協会が定める安全性の認定基準に適合した製品にのみ表示され、賠償制度もある。

TSマーク
道路交通法令に定められた大きさ、構造、性能等の基準に適合した安全な自転車に表示。

PSCマーク
消費生活用製品安全法により、圧力鍋などが、高い安全性基準に適合したことを示す。

PSEマーク
電気用品安全法により、国が定める安全基準に適合した電化製品などにつけられるマーク。

PSTGマーク
ガス事業法により、国が定める安全基準に適合したガス用品などにつけられるマーク。

PSLPGマーク
液化石油ガスの保安の確保及び取引の適正化に関する法律により、石油製品などに表示される。

ノートン™セキュアドシール（→p.85）
Webサイトの運営者が実在することを認証。

プライバシーマーク（→p.85）
個人情報管理が適切な事業者であることを、（財）日本情報経済社会推進協会が証明する。

Sマーク
洗濯機やテレビなどの電気製品について、安全性を示すマーク。電気製品認証協議会が推奨。

環境関連

統一美化マーク
リサイクルを促進するために（公社）食品容器環境美化協会が制定したマーク。

エコマーク
（公財）日本環境協会から環境負荷の少ない商品として認定された商品に表示される。

グリーンマーク
古紙再生促進センターが制定した。古紙を原料に再生利用した製品に表示される。

3Rキャンペーンマーク（→p.91）
リデュース・リユース・リサイクルの3R運動推進のためのマーク。

省エネラベル
JISの規定によって省エネルギー基準を100％達成した製品に表示される。

スチール缶
資源有効利用促進法で、スチール製の缶などに表示が義務づけられている。

アルミ缶
資源有効利用促進法で、アルミ製の缶などに表示が義務づけられている。

紙製容器包装
資源有効利用促進法で、紙製のパックなどに表示が義務づけられている。段ボールを除く。

段ボール
紙などと分別しやすいように、国際段ボール協会によって表示を推奨している。

紙パック
牛乳パックなど飲料用の紙容器につけられる。飲料用紙容器リサイクル協議会による自主的な表示。

牛乳パック再利用マーク
牛乳パックをリサイクルして作られた商品（トイレットペーパーなど）に表示される。

プラスチック製容器包装
資源有効利用促進法で、プラスチック製の容器などに表示が義務づけられている。

ペットボトル識別表示マーク（→p.91）
資源有効利用促進法でペットボトルに表示が義務づけられている。

PETボトルリサイクル推奨マーク
リサイクルされたペットボトルが原料の25％以上の商品に表示。

[R]マーク
日本ガラスびん協会が認定するリターナブルガラスびんにつけられるマーク。

エコロジーボトルマーク
日本ガラスびん協会が認定する、リサイクル原料90％以上のガラスびんにつけられるマーク。

Rマーク（再生紙使用マーク）
再生紙の原材料に古紙が何％使用されているかを表すマーク。

モバイル・リサイクル・ネットワーク
携帯電話、PHSを回収している店を表すマーク。

電池リサイクルマーク
資源有効利用促進法で、携帯電話などの小型充電式電池に表示が義務づけられている。

PCリサイクルマーク
パソコンリサイクル法により、回収・リサイクル費用が販売価格に上乗せされた製品に表示。

エネルギースターロゴ
OA機器の省エネルギーのための国際的な環境ラベリング制度。日本の経済産業省が運営。

統一省エネルギーラベル
改正省エネルギー法で、エアコン・テレビ・冷蔵庫などに表示が義務づけられた。省エネ性能を示す。

車の燃費性能（上）と、低排出ガス車認定マーク
燃費基準の達成度や排出ガスの低減レベルを示す。

エシカル消費

エシカルとは本来「倫理的」という意味の言葉だが、より具体的に「人や環境に配慮した」といった意味合いで使用されることが増えてきている。フェアトレードで取引される製品、リサイクル素材の衣料や雑貨（→p.93）、地産地消（→p.113）など、社会貢献や環境保全に配慮した製品やサービスを選ぶ消費者のことを「エシカルコンシューマー」という（→p.89）。

● エシカルファッション

■エシカルファッションとは

エシカル消費のあり方の1つに、エシカルファッションという考え方がある。エシカルファッションとは、環境に負担をかけない素材や生産方法、適切な労働条件に配慮したファッションのことである。

エシカルファッション推進団体の「エシカルファッションジャパン」は、エシカルな取り組みを以下の9つに分類している。

●エシカルファッションの考え方

	分類	内容
①	フェアトレード	対等なパートナーシップに基づいた取引で、不当な労働と搾取をなくす
②	オーガニック	有機栽培で生産された素材である
③	アップサイクルとリクレイム	捨てられるはずのものを活用する
④	サスティナブルマテリアル	環境負荷がより低い素材を活用する
⑤	クラフトマンシップ	昔から受け継がれてきた文化・技術を未来に伝えるような取り組み
⑥	ローカルメイド	地域産業・産地の活性化により、雇用の創出、技術の伝承と向上を目指す
⑦	アニマルフレンドリー	動物の権利や動物の福祉に配慮する
⑧	ウェイストレス	ライフサイクル各段階の無駄を削減する
⑨	ソーシャルプロジェクト	NPOやNGOへの寄付、ビジネスモデルを生かした支援・雇用創出など

（エシカルファッションジャパンHPより作成）

この9つのいずれかを考慮に入れたファッションをエシカルファッションと呼んでいる。

■ファストファッションが安い理由は？

ファストファッションとは、流行を取り入れつつ、低価格に抑えた衣料品を大量生産し、短いサイクルで販売するブランドやその業態を総称したもので、「ファストフード」になぞらえた造語である。

低価格で流行の服が手に入るファストファッションだが、手ごろな価格を実現するために、一番のコストカットにつながるのは人件費だ。

現在アジアで最も低賃金だといわれるバングラデシュは、世界の主要アパレルメーカーが生産拠点としている。

最低賃金は支払われるものの、貯蓄につながるような賃金が支払われることは少なく、労働環境も劣悪なことが多い。

2013年4月24日、バングラデシュの首都ダッカで起きた衣料品工場ラナ・プラザの崩壊事故で1,100人以上が犠牲となった。ヨーロッパの大手ファッションメーカーが多数入っていたラナ・プラザの劣悪な労働環境やずさんな安全管理が明らかとなり、ファッション産業のあり方が問い直されている。

バングラデシュの縫製工場倒壊事故現場（ダッカ郊外）

● シェアサイクル

自転車は多くの人が利用でき、車のようにCO_2を排出することがない、人や環境にやさしいエシカルな移動手段だ。その自転車を登録した人で共有して利用できる、シェアサイクルが注目されている。

スマホやICカードを活用することで、簡単に自転車をレンタルして利用することができるようになった。

シェアサイクルのように、ものを購入せず共有や貸し借りでまかなうことをシェア・エコノミーといい、他にもカーシェアリング（会員制で車を必要な時に貸し出すこと）等、さまざまな分野で広がりをみせている。

● フェアトレードチョコレート

■カカオと児童労働

チョコレートの原料であるカカオ豆は、主に発展途上国で栽培されているが、カカオ農園が抱える深刻な問題の1つに、児童労働がある。ガーナのカカオ農園で働く人の約6割が14歳以下の子どもたちであったという報告もある。

■フェアトレード

国際フェアトレード基準では、児童労働を禁止し、安全な労働環境を保証している。公正な取引価格で商品を流通させることにより、カカオ豆の生産者の正当な賃金を保証することが、児童労働から子どもたちを守ることにつながるのだ。

多少割高であっても、フェアトレードチョコレートを選ぶことは児童労働のない未来へ向けた消費であるといえる。

CONTENTS

1 現在の私たち

自分のことって意外と知らない？
今の私たちはどんなライフステージにいるのだろう？
「自立」の具体的な内容ってなに？

1 今の自分を見つめる

1 私ってどんな人？
自分のことを見つめ直してみよう。また一歩ふみ込み、その理由・原因も自分の中から探ってみよう。

	自分の考え	その理由・原因
小学生の時なりたかった職業は？		
自分の人生の中で一番大きな出来事は？		
よく友だちに言われることは？		
自分の長所は？		
自分の短所は？		
自分の趣味は？		
今一番がんばっていることは？		
最近気になる話題は？		
尊敬する人は？		
自分がこれから絶対やりとげたいことは？		

2 高校生へのQ&A

Q1 関心のあること　　（2012年／複数回答）

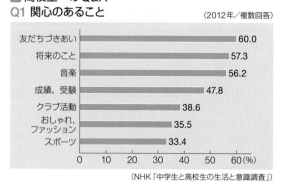

- 友だちづきあい　60.0
- 将来のこと　57.3
- 音楽　56.2
- 成績、受験　47.8
- クラブ活動　38.6
- おしゃれ、ファッション　35.5
- スポーツ　33.4

（NHK「中学生と高校生の生活と意識調査」）

Q2 悩み　　（2012年／複数回答）

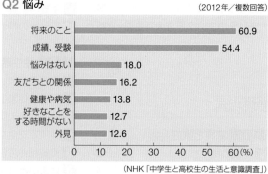

- 将来のこと　60.9
- 成績、受験　54.4
- 悩みはない　18.0
- 友だちとの関係　16.2
- 健康や病気　13.8
- 好きなことをする時間がない　12.7
- 外見　12.6

（NHK「中学生と高校生の生活と意識調査」）

Q3 悩みごとを相談できる友だちの数　　（2012年）

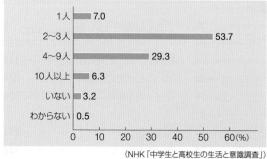

- 1人　7.0
- 2～3人　53.7
- 4～9人　29.3
- 10人以上　6.3
- いない　3.2
- わからない　0.5

（NHK「中学生と高校生の生活と意識調査」）

Q4 異性のこと　　（2012年／％）

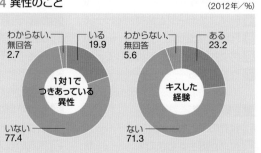

1対1でつきあっている異性
- わからない、無回答　2.7
- いる　19.9
- いない　77.4

キスした経験
- わからない、無回答　5.6
- ある　23.2
- ない　71.3

（NHK「中学生と高校生の生活と意識調査」）

2 ライフステージと青年期の課題

家計についての選択
- 住居は借りる？買う？
- 貯蓄と保険は？
- 子どもの教育費は？
- 老後への備えは？

パートナーの選択
- パートナーを持つかどうか？
- 結婚するかしないか？
- 子どもはつくるか？
（何人つくるか？）

引退期

勤労期

「第二の人生」の選択
- 何歳まで働き続けるか？
- 生活の拠点をどこにおくか？
- 誰とすごすか？
- 仕事以外に何を生きがいにするか？

高校・大学教育期

義務教育期

乳幼児期

職業選択
- どんな仕事がしたいのか？
- 正規雇用にこだわるか、どうか？
- 民間企業か公務員か？
- 将来転職は？

自立
- 3の1参照

保護者からの経済的援助

生活をささえる公共サービス

公教育・社会保障その他

3 自立に向けて

1 自立の要素

経済的自立
（職業選択）

自分の生活を維持できるだけの収入を得ながら、自分で家計を管理し、収入と支出のバランスも考える。

精神的自立
（自己実現）

自分らしさを大切にしながら、社会の一員としての自覚と責任を持つ。

性的自立（→ p.14、15）
（パートナーとの生活）

パートナーを対等の存在として尊重し、互いに支えあい、学びあっていく。

自立

生活的自立
（衣食住に関する知識や技能）

衣食住に関するさまざまな作業を自分で管理し、日常生活を支障なく送ることができる。

2 職業選択の重視点 (国際比較)　（2018年／複数回答）

国＼順位	1位	2位	3位	4位	5位
日本	収入 70.7%	仕事内容 63.1%	労働時間 60.3%	職場の雰囲気 51.1%	通勤の便 38.7%
韓国	収入 61.9%	労働時間 54.9%	職場の雰囲気 54.7%	仕事内容 46.5%	自分の趣味などを生かせること 36.8%
アメリカ	収入 70.0%	労働時間 63.4%	仕事内容 55.1%	通勤の便 41.4%	職場の雰囲気 40.8%
イギリス	労働時間 64.2%	収入 62.7%	仕事内容 53.1%	通勤の便 43.8%	将来性 36.7%
ドイツ	収入 68.5%	労働時間 61.4%	職場の雰囲気 55.2%	通勤の便 53.3%	仕事内容 44.2%

（内閣府「我が国と諸外国の若者の意識に関する調査」）

解説 日本では、「収入」と同時に「仕事内容」を重視していることがわかる。「収入」を重視するという国は多いが、「労働時間」も上位であり、仕事よりもプライベートな時間をより大切にしたいという意向が読み取れる。

「仮面（ペルソナ）」で、社会のなかで演じる役割というのが本来の意味。

2 結婚と離婚

将来結婚したい？
現在の結婚をめぐる状況は？
離婚のリスクは？

1 結婚という選択

1 結婚したい理由

(2021年／20〜39歳独身男女)

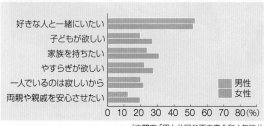

- 好きな人と一緒にいたい
- 子どもが欲しい
- 家族を持ちたい
- やすらぎが欲しい
- 一人でいるのは寂しいから
- 両親や親戚を安心させたい

■ 男性
■ 女性

(内閣府「男女共同参画白書令和4年版」)

2 結婚相手に求める条件

(2014年／複数回答)

1位	価値観が近いこと
2位	一緒にいて楽しいこと
3位	一緒にいて気をつかわないこと
4位	金銭感覚
5位	恋愛感情
6位	自分の仕事を理解してくれること
7位	経済力があること

(内閣府「結婚・家族形成に関する意識調査」)

3 結婚生活を送る上での不安要素

(2014年／複数回答)

1位	配偶者と心が通わなくなる・不仲になること
2位	経済的に十分な生活ができるかどうか
3位	配偶者の親族とのつきあい
4位	自分の自由時間がとれなくなる
5位	出産・子育て
6位	子どもの教育やしつけ
7位	配偶者や自分の親の介護

(内閣府「結婚・家族形成に関する意識調査」)

TOPIC

同性カップル条例の成立

東京都渋谷区では、2015年に「男女平等及び多様性を尊重する社会を推進する条例」が施行された。この条例は、同性カップル（→p.12 QA）を「結婚に相当する関係」と認めて証明書を発行するという全国で初めての例となった。証明書があれば、家族向けの区営住宅の入居が可能となる。

国際的には、2001年のオランダをはじめ、同性婚を認める国と地域が33（2022年9月）となり、2019年には台湾でも認められた（アジア初）。

2 結婚をめぐる現代の状況

1 平均初婚年齢

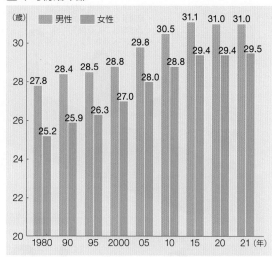

(歳)
■ 男性 ■ 女性

	1980	90	95	2000	05	10	15	20	21
男性	27.8	28.4	28.5	28.8	29.8	30.5	31.1	31.0	31.0
女性	25.2	25.9	26.3	27.0	28.0	28.8	29.4	29.4	29.5

(年)

(厚生労働省「人口動態統計」)

解説 初婚年齢が高くなるという晩婚化が進行すると、それに伴い、子どもを出産するときの母親の平均年齢も高くなるという晩産化の傾向があらわれ、出産を控える傾向にあることから、少子化（→p.7）の原因にもなる。

2 未婚率の上昇

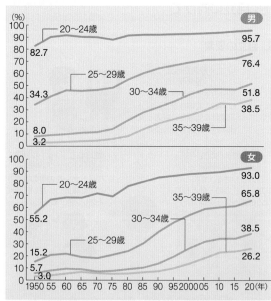

(%)

男

- 20〜24歳 82.7 → 95.7
- 25〜29歳 34.3 → 76.4
- 30〜34歳 → 51.8
- 35〜39歳 8.0, 3.2 → 38.5

女

- 20〜24歳 55.2 → 93.0
- 35〜39歳 → 65.8
- 30〜34歳 → 38.5
- 25〜29歳 15.2, 5.7, 3.0 → 26.2

1950 55 60 65 70 75 80 85 90 95 2000 05 10 20(年)

(総務省「国勢調査」)

解説 30代前半では、男性は約半数、女性も約4割が未婚である。結婚のメリットよりデメリットを感じる若者の増加が原因の一つとも言われている。近年では、結婚を支援するために地方自治体でも様々な活動が行われている。

3 結婚における国際比較

1 結婚は個人の自由

結婚についての考え
(2018年)

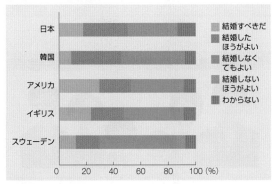

結婚すべきだ / 結婚したほうがよい / 結婚しなくてもよい / 結婚しないほうがよい / わからない

結婚したほうがよい理由
(左で「結婚すべきだ」「結婚したほうがよい」と回答した人が対象)
(2018年／複数回答)

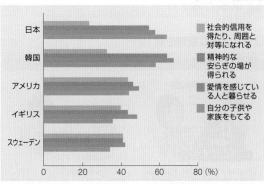

社会的信用を得たり、周囲と対等になれる / 精神的な安らぎの場が得られる / 愛情を感じている人と暮らせる / 自分の子供や家族をもてる

(内閣府「我が国と諸外国の若者の意識に関する調査」)

解説 結婚観について比較すると、結婚に肯定的な回答の割合が最も高いのはアメリカで、次いで日本となっている。スウェーデンは結婚に否定的な回答の割合が約60%を占めており、非婚カップルが多い実態とつながる。また、結婚したほうがよい理由は、p.4■の■からもわかるように、日本では精神的な安らぎを求めたり、家族をもちたいと考えたりすることが大きな理由となっているが、欧米では利便性や経済的理由をあげることも多い。

4 離婚

1 離婚件数および離婚率の年次推移

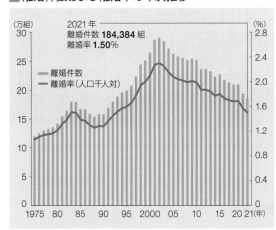

2021年
離婚件数 **184,384** 組
離婚率 **1.50**%

離婚件数 / 離婚率(人口千人対)

(厚生労働省「人口動態統計」)

解説 現行法では、離婚の形態として、協議離婚(協議上の離婚)、調停離婚、審判離婚、裁判離婚(裁判上の離婚)を規定している。現在、大半は協議離婚である。

2 離婚の経済的リスク

夫婦が離婚するときに、一方から他方へ財産が支払われることがある。大きく分けると下記の4つのケースである。

❶財産分与－結婚生活中の共通財産の清算
❷生活費－離婚後の生活に困る者を他方が扶養する
❸慰謝料－離婚原因をつくった側が、他方へ与えた損害を賠償する
❹養育費－未成年の子どもがいる場合、親権者でない者が支払う

5 ドメスティック・バイオレンス(DV)

1 DVの種類

DVとは、配偶者やパートナーなど親密な関係にある(あった)者からふるわれる暴力のことである。暴力の種類は、以下のように分けられる。

身体的暴力	なぐる、蹴る、物を投げつける、水や熱湯をかけるなど
精神的暴力	大声でどなる、ののしる、無視するなど
性的暴力	性行為を強要する、避妊に協力しない、中絶を強要するなど
経済的暴力	生活費を渡さない、働きに行かせないなど
社会的暴力	外出や電話を細かくチェックする、友人に会わせないなど

解説 被害者は圧倒的に女性が多い。この背景にあるのは、性差別社会である。夫が妻に暴力を振るうのはある程度仕方がないといった社会通念、妻に収入がない場合が多いといった男女の経済的格差など、個人の問題として片付けられないような構造的問題も大きく関係している。

2 夫から妻への犯罪の検挙状況

殺人 / 傷害 / 暴行

(警察庁資料)

解説 加害者は、職業の有無や教育レベル、職種、学歴などに関係がない。女性から男性への暴力(精神的暴力など)も増加している。

3 現代の家族

家族の形は決まっているの？
法律ではどのように定められているのだろうか？
現在の家族をめぐる状況は？

1 家族とは？

1 さまざまな家族形態

核家族 夫婦あるいはその一方と、未婚の子どもからなる世帯

ディンクス（DINKS）

Double Income No Kidsの頭文字を並べたもの。共働きで子どものいない夫婦。

オンデマンド婚

いわゆる別居婚のこと。別々に生活しており、相手を必要とするときに会う共働きの夫婦。

デュークス（DEWKS）

Double Employed With Kidsの頭文字を並べたもの。共働きで子どものいる夫婦。

ステップファミリー

夫婦の一方あるいは双方が、前の配偶者との子どもを連れて再婚し、誕生した家族。

シングルマザー／シングルファザー

主に一人で子どもを育てる親。

夫婦の一方が専業主婦（夫）

拡大家族 祖父母などの核家族以外の親族が加わった世帯

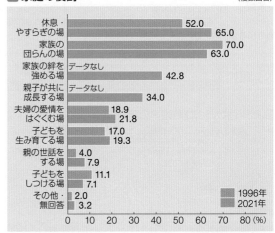

2 家庭の役割

（複数回答）

項目	1996年	2021年
休息・やすらぎの場	52.0	65.0
家族の団らんの場	70.0	63.0
家族の絆を強める場	データなし	42.8
親子が共に成長する場	データなし	34.0
夫婦の愛情をはぐくむ場	18.9	21.8
子どもを生み育てる場	17.0	19.3
親の世話をする場	4.0	7.9
子どもをしつける場	11.1	7.1
その他・無回答	2.0	3.2

（内閣府「国民生活に関する世論調査」）

民法のなかの家族

　1948年より施行された民法は、全部で5編から成っている。このうち、第4編「親族」には、親族の範囲、婚姻の成立、離婚、夫婦関係、親子関係などが記載され、第5編「相続」に、法定相続に関する条文がある。

● **親族の範囲**（第725〜730条）
　6親等内の血族、配偶者、3親等内の姻族

● **夫婦関係**（第750〜762条）
　夫婦はどちらかの氏を称し、同居・協力・扶助しあう義務がある。財産は、夫と妻それぞれが所有する夫婦別産制である。婚姻共同生活に要する費用は夫婦で分担し、日常家事から生じた債務は連帯責任を負う。

● **親子関係**（第772〜837条）
　子どもには、実子と養子がある。実子は嫡出子と嫡出でない子に分けられる。父母には未成年の子に対する共同親権がある。

● **親族の範囲**

尊属

またいとこ

卑属

⑥高祖父母の祖父母
⑤高祖父母の父母
④高祖父母
③曾祖父母　③曾祖父母
②祖父母　②祖父母　おじ・おば
⑤おじ・おば　③配偶者　①父母　①父母　おじ・おば
⑥いとこ　④　配偶者　②兄弟姉妹　本人　配偶者　②兄弟姉妹
⑤配偶者　③　③おい・めい　①子　③おい・めい
⑥　④　②孫
⑤　③曾孫（そうそん）
⑥　④玄孫（げんそん）
⑤来孫（らいそん）
⑥昆孫（こんそん）

● 6親等内の血族
● 3親等内の姻族

傍系　直系　傍系

配偶者は含まない

2 進む少子化

■ 出生数と合計特殊出生率の推移

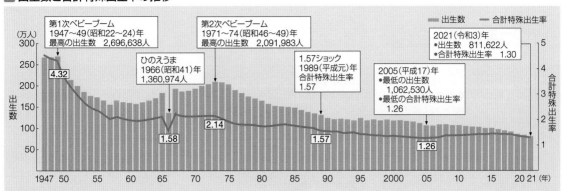

第1次ベビーブーム
1947～49（昭和22～24）年
最高の出生数　2,696,638人

ひのえうま
1966（昭和41）年
1,360,974人

第2次ベビーブーム
1971～74（昭和46～49）年
最高の出生数　2,091,983人

1.57ショック
1989（平成元）年
合計特殊出生率
1.57

2021（令和3）年
●出生数　811,622人
●合計特殊出生率　1.30

2005（平成17）年
●最低の出生数
　1,062,530人
●最低の合計特殊出生率
　1.26

（注）ひのえうまの年に生まれた女性は、気性が激しいという迷信から、この年に子どもを産むのを避けた夫婦が多いと考えられる。　（厚生労働省「人口動態統計」）

解説 合計特殊出生率とは、一人の女性が一生のうち平均何人の子を産むかを示す指標。15歳から49歳の女性の年齢別出生率を合計するので、合計特殊出生率という。人口維持には2.08以上が必要とされるが、現在の日本は約1.3となっている。

3 時代と共に変わる家族

■ 家族類型別一般世帯数の推移

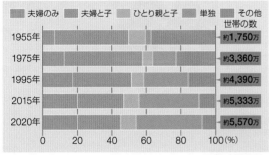

夫婦のみ　夫婦と子　ひとり親と子　単独　その他

世帯の数
1955年　約1,750万
1975年　約3,360万
1995年　約4,390万
2015年　約5,333万
2020年　約5,570万

（総務省「国勢調査」）

解説 戦後、夫婦と子どもからなる核家族が増加したが、少子化の進行、独身男女の増加、高齢者の一人暮らしの増加などにより、単独世帯の割合が増える傾向にある。

■ 世帯構造別にみた高齢者のいる世帯数の構成割合

（2021年／％）

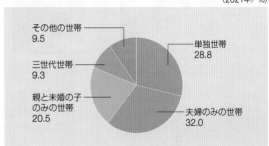

その他の世帯　9.5
三世代世帯　9.3
親と未婚の子のみの世帯　20.5
単独世帯　28.8
夫婦のみの世帯　32.0

（厚生労働省「国民生活基礎調査」）

解説 高齢者夫婦のみで生活している世帯や一人暮らしをしている高齢者が増え、子どもと同居している高齢者は減っている。

4 相続

■ 法定相続分

被相続人　配偶者 2分の1
長男 4分の1　長女 4分の1

父 6分の1　母 6分の1
被相続人　配偶者 3分の2
子どもはいない

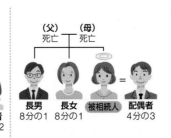

（父）死亡　（母）死亡
長男 8分の1　長女 8分の1　被相続人　＝　配偶者 4分の3

解説 財産の相続については遺言書が尊重される。なければ相続人が話しあって決める。その目安として民法第900条で定められているのが「法定相続分」である。

TOPIC

民法改正

いくつかの民法の規定が、時代の変化に応じて見直されている。

❶婚姻年齢：男女とも18歳に（2022年施行）

❷女性の再婚禁止期間：6か月→100日→廃止（2024年夏施行）

❸婚内子と婚外子の相続差別：遺産相続割合は同等に（2013年施行）

❹夫婦別姓：最高裁が、夫婦別姓を認めない「結婚時に夫または妻の姓を名乗る」との規定は合憲と判断（2015年）

4 ライフステージと法律

私たちの一生と法律はどのように関わっているのだろうか？
婚姻届や出生届ってどんな書類？

■ 人の一生と法律

■ 日本国憲法
第11条【基本的人権の享有】
　国民は、すべての基本的人権の享有を妨げられない。この憲法が国民に保障する基本的人権は、侵すことのできない永久の権利として、現在及び将来の国民に与えられる。
第13条【個人の尊重と公共の福祉】
　すべて国民は、個人として尊重される。生命、自由及び幸福追求に対する国民の権利については、公共の福祉に反しない限り、立法その他の国政の上で、最大の尊重を必要とする。

第14条【法の下の平等、貴族の禁止、栄典の限界】
① すべて国民は、法の下に平等であって、人種、信条、性別、社会的身分又は門地により、政治的、経済的又は社会的関係において、差別されない。
第25条【生存権、国の社会的使命】
① すべて国民は、健康で文化的な最低限度の生活を営む権利を有する。
② 国は、すべての生活部面について、社会福祉、社会保障及び公衆衛生の向上及び増進に努めなければならない。

■ 日本国憲法
第27条【勤労の権利と義務】
① すべて国民は、勤労の権利を有し、義務を負う。
第30条【納税の義務】
　国民は、法律の定めるところにより、納税の義務を負う。

■ 男女雇用機会均等法
　男女双方への、募集・採用、配置・昇進・教育訓練、福利厚生、定年・解雇、降格、職種変更、雇用形態変更、退職勧奨、雇止め等の差別や、身長、体力、転勤等の間接差別禁止。セクハラ対策、等。

胎児　誕生　小学校入学　式

18歳　20歳　就職

■ 民法
第886条【胎児の相続能力】
① 胎児は、相続については、既に生まれたものとみなす。

■ 戸籍法
第49条【出生の届出期間】
① 出生の届出は、14日（国外で出生があったときは3箇月）以内にこれをしなければならない。

■ 日本国憲法
第26条
【教育を受ける権利、教育の義務、義務教育の無償】
① すべて国民は、法律の定めるところにより、その能力に応じて、ひとしく教育を受ける権利を有する。
② すべて国民は、法律の定めるところにより、その保護する子女に普通教育を受けさせる義務を負う。義務教育は、これを無償とする。

■ 児童福祉法
第1条【児童福祉の理念】
全て児童は、児童の権利に関する条約の精神にのっとり、適切に養育されること、その生活を保障されること、愛され、保護されること、その心身の健やかな成長及び発達並びにその自立が図られることその他の福祉を等しく保障される権利を有する。

■ 公職選挙法
第9条【選挙権】
① 日本国民で年齢満18年以上の者は、衆議院議員及び参議院議員の選挙権を有する。

■ 労働基準法
第61条【深夜業】
　使用者は、満18歳に満たない者を午後10時から午前5時までの間において使用してはならない。ただし、交替制によって使用する満16歳以上の男性については、この限りではない。

■ 民法
第4条【成年となる時期】ⓐ
年齢18歳をもって、成年とする。

■ 国民年金法
第8条【資格取得の時期】
　20歳に達したとき国民年金の被保険者の資格を取得する。

ⓐ：2022年改正民法施行により20歳→18歳となった。

　Q&A 婚姻届を出すことをなぜ「入籍」という？▶入籍とは、「女性が男性側の家の戸籍に入る」という、戦前の民法の考え方にもとづいた言い方。

■日本国憲法

第24条【家族生活における個人の尊厳と両性の平等】

① 婚姻は、両性の合意のみに基づいて成立し、夫婦が同等の権利を有することを基本として、相互の協力により、維持されなければならない。

② 配偶者の選択、財産権、相続、住居の選定、離婚並びに婚姻及び家族に関するその他の事項に関しては、法律は、個人の尊厳と両性の本質的平等に立脚して、制定されなければならない。

■労働基準法

第65条【産前産後】

① 使用者は、6週間（多胎妊娠にあっては、14週間）以内に出産する予定の女性が休業を請求した場合においては、その者を就業させてはならない。

② 使用者は、産後8週間を経過しない女性を就業させてはならない。（略）

第66条【産前産後】

② 使用者は、妊産婦が請求した場合においては（略）、時間外労働をさせてはならず、又は休日に労働させてはならない。

■育児・介護休業法

1.育児休業制度

子が1歳に達するまで（両親ともに育児休業を取得する場合は、子が1歳2か月に達するまでの間に1年間）の間（保育所に入れない等の場合には、子が2歳に達するまで）、育児休業を取得することができる。

2.介護休業制度

要介護状態にある対象家族1人につき、3回を上限として、通算93日まで、介護休業を分割取得できる。（略）

結婚

子の出生

育児　介護　65歳　死亡

■民法

第731条【婚姻適齢】ⓑ

婚姻は、18歳にならなければ、することができない。

第732条【重婚の禁止】

配偶者のある者は、重ねて婚姻をすることができない。

第733条【再婚禁止期間】

① 女は、前婚の解消又は取消しの日から起算して100日を経過した後でなければ再婚をすることができない。

第739条【婚姻の届出】

① 婚姻は、戸籍法の定めるところによりこれを届け出ることによって、その効力を生ずる。

第750条【夫婦の氏】

夫婦は、婚姻の際に定めるところに従い、夫又は妻の氏を称する。

第752条【同居、協力及び扶助の義務】

夫婦は同居し、互いに協力し扶助しなければならない。

第763条【協議離婚】

夫婦は、その協議で、離婚をすることができる。

第768条【財産分与】

協議上の離婚をした者の一方は、相手方に対して財産の分与を請求することができる。

■厚生年金保険法

第42条【受給権者】

老齢厚生年金は、被保険者期間を有する者が、次の各号のいずれにも該当するに至ったときに、その者に支給する。

① 65歳以上であること。

② 保険料納付済期間と保険料免除期間とを合算した期間が25年以上であること。

■国民年金法

第26条【支給要件】

老齢基礎年金は、保険料納付済期間又は保険料免除期間を有する者が65歳に達したときに、その者に支給する。（略）

■戸籍法

第86条【死亡の届出期間】

① 死亡の届出は、届出の義務者が、死亡の事実を知った日から7日（国外での死亡は3箇月）以内にこれをしなければならない。

■民法

第882条【相続開始の原因】

相続は、死亡によって開始する。

ⓑ：2022年改正民法施行による。これ以前は男18歳、女16歳だった。これにともない成年年齢と婚姻年齢が一致し、未成年＝18歳未満の結婚は不可となったので、未成年者の婚姻には父母の同意が必要とする737条は、削除された。

現在の戸籍法では、未婚の男女が結婚すると2人で新しい戸籍が作成される。

5 「働く」ということ

求人票ってどんな書類？
フリーターって結局得なの？損なの？
ワーキングプアってなに？

1 どんな職業に就きたい？

1 求人票を読んでみよう
求人票の例

会社の概要
会社の規模や所在地、事業の内容を確認しよう。

仕事の情報
どのような雇用形態での募集なのか、また具体的な仕事の内容を確認しよう。

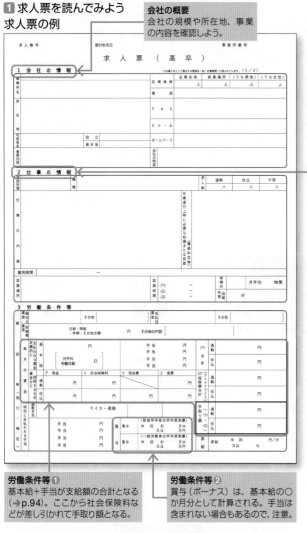

労働条件等❶
基本給＋手当が支給額の合計となる（→p.94）。ここから社会保険料などが差し引かれて手取り額となる。

労働条件等❷
賞与（ボーナス）は、基本給の○か月分として計算される。手当は含まれない場合もあるので、注意。

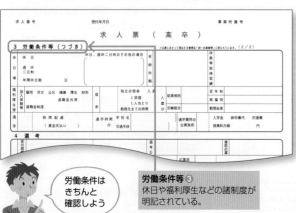

労働条件はきちんと確認しよう

労働条件等❸
休日や福利厚生などの諸制度が明記されている。

2 仕事のやりがいを感じることは？

（2018年／複数回答）

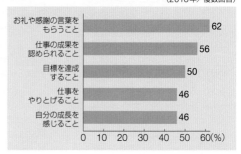

お礼や感謝の言葉をもらうこと 62
仕事の成果を認められること 56
目標を達成すること 50
仕事をやりとげること 46
自分の成長を感じること 46

（エン・ジャパン株式会社調べ）

解説 英語で仕事を表現する言葉には"labor"と"work"がある。laborはつらい労働であり、workはある目的のために意識的にする仕事である。私たちはどちらを望むのだろうか。一方、「働く」とは「傍（はた）を楽にする」ことだといわれる。親が働いて、子どもが学校に通う。働いて税金を払い、その税金が社会福祉に使われる。これらの過程すべてが「傍を楽にしている」ことである。また、「仕事の報酬は仕事である」ともいわれるように、仕事を通じて人は成長し、さらに大きな仕事が得られる。このようなサイクルが、自分に生きる力を与えているのではないだろうか。

2 勤務形態別賃金

1か月あたりの賃金のちがい

（2021年）

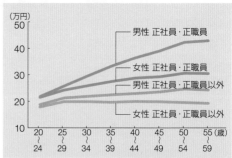

男性 正社員・正職員
女性 正社員・正職員
男性 正社員・正職員以外
女性 正社員・正職員以外

（厚生労働省「賃金構造基本統計調査」）

解説 例えば派遣社員は、勤続年数や年齢に関係なく「仕事」に対して時給が設定される。正社員は年齢とともに賃金が上昇する傾向にあるが、派遣社員だと大きな変化はない。生涯賃金では約1億円程度の差ができるといわれている。

Q&A フリーターには有給休暇がないってホント？▶正社員であれフリーターであれ有給休暇を取る権利を得るためには、「入社から6か月勤務す

3 派遣社員

1 派遣社員のしくみ

労働者はまず派遣会社と雇用契約を結び、その後、労働力を必要としている企業に派遣される。

2 派遣社員のメリットとデメリット

メリット

●希望に合わせて仕事内容を選べる。●いろいろな企業や職場を体験できる。●勤務時間や場所を選べる。

デメリット

●登録していても仕事を紹介してもらえないこともある。●ボーナスの支給が少ない(またはない)。●契約期間が設定されており、契約満了後仕事があるかどうかの保証はない。●派遣先企業の社員より立場が弱い場合が多い。

4 フリーターって得?損?

1 生涯賃金の比較 (退職金は含まない)　(2019年)

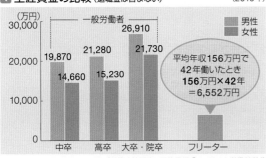

(労働政策研究・研修機構「ユースフル労働統計」)

解説 正規職員・従業員が生涯にもらう賃金は、およそ1.5億円以上になる。フリーターの場合は高校卒業から60歳までの42年間働いても6,500万円程度。さらに正規職員・従業員には退職金があり、年金も多い。

2 収入別による結婚した割合　(2019年)

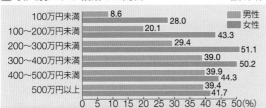

(厚生労働省「第8回21世紀成年者縦断調査(平成24年成年者)」)

解説 正社員などとの賃金格差は20代では目立たないが、30代以降は大きな開きとなる(→p.10)。厚労省の調査によると、平成24年当時20〜29歳のうち、ここ7年間で結婚した人の割合は、年収が低いほど割合も低い結果となった。女性よりも男性のほうが、その傾向が強いといえる。

5 ブラック企業

ブラック企業とは、労働者を、過重労働・違法労働によって使い捨てにする企業をさす。

長時間労働

労働基準法が定める労働時間は、原則1日8時間。1週間40時間。いわゆる「過労死ライン」は、月に時間外労働時間が80時間。

賃金不払い

いわゆる、サービス残業のこと。企業が所定の労働時間を超えて働かせる場合、超過時間に応じて割増賃金(残業代)を払わなければいけないのに、正規の賃金の全額が支払われないこと。

ハラスメントや脅し

脅迫的に退職を勧めることは違法。パワーハラスメント(パワハラ)やセクシュアルハラスメント(セクハラ)は人権侵害であり、企業の安全配慮義務に違反する。

解説 ブラック企業かどうかは、3年内の離職率の高さや社員の年齢構成(30〜40代が極端に少ないなど)を見ることが一つの指標になる。また、就職活動の時には、同じ業界で働くOBやOGを訪問すると、業界内の噂も聞くことができる。

日本では、働き過ぎの文化が下地になっているとも言われる。法律でどこまで守られているのか、労働基準法などの労働法(→p.8)を大まかに把握しておくとよい。

ワーキングプア (働く貧困層)

午前2時半、高層ビルに囲まれた東京・新宿のハンバーガー店。髪を伸ばした男性(30)が、トイレで歯磨きを済ませて席に戻ってきた。机の上には空のカップ。今夜はここで休む。"宿代"は紅茶代の100円だ。運送会社や建設現場で、日雇い労働者や短期の契約社員として働いている。力仕事が多いから、夜はせめて、マンガ喫茶かネットカフェの個室で足を伸ばしたい。だが、1泊800円。手持ちが少なければ、24時間営業のファストフード店で寝る。(『読売新聞』2007年3月1日)

ネットカフェに1年以上暮らす24歳の男性

6 男女共同参画社会をめざして

「男らしさ」「女らしさ」にしばられていない？
男は仕事、女は家事・育児？
他の国ではどうなっているのだろう？

1 「男らしさ」「女らしさ」って何？

生物としての性別をセックスと呼ぶのに対し、社会的・文化的に規定された男女の役割・性差のことをジェンダーという。いろいろな場面で登場してくる「男らしさ」「女らしさ」をみつめ直し、あなた自身はどう思うか考えてみよう。

■「男らしさ」「女らしさ」に対するイメージ

	男らしい		女らしい	
男子が考える	強い 仕事 ヒゲ 頑固 会社 力が強い	車の運転 ごう慢 ぐずぐず、なよなよしていない なにげないやさしさ 根性がある	やさしい 弱い 内股 化粧 バーゲン	料理ができる おしとやか 子育て・家事 身のこなしが優雅 思いやりがある
女子が考える	力が強い たくましい 精神的に強い 制服のズボン 給料が高い 背が高い	頼りがいがある 引っ張ってくれる人 gentlemanで女性に礼儀正しい 字はあまりうまくない やると決めたらちゃんとやる 冷静な判断をする	やさしい 気がきく 家事ができる おしとやか 化粧する かわいい ひかえめ	しぐさや言葉が上品 大声で話さない スカートが似合う 整理整頓ができる・清潔 手先が器用 体がまるっぽい 髪を伸ばしているとき

（都立H高校2年生のアンケートによる）

2 男女共同参画社会をめざして

1 ジェンダーにとらわれない職業選択

立川円（たちかわ・まどか）
パイロット
1977年生まれ、神戸市出身。
00年、関西学院大文学部卒業後にJALスカイサービスに入社。01年、航空大学校に入校。03年、日本航空に入社。米カリフォルニア州のナパなどで訓練。06年4月、ボーイング767副操縦士に昇格。

（写真：シバサキフミト）

客室乗務員をめざした。「女の子が操縦士になれるとは思わなかった」からだ。「まずは英語」と、大学は英文科へ進学。接客マナーを身につけるため、ホテルでアルバイトもした。

就職活動中、新卒者対象のJALの操縦士募集のポスターを目にする。「性別、学部問わず」とある。すぐに応募した。約50人に3000人が殺到する難関。3次の管理職面接で落選した。全日空の募集は終わっていた。残された道は航空大学校だった。

受験では理系科目の出題があり、文系に不利と言われる。だが「1年あれば」と、成田空港で旅客係として働きながら勉強すると決めた。（略）

約10倍を突破し、合格した。体力で負けないよう、週数回、1時間ほど走った。握力強化器具を鞄（かばん）に忍ばせ、電車の中でも握った。握力はいま、左右とも約40キロある。そして2年間で事業用の操縦資格を取得し、改めてJALを受験。就職を果たした。

（『朝日新聞』2009年6月23日）

2 女性が職業をもつことについての意識 (%)

凡例：
- 女性は職業をもたないほうがよい
- 結婚するまでは職業をもつほうがよい
- 子どもができるまでは、職業をもつほうがよい
- 子どもができても、ずっと職業を続けるほうがよい
- 子どもができたら職業をやめ、大きくなったら再び職業をもつほうがよい
- その他
- わからない

1995年7月調査	9.0	11.7	30.2	38.7	4.3	2.8	3.4
2004年11月調査	6.7	10.2	40.4	34.9	2.7	2.3	2.8
2019年9月調査	4.8 / 6.5		61.0	20.3	3.9	1.7	1.7

（内閣府「男女共同参画社会に関する世論調査」）

TOPIC

「マタハラ」とは…？

マタハラとは、マタニティハラスメントの略。働く女性が、妊娠・出産などをきっかけに、職場で精神的、肉体的な嫌がらせを受けたり、解雇や雇い止め、自主退職の強要で不利益を被る扱いを受けること。こうした不利益な扱いは、男女雇用機会均等法や育児・介護休業法で禁じられている。しかし現実には、マタハラは横行しているとみられる。

③ 共働き等世帯数の推移

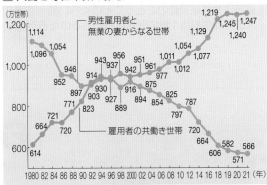

(注1)「男性雇用者と無業の妻からなる世帯」とは、夫が非農林業雇用者で、妻が非就業者（非労働力人口及び完全失業者）の世帯
(注2)「雇用者の共働き世帯」とは、夫婦ともに非農林業雇用者の世帯
（総務省「労働力調査」「労働力調査特別調査」）

解説 女性の社会進出が進み、年々共働きの世帯が増えている。このような状況に対応できるよう、制度としても地域としても、さまざまなバックアップ体制を考えていかなければならない（→p.28、30～31）。

ワーク・ライフ・バランス

「仕事と生活の調和」ともいう。働く人が、子育てや介護、自己啓発、地域活動などといった仕事以外の生活と仕事を、自分が望むバランスで実現できるようにしようという考え方。安定した仕事に就けず経済的に自立ができない、仕事に追われ子育てや介護との両立に悩む、などの問題を抱える人が多く見られるためである。社会の活力の低下や少子化にもつながっていると考えられている。企業優先の働き方を見直し、労働時間の短縮や多様な働き方を認め合うことが求められている。

③ 男女の働き方と賃金格差の実態

① 女性の年齢階級別労働力率の推移

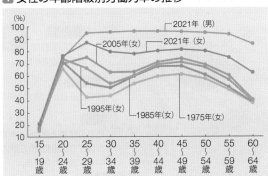

(注) 労働力率とは、15歳以上人口に占める労働力人口（就業者＋完全失業者）の割合
（総務省「労働力調査」より作成）

解説 女性の労働力率は、出産・育児期にいったん下降するので、グラフの形からM字型曲線（M字型就労）と呼ばれる。しかし近年は、緩和されつつある。

② 女性の年齢階級別労働力率（国際比較） (2021年)

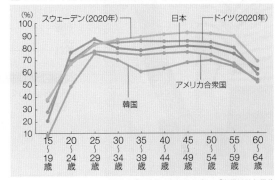

（総務省「労働力調査」およびILO「労働統計年鑑」）

解説 M字型曲線は、日本や韓国などに独特なもの。保育環境が整っている北欧諸国などでは、出産・育児期の落ちこみはみられず、台形のカーブを描いている。

③ 男女間の賃金格差の推移 (男性＝100)

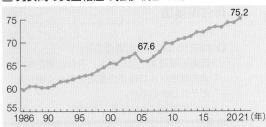

（厚生労働省「賃金構造基本統計調査」）

解説 男性労働者の賃金（所定内給与、パートを含まない）を100として女性労働者の賃金（同）をみると、男女雇用機会均等法が施行された1986年以降着実に縮小傾向をたどり、2004年には67.6まで縮まった。その後いったん停滞したが、また縮まってきている。

④ 6歳未満児のいる夫の家事・育児関連時間

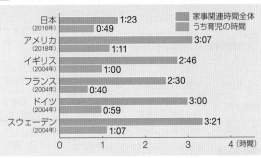

（内閣府男女共同参画局「男女共同参画白書」）

解説 日本の男性は、欧米諸国と比べて1日あたりの家事関連時間は1/3程度にしかならない。その中の育児関連の時間も少ない傾向にある。

T：トランスジェンダー（心と体の性が一致しない）の頭文字をとった総称。

7 性を考える

好きな人のことを本当に大事にしている？
避妊法や性感染症のことってどのくらい知ってる？
人工妊娠中絶は1年に何件ぐらいあるのだろうか？

1 性的自立のために （妊娠については→p.18～19）

1 パートナーのことを考えている？

たった1度のセックスでも、妊娠する可能性がある。性感染症をうつされる危険もある。これらを避けるには、きちんと予防することが大切だ。現在、妊娠すると困るのであれば、必ず避妊しよう。女性は、避妊の用意がないならば、彼にセックスを求められてもはっきりと断ること。男性は、「妊娠したらどうしよう」と思う女性の不安な気持ちを理解し、彼女の気持ちに寄り添うこと。セックスを自分たちの好奇心や性衝動のはけ口としないで、その前に、互いの気持ちや考えを相手に伝えあい、受け止め、互いを尊重できる関係を築こう。

2 生殖器のしくみ

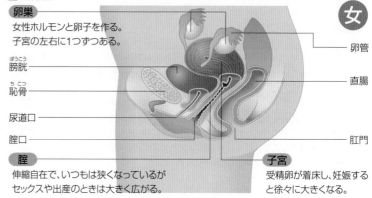

卵巣
女性ホルモンと卵子を作る。子宮の左右に1つずつある。

膀胱（ぼうこう）
恥骨（ちこつ）
尿道口
腟口

卵管
直腸
肛門

腟
伸縮自在で、いつもは狭くなっているがセックスや出産のときは大きく広がる。

子宮
受精卵が着床し、妊娠すると徐々に大きくなる。

女性は卵巣に、卵子のもとである原始卵胞がストックされている。思春期になると、卵巣で1個ずつ成熟させ、約1か月の間隔で排卵する。排卵の後、卵子が受精せずに2週間ほどたつと、古くなった子宮内膜がはがれ落ち、子宮頸管から腟を通り外へ出て行く。そのときの出血が生理（月経）といわれる。

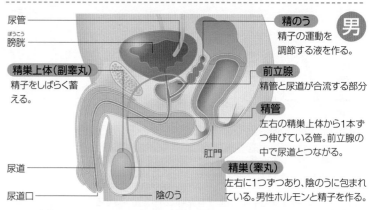

尿管
膀胱（ぼうこう）

精のう
精子の運動を調節する液を作る。

精巣上体（副睾丸）
精子をしばらく蓄える。

前立腺
精管と尿道が合流する部分

精管
左右の精巣上体から1本ずつ伸びている管。前立腺の中で尿道とつながる。

尿道
尿道口
陰のう
肛門

精巣（睾丸）
左右に1つずつあり、陰のうに包まれている。男性ホルモンと精子を作る。

男性の精子は精巣で作られる。精子は精管を移動し、前立腺や精のうからの分泌液と混ざって精液となり、射精により尿道から放出される。

3 いろいろな避妊法

種類	使用方法・効果など	
ピル（経口避妊薬）	合成された女性ホルモンを服用することで排卵そのものを抑制する	正しく服用すれば成功率は高いが、副作用がある場合も
コンドーム	男性の性器にゴム製の袋をかぶせる	コンドームは他と比べて安く、性感染症予防にも役立つ。ペッサリーは装着法、殺精子剤はタイミングがむずかしい
ペッサリー	子宮口にゴム膜をつける	
殺精子剤	腟内に入れた固形の錠剤やゼリーが溶けて精子を殺す	
オギノ式	月経周期から安全日を割り出す	本来は避妊の方法ではないので、避妊効果は低い
基礎体温法	基礎体温を毎日はかり、排卵後に体温が上がる安全日を割り出す	

解説 避妊の目的は望まない妊娠と中絶（→p.15）を避けることであるが、①パートナーに対する責任、②生命および社会に対する責任をはたすという面もある。

母体保護法

❶中絶できるのは次の場合のみ。
- 妊娠の継続または分娩が、身体的または経済的理由により母体の健康を著しく害するおそれがある場合。
- 暴行や脅迫により妊娠した場合。

❷胎児が母体外で生存可能な妊娠22週以降は認められない。

❸相手の同意書が原則必要だが、未婚であったり、性暴力による妊娠には同意書は不要である。

4 さまざまな性感染症

病名	病原体	症状	治療法	2020年件数
後天性免疫不全症候群（AIDS＝エイズ）	HIV（ヒト免疫不全ウイルス）	平均10年の潜伏期を経て発病。免疫がしだいに低下し、発熱や下痢を繰りかえし急激な体重減少、最悪は死に至る	複数の抗ウイルス剤投与で発病を抑える（遅らせる）ことが可能	1,095件
淋病	淋菌	男性→排尿時の激しい痛み、排尿口より膿 女性→外陰部の発疹、悪臭のあるおりもの、下腹部の痛み	抗生物質の服用	8,474件
クラミジア	クラミジア・トラコマティスとよばれる細菌	男性→尿道に不快感 女性→おりものの増加がみられることもあるが自覚症状がほとんどなく、気づかないことが多い。感染が子宮や卵管に広がると不妊の原因になる	抗生物質の服用	28,381件
性器ヘルペス	ヘルペスウイルス	感染して2週間位から性器周辺に米粒大の水疱ができる。激しい痛みがある	抗ウイルス剤、軟膏	9,000件
尖圭コンジローマ	ヒト乳頭腫ウイルス	性器にイボができる。かゆみや痛みがある。子宮頸がんとの関連がある	イボを手術で切り取ったり、焼き切ったりする	5,685件
トリコモナス	トリコモナス原虫	男性→排尿痛、分泌物の増加 女性→かゆみ、悪臭のあるおりもの	内服薬、腟座薬	
梅毒	梅毒トレポネーマパリダムとよばれる細菌	感染後2週間ほどで外陰部や肛門周囲にしこりができる。いったん消えるがその後発熱や倦怠感、足の付け根のリンパ腺が腫れたり、発疹がみられる。初期から晩期と症状が変わり血管や神経、脳が侵される。胎児にも感染する	抗生物質の服用	5,867件

（注）2020年件数は、厚生労働省「感染症発生動向調査」による

解説 性的接触によって感染する病気を、性感染症という。STD（Sexually Transmitted Diseases）やSTI（Sexually Transmitted Infection）と略称される。基本的には、性交時にコンドームをきちんとつけるなどの手段で予防できるとされているが、近年はエイズ・梅毒の感染例が増えている。

エイズ（AIDS）

エイズとは、HIV（エイズウイルス）が粘膜や傷から血液に入り感染し、免疫のシステムが侵される病気。HIVは、感染者の血液や精液、腟からの分泌液に多く含まれ、セックスによる感染が約85％を占める。母子感染や注射針の共有（麻薬などの回し打ち）なども感染経路となる。

治療法は飛躍的に進歩しており、早期に感染に気づき薬を飲むことにより発病を遅らせることができるが、国内での新たなHIV感染者は、年々増加し続けている。

少しでも心配であれば、保健所（匿名、無料で受けられる）や病院で検査を受けることが可能だ。

2 性をめぐる問題

1 人工妊娠中絶件数の推移

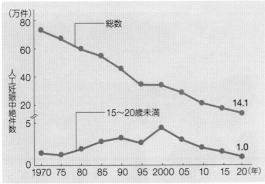

（厚生労働省「衛生行政報告例」ほか）

解説 人工妊娠中絶は、胎児の命を奪うだけではなく、母体の健康を損ねたり精神的苦痛を与えたりする危険性もある。日本の人工妊娠中絶件数は減少傾向にあり、2000年以降は15〜20歳未満でも減少に転じている。

2 SNS等に起因する被害児童数

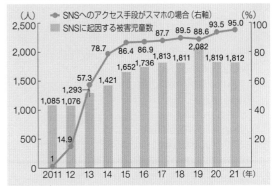

（警察庁広報資料より）

解説 SNSを通じて児童・生徒が被害にあうケースが増えつつある。2021年の被害のおよそ半数は、児童買春・児童ポルノ禁止法違反によるものである。

33.2％にのぼり、調査対象58か国のうち第13位だった。年齢や性別で差異はみられるが、20年で約3.5倍の増加となった。

1 世界の子ども

子どもの権利条約ってどんな内容？
世界の子どもたちは、日本の子どもの様子とどんな
点が異なっているだろうか？

■ 子どもによる子どものための「子どもの権利条約」

■ ほんとのまえおき（前文）

みんなと仲良くするためには、どうしたらいいだろう？
どうしたらいいと思う？
まず、相手が「いやだなあ」と思うことを
言ったりしたりするのはやめようよ。
これ、大事だよ。
だって、そしたらみんな「いやだなあ」って思わないでしょ。
どんな人にも、"いいところ"と"わるいところ"がある。
だから、その人の"わるいところ"ばっかり見て、
「あの人はわるい人だ、自分のほうがいいや」なんて思うのは、
やめてほしい。
「あの人はわるいから」って悪口を言ったり、ばかにしたり、
いじめたりするのは、
もう絶対やめてほしい。

フィンランド

第6条 いのちのこと（生命に対する固有の権利）

1 ぼくらは、生きてていいんだ。
　ほかの人に殺されていいはずがない。
　苦しんでなきゃいけないとか、痛い思いをしなきゃいけない、
　なんてことは、
　絶対ない。
2 だから、どんなときも、
　ぼくらが元気に生きて、育っていけるように、
　できることは全部してほしい。

タイ

第12条 ぼくらだって、言いたいことがある。
（意見を表明する権利）

1 赤ちゃんのうちはむりかもしれないけれど、
　少し大きくなったら、
　自分の関係あるすべてのことについて、
　いろんな意見、思い、考えをもつ。
　それはみんな、
　どんどんほかの人に伝えていいんだ。
　国は、大人たちがぼくらの年や成長をしっかり考えて、
　きちんと受け止めるように、してほしい。
2 だから、ぼくらは、自分にかかわりがあることを
　住んでいる国の法律に合うやり方で、
　裁判所などで何かを決めるとき、
　言いぶんや意見を十分に表現して、聞いてもらえるんだ。
　自分で言ってもいいし、
　ほかの人にたのんで代わりに言ってもらってもいい。

ドゴン族（マリ共和国）

第19条 親から痛い目に、ひどい目にあわされるなんて（虐待からの保護）

1　ぼくら子どもだって、人間だ。
　痛い思いをするのはいやだ。
　いやな思いもしたくない。
　ほうっておかれたくない。
　むりやり働かされたくない。
　もし、お父さんお母さん、それに代わる人が、
　そんないろんな"ひどいこと"をすることがあれば、
　国は、法律をつくるのはもちろん、
　そのほかにもそういうことを防ぐために、
　できることは、
　みんなやってほしい。
2　（略）

スペイン

第23条 みんなで楽しくくらすために、できること
（障害を有する児童に対する特別の養護および援助）

1　ぼくらの心や体に障害があっても、
　障害のない人といっしょに、楽しくくらせる。
　ぼくは「障害」って書いたけど、悪いことは全然ない。
　目が見えないまま、生まれてきたからって、
　目が見える人のほうがえらいとか、
　すぐれているなんてことは、絶対ないんだ。
　みんなおんなじ人間だもん、
　あたりまえだよね。
　もちろん、国も、あたりまえのことだよ、って
　みとめなくちゃいけない。
　これもあたりまえのことなんだけどね。
2、3（略）

インド

4　ぼくらの心や体に障害があるのはどうしてか、とか、
　どうすれば赤ちゃんができるだけ障害を持たずに生まれるかとか、
　どうすればもっとよくなるかとか、
　どうすればみんなもっと楽しくくらせるかとか、
　いろんな国でわかったことは、
　教え合って、役に立ててくことがとっても大切。
　とくに、まだそういうことがわからない国や、
　いろいろあってそういうことが調べられない国は、
　ほかの進んでいる国から教えてもらって、がんばる。
　日本はそういうのがけっこう進んでいる国だから、
　わかったことを教えてあげたり、
　ほかの国を助けてあげたりするのも、
　大切なことなんだ。

ハワイ（アメリカ合衆国）

（『子どもによる子どものための「子どもの権利条約」』
文／小口尚子・福岡鮎美　小学館刊）
各見出し後の（　）内の表記は本書筆者による

2 生命が誕生するまで

妊娠するってどういうこと？
妊娠中、胎児と母体はどのように変化していくのだろうか？

1 胎児の成長と母体の変化

妊娠時期	妊娠初期（流産しやすい時期）				妊娠中期（安定期）
妊娠週数（月数）	0〜3週（1か月）	4〜7週（満2か月）	8〜11週（満3か月）	12〜15週（満4か月）	16〜19週（満5か月）
胎児の身長・体重	約1cm／約1g	約2.5cm／約4g	約8cm／約20g	約16cm／約120g	約25cm／約250g
胎児の発育	受精卵が子宮内膜に着床。脊椎・神経系・血管系などの基礎が形成される。	頭と胴体が分かれ、手足ができ始める。	内臓ができ始める。ほぼ3頭身になる。	内臓がほぼ完成する。	手の爪が生え始める。
母体の変化	基礎体温の高温状態が2週間以上続く。	月経が止まり、つわりの症状が現れる。体がだるくなる。	つわりで苦しい時期。子宮が膀胱を圧迫し、頻尿になる。	胎盤が完成し安定する。つわりが軽くなる。	腹部のふくらみが増す。
		レモンぐらい	女性の握りこぶし大	新生児の頭ぐらい	大人の頭ぐらい
母体の健康管理（妊娠中ずっと必要な注意事項が多い）	酒・たばこ・X線・薬に注意する。	妊娠がわかったら、母子健康手帳を交付してもらう。	流産しやすい時期なので、ヒールの高いくつや激しい運動はさける。	マタニティマーク（※） ※妊産婦が交通機関等を利用する際に身につける。	おなかを冷やさないようにし、胎児を安定させる。 腹帯（腹巻きタイプ）
夫の役割	●高いところにある物をとったり、重い物を持つ。			●家事の中でも中腰になることは引き受ける。	

2 妊娠するとは

1 基礎体温と妊娠による変化

女性は、ほぼ4週間の周期で排卵が起こる。月経の周期は、基礎体温を測定することによって知ることができる。高温期が2週間以上続くと、妊娠の可能性が考えられる。

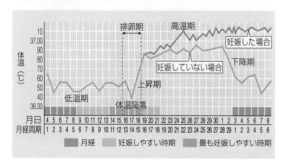

2 妊娠の成立

卵巣から排卵された卵子は卵管に入り、精子と出会い受精する。受精した卵（受精卵）は細胞分裂を繰り返しながら子宮に向かって進む。3〜6日で子宮内膜に着床する。

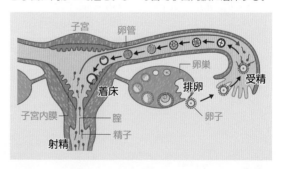

③ 生後2週間の赤ちゃんの一日

| 0時 | 1 | 2 | 3 | 4 | 5 | 6 | 7 | 8 | 9 | 10 | 11 | 12 | 13 | 14 | 15 | 16 | 17 | 18 | 19 | 20 | 21 | 22 | 23 | 24 |

ねんね／ぐずぐず／おっぱい／ねんね／おっぱい／ねんね／ぐずぐず／おっぱい／ねんね／お風呂／おっぱい／ねんね／おっぱい／ねんね／ぐずぐず／おっぱい／ねんね

だっこをしていれば寝るが、布団に寝かすと泣く

寝たり、起きたり

データ	3か月	体重 6,470g 身長 62.3cm	4か月	体重 7,035g 身長 64.5cm	5か月	体重 7,485g 身長 66.1cm

成長の記録

あっ、何か動いてる　　　　自分で飲めるよ　　　　おもちゃに熱中

心身	体重は出生時の2倍、身長は約10cm伸びる。動くものを目で追えるようになる。	知的な発達がめざましく、遊びやおもちゃに声を立てて喜ぶようになる。一人遊びもできるようになる。	大脳が発達し、家族の顔がわかるようになる。喃語が発生する。発育に個人差が目立ってくる。
運動	ほぼ首がすわる。おんぶができる。手を体の中心に持ってきて指遊びをする。	首すわりが完成する。おもちゃをにぎって遊ぶことができる。筋肉が発達してくる。	寝返りができるようになる。なんでも手につかんで口に入れようとする。足の指をしゃぶることもある。
生活	授乳の時間がほぼ決まり、1日5回程度になる。夜まとめて眠れるようになる。	よだれが多くなるので口唇を清潔にする。おしっこの回数が減る。	離乳食が始まる。スプーンに慣れさせ、トロトロで飲み込みやすいものから始める。

④ 身長と体重の発育値

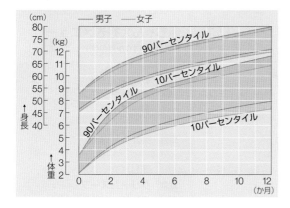

男子　女子

(cm) 80 75 70 65 60 55 50 45 40
(kg) 12 11 10 9 8 7 6 5 4 3 2

90パーセンタイル
10パーセンタイル
90パーセンタイル
10パーセンタイル

身長／体重

0　2　4　6　8　10　12 (か月)

● **生理的体重減少**

出生直後（2〜5日）は、ほ乳量に対して排せつ量が多いため、体重が5〜10%減少する。

体重・身長の増加状況

月年齢	体重	身長
出生	約3,000g	約50cm
3〜4か月	約2倍	
1歳	約3倍	約1.5倍
4歳	約5倍	約2倍

⑤ 母乳の栄養

初乳と成乳の栄養成分比較

（100g中の構成成分）

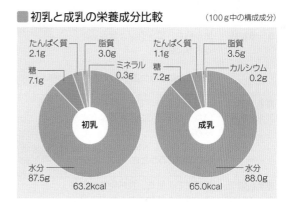

初乳
たんぱく質 2.1g　脂質 3.0g
糖 7.1g　ミネラル 0.3g
水分 87.5g　63.2kcal

成乳
たんぱく質 1.1g　脂質 3.5g
糖 7.2g　カルシウム 0.2g
水分 88.0g　65.0kcal

● **初乳**

出産後数日間分泌される黄色の濃い母乳。たんぱく質、カルシウム、リン、ビタミンなどを豊富に含み、免疫物質グロブリンも多く含まれている。

親子の相互作用と心拍数

乳を飲む	120／分
抱く	140〜130／分
親と目を合わせる	150／分
ひとりで寝ている	160／分

た直後から3か月後ほどの間に見られる症状で、妊娠期間中に見られることもある。特に初産婦に多い。

4 乳幼児の成長カレンダー〈2〉

生後6か月〜11か月までの成長の過程は？
離乳食はどのように変化していくのだろう？
家庭内で起こりやすい事故ってなんだろう？

1 6か月〜11か月

データ	6か月	体重 7,855g 身長 67.6cm	7か月	体重 8,150g 身長 68.9cm	8か月	体重 8,395g 身長 70.1cm
成長の記録		ハイハイの始まり		ハイハイがうまくなったよ！		ひとり座りでも平気！
心身	人見知りが始まる。こまやかな感情が発達してきていろいろな理由で泣くようになる。		知的な発達が顕著になる。「イナイイナイバー」を喜ぶ。大人の動作をまねし始める。		漠然と言葉や状況が理解できる。情緒が発達し、かわいい表情を見せるようになる。	
運動	身体のバランス感覚も発達し、少しの間、座れるようになる。くま手つかみができる。ハイハイが始まる。		運動が活発で、体型も細くなってくる。お座りをして手遊びの範囲も広がる。		背筋が伸び、ひとり座りが完成。ハイハイが盛んになるので、室内の安全に気をつける。	
生活	離乳食が進み、便がかたくなる。ウイルスや細菌による感染症にかかりやすくなる。		睡眠や食事のリズムに個人差が目立つ。歯が生え始め、離乳食は1日2回食になる。		おもちゃは、動きのあるもの、手を使うと変化するものを与えるとよい。薄着の習慣をつける。	

2 赤ちゃん大好きメニュー

離乳初期 5〜6か月	開きっぱなしの唇が、だんだん閉じられ、ゴックンと飲み込めるようになる。 なめらかにすりつぶした状態
離乳中期 7〜8か月	舌の上下運動ができ、やわらかい食べ物を舌でつぶせるようになる。 舌でつぶせるかたさ
離乳後期 9〜11か月	舌が左右に動き、食べ物を歯ぐきのほうへ移動させ、歯ぐきですりつぶす。 歯ぐきでつぶせるかたさ
完了期 12〜18か月	歯が生えるに従ってかむ運動が完成する。 歯ぐきでかめるかたさ

白身魚のムニエル

赤ちゃん大好きメニュー
離乳後期（10か月の頃）

朝	おかゆ 豆腐 ポテトグラタン ヨーグルト
間食	果汁（100mL）
昼食	蒸しパン クリームスープ ハンバーグおろしがけ
間食	牛乳 みかん 赤ちゃんせんべい
夜	おかゆ つみれ汁 かぼちゃのそぼろあんかけ

3 生後8か月の赤ちゃんの一日

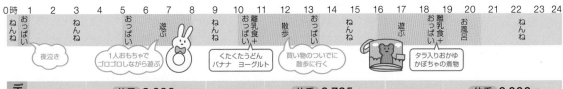

| 0時 | 1 | 2 | 3 | 4 | 5 | 6 | 7 | 8 | 9 | 10 | 11 | 12 | 13 | 14 | 15 | 16 | 17 | 18 | 19 | 20 | 21 | 22 | 23 | 24 |

ねんね　おっぱい　ねんね　おっぱい　遊ぶ　ねんね　離乳食＋おっぱい　散歩　おっぱい　ねんね　遊ぶ　離乳食＋おっぱい　お風呂　ねんね

夜泣き　1人おもちゃでゴロゴロしながら遊ぶ　くたくたうどん　バナナ　ヨーグルト　買い物のついでに散歩に行く　タラ入りおかゆ　かぼちゃの煮物

データ	9か月　体重 8,600g　身長 71.3cm	10か月　体重 8,795g　身長 72.4cm	11か月　体重 9,000g　身長 73.5cm
成長の記録	つかまり立ち、できた！	ボール、投げられるかな？	う〜ん、歩くのでせいいっぱい
心身	笑ったり、泣いたりなど意思表示をする。大人のまねがじょうずになる。	母親の後追いが盛んになる。遊びを通じて、言葉や社会性が身についていく。	大人の言葉を理解し、それに合わせた表情を見せ始める。言葉に近い音を発する子もでてくる。
運動	ハイハイからよじ登り、つかまり立ちが始まる。探索行動が盛ん。2本指でつまめるようになる。	つかまり立ち、伝い歩きができる。行動範囲が広がり、指先が器用になる。	立つ姿勢から歩行へ少しずつ進歩する。ハイハイから歩行できる時期は個人差が大きい。
生活	離乳食は1日3回食になる。食べる量や好き嫌いに個人差が出る。バランスのよい献立にする。	寝たり起きたりする時間が安定し、生活リズムができあがる。	生活リズムが規則正しくなって、昼寝も短くなる。

4 家庭内事故

1 事故を防ぐために

　子どもは好奇心のかたまりであり、子どもの手の届く範囲は常に危険と考えて、点検しておきたい。下の絵で危険だと思う箇所に○をつけてみよう。

2 不慮の事故による子どもの死亡数

(2021年)

凡例：
- 交通事故
- 窒息
- 転倒・転落・墜落
- 溺死・溺水
- 煙、火、火災
- その他

年齢	死亡数
0歳	61
1〜4歳	50
5〜9歳	45

(人)　0　20　40　60

（厚生労働省「人口動態統計」）

解説　家庭で起きやすい事故は、やけど、誤飲、溺水、転倒・転落などである。子どもの発達段階に応じた安全な環境を整えるよう常に配慮しよう。

かかととと足首をしっかりおさえ、足の指先が自由に動かせるものがよい。できればひもかマジックテープでとめるものがはきやすい。

5 乳幼児の成長カレンダー〈3〉

1歳以降の成長の過程は？
ベビーカーの注意点は？
受けておくべき予防接種は知っている？

1 1歳〜6歳

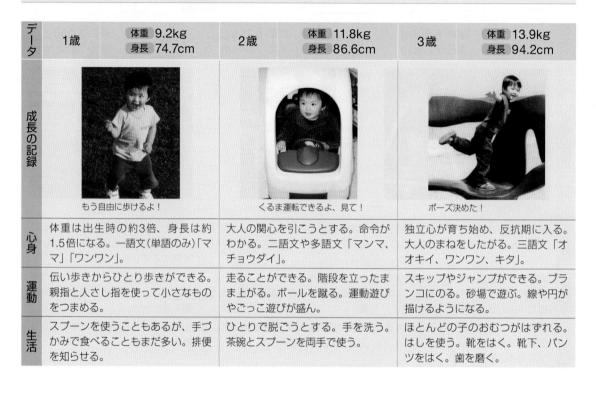

データ	1歳	体重 9.2kg 身長 74.7cm	2歳	体重 11.8kg 身長 86.6cm	3歳	体重 13.9kg 身長 94.2cm
成長の記録		もう自由に歩けるよ！		くるま運転できるよ、見て！		ポーズ決めた！
心身	体重は出生時の約3倍、身長は約1.5倍になる。一語文（単語のみ）「ママ」「ワンワン」。		大人の関心を引こうとする。命令がわかる。二語文や多語文「マンマ、チョウダイ」。		独立心が育ち始め、反抗期に入る。大人のまねをしたがる。三語文「オオキイ、ワンワン、キタ」。	
運動	伝い歩きからひとり歩きができる。親指と人さし指を使って小さなものをつまめる。		走ることができる。階段を立ったまま上がる。ボールを蹴る。運動遊びやごっこ遊びが盛ん。		スキップやジャンプができる。ブランコにのる。砂場で遊ぶ。線や円が描けるようになる。	
生活	スプーンを使うこともあるが、手づかみで食べることもまだ多い。排便を知らせる。		ひとりで脱ごうとする。手を洗う。茶碗とスプーンを両手で使う。		ほとんどの子のおむつがはずれる。はしを使う。靴をはく。靴下、パンツをはく。歯を磨く。	

2 衣服が原因の事故例

子ども服は、場合により事故につながることがある。安全基準はJISによって定められているが、メーカーへの強制力はない。「この服は安全か？」という意識をもつことが大切だ。

フード
- ドアノブに引っかかった
- 子ども同士が引っ張り合って転倒した

首回りのひも
- 滑り台の枠に引っかかった
- 通行人のかばんの金具に引っかかった

ウエストや腰回りのひも
- ひもが自転車のタイヤに巻き込まれた
- スクールバスのドアに挟まれた

ズボンのすそのひも
- 電車のドアに挟まれた
- エスカレーターに挟まり転倒した

3 子どもと外へ出よう

■ベビーカーはここに注意

ベビーカーの中は高温になりやすいので、こまめに様子を見る。

後ろに転倒しないよう、ハンドルに重い荷物をつるさない。

シートからずり落ちないよう、シートベルトでからだを必ず固定する。

ベビーカーの開閉時に指がはさまれないよう注意。

ベビーカーマーク
電車やバスの中でも、ベビーカーを折りたたまずに使うことができることを意味する。

4 2歳の子どもの一日

| 0時 | 1 | 2 | 3 | 4 | 5 | 6 | 7 | 8 | 9 | 10 | 11 | 12 | 13 | 14 | 15 | 16 | 17 | 18 | 19 | 20 | 21 | 22 | 23 | 24 |

寝る　朝食　遊び　ひとり遊び　おやつ　外遊び　昼食　お昼寝　おやつ　遊ぶ　夕食　お風呂　寝る

- しらす入りごはん　納豆　ほうれん草のおひたし
- 牛乳　バナナ
- お好み焼き　ヨーグルト
- 蒸しパン
- サケとブロッコリーのシチュー　ごはん　ミニトマト

データ	4歳	体重 15.9kg 身長 101.3cm	5歳	体重 18.1kg 身長 107.9cm	6歳	体重 20.3kg 身長 114.4cm

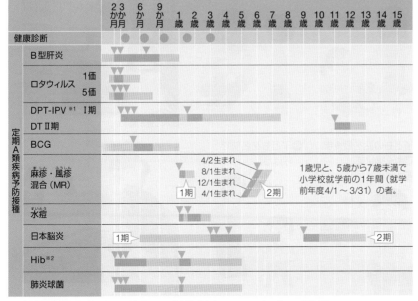

成長の記録

はしだってじょうずに使えるよ　　いもの皮むき中　　犬といっしょに

	4歳	5歳	6歳
心身	身長は出生時の約2倍になる。多弁期。だいたいの日常会話は話せるようになる。	自制心が現れ、情緒が完成する。ひらがなが読めるようになる。話し相手に応じた言葉が使える。	きちんと自分の意思を伝えることができ、物事をじょうずに説明できる。ひらがなが書ける。
運動	三輪車にのる。ルールを守って遊べる。はさみが使える。はしがじょうずに使える。	スキップや片足立ちができる。役割分担をしながら、ルールを守って遊べる。	跳び箱やなわとびができる。立体制作ができる。
生活	排せつの自立。ボタンをかける。ひとりで着替える。顔を洗う。	ひとりで寝られる。ひもがむすべる。髪をとかす。	ひとりで身のまわりのことができる。社会的生活習慣が身につく（安全、あいさつ、マナーなど）。

5 ぜひ受けておきたい予防接種

健康診断と予防接種はいつ受ける？

▼接種　標準的な接種時期　接種が定められている年齢

	2・3 か月	6 か月	9 か月	1歳	2歳	3歳	4歳	5歳	6歳	7歳	8歳	9歳	10歳	11歳	12歳	13歳	14歳	15歳
健康診断	●	●	●	●		●												
B型肝炎	▼▼ ▼																	
ロタウイルス 1価	▼▼																	
ロタウイルス 5価	▼▼▼																	
DPT-IPV ※1 Ⅰ期	▼▼▼																	
DT Ⅱ期												▼						
BCG	▼																	
麻疹・風疹混合（MR）				1期		2期												
水痘				▼ ▼														
日本脳炎				1期	▼	▼▼			▼				2期 ▼					
Hib ※2	▼▼▼			▼														
肺炎球菌	▼▼▼			▼														

（定期A類疾病予防接種）

麻疹・風疹混合（MR）欄の注記：
4/2生まれ、8/1生まれ、12/1生まれ、4/1生まれ　1期 / 2期
1歳児と、5歳から7歳未満で小学校就学前の1年間（就学前年度4/1～3/31）の者。

定期予防接種

ぜひとも受けておくべきもので、基本的に無料。具体的には、DPT-IPV（百日咳・破傷風・ジフテリア・不活化ポリオ）、麻疹（はしか）、風疹、日本脳炎、BCGなど。

任意予防接種

受けたほうがよいが、料金がかかるもの（自治体により料金が異なる）。インフルエンザ、おたふくかぜ（流行性耳下腺炎）などがある。

※1 D：ジフテリア、P：百日咳、T：破傷風、IPV：不活化ポリオ　※2 Hib：インフルエンザ菌b型

ので反抗しているように感じるが、自立のための過渡期で、自我が発達しそれをやりたいと自己主張しているのである。

6 乳幼児の遊び

子どもの成長にともない遊びはどのように変化する？
絵本は子どもにどのように受け取られているの？
テレビはどんな影響を与える？

1 子どもの成長とおもちゃ

感覚遊び 0～1歳

ガラガラ・おしゃぶり・風車など、目・耳・口・手先などの感覚を楽しませる。

運動遊び 1～6歳

ブランコ・なわとび・すべり台など、手足やからだ全体を動かす。

受容遊び 1～6歳

テレビ・絵本・紙芝居などを見聞きして楽しむ。

模倣遊び 2～6歳

ままごと・電車ごっこなど、ごっこ遊びや想像遊び、周囲の生活のまねをする。

構成遊び 2～6歳

粘土や折り紙などを組み立て、製作する。

ゲーム遊び 3～6歳

トランプ・カルタ・かんけりなど、2人以上で行うルールのある共同遊び。

子どもと接する時には…

❶まず大きな声で
あいさつしよう。

こんにちは！

❷元気な笑顔で
接しよう。

❸子どもと同じ目線で、
目を見て話そう。

絵本の読み聞かせ

❹ゆっくりと大きな声
で話そう。

こう
やってね…

❺子どもの話を最後まで
よく聞いて
答えよう。

❻子どもを名前で
呼ぼう。

○○くん
こっち！

手洗い

🅀🅰 おもちゃについている「STマーク」とは？▶「ST」は、セーフティートイ（安全なおもちゃ）の略。日本玩具協会が定めた安全基準を満た

2 絵本の世界

■ どのように子どもたちは絵本を楽しんでいるのだろう

ものの絵本：「動物」「食べ物」など

『いちご』（平山和子 福音館書店）

やっと摘みとられたいちごは、ボールの中でみずみずしく輝いています。じつに美しい絵です。

はじめてこの絵本を読んだとき、赤い実をそっとつまんで食べてみせました。「みんなにもあげるね」子どもたちは、いっせいに口をあけ、絵の中のいちごを入れてくれるのを待っていました。
（保育所の1歳児クラスにて）

生活絵本：1日の生活や遊びを描いたもの

『いない いない ばあ』（松谷みよ子 童心社）

ねこや、くまや、ねずみが「いないいない」をしていて、ページをくるごとに、一匹ずつ「ばあ」と顔を見せる絵本です。ときどき、おとなをよびつけては、「オッ、オッ」と画面を指さして笑っている、まさくん。けいくんは、両手で顔をおおうねことつぎのページのねこを、交互に見ています。
（保育所の1歳児クラスにて）

物語絵本：昔話を採録したものや創作物語

『おおきなかぶ』
（A・トルストイ再話 福音館書店）

読んでいくうちに、〈うんとこしょ どっこいしょ〉の言葉に呼応して、子どもの体が自然とゆれはじめました。（略）かぶが抜けると、みんな、絵の中のおじいさんやおばあさんのように小躍りしています。
（保育所の2歳児クラスにて）

（中村柾子『絵本はともだち』精興社）

絵本は宝物が現れる不思議なおまじない

わたしが思うに、このくらいの年の子（一歳半～二歳）にとっては、自分がその中にひたって暮らしていることばというものが、まだ意味をもったものとしてはとらえられておらず、ある種の音として感じられる状態なのでしょう。そして、本という、なんだかわからないが、四角い形をしたものをあけると、おとなが、一定の音声を発してくれる。

それは、まるで、全体として、ふしぎな、魔力をもった呪文のようなものに、思われるのではないでしょうか。

（松岡享子『サンタクロースの部屋』こぐま社）

---

3 スマホと子育て

1 乳幼児の年齢別スマホの使用状況 (2018年)

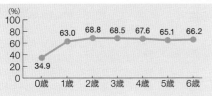

2 乳幼児のユーチューブ、ゲーム・知育アプリの利用状況 (2018年)

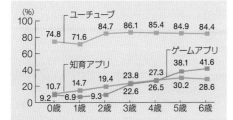

3 乳幼児の情報機器やネット利用に関する心配事 (2018年)

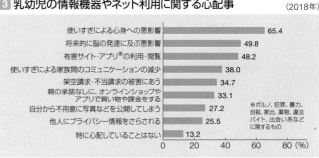

※ポルノ、犯罪、暴力、自殺、家出、薬物、違法バイト、出会い系などに関するもの

1〜3 東京大学大学院情報学環（情報社会心理学）橋元良明教授の研究室による調査

解説 2018年に、0～6歳の第1子を育てている母親を対象に実施した調査によると、幼い子どもを育てる母親たちがスマホを手放せない一方、子どもが情報機器に触れることで、心身や脳の発達への悪影響や、ポルノや暴力などの有害サイト・アプリを見てしまうのではないかと懸念していることがわかる。

した製品につけられる。形状、燃焼性、鉛・カドミウムなどの有害物質などを検査する。海外では、欧州のCEマークや米国のASTMマークがある。

7 子どもと親をとり巻く問題

子どもは欲しい？
仕事しながら子どもを育てるって難しいこと？
児童虐待ってどんな行為のこと？

1 子どもをもつということ

1 子育てに対する楽しさ・つらさ (4か国比較) (2020年／%)

- 楽しさを感じるときの方がかなり多い
- 楽しさを感じるときの方がやや多い
- つらさを感じるときの方がやや多い
- つらさを感じるときの方がかなり多い
- 無回答

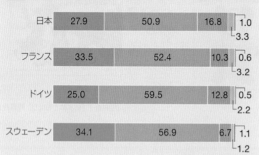

日本	27.9	50.9	16.8	1.0 / 3.3
フランス	33.5	52.4	10.3	0.6 / 3.2
ドイツ	25.0	59.5	12.8	0.5 / 2.2
スウェーデン	34.1	56.9	6.7	1.1 / 1.2

(内閣府「少子化社会に関する国際意識調査」)

2 子どもをもつ場合の条件

(2014年／複数回答)

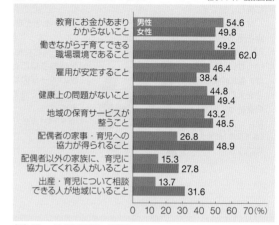

	男性	女性
教育にお金があまりかからないこと	54.6	49.8
働きながら子育てできる職場環境であること	49.2	62.0
雇用が安定すること	46.4	38.4
健康上の問題がないこと	44.8	49.4
地域の保育サービスが整うこと	43.2	48.5
配偶者の家事・育児への協力が得られること	26.8	48.9
配偶者以外の家族に、育児に協力してくれる人がいること	15.3	27.8
出産・育児について相談できる人が地域にいること	13.7	31.6

(注) 20～49歳有配偶者への調査。
(内閣府「家族と地域における子育てに関する意識調査」)

3 理想子ども数と予定子ども数

(2021年)

	理想子ども数	予定子ども数
(人)	2.25	2.01

(国立社会保障・人口問題研究所「第16回出生動向基本調査」)

解説 夫婦が予定している子ども数は、理想としている子ども数を下回る（3）。その理由としては、「子育てや教育にお金がかかる」という経済的負担の大きさがもっとも多い（4）。

4 予定子ども数が理想子ども数を下回る理由

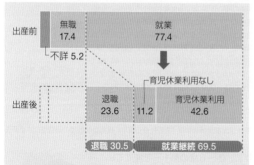

育児の心理的・肉体的負担に耐えられない

子育てや教育にお金がかかりすぎる

自分の仕事に差し支える

夫の家事・育児への協力が得られない

欲しいけれどもできない

高年齢で生むのはいやだから

2 仕事と育児の両立は難しい？ (少子化については→p.7)

1 第1子出産前後の妻の就業変化

(2021年／%)

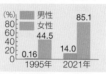

出産前	無職 17.4	就業 77.4	不詳 5.2

育児休業利用なし

出産後	退職 23.6	11.2	育児休業利用 42.6

退職 30.5　就業継続 69.5

(国立社会保障・人口問題研究所「第16回出生動向基本調査 (2015～2019年出生児)」より作成)

解説 出産前には8割近くの女性が就業している。しかし、そのうちの約30%が出産・妊娠を機に退職している。女性の育児休業の取得は増えてきているが、制度を利用する前に多くの女性が退職しているのだ。

2 育児休業の取得率

(%)	男性	女性
1995年	0.16	44.5
2021年	14.0	85.1

(厚生労働省「雇用均等基本調査」)

解説 1996年の育児休業法の改正後、男性の育児休業の取得は徐々に進んでいるが、取得率はまだ低い（2）。男性の育児休業の取得はできなかった理由をみると、職場で育児休業を取得しにくい状況であることがわかる（3）。

3 育児休業を利用しなかった理由 (男性)

(2021年／複数回答上位5つ)

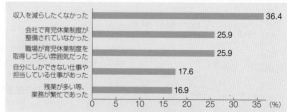

収入を減らしたくなかった	36.4
会社で育児休業制度が整備されていなかった	25.9
職場が育児休業制度を取得しづらい雰囲気だった	25.9
自分にしかできない仕事や担当している仕事があった	17.6
残業が多い等、業務が繁忙であった	16.9

(厚生労働省「仕事と育児等の両立に関する実態把握のための調査研究事業」)

❹ 待機児童数と年齢区分別の割合

（2022年）

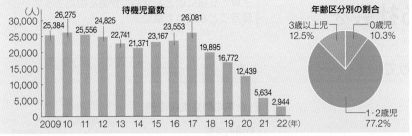

待機児童数

年	人数
2009	25,384
10	26,275
11	25,556
12	24,825
13	22,741
14	21,371
15	23,167
16	23,553
17	26,081
18	19,895
19	16,772
20	12,439
21	5,634
22	2,944

年齢区分別の割合

- 3歳以上児 12.5%
- 0歳児 10.3%
- 1・2歳児 77.2%

解説 待機児童とは、定員超過などの理由で、保育所に入所したいと希望していて入所できない児童のことである。近年、共働き世帯が増えたことを背景に、多くの待機児童が常に存在する（→p.31 TOPIC）。年齢構成をみると、3歳未満が9割近くを占める。

（注）2011年の数値は、震災の影響のため、岩手県、宮城県、福島県の8市町を除く。

（厚生労働省「保育所等関連状況取りまとめ」）

❸ 児童虐待の現状

❶ 虐待の種類

身体的虐待	殴る、何日も食事を与えない、戸外に放置する、タバコの火を押しつけるなど。
ネグレクト（保護の怠慢・拒否・放置）	育児放棄、遺棄、衣食住を与えない、学校に行かせない、同居人による虐待を放置することなど。
心理的虐待	子どもへの暴言・脅迫・無視などにより心理的外傷を与えること。子どもがDV（配偶者への暴力）を目撃する、など。
性的虐待	性的行為の強要・誘導、子どもをポルノグラフィーの被写体にする、売買春行為をさせるなど。

❷ 虐待の内容

（2020年）

- ネグレクト 31,430件 15.3%
- 性的虐待 2,245件 1.1%
- 心理的虐待 121,334件 59.2%
- 身体的虐待 50,035件 24.4%

（注）総数205,044件の内訳。　（厚生労働省「福祉行政報告例」）

❸ 虐待を行った者

（2020年）

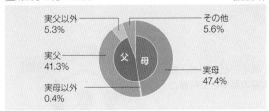

- 実父以外 5.3%
- その他 5.6%
- 実父 41.3%
- 父
- 母
- 実母 47.4%
- 実母以外 0.4%

（注）総数205,044件の内訳。　（厚生労働省「福祉行政報告例」）

❹ 児童虐待防止法

児童虐待防止法は2000年に制定された。2019年の改正（2020年4月施行）では、親らが「しつけ」として体罰を行うことが禁止された。しかし民法では「監護及び教育に必要な範囲内で懲戒できる」と定めているため、懲戒権のあり方が施行後2年をめどに検討される。

❺ 現代の育児環境と育児不安

私の体験では乳児の育児をして抱える不安は、父親／母親に関係しない。「育児」そのものに不安があるとも思わない。現在の住宅地で赤ん坊と二人だけで孤立無援に生活すること、そこに不安の核心があるのだと思う。

核家族には余計な人間が全然いない。フルタイムの育児を引き受けた親はたった一人で子どもと向き合わなくてはならない。一般常識では母性の名のもとに母親が子どもを育てるんだからそんなことは当たり前だということになるのだが、そこには重要なことが見落とされていると私は言うことができる。母性があろうがなかろうが、一人きりで子どもと生活するのはしんどいことなのだ。それは自分でやってみればわかる。（略）

育児不安を母親の問題としてとらえては、問題を見誤ると私は思う。私たちが生活している今の社会は、たった一人で赤ん坊と生活するのがきつい社会なのである。そこから問題を見ていってほしいと思う。〔体験記−太田睦〕

（大日向雅美編『こころの科学103』日本評論社）

父親
育児責任

TOPIC

「子どもの貧困」の問題

現在日本では、約7人に1人の子どもが「貧困」とされる水準で生活する。これは、先進国のなかで高く、問題視されるようになった。家庭が貧困だと、学費や塾代などの捻出が難しく、教育の機会が制限される。高校進学率は、全世帯（約99%）に比べ、生活保護世帯の子は約5ポイント低い（2020年）。学歴が低いと高所得の仕事に就きにくく、親から子への「貧困の連鎖」も指摘されている。

こうした状況を受け、2013年には「子どもの貧困対策法」が成立し、2019年に改正された。

●貧困の負の連鎖

- 生まれた家庭の状況 低所得など
- 子ども時代の不利 限られる教育機会など
- 青年期の困難 低賃金の職など

8 安心して子どもを生み育てる社会を

男性が育児をしやすい環境を整えるためには？
子育て支援にはどんなものがあるのだろう？
認定こども園ってなに？

1 男性の育児参加に向けて

1 職場で解決すべき課題

意識面での課題

職場全体が両立支援制度を理解し、制度利用を「お互い様」という感覚で認め合える雰囲気をつくることが必要である。

経営者：育児は女房が一人でがんばったものだよ。
同僚：君の仕事は誰がやるの？
管理職※：うちは女房の実家が手伝ってくれてね。
子育て世代の社員：育児休業を取りたいって言いづらいよなあ。

※経営層の方針を伝達する立場

働き方の面での課題

有給休暇の取得率は、近年50%をようやく超えた程度で、職場全体の業務の進め方が長時間労働を前提としている。

長時間労働が当たり前／明らかな人員不足／一部の社員に仕事集中／単身赴任／誰も休暇を取らない雰囲気

制度・運用面での課題

男性の場合、多くが主たる生計維持者であり、育児休業のような長期休業により、その間の収入がとだえる不安が女性以上に大きい。

キャリアに傷？／収入は？／周囲に迷惑？

（厚生労働省、21世紀職業財団「男性社員が育児参加しやすい職場づくりガイドブック」、内閣府「男女共同参画白書」より作成）

2 企業の両立支援の例

経済的支援
子どもが生まれたら子ども1人につき55万円を支給される。（電気機器製造業）

勤務時間
在宅勤務、週3日勤務、半日勤務など多様な働き方の選択肢を持つ。（化学工業）

勤務評価
短時間勤務者がフルタイム勤務者と同じ成果をあげた場合は、同じ基準で評価される。（医薬品製造業）

支援体制の整備
育児休業者には、インターネットでさまざまなビジネススキルアップのための講座や育児支援のためのコンテンツが提供される。（医薬品製造業）

（厚生労働省、21世紀職業財団「男性社員が育児参加しやすい職場づくりガイドブック」）

3 くるみんマーク（→口絵■21）

2003年に成立した次世代育成支援対策推進法は、従業員数101人以上の企業に両立支援のための行動計画を作るよう義務づけた。そして、ある一定の認定基準を満たした企業に対しては、2007年以降、次世代認定マーク「くるみん」が交付されるようになった。2015年より、さらに優良な企業に対し、「プラチナくるみんマーク」が交付されている。

TOPIC

こども家庭庁の発足（2023年4月）

こども家庭庁は、虐待やいじめ、子どもの貧困などに幅広く対応するため、子どもの安全で安心な生活環境の整備に関する政策を推進する役割がある。3つの部門が設けられる。

●企画立案・総合調整部門
・子どもの視点に立った企画立案、総合調整

●成育部門
・妊娠・出産の支援

・幼稚園や保育所・認定こども園で、共通の教育・保育内容の基準を文科省と共同で策定。
・子どもの性被害を防ぐため、子どもと関わる仕事をする人の犯罪歴をチェックする「日本版DBS」の導入を検討

●支援部門
・いじめ対策や不登校対策
・ヤングケアラーの支援
・子どもの貧困対策、ひとり親家庭の支援

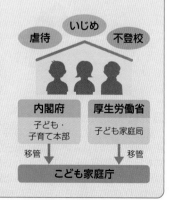

虐待／いじめ／不登校

内閣府 子ども・子育て本部 → 移管
厚生労働省 子ども家庭局 → 移管
こども家庭庁

Q&A 幼児教育・保育無償化とは？ ▶2019年10月から幼児教育・保育の無償化が全面的に実施された。幼稚園や保育所に通う3〜5歳の全ての

2 子ども・子育て支援新制度

2012年に子ども・子育て関連3法が成立し、これに基づく「子ども・子育て支援新制度」が2015年からスタートした。

1 施設の流れ

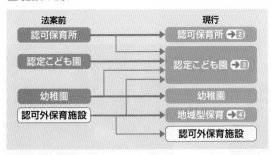

4 地域型保育の4つのタイプ

家庭的保育（保育ママ）

家庭的な雰囲気のもとで、少人数（定員5人以下）を対象に、きめ細かな保育を行う。

小規模保育

少人数（定員6～19人）を対象に、家庭的保育に近い雰囲気のもと、きめ細かな保育を行う。

2 認可保育所

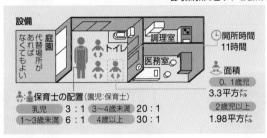

認可保育所の基準（一部抜粋）

事業所内保育

会社の事業所の保育施設などで、従業員の子どもと地域の子どもを一緒に保育する。

居宅訪問型保育

障がい・病気などで個別のケアが必要な場合などに、保護者の自宅で1対1で保育を行う。

3 認定こども園

	幼稚園	認定こども園 （2006年～）	保育所
対象	保護者の希望		保育が必要な乳幼児
年齢	3歳～就学前の児童	0歳～就学前の児童	
保育時間	標準4時間 （＋預かり保育）	原則8時間（＋延長保育など）	
入園手続き	設置者と直接契約		市区町村と契約
保育料の設定	施設の設置者		市区町村（保護者の所得に応じる）
管轄	文部科学省	内閣府	厚生労働省

特徴

- 保護者が働いている・いないにかかわらず利用可能。
- 園に通っていない子どもの保護者に対しても、子育て相談や親子交流の場を提供するなど、地域の子育て支援活動も行う。

現状

- 地域の事情や保護者のニーズに応じて、「幼稚園型」「保育所型」「幼保連携型」「地方裁量型」の4つのタイプがある。
- 2021年4月1日現在、施設数は8,585になった。

解説 子ども・子育て支援新制度は、すべての子育て家庭を支援する仕組み。ファミリーサポートセンター、地域子育て支援拠点、病児保育、一時預かり、養育支援訪問などの支援も用意されている。

また、子ども・子育て関連3法の1つだった「子ども・子育て支援法」は2018年4月に改正された。これは、認可保育所に入れない待機児童の解消を進めるための法律である。

待機児童と保育施設の現状

認可外保育施設とは、国の基準は満たしていないが、自治体が独自に決めている基準には達していて、自治体から助成を受けて運営されている保育施設のことである。待機児童の多い都市部などでは、このような認可外保育施設が多くある。有名なのは、東京都の認証保育所だ。0、1歳児の面積は、一人当たり2.5平方メートル以上に緩和され、0～2歳児を一緒に保育する混合保育も行われている。

このような運用が、待機児童の解消に役立つ一方、基準以上の詰め込みが原因で、死亡する事故も全国では起きている。保育の『質』を保った上で待機児童をいかに解消できるかが課題となる。

隠れ待機児童の問題もある。隠れ待機児童とは、自治体が補助する認可外施設に入った等のケースに当てはまるもので、待機児童の対象には含まれない。2022年4月時点の隠れ待機児童の数は、約7万3千人であった。

1 高齢者のいま

高齢な人からイメージするものは何だろう？
高齢者の方が不安と感じることは何だろう？
身近な高齢者の方の話を聞いたことがある？

1 元気な高齢者

「高齢者」と聞いて、どんな印象を受けるだろうか。もしかしたら、マイナスイメージを持っていないだろうか。

年を重ねていても活躍を続けている人はたくさんいる。マスコミで活躍が伝えられる高齢者だけでなく、身近ななかにも、さまざまな社会参加を通じて活躍する高齢者の姿を見ることができる。

三浦雄一郎（プロスキーヤー・登山家 1932年生）2013年5月23日、80歳（世界歴代1位）でエベレスト再登頂を果たした。父の敬三氏も100歳でスキー滑降を行い、話題となった。

加藤一二三（元プロ将棋棋士 1940年生）1954年当時の史上最年少棋士。数々のタイトルを獲得し、2017年に引退するまで最高齢現役だった。現在は芸能界などでも活躍中。

イクジイ
定年を機会に、子育てならぬ孫育てに積極的に関わろうという高齢男性を、「イクジイ」という。自分の孫だけではなく、ファミリーサポートセンターなどを通じて、近隣地域にいる子どもの面倒を見ることで、高齢者自身も近所とのつながりが新たに生まれるメリットもある。

東京都港区のヘアーブティックを経営する82歳の福島好子さん。仕事への意欲が大切という。

愛知県一宮市のマクドナルドで働く84歳の横川英子さん。週5日、3輪自転車で通う。

2 何歳からが高齢者？

「高齢者」と聞いて、あなたは何歳以上の人をイメージするだろうか？

右のグラフは、60歳以上の男女を対象に「高齢者とは何歳以上だと思うか」との問いに対する回答結果である。一般的には、高齢者＝65歳以上を指す場合が多いが、そう答えた人は、むしろ少数派という結果となった。

■ 学会が75歳からと提言

平均寿命が延び（→p.40 QA）、社会を支える側としての高齢者の活躍を期待して、2017年に日本老年学会と日本老年医学会が、高齢者の定義を現在の65歳以上から75歳以上にすべきとの提言を行った（65歳〜74歳は准高齢者）。

しかし国連の定義とも異なる上に、誰もが健康とは限らず、年金の支給開始年齢の先延ばしにつながりかねないとの心配する声も出ている。

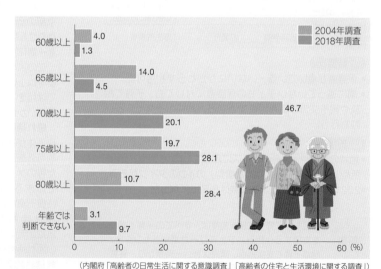

	2004年調査	2018年調査
60歳以上	4.0	1.3
65歳以上	14.0	4.5
70歳以上	46.7	20.1
75歳以上	19.7	28.1
80歳以上	10.7	28.4
年齢では判断できない	3.1	9.7

（内閣府「高齢者の日常生活に関する意識調査」「高齢者の住宅と生活環境に関する調査」）

解説 2004年と2018年の比較としてみると、高齢者をイメージする年齢は、「70歳以上」は大きく減り、「75歳以上」「80歳以上」とする回答が増えている。

QA 健康寿命とは？▶日常生活に介護などを必要とせず、心身ともに自立した状態で生活できる生存期間のこと。平均寿命では年数という「量」

3 高齢者（60歳以上）の意識

1 あなたはどの程度生きがいを感じていますか？

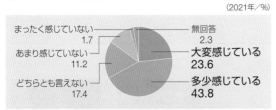

(2021年／%)

まったく感じていない 1.7
あまり感じていない 11.2
どちらとも言えない 17.4
無回答 2.3
大変感じている 23.6
多少感じている 43.8

（内閣府「高齢者の生活と意識 第9回国際比較調査」）

2 生きがいを感じるのはどのようなときですか？

(2021年)

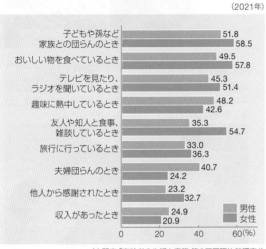

子どもや孫など家族との団らんのとき 51.8／58.5
おいしい物を食べているとき 49.5／57.8
テレビを見たり、ラジオを聞いているとき 45.3／51.4
趣味に熱中しているとき 48.2／42.6
友人や知人と食事、雑談しているとき 35.3／54.7
旅行に行っているとき 33.0／36.3
夫婦団らんのとき 40.7／24.2
他人から感謝されたとき 23.2／32.7
収入があったとき 24.9／20.9

男性／女性

（内閣府「高齢者の生活と意識 第9回国際比較調査」）

3 おしゃれについてどの程度関心がありますか？

(%)

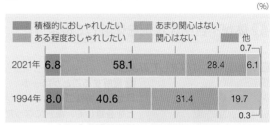

積極的におしゃれしたい／ある程度おしゃれしたい／あまり関心はない／関心はない／他

2021年 6.8／58.1／28.4／6.1／0.7
1994年 8.0／40.6／31.4／19.7／0.3

（内閣府「高齢者の日常生活・地域社会への参加に関する調査」）

4 地域活動やボランティアに参加していますか？

(2009年／%)

継続的に参加している／たまに参加する／以前参加していた／参加したことはない／わからない

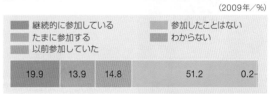

19.9／13.9／14.8／51.2／0.2

（内閣府「高齢者の地域におけるライフスタイルに関する調査」）

5 今後、地域活動やボランティアに参加したいですか？

(2009年／%)

積極的に参加したい／できるだけ参加したい／機会があれば参加してもよい／参加したいが、できない／あまり参加したくない／わからない

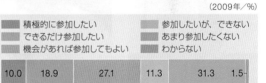

10.0／18.9／27.1／11.3／31.3／1.5

（内閣府「高齢者の地域におけるライフスタイルに関する調査」）

4 高齢者が不安に感じることは？

1 将来の日常生活に不安を感じるか

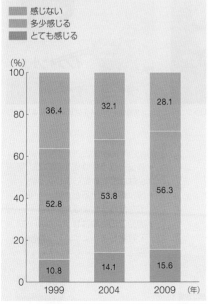

感じない／多少感じる／とても感じる

(%)

1999年 36.4／52.8／10.8
2004年 32.1／53.8／14.1
2009年 28.1／56.3／15.6

（年）

（内閣府「高齢者の日常生活に関する意識調査」）

2 不安を感じる理由

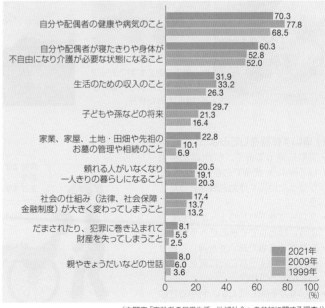

自分や配偶者の健康や病気のこと 70.3／77.8／68.5
自分や配偶者が寝たきりや身体が不自由になり介護が必要な状態になること 60.3／52.8／52.0
生活のための収入のこと 31.9／33.2／26.3
子どもや孫などの将来 29.7／21.3／16.4
家業、家屋、土地・田畑や先祖のお墓の管理や相続のこと 22.8／10.1／6.9
頼れる人がいなくなり一人きりの暮らしになること 20.5／19.1／20.3
社会の仕組み（法律、社会保障・金融制度）が大きく変わってしまうこと 17.4／13.7／13.2
だまされたり、犯罪に巻き込まれて財産を失ってしまうこと 8.1／5.5／2.5
親やきょうだいなどの世話 8.0／6.0／3.6

2021年／2009年／1999年

（内閣府「高齢者の日常生活・地域社会への参加に関する調査」）

を示すが、健康寿命は「質」に着目している。厚労省によると、日本の男性は72.68歳、女性は75.38歳（2019年）である。

2 高齢者の健康〈1〉

年をとると、体にどのような変化があるのだろう？
車いすの生活で不便なことは？
介護認定の要支援と要介護は、どう違うのだろう？

1 体が不自由な状況を体験してみよう

1 高齢者疑似体験をしてみよう

■ 理解することが第一歩
耳せんや特殊ゴーグル、手足のおもりなどを装着して、高齢になったときの身体機能低下や心理変化を擬似的に体験してみよう！

電話の呼び出し音を聞いてみよう
聴覚の変化を体験。

新聞を読んでみよう
視覚の変化・老人性白内障や視野狭さくを体験するゴーグルを使用。

階段の上り下りをしてみよう
平衡感覚の変化を体験できる。足元に注意しよう。

棚の上の物を取ってみよう
筋力の老化により、手を上げるのがたいへん。

小銭を数えてみよう

うすいゴム手袋を2枚ずつ着け、両手指を2本ずつテープでしばることにより、指先が不自由になった状態。

床に落とした物を拾ってみよう
関節が曲がりにくくなった状態を体験。うまく拾えるだろうか。

食事をしてみよう

（日本ウェルエージング協会・インスタントシニアにより作成）

2 車いす体験をしてみよう

- 実際に乗ってみて、50mほど移動してみよう。徒歩での移動と比べて、かかった時間や体力消費はどうだろう？
- スロープを下りたり上ったりしてみよう。ひとりでできるだろうか？
- 介助する立場で車いすを押してあげよう。どのようなことに気をつけたらよいだろうか？
- 車いすが利用しにくい、利用できなかった場所はどこだろう？

段差です。前をあげますよ
はい

- 普段と違う体験をするので、安全な状態を確認しましょう。
- 学校の外に出るときは、とくに気を配りましょう。
- 単独での行動はせず、グループで行動しましょう。

2 高齢者の身体の変化

人が生まれてから死ぬまでの時間的な過程を「加齢（aging）」といい、加齢にともなって身体の諸機能が低下することを「老化」という。

■ 五感の変化

- **視力**：40歳代から視力の低下が始まり、80歳では40歳時の半分以下となる。
- **聴力**：特に高い音が聞こえにくくなる。
- **味覚**：味覚が鈍くなることで、濃い味を好むようになり、塩分の過剰摂取にもつながる。
- **嗅覚**：匂いに鈍感になり、食品の鮮度低下やガス漏れなどの危険の察知が遅れる。
- **触覚**：痛みなどにも鈍感になり、病気の発見が遅れることもある。

退職によって社会的な役割や人間関係が変化したり、身近な人の死に直面したりすることで不安や焦燥、疎外感を感じる人もいる。

- **知能**：もの忘れなどがあるが、加齢が原因の能力低下は日常生活に著しい支障はない。
- **口腔**：唾液量が減ることで虫歯になりやすく、歯茎も弱まることで歯が抜けることもある。
- **循環器系**：心拍数の低下、血圧の上昇、動脈硬化など。血流が減少することで脳機能にも影響が出る。
- **呼吸器系**：肺機能が低下することで呼吸量も減少する。
- **消化器系**：胃腸の動きの低下、便秘など。
- **骨量・筋肉の減少**
- **関節の変形**

3 認知症

脳疾患によって知的能力が低下した状態の総称で、日常生活にも支障が出る。2012年には約462万人だったが、2025年には約700万人（高齢者の5人に1人）に増えると推計され、誰もがなりうる病気といえる。

1 認知症の症状

脳の障がいに起因する中核症状と、それによるストレスや対人関係などから生じる行動・心理症状がある。

●中核症状	●行動・心理症状
・記憶障がい、判断力の低下 ・失行：目的に合った行動ができない ・失語・言語障がい ・見当識障がい：時間や場所、相手が誰だかわからなくなる ・失認：見えるものがわからない ・実行機能障がい：手順がわからず準備や計画ができない 　　　　　　　　　　　　　など	・焦燥、不安 ・無気力、抑うつ ・幻覚、妄想 ・道に迷う ・危険行為 ・不潔行為 ・暴力、暴言 ・介護拒否 　　　　　　など

2 認知症の人と接するには

認知症によって記憶力や判断力が低下しても、その人の感情や心まで失われたわけではない。もっとも不安の中にいるのは、当の本人である。認知症の人と接するときは、下記の点を考慮しよう。

- その人の世界に寄り添う
- できることはやってもらい、自尊心を傷つけない
- 理屈で説得しない。納得できることを大切にする
- 相手の言動を否定せず、その言動の背景にある意味を理解する

3 認知症の高齢者を支える工夫

認知症の高齢者は、その症状から日々の生活に困難を感じることが多い。周囲の人のひと工夫でその苦労を軽減させることもできる。

年月日や予定をわかりやすく

ものを見つけやすくする

リモコンはシンプルに

使わないボタンをかくす

家族がいることがわかるように

晶子は外出しています。5時には戻ります。

（大島千帆『認知症ケア　やさしい住まい・暮らしの工夫』家の光協会より作成）

3 高齢者の健康〈2〉

ロコモティブシンドロームとはなんだろう？
介護認定の要支援と要介護は、どう違うのだろう？
高齢者の介護をめぐる問題とは何だろう？

1 ロコモティブシンドローム（locomotive syndrome）

筋肉、骨、関節、軟骨、椎間板といった運動器の障がいにより立ったり歩いたりする機能が低下している状態をロコモティブシンドローム（運動器症候群）という。進行すると日常生活にも支障が生じ、介護が必要となる場合もある。若い頃からの生活習慣も影響しているので、要注意。

■ ロコモをチェックする7つのポイント

□ 片脚立ちで靴下がはけない

□ 家の中でつまずいたりすべったりする

□ 階段を上がるのに手すりが必要である

□ 家のやや重い仕事が困難である

□ 2kg程度の買い物をして持ち帰るのが困難である

□ 15分くらい続けて歩くことができない

□ 横断歩道を青信号で渡り切れない

ひとつでもチェックがあるとロコモの心配あり！

（ロコモチャレンジ！推進協議会Webサイトより）

2 健康を害してしまったら

1 介護が必要になる不安

(2012年)

現在すでに介護を受けている　　　わからない

(%)	総数	男性	女性	配偶者いる	配偶者いない
現在すでに介護を受けている	4.2	4.3	4.1	3.6	5.9
わからない	0.8	0.6	0.9	1.6	1.6
まったくない	25.3	30.6	20.9	26.0	23.3
あまりない	24.8	26.4	23.5	26.1	20.9
ときどきある	35.7	30.1	40.4	35.9	35.4
よくある	9.2	8.1	10.2	8.0	12.9

（内閣府「高齢者の健康に関する意識調査」）

解説 高齢期の不安の1位はなんといっても健康（→p.33）。介護が必要となる不安を感じる（「よくある」と「ときどきある」の合計）のは、男性よりも女性、配偶者がいない場合の方が高い結果となった。

2 介護が必要な高齢者の状況 (介護認定者数) (2020年／人)

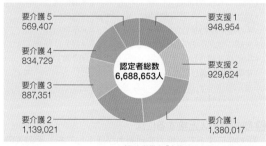

要介護5
569,407

要介護4
834,729

要介護3
887,351

要介護2
1,139,021

認定者総数
6,688,653人

要支援1
948,954

要支援2
929,624

要介護1
1,380,017

（厚生労働省「介護保険事業状況報告年報」）

要支援1〜2	日常生活の一部に介護が必要だが、介護サービスを適応に利用すれば心身の機能の維持・改善が見込める状態。
要介護1	立ち上がりや歩行が不安定で、排せつや入浴などに部分的介助が必要。
〜	
要介護5	日常生活全般について全面的な介助が必要で、意志の伝達も困難。

QA QOLとは？▶ Quality Of Life の略で、精神面を含めた生活全体の豊かさをふまえた「生活の質」のこと。高齢者を支援するにあたっては、

3 高齢者をめぐる状況

1 老老介護・認認介護

高齢者を介護する人が同世代の高齢の配偶者だったり、親を介護する子が高齢化している実態がある。同居で介護する人の約4割が70歳以上という調査もあり、これを老老介護という。高齢者による介護は、体力的にも精神的にも負担が大きい。さらに、認知症の人が認知症の家族を介護することを、認認介護という。火の不始末など何か起きても自ら助けを求めることが難しい場合もあり、危険が見過ごされるような深刻な事態も生じている。

■ 介護する人の続柄 (2019年／%)

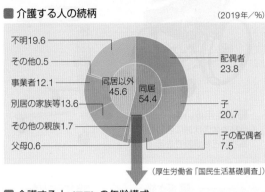

（厚生労働省「国民生活基礎調査」）

■ 介護する人（同居）の年齢構成 (2019年／%)

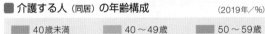

| 40歳未満 | 40～49歳 | 50～59歳 |
| 60～69歳 | 70～79歳 | 80歳以上 |

| 1.5 | 5.6 | 19.6 | 30.6 | 26.5 | 16.2 |

（厚生労働省「国民生活基礎調査」）

2 高齢者虐待

介護疲れや介護ストレスから起こる、高齢者に対する虐待が問題となっている。その4割は息子によるものとされている。高齢者に対するこうした虐待が増加している事態を受け、2006年には高齢者虐待防止法が施行され、早期の発見と対処が図られるようになったが、すべての虐待について対応できているわけではない。

■ 虐待の種別・類型別被虐待者の人数

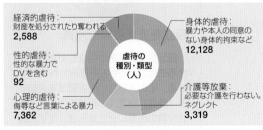

経済的虐待：財産を処分されたり奪われる 2,588
性的虐待：性的な暴力でDVを含む 92
心理的虐待：侮辱など言葉による暴力 7,362
虐待の種別・類型（人）
身体的虐待：暴力や本人の同意のない身体的拘束など 12,128
介護等放棄：必要な介護を行わない。ネグレクト 3,319

■ 虐待の加害者 (人)

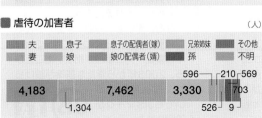

| 夫 | 息子 | 息子の配偶者（嫁） | 兄弟姉妹 | その他 |
| 妻 | 娘 | 娘の配偶者（婿） | 孫 | 不明 |

| 4,183 | 7,462 | 3,330 | 703 | 569 |

1,304 / 526 / 9 / 596 / 210

（厚生労働省「令和2年度高齢者虐待の防止、高齢者の養護者に対する支援等に関する法律に基づく対応状況等に関する調査結果」）

家族にのしかかる介護

介護を理由とする離職はとくに女性に多く、ある女性はこんな風にいった。

「介護で仕事を辞めたんです。この17年間の間に、夫の両親、自分の両親、夫、5人の介護です。介護漬けの一生、悔しさで今でも涙が出ます。今度は、自分の介護ですが、誰がしてくれるんでしょうね」

（沖藤典子『介護保険は老いを守るか』岩波書店）

介護疲れから来る無理心中、介護殺人、老人虐待などが現在でも起きているように、家族だけで介護することには限界がある。介護保険制度（→p.42～43）は、介護を家族の問題ではなく、社会が取り組む問題としてつくられた。

3 孤立死（孤独死）

ひとり暮らしの人が、誰にも看取られることなく、亡くなること。死後かなりの時間が経過して発見されることもある。核家族化と希薄な人間関係が背景にある。

最近では、亡くなったあとに引き取り手もいない「無縁死」も社会問題化しつつある。

■ 孤立死を身近な問題と感じますか (60歳以上) (2018年度／%)

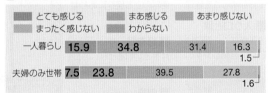

| とても感じる | まあ感じる | あまり感じない |
| まったく感じない | わからない | |

| 一人暮らし | 15.9 | 34.8 | 31.4 | 16.3 | 1.5 |
| 夫婦のみ世帯 | 7.5 | 23.8 | 39.5 | 27.8 | 1.6 |

（内閣府「高齢者の住宅と生活環境に関する調査」）

4 成年後見制度

認知症、知的障がい、精神障がいなどによって物事を判断する能力が十分ではない人について、本人の権利を守る援助者（成年後見人等）を選ぶことで本人を法律的に支援する制度で、2000年に施行された。後見人は、本人の意思を尊重し、かつ本人の心身の状態や生活状況に配慮しながら、本人に代わって、財産を管理したり必要な契約を結ぶ。あらかじめ契約により後見人と内容を決めておく「任意後見制度」と、判断力が不十分となってから家庭裁判所によって後見人が選ばれる「法定後見制度」がある。

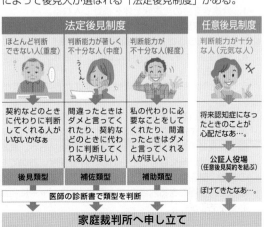

法定後見制度

ほとんど判断できない人（重度）	判断能力が著しく不十分な人（中度）	判断能力が不十分な人（軽度）
契約などのときに代わりに判断してくれる人がいないかなあ	間違ったときはダメと言ってくれたり、契約などのときに代わりに判断してくれる人がほしい	私の代わりに必要なことをしてくれたり、間違ったときはダメと言ってくれる人がほしい
後見類型	補佐類型	補助類型

医師の診断書で類型を判断

任意後見制度

判断能力が十分な人（元気な人）
将来認知症になったときのことが心配だなあ…。
公証人役場（任意後見契約を結ぶ）
ぼけてきたなあ…。

家庭裁判所へ申し立て

---

4 福祉用具と住まい

高齢者が不自由を感じるのはどんな場面だろう？
福祉用具にはどのようなものがあるのだろう？
住まいの工夫のポイントは何だろう？

1 福祉用具のいろいろ

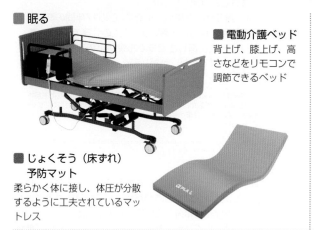

■ 眠る

■ 電動介護ベッド
背上げ、膝上げ、高さなどをリモコンで調節できるベッド

■ じょくそう（床ずれ）予防マット
柔らかく体に接し、体圧が分散するように工夫されているマットレス

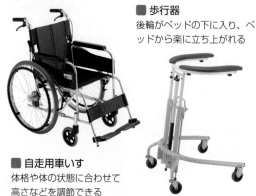

■ 移動する

■ 歩行器
後輪がベッドの下に入り、ベッドから楽に立ち上がれる

■ 自走用車いす
体格や体の状態に合わせて高さなどを調節できる

■ 排せつする

■ 照明
十分な明るさを確保

■ 入り口と扉
段差がなく、間口は広く、開閉しやすい引き戸

■ 手すり
便器の立ち座りにあわせた手すりの設置

■ 紙巻器
片手で切れるワンタッチ式

■ 暖房
室温の急激な変化は体に負担。冬場の温度変化を少なくする

■ 床
滑りにくく、掃除しやすい床

■ 操作盤（リモコン）
表示の大きいリモコン

■ おしり洗浄機
おしりを清潔に保てる。暖房便座機能があるとより快適

■ 便座昇降付きトイレ
斜め昇降または垂直昇降で便座の立ち座りを補助する

■ 緊急ブザーの設置
緊急通報のためのブザー

■ コンセント
洗浄機などを利用するためにあると便利

効果的な機器の活用——在宅介護を行う

1. 介護者を含めた家族全体を視野に入れる。
2. 本人や家族がどのような生活をめざしているか整理する。
3. 「その人らしさ」や「満足度の高い生活」を考える。
4. 「満足度の高い生活」のために、生活をデザインするという視点をもつ。
5. 心身の状態の変化の方向性をふまえた長期的視点が必要。

こうした観点をふまえ、それぞれの介護の事情に合った福祉用具を導入する工夫が重要になる。用具による支援には、高齢者の自立支援と介護者の負担の軽減という2つの側面がある。機器の導入が生活改善の起爆剤になることもある。介護保険においても「福祉用具の貸与・購入費支給」や「住宅改修費用の補助」といった項目があるので、適用できる内容についてケアマネジャーに相談することも必要である。

TOPIC

自立を支える福祉用具

　自分らしい生活や自立した生活ができることは、〈生きる意欲〉へとつながる。その人らしい生活習慣を実現する「自立」を支える用具の活用は、生活行動の改善にとどまらず、生活の質をも高めてくれるだろう。

　なお、車いす（電動・手動）や在宅用電動介護ベッドについては、2007年に重傷・死亡事故が相次いだことから、2008年から新たな基準が設けられ、福祉用具についてもJISマークが設定された。

---

② 暮らしやすい住まいの工夫

■ 移動しやすい安全な室内

段差のない床と広い廊下

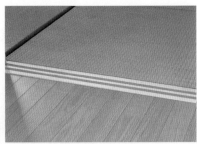

和室と洋室の間に段差なし

操作面が大きく、軽くさわるだけで点灯・消灯できるスイッチ

階段手すりと照明

室内に多くの段差があったりすると福祉用具の導入にも支障がある。設計段階から、移動しやすい空間を工夫したり、住宅改造によって安全な空間を作り出すことが必要。

② 使いやすい浴室と機器

■ 節水にもなる水栓金具
ワンタッチのスイッチシャワー

■ サーモスタット付き水栓
目盛りやハンドルが大きく、出っ張りが少ない

■ 低い洗面器台
らくな姿勢でからだが洗える洗面器台

■ 冬場の寒さ対策
浴室暖房

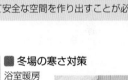

■ またぎ込み時、浴槽内の握りバー
姿勢保持、浴槽の出入りをサポート

■ プッシュ式の排水栓
腰をかがめなくても操作ができるプッシュワンウェイ式

■ 安全な入り口
敷居の段差がない、引き戸の広い入り口

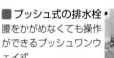

■ 浴槽移乗スペース
浴槽の縁に腰掛けてから浴槽をまたげる

浴室用品

■ 浴槽台
浴槽内での立ち座りの負担を軽減

■ バスマット
浴槽内に敷いて使用

■ バスボード
浴槽に渡しかけて移乗台として使用

■ 移乗台
移乗スペースがない場合に洗い場に取り付ける

■ 回転いす
洗い場から浴槽への移動がらく

■ 浴槽手すり
湯気のなかでも見やすい赤色グリップ付き

■ シャワーチェアー
握り手付きで、立ち上がりがらく

体に大きな負担となる場合がある。各部屋の寒暖の差はできるだけ少なくすることが大切である。

5 高齢社会の現状

日本の人口構成はどのように変化するだろうか？
仕事を退職した高齢者は、収入はどうするのだろう？
生活費はどのくらい必要だろう？

1 日本の人口ピラミッド

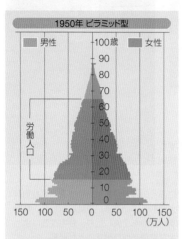

1950年 ピラミッド型
■男性 □女性
100歳

2021年 ひょうたん型
■男性 □女性

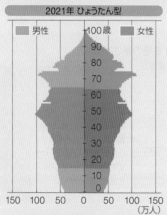

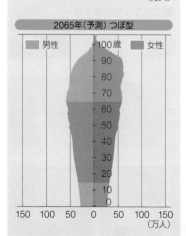

2065年（予測）つぼ型
■男性 □女性

（総務省統計局Webサイト「我が国の推計人口」、国立社会保障・人口問題研究所「日本の将来推計人口（2017年推計）」ほか）

解説 日本の人口構成は、若年層が少なく、高齢層が多い「つぼ型」になると予測される。

2 高齢化の推移と将来推計

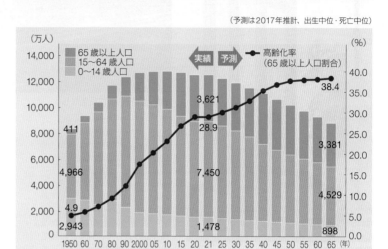

（予測は2017年推計、出生中位・死亡中位）

65歳以上人口
15〜64歳人口
0〜14歳人口
高齢化率（65歳以上人口割合）

（総務省「国勢調査」、国立社会保障・人口問題研究所「日本の将来推計人口」ほかより作成）

解説 65歳以上の高齢者の割合（高齢化率）が14％以上を「高齢社会」、21％以上を「超高齢社会」という。日本は2007年以降、超高齢社会である。今後もさらにその割合は増えると予測される（→口絵■17）。

3 ひとり暮らし高齢者世帯の増加

1 65歳以上の世帯員がいる世帯の内訳

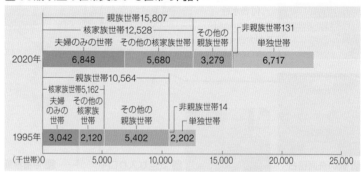

（総務省「国勢調査」）

2 65歳以上のひとり暮らしの割合

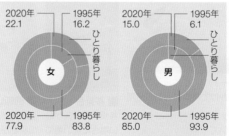

（総務省「国勢調査」）

解説 高齢者のいる世帯全体が大幅に増え、とくに「夫婦のみの世帯」と「単独世帯（ひとり暮らし）」が急速に拡大している（■1）。ひとり暮らし率は女性の方が多いが、増加率では男性の方が急増している（■2）。

4 高齢者の経済 ── 1か月の平均収支 ──

1 高齢夫婦（65歳以上）の無職世帯

(2021年)

実収入 236,576円								
社会保障給付 216,519円						その他 20,057円	不足分 18,525円	
可処分所得 205,911円								
消費支出 224,436円								
非消費支出 30,664円	食料 29.3%	住居 7.4%	光熱・水道 8.7%	保健医療 7.2%	交通・通信 11.2%	教養娯楽 8.6%	交際費 9.2%	その他 11.5%

家具・家事用品 4.6%　被服・履物 2.2%　%は消費支出に対する割合

（総務省「家計調査」）

2 65歳以上の単身無職世帯

(2021年)

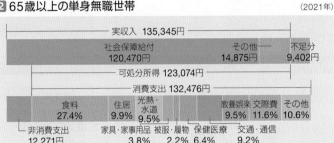

実収入 135,345円				
社会保障給付 120,470円		その他 14,875円	不足分 9,402円	
可処分所得 123,074円				
消費支出 132,476円				
食料 27.4%	住居 9.9%	光熱・水道 9.5%	教養娯楽 9.5% 交際費 11.6%	その他 10.6%

非消費支出 12,271円　家具・家事用品 3.8%　被服・履物 2.2%　保健医療 6.4%　交通・通信 9.2%

（総務省「家計調査」）

解説 夫婦でも単身者でも高齢者の収入の約9割は社会保障給付に依存している。それでも支出総額には足りず不足分が生じているが、預貯金によってまかなっている。

※消費支出とは、食料費、住居費、光熱費などの生活するのに直接必要な費用のこと。非消費支出とは、税金や社会保険料のこと（→p.94）。

5 高齢者の就業状況

1 高齢者の就業・失業状況

(2021年)

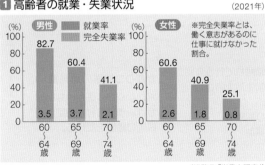

※完全失業率とは、働く意志があるのに仕事に就けなかった割合。

男性　就業率 / 完全失業率
- 60〜64歳：82.7 / 3.5
- 65〜69歳：60.4 / 3.7
- 70〜74歳：41.1 / 2.1

女性　就業率 / 完全失業率
- 60〜64歳：60.6 / 2.6
- 65〜69歳：40.9 / 1.8
- 70〜74歳：25.1 / 0.8

（総務省「労働力調査」）

解説 一般に、公的年金受給額が増加するほど就業率は低下し、受給額が減少するほどそれを補うために就業率は高くなる。高齢者の多くが働いており、60〜64歳では男性の約8割、女性の約6割が働いている。

2 高齢者（65歳以上）が働きたい理由

(2017年)

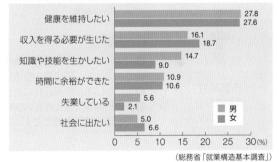

（男 / 女）
- 健康を維持したい：27.8 / 27.6
- 収入を得る必要が生じた：16.1 / 18.7
- 知識や技能を生かしたい：14.7 / 9.0
- 時間に余裕ができた：10.9 / 10.6
- 失業している：5.6 / 2.1
- 社会に出たい：5.0 / 6.6

（総務省「就業構造基本調査」）

解説 男女ともに「健康を維持したい」とする割合がもっとも高い。理由に男女差はあまりないが、差が出るのは「知識や技能を生かしたい」である。

介護離職とトモニンマーク

親や家族などの介護のために、やむを得ず仕事を辞める介護離職が年間約10万人に達している（→口絵■18）。離職しないまでも、働きながらの介護には、育児とは異なる心身の疲労が負担となっている。背景には、突発的に問題が発生することや、必要な介護も多種多様であること、また場合によっては期間のめどが立ちにくいことなどがある。厚生労働省は、介護休業制度をつくるだけでなく、継続的に就業できるような職場環境の整備促進に取り組んでいる企業に対し、トモニンマークを交付するようになった。

仕事と介護の両立支援

女性の平均余命は5.74年、男性は4.38年である（簡易生命表による）。平均寿命とは、0歳児の平均余命のことである。

6 介護保険による サービスの利用

介護保険サービスの申請はどうしたらいいのだろう？
どのように判定されるのか？
どのような介護サービスがあるのだろう？

1 介護保険のサービスを受けるまでの手順

高齢社会を迎え、家族による介護だけでは限界があるとして、介護の社会化をめざし2000年に介護保険制度がスタートした。2005年の改正では、介護認定区分に要介護の他に要支援が加わり、予防の重視がうたわれた。

1 申請書の提出
本人か家族が、市区町村の窓口に介護保険証を添えて提出。

2 訪問調査

3 かかりつけ医（主治医）の意見書

4 審査・判定

5 認定結果の通知

被保険者	要介護認定

在宅の人

現に施設に入所している人

申請

市区町村
高齢者福祉
担当部署

訪問調査
保健師やケースワーカー、介護支援専門員（ケアマネジャー）など、専門の調査員が家庭を訪問し、本人の心身の状況（74項目）＋透析など特別な医療処置の必要度（12項目）を調査票にチェック。

訪問調査の際、書き取ってきた特記事項

調査項目
❶入浴、排せつ、食事等、身体に直接触れて行う介助
❷衣服の洗濯、日用品の整理等、日常生活上の世話
❸はいかい等、問題行動に対する対応
❹歩行訓練等、身体機能の訓練および補助
❺呼吸管理等、医療に関することの補助

1次判定
コンピュータによる判定
訪問調査をもとに、コンピュータによる個別項目から介護の必要時間（要介護認定基準時間）を推計。

2次判定
介護認定審査会による判定
1次判定とかかりつけ医の意見書をもとに判定。不備などがあれば「再調査」と判定したり、申請者や家族に直接、話を聞くこともある。

かかりつけ医の意見書
＊かかりつけ医がいない場合は、市区町村が指定する医師の診断を受ける。

さまざまな介護サービス

訪問介護（ホームヘルプサービス）
お年寄りの自宅で食事のお世話。

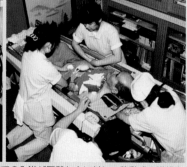

訪問入浴介護 自宅での入浴が困難な人に対し、移動式の浴槽を使って専門のスタッフが体を洗う。

■ 介護スケジュールの一例（1週間単位）

	月	火	水	木	金	土	日
午前	ホームヘルプサービス 訪問看護	自治体のデイサービス （送迎あり）	通院および訪問診療	老人保健施設のデイサービス（送迎はボランティア）	ホームヘルプサービス（ボランティア） 訪問看護	ホームヘルプサービス（ボランティア）	家族対応
午後	食事サービス	デイサービス （10時〜15時）	リハビリテーション	デイサービス	食事サービス	家族対応	家族対応
夜間	家族対応	民間ホームヘルプサービス（15時〜）	家族対応	民間ホームヘルプサービス	家族対応	家族対応	家族対応

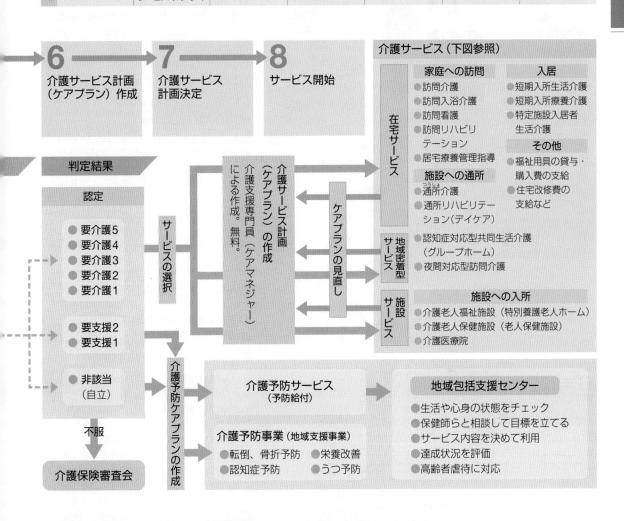

6 介護サービス計画（ケアプラン）作成

7 介護サービス計画決定

8 サービス開始

介護サービス（下図参照）

在宅サービス

家庭への訪問
- 訪問介護
- 訪問入浴介護
- 訪問看護
- 訪問リハビリテーション
- 居宅療養管理指導

施設への通所
- 通所介護
- 通所リハビリテーション（デイケア）

入居
- 短期入所生活介護
- 短期入所療養介護
- 特定施設入居者生活介護

その他
- 福祉用具の貸与・購入費の支給
- 住宅改修費の支給など

地域密着型サービス
- 認知症対応型共同生活介護（グループホーム）
- 夜間対応型訪問介護

施設サービス

施設への入所
- 介護老人福祉施設（特別養護老人ホーム）
- 介護老人保健施設（老人保健施設）
- 介護医療院

判定結果

認定
- 要介護5
- 要介護4
- 要介護3
- 要介護2
- 要介護1

- 要支援2
- 要支援1

- 非該当（自立）

サービスの選択

介護サービス計画（ケアプラン）の作成 介護支援専門員（ケアマネジャー）による作成。無料。

ケアプランの見直し

不服

介護保険審査会

介護予防ケアプランの作成

介護予防サービス（予防給付）

介護予防事業（地域支援事業）
- 転倒・骨折予防
- 認知症予防
- 栄養改善
- うつ予防

地域包括支援センター
- 生活や心身の状態をチェック
- 保健師らと相談して目標を立てる
- サービス内容を決めて利用
- 達成状況を評価
- 高齢者虐待に対応

■ デイサービス

通所介護（デイサービス）の送迎。ボランティアの人の協力も得て。

■ デイサービスでのレクリエーション
ボランティアの人と体を動かし機能回復にも。

■ 特別養護老人ホームでの介護

床ずれができないよう体を動かす。

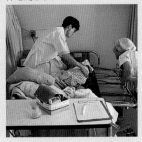

サービスの一部を国から市町村の事業に移管する、③特養ホームの利用は要介護3以上とする法律が成立した。

7 生活を支える社会保障制度

年金ってよく聞くけど、どういう制度？
若いうちは関係ないと思うんだけど……？
年金のほかにどんな社会保障制度があるの？

1 国民年金って、どういう制度？

年金ってよく聞くけど、どういう制度なのか、よくわからない。

高校生の私たちには、まだまだ先の話なんでしょ？

「国民皆年金」といって、20歳になったら加入して、保険料を納める義務があるの。メリットもあるから、よく勉強しておきましょう。

国民年金は、働く世代（20歳以上60歳未満）が納める保険料と、国の税金によって、65歳以上の高齢者に生活費を支給する制度。自分の払った年金を受け取るのではなく、現時点における世代と世代が支えあうしくみ（賦課方式）。高齢者に対する支給だけでなく、若者にもメリットはある（→p.45 3 ）。

2023年度の保険料は、月額16,520円。

解説 現役世代の保険料と、税金の割合は1：1。年金支給の半額は税金である。

65歳以上人口
（年金受給世代）

現役世代の保険料 ＋ 税金

2 年金制度のしくみ

国民年金を基礎年金として、全国民が加入する（国民皆年金）。さらに、サラリーマンや公務員は厚生年金が上乗せされるので「二階建方式」とも呼ばれる。

これらの公的年金でも不足する場合は、私的年金に個人で加入する。

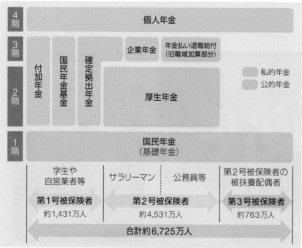

| 4階 | 個人年金 | | | |

私的年金
公的年金

3階 企業年金 年金払い退職給付（旧職域加算部分）

2階 付加年金 国民年金基金 確定拠出年金 厚生年金

1階 国民年金（基礎年金）

学生や自営業者等	サラリーマン	公務員等	第2号被保険者の被扶養配偶者
第1号被保険者 約1,431万人	第2号被保険者 約4,531万人		第3号被保険者 約763万人

合計約6,725万人

（人数は、厚生労働省「令和3年度の国民年金の加入・保険料納付状況」より）

年金Q＆A

❶ 保険料は何年間支払うの？

保険料を納付した期間と免除された期間の合計が10年以上であれば老齢年金を受け取ることができます。ただし、支給額は年額20万円弱となります。満額（年額約78万円）受け取るには40年間支払う必要があります。

❷ 未払い者が増えると制度が破綻する？

サラリーマンやその被扶養配偶者などは給料から自動的に徴収されるので、未払い者は第1号被保険者の一部で、全体からみると約2%にすぎません。未払い者は将来年金を受け取れないので、長期的な影響は少ないとされています。

（厚生労働省、日本年金機構「知っておきたい年金のはなし」より）

こんなときどうする！？

❶ 学生で保険料が納められない！
➡ 学生納付特例制度

年金課

学生で収入が少なく、保険料の納付が難しい場合は、市町村の窓口に申請することで、在学期間中の保険料納付を猶予することができ、年金加入期間としても認められる。この期間中に障害・事故にあっても、納付していた場合と同様に満額の障害基礎年金・遺族基礎年金が受給できる。

		納付	特例	未納
障害・遺族年金		満額	満額	×
老齢年金	資格期間	○	○	×
	年金額	満額	減額	×

❷ 20歳代で保険料が納められない！
➡ 保険料納付猶予制度

所得が少ない50歳未満の人が、将来、年金を受け取ることができなくなることを防止するため、保険料の納付が猶予される（2025年6月までの時限措置）。

❸ 保険料の追納

保険料が免除や猶予された期間があると、保険料を全額納付したときに比べ、将来受け取る年金額は少なくなるが、後から追納すれば大丈夫。

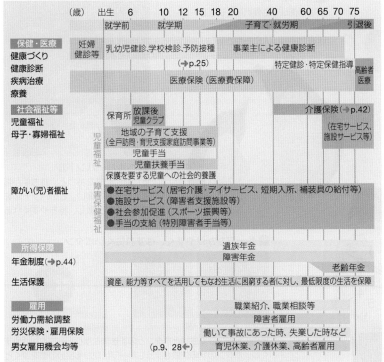

3 3つのリスクに備える公的年金制度

「年金」というと、高齢者のための制度ととらえがちだが、若い人にとっても利用できる制度である。公的年金制度は「老齢」「障がい」「死亡」の個人では避けられない3つのリスクに備えて、生活を支える。

	[リスク その1] もしも60歳定年後、その時点の平均余命※1まで生きるとしたら 「老齢基礎年金」	[リスク その2] もしも45歳で病気やけがで働けなくなったら 「障害基礎年金」	[リスク その3] もしも45歳で不幸にも亡くなってしまったら 「遺族基礎年金」
[太郎くんの場合] 「将来どうなるかわからないから、貯蓄しておく方が確実!!」	国民年金に加入せず、保険料と同じ、約796万円を貯金した。65歳以降、年に約78万円を生活費に使うが、75歳で底をついてしまう。その後の生活費はどうしよう…。	20歳から25年貯めていたお金(たとえば16,590円×12か月×25年間＝約498万円)は、家族の生活費や介護の費用を考えると、老後のゆとりはない。	太郎くんが老後のために蓄えた貯金を取り崩して生活することになる。
[次郎くんの場合] 「将来を考えたらリスクに対応してくれる国民年金でしょう!!」	65歳から国民年金を受け取れる。その額、年に約78万円。この額を一生涯受け取れ、平均余命までには支払い保険料以上の金額が受け取れる。長生きすればさらに受け取れる。	寝たきり(1級障がい)だと年に約97万円を生涯受け取り、子どもがいれば、上乗せで、高校を卒業するまで年22万円受け取れる。	残された家族は遺族基礎年金として、基本年に約78万円＋子どもの加算額(高校を卒業するまで)年約22万円を受け取れる。

(注) ※1：2021年の60歳男性の平均余命はおよそ24年。つまり84歳までと想定した。　→p.40 QA

(厚生労働省、日本年金機構「知っておきたい年金のはなし」より作成)

4 日本の社会保障制度

(歳) 出生		6	10 12 15 18 20	40	60 65 70 75
		就学前	就学期	子育て・就労期	引退後
保健・医療	妊婦健診等	乳幼児健診、学校検診、予防接種		事業主による健康診断	
健康づくり			(→p.25)		
健康診断				特定健診・特定保健指導	高齢者医療
疾病治療			医療保険(医療費保障)		
療養					
社会福祉等		保育所 放課後児童クラブ		介護保険(→p.42)	
児童福祉	児童福祉	地域の子育て支援 (全戸訪問・育児支援家庭訪問事業等)		(在宅サービス、施設サービス等)	
母子・寡婦福祉		児童手当			
		児童扶養手当			
		保護を要する児童への社会的養護			
障がい(児)者福祉	障害保健福祉	●在宅サービス(居宅介護・デイサービス、短期入所、補装具の給付等) ●施設サービス(障害者支援施設等) ●社会参加促進(スポーツ振興等) ●手当の支給(特別障害者手当等)			
所得保障			遺族年金		
年金制度(→p.44)			障害年金		
				老齢年金	
生活保護		資産、能力等すべてを活用してもなお生活に困窮する者に対し、最低限度の生活を保障			
雇用			職業紹介、職業相談等		
労働力需給調整			障害者雇用		
労災保険・雇用保険			働いて事故にあった時、失業した時など		
男女雇用機会均等		(p.9、28◀)	育児休業、介護休業、高齢者雇用		

(社会保障入門編集委員会編「社会保障入門2018」より作成)

TOPIC

年金は将来どうなる?

厚生年金を含む年金支給は、現役世代の月収の5割以上を支給する前提があり、この割合を所得代替率という。

政府による将来予測では、残念ながら現在の所得代替率よりも下がる結果となった。今後の経済状況(物価や賃金アップ率)や、現役世代の人数次第で、予測も大きく変わる。

悲嘆して保険料を納めないと無年金となり、障害・遺族年金も対象外となる。

政府試算の厚生年金モデル 所得代替率による比較		
61.7%	51.9%	46.1%
22万円	26.3万円	18.8万円
2019年	経済成長がうまくいく場合	経済成長がうまくいかない場合

(厚生労働省「2019年 財政検証結果」より)

8 ユニバーサル・デザイン

ユニバーサル・デザインって聞いたことある？
バリアフリーとはどう違うのだろう？
これからどんな工夫が必要なのだろう？

1 ノーマライゼーションとは

社会生活をどう送るかについて、すべての人々が基本的人権を尊重されながら自らが選択し、自らが決定できる社会をめざす考え方。例えば、障がいがあっても施設などに「隔離」するのではなく、自分が生活する地域で、健常者とともに同じ生活を送れるようにすることをめざす。

ノーマライゼーションの実現のために、バリアフリーやユニバーサル・デザインの考え方がある。

ノーマライゼーションの実現

バリアフリー	ユニバーサル・デザイン
【事後的対策】	【事前的対策】
すでにある障壁（バリア）を除去する	誰もが使えるように、最初からデザインする

2 ユニバーサル・デザインとは

ユニバーサル・デザインは、対象となる人を限定せず（ユニバーサル＝普遍的）、誰にとっても使いやすくあらかじめデザインする、事前の対策である。一方、似たような用語として「バリアフリー」がある。こちらは、障がいや高齢であることによってハンディキャップを負う人たちが生活する上で、支障となるようなもの（障壁＝バリア）を取り除くことをいい、事後の対策である。

身の回りにどのようなユニバーサル・デザインがあるか、実際に使ったときにどのような点がよいか考えてみよう。

■ ユニバーサル・デザインの考え方
❶ みんなが公平に使える
❷ さまざまな使い方ができる
❸ 使い方が簡単でわかりやすい
❹ その人にとって、使うのに必要なことがすぐわかる
❺ 使い方を間違っても、危なくない
❻ 少ない力で、楽に使える
❼ 使いやすい大きさや広さである

（川内美彦『ユニバーサル・デザイン バリアフリーへの問いかけ』「TOYOTA Universal Design Showcase」MEGAWEB ）

3 日々の生活で

■ はさみ
にぎりやすい球状のハンドル。カバーをつけたまま、置いた状態で切ることもできるので安全

■ 時計
ねじが大きく操作しやすい。文字盤も見やすい

■ ボールペン
長時間使っても疲れにくい。はっきりしたカラーコントラストは視力の弱い人にもやさしい

■ ヘルパーハンドル
重い買い物袋を持つと、持ち手が指にくいこんで痛い。このハンドルを使うと力が分散し、持ちやすくなる

■ ループがかけやすく、はずれにくいボタン

表　　　　　裏　　　　　使用図

裏側に足をつけて生地とボタンとのすきまを作りループをかけやすくし、ボタンの穴の位置をずらしループにかかる部分の懐を深くとってはずれにくくしてある

4 台所で

■ スプーン・フォーク
さまざまなにぎり方に配慮したグリップの
形。軽くて、力がなくてもにぎりやすい

■ オープナー
かたく閉まったびんのふ
たを簡単に開けられる

■ ユニバーサルデザインフード
日本介護食品協議会により、固さや
粘度によって区分表示されている

区分1	容易にかめる
区分2	歯ぐきでつぶせる
区分3	舌でつぶせる
区分4	かまなくてよい

ユニバーサルデザインフード

**■ 缶入りの
アルコール飲料**
識別のための点字が
ついている

■ ラップ
ラップをつまみやすい凹面加
工。誰でもスムーズにカット
できる押さえ位置を表示

■ キッチンばさみ
立てかけておけるので
指がかけやすい

5 まちなかで

■ スロープ
段差のある場所に設けられたスロープを
利用すれば、ベビーカーや荷台をスムー
ズに移動できる

**■ 通り抜けできる
エレベータ**
ベビーカーや車いす
を使用している場
合、エレベータから
降りるときに、向き
を変えずにそのまま
通り抜けできるので
進みやすい

■ 溝のフタなど
隙間が狭ければベビーカーの車輪や
ハイヒールのかかとがはさまらない

■ 超低床車両
入り口を低くして誰
もがらくに乗降でき
る。内部も段差がな
く、移動しやすいデ
ザイン

■ 案内表示
外国の人でもわかり
やすいように4か国
語で表記されてい
る。さらにピクトグ
ラフ（絵文字）によ
る表示

TOPIC

カラー・ユニバーサル・デザイン

人間の色の感じ方は一様ではなく、「色自体の見え
方が異なる」「特定の色同士が判別しにくい」という
色覚の人も多くいる。カラー・ユニバーサル・デザ
インは、そうした色覚タイプの違いによる不便さをデザ
インの段階から取り除き、なるべく全ての人に情報が
伝わるようにデザインしようとする考え方である。

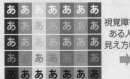

視覚障害が
ある人の
見え方の例

1 世界の衣服

世界には、どのような民族衣装があるだろうか？
その服を着る背景には、どのような要因が影響しているのだろうか（気候・宗教など）？

❶ アラスカ

アザラシやトナカイ（カリブー）をつかまえ、これらの毛皮を使った服で寒さをしのいでいる。

❷ ペルー

大きな布の真ん中に首を出すための穴があるだけの簡単な衣服の「ポンチョ」。

❸ ケニア　マサイ族

「カンガ」「キテンゲ」とよばれる大きな布を、体に巻きつける。

❹ ノルウェー　サーメ

あたたかいウールの衣服を重ねて着る。鮮やかな赤と青が特徴で、白一色の雪の中でも目立つよう考えられている。

❺ イギリス　スコットランド

男性は晴れ着として、「キルト」とよばれるタータン（チェックの毛織物）のスカートをはく。

❻ ブルガリア

女性はもちろん、男性の衣装にも刺しゅうがされている。刺しゅうには飾りだけでなく、魔よけの意味もある。

❼ サウジアラビア

イスラム教義に厳格な国では、女性は自分の家族以外の人に、肌をみせてはいけない。

⑧ 韓国・朝鮮

女性は「チョゴリ」とよばれる上着を着て、「チマ」とよばれる長い巻きスカートをはく。

⑨ 日本

振り袖は正式な祝いごとに着る着物で、金や銀の糸を使った豪華な刺しゅうや華やかな模様で飾られている。

⑩ 中国　苗族（ミャオ）

住む地域によって衣装もさまざまだが、基本は短い上着に、女性はプリーツスカートで男性はズボンをはく。アクセサリーには銀が用いられている。

■	熱帯雨林気候
■	サバナ気候
■	ステップ気候
■	砂漠気候
■	地中海性気候
■	温暖冬季少雨気候
■	温暖湿潤気候
■	西岸海洋性気候
■	亜寒帯(冷帯)湿潤気候
■	亜寒帯(冷帯)冬季少雨気候
■	ツンドラ気候
■	氷雪気候

⑪ ベトナム

「アオザイ」は長い着物という意味で、ふくらはぎから足首まで届くくらいの、長袖ワンピースの下に、「クワン」とよばれるゆったりしたズボンをはく。

⑫ カタール

砂漠の多いこの地域では、ベールやターバン、ゆったりとした衣服で、日差しやほこりをふせぎ風通しをよくしている。

⑬ インド

「サリー」とよばれる大きな1枚の布を体に巻きつける。現在でも職場や家庭でサリーを着ている。

⑭ フィジー

オセアニアは暑い地域が多く、あまり服を着る必要がないが、祭りのときはさまざまに工夫して飾る。

2 日本の衣服

日本の伝統衣装である着物の使われ方は？
日本の衣服の変遷はどのようになっているだろうか？
受け継がれてきた模様や染め物・織り物の種類は？

1 着物の種類

1 フォーマル（慶事用の第一礼装）

振り袖
袖丈の長い着物。未婚女性。

黒留め袖
地色が黒い留め袖。既婚女性。華やかな裾模様が特徴。五つ紋。

紋付き・袴
黒色の紋付きの羽織。五つ紋。

〔紋付き〕
紋付きとは家紋の入った着物のこと。

五つ紋
格式が一番高い

三つ紋
準礼装に

一つ紋
もっとも略式

2 セミフォーマル
（友人の結婚式やパーティなど）

訪問着
既婚未婚を問わない。柄付けが美しくつながっている。

3 普段着

小紋
同じ柄が着物全体に繰り返し続いている。紋なし。

浴衣
素材は綿・麻・ポリエステルなどがある。

4 浴衣

女性　男性

2 衣服の変遷

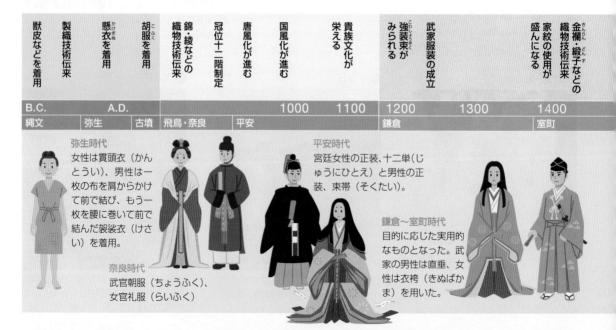

	B.C.					1000	1100	1200	1300	1400
		A.D.								
獣皮などを着用	製織技術伝来	懸衣を着用	胡服を着用	錦・綾などの織物技術伝来	冠位十二階制定	唐風化が進む	国風化が進む／貴族文化が栄える	強装束がみられる／武家服装の成立	金襴・緞子などの織物技術伝来／家紋の使用が盛んになる	
縄文	弥生	古墳	飛鳥・奈良	平安				鎌倉		室町

弥生時代
女性は貫頭衣（かんとうい）、男性は一枚の布を肩からかけて前で結び、もう一枚を腰に巻いて前で結んだ袈裟衣（けさい）を着用。

奈良時代
武官朝服（ちょうふく）、女官礼服（らいふく）

平安時代
宮廷女性の正装、十二単（じゅうにひとえ）と男性の正装、束帯（そくたい）。

鎌倉〜室町時代
目的に応じた実用的なものとなった。武家の男性は直垂、女性は衣袴（きぬばかま）を用いた。

Q&A 平安時代、貴族の女性の正装である「十二単」の衣装は何キロぐらい？▶ 下着から唐衣までをすべて着ると約20kg。貴族の生活は、身の

3 日本の色・柄と染め織り

1 衣装模様

古来から日本人は模様（紋様、文様）に対してさまざまな思いをこめていた。着る人の願いや祈りを表すだけでなく、教養や遊び心を表現したものもあった。江戸時代には、判じ絵と呼ばれる描かれた文字や絵からその意味を当てる絵解き形式の絵画が流行し、この傾向は模様の世界にも及んでいた。

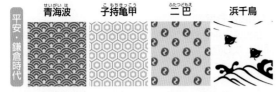

平安・鎌倉時代
青海波（せいがいは） 子持亀甲（こもちきっこう） 二巴（ふたつどもえ） 浜千鳥

江戸時代
矢絣（やがすり） 麻の葉 市松 かまわぬ

2 おもな染め織り

着物や帯には大きく分けて、染めと織りがある。**染め**とは、白生地に織り上げた後、染め加工を施したもの。**織り**とは、糸の色を染めてから織り上げたものをいう。

生地を彩色する染料は、かつてはすべて天然のものであった。その種類は、植物性・動物性・鉱物性の三つで、特定の地域だけで採れるものも多かった。

染め

京友禅（ゆうぜん）（京都府）
糊置きによる模様染めで、本友禅ともいわれる。

加賀友禅（石川県）
色のぼかしと、水彩画的な模様が特徴。

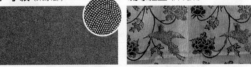

江戸小紋（こもん）（東京都）
模様は遠目には無地のように見えるほど細かい。

琉球紅型（りゅうきゅうびんがた）（沖縄県）
色使用の型染めで、模様は花鳥風月などがある。

織り

西陣織（京都府）
多くの色糸を使った絢爛豪華な絹織物。

結城紬（ゆうきつむぎ）（茨城県）
紬着尺地の最高峰。細かい十字絣（つむぎ きじゃく じ）で模様を表す。

大島紬（鹿児島県）
大島独特の絣加工で、繊細な絣模様を織り出す。

佐賀錦（佐賀県）
金箔（ばく）・銀箔などの特製和紙や絹糸で織りあげる。

ポルトガルより西洋服飾品の伝来	小袖（こそで）が中心になる	綿織物の普及	友禅染めの発達	粋（いき）の美感成立	ミシンの伝来	斬髪（ざんぱつ）・洋風化の進行	既製服販売開始	パーマネント流行	国民服制定	洋服化の進行 化学繊維の普及 ジーンズ流行 既製服中心の衣生活	ミニからビッグへ
1500	1600	1700	1800			1920			1950	1960	1970
	桃山・江戸				明治		大正		昭和		

武士

江戸時代
士農工商の身分が厳しく定められ、外見で身分がわかった。

高級武士

明治時代
一般には紋付き羽織袴で山高帽子にこうもり傘を持ち、靴をはく等の和洋折衷の風俗も見られた。

大正時代
1927年頃には、短い髪に帽子をかぶりスカートとハイヒールという姿のモガ（モダンガール）が流行した。

昭和時代
戦時中は衣料品不足から、男性は国民服着用が義務づけられた。女性はもんぺ姿となった。

昭和時代
1960年代後半ミニスカートの流行

まわりのことを召使いが行い、外出するときは牛車に乗るという自分で動くことが少ない生活だった。そのため重ね着をしても不便ではなかった。　**51**

3 衣服の色とイメージ

衣服を選ぶとき、何を基準にしているだろうか？
色でイメージは変わるのだろうか？
流行はどうやってつくられるのだろう？

1 色相・明度・彩度

1 色相環

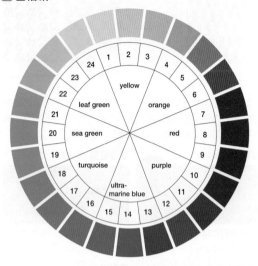

（オストワルト色相環・24色相）

2 明度と彩度

色相環の赤の部分を縦に切って明度と彩度を含んだ側面図にしたもの。

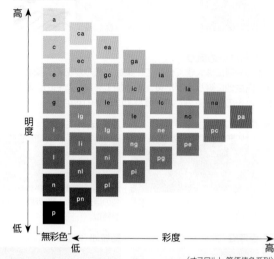

（オスワルト 等価色系列）

3 色の3要素

1. 色相
赤み、黄み、青みなど色の違いをあらわす。色相を円形に並べたものが色相環。隣り合っている色は類似色、向かい合っているのは反対色。

2. 明度
色の明るさの度合いをあらわす。基準は白、灰、黒。白みが多いと高明度、黒みが多いと低明度になる。無彩色には、明度の要素だけがある。

3. 彩度
色みの強さ、弱さの度合いをあらわす。無彩色には彩度の要素はない。

色相環の赤の部分を縦に切って明度と彩度を含んだ側面図にしたものが右の図。3つの要素から色のイメージがさまざまに変わる。

2 色にも性格がある

太陽を思わせる**暖色系**

水を思わせる**寒色系**

暖色系でも寒色系でもない**中性色**

重い色・軽い色

硬い色・やわらかい色

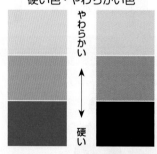

重い・軽い、硬い・やわらかいなどの印象は、ともに色の濃淡、明暗、くすみと冴えなどで決まる。

Q&A カラーコーディネーターってどんな仕事？▶色彩の特性を正しく理解し、最も効果的な配色やデザインなどの指導をするのがカラーコー

③ 色で変わるイメージ

淡い色・明るい色は**膨張色**

濃い色・暗い色は**収縮色**

同じ
デザインで
色を変える

濃い色の
パンツで
すっきり

色の濃淡の
配分を変える

カジュアルなイエローと
かっちりとした黒

④ 柄やデザインで変わるイメージ

ストライプと無地

さわやかな夏の
イメージ

冬に暖かい
イメージ

水玉の大小

かっちり
フォーマル

ふんわり
フェミニン

⑤ 流行のしくみ

■ 流行採用者カテゴリー あなたはどこ？

初期
採用者
13.5%

革新者
2.5%

前期
追随者
34%

後期
追随者
34%

遅滞者
16%

（エベレット・M・ロジャーズ）

解説 流行現象では、人々がいっせいに流行を取り入れるのではなく、最初にごく一部の革新者が採用し、続いてちらほら着ている人を見かける頃に採用する初期採用者が現れ、次に平均的メンバーが採用する（前期追随者）。多くの人が採用するのを見てそれに従って採用する後期追随者が現れる頃に流行は安定期から衰退期に向かう。流行を採用しない、関心がない遅滞者も一定程度いる。

⑥ 流行色のつくられ方

実シーズンの2年前から流行色は検討され商品化へと進む。　　→　実シーズン

実シーズンの 24〜18か月前	実シーズンの 18〜12か月前	実シーズンの 12〜6か月前	実シーズンの 6か月前〜
● 各国の代表がインターカラー（国際流行色委員会）に提案し、インターカラーを検討	● 民間団体・海外色彩情報各社によるカラー情報発表 ● JAFCA*アドバンスカラー、JAFCAファッションカラー発表 ● 糸や服地の素材展開催	● 国内合繊・紡績メーカーによるカラーとファッショントレンド発表 ● JAFCAアセンディングカラー発表 ● 各種素材展	● アパレル展示会の開催 ● デザイナーズコレクション発表

解説 色の流行は、意図してつくられたものと、自然発生的に結果として流行したものとがある。つくられる流行色の方は、パリに本部のあるインターカラー（国際流行色委員会）の年2回の会議によって決定される。この会議は世界各国の代表が集い、日本も参加している。

※JAFCA…（社）日本流行色協会

（葛西紀巳子・篠崎幸恵『色と配色の事典』成実出版）

4 繊維が 布になるまで〈1〉

天然繊維の原料はどんなもの？
化学繊維はどのような過程でつくられているだろう？
新しい繊維にはどのようなものがあるのだろう？

1 天然繊維の原料

1 植物繊維

■ 綿
綿花（コットンボール）がはじけてとれる綿繊維。これを紡ぐ。

■ 麻
亜麻や、苧麻の茎を乾燥させる。

亜麻

苧麻　　　　苧麻の生糸

3 繊維の長さ

	原料	繊維の長さ
綿	海島綿	45～50mm
	エジプト綿	35～45mm
	インド綿	32～40mm
	ブラジル綿	25～28mm
麻	亜麻	20～35mm
	苧麻	20～200mm
羊毛	メリノ羊毛	75～115mm
	イギリス羊毛	85～300mm
絹	家蚕	1,200～1,500m
	天蚕	500～600m

2 動物繊維

■ 絹
蚕のまゆを熱処理して巻き取る。5,000個のまゆで約1kgの絹糸になる。

蚕　　　　　まゆ

■ 羊毛（ウール）
品種改良された羊は数十種類にのぼるが、メリノ種が品質もよく生産量も世界一。年に1回、晩春から初夏にかけて採毛し、1頭あたりの採毛量は約3kg。

■ モヘヤ
アンゴラ山羊から採取する。モヘヤはアラビア語のmukhoyyerが語源で「絹のような」という意味。絹に劣らない光沢と滑らかさがある。1頭あたりの採毛量は約1kg。

■ アンゴラ
アンゴラウサギの肌毛はきわめて細く竹のように中空の髄があり、軽さは羊毛の1/3、暖かさは3倍といわれる。1年で3～4回刈り、年間採毛量は500g程度。

■ カシミヤ
カシミヤ山羊の全身をおおう粗い毛の下に密生した肌毛（うぶ毛）。1頭あたりの採毛量は200g程度で、1着のコートをつくるには20頭分の毛が必要。

2 おもな化学繊維のできるまで

1 再生繊維（レーヨンの場合）

天然繊維を化学処理して溶解させ、原液を紡糸して繊維に再生する。

パルプチップ

パルプやコットンリンター（綿の実から綿花〈リント〉をとったあとに残る短繊維）に苛性ソーダを加え、アルカリセルロースさらには粘性の強いビスコースをつくる。これを液体に押し出して固めるとビスコースレーヨンになる。

湿式紡糸　　　　　ビスコースレーヨン

2 合成繊維（ポリエステルの場合）

天然繊維素をまったく使わず、化学的に合成した物質を原料とする。

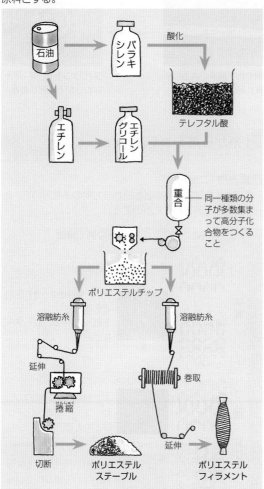

石油
パラキシレン
酸化
テレフタル酸
エチレン
エチレングリコール
重合 — 同一種類の分子が多数集まって高分子化合物をつくること
ポリエステルチップ
溶融紡糸　　　溶融紡糸
延伸
捲縮
巻取
延伸
切断
ポリエステルステープル
ポリエステルフィラメント

（日本化学繊維協会『化学せんい』）

3 半合成繊維（アセテートの場合）

天然繊維に合成化合物を結合させ、紡糸して繊維とする。

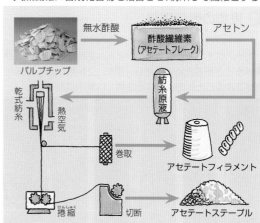

パルプチップ
無水酢酸
酢酸繊維素（アセテートフレーク）
アセトン
紡糸原液
乾式紡糸
熱空気
巻取
アセテートフィラメント
捲縮
切断
アセテートステープル

パルプチップに無水酢酸を加え、アセテートフレークをつくり、これにアセトンを加えてできた原液を気体中に押し出し蒸発させる。

TOPIC

進化する繊維

■ 涼しい繊維

自己調節機能繊維（動く繊維）：吸水すると伸長し乾燥すると収縮する。

- 通気調節タイプ（乾燥時は目が閉じ、発汗すると目が開く…運動時の蒸れ感を減らす）

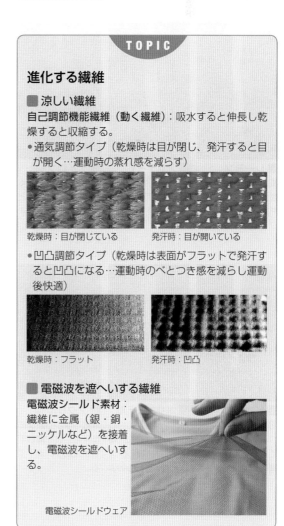

乾燥時：目が閉じている　　発汗時：目が開いている

- 凹凸調節タイプ（乾燥時は表面がフラットで発汗すると凹凸になる…運動時のべとつき感を減らし運動後快適）

乾燥時：フラット　　　発汗時：凹凸

■ 電磁波を遮へいする繊維

電磁波シールド素材：繊維に金属（銀・銅・ニッケルなど）を接着し、電磁波を遮へいする。

電磁波シールドウェア

多年草。琉球列島に多く見られ、葉に抗菌性・防虫性がある。

5 繊維が布になるまで〈2〉

各繊維は燃えるとどのような特徴があるのだろうか？
繊維から糸にする方法は？
布の種類にはどのようなものがあるのだろうか？

1 繊維の燃焼実験

布地の燃え方で、原料の糸がどんな繊維でできているか調べることができる。ただし、混紡（2種類以上の繊維を混ぜてよること）の糸による生地では判別はむずかしい。

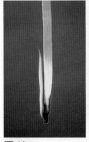

■綿
急速に燃え、炎を離しても燃え続ける。

■絹
縮みながら燃える。

■毛
縮れながらくすぶるように燃える。

■レーヨン
紙のように勢いよく燃える。炎を離しても燃え続ける（キュプラも同様）。

■アセテート
溶融しながら燃える、炎を離しても燃え続ける。

■ナイロン
溶融しながらゆっくり燃え、炎を離すと通常は消える。固まる前はあめのように伸びる。

■ビニロン
溶融しながらゆっくりと燃え、炎を離してもゆっくりと燃え続ける。

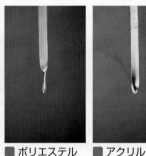

■ポリエステル
黒煙を出して溶融しながら燃え、炎を離すと通常は消える。固まる前はあめのように伸びる。

■アクリル
溶融しながら急速に燃える。炎を離しても燃え続け、滴下する。

2 繊維から糸をつくる

1 紡績糸をつくる

綿や羊毛のように短い短繊維（ステープル）

平行にひきそろえよりをかける（紡績）

紡績糸（けんし）
毛羽が多くかさ高

例：木綿糸

紡績機

よりをかける

2 フィラメント糸をつくる

絹や化学繊維のように細長く連続した長繊維

よりをかける

フィラメント糸
なめらかで光沢がある

例：絹糸

3 糸から布をつくる

1 編み物（ニット）

たて糸またはよこ糸のどちらか一方向の糸を用いて、ループ状にからみあわせた布のこと。

		組織	布の例・特徴
よこメリヤス	平編	（表）（裏）	天竺（てんじく綿100%）表 裏 表目と裏目がはっきり区別できる。下着・Tシャツ・セーターなど。
	ゴム編		リブ（綿95%・ポリウレタン5%）よこ方向によく伸びる。セーター・下着・スーツなどのそで口。
たてメリヤス	トリコット編		ツーウェイトリコット（ナイロン85%・ポリウレタン15%）伸縮性は小さいが、型くずれしにくく、ほつれにくい。水着・レオタード・シャツなど。

QA ジャージとは？ ▶元来ニット生地の総称で英国ジャージー島でとれる羊毛を用いた生地をさしたのでこう呼ぶ。現在はポリエステル素材が

② おもな織り物

たて・よこ2方向に、ほぼ直角に糸を交錯させて織った布のこと。

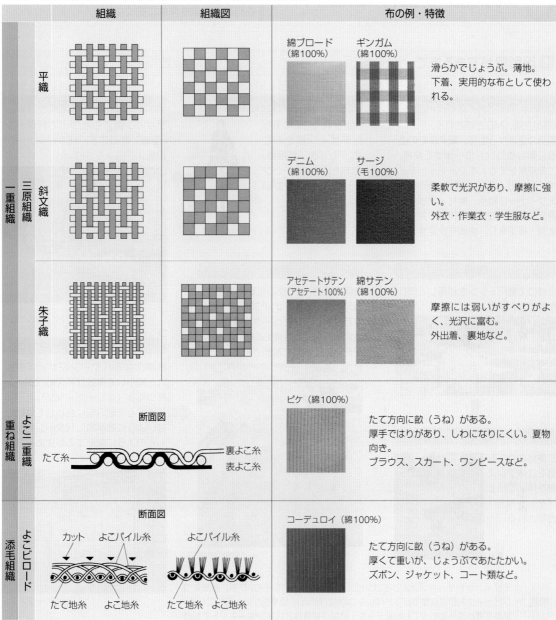

		組織	組織図	布の例・特徴
一重組織	三原組織	平織		綿ブロード（綿100%）　ギンガム（綿100%）　滑らかでじょうぶ。薄地。下着、実用的な布として使われる。
		斜文織		デニム（綿100%）　サージ（毛100%）　柔軟で光沢があり、摩擦に強い。外衣・作業衣・学生服など。
		朱子織		アセテートサテン（アセテート100%）　綿サテン（綿100%）　摩擦には弱いがすべりがよく、光沢に富む。外出着、裏地など。
重ね組織	よこ二重織	断面図		ピケ（綿100%）　たて方向に畝（うね）がある。厚手ではりがあり、しわになりにくい。夏物向き。ブラウス、スカート、ワンピースなど。
添毛組織	よこビロード	断面図		コーデュロイ（綿100%）　たて方向に畝（うね）がある。厚くて重いが、じょうぶであたたかい。ズボン、ジャケット、コート類など。

（よこ二重織 断面図）たて糸／裏よこ糸／表よこ糸

（よこビロード 断面図）カット　よこパイル糸／たて地糸　よこ地糸　　よこパイル糸／たて地糸　よこ地糸

③ その他の布

衣服の素材となる布は、そのほとんどが織り物と編み物で占められているが、その他の布も一部であるが使われている。

■ レース

糸をよりあわせたり、織り物・編み物に刺しゅうすることで、すかし模様をつくった布。ドレス、衣服の装飾など。

■ フェルト

羊毛の縮充性で、繊維がからみ合っている布。帽子・手芸材料など。

■ 不織布（ふしょくふ）

繊維同士をからみ合わせ、接着剤などで接合した布。衣服のしん地など。

■ 人工皮革

微細な繊維の不織布や織り物を、ポリウレタン樹脂で固定したもの。スーツ、コートなど。

多く、スポーツ用ユニフォームやトレーニングウェアに使われるのでこれらのこともジャージという。

6 既製服の製作と選択

既製服がつくられるまでの流れは？
日本はどのような国から輸入している？
衣料品の事故を未然に防ぐには？

1 既製服ができるまで

マーチャンダイジング

（商品企画、MDと略される）
商品の企画から生産、販売までの全般に関わりコントロールする業務。この業務をする人を**マーチャンダイザー**という。情報を収集・分析し、デザイナーに指示、素材・デザイン選定、サイズ設定、試作品に対する批評・修正をし、企画を決定する。

デザイン

決定された企画にそったデザイン画をおこす、**デザイナー**が担当。企業内デザイナーとフリーのデザイナーがいる。

デザイン画

パターンメーキング

デザイン画にもとづいてパターン（型紙）をおこす、**パターンナー**が担当。

縫製

各種の工業用ミシンを使用して流れ作業で縫製する。

裁断

量産の場合、数十枚の布地を重ねて、同時に裁断する。ナイフ、レーザーや超音波がコンピュータと連動した自動裁断機で数百着もの衣服パーツが非常に短時間で裁断される。

自動裁断機

グレーディング・マーキング

基準になるパターンのサイズを拡大・縮小して複数サイズのパターンをつくる（**グレーディング**）。使用する布地の幅に合わせて無駄のないように効率的にパターンを配置しどのように裁断するか決める（**マーキング**）。

グレーディング

仕上げ

立体化された衣服を立体プレス機を用いて仕上げをし、検査・出荷される。

検針

解説 デザインからマーキングまでをコンピュータで行うアパレルCADや、裁断をコンピュータ制御で自動で行うアパレルCAMが普及し、効率化がはかられている。縫製工場が海外にあっても型紙データ・縫製仕様書などはインターネットで短時間で送られる。（CAD：Computer Aided Design,CAM:Computer Aided Manufacturing）

（デザイン画：文化服装学院、写真：㈱ミヤモリ）

ファッションデザイナー

多くの人が洋服を着るようになってまだ100年もたたない日本であるが、世界に誇るファッションデザイナーを輩出している。1980年代からずっとパリコレクションの人気ブランドとして常に上位にランクされている、山本耀司、川久保玲、三宅一生などである。その他、アパレルメーカーに所属して、既製服を大量にデザインする、いわゆる企業内デザイナーも多く存在する。

企業内デザイナー

2 衣類の輸入

■ 衣服の輸入品の比率

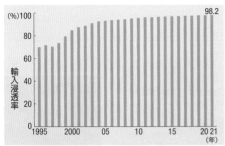

（経済産業省「繊維・生活用品統計」、財務省「貿易統計」、
日本繊維輸入組合「日本のアパレル市場と輸入品概況」）

解説 日本における衣類の輸入品の割合は年々増え、2014年で97％を超えた。また、アパレルにおいて原産国の意味は、原材料の産出国ではなく、縫製や編立を行った国をさす。

■ 衣服の輸入国別シェア

（2021年）

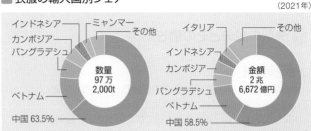

（財務省「日本貿易統計」）

解説 日本が輸入する衣類の国別シェアでは、中国が圧倒的な存在感を示している。大量生産が可能な能力を備えた工場が多いうえ、糸などの素材は現地でまかなえる。日本企業の技術指導もあり、品質は高水準になった。また、ベトナムやバングラデシュもシェアを伸ばしている。ベトナムは優秀な労働力を抱え、製造コストが低い。バングラデシュは欧米のファストファッションの生産を手がけ、製品が日本に流入している。

3 既製服のサイズ表示

快適な服を選ぶ際には、サイズ表示はなくてはならない指標である。サイズ表示はJIS（日本産業規格）によって定められており、定期的に体型の変化に合わせた規格の見直しが行われている。快適な衣生活のためには、サイズ表示が何を表しているかを理解し、自らのサイズを把握しておく必要がある。（JIS L4004、L4005より）

■ 成人男子用（スーツやジャケットなど）

```
○
○○STYLE
綿100%
サイズ
チェスト  86
ウエスト  74
身長     175
86A6
```

身長区分：
5cm間隔で、身長に対応した記号を表記。

記号	4	5	6	7	8	9
身長（cm）	165	170	175	180	185	190

チェスト（胸囲）

体型区分：
チェスト（胸囲）とウエストの差（ドロップ量）によって区分されている。Aは普通の体型、B〜Eは太め、Y〜Jはやせ型。

体型	J	JY	Y	YA	A	AB	B	BB	BE	E
ドロップ量（cm）	20	18	16	14	12	10	8	6	4	0

■ 成人女子用（スーツ・ドレスなど）

```
○
○○STYLE
綿100%
サイズ
バスト  83
ヒップ  91
身長   162
9AR
```

身長区分： 身長に対応した記号で表記。

単位：cm

記号	PP	P	R	T
中心値	142	150	158	166
身長（cm）	138〜146	146〜154	154〜162	162〜170

体型区分： 4つの体型に区分されている。A型を中心にヒップサイズの大小で分けられる。

A体型	普通の体型
Y体型	A体型よりヒップが4cm小さい人の体型
AB体型	A体型よりヒップが4cm大きい人の体型
B体型	A体型よりヒップが8cm大きい人の体型

バスト区分：
バストサイズに対応した記号で表記。3〜15までは3cm間隔。

記号	3	5	7	9	11	13	15	17	…	31
バスト（cm）	74	77	80	83	86	89	92	96	…	124

衣料品の健康と安全

■ ドライクリーニングによる化学やけど

返却時、溶剤のにおいが残っていたり、よく乾いていなかったりする場合があるので着用前によく確認しよう（→p.62）。

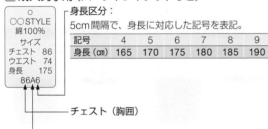

■ ピアスによる皮膚障害

多くは、コバルト・ニッケルが原因の金属アレルギーによるもの。低価格のピアスはこれらが使われている率が高いので、注意しよう。

（渋谷高橋医院）

TOPIC

カラーコンタクト

カラーコンタクトによるトラブルが絶えない。着色方法に問題があり、色を着けただけのものが販売されていることもある。眼球に接触する内側に着色されていると、微少の不純物がはがれて、角膜を傷つける恐れがある。時には、失明にまで及ぶ。問題がない製品を使っていたとしても、きちんと洗浄しない、着けたまま寝るといった誤った使い方をすると、目を傷つけるので注意が必要だ。

と、約700秒（約12分）で1本のジーンズができるともいわれる。多くは、途上国でつくられており、縫製はほとんど若い女性が担う。

7 洗剤の働きと活用

界面活性剤が汚れを落とすしくみは？
蛍光増白剤と漂白剤の違いはなんだろう？
洗剤はどのように使いわければよい？

1 洗剤の成分とその働き

■ 界面活性剤

界面活性剤は、洗剤や石けんの主成分で、ふつうは分離してしまう水と油を混ぜ合わせる作用がある。

水になじみやすい「親水基」と油になじみやすい「親油基」の2つの部分からできているので、水と油の境目（界面）で、親水基が水と、親油基が汚れや衣類とそれぞれ結びついて、汚れを水のなかへ取り出すことができる。

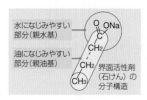

水になじみやすい部分（親水基）
油になじみやすい部分（親油基）
界面活性剤（石けん）の分子構造

油汚れのローリングアップ

2 界面活性剤が汚れを落とすしくみ

1 界面活性剤の働き

	浸透作用	乳化・分散作用	再付着防止作用

界面活性剤
● 親水基
｜ 親油基

布　汚れ

界面活性剤が繊維や汚れの表面に集まる（吸着する）。

汚れを包むようにして、水と油が混ざった状態をつくる。

汚れが少しずつ水中に取り出され、細分化される。

完全に汚れを包み、再び繊維につかない。

2 実験

浸透作用	乳化作用	分散作用	再付着防止作用
	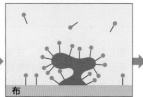	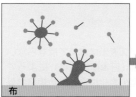	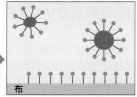

A　B

❶Aには水、Bには洗剤液をたらす。❷布の状態をみる。❸Aの水分はそのまま、Bの液はしみ込む。❹Bは、界面活性剤が水に溶けて水の表面張力が低下し、水が繊維の内部にまで浸透する。

❶Aには水と油、Bには水と洗剤液に油を入れてよくかき混ぜる。❷静置しておくと、Bは分離しない。Aは水と油に分離する。❸Bは、界面活性剤が油のまわりに吸着し、細かい粒となって、水中に安定に保たれる。

❶Aには水、Bには洗剤液を入れる。❷すすを入れ、かき混ぜる。❸Bは、すすが水中に散り、水が黒くみえる。Aは、水面にすすが浮いている。❹界面活性剤がすすのまわりに吸着し、水中にすすを分散させる。

❶分散作用の実験で調整したそれぞれのビーカーに、白い布を入れる。❷Bの布にはすすがつかない。Aの布にはすすがつく。界面活性剤がすすのまわりと繊維の表面に吸着して、すすが布につくのを防ぐ。

3 蛍光増白剤と漂白剤のしくみ

蛍光増白剤と漂白剤は、どちらも見た目は衣類を白くするが、そのメカニズムはまったく異なる。

■ 蛍光増白剤

染料の一種で、光のなかで目に見えない紫外線を吸収して目に見える青紫の光に変え、黄ばんだ衣類などを見た目に白く感じさせる。淡色または生成りの綿・麻・レーヨンなどは変色の危険性がある。

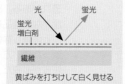

光　蛍光
蛍光増白剤
繊維

黄ばみを打ち消して白く見せる

■ 漂白剤

繊維についた汚れやしみの色素を分解して、無色にする。素材によっては色落ちの恐れがある漂白剤の種類もある（→p.61）。

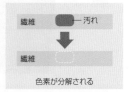

繊維　汚れ

繊維

色素が分解される

 Q&Aジェルボールって何?! ▶洗濯1回分のジェル状の洗剤がマジックフィルムに包まれている。フィルムは簡単には破れないが、水に入れると

4 衣料用洗剤の成分例と生分解

1 洗剤の成分（実際のもの）

■ 石けん

品　名	洗濯用石けん		
用　途	綿・麻・合成繊維用	液　性	弱アルカリ性
成　分	純石けん分（60％　脂肪酸ナトリウム）、アルカリ剤（炭酸塩）、金属イオン封鎖剤		

■ 合成洗剤1

品名	洗濯用合成洗剤	液性	中性
用途	綿、麻、合成繊維用	正味量	1.58kg
成分	界面活性剤（23％：アルキルエーテル硫酸エステル塩、ポリオキシエチレンアルキルエーテル、純せっけん分（脂肪酸塩）、安定化剤、pH調整剤、水軟化剤、酵素		

■ 合成洗剤2

品名	洗濯用合成洗剤	用途	綿、麻、合成繊維用	液性	弱アルカリ性	正味量	910g
成分	界面活性剤（28％、直鎖アルキルベンゼンスルホン酸塩、ポリオキシエチレンアルキルエーテル、純石けん分（脂肪酸塩）、安定化剤、アルカリ剤、水軟化剤、分散剤、蛍光増白剤、酵素						

解説 衣料を洗う洗剤は、石けん・合成洗剤・複合石けんの3種類だが、含まれている成分は種類やメーカーによって大きく違いがある。合成洗剤の中には、生分解性のやや悪い界面活性剤LAS（ 2 ）を使用している洗剤がある。また、漂白剤や蛍光増白剤入りの洗剤もある（ 1 ）。

2 界面活性剤の生分解性

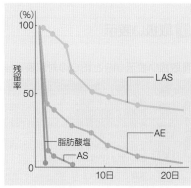

（注）LAS＝直鎖アルキルベンゼンスルホン酸ナトリウム
AE＝ポリオキシエチレンアルキルエーテル
AS＝アルキル硫酸エステルナトリウム
（藤井徹也『洗剤、その科学と実際』幸書房）

5 衣服の手入れに利用される洗濯洗剤

■ 洗濯洗剤の種類

石けん

天然の油脂とアルカリで作られている。十分泡立つ濃度で使用しよう。ぬるま湯を使うとさらに汚れが落ちやすい。粉の場合は、すすぎが十分でないと石けんかすが残り、変色の原因ともなる。

合成洗剤

弱アルカリ性洗剤

汚れ落ちを強化するために、洗浄補助剤などが配合されていたり、酵素・漂白剤・蛍光増白剤・柔軟剤が配合されているものもある。

部屋干し用

洗浄力が強い弱アルカリ性・漂白剤入りなど、洗浄力や除菌力を高めて、雑菌を繁殖しにくくしている。

中性洗剤

毛や絹の天然繊維は、弱アルカリ性の洗剤で洗うといたむため、必ず中性洗剤で洗う。蛍光剤も入っていないので、色物・柄物にも使える。

漂白剤　塩素系・酸性製品を混ぜては危険

酸化型		還元型

酸化型

塩素系
○白物
×色物・柄物・毛・絹・ナイロン・ポリウレタン・アセテート

漂白する力がもっとも高い分、素材に与える影響も強い。また、使える素材が限られる。

酸素系
○白物・色物・柄物
×毛・絹

液体　スプレー　粉末

塩素系に比べて漂白力が弱い分、使える素材も多い。衣類の色や柄をはっきりさせたいときに最適。

還元型
○白物すべて
×色物・柄物

鉄さびや赤土の汚れなど酸化型の漂白剤で落ちないシミが落とせる。色物・柄物以外のどんな素材にも使用できる。

柔軟剤

汗や体温に反応して香るタイプ
汗や体温に反応し、さまざまな場面で香りたつ。

汗の臭いを変えるタイプ
汗の臭いをよりさわやかに変える。

※濃度が高すぎると、吸水性が悪くなることもある。

のり剤

アイロン用
必要な部分にだけのりづけでき、固さも調節できる。

洗濯機用
洗濯のすすぎの水がきれいになったら、洗濯機に入れる。ワイシャツやシーツなど、むらなくのりづけしたいものに。

※のりづけすると、ついた汚れが落としやすくなる。

解説 使用上の注意をよく見て使用しよう。また、容器の裏に書いてある使用量の目安を守ろう。洗剤は、多く入れれば入れるほど汚れが落ちるわけではなく、環境にも負荷を与えることになる。逆に水が少なければ、衣類などに洗剤が残り体に付着することになるので、適量を心がけよう。

すぐ溶ける。メリットは、計量の必要がない、手が汚れないなど。デメリットは、洗剤量の調節ができない、子どもの誤飲事故が多いなど。

8 衣服の上手な手入れ

取扱い表示は理解できる？
トラブルを防止するためにできることは？
しみ抜きやアイロンがけはできる？

1 取扱い表示

■ 取扱い表示 JISとISOの対応表 (完全一致ではない)

ISO JIS(新)	表示の説明	JIS(旧)	ISO JIS(新)	表示の説明	JIS(旧)
洗い方（水洗い） 60	液温は60℃を限度とし、洗濯機で洗濯できる	60	絞り方	手絞りの場合は弱く 遠心脱水の場合は短時間で	
40	液温は40℃を限度とし、洗濯機で弱い洗濯ができる	弱40		絞ってはいけない	
40	液温は40℃を限度とし、手洗いができる（旧JISは最高液温30℃）	手洗イ30	アイロン	底面温度200℃を限度としてアイロン仕上げできる（旧JISは210℃を限度）	高
	家庭での洗濯禁止			底面温度150℃を限度としてアイロン仕上げできる（旧JISは160℃を限度）	中
漂白	すべての漂白剤が使用できる			底面温度110℃を限度としてアイロン仕上げできる（旧JISは120℃を限度）	低
	酸素系漂白剤の使用はできるが、塩素系漂白剤は使用できない			アイロン仕上げ禁止	
乾燥	つり干しがよい			中程度の温度 アイロンの下に当て布を使用する	中
	日陰の平干しがよい		クリーニング	パークロロエチレン及び石油系溶剤によるドライクリーニングができる。	
	タンブル乾燥ができる 排気温度上限80℃			ドライクリーニングは禁止	

解説 現在使用されている取扱い表示は、日本ではJIS（日本産業規格）で定められており、ヨーロッパ・カナダでは、国際規格であるISO（国際標準化機構）である。世界貿易機関（WTO）加盟国には、国際規格にあわせることが求められたため、日本では、2014年にISOと整合化した新表示のJISが制定された。新表示の付いた衣服は、2016年12月以降に店頭に並んでいる。

2 トラブル防止策

1 クリーニング

■ 衣類を出すとき
- ポケットの中に何も入っていないことを確認する。
- ほつれや、取れそうなボタンの修繕をしておく。
- しみの種類と箇所を確認する。
- 衣服の注意表示を伝える。
- 預かり証をきちんと受け取る。

■ 衣類を受け取るとき
- しみや汚れは取れているか。
- ボタンなどの破損はないか。
- 上下・付属品はそろっているか。
- 色あせ、破れ、毛羽立ち、型くずれなどはないか。
- 袋から出したときの溶剤臭はきつくないか（→p.59）。

解説 クリーニング事故賠償基準では、客の受け取り後6か月を経過すれば、クリーニング店は賠償金の支払いを免除されるので注意しよう。

2 家庭での洗濯

■ 蛍光剤による生成りの変色
蛍光剤処理をしていない生成りの衣類を洗濯するときは、中性洗剤（→p.61）を使用する。

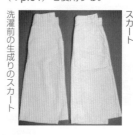

洗濯前の生成りのスカート

蛍光剤着色で白っぽくなったスカート

■ つけおきによる移染
洗剤液につけおきが可能か必ず確認する。

3 手洗いのテクニック

汚れの程度、繊維の種類や衣類のデリケートさによって、洗い方は使い分ける必要がある。

もみ洗い	押し洗い	つかみ洗い	ふり洗い	たたき洗い

・両手でもむ。 ・じょうぶな綿や麻に。	・押しつけては持ち上げる。 ・縮みやすい毛などに。	・やさしくつかんで放す。 ・伸びやすいそで口などに。	・軽くつかみ液中でふる。 ・絹やアセテートなどに。	・板にのせ、ブラシの背で軽くたたく。 ・部分汚れに。

４ しみ抜きの方法

しみがついたらできるだけ早く落とすことが大切である。

油を含んでいるしみ　口紅・ドレッシングなど

■ 応急処置

■ 洗濯

固形物はつまんでとり、石けんやハンドソープをつけたハンカチにしみを移す。

水でぬらしたハンカチを押しあて、衣類についた石けん分をハンカチに移しとる。

石けん分がとれたら、乾いたティッシュなどで衣類についた水けをふきとる。

しみをつけた部分に洗剤の原液を直接つけ、あとは普段どおりに洗濯を。

水に溶けやすいしみ　しょうゆ・コーヒー・ジュースなど

■ 応急処置

■ 洗濯

水でぬらしたハンカチで、しみの外側から軽く押しあて、しみを移していく。

しみを移しとったら、乾いたティッシュなどで衣類についた水けをふきとる。

しみをつけた部分にポイント漂白剤をスプレーして、あとは普段どおりに洗濯を。

---

５ アイロンがけのテクニック

アイロンは細かい部分から先にかけ、しわになりやすい広い部分は最後にかけるのが基本。

１ カフス

❶カフスの両端を広げ、形を整える。

❷裏側の端から中心に向かってかける。

❸表側も同様にかける。ボタンの周りはアイロンの先を使う。

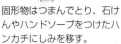

２ そで

❹そで下の縫い目を折り、形を整える。

❺カフスのタックにアイロンの先を入れるようにかける。

❻そで下をわき方向にかけ、そで下からそで山へ、そで山をそで口に向かってかける。

そで下

そで山

そで下

３ えり（裏→表）

❼えりの形を整える。裏側の端から中心に向けてアイロンをかける。縫い目にしわが寄らないように。表も同様に。

 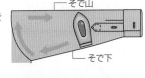

４ ヨーク

❽ヨーク（肩や胸、背などの切り替え部分）を広げ、ヨークの10cmほど下で折り返してしっかりかける。

ヨーク

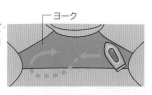

５ 後ろ身ごろ

❾後ろ身ごろの形を整え、すそから上に向かってアイロンをかける。タックがある場合は、タックの形を整えてピンとはり、ずれないようにかける。

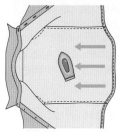

６ 前身ごろ

❿後ろ身ごろと前身ごろをていねいに重ねる。えりは立てておく。前立て・ポケットからかけはじめる。きれいに仕上げるために、手で布をひっぱる。えりやそでつけ線はカーブにそってかける。

セーターはスチームアイロンで

アイロンを浮かせ、あて布をして蒸気をあて、毛並みや編み目をきれいに整える。

オルにしみこませて「テカテカ」の部分にたたきこませ、そこにスチームアイロンを浮かせてかけると「テカリ」を消すことができる。

9 手縫いの基本〈1〉

どんな裁縫用具があるだろうか？
基本的な手縫いはできる？

1 裁縫用具の種類

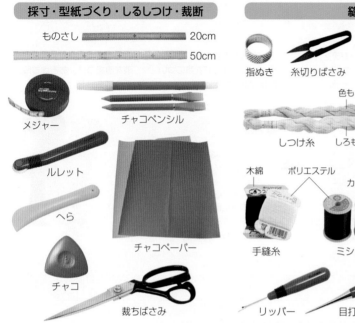

採寸・型紙づくり・しるしつけ・裁断

ものさし　20cm
　　　　　50cm
メジャー　チャコペンシル
ルレット
へら
チャコ
チャコペーパー
裁ちばさみ

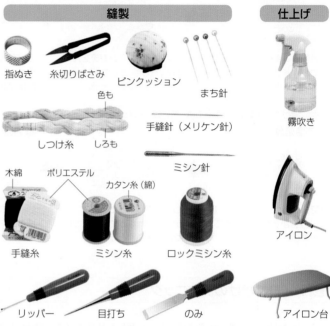

縫製

指ぬき　糸切りばさみ　ピンクッション　まち針
色も
しつけ糸　しろも
手縫針（メリケン針）
ミシン針
木綿　ポリエステル　カタン糸（綿）
手縫糸　ミシン糸　ロックミシン糸
リッパー　目打ち　のみ

仕上げ

霧吹き
アイロン
アイロン台

リッパー：ミシン縫い目をほどくときなどに使う。　目打ち：えり先やすその角を整えるときなどに使う。　のみ：ボタン穴をあけるときに使う。

2 手縫糸と針

1 手縫糸

素材は絹・綿・ポリエステルがある。

数字が大きいほど細くなる。

色は布地に合わせる。同じ色がない場合には、同系色の少し濃いめの色にする。

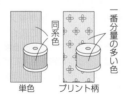

同系色
同系色
一番分量の多い色
単色　プリント柄

2 手縫針（メリケン針）

番号が小さいほど太く、短針と長針がある。

7～8号が使いやすい。直線縫いなら長めの針、まつり縫いやボタンつけには短い針が便利。

3 まち針

布どうしを合わせたり、止めたりするときに使う。針の部分はさびにくいステンレス製がよい。

まち針のうち方

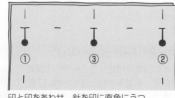

①　③　②

印と印をあわせ、針を印に直角にうつ。

4 手縫糸とミシン糸のよりの方向

手縫糸　　ミシン糸

Sより（右より）　Zより（左より）

ミシン糸

手縫糸とミシン糸はよりの方向が違うので、ミシン糸でまつると糸がよじれる。

5 1本どりと2本どり

縫うときには1本どりでも2本どりでもかまわない。

●1本どり
縫い目が目立ちにくいが丈夫さにかける。

●2本どり
丈夫に縫えるが、縫い目が目立ちやすい。

玉結び

玉結び

③ 手縫いの基本（玉結び、玉止め、並縫い、返し縫い）

① 玉結び（指で作る）

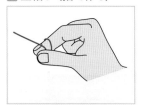 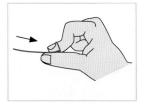 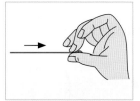 

❶人さし指に糸を巻く。

❷人さし指をずらしながら糸をよる。

❸人さし指を抜き、親指と中指で玉結びを押さえて糸を引く。

❹より合わせた糸を引き締める。

② 玉結び（針で作る）

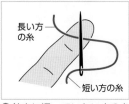 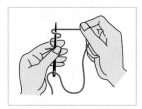 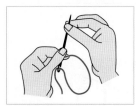 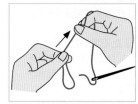

❶針穴に通っていない方の糸端を、針と人さし指の間に置く。

❷針を持っていない方の手で、糸を針に2回以上巻く。

❸巻いたところをしっかり押さえて針を抜く。

❹糸をそのまま引っぱる。

③ 玉止め

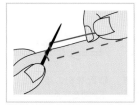  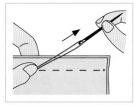 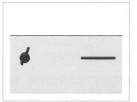

❶縫い終わりの位置に針をあて、糸を2～3回巻く。

❷巻いたところをしっかり押さえる。

❸針を抜き、糸をそのまま引っぱる。

❹できた結び玉の糸端を少し残して切る。

④ 並縫い

針先を親指と人さし指ではさみ、布を持った手を前後に動かしながら縫い進む。
用途：どんな場合でも使える。

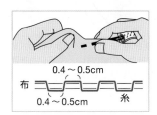

表と裏の縫い目が同じになる。縫い目がまっすぐ等間隔だときれいに見える。

⑤ 返し縫い（本返し縫い）

1針分戻りながら縫い進む。
用途：手縫いでもっとも丈夫。厚手の布やよく洗濯するものに。

表はミシンの縫い目のように見え、裏は縫い目が重なる。

⑥ 返し縫い（半返し縫い）

針目の半分戻りながら進む。
用途：並縫いよりも丈夫。伸縮性のある布に。

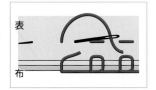

表は並縫いと同じだが、裏は半分ずつ重なったような縫い目になる。

10 手縫いの基本〈2〉

ボタンやスナップのつけ方は知っている？
布にあったミシン針と糸を選べる？
よく使われる用語は理解している？

1 手縫いの基本 (まつり縫い、ボタン・スナップつけ)

1 まつり縫い

折り山に針を出す。折り山のすぐ上を水平に0.1cmほどすくう。そのまま針先を折り山の裏から出す。
用途：ズボンやスカートなど、すその始末全般に。

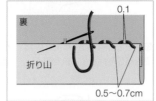
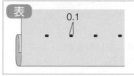
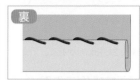

表は縫い目が小さな点のように見える。同系色の糸を使えば目立たない。裏は糸が斜めになる。

2 たてまつり

折り山に針を出す。その上の本体の裏側を水平に0.1cmほどすくう。
用途：アップリケやゼッケンの縫いつけに。

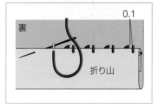
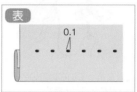

表は細かい点のようになる。裏は折り山にたてに糸がわたる。

3 ボタンのつけ方 (2本どり)

❶ ボタンつけ位置の表から1針すくい、ボタン穴に糸を通す。

❷ 糸を引いてボタンつけ位置に針をさす。これを3～4回繰り返す。

❸ 布の厚さくらいにすき間（糸足）をつくる。

❹ 糸足へ3～4回糸を巻きつけ、ボタンを布から浮かせる。

❺ 針を布の裏へ出し、玉止めをする。

4 スナップのつけ方

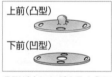

凸型が上にかぶさるようにつける。

❶ スナップをつける位置を表からすくい、玉結びを表に出す。

❷ 布をすくってスナップの穴に針をさす。

❸ 針を抜いて、できた糸の輪に針をくぐらせてそのまま引く。

❹ 1つの穴に3回くらい糸を通す。すべての穴を同様に縫う。

❺ 最後にひと針すくって玉止めし、スナップの裏に針を通してから切る。

こんな場合、どうするの！？

■ 手縫いの糸の長さがわからない！

手縫いの糸の長さは、縫いたいものの1.5倍が目安。しかし、縫う部分がかなり長い場合は、1回の糸の長さを50cm程度にし、途中で糸がなくなったら、新しい糸に変えるようにする。

■ 並縫いの時に、糸がつれちゃう！

並縫いは、縫い進めていくと糸がつれてくるので、時々縫ったところを指でしごき（糸こきという）、布を平らにならすとよい。

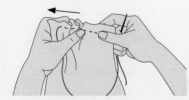

■ 縫っている途中で玉止めができちゃった！

玉止めのようになっている部分に針を突き立て、両端をそっと引くとほどけてくる。それでもほどけない場合は、糸を切るしかない。糸を長めにカットして、玉止めをしよう。

2 布

■ よく使われる用語

布幅

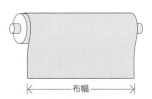

布の端から端までの長さ。よく
見かけるのは以下の3種類。
- 90cm…麻、綿など
- 110cm…一般的な布
- 140〜150cm…ウールなど

中表

2枚とも布の内側が表になるように重ねた状態。

外表

2枚とも布の外側が表になるように重ねた状態。

みみ

布の両端のこと。

わ

1枚の布を二つ折りにした状態。

■ 布の表裏の見分け方（みみにある針穴で判断）

表は針穴が外側にはっきり見えるが、裏は針穴が
あまり見えない。

3 型紙

■ よく使われる記号

できあがり線	布目線
- - - - - - - -	⟷
できあがりの印	布のたて方向を示す
わにする	合印
⌒	⊥
布を二つ折りにすること	布と布を合わせる印

■ 布の上に置くとき

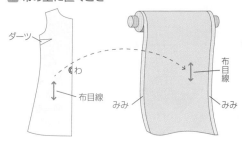

型紙を布の上に置くときは、布と型紙の布目線を合わせる。

4 裁断

■ 準備
- テーブルなど平らで広い場所に布を広げる。
- テーブルクロスなどは外しておく（誤って切らないようにするため）。

■ 裁断のポイント

❶ はさみの刃を下につける。

切るときは下の刃をテーブルにつける。刃を浮かせて切ると不安定で切りづらい。

❷ はさみの刃先は使わない。

刃先は痛みやすいので、刃を大きく開いて切る。

❸ はさみは体の前でまっすぐ構える。

手首を曲げて切ると切りづらいので、布を回転させて体の前に持ってきて切る。

11 ミシンの基本

布に合ったミシン針と糸を選べる？
ミシンの準備を一人でできる？
ミシンを上手にかけられる？

1 ミシンの名称

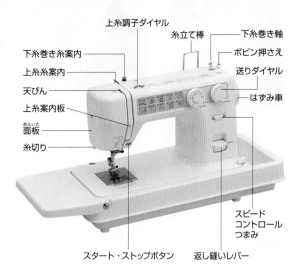

上糸調子ダイヤル
糸立て棒
下糸巻き軸
下糸巻き糸案内
ボビン押さえ
上糸糸案内
送りダイヤル
天びん
はずみ車
上糸案内板
面板（めんいた）
糸切り
スピードコントロールつまみ
スタート・ストップボタン
返し縫いレバー

2 ミシン糸と針、布

1 ミシン糸

数字が大きいほど細くなる。生地の色や厚さに合わせて選ぶ。種類は、綿のミシン糸であるカタン糸、ポリエステル糸、ナイロン糸などがある。ポリエステル糸は、丈夫で色も豊富な上、どの素材の布地にも合う。
ロックミシン糸は、縁かがり専用の糸。

2 ミシン針

番号が大きいほど太い。

9番
11番
14番

3 糸・針・布の組み合わせ例

	布の種類	ミシン糸	ミシン針
薄地	ローン、モスリンなど	90番ポリエステル糸 80番カタン糸	9番
普通地	ブロード、ギンガム、サージなど	60番ポリエステル糸 50・60番カタン糸	11番
厚地	コーデュロイ、ツィードなど	30・50番ポリエステル糸 30・40番カタン糸	14番

3 ミシンの準備

（株式会社ジャノメ資料による）

1 針の取り替え方

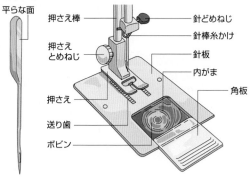

平らな面
押さえ棒
針どめねじ
針棒糸かけ
押さえとめねじ
針板
内がま
押さえ
角板
送り歯
ボビン

❶はずみ車を回して、針を一番上まで上げる。
❷針どめねじを手前に回してゆるめ、針をはずす。
❸新しい針の平らな面を合わせ、針頭が奥にあたるまで上にさしこむ。
❹針どめねじをかたく締める。

ダイヤルの調節

■ 上糸調子ダイヤル
5 4

■ 送りダイヤル

●数字を大きくするほど上糸が強くなる。

●数字を大きくするほど縫い目があらくなる。

2 下糸の巻き方

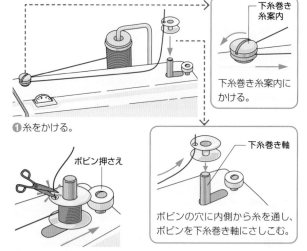

❶糸をかける。

下糸巻き糸案内
下糸巻き糸案内にかける。

ボビン押さえ

下糸巻き軸
ボビンの穴に内側から糸を通し、ボビンを下糸巻き軸にさしこむ。

❷ボビンをボビン押さえに押しつける。糸の端をつまんだまま巻きはじめ、糸がボビンに3重ぐらい巻きついたらミシンを止めて穴のきわで糸を切る。再びミシンをスタートさせて、巻く（自動停止）。

❸ 巻き終わったら、ボビンをもとに戻して糸を切る。

● 下糸の巻き状態

※下糸を巻く前に、クラッチつまみを止まるまで軽く引き出す。巻き終わったら、クラッチつまみを押してもとの位置に戻す。

③ 下糸の入れ方（水平がまの場合）

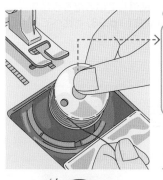

❶ボビンを内がまにセットする。

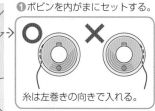

糸は左巻きの向きで入れる。

❷糸を引きながら手前のみぞに糸をかけ、ボビンの向こう側に糸を出す。

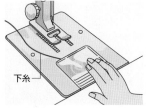

❸下糸を10～15cmくらい引き出してカバーを閉める。

④ 上糸のかけ方

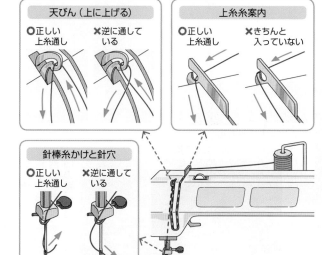

天びん（上に上げる）	
○正しい上糸通し	✕逆に通している

上糸糸案内	
○正しい上糸通し	✕きちんと入っていない

針棒糸かけと針穴	
○正しい上糸通し	✕逆に通している

※ミシンの種類によって糸のかけ方が異なるので、ミシンに書いてある図を見たり、先生の指示に従う。

⑤ 下糸の出し方

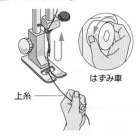

はずみ車
上糸
上糸

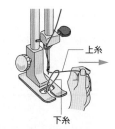

上糸
下糸

❶上糸を通し、左手で上糸をゆるく持ちながら右手ではずみ車を手前に回し、針をいったん下げてから一番上まで上げる。

❷上糸をかるく引くと下糸が引き出せる。上糸と下糸を15cmほど引き出し、押さえの向こう側にそろえておく。

---

4 ミシンのかけ方

1 縫いはじめと縫い終わり

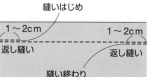

縫いはじめ
1～2cm　返し縫い
1～2cm　返し縫い
縫い終わり
（最後ミシン糸は残さない）

ミシンの縫いはじめと縫い終わりは、返し縫いを行う。

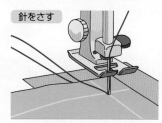

針をさす

❶返し縫いをするため、縫う部分の1～2cm内側に針をさす（右手ではずみ車を手前に回して、縫いはじめの位置に針をさす）。

返し縫い

❷押さえを下げ、右手で返し縫いレバーを押し、縫いはじめまで返し縫いをする。上糸と下糸は押さえの下から、縫う方向にないところにおく。

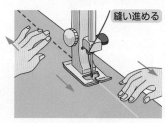

縫い進める

❸返し縫いをしたら、スタートボタンまたはコントローラーで前に縫い進める。縫い終わりのところまで縫ったら、1～2cm返し縫いをする。

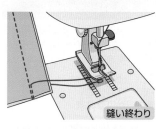

縫い終わり

❹針を上げ、押さえを上げて、布を左側に引き、糸を切る。返し縫いをしたところは、糸がほつれないので、糸を残さず切る。ミシンには、次にすぐに縫えるよう、針から10～15cmほど糸を残す。

2 角の縫い方

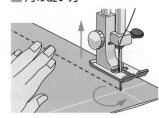

❶ちょうど角の位置に針がささるようにしてミシンを止め、針は布にさしたまま押さえを上げる。
❷布を回して縫う方向に合わせ、押さえを下ろして再び縫う。

第4章 衣生活

メント糸（絹糸や化学繊維などをより合わせてつくった糸）を巻きつけた糸で、生地を織編物に用いることにより、布が伸びる。

1 世界の住まい

世界の人々は、どんな家に住んでいるのだろう？
住まいと気候は、どう関係しているだろうか？
世界の衣服（→p.48）や食（→p.98）と比べてみよう。

いろいろな住まい── 住まいも自然の一部

❶ アメリカ
シップロックの「ホーガン」

ナバホ族の伝統的な住居。木で六角形に組み、表面を泥で覆っている。表面がしっかりとしているので、雨が降っても崩れない。

❷ ベネズエラ
ヤノマミ族・ジャングルの中の一軒長屋

熱帯ジャングルの中の狩猟民族、ヤノマミ族の円形住居「シャボノ」。大きいものでは直径50メートルもある。ジャングルの木だけで造る一軒長家の家。

❸ ペルー
ウル族・チチカカ湖に浮かぶ葦の家

湖の浅瀬に生えた葦（トトラ）を支えに、刈り取った葦を積み、浮島を造る。その上に骨組み以外は葦を編んで造った家に暮らしている。生業は漁業である。

❹ ポルトガル
モンサント村・岩の間の家

何十年・何百年前から存在する何百トンもある岩やその隙間を、自然のままに、ありのままに、住まいの壁、床、屋根として使っている。

❺ モロッコ
保護色のような「カスバ」

「カスバ」とは砂漠の熱風や外敵の侵入を防ぐ砦のような建築物のこと。土で造られた黄土色の家は峡谷に溶け込み、保護色のよう。

熱帯雨林気候　■温暖冬季少雨気候　■ツンドラ気候
サバナ気候　　■温暖湿潤気候　　■氷雪気候
ステップ気候　■西岸海洋性気候
砂漠気候　　　■亜寒帯(冷帯)湿潤気候
地中海性気候　■亜寒帯(冷帯)冬季少雨気候

❽ 南アフリカ共和国
ンデベレ族の壁画の家

ンデベレ族の家の模様は女性が描く。母から娘へと代々引き継がれている模様が基本である。模様は家畜を囲う柵を意味している。

❾ 中国
黄土高原の土の中の家「ヤオトン」

雨が少なく寒暑の差が激しい地域なので、土の中の「ヤオトン」は一年中一定の温度で過ごしやすい。黄土高原の土は掘りやすい。

❿ インドネシア
トラジャ族の舟型高床式住居「トンコナン」

高温・湿潤の地方では、強い日射しが家の中に入らないように、また大量の雨水がすぐに流れ落ちるように、半割の竹を幾層にも重ねた長い屋根を、急勾配に造っている。

❻ ギリシア
サントリーニ島の白壁の町なみ

地中海に浮かぶサントリーニ島では、日差しが強いため壁を白く塗った町なみが続いている。

❼ トーゴ
タンベルマ族の土の2階家「タンチェタ」

「タンチェタ」は近くで採れるさまざまな色の粘土質の土を積み上げて造った家。階下に家畜、階上に人が住む。

⓫ モンゴル
移動式住居「ゲル」

遊牧民は木の骨組みに獣毛フェルトをおおい、獣毛の綱で巻いた折り畳み式移動式住居「ゲル」で暮らす。

2 日本の住まい

日本の住居の特徴は何だろう？
地域ごとにどのような工夫がされているだろう？
住まいはどのように変遷してきたのだろう？

1 日本各地の住居の工夫と伝統的な町なみ

住まいや町なみは、そこに住む人々の生活とも大きくかかわっている。気候・風土だけではなく、地域の歴史や文化、産業によっても特徴があることに注目してみよう。

❶北海道

雪が多く降る地域では、屋根に雪が積もらないような形になっている。最近では傾斜をつけずに融雪されるような設備のついている屋根もある。

❷菅沼（富山県）★

屋根は雪が積もらないように急勾配の形をしている五箇山の合掌造り。屋根裏部屋は養蚕に利用されていた。

❸川越（埼玉県）★

川越藩の城下町として繁栄した。現在も重厚な蔵造りの商家が並んでいる。

❼築地松（島根県）

風が強い地域では、頑丈な寄棟（よせむね）屋根にしたり、石垣で家を囲むなどの工夫がなされている。出雲地方では美しい防風林で風を防いでいる。

❻倉敷川畔（岡山県）★

江戸時代、天領として栄えた商人の町。白壁なまこ壁の屋敷や蔵が並び、当時の町なみが保存されている。

❹奈良井宿（長野県）★

江戸時代は賑わいを見せた中山道の宿場町。住民の努力により、当時の町なみが保存されている。

❽竹富島（沖縄県）★

台風に備えるため、1階建てで屋根も頑丈である。さらに石垣で家を守っている。また、夏の暑さを快適に過ごせるように、軒下が広く開放的な造りである。

❺伊根浦（京都府）★

漁業を営む生活をしている舟屋。1階部分に海から直接船を引き込むように造られている。

★は国が指定した重要伝統的建造物群保存地区。

2 村と町の住まい 中世・近世の民家

1 農家（村の住まい）
曲屋（岩手県）の外観

曲屋は寒さをしのぐために母屋の手前に馬を飼う厩をL字型につないで形成した。

2 町家（町の住まい）
町家の並ぶ町なみ（京都府）

街路にそって建ち並び、街路側に店があった。間口が狭く、奥行の深い短冊状の形だった。防火のために、瓦葺や漆喰塗りの外壁が使用されている。

3 近現代の住まい 住居観の変化にともなう住まいの変化

1 接客本位型（明治後期）

客に対する「おもて」と家庭生活の「おく」が隔絶されている。プライバシーへの配慮はなく、部屋の用途が確定していない。書院造りの影響がある。

■おもて
■おく

2 中廊下型（大正～昭和初期）

都市の中流家庭に広く普及した「家族本位」の形。南側に家族の部屋を設置し、部屋を独立して自由に使える。個室は確保されていない。

3 公私分離型（第二次世界大戦後）

■公的空間 ■私的空間

「公」である食堂や居間に家族が集まる一方、「私」である個室においてはプライバシーが重視されている。「食寝分離」も特徴である。

4 マンション型（現代）

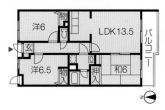

一般的に、都市部に多いマンションは、窓の方角が一方向にあり、気密性が高い。また、収納空間も少ない。

和室のキホン

壁
砂を混ぜた土で塗り固める。湿度を調整する。

床の間
季節感を演出する場所。

畳
い草で編んだ敷物。寸法の基準がいくつかある。

襖
部屋と部屋を仕切る。

欄間
天井と鴨居の間の開口部で、採光・通風を兼ねた装飾。

障子
部屋と縁側の間を仕切る。外光や温度を調整する。

縁側
室内と外部をつなぐ接点。雨戸の外のものを濡縁という。

名古屋周辺の中京間（1.66㎡）がある。公営団地で使用される団地間は1.45㎡。同じ1畳でも、サイズが2割も違う場合があるので要注意だ。

3 快適な住まいの工夫

快適な住まいのための工夫はどんなことだろう？
さまざまな照明器具は、どう使い分けるのだろう？
効率的な収納工夫とは？

1 快適な空気環境

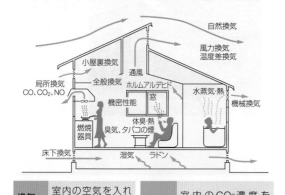

換気	室内の空気を入れ替えること。
通風	風などの通りやすさのこと。

必要換気量	室内のCO_2濃度を0.1%以下に保つために、成人1人あたり約30m³/hが必要。

2 日照と隣りの家との関係

　日照は、季節・時刻により変化するが、日照時間のもっとも短い冬至（12月22日頃）に1階の部屋に最低2時間、標準4時間、理想的には6時間日が当たるとよいとされる。しかし、高密度化・高層化した都市部では日照条件は悪化している。

■日差しと日影
　東京（北緯35°）

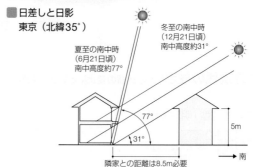

3 いろいろな照明

1 おもな照明器具

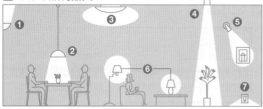

❶ブラケット：壁面に取りつける照明。空間を広く見せる。
❷ペンダントライト：吊り下げ型の照明。食卓などに。
❸シーリングライト：天井に直接取りつけて、部屋全体を明るくする。
❹ダウンライト：天井埋め込み型で、凸凹がなく天井がすっきりする。
❺スポットライト：特定の場所を集中的に照らす。
❻スタンドライト：床上や卓上に置く。部分照明に適する。
❼フットライト：足元の安全のため、階段や廊下などで使う。

2 照明器具の使い分け

照明方法による使い分け

直接照明	間接照明
家事をしたり、勉強をするときに使うと、作業能率が上がる。	光を反射させることで、くつろぎややすらぎに効果的。

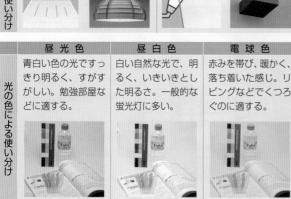

光の色による使い分け

昼光色	昼白色	電球色
青白い色の光ですっきり明るく、すがすがしい。勉強部屋などに適する。	白い自然な光で、明るく、いきいきとした明るさ。一般的な蛍光灯に多い。	赤みを帯び、暖かく、落ち着いた感じ。リビングなどでくつろぐのに適する。

共同住宅の騒音

　人が生活すれば、必ず音が発生する。しかし共同住宅などでは、生活音が騒音となる場合もある。お互いに配慮し、修繕工事などやむを得ない場合は、ひと言断っておこう。

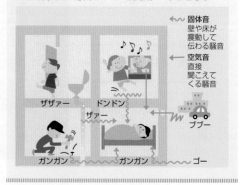

固体音
壁や床が震動して伝わる騒音

空気音
直接聞こえてくる騒音

4 空間を快適に過ごすコツ

限られた住まいのスペースでも、収納を工夫すれば快適に過ごすことができる。また、家具の配置や採光、色彩などにも工夫するとさらに快適さが増す。

すき間の収納
数cm程度のすき間に入る家具を利用して、小物の保管などに利用する。

床座（ゆかざ）の生活
低い視線となるため、天井が高く、部屋が広く感じられる。椅子がないため、オープンでゆったりとしたレイアウトができる。

玄関の収納
シーズンオフのはき物はこまめにしまい、使うものだけを出すようにする。

かくれた収納
ソファやベッドを選ぶときは収納機能があるものを選ぶ。季節ものなどを収納するとよい。

■ 明るくする
窓をふさがずに、光を採り入れて明るくすることで、部屋が広く見える。

■ 鏡を活用
大きい鏡を置くと、部屋が広く見える。

■ カラーコーディネート
インテリアの配色を統一すると、すっきり見える。

■ 低い家具
新規に購入するときは、高さの低い家具にすると圧迫感が少ない。

■ 家具の配置を工夫
高い順に家具を配置すると、整然として見える。

解説 限られた空間で快適に過ごすには、ものを増やさないことにつきる。本やCDは借りることでスペースとお金の節約になる。不要なものを思い切って「捨てる」決断も必要である。

家の造りしだいで収納力アップ

階段の手すり下
わずかな空間を利用して本棚とする。

床下収納
キッチンなどの床下にビン類などの重いものや湿気に強いものを収納。

畳下収納
畳は床座となるので、天井までゆとりがある。そこで畳スペース全体を上げて、その下を収納スペースとする。

---

5 整理・整頓のコツ──押入れの活用法

天袋は湿気が少ないので、ふとんの収納に適している

季節ものや思い出の品などは、大きな箱にまとめて収納。なにが入っているのかわかるようにする

クローゼットとして使うときは、ポールをつけて洋服をつるす。前にスライドするタイプは、奥行きのある押入れには便利

収納ケースを使って、押入れの奥まで利用しよう。棚や引き出しなどを利用する

洋服の近くにバッグや帽子などの小物を置けると便利

棚などを使って、むだな空間をうめ、出し入れしやすくする

最下段には、キャスターのついた収納用具が便利。掃除機、アイロンなどを収納するとよい

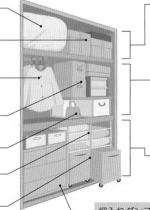

天袋（てんぶくろ）
奥が見えにくく、ものを出し入れしにくい。普段使わないものや、大きく軽いものを収納

上段
いちばん使いやすい場所。毎日使うふとんはここに。または、クローゼットとして使うこともできる

下段
上段よりも使用頻度の低いもの、重いものを収納

押入れダンスは、衣類の収納力をアップ

4 健康で安全な住まい

自宅で「不快」と感じるのはどんなことだろう？
自宅で「危険」と思うのはどんなときだろう？
どのような対策をすればよいだろうか？

1 ダニ・カビ・シロアリ

1 ダニ

暖房機器や加湿器の普及などから、冬でもダニが活動しやすくなっている。ダニはアレルギー性のぜん息や鼻炎、アトピー性皮膚炎を起こす原因となる。

[予防]
- こまめな掃除
- 布団を天日に干す
- 通気性をよくする

2 カビ

カビは、適度な湿気と温度、そして栄養のあるところにはどこでも繁殖し、温度20℃以上・湿度70%以上になると急激に発生しやすくなる。特に風呂場での発生が多い。

[予防]
- 押入れはすのこを敷き隙間をつくる
- 浴室・トイレなどは換気する
- エアコンのフィルター清掃など

3 シロアリ

浴室、キッチン、洗面所などの水を使う場所は湿気が多くなる上、配置上北側などジメジメした環境に置かれやすいため、シロアリの食害の危険がある。

[予防]
- 通気性をよくする
- 湿気をこもらせない
- 点検を怠らない

2 結露

結露とは、空気中に含まれている水蒸気が、ガラスなどの冷たい材質の表面に水滴として生じる現象のこと。放っておくとカビが生え、家財などを汚損させるだけでなく、ダニの発生源ともなる。

また、外壁の内部などに結露が生じる（内部結露）と、木材が腐朽し、シロアリの食害にあいやすくなる。

■ 結露防止のポイント
①水蒸気の発生を極力抑える
- 過度の加湿に注意
- 洗濯物の部屋干しも注意
②暖房する部屋と他の部分との温度差を小さくする
- 隣接する部屋の温度差に注意
③部屋の通風・換気をよくする
- 居室だけでなく、押入れはすのこを敷く、浴室は換気扇を回すなど、こまめに換気する

■ 結露が発生しやすい場所

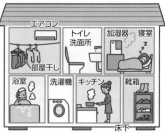

3 シックハウス症候群

シックハウス症候群とは、新築やリフォーム直後の室内空気汚染による病気のこと。最近の家屋は密閉率が高く、建材・家具などに揮発性の化学物質が使われることによる。

2003年に改正建築基準法が施行されて、ホルムアルデヒドの使用制限や換気設備設置が義務付けられた。

[原因]
①化学物質
- ホルムアルデヒド─接着剤の原料
- 揮発性有機物質（VOC）─天井・床壁など仕上げ材に使用される
- シロアリ駆除剤
- 畳の防虫加工

②生物的要因
- ダニ・カビ

[対策]
①換気・清掃による室内濃度の低減
②低ホルムアルデヒド合板の使用
③天然素材の使用

● VOCによる知覚症状

精神的興奮・頭痛
クラクラする
目がチカチカする
食欲不振
吐き気
どうき、息切れ
疲れがとれない
手足のしびれ

■ シックハウスの原因となりうるもの

4 安全な暮らしのために1——防犯の基本

空き巣や住居侵入などの被害にあわないために、最低限気をつけることを確認しよう。

■ 住宅における侵入窃盗犯罪件数

共同住宅（4階建て以上）1,590件
年間 18,386件
一戸建て 13,551件
共同住宅（3階建て以下）3,245件

（警視庁「令和3年の刑法犯に関する統計資料」）

■ 侵入をあきらめる時間

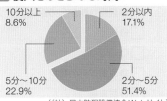

10分以上 8.6%
2分以内 17.1%
5分〜10分 22.9%
2分〜5分 51.4%

（（社）日本防犯設備協会Webサイト）

1 鍵をかける

空き巣の原因トップは施錠のし忘れという単純ミス。当たり前の対策を必ず行おう。

LOCK!

2 時間をかけさせる

侵入者の約7割は、侵入に5分かかる住居はあきらめる。そのためには複数の鍵が有効。

ム、ムリだ…

3 窓への対策

窓からの侵入も多い。自宅だったら格子をつけることが有効。

4 2階以上も安心できない

ねらわれるのは1階だけではない。上層階は気が緩んで、ねらわれやすい。

5 見通しをよくする

物陰に隠れる場所がなければ、ドアや窓をこじ開けられない。また、近所の目が光る。

6 旅行時には新聞は止める

ポストに新聞などがたまっていると、長期の留守とわかってしまい、ねらわれやすい。

Post

5 安全な暮らしのために2——地震にそなえる（→口絵 ■13〜■16）

右の図には、地震への備えという点から、不適切な箇所があります。どこが、なぜ不適切なのか考えてみよう。

ハザードマップ

ハザードマップとは、地震災害、水害、土砂災害等の自然災害が起きた場合の被害予想図。これをふまえて地域住民がすばやく安全に避難できるように、避難経路、避難場所などの情報を掲載した防災マップを市区町村等が作成・発行している。

- 地震災害ハザードマップ… 地震によってどの程度の揺れが想定されるかを示す。あわせて液状化現象が発生する範囲、大規模な火災が発生する範囲等を記載。
- 津波浸水・高潮ハザードマップ…津波・高潮による被害が想定される区域とその程度を掲載。

神奈川県逗子市の津波ハザードマップの例

てしまい、日常生活を送ることにも支障が出るとされる。まだはっきりした原因は解明されていないため、今後の究明が待たれる。

5 賃貸物件広告を読もう

将来、ひとり暮らしをしてみたい？
物件広告の読み方を知ってる？
住まいを借りるときの注意点は何だろう？

1 ひとり暮らしを始めるとしたら、あなたは、どちらの部屋を選びますか？

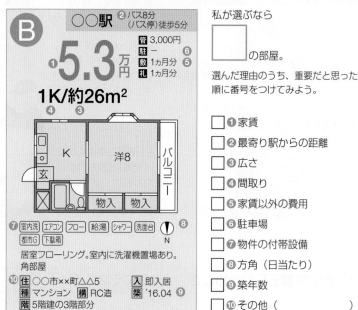

私が選ぶなら

□ の部屋。

選んだ理由のうち、重要だと思った順に番号をつけてみよう。

- □ ❶ 家賃
- □ ❷ 最寄り駅からの距離
- □ ❸ 広さ
- □ ❹ 間取り
- □ ❺ 家賃以外の費用
- □ ❻ 駐車場
- □ ❼ 物件の付帯設備
- □ ❽ 方角（日当たり）
- □ ❾ 築年数
- □ ❿ その他（　　　　　）

2 不動産広告を見るポイント

❶家賃
1か月の賃貸料。立地している環境や築年数によって異なる。管 は管理費のことで、共用部分の維持に必要な経費で、家賃とは別に毎月かかる。

❷最寄り駅からの距離
徒歩時間は道路距離80mにつき1分で換算されている。坂や信号待ちは含まれない。

❸広さ
室内の面積のこと。トイレ・収納・玄関なども含むが、バルコニーやポーチ、専用庭はこれに含まれない。1坪＝3.3㎡で、畳約2畳分を表す。

❹間取り
洋（洋室）、和（和室）、K（キッチン）、D（ダイニング）、L（リビング）、S（収納その他の部分）。最初の数字は部屋の数。例：2DK＝2部屋とダイニングキッチン。洋8、和6などは各部屋の広さを畳何畳分かで表している。

❺家賃以外の費用
● 敷 敷金のこと。家賃や損害賠償の費用を保障するために、契約時に家主に預けるお金。解約時に家賃滞

納分、破損箇所の補修経費などを差し引いた額が返金される。
● 礼 礼金のこと。契約時に家主に謝礼として支払うお金。
● その他に、手付け金（予約金）や、不動産会社を通して物件を決めた場合の仲介手数料を支払う場合もある。

❻駐車場
駐 物件に付属している駐車場を利用する場合の月額利用料。

❼物件の付帯設備
CATV：ケーブルテレビ対応
BS CS：BS、CS受信可能
都G：都市ガス
BT別：バス・トイレ別
追焚：追い焚き可能
浴乾：浴室乾燥機能あり
洗便座：温水洗浄便座
室内洗：室内洗濯機置き場
ロック：オートロック式鍵
フロー：室内フローリング
TVホン：テレビモニターホン
代行：保証人代行システム利用可

❽方角（日当たり）
記号で表されている。Nが北。方角

は日当たりや通気にかかわる。周囲に高い建物があると方角にかかわらず日当たりや通気が悪いことがある。

❾築年数
建築された年月が表示されている。［新築］は建築中または完成1年未満で、未入居の場合に表示される。

❿その他
● 種 は、建物の種別を表す。
鉄筋コンクリート造などのマンションに対して、木造や軽量鉄骨造で建築された建築物をアパートという。ハイツやコーポはアパートの別称で明確な区分はない。
● 構 は、構造を表す。
RC（鉄筋コンクリート）
SRC（鉄筋鉄骨コンクリート）
PC（プレキャストコンクリート）
● 階 は、建物全体の階数と物件の該当階数。
● 損 は、損害保険加入が必要な物件。
● バルコニーは、屋根無し。ベランダは屋根付き。

3 平面図から空間を読み取ろう

1 おもな平面表示記号 (JIS A 0150)

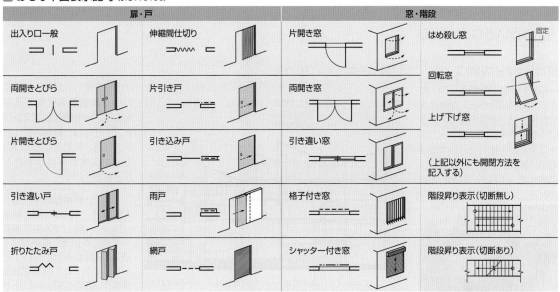

（注）実際の広告では、左ページのように窓やとびらの記号を簡略化することもある。

2 おもな家具・設備の表示記号

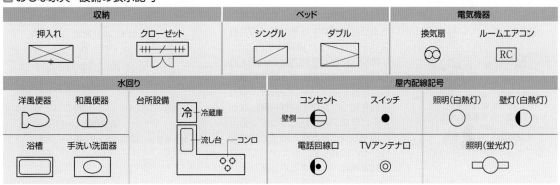

4 住まいを借りるまでのSTEP

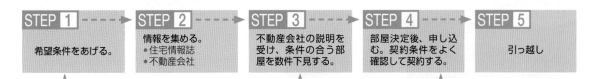

STEP 1	STEP 2	STEP 3	STEP 4	STEP 5
希望条件をあげる。	情報を集める。 •住宅情報誌 •不動産会社	不動産会社の説明を受け、条件の合う部屋を数件下見する。	部屋決定後、申し込む。契約条件をよく確認して契約する。	引っ越し

❶ 家賃
「手取り収入の1／3以内」が一般的。管理費など家賃以外の費用も確認。
❷ 場所
交通の便のいいところ、周辺環境、日当たりなどのポイントをおさえる。
❸ 広さ・間取り
ライフスタイルと密接にかかわるので、入居後をイメージして決める。

部屋を見るときのチェックポイント
❶ 室内
収納スペース・日照・風通し・コンセントの場所と数・防音・防犯
❷ 敷地内
管理人の有無・共有スペースの管理
❸ 周辺
最寄り駅までの所要時間・病院やスーパーなど付近の施設

契約書を細かくチェックしておこう
❶ 必要なもの
住民票・印鑑・保証人承諾書、印鑑証明、収入を証明する書類など
❷ 契約金
敷金＋礼金＋管理費＋前家賃＋仲介手数料（仲介した不動産会社に支払う手数料）＋保険料＋鍵の付け替え料など

あった「敷金」は「家賃などの担保」と定義され、壁紙の日焼けなど経年劣化による修繕にはあてないことが明文化された。

6 住まいと共生

「住まいと共生」から、何をイメージする？
「共に住む」ための住まいとは？
周囲の地域で何ができるだろう？

1 いろいろな人と住む

1 コレクティブハウス

独立した住戸を持ちつつ、たくさんの共用スペースがある集合住宅。自主運営のため、いろいろな役割を住民が担い、コミュニティが生まれる。日本では阪神大震災のあと、高齢者向け復興住宅（ふれあい住宅）が初の試み。

撮影 松本路子

2 コーポラティブハウス

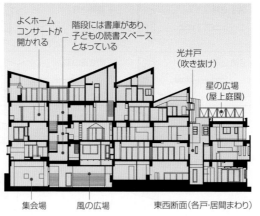

よくホームコンサートが開かれる

階段には書庫があり、子どもの読書スペースとなっている

光井戸（吹き抜け）

星の広場（屋上庭園）

集会場　風の広場　東西断面(各戸・居間まわり)

土地を探し、住む人達で協力して集合住宅を建てる共同住宅。一般的な分譲マンションと異なり、建物の全体計画、外観、共用部などについても意見を反映させることができる。

解説 熊本市の「Mポート」の外観と断面図。「みんなの子どもを育てる」「老いに向かって豊かな人間関係を紡ぎ出す」という願いをこめて16の家族が集まり、さまざまなイベントが行われている。

3 シェアハウス

自分の部屋とは別に、共同利用できるリビングやキッチンなどの共有スペースを持った賃貸住宅のこと。年齢や国籍などを超えた交流が人気となり、共通の趣味や、起業家支援などのビジネスパーソン向け、保育設備を持つシングルマザー向けなどさまざまなタイプが広がっている。

ルームシェアが個人同士で物件を借りるのに対して、シェアハウスは運営事業者が介在する点が異なる。

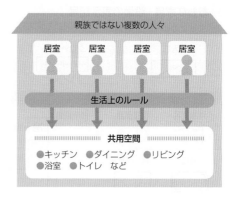

2 高齢者が共に住む

1 グループハウス

居住者の部屋は個室のようになっており、自由に外出できるようになっている。

週2回、デッキには野菜や魚の移動販売が来て、地域の人と自然に交流が行われる。

解説 家庭的な雰囲気のなかで高齢者の自主性を重んじながら、地域の人たちとの交流を促すよう工夫された高齢者施設。ヘルパーのケアを必要とするグループホームとは異なる。

2 シルバーハウジング

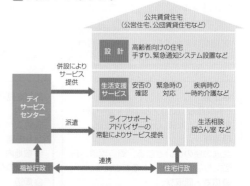

解説 バリアフリー化された公営住宅と生活援助員による日常生活支援サービスの提供を併せて行う、高齢者世帯向けの公的賃貸住宅。

③ 子育て支援住宅

解説 国土交通省では、一定の公営住宅の建て替えにおいて、保育所などの社会福祉施設を原則として併設することとしている。

④ ペット対応共生住宅

猫用の足がかり

犬や猫が自由に行き来できる「くぐり戸」がついたドア

ペット飛び出し防止扉

解説 高齢化や核家族化が進むなか、ペットと住むことを望む人が増えている。戸建ての他、集合住宅でも対応する建物が出てきている。

⑤ 環境に配慮して住む (→ p.88 〜 93)

① ZEH住宅

ZEH（ゼッチ）とは、Net Zero Energy House（ネット・ゼロ・エネルギー・ハウス）のことで、住まいの断熱性能や省エネ性能を向上させるとともに、太陽光発電など生活に必要なエネルギーをつくり出すことにより、年間の一次消費エネルギー量（空調・給湯・照明・換気）をおおむねゼロ以下にする住宅。

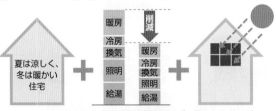

| 高断熱でエネルギーを極力必要としない | 高性能設備でエネルギーを上手に使う | エネルギーをつくる |

夏は涼しく、冬は暖かい住宅

（経済産業省資源エネルギー庁Webサイトより）

解説 地球規模の温暖化対策が課題とされる現在、CO_2排出の削減は、日本の最も重要な政策課題のひとつです。なかでも、住宅分野においては、建築で使用されるエネルギー消費量の増加が続いており、低炭素化の取り組みを一層強化することが求められています。政府はこれまで、「省エネ基準」「認定低炭素住宅」「ZEH（ゼロ・エネルギー・ハウス）」など、さまざまな省エネ・省CO_2対策を行ってきました。

（ヤマト住建Webサイトより）

③ 屋上緑化

解説 屋上緑化により、断熱効果を発揮し、冷暖房効果が高まる。壁面を緑化する方法もある。同様に「緑のカーテン」も注目されている。

② 環境共生住宅

ビオトープ（池や草木など小さな生物が生息できる空間）を囲むようにビルがある。

解説 環境共生住宅の実現には、住宅単体だけでなく、庭・道路・広場・まちなど周辺環境全体の緑化も大切である。

⑥ 地域と調和する

かつては、建築物に対して周辺地域との調和という観点がなかったため、建築基準法や都市計画法に反しない限りどのような建物でも建てることができた。そのため、建築の賛否をめぐって議論が起こり、京都ホテル、国立マンションなどのように訴訟に発展するケースも出た。

こうした事態を背景に、2005年6月に景観法が施行され、各自治体で実効性のある景観条例の制定が可能になった。京都では、新たな建築物については、高さ制限を設けたり、屋外広告を規制することとなった。

落ち着いた配色の京都の店舗

東京の店舗の例

1 契約と消費生活

買い物が契約って、どういうことだろう？
現金以外に、どんな支払い方法があるのだろう？
契約を解除することって、できるの？

1 コンビニでの買い物も「契約」

「契約」と聞くと大げさに感じるかも知れないが、「コンビニでおにぎりを買う」「宅配ピザをとる」「美容院で髪を切る」「バスに乗る」、これらすべてが「契約」である。

契約は売り手と買い手が合意したときに成立する。いったん契約が成立すると、契約に基づく権利・義務が生じ、どちらか一方の都合で契約を取りやめること（契約の解除）はできない。したがって、何かを買うときには、本当に必要か、今必要か、商品は納得できるものか、価格は妥当かなどを十分に確認することが大切である。

申し込み ← 契約の成立 → 承諾

2 多様化する販売方法

店舗販売	無店舗販売	
■通常の店頭販売 コンビニ・デパート・スーパーなど	**■訪問販売** 直接訪問し、商品説明をする	**■電話勧誘販売** 電話で商品説明をする
■移動販売 オフィス街でのお弁当販売など	**■通信販売** カタログショッピング、ネットショッピング、TVショッピング	

3 多様化する決済方法

デビットカード	クレジットカード	IC カード型電子マネー	プリペイドカード	スマートフォン決済
金融機関が発行したキャッシュカードを残高の範囲内で利用。	クレジット会社が一時支払いを代行する（→p.86）。	あらかじめ入金した金額をICカードに記録し、購入時に即時決済する。	特定の商品購入のために、一定額のカードを事前購入して利用する。	非接触IC決済とQRコード（バーコード）決済がある。

4 消費者保護と法律

1 消費者基本法（2004年制定）

1968年制定の消費者保護基本法を改正することにより成立した法律。「消費者を保護する」のではなく、消費者が権利に支えられた自立をめざすことができるような支援体制を整備しようという考え方への変化が背景。これにより、消費者の権利が明確になった一方で、消費者の自己責任が問われることにもなった。

2 消費者契約法（2000年制定）（→p.84❶）

消費者と事業者の間には「持っている情報の質と量」および「交渉力」という面で大きな差が存在しつづけているため、対等な契約を可能にするための新しいルールとしてつくられた。販売方法などに関係なく消費者と事業者のあいだのすべての契約に適用され、不適切な勧誘行為があった場合、契約を取り消すことができる。

「消費者の4つの権利」
- 安全である権利
- 知らされる権利
- 選ぶ権利
- 意見を反映させる権利

解説 1962年にアメリカのケネディ大統領は上記の「消費者の4つの権利」を発表した。これが世界の消費者行政の基本理念となり、日本の消費者保護基本法（1968年）にもつながった。

3 製造物責任法－PL（Product Liability）法（1994年制定）

商品の欠陥によって生命・身体・財産に損害が出た場合、それを製造した業者に対し、過失の有無にかかわらず賠償責任が生じる（無過失責任）ことを規定した法律。これ以前は、業者の「過失」を消費者が証明する必要があり、ハードルが高かった。

消費者庁（2009年9月発足）

問題商法（→p.84）を取り締まる特定商取引法や、食品表示法（→p.106）や家庭用品品質表示法など、消費者庁が所管する法律に基づき、違反した業者に対して指導や処分を行う。消費者が安心して安全で豊かに暮らすことができる社会を目指す。

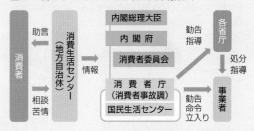

5 契約の解除——クーリング・オフ

売り手と買い手のどちらか一方の勝手な都合で契約を取りやめること（契約の解除）は本来できないが、**特定商取引法**や**割賦販売法**などでは買い手から一方的に解約できる**クーリング・オフ制度**を認めている。販売方法・支払方法が複雑になればなるほど、消費者は冷静な判断ができないからである。

もしクーリング・オフの適用が受けられなくても、**消費者契約法**で取り消しが可能になる場合がある。未成年者が親の同意なく契約した場合は、民法4条に基づいて取り消しが認められている。まずは消費生活センターなどに相談しよう。

問題商法のうちとくに悪質なものは消費者契約法で対抗できる。

1 クーリング・オフの適用

❶訪問販売や電話勧誘販売における取引に適用される。

❷すべての商品・サービスを対象とするのが原則。

❸例外：通信販売は対象外。政令で指定された消耗品などを使用した分も対象外。

❹消費者が申し込みや契約をして、その内容を記載した書面を受け取った日から一定期間内であること。

マルチ商法（連鎖販売取引）	20日間
内職・モニター商法（業務提供誘引販売取引）	20日間
訪問販売	8日間
割賦販売	8日間
生命保険	8日間
電話勧誘販売	8日間
エステ・語学教室など（特定継続的役務提供）	8日間

❺現金取引は3,000円以上であること。

2 クーリング・オフの具体的な方法

❶申込書や契約書のクーリング・オフに関する記載を確認して、メールアドレスや専用フォームがあれば、必要事項を入力して送る。

❷クレジット契約の場合は、信販会社にも出す。

❸はがきなどの書面も、記載事項はメールなどで出す場合と同じ。証拠として両面コピーを取り、特定記録郵便や簡易書留などで送る。

❹通知した内容と日付がわかるデータや関係書類は、5年間保管する。

消費者が著しく不利な約款は無効になることなどが定められている。一部を除いて2020年4月より施行。

2 若者の消費者トラブル

都合のいい「うまい話」って、あると思う？
覚えのない請求メールが来たらどうする？
ネットショッピングで注意すべきことは？

1 さまざまな問題商法

アポイントメント・セールス

電話や郵便で「特別に選ばれました」などと呼び出して高額の商品やサービスを売りつける。異性間の感情を利用して誘い出すものはデート商法という。

開運商法（霊感商法）

「買うと幸運がおとずれる」「買わないと災難にあう」「これで先祖の供養になる」などの説得やおどしで売りつける。

キャッチセールス

街頭でアンケート調査などをよそおって近づき、商品などを売る。モニター商法などと併用される場合も多い。

モニター商法

「無料でサービスするので感想をきかせてほしい」などと誘い、高額の商品やサービスを売りつける。

催眠商法（SF商法）

巧みな話術で気分を高揚させ、高額商品を買う気にさせる。集まった人の競争心や集団心理を巧みに利用する。

就職商法（求人商法）

社員やアルバイトの募集をよそおって売りつける。「○○士の試験が免除になる」とだまして書籍や講座を購入させるものは士（さむらい）商法という。

ネガティブ・オプション

注文のない商品を勝手に送付して代金を支払わせる。別名送りつけ商法、押しつけ商法。購入しなくても、返送・連絡義務はない。

マルチ商法

知人などにある商品を勧めて、その人が購入したら紹介料が入る。さらに自分の紹介で会員になった人が、別の人に商品を勧めて購入したら、自分に報酬が入る。

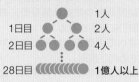

1日目		1人
2日目		2人
28日目		4人
		1億人以上

架空・不当請求

手紙や携帯メールなどで「インターネットのアダルトサイト利用料」などさまざまな理由をつけた請求書を使い、不安にさせて金銭をだましとる詐欺。

請求メール
○月×日の
アダルトサイト
利用料金
50000円

＊2018年には消費者契約法（→p.83 4）が改正され、就職や容姿などについて不安をあおることや、恋愛感情を悪用した「デート商法」を不当な勧誘と定め、契約を取り消せるようにした。契約を取り消すには、「社会生活上の経験が乏しい」ことが要件になっており、成年者も対象だ。施行は2019年6月から。

2 問題商法の被害にあわないために

❶ うまい話には落とし穴があることを肝に銘じておく。
❷ 見知らぬ人の親しげな接近には要注意。
❸ 相手の身なりや態度にまどわされない。
❹ 必要がなければ、きっぱりと断る。
❺ 自分の連絡先などの個人情報をむやみに明かさない。
❻ その場で契約はしない、お金を渡さない。
❼ おかしいと思ったら、家族や消費生活センターに相談する。
❽ いったん契約してもあきらめない。クーリング・オフ制度など救済方法を相談する。
❾ 泣き寝入りすると、次もターゲットになる恐れがある。

3 ネットショッピング

1 便利だなと思うのは、こんなとき

- 深夜でも自宅にいながら、都合のいい時間に購入できる。スマホに対応していれば外出先からも。
- 送料、手数料込みでも値段が安いことがある。
- 品数が豊富で、手に入れにくいものも探し出せる。
- 商品や価格の比較などが容易。

2 ちょっと心配なこと

- パソコンやスマホ画面だけでは実物を十分確認できない。
- 商品の説明を直接店員に聞くことができない。
- 信頼のないお店の場合、代金を支払っても商品が届かないことも。
- 対策が不十分だと、個人情報の流出の恐れも。

3 ネットショッピングの留意点

❶ 会社名、代表者名、所在地、電話番号、ジャドママーク（右図）などの有無を確認する。ショップの評判を事前にネットなどで確認する。
❷ 返品できるかなどの販売条件を確認する。
❸ 個人情報の取り扱いが厳格に規定されているか、プライバシーマーク（右図）の有無を確認する。
❹ 情報を暗号化するSSL（右図）対応サイトであることを確認する。
❺ 決済方法（支払い方法）の確認。手数料がかかるが、代金引換が安心。
❻ 必要事項の入力ミスをしないように、また、商品・個数・価格・送料・配送先などに誤りがないかを確認する。
❼ 注文確定メールを確認し、保存しておく。
❽ 配送されたら、すぐに内容を確認する。

オンラインショップの信頼の目安

ノートンセキュアドシール
Webサイトの運営者が実在することを認証するマーク。

プライバシーマーク
個人情報管理が適切であることを示す。

ジャドママーク
(社)日本通信販売協会の会員マーク。

SSL
情報を暗号化して個人情報を送信するサイト。ブラウザに表示される。

4 ネットショッピングでトラブルにあったら

1 「代金を振り込んでも商品が届かず、連絡もない!?」

- メール・電話などあらゆる手段で督促する。
- 連絡が取れない場合は、内容証明郵便（下図）を配達証明付きで送る（→p.84 Q&A）。
- 内容証明郵便が不受理、または宛先不明で戻ってきた場合は詐欺の疑いが濃厚。警察やサイバー犯罪相談窓口に連絡する。

```
通知書

私は、○○オークションにおいて、本年○
月○日、貴殿出品のパソコン1台を価格○○
円にて落札し、代金を同月○日に貴殿指定の
口座に振込みました。
　貴殿は代金振込み後5日以内に上記商品を
発送すると約束していましたが、督促したに
もかかわらず、その約束を果たしておりませ
ん。そこで、私は、貴殿と交わした本売買契
約を解除することにします。つきましては、
振込済代金○○円を本書面到達後5日以内に
左記口座に返金してください。

凸凹銀行　○×支店　普通預金
口座番号　○○○○○○○
名義人　　□□□□

埼玉県○○市○○町○○番地○号
差出人氏名　印
令和○年○月○日

東京都○○区○○町○番地○号
宛先氏名
```

2 「個人情報を盗まれた!?」

- 「フィッシング」とは、金融機関や企業などになりすましたメールやWebサイトを使って、個人情報を入力させ、その情報を元に不正アクセスや詐欺を行うこと。

- 偽のWebサイトなどに個人情報を入力してしまった場合は、本来のサイトでパスワードなどを変更する。
- クレジットカード番号などを入力してしまった場合は、カード会社に連絡し、利用をストップする。
- 不正アクセスや金銭的被害にあった場合は、警察に相談する。

3 カード社会

クレジットカードの利用＝借金って、本当？
一括払いと分割払いのメリット・デメリットは？
多重債務って、どのようなこと？

1 はじめてのクレジットカード

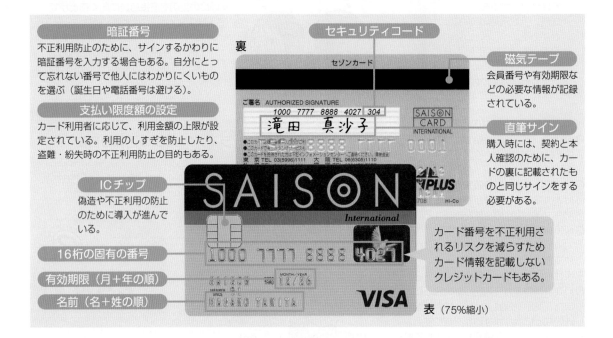

暗証番号
不正利用防止のために、サインするかわりに暗証番号を入力する場合もある。自分にとって忘れない番号で他人にはわかりにくいものを選ぶ（誕生日や電話番号は避ける）。

支払い限度額の設定
カード利用者に応じて、利用金額の上限が設定されている。利用のしすぎを防止したり、盗難・紛失時の不正利用防止の目的もある。

ICチップ
偽造や不正利用の防止のために導入が進んでいる。

16桁の固有の番号

有効期限（月＋年の順）

名前（名＋姓の順）

セキュリティコード

磁気テープ
会員番号や有効期限などの必要な情報が記録されている。

直筆サイン
購入時には、契約と本人確認のために、カードの裏に記載されたものと同じサインをする必要がある。

カード番号を不正利用されるリスクを減らすためカード情報を記載しないクレジットカードもある。

表（75%縮小）

2 クレジットカードを上手に使うポイント

1 クレジットカードを利用することは、ショッピングでもキャッシングでも「借金」であることを認識して利用する。

2 常に自分の支払い能力を考えて、計画的に利用する。

支払い能力を超えた返済のために、さらに借金をすること（多重債務→p.87）が社会問題になっている。

3 支払い金額・支払い期限を守り、**自分の信用**を大切にする。信用を失うと、新たなローンを組んだりすることができなくなる。

4 購入額をよく確かめて、売上票にサインすること（または暗証番号を入力する）。

5 利用明細書はしっかり保管し、銀行の引落額と照合する。

6 他人にカードを貸したり、他人に名義貸しをすることは契約違反になる。

7 紛失したり盗難にあったら、カード会社に連絡し、カードを他人に使われないようにする。

対応を怠ると思わぬ高額を請求されるおそれがある。管理が悪ければ保険がきかない場合もある。

3 返済方法によって変わる返済総額

20万円の商品を、クレジットカードを利用して購入した場合（実質年率15.0%）の返済総額を比較してみよう。
※右は5月1日に購入したシミュレーション例。実際の金額とは異なることがある。

一括払い
200,000円

分割払い
3回払い
204,979円
利息4,979円

12回払い
216,608円
利息16,608円

リボ払い
毎回10,000円返済
→24回払い
231,578円
利息31,578円

毎回5,000円返済
→56回払い
278,995円
利息78,995円

解説 同じ分割払いでも、返済回数が増えれば、返済総額も増える。リボ払いは、1回あたりの返済金額を一定にする返済方法。毎月の返済金額が変わらないが、「無理のない返済金額を」と考えて低額に設定すると、支払が長期化して返済総額が膨らむこととなる。しかも実際にはリボ払いの方が分割払いよりも金利が高いので、要注意だ。

4 クレジットカード利用の広がり

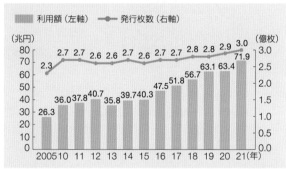

（（一社）日本クレジット協会Web資料）

解説 クレジットカードの発行枚数は約3億枚に達し、成人1人あたり2.8枚所有していることになる。利用額は、ショッピングの利用が次第に拡大している。

借金で借金を返していると……!!

借金で借金を返し続けた場合、金利が高いほど雪だるま式に借金が増える。

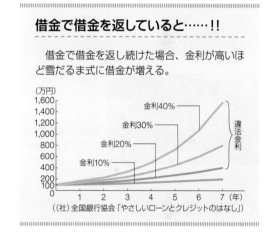

（（社）全国銀行協会「やさしいローンとクレジットのはなし」）

5 多重債務と自己破産

1 多重債務とは

複数の金融機関から借金を重ね、利息がかさみ返済が困難な状態のこと。多重債務には次のような原因がある。
● 無計画なクレジットカード利用。
● 安易に連帯保証人となり、他人の負債を抱え込む。
● 生活苦・低所得のために借りてしまう。
● 違法な金利を設定する悪質なヤミ金融業者の誘惑。

2 消費者金融への借入件数と多重債務の実態

5件以上／10万人
4件／27万人
3件／82万人
2件／226万人
2021年末
1,016万人
1件／672万人

（日本信用情報機構Webサイトより）

解説 消費者金融へ借金がある人が1,016万人。このうち約3割が、複数の借金がある。なお、3か月以上返済が滞っている人が350万人もいる。

3 自己破産の申し立て件数

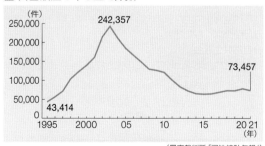

（最高裁判所「司法統計年報」）

4 自己破産すると

自己破産を申請し、「免責決定」を受けると、借金の支払い義務は免除される。しかし財産は原則処分させられ、その人の「信用」に傷がつくことでクレジットカードは5〜7年つくれない。

4 持続可能な社会に向けて〈1〉

環境問題と聞いて、思い浮かぶことは？
自宅で使うエネルギーには何がある？
自分たちができることは何だろう？

1 身近な環境問題

❶地球温暖化の現状

人間活動の拡大により、二酸化炭素・メタンなどの温室効果ガスの濃度が増加することで、地球の表面温度が上昇しつつある。これにより海水が膨張することで海面が上昇し、国土が水没することが懸念されている。また気候が大きく変動することで、異常気象が頻発し、生態系や農産物などに大きな影響が出ると予想されている。

■ 世界の平均気温の偏差の経年変化

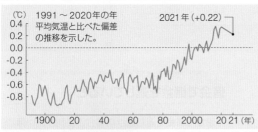

1991～2020年の年平均気温と比べた偏差の推移を示した。 2021年（+0.22）

（気象庁Webサイトより）

海水面の上昇により、国土が水没し移住を余儀なくされる国もある。（ツバル共和国）

2 持続可能な社会とは

持続可能な社会とは「循環型社会」「低炭素社会」「自然共生社会」の3つの要素が組み合わさった社会のこと。

❶循環型社会

限りある資源を繰り返し利用できるように工夫する社会。3R・5R（→p.91）を通じて実現する社会。

❷低炭素社会

地球温暖化の主な原因となる二酸化炭素の排出量をできるだけ少なくした社会。

❸自然共生社会

人も含めた地球上のすべての生き物が、自然からの恵みを将来にわたって享受できる社会。

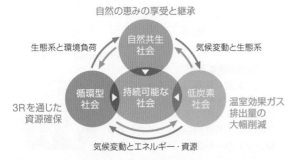

自然の恵みの享受と継承

生態系と環境負荷　　気候変動と生態系

自然共生社会

循環型社会　持続可能な社会　低炭素社会

3Rを通じた資源確保　　温室効果ガス排出量の大幅削減

気候変動とエネルギー・資源

❷増え続けてきたごみ

ごみ・し尿などの一般廃棄物は、2020年度で年間4,167万t（国民1人1日あたり901g）。また、産業廃棄物は3億8,596万t（2019年度）排出されている。廃棄物をごみとしてではなく、資源として生かすために、相次いで法律が制定され、近年ごみの総量は減少しつつある。

■ ごみ排出量の推移（全国）

（環境省発表）

3 低炭素社会をめざして

1 家庭における用途別世帯あたりCO₂排出量 （2020年）

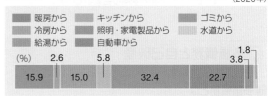

■暖房から	■キッチンから	■ゴミから
■冷房から	■照明・家電製品から	■水道から
■給湯から	■自動車から	

（国立環境研究所Webサイトより作成）

解説 家庭から出されるCO₂は、照明・家電製品と自動車で5割以上を占める。照明自体からの排出はないが、電気をつくるプロセスでCO₂が発生する。

2 家庭における待機時消費電力（待機電力） （2012年）

現在の家電製品は、リモコン操作や液晶表示、タイマーに対応するため、主電源を切らない限り電力を消費しているものも多い。この電力を待機時消費電力といい、年間電力消費量の5%にもなる。

長期の外出や夜間などは、必要最小限の機器をのぞいて、主電源を切るようにしよう。

待機時消費電力量 228kWh/年 5.1%

全消費電力量 4,432 kWh/年

機器使用による消費電力量 4,204kWh/年 94.9%

（資源エネルギー庁Webサイトより）

Q 原子力発電はクリーンなの？ ▶ **A** 発電過程でのCO₂排出量は比較的少ないが、原発から出るごみ＝放射性廃棄物の処理方法が確立していない

4 グリーンコンシューマー・エシカルコンシューマー

1 グリーンコンシューマー

私たちが何かを買うとき、「価格」「性能」「安全性」という観点で商品を選択するが、これに「環境」という観点を追加して商品を購入する人をグリーンコンシューマー（緑＝環境を大切にする消費者）という。「環境」に配慮した商品を選択するという消費行動を通じて、環境問題の解決につなげていくことができる。

2 グリーンコンシューマー10原則

❶ 必要なものを必要な量だけ買う
❷ 使い捨て商品ではなく、長く使えるものを選ぶ
❸ 包装はないものを最優先し、次に最小限のもの、容器は再使用できるものを選ぶ
❹ 作るとき、使うとき、捨てるとき、資源とエネルギー消費の少ないものを選ぶ
❺ 化学物質による環境汚染と健康への影響の少ないものを選ぶ
❻ 自然と生物多様性を損なわないものを選ぶ
❼ 近くで生産・製造されたものを選ぶ
❽ 作る人に公正な分配が保証されるものを選ぶ
❾ リサイクルされたもの、リサイクルシステムのあるものを選ぶ
❿ 環境問題に熱心に取り組み、環境情報を公開しているメーカーや店を選ぶ

（グリーンコンシューマー全国ネットワーク作成）

こうした消費者が増えることで、企業は商品の開発・製造・販売という段階で、環境に配慮するようになる。現代社会においては、こうしたことは企業としての社会的責任（CSR）のひとつであると、広く認知されるようになった。

3 エシカルコンシューマー（→口絵■23）

環境に配慮した消費行動を含めて、「社会に配慮」した消費行動をとる人を、エシカルコンシューマー（ethical consumer＝倫理的な消費者）という。

●社会に配慮した企業や商品とは
・製造過程で児童労働などがない
・公正な取引（フェアトレード※）である商品
・労働者の権利が守られている
・必要な情報が公開されている

※フェアトレード：途上国の人々が貧困から抜け出せるように、生産物に正当な価格を設定した取引のこと。基準を満たす商品には右のようにマークが付けられる（→口絵■22、■23）。

TOPIC

あなたならどの照明を使いますか？

同等の明るさを持つ白熱電球・蛍光灯・LED電球とで、4万時間使用した場合の費用とCO₂排出量を比較した。なお、環境負荷の高い白熱電球の生産を打ち切る企業も出ている。

	白熱電球	蛍光灯	LED電球
費用（円） 電気代	31,680	7,040	1,500
器具費用	4,400	6,667	3,520
単価	110円	1,000円	1,500円
寿命	1,000時間	6,000時間	40,000時間
必要数	40個	6.7個	1個
消費電力	36W	8W	4W
CO₂排出量（kg）	792	176	88

●比較条件
・4万時間使用（寿命が来たら交換）
・CO₂換算係数＝0.55kgCO₂/kWh
・電力料金目安単価＝0.022円/Wh
（単価、係数はいずれも目安）

エネルギーのことを考えよう

家庭で消費するエネルギーの約半分が電気。しかし、2011年3月11日の東日本大震災における原子力発電所の事故以来、電気エネルギーの供給は大きな見直しを迫られている。電気をどのように作るべきか、発電方法について考えてみよう。

事故直後は節電で大変だったね。いまは原発がほぼ全面停止してるけど、電気は足りてるみたいだね。

温暖化を防止するためにも、CO₂を出さない原発は必要じゃないかな。自然エネルギーはまだまだ頼りないよ。

原発は安く発電できるメリットもあるよ。

日本の原発事故を受けてドイツやスイス・ベルギーが原発を止めることになり、台湾や韓国も続くみたい。日本の世論調査でも将来ゼロを望む声が増えているよ。

発電後にできる放射性廃棄物の処理方法が確立してないよ。その他の費用を含めれば低コストとは言えないよ。

原発は地域経済の活性化という面もあるよ。

科学や技術の進歩を止めたくない。廃炉技術の研究のためにも再稼働は必要らしいよ。

発電所関連の仕事は多いからね。でも、節電や環境汚染を考えると、原発の問題は建設地だけの問題じゃないことは確かだね。

万一の避難計画もないままの再稼働は不安だなぁ。安全にはかえられないよ。

さて、あなたはどう考えますか？

という大きな問題がある。また福島第一原発事故のように、甚大な環境汚染の危険性を秘めており、CO₂のみでは語れないだろう。

5 持続可能な社会に向けて〈2〉

リサイクルを促進する制度には何があるだろう？
リサイクルにはどんな効果があるのだろう？
5Rとは、何だろう？

1 循環型社会をめざして

環境基本法	循環型社会形成推進基本法（基本的枠組み法）	廃棄物処理法（1970年成立、2017年最終改正）		資源有効利用促進法（1991年成立、2014年最終改正）	
		個別のものに関する規制	容器包装リサイクル法 2-1（1995年成立、2011年最終改正）	家電リサイクル法 2-2（1998年成立、2017年最終改正）	
			食品リサイクル法 2-3（2000年成立、2013年最終改正）	建設リサイクル法（2000年成立、2014年最終改正）	
			自動車リサイクル法（2002年成立、2017年最終改正）	小型家電リサイクル法（2012年成立）	
（1993年成立、2019年最終改正）	（2000年成立、2012年最終改正）	グリーン購入法（2000年成立、2015年最終改正）		プラスチック資源循環法（2021年成立）	

解説 従来の公害基本法や自然環境保護法にかわって日本の環境政策の根幹を定める基本法として、環境基本法が制定された。また、大量生産・大量消費・大量廃棄の社会から脱却し、循環型社会をめざして循環型社会形成推進基本法が作られた。

2 リサイクル法はどのように活用されている？

1 「混ぜたらごみ、分ければ資源」？
容器包装リサイクル法

家庭や企業から出る一般廃棄物のうち、約6割が容器や包装材。これらはアルミ、スチール、プラスチック、紙など、再資源化しやすいものが多く、最初にリサイクル法が制定された。分別せずに捨てては再利用ができず、ただのごみ。消費者の分別排出、市町村の分別回収、事業者の再商品化が規定され、リサイクルを進めている。

3 「食べ残しって、ごみにするしかない」？
食品リサイクル法

日本人は1日1人あたり茶碗1杯分を捨てているという。食品廃棄物はこれまで多くが焼却や海洋投棄され、リサイクル率は約1割と低かった。本法により、事業者・消費者を対象に食品廃棄物の抑制と廃棄物の利用をめざしている。これにより、食品廃棄物は肥料や家畜の飼料、メタン発酵によるバイオマス発電などに利用され、リサイクル率は9割程となった。

2 「テレビを買い換えたら、リサイクル料金」？
家電リサイクル法

家庭から排出される家電の重量の80％を占めるのは、テレビ、エアコン、冷蔵庫、洗濯機・衣類乾燥機。これらを処分するとき、消費者は収集運搬や処理にかかる費用を払う。家電小売店は家電メーカーに運搬し、家電メーカーが家電製品をリサイクルする。家電リサイクル法により回収が義務化されたことで、リサイクル率は、エアコンや洗濯機・衣類乾燥機で、90％以上となっている。

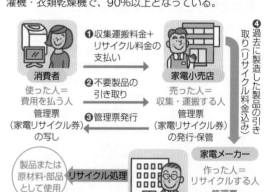

リサイクルされれば資源となるが、捨てられてしまえばごみとなる。

Q&A パリ協定とは？ ▶京都議定書に代わる新しい地球温暖化対策の国際ルール（2015年12月採択、16年11月発効）。温暖化による気温上昇を2℃

③ できることからはじめよう —— 5R

1 リサイクル（Recycle）

再生利用：ごみとなるものを分別し原料としてもう一度使う（→p.90）。リサイクルマーク（→口絵■22）などを確認しよう。ペットボトル・アルミ缶・牛乳パックのリサイクルから生産できるものを下に示した。

■ ペットボトル

回収　ペットボトル（500mL）15本　→　製品1着

■ アルミ缶

ボーキサイト　　100%　→　アルミ地金

回収アルミ缶　　3%

回収されたアルミ缶から再生地金をつくるエネルギーは、原料のボーキサイトから全く新しい地金をつくるときのエネルギーのたった3%ですむ。

リサイクルに関するマーク

リサイクルの意識を高めたり分別の目安として、また、再生資源を使った商品であることを示すために、さまざまなマークが表示されている。上のマークはどのような意味があるだろうか？（→口絵■20）

■ 牛乳パック

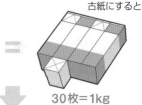

1Lパック　　　　　　古紙にすると

30個　　　　　　30枚＝1kg

トイレットペーパー

65m×5個分

2 リユース（Reuse）

再使用：びんなどを回収・洗浄して繰り返し何度も使用する。こうしたびんをリターナブルびんといい、一度の使用で捨てられるびんをワンウェイびんという。ワンウェイびんは色別に回収・粉砕され、カレットというびんやタイルの原料になる（リサイクル）。

3 リデュース（Reduce）

発生抑制：ごみとなるものを減らす。詰めかえ（リフィル）用品を買うことで、すでにある容器がむだ（ごみ）にならない。衣服なら、飽きのこない長く使えるものを選ぶ。

4 リペア（Repair）

修理：多少の破損なら修繕して使い続けること。服・鞄・靴・家電製品など。

5 リフューズ（Refuse）

拒否：ごみとなるレジ袋を断って、持参のエコバッグを使う。贈り物でも過剰包装を断ってシンプルに。

簡易包装　　　　　エコバッグ

3Rキャンペーンマーク

リデュース・リユース・リサイクルの3R運動推進のためのマーク。

より十分低く抑えることをめざし、日本は2030年までに温室効果ガス26%削減（2013年比）が目標。

6 衣食住と環境

みそ汁一杯の排水を浄化するのに必要な水の量は？
いらなくなった服はどうなるのだろう？
省エネのために住まいで工夫できることは？

1 食生活と環境

- ●献立をつくって、計画購入
- ●家にある食材を確認して購入
- ●余計なものは買わない
- ●エコバッグ（→p.91）を持参する
- ●旬の食材を選ぶ（→❶）
- ●地産、国産のものを選ぶ
- ●包装の少ないもの（→p.91）、リサイクルマーク（→口絵■22、p.91）のあるものを選ぶ

購入

❶ きゅうりへの投入エネルギー量 （1990年）

凡例：光熱・動力／農薬／農機具／肥料／園芸施設／その他

夏秋どり：露地／ハウス加温
冬春どり：ハウス無加温／ハウス加温

0, 1,000, 2,000, 3,000, 4,000, 5,000（千kcal／t）

（環境省「環境白書（平成15年版）」）

- ●材料は使い切る（食品ロス率→p.113）
- ●熱源（オーブン、電子レンジ、ガスコンロなど）は、材料・目的に合わせて効率よく使用
- ●火力や炎の大きさはなべのサイズに合わせる
- ●洗いものを減らすために調理器具は必要最小限にする
- ●食べ残さないように、作りすぎない

調理 **保存**

- ●冷蔵庫、冷凍庫は省エネタイプにする（→❷）
- ●消費期限、賞味期限（→p.107）を確認し、むだにしない
- ●まとめてつくり、冷凍保存

❸ 1人1日あたりのBOD排出量（43g）

し尿 13g (30.2%)	風呂 9g (20.9%)	台所 17g (39.5%)	洗濯など 4g (9.3%)
	生活雑排水 30g (69.8%)		

（環境省「生活雑排水対策推進指導指針」）

❷ 冷蔵庫（450Lクラス）の実使用時年間電力消費量の推移

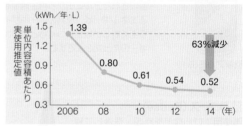

（kWh／年・L）
実使用推定値：単位内容容積あたり

1.39, 0.80, 0.61, 0.54, 63%減少 0.52

2006, 08, 10, 12, 14（年）

（Panasonic Webサイトより作成）

■ 魚が住める水質（BOD：5mg／L程度）にするために必要な水の量

種類・（ ）内は捨てる量	そのBOD（mg／L）は	必要な水の量
使用済みの天ぷら油（500mL）	1,000,000	風呂おけ 330杯分（100,000L）
おでんの汁（500mL）	74,000	風呂おけ 25杯分（7,400L）
牛乳（200mL）	78,000	風呂おけ 10杯分（3,120L）
みそ汁（200mL）	35,000	風呂おけ 4.7杯分（1,400L）
米のとぎ汁（2L）	3,000	風呂おけ 4杯分（1,200L）
ラーメンの汁（200mL）	25,000	風呂おけ 3.3杯分（990L）

BODとは…微生物が水中の有機物を分解するときに消費される酸素量を表す値で、数値が高いほど環境負荷が高い。

食事

- ●各自の皿へは、食べ残しのない配分を考える

後かたづけ

- ●料理が残った場合は、翌日違う料理にアレンジする
- ●洗う前に油汚れなどはふき取る。また、排水をできるだけ汚さない（→❸）
- ●水道を出しっぱなしで食器を洗わない
- ●水につけて汚れを浮かし、洗剤の量を減らす

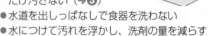

ごみ

- ●減量、分別（リサイクル）をしっかりと
- ●ポリ容器などは小物入れに作り替えて利用
- ●生ごみの水分を切る
- ●できれば、生ごみはコンポスト容器でたい肥にする

Q A コンポストって、何？▶生ごみなどを微生物の力で分解してたい肥にする容器のことで、特に家庭から出る生ごみを減量させる手段として

第6章 消費生活と環境

2 衣生活と環境

■ 繊維製品の再資源化の方法

繊維製品の再資源化方法	リユース	リフォームして使用する（→❶）。
		国内で中古衣料として使用する（→❷）。
		海外で中古衣料として使用する。
	リサイクル	ウェスに加工する（→❸）。
		反毛に加工して、フェルト（→❹）などの原料にする。
		化学繊維を原料に戻す（ケミカルリサイクル）。

解説 反毛とはもとの綿状に戻すこと。その他、サーマルリサイクル（燃焼によりエネルギーを回収すること）という方法もある。

（ダイナックス都市環境研究所「中古衣料リユースビジネスモデルに関する調査・検討報告書」）

❶リフォーム
作り直すこと。洋服などの仕立て直し。

加賀友禅の古着を洋服に

❷フリーマーケット
不要になった衣類の売買・交換を行う市。

❸ウェス
ウェスは工場で使用する油ふき用ぞうきんのこと。

❹フェルト（→p.57）
羊毛の縮充性で、繊維がからみあっている布。

3 住生活と環境

■ あなたの省エネ度チェック

❶冷房はガンガンにきかせる。 □Yes 670
❷ヒーター全開で冬でもTシャツで大丈夫。 □Yes 1,280
❸冷蔵庫はギューギューに詰まっている。 □Yes 960
❹パソコンはいつもついている。 □Yes 690
❺蛍光灯より白熱電球の雰囲気が好き。 □Yes 1,850
❻見ていなくてもテレビはついている。 □Yes 700
❼シャワーは流しっぱなしが好き。 □Yes 3,000
❽少量でも洗濯機でこまめに洗う。 □Yes 3,950
❾入浴時間は家族バラバラ。 □Yes 6,000
❿エアコンのフィルターを掃除したことはない。 □Yes 700
⓫暖房便座のふたは開けっ放し。 □Yes 770
⓬食器洗いは手洗い。食洗機はあっても使わない。 □Yes 8,060

（（財）省エネルギーセンター「家庭の省エネ大辞典」を参考に作成）

それぞれの右下の数値は、あなたがYesとした場合に余計にかかった光熱費（年間）です。Yesと答えた箇所の数値を合計すると、いくらになりましたか？

あなたの合計は？ [　　　　] 円／年

利用される。自治体によっては助成制度もある。本来はcompost＝たい肥だが、転じて生ごみを入れる容器のことをさしている。

7 家庭の収入・支出と税金

自立した生活のための費用はいくらだろう？
生活費の中で使う割合が大きいのは、何？
給与明細の項目の意味って、わかる？

1 ライフステージごとの収入と消費支出の推移

1 ライフステージごとの収入と支出 (勤労者世帯平均、2021年)

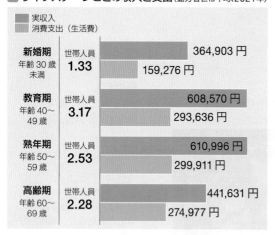

- ■ 実収入
- ■ 消費支出（生活費）

		実収入	消費支出
新婚期 年齢30歳未満	世帯人員 1.33	364,903 円	159,276 円
教育期 年齢40〜49歳	世帯人員 3.17	608,570 円	293,636 円
熟年期 年齢50〜59歳	世帯人員 2.53	610,996 円	299,911 円
高齢期 年齢60〜69歳	世帯人員 2.28	441,631 円	274,977 円

2 消費支出はどう変化したか (勤労者世帯・月平均)

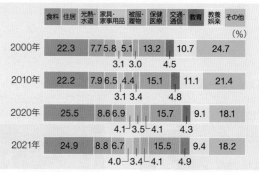

	食料	住居	光熱・水道	家具・家事用品	被服・履物	保健医療	交通・通信	教育	教養娯楽	その他
2000年	22.3	7.7	5.8	5.1	3.1	3.0	13.2	4.5	10.7	24.7
2010年	22.2	7.9	6.5	4.4	3.1	3.4	15.1	4.8	11.1	21.4
2020年	25.5	8.6	6.9	4.1	3.5	4.1	15.7	4.3	9.1	18.1
2021年	24.9	8.8	6.7	4.0	3.4	4.1	15.5	4.9	9.4	18.2

(%)

(総務省「家計調査」)

解説 「被服・履物」は減少傾向にあるが、携帯電話の普及などで「交通・通信」は増加傾向にある。

2 給与明細表の見方

　働いた結果受け取る給料は、基本給＋諸手当。税金や保険料は天引き（あらかじめ差し引かれること＝控除）されることが多い。下のモデルで、その構造をみてみよう。

支給額の基本。ボーナスや退職金の算定基礎となる

基本給の他に会社によってさまざまな手当がある場合がある。時間外手当は残業時間に応じて支払われる

基本給と各種手当の合計金額

番号	部課コード	氏名
12345	A-100	実教太郎

基本給	役職手当	扶養手当	住宅手当	通勤手当	時間外手当	その他手当	支給額合計
195,000	0	0	10,000	11,450	11,080	0	227,530

健康保険	介護保険	厚生年金保険	雇用保険	所得税	住民税	その他	控除額合計
5,688	0	12,836	1,365	4,550	14,000		38,439

病気やけがの治療や薬代を給付する社会保険に対して支払う金額

介護サービスを行う社会保険に対して、40歳以上の人が支払う金額

厚生年金制度を支えるために支払う金額

失業した場合の収入確保のために支払う金額

月ごとの所得に応じて国に支払う税金

前年の収入に応じて各自治体に支払う税金

各種社会保険料（→p.44〜45）

差引支給額	189,091

社会保険料や税金など控除金額の合計

差引支給額 ＝ 支給額合計 － 控除額合計
支給額合計は、額面上の給与額
差引支給額は、実際に支給される手取りの金額

3 収入と支出

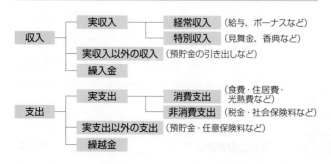

- 収入
  - 実収入
    - 経常収入（給与、ボーナスなど）
    - 特別収入（見舞金、香典など）
  - 実収入以外の収入（預貯金の引き出しなど）
  - 繰入金
- 支出
  - 実支出
    - 消費支出（食費・住居費・光熱費など）
    - 非消費支出（税金・社会保険料など）
  - 実支出以外の支出（預貯金・任意保険料など）
  - 繰越金

マイナンバー制度

　マイナンバーとは、国民一人ひとりが持つ12ケタの個人識別番号のこと。社会保障、税、災害対策の行政手続きに必要となる。また、従業員として勤務する場合、勤務先から税や社会保険の手続きのために、マイナンバーの提示をもとめられる。番号は重要性の高い個人情報なので、従来以上に厳重に管理する必要がある。

4 家計・企業・政府 ── 三つの経済主体

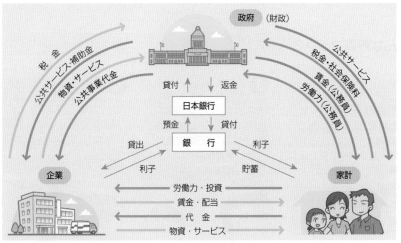

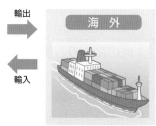

解説 経済のしくみは、家計・企業・政府（国や地方公共団体）という三つの経済主体によって形づくられている。こんにちでは物資とサービスの生産は主に企業が担い、資金の融通を金融機関が仲介している。

5 国に納める国税と地方に納める地方税

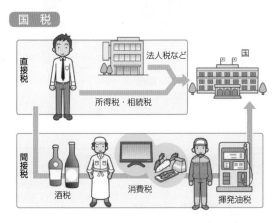

税金には、税金を払う人が自分で納める「直接税」と、商品の価値などに税が含まれていて、買った人がその税を負担する「間接税」がある。直接税は、各人の所得によって税率を変える累進課税が適用できるが、間接税は、商品に一律に課税されるため、同率負担であり、低所得者層にとっての負担割合は重いものとなる。

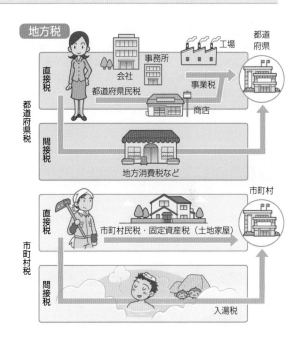

源泉徴収と申告納税

納税は自分で申告する方法が基本であるが、勤労者が個々に税金を納めるのは事務も煩雑になるため、給料から税金分を差し引き、事業主がまとめて納税する方法がとられる。これが源泉徴収である。法人、個人事業者や複雑な所得源のある者、高額所得者は自分で所得額を申告して納税する。申告納税の場合には、申告漏れなどが起こりやすく問題となる。

●源泉徴収
所得として受け取る前に税金を差し引いている。

●申告納税
自分の税金を計算して納税する。

8 貯蓄と保険

家計にとって貯蓄や保険はどう関係するの？
保険なんて、高校生には関係ない？
口絵■10、11も参考にしよう。

1 何のための貯蓄？　どんな貯蓄プラン？

❶ 病気や災害への備えには、いつでも引き出せるように、身近な**銀行の普通預金**を利用しよう。

❷ マイホームや老後のためには、やっぱり**財形貯蓄**でしょう。老後の豊かさをめざすなら、**個人年金保険**や**養老保険**にも入ろうかな。

❸ 教育資金や結婚資金のように、予定期間までに一定額を貯めたいときは、**銀行の定期預金**や**学資保険**だな。**子ども保険**も調べよう。

❹ 旅行やレジャーのためには、ある程度自由に引き出したいし、一定額貯めることも必要だから、短期の積立金がいいわ。

❺ 余裕資金を持ちたい私は、いくらかリスクがあっても収益性の高い**株式**や**外貨預金**をやってみようかしら。

❻ 私は余裕資金は**投資信託**にしようかな。元本割れのリスクは、分散投資で低下させよう。5〜7年運用して収益を狙うね。

❼ 何はともあれ、**総合口座**をつくりましょう。

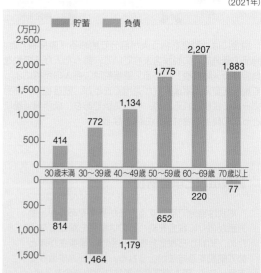

2 貯蓄の残高と種類はどう変化したか

（万円）

凡例：■ 普通預金など　■ 定期預金など　■ 生命保険など　■ 有価証券　■ その他

年	普通預金など	定期預金など	生命保険など	有価証券	その他	貯蓄総額
2005年	216	526	364	118	67	1,291
2010年	253	475	329	122	65	1,244
2015年	324	470	310	146	59	1,309
2020年	472	393	305	159	48	1,378
2021年	521	399	293	198	44	1,454

（総務省「家計調査報告（貯蓄・負債編）」より作成）

解説 利率の低さから定期の預貯金や生命保険が減少し、普通預金が増えている。

3 年齢層別貯蓄と負債の比較

（2021年）

凡例：■ 貯蓄　■ 負債

（万円）

年齢層	貯蓄	負債
30歳未満	414	814
30〜39歳	772	1,464
40〜49歳	1,134	1,179
50〜59歳	1,775	652
60〜69歳	2,207	220
70歳以上	1,883	77

（総務省「家計調査報告（貯蓄・負債編）」より作成）

解説 年齢層が高くなると貯蓄も多くなっている。一方、負債（借金）は30〜40代が最も多い。すべての世代で負債のほとんどは不動産取得によるものである。

4 身近な保険

1 自転車（総合）保険
自転車に乗っていて事故にあった場合に保険金が出る。自分だけでなく、相手に対する損害を補償するものもある。

自転車事故によって他人に重傷を負わせた場合、損害賠償という形で6,000万円の支払いを命じられた例もある。

2 海外旅行保険
海外旅行先で病気になったりケガをしたり、誤ってものを壊してしまったときなどにかかる費用を補償する損害保険のこと。

海外では救急車が有料だったり、治療費が高額だったり、ささいなことで高額な損害賠償を請求されたりすることがある。

3 ボランティア保険
- 傷害保険：ボランティア会場に行く途中や、活動中に事故・ケガをした場合など、ボランティア活動者自身に対して補償する保険。
- 賠償責任保険：ボランティア活動中の思いがけない事故により、他人にケガをさせたり持ち物を破損した場合に補償する保険。

5 ライフステージと保険

人生のそれぞれの時期やそのときの家族構成によっても、必要な保険は異なる。自分にとってどのような保険が必要なのか、どの程度の補償が必要なのかをよく考えよう。

1 就職する時期
卒業したばかりで独身の時期は、自分のケガや病気に備えた医療保険が重要。

2 結婚する時期
配偶者（夫または妻）という家族が増え、家族のために必要な保険を考える。夫婦の働き方でもポイントが異なる。

- 共働き夫婦の場合
一方（例えば夫）に万一のことがあっても、もう一方（妻）も仕事をして収入があれば、多くの保険はあまり必要ない。

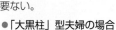

- 「大黒柱」型夫婦の場合
おもな収入を得る夫（妻）＝大黒柱に万一のことがあれば、家族の生活保障のために、保険の必要性は高い。

3 出産・子育ての時期
子どもが生まれてから独立するまでは、保険の必要性がもっとも高い時期。長期に保障される保険が適している。

4 高齢期
公的年金では不足するので、老後の生活費や、死亡後に家族などが受け取れるための保険。

6 保険の基礎知識

1 保険の種類
保険には、国などが補償する公的保険（社会保険→p.44〜45）と、個人が任意で加入する私的保険がある。私的保険は、何に備えるかによって大きく2つに分かれる。

人の生死に備える [生命保険]	亡くなったり、ケガや病気になったときに、あらかじめ契約した保険金額が支払われる。例：終身保険・定期保険・養老保険・ガン保険など
モノの損失に備える [損害保険]	事故や災害などで失ったモノに対する損害を、実際の損失額を上限として保険金が支払われる。例：自動車保険・火災保険・地震保険・自転車保険・海外旅行保険など

2 貯蓄と保険の違い
- 定期預金

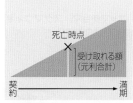

メリット：満期後に減額されないので、長期で準備する老後資金に向く。
デメリット：積み立てた時点までの元利合計金額しか受け取れない。

- 生命保険

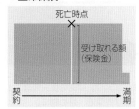

メリット：支払い済み保険料にかかわらず、規定の保険金を受け取れる。
デメリット：満期後は一部またはすべて減額されることが多い。

1 世界の食文化

他の国はどのような食事をしているのだろうか？
気候の違いはどのような影響を与えているのだろう？
主食の違いはどのような影響を与えているのだろう？

1 世界の主食類型の分布と各国料理

❶ ドイツ ［マッシュポテト、ザワークラウト、アイスバイン］

キャベツの酢漬けはザワークラウト、豚肉は香辛料とともに煮込んでアイスバインに、じゃがいもはマッシュポテトに。

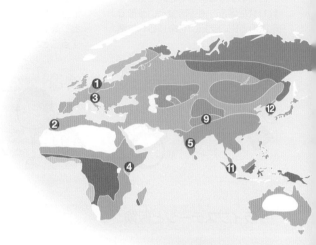

❷ モロッコ ［クスクス］

小麦粉をあらくひいた粉を蒸したクスクス。羊やラクダ、ヤギなどの肉を入れたスープや煮込みをかける。大麦やとうもろこしの粉でもつくられる。

❸ イタリア ［ピザ］

トマトソースをぬり、パンチェッタ（塩漬けハム）、オリーブ、チーズなどをのせて焼く。

❺ インド ［ナン、カレー、タンドリーチキン］

ナンは高温に蒸した石窯（タンドール）の内壁に小麦粉でつくった生地をたたきつけて焼く発酵パン。カレーは基本スパイスを使い、肉や豆を具にするなどさまざま。

❹ ケニア ［ウガリ、ケニアジ、ニャマチョマ、スクマウィキ］

とうもろこしの粉を湯でねったものが主食のウガリ。コーンとほうれんそう入りのマッシュポテトはケニアジ。牛肉の炭火焼はニャマチョマ。スクマウィキはビタミン豊富な青菜で、炒め物に。

肉＋乳
小麦＋肉
小麦＋乳
小麦＋肉＋乳
米
小麦
大麦
雑穀（モロコシ・キビなど）
とうもろこし
肉類（豚・牛・羊・鳥・魚など）
麦類＋いも類
いも類（じゃがいも・キャッサバ・タロイモ・
　　　　ヤムイモ・料理用バナナなど）

⑥ アメリカ［ホットドッグ、ポークビーンズ］

簡単に早く食事をするために、ファストフードが多い。いんげん豆とベーコンをトマトピューレで煮込んだポークビーンズも代表的料理。

⑦ ハイチ［キャッサバパン］

トウダイグサ科の作物の根からとれるでんぷんを乾燥させ、粉砕してつくったキャッサバの粉で焼いたパン。

⑧ メキシコ［タコス］

とうもろこしの粉を使って焼いたトルティーヤという無発酵パンに、トマトやたまねぎなどでつくったサルサソースと肉などの具をはさんで食べる。

⑨ 中国（チベット自治区）［ツァンバ］

大麦を煎って焦がし、くだいて粉にしたもの。砂糖を混ぜたり、湯で練って食べる。

⑩ ミクロネシア（カロリン諸島）［タロイモ］

タロイモをバナナの葉を使い蒸し焼きにする。オセアニアの主食のひとつ。

⑪ インドネシア［サテ］

サテは、羊肉・鶏肉などを甘辛いタレにつけて焼いた串焼き。主食のご飯は「ナシ」といい、炒めたご飯は「ナシゴレン」。

⑫ 韓国［石焼きビビンバ］

直火にかけて熱くした鉄製のどんぶりにご飯を盛り、ナムル（ぜんまい・にんじん・もやしなどのあえ物）や肉をのせ、熱いうちによく混ぜて食べる。

2 日本の食文化

行事食とは、何だろう？
お正月のおせち料理には何が入っているだろう？
全国にはどのような郷土料理があるだろう？

1 日本の行事食

1月1日 正月 おせち料理

正月を祝う縁起物の料理。また、年神を迎えるあいだは煮炊きなどを慎み、料理をつくる人が骨休めできるようにとの意味もあり、冷めてもおいしい料理が工夫されている。

雑煮

年神（稲の豊作をもたらす神）に供えた食べ物を雑多に煮て食べたことに由来する。
1年間、丈夫に（身体が長持ち（モチ））過ごせるように願い新年を祝う。

屠蘇

屠蘇（鬼気を屠絶して人の魂を蘇生する）は家族の無病息災、延命長寿を願う。

❶田作り：かたくちいわしの幼魚を干してつくった佃煮。豊作祈願の縁起物。「五万米」の字をあてて「ごまめ」ともいう。子宝、繁栄も願う。
❷数の子：にしんの卵巣。子孫繁栄を願うもの。
❸かまぼこ：紅白、日の出に似た形から門出を祝う。
❹黒豆：1年間、まめに（健康に・元気に）暮らせるように。
❺れんこん：穴が空いているため、先の見通しがきく。
❻栗きんとん：勝ち栗から勝ち運を願う。
❼昆布巻き：昆布は「喜ぶ（よろこぶ）」に通じる縁起物。

1月7日 七草がゆ

古来より、正月7日に春の七草をつかった「七草がゆ」を食べると万病を払うと信じられてきた。❶せり、❷なずな、❸ごぎょう、❹はこべら、❺ほとけのざ、❻すずな（かぶ）、❼すずしろ（大根）

春 冬
夏 秋

1 12
2 11
3 10
4 9
5 8
6 7

1月15日 小正月 あずきがゆ

2月3日 節分

年の数の煎り大豆を食べる。

3月21日ころ 彼岸の中日

精進料理、ぼたもち、彼岸だんご

12月31日 大晦日 年越しそば

1年間の健康に感謝し、そばのように「細く長く」生きられるように願う。

12月22日ころ 冬至

「冬にかぼちゃを食べると風邪や中風（脳卒中）にならない」といわれる。

11月15日 七五三 千歳飴

千歳とは長い年月のたとえで、親が子の長寿を願い、細く長くつくられている。

3月3日 桃の節句

ちらしずし・はまぐりの吸い物

5月5日 端午の節句

かしわもち、ちまき

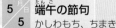

9月中旬 中秋の名月

月見だんご、枝豆、栗、果物

7月土用 丑の日

うなぎのかば焼き

Q&A 和食が無形文化遺産登録されたのはなぜ？▶2013年12月、ユネスコにより「和食」が無形文化遺産に登録された。旬の食材を活かし、栄

② 日本全国のおもな郷土料理

太字は農林水産省『農山漁林の郷土料理百選』

日本は四方を海に囲まれ、南北に長い地形から、各地にその土地の特産品を生み出し、特色のある郷土料理を作り出してきた。あなたの身近な郷土料理は何だろう？

東北
青森：たらのじゃっぱ汁・**いちご煮・せんべい汁**
岩手：**わんこそば**・まつもの酢の物・**ひっつみ**
秋田：**きりたんぽ鍋**・はたはたのしょっつる鍋
山形：むきそば・田楽もち・**どんがら汁・いも煮**
宮城：**はらこ飯**・ほやの酢みそあえ・おくずがけ・**ずんだもち**
福島：**こづゆ**・にしんの山椒漬

北海道
北海道：**ジンギスカン・石狩鍋**・三平汁・にしん漬・イクラ丼

石狩鍋

近畿
京都：**賀茂なすの田楽**・はも刺
滋賀：**ふなずし**・もろこ料理・近江牛のみそ漬・鴨鍋
大阪：**船場汁・箱ずし**
奈良：奈良漬・**柿の葉ずし**
三重：**伊勢うどん・手こねずし**・松阪牛すき焼き
和歌山：鯨の竜田揚げ・**なれずし・めはりずし**
兵庫：**ぼたん鍋**・たこ飯・**いかなごのくぎ煮**

はも刺

ぼたん鍋

北陸
富山：**ますずし**・ほたるいかの酢みそあえ
石川：**かもの治部煮・かぶらずし**
福井：越前かに料理・豆腐のぼっかけ・**さばのへしこ**

ますずし

中国
鳥取：松葉かに料理・**あごのやき・かに汁**
島根：**しじみ汁・出雲そば**
岡山：祭りずし・**ままかりずし・ばらずし**
広島：小いわしの刺身・**かきの土手鍋・あなご飯**
山口：**ふく料理・岩国ずし**・茶がゆ

ふく料理（ふく刺・ふくちり）

関東
茨城：**あんこう鍋**・紫錦梅
栃木：**しもつかれ**・かんぴょう玉子とじ
群馬：**こんにゃく料理・お切り込み**
埼玉：豚のみそ漬・深谷ねぎのぬた・**冷汁うどん**
千葉：なめろう・**太巻きずし**・らっかせいみそ
東京：江戸前ずし・**どじょうなべ・深川丼・くさや**
神奈川：**建長汁（けんちん汁）・へらへらだんご**

どじょうなべ

九州
佐賀：**呼子いかのいきづくり**
福岡：筑前煮・おきゅうと・**もつ鍋・水炊き**
大分：**ぶりのあつめし・ごまだしうどん・手延べだんご汁**
長崎：**ちゃんぽん・皿うどん・卓袱料理**・具雑煮
熊本：**辛子れんこん**・豆腐のみそ漬・菜焼き
宮崎：**冷や汁**・飫肥天
鹿児島：**つけあげ・きびなご料理・鶏飯**

筑前煮

ちゃんぽん

沖縄
沖縄：**ラフティ・沖縄そば・ゴーヤチャンプルー**

ミミガー・山羊汁・ラフティ

四国
香川：**さぬきうどん・あんもち雑炊**
徳島：たらいうどん・竹ちくわ・**そば米ぞうすい**
愛媛：ふくめん・緋のかぶ漬・**じゃこ天・宇和島たいめし**
高知：**かつおのたたき・皿鉢料理**

かつおのたたき

甲信越・東海
新潟：鮭の焼漬・細切り昆布・**のっぺい汁・笹ずし**
長野：**お焼き**・野沢菜漬・わさび漬・馬刺し
山梨：**ほうとう**・ゆず巻き大根・**吉田うどん**
静岡：まご茶・かつおの角煮・**うなぎのかば焼き**
愛知：**ひつまぶし・みそかつ・みそ煮こみうどん**
岐阜：あゆの赤煮・**朴葉みそ**

朴葉みそ

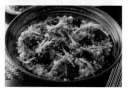
ひつまぶし

3 データでみる食生活

食べる物は、今も昔も同じだろうか？
年齢や性別で、身体はどう違うだろうか？
あなたの食生活に問題はないだろうか？

いずれも厚生労働省「国民健康・栄養調査」による。

1 日本人の食卓はどう変化してきたか？

1 食品の摂取状況 (全国平均1人1日あたり)

	米	果実類	肉類	乳類	緑黄色野菜
1975年	248.3g	193.5g	64.2g	103.6g	48.2g
1985年	216.1g	140.6g	71.7g	116.7g	73.9g
1995年	167.9g	133.0g	82.3g	144.5g	94.0g
2005年	343.9g	125.7g	80.2g	125.1g	94.4g
2015年	318.3g	107.6g	91.0g	132.2g	94.4g
2019年	301.4g	96.4g	103.0g	131.2g	81.8g

米には、2001年より加工品（めし、かゆなど）が加わった。

解説 1975年に比べて果実の摂取量が減り、肉・乳・緑黄色野菜が増加している。ただし、若い世代は肉の摂取量が、高齢層は野菜の摂取量が多い傾向がある。

2 エネルギーの栄養素別摂取構成量の年次推移

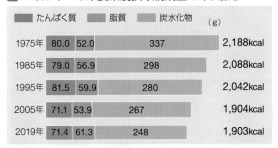

解説 1人1日あたりのエネルギー摂取総量は減少しつつある。エネルギー摂取では、たんぱく質：脂質：炭水化物のバランス（→p.321）が大切。

3 食塩の摂取量状況 (性・年齢階級別) (2019年／g)

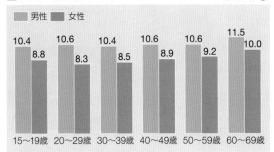

解説 1人1日あたりの食塩の摂取量は9.7gで、食事摂取基準（→p.322）を超過している。また年齢層が高いほど摂取量が多い。

4 脂質摂取量の年次推移 (g)

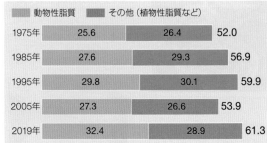

解説 脂質摂取量は1995年をピークに減少傾向にあったが、近年増加のきざしがある。食品によって異なる脂肪酸を持つため、バランスのよい摂取が求められる。

2 食生活の状況

1 朝食の欠食率 (性・年齢階級別) (2019年／%)

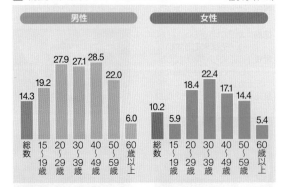

解説 男性は朝食を抜く率が高いが、特に20〜40歳代にその傾向が強い。なお欠食には、菓子や果物、錠剤・栄養ドリンクのみの場合も含まれる。

2 広がる外食の利用

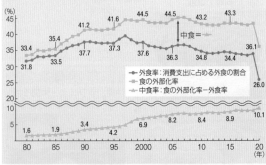

（（財）食の安全・安心財団Webサイト）

解説 「外食率」とは食料消費支出に占める外食の割合。「食の外部化」とは外食率に総菜・調理食品（中食）の割合を加えたもの。中食率が増加している。

TOPIC

10〜20代の女性はやせが多い!?

■ やせと肥満の状況 (性・年齢階級別)　　　(2019年／%)

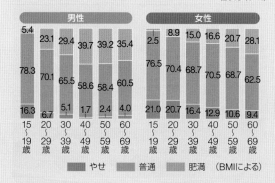

男性

	15〜19歳	20〜29歳	30〜39歳	40〜49歳	50〜59歳	60〜69歳
やせ	5.4	23.1	29.4	39.7	39.2	35.4
普通	78.3	70.1	65.5	58.6	58.4	60.5
肥満	16.3	6.7	5.1	1.7	2.4	4.0

女性

	15〜19歳	20〜29歳	30〜39歳	40〜49歳	50〜59歳	60〜69歳
やせ	2.5	8.9	15.0	16.6	20.7	28.1
普通	76.5	70.4	68.7	70.5	68.7	62.5
肥満	21.0	20.7	16.4	12.9	10.6	9.4

■ やせ　■ 普通　■ 肥満　（BMIによる）

BMI＜18.5　やせ　　18.5≦BMI＜25.0　普通体重　　25.0≦BMI　肥満

BMI（Body Mass Index：体格指数）とは、体重と身長の関係から算出した肥満度を表す指数のことで、22が標準とされる（→p.320）。

[BMIの算出方法]　BMI ＝ $\dfrac{体重（kg）}{身長（m）×身長（m）}$

■ BMI判定による体重早見表　　(kg)

	BMI	18.5	20	22.0 (標準体重)	23	25
身長（cm）	140	36.3	39.2	43.1	45.1	49
	145	38.9	42.1	46.3	48.4	52.6
	150	41.6	45	49.5	51.8	56.3
	155	44.4	48.1	52.9	55.3	60.1
	160	47.4	51.2	56.3	58.9	64
	165	50.4	54.5	59.9	62.6	68.1
	170	53.5	57.8	63.6	66.5	72.3
	175	56.7	61.3	67.4	70.4	76.6
	180	59.9	64.8	71.3	74.5	81
	185	63.3	68.5	75.3	78.7	85.6

子どもにいくつもの「コ食」

　現在の食生活を考えると、いつでもどこでも食べ物が手に入るようになって、食のリズムがくずれる、食生活の欧米化や食生活習慣の変化によってさまざまな病気を引き起こす、食に関する関心や知識が薄れる、栄養バランスがくずれた食事や不規則な食事の増加など、いろいろと問題が起きている。子どもの食生活にはそれらが端的に反映されており、食の多様化により次のようないくつもの「コ食」が生まれている。

孤食…家族や友人といっしょではなく、1人だけで孤独に食べる。

個食…家族がいっしょの食卓についても、それぞれが別々に好きなものを食べる。

固食…決まったものしか食べない。好き嫌いが多く、同じものばかり食べる。

濃食…調味済み食品など、味の濃いものばかり食べる。薄味の料理は苦手。

庫食…冷蔵（凍）庫からとりだし、レンジで加熱して食べる物ばかりで食事をすませる。

小食…食べる量が少ない。食が細い。また、ダイエットブームを反映し、小学校低学年でも食べる量を意識して減らしている子どもがいる。

戸（外）食…家の外での食事。ハンバーガーなどのように、好きな場所で歩きながらでも食事をする。

粉食…めん類やパンなどのように粉を主体としたやわらかい食事が多くなり、噛む力がおとろえる。

五食…朝、昼、夕の3食だけでなく、おやつと夜食が増え、1日に5回かそれ以上の食事をとる。

に必要なエネルギーが供給されず、思考力や集中力の低下や、精神的に不安定になりイライラ状態となる。午前中の仕事や勉強に支障が出る。

4 食事バランスガイド

厚生労働省・農林水産省共同策定
（2005年6月、2010年4月一部変更）

昨日一日に食べたものは？
自分に必要な食事は、どういうものだろう？
食事を見直すために、簡単な方法はないだろうか？

p.105に示した「食生活指針」にある、「主食、主菜、副菜を基本に、食事のバランスを」という項目を具体化したものが「食事バランスガイド」である。1日に「何を」「どれだけ」食べたらよいかが、ひと目でわかるイラストで示されている。

イラストは、日本で古くから親しまれている「コマ」をイメージして描かれ、食事のバランスが悪くなると倒れてしまうということを表している。

■食事バランスガイド活用方法

❶自分に必要な1日のエネルギー量は？

年齢・性別・身体活動レベルによって1日に必要なエネルギーはそれぞれ異なるため、自分がどこにあてはまるかをまず確認する。

身体活動レベルは「低い」「ふつう以上」の2区分。「低い」は生活の大部分が座った状態の場合。「ふつう以上」はそれ以外の場合。

❷「何を」「どれだけ」食べるか？

右ページの表から、自分にあてはまる縦の列を見て、「何を」「どれだけ」食べたらいいか確認する。

例えば、一般的な男性の場合、一番右の列にあてはまり、主食は1日に6〜8つ必要である。

具体的な数え方は、ごはん小盛り1杯＝1つ（SV）、うどん1杯＝2つ（SV）と数える※。

※SVはサービング（食事提供量の単位）の略。

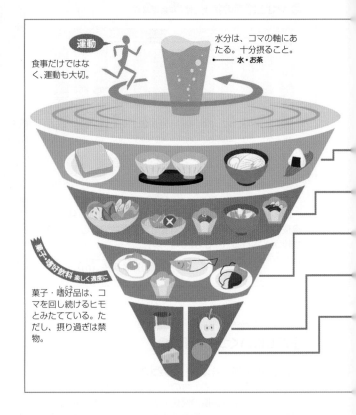

運動　食事だけではなく、運動も大切。

水分は、コマの軸にあたる。十分摂ること。
―― 水・お茶

菓子・嗜好飲料 楽しく適度に
菓子・嗜好品は、コマを回し続けるヒモとみたてている。ただし、摂り過ぎは禁物。

■食事バランスガイドの具体的な活用例── 20代会社勤めの女性の場合（2,200kcal）

	朝　食		昼　食		夕　食		合計
主食	食パン厚切り1枚	1つ	スパゲッティ1皿（ナポリタン）	2つ	ごはん小2杯	2つ	5つ
副菜	ミネストローネスープ	1つ	ナポリタン具 野菜サラダ	1つ 1つ	筑前煮 ほうれん草のお浸し	2つ 1つ	6つ
主菜	目玉焼き	1つ	―		さんま塩焼き 冷奴 1/3丁	2つ 1つ	4つ
牛乳・乳製品	ヨーグルト	1つ	ミルクコーヒー1杯	1つ	―		2つ
果物	いちご6個	1つ	―		みかん1個	1つ	2つ

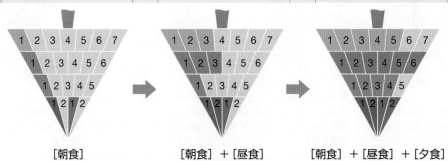

[朝食]　　　　　[朝食]＋[昼食]　　　　　[朝食]＋[昼食]＋[夕食]

Q A「食育（しょくいく）」って、何？▶「食」に関する教育全般をさすが、単なる料理方法の教育ではなく、食に対する心構えや栄養学、伝統

食事バランスガイド あなたの食事は大丈夫?

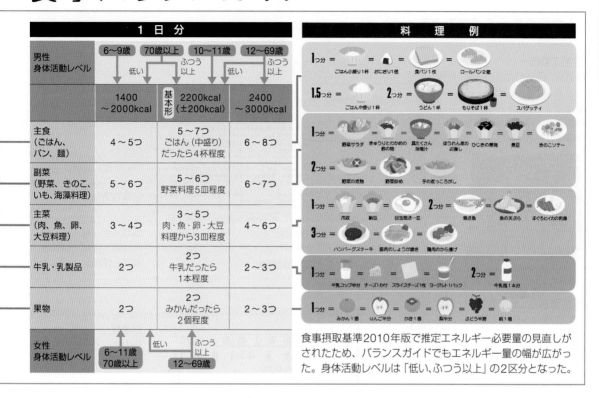

1 日 分			
男性 身体活動レベル	6〜9歳 70歳以上 低い	ふつう 以上 基本形 10〜11歳 12〜69歳 低い	ふつう 以上
	1400 〜2000kcal	2200kcal (±200kcal)	2400 〜3000kcal
主食 (ごはん、 パン、麺)	4〜5つ	5〜7つ ごはん (中盛り) だったら4杯程度	6〜8つ
副菜 (野菜、きのこ、 いも、海藻料理)	5〜6つ	5〜6つ 野菜料理5皿程度	6〜7つ
主菜 (肉、魚、卵、 大豆料理)	3〜4つ	3〜5つ 肉・魚・卵・大豆 料理から3皿程度	4〜6つ
牛乳・乳製品	2つ	2つ 牛乳だったら 1本程度	2〜3つ
果物	2つ	2つ みかんだったら 2個程度	2〜3つ
女性 身体活動レベル	6〜11歳 70歳以上	低い 12〜69歳	ふつう 以上

料 理 例

食事摂取基準2010年版で推定エネルギー必要量の見直しがされたため、バランスガイドでもエネルギー量の幅が広がった。身体活動レベルは「低い、ふつう以上」の2区分となった。

■ **チェックシート**：昨日実際に食べたものと、それぞれの数（SV）を記入しよう。右のコマをその数分塗ることで、自分の食事をふりかえってみよう。

	朝 食	昼 食	夕 食	合計(SV)
主食	つ	つ	つ	つ
副菜	つ	つ	つ	つ
主菜	つ	つ	つ	つ
牛乳・乳製品	つ	つ	つ	つ
果物	つ	つ	つ	つ

■ **バランスが悪いと…**

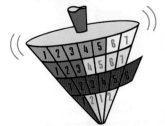

食事のバランスが悪いとコマは傾いてしまう。上の例は、主食や副菜などが少ないのに、主菜が多すぎる。また果物もないので、バランスがとれていない。

食生活指針 （文部科学省、厚生労働省、農林水産省共同策定　2000年、2016年一部改正）

食生活指針とは、現在の食生活の問題点をふまえ、国民一人ひとりが食生活の改善をはかるための目標である。

❶食事を楽しみましょう。
❷1日の食事のリズムから、健やかな生活リズムを。
❸適度な運動とバランスのよい食事で、適正体重の維持を。
❹主食、主菜、副菜を基本に、食事のバランスを。
❺ごはんなどの穀類をしっかりと。
❻野菜・果物、牛乳・乳製品、豆類、魚なども組み合わせて。
❼食塩は控えめに、脂肪は質と量を考えて。
❽日本の食文化や地域の産物を活かし、郷土の味の継承を。
❾食料資源を大切に、無駄や廃棄の少ない食生活を。
❿「食」に関する理解を深め、食生活を見直してみましょう。

5 食品の表示と選択〈1〉

食品の表示は読みとれる？
アレルギー物質を含む食品を把握している？
遺伝子組換え食品の現状って知っている？

1 食品の表示を見てみよう（食品マークについては→口絵■21〜■22）

■ 加工食品

❶名称、❷原材料名、❸食品添加物、❹内容量、❺期限表示、❻保存方法、❼製造者、❽栄養成分の8つの項目を必ず表示。

❺期限表示
消費期限または、賞味期限を必ず記載する。

❽栄養成分表示

❶名称
「品名」でもよい。

❸食品添加物

❹の内容量は、重量で表示する方法の他に、「1食」など内容数量による表示が可能。この場合、外見上明らかなものは省略が可能。

❷原材料名
重量の割合が多いものから順に表示。

アレルギー物質の表示。

❻保存方法

❼製造者（輸入品の場合は輸入者）の氏名（名称）と住所。

■ 生鮮食品（水産物）

生鮮食品のうち水産物は、❶名称、❷原産地のほか、❸解凍、❹養殖のものはその表示も必要。

❷原産地
輸入品には原産国、国産品には漁獲した水域名か養殖場のある都道府県名。

食品の品質などを保持するために好ましい方法を具体的に表示。

食品の品質が劣化しやすく、製造日から5日以内に消費すべき食品につける。

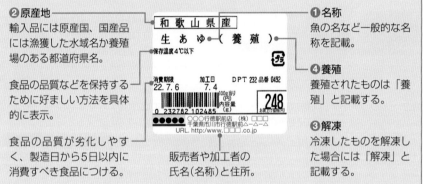

販売者や加工者の氏名（名称）と住所。

❶名称
魚の名など一般的な名称を記載。

❹養殖
養殖されたものは「養殖」と記載する。

❸解凍
冷凍したものを解凍した場合には「解凍」と記載する。

2 食品表示に関する法律

食品の原材料や添加物、栄養成分などの表示方法を統一する「食品表示法」が、2015年4月より施行された。

食品表示法では、これまで食品衛生法、JAS（日本農林規格）法、健康増進法の3法に分かれていた義務表示のルールが一元化された。新ルールへの経過措置期間は5年（生鮮食品は1年）あり、徐々に新ルールへ移行していくことになる。

なお、機能性表示食品制度（→p.109）も、この新法のもとで導入された。

■主な変更
- 加工食品の栄養表示の義務化。義務表示は5項目（エネルギー、たんぱく質、脂質、炭水化物、食塩相当量）推奨表示は2項目（飽和脂肪酸、食物繊維）。
- アレルギー表示をより安全にわかりやすい表示方法に。
- 原材料と添加物の間に明確に区分を付けて表示。

まぎらわしい表示に気をつけよう！

「シュガーレス」「ノンシュガー」「無糖」という表示は、砂糖・果糖などの糖質が食品100g中0.5g未満であれば表示できる。

気をつけたいのが、「砂糖不使用」という表示。単に砂糖を使っていないという意味で、果糖や乳糖を含んでいてもこの表示は可能。

また、「甘さ控えめ」は栄養成分とはまったく関係のない、製造・販売者側の主観的な表現である。

③ 消費期限と賞味期限

■ 消費期限
弁当やパンなど劣化が速い食品（5日程度）に記載される。この期間を過ぎると衛生上問題が起こる可能性が高い。

■ 賞味期限
缶詰やスナック菓子など品質が比較的長く保持される食品につけられる。期限が過ぎてもすぐに食べられなくなるわけではない。

パン

ゼリー

④ アレルギー物質を含む食品の原材料表示

■ 表示を義務化された7品目と奨励された21品目

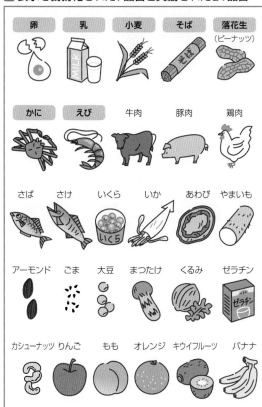

卵　乳　小麦　そば　落花生（ピーナッツ）

かに　えび　牛肉　豚肉　鶏肉

さば　さけ　いくら　いか　あわび　やまいも

アーモンド　ごま　大豆　まつたけ　くるみ　ゼラチン

カシューナッツ　りんご　もも　オレンジ　キウイフルーツ　バナナ

解説 ある食べ物を食べたとき、じんましん、下痢・嘔吐、せきや呼吸困難、くしゃみといった症状が出た場合、食物アレルギーの可能性がある。必ず表示する7種類と、表示が奨励されている21種類の食物がある。

また、食べる・触るなどにより原因となるものが身体の中に入ったときに、急激に全身に起こるアレルギー反応のことをアナフィラキシーという。その中でも血圧の低下や意識障害などを起こす場合は、アナフィラキシーショックと呼ばれ、すぐに対応しないと生命の危険を伴うこともある。

⑤ 遺伝子組換え食品の表示

種の壁を越え人為的に遺伝子を操作し、遺伝的な性質を変えた作物や食品のことを、遺伝子組換え食品という。遺伝子組換え食品は、
❶ 病気や害虫、除草剤に強い
❷ 日もちがよい
❸ 味や栄養価が高い
などの利点がある。病気や害虫、および除草剤に強い性質をもたせるのは、生産性を高めて収穫量を上げ、コストを安くするためである。また、食料の安定供給の面でも期待される食品の技術開発として国際的にも関心が高まっている。

遺伝子組換え→

しかし、人体に害を与えないか、生態系を破壊しないかなどの安全性はまだ十分に証明されていない。日本では商業栽培はされていないが、多くの食品を輸入に頼っているため、私たちの食事にも遺伝子組換え食品が入ってきている。

① 表示方法
遺伝子組換え農作物を使用した食品には、表示の義務化が実施された（2001年4月）。

ケース	表示	義務・任意
原材料が遺伝子組換え農産物の場合	「遺伝子組換え」など	義務
原材料（遺伝子組換え農産物とそうでない農産物）を分別していない場合	「遺伝子組換え不分別」など	義務
原材料を分別するが混入は5％以下の場合	「分別生産流通管理済み」など	任意
原材料が分別され、遺伝子組換えの混入がない場合	「遺伝子組換えでない」など	任意

② 義務表示の対象となる農産物

大豆
しょうゆ※
みそ　とうふ
食用油※

とうもろこし
コーン油※
ポップコーン
コーンスターチ

じゃがいも
フライドポテト
コロッケ
ポテトチップス

てんさい
[主に糖に加工される]

わた
わた油※

なたね
なたね油※　乳化剤※

アルファルファ
[主にそのまま食べる]

パパイア
[主にそのまま食べる]

からしな
[主にそのまま食べる]

※は義務表示対象外

解説 日本では、大豆・とうもろこし・じゃがいも・てんさい・わた・なたね・アルファルファ・パパイア・からしなの9種類331種の安全性を確認したとしている（2022年10月現在）。表示義務の対象は、現在農産物9作物、加工食品33食品群である。加工食品については、原材料に占める重量割合が上位3品目に入り、かつ、5％以上のものについて表示が義務づけられている（混入5％未満は対象外）。

づけられた。しかし新基準には例外的な表示方法も可能となっている。

6 食品の表示と選択〈2〉

食品添加物にはどのような種類があるだろう？
トクホって何だろう？
サプリメントって食事の代わりになるの？

1 食品添加物

食品添加物はおもに加工食品に用いられ、❶長期間の保存が可能になる、❷味をよくする、❸コストが安くすむ、などのメリットがある。しかし、単品の摂取については専門家の安全評価は受けている一方、複数の添加物を摂取した場合の複合作用については、まだ明らかになっていない。

1 どのように使われているか

種類	色			味			香り
	着色料	発色剤	漂白剤	甘味料	酸味料	調味料	香料
おもな物質名	クチナシ黄色素、食用黄色4号	亜硝酸ナトリウム	次亜塩素酸ナトリウム	キシリトール、アスパルテーム	クエン酸、乳酸	グルタミン酸ナトリウム	オレンジ香料、バニリン
使用目的	色の強化、色調の調節	色素の固定と発色	脱色および着色抑制	甘味の強化	酸味の強化	味の強化	香りの強化
おもな食品	めん類、菓子類、漬物	ソーセージ、ハム、いくら	かんぴょう、生食用野菜類、乾燥果実	ガム、ジャム、清涼飲料水	清涼飲料水、ジャム、ゼリー	うま味調味料、しょうゆ、みそ	ガム、ジュース、チョコレート

種類	舌触り・歯触り			変質・腐敗防止			栄養強化
	増粘剤・安定剤・ゲル化剤または糊料	乳化剤	膨張剤	保存料	酸化防止剤	防かび剤	強化剤
おもな物質名	アルギン酸ナトリウム、メチルセルロース	グリセリン脂肪酸エステル	炭酸水素ナトリウム、ミョウバン	ソルビン酸、安息香酸ナトリウム	L-アスコルビン酸、エリソルビン酸ナトリウム	ジフェニル、オルトフェニルフェノール	ビタミンA・B、炭酸カルシウム
使用目的	粘性の増強、安定化、ゲル化	水と油の乳化	材料の膨張	食品の腐敗防止	脂質の酸化防止	かびの発生を防止	栄養素の強化
おもな食品	アイスクリーム、プリン、ドレッシング	マーガリン、乳製品、菓子類	ビスケット、スポンジケーキ、クッキー	チーズ、魚肉ねり製品、しょうゆ	果実加工品、そう菜、水産加工品	かんきつ類、バナナ	パン、菓子類、米

あなたはどちらのハムを買う？

食品添加物は、加工に必要なもの以外に、外観のため含まれている場合もある。食品添加物が少ないが高い食品（❶）を選ぶか、多いが安い食品（❷）を選ぶかは、消費者の選択である。

❶58g（4枚）で298円

名　称	ロースハム（スライス）
原材料名	豚ロース肉（国産）、卵たん白、還元水あめ、食塩、乳たん白、酵母エキス、たん白加水分解物/香辛料抽出物、(一部に乳成分・卵・豚肉を含む)
内容量	58g
賞味期限	表面下部に記載しています。
保存方法	10℃以下で保存してください。
製造者	○○○○○（株） 長野県□□□□□

❷160g（4枚×4パック）で288円

名　称	ロースハム（スライス）
原材料名	豚ロース肉、還元水あめ、卵たん白、植物性たん白、食塩、ポークブイヨン、昆布エキス、たん白加水分解物/リン酸塩（Na）、増粘多糖類、調味料（アミノ酸等）、酸化防止剤（ビタミンC）、発色剤（亜硝酸Na）、カルミン酸色素、香辛料抽出物、(一部に卵・乳成分・大豆・豚肉を含む)
内容量	40g
賞味期限	表面上部に記載
保存方法	冷蔵（10℃以下）で保存してください。
製造者	株式会社○○○○○ 東京都渋谷区□□□□□

業界に「プリンハム」なる用語があります。響きは一見可愛らしいのですが、要は水を肉の中で固めたハムということです。（略）ハムの原料はもちろん豚肉ですが、たとえば100キロの豚肉のかたまりから120～130キロのハムをつくるのです。では、増えた20キロは何か？もちろん「つなぎ」で増量させているのです。増量させるために一番安くて便利なのは「水」です。しかし水をそのまま入れ込んだのでは肉がグチャグチャになってどうしようもない。そこで加熱すると固まる「ゼリー」を使用するのです。（略）増量した分だけ、色や弾力を持たせるために、添加物も余計に入れなければなりません。

（安部司『食品の裏側』東洋経済新報社）

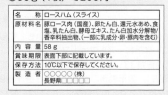

② 指定添加物数の推移

食品添加物のうち指定添加物は厚生労働大臣が定めており、その他の製造・輸入・使用・販売は禁止されている。

指定添加物以外には、既存添加物、天然香料、一般飲食物添加物が定められている。

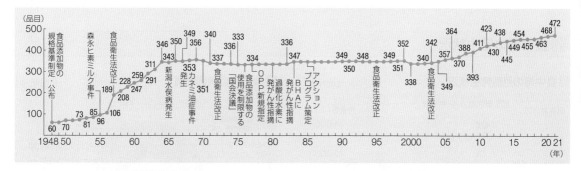

2 保健機能食品や特別用途食品の選択

保健機能食品

保健機能食品とは、消費者庁が審査し効果に一定の科学的根拠があると認めた**特定保健用食品**、栄養成分の補給・補完を目的にした**栄養機能食品**と、新しく位置づけられた**機能性表示食品**をあわせた名称で、保健機能食品制度の中に位置づけられる。

特別用途食品

特別用途食品とは、乳児、幼児、妊産婦、病者などの発育、健康の保持・回復などに適するという特別の用途のために作られたもの。許可されたものにはマークが表示されている。**特定保健用食品**も含む。

乳児用調製粉乳

● サプリメント

サプリメントは、「薬」と混同しがちだが、「食品」である。不規則な生活などで不足しがちな栄養素を手軽に摂取できるというメリットはあるが、同じビタミンCでも食物からとるものと、サプリメントからとるものはまったく同じ成分ではない。また、サプリメントによっては特定の栄養素だけを過剰にとりやすいため、過剰症には気をつけたい。サプリメントは、あくまでも補助的に利用しよう。

サプリメント

保健機能食品
- 栄養機能食品
- 機能性表示食品
- 特定保健用食品

特別用途食品
- ● 病者用食品
- ● 妊産婦、授乳婦用粉乳
- ● 乳児用調製粉乳
- ● えん下困難者用食品

いわゆる健康食品
- ● 栄養補助食品
- ● サプリメント　など

特定保健用食品（トクホ）

「カルシウムの吸収を高める食品」「食物繊維を含む食品」など、特定の保健の目的が期待できることを表示した食品であり、身体の生理学的機能などに影響を与える保健機能成分を含んでいる。許可されたものには、マークが表示されている。

栄養機能食品

身体の健全な成長、発達、健康の維持に必要な栄養成分の補給・補完を目的に利用する製品。13種類のビタミン（Aなど）、6種類のミネラル（鉄など）、n-3系脂肪酸の含有量が国の基準を満たしている製品には、定められた栄養機能表示を付け（マークはなし）、国への届け出や審査を受けなくても販売できる。

機能性表示食品

アルコール類を除くすべての食品が対象。保健機能食品の1つとして新たに分類。事業者が、健康に与える効果を消費者庁に届けるだけで、「体にどうよいのか」を表示できる。トクホのような国の事前審査はない。事業者側のハードルが一方的に下げられることで、商品リスクは消費者が負うことになるのではないか、という懸念の声もある。

TOPIC

トクホの誇大広告に注意

「脂肪の吸収を抑える」「コレステロールを下げる」など、食したら一気に悩みを解決するようなトクホ（特定保健用食品）の広告が増えている。

トクホは、内閣府の消費者委員会と食品安全委員会で審査して、有効性や安全性が認められれば、消費者庁が許可を出す。しかし、あくまでも補助的なものであって、重要なのは、食事をバランスよくとることだ。巧みな企業宣伝にだまされないよう気をつけたい。

ている。科学的に確かめられた健康情報を、消費者の健康の維持・増進や栄養改善に役立てるために生まれたのがトクホなのだ。

7 食の安全

もっとも多い食中毒の原因物質は何だろう？
主な食中毒の症状や対策は知っている？
毎日の生活で、食中毒の予防はできているだろうか？

1 食中毒の発生状況

1 食中毒の月別発生状況 (2021年)

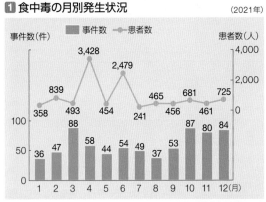

（厚生労働省「食中毒統計」）

解説 近年は、ノロウイルスなどが原因で、夏場以上に冬場に発生する食中毒件数が増えている。年間を通して食中毒への注意が必要となってきている。

2 食中毒の病因物質 (2021年／件)

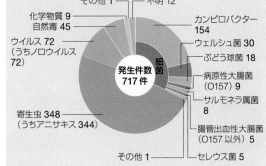

（厚生労働省「食中毒統計」）

解説 近年は、カンピロバクターやノロウイルスに加え、寄生虫のアニサキスが原因となる食中毒の件数が多い傾向がある。

2 主な食中毒の種類と特徴

原因となるもの	原因食品	症状	対策
カンピロバクター	食肉（特に鶏肉）、飲料水、生野菜、牛乳など。	発熱、けんたい感、頭痛、吐き気、腹痛など。	・調理器具を熱湯消毒し、よく乾燥させる。 ・生肉と他の食品との接触を防ぐ。 ・十分に加熱する（65℃以上、数分）。
サルモネラ菌	卵またはその加工品、食肉、うなぎなど。	激しい腹痛、下痢、発熱、嘔吐（おうと）。	・肉や卵は十分に加熱する（75℃以上、1分以上）。 ・卵の生食は、新鮮なものだけにする。
黄色ブドウ球菌	おにぎり、弁当など、調理をする人の手により菌が食品を汚染。	吐き気、嘔吐、腹痛、下痢。	・手指をきちんと洗う。 ・手指に傷や化膿がある人は、食品に直接触れない。 ・調理器具をよく洗う。
病原性大腸菌O157	焼き肉、牛レバー、かいわれ大根など。	下痢、腹痛、発熱、吐き気、嘔吐。	・食肉は中心部までよく加熱する（75℃、1分以上）。 ・野菜類はよく洗う。
ノロウイルス	貝類、調理従事者からの二次汚染など。	嘔吐、下痢、吐き気、腹痛など。	・二枚貝は中心部まで十分に加熱する（85℃以上、1分以上）。 ・感染者の嘔吐物や糞便を処理する場合は、手袋・マスクを使用する。
アニサキス（寄生虫）	アニサキスの幼虫が寄生した魚介類（さば、あじ、いかなど）。	激しい腹痛、発熱、じんましんなど。	・70℃以上でしっかり加熱するか、マイナス20℃で24時間以上冷凍する。

3 食中毒の予防

買い物

新鮮な食品を購入する。

消費期限などをしっかり確認する。

食品の保存

買い物から帰ったらすぐに適切な保存をする。

冷蔵庫への詰めすぎに注意。

調 理

指輪などのアクセサリーやつけ爪などははずす。

十分に手を洗ってから調理する。

手の傷などは、食品に直接触れないようにする。

調理器具や食器は清潔なものを使用する。

生肉・魚・卵にさわった包丁やまな板はすぐ洗浄する。

食品は中心まで十分に加熱する。

調理を途中でやめるときは冷蔵庫に入れる。

きれいに洗った手で盛りつける。

食事中

温かいものは温かいうちに、冷たいものは冷たいうちに。

食 後

残った食品は清潔な食器で保存する。

時間がたちすぎた残り物は、思い切って捨てる。

後片づけ

タオルやふきんは、清潔で乾燥したものを使用する。

4 食中毒の症状が出たら…

■ 下痢や嘔吐をしたら、しっかり水分をとろう。

■ 勝手に判断して薬を飲まない。医者に診てもらおう。

■ 家族にうつさない。

- 特に調理の前、食事の前、トイレの後、便や吐いた物にさわった後にはよく手を洗う。
- 使った食器は熱湯をかけて消毒する。
- 洗濯は別に分けて洗う。

はO抗原として157番目に発見されたものという意味。現在、約180に分類されている。

8 食料自給率

食料自給率とは何だろう？
食料自給率が低いと困ることはあるだろうか？
私たちの食生活とどのような関係があるだろうか？

1 食料自給率とは何だろう？

国民が消費した食料を、国産でどの程度まかなえるかを示す指標のこと。重量ベース、生産額ベース、供給熱量ベース（カロリーベース）の3つの示し方がある。おもには、供給熱量ベースで示した供給熱量総合食料自給率が用いられる。

各国と日本の食料自給率の推移を比較してみよう。

解説 アメリカやフランスなどは100%以上となり、輸出が盛んなことがわかる。イギリスやドイツも長期的には自給率が向上している。一方、日本は近年、4割前後で推移している。

■ 各国別食料自給率の推移

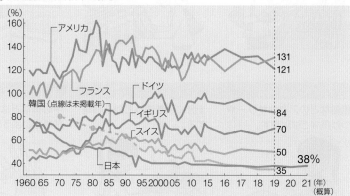

（農林水産省「食料需給表」）

2 品目別自給率の例 (2021年度概算値)

1 朝食（和食）

野菜 79%
魚（食用）59%
米 98%
大豆 7%
海藻 69%

（注）牛乳・乳製品、豚肉、牛肉の（ ）の値は、飼料自給率を考慮した値。

2 夕食（洋食）

牛乳・乳製品 63（27）%
果物 39%
小麦 17%
豚肉 49（6）%
牛肉 38（10）%
じゃがいも 67%

（農林水産省「食料需給表」）

解説 食品の種類によっても自給率は大きく違う。一般的な朝食や夕食を例にみると、米や野菜、いもなど和食系の方が自給率は比較的高い。しかし、納豆、しょう油、味噌などの原料である大豆は、わずか6%の自給率しかない。

3 なぜ食料自給率は低下するのだろう？

1 食生活の変化

国内で自給可能な米の消費が半減する一方、肉類や油脂類の消費が2〜3倍に増加したため。

■ 各食品の1人あたり
年間供給量の推移 （概算）
（1965年＝100%）

肉類 370
油脂類 221
米 46

（農林水産省「食料需給表」より）

2 政策や国際競争の激化

1の背景には減反政策や、1980年代以降の農・畜産物の輸入拡大などの政策による面も大きい。TPPが正式発効すれば、さらに加速すると懸念されている。

4 食料を外国に頼りすぎると、何が困る!?

輸出国で冷夏などの異常気象が起きたら……

作物の不作
→輸出する余裕がない！

輸出国でBSEや鳥インフルエンザ、口蹄疫が発生……

感染防止のため、病気が発生した国からの輸入禁止措置

これまで輸入されていた食料が、輸入できなくなる！
日本の食料が足りなくなる!!

5 食料自給率の改善にむけて

1 地産地消

私たちが住んでいる土地には、その風土や環境に適した食べ物が育つ。一人ひとりが地元でとれる食材を選ぶことが、地域の農業を応援することにつながる。

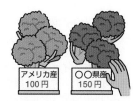

アメリカ産 100円　〇〇県産 150円

2 ごはんを中心とした食事から

かたよった食事は生活習慣病を引き起こす原因になる。ごはんを中心に、肉や油を使った料理はほどほどに、野菜をたっぷり使ったバランスの良い食事を心がけよう。

3 「旬」の食べ物を食べる（→ A ）

「旬」の食べ物は、最も適した時期に無理なく作られるので、余分な燃料などを使わない。味も良く、栄養分も多い。からだにも環境にもやさしい食事を心がけよう。

4 食品ロスの削減（→ B ）

食料の多くを海外に依存しながら、大量に廃棄している。食べ残し、賞味期限切れや傷などの理由で廃棄しないように、食品の購入、調理に当たっては適量を心がけたい。

A 季節によるほうれんそうのビタミンCの変化

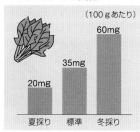

（100gあたり）
20mg 夏採り　35mg 標準　60mg 冬採り

（文部科学省「日本食品標準成分表」）

解説 ほうれん草100gあたりのビタミンCは、35mgが標準値だが、夏に収穫されたものと冬のものでは大きく違う。他の野菜の栄養素も同様と考えられる。

B 食品ロス量と、その主な発生源

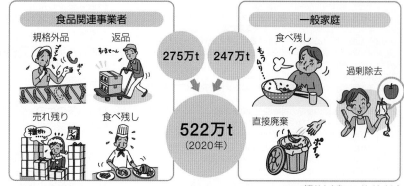

食品関連事業者
規格外品　返品　売れ残り　食べ残し
275万t

247万t
一般家庭
食べ残し　過剰除去　直接廃棄

522万t（2020年）

（農林水産省Webサイトより）

解説 食品ロスの削減を目指して食品ロス削減推進法が可決、成立した（2019年5月）。今後政府が基本方針を策定して、自治体が削減推進計画を作る。事業者や消費者がそれらを踏まえた行動をすることで、食品ロスが削減されることが期待される。

6 フード・マイレージとは？

食料の生産地から食卓までの距離に着目し、なるべく近くでとれる食材を食べたほうが、輸送にともなう環境汚染が少なくなるという考え方。イギリスの消費者運動家ティム・ラング氏が提唱した考え方をもとにしている。

$$\text{フード・マイレージ (t·km)} = \begin{bmatrix}\text{輸入相手国別の}\\\text{食料輸入量 (t)}\end{bmatrix} \times \begin{bmatrix}\text{輸出国からの}\\\text{輸送距離 (km)}\end{bmatrix}$$

■ 輸入食料品のマイレージ

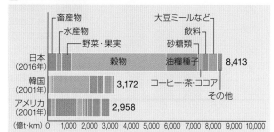

畜産物　水産物　野菜・果実　穀物　大豆ミールなど　飲料　砂糖類　油糧種子　コーヒー・茶・ココア　その他

日本（2016年）8,413
韓国（2001年）3,172
アメリカ（2001年）2,958

（億t・km） 0 1,000 2,000 3,000 4,000 5,000 6,000 7,000 8,000 9,000 10,000

（中田哲也『フード・マイレージ新版』日本評論社）

解説 日本（2016年）は、韓国やアメリカ（2001年）と比べて突出した値となっている。穀物や種子を、大量に遠方から輸入しているためと考えられる。

スローフードって、何？

スローフードと言う言葉を聞いたことがあるだろうか。始まりはイタリアだった。

1980年代半ば、イタリアのローマにマクドナルド1号店が開店した。食の安全性軽視や画一化・スピードを偏重する「ファストフード」に対して、1986年、「スローフード」という考え方が起きた。次の3つの指針を掲げて、各地の食文化を尊重し、食べ物についてじっくり考えようとする提案である。

Slow Food®　スローフード協会

❶消えゆく恐れのある伝統的な食材や料理、質のよい食品を守る。
❷質のよい食材を提供する。地域の中小農業者を守る。
❸子どもたちを含め、消費者に"食"や"味"の教育を進め、本物の食を提供する。

最近では、食に限らず生活様式全般を見直そうとする、「スローライフ」という考え方もある。

天候不順で米の生産量が激減し、米の自給率が101％から75％になったことが原因。しかし翌年、米は120％に回復し、自給率も45％に戻った。

9 食に対する不安

日常の食べ物について不安はあるだろうか？
食の「安全」と「安心」はどう違うのだろう？
消費者としてできることは何だろう？

1 食の安全を揺るがす問題

BSE（牛海綿状脳症）の発生、食品偽装表示など、食の安全を揺るがす問題が次々に起こっている。これにより、食の安全・安心への関心が高まっている。

1975年4月	米国産輸入かんきつ類から国内不認可の防カビ剤（ポストハーベスト）を検出
1996年5月	岡山県と大阪府において、腸管出血性大腸菌O157による集団食中毒が発生
1999年2月	ダイオキシン含有騒動（一部報道により、埼玉県産野菜等の販売に影響）
2000年6月	雪印乳業製の低脂肪乳の黄色ブドウ球菌によって大規模食中毒が発生（→ 2-1）
10月	安全性未審査の遺伝子組換えとうもろこしを検出
2001年9月	国内で初のBSEの牛を千葉県で確認（→ 2-2）
2002年1月	雪印食品による牛肉不正表示、その後続発（→ 2-2）
6月	残留農薬の基準値を超えた輸入冷凍ほうれん草の回収相次ぐ
2003年12月	卵の賞味期限不正表示発覚
2004年1月	国内外で高病原性鳥インフルエンザの発生（アジアを中心に被害拡大）（→ 2-4）
2007年1月	不二家の食品の期限表示の偽装発覚
6月	ミートホープの牛肉ミンチ偽装発覚（→ 2-3）
9月	台湾より輸入したうなぎを宮崎産とした産地偽装発覚
10月	名古屋コーチン、比内地鶏などのブランド偽装発覚 船場吉兆の消費期限・ブランド偽装発覚
2008年6月	うなぎの産地偽装が発覚
9月	三笠フーズによる汚染米（事故米）問題発覚
2009年9月	エコナ関連商品、発がん性のおそれがあるとして販売自粛。10月特保マーク返上
2010年5月	宮崎県で口蹄疫に感染した牛が発見され、その後感染牛が急速に拡大（→ 2-5）
2011年3月	福島第一原子力発電所事故による放射線汚染の発生と拡大。食品の暫定規制値を策定（→ TOPIC）
4月	ユッケによる集団食中毒事件で5人死亡（→ 2-6）
2012年8月	札幌市で、浅漬のO157による食中毒で、8人死亡
2013年10月	ホテル提供メニューの食材偽装発覚（→ 2-3）
2014年7月	中国の食肉加工工場で食品取扱いの不正が発覚
2017年3月	築地市場の移転先の豊洲地下水から基準の100倍超えるベンゼンが検出され、移転の是非が議論されることに
2019年10月	豚コレラの感染防止のためワクチン接種はじまる
2022年2月	熊本県産としていたアサリの産地偽装が発覚（→ 2-7）

2 食品をめぐるおもな事件の概要

1 雪印集団食中毒事件

2000年6〜7月、近畿地方を中心に集団食中毒事件が発生した。原因は、停電をきっかけにして、雪印乳業（当時）の乳製品（おもに低脂肪乳）に黄色ブドウ球菌が繁殖したことによる。工場の衛生管理に批判が強まった。この事件は、認定患者数13,420人となり、戦後最大の集団食中毒事件となった。

2 BSEと牛肉偽装事件

■ BSE（牛海綿状脳症：Bovine Spongiform Encephalopathy）とは

1980年代イギリスで、異常行動をとる牛が出現。狂牛病と呼ばれた。原因は、異常プリオン（たんぱく質の一種）により脳の運動神経に障害が起きたためとされている。同様の異常プリオンによるヒトのクロイツフェルト・ヤコブ病との関連性が指摘され、大きな社会問題に発展した。

日本では確実な安全措置として、2001年以降、すべての牛にBSE検査を実施（全頭検査）し、特定危険部位（脳、脊髄、目玉、回腸遠位部）はすべて除去して焼却する対策がとられた。2013年7月、安全が確認されたとして全頭検査は終了した。

一方、全頭検査が行われていないアメリカでBSE症例が発覚し、2003年に日本は輸入を全面禁止した。その後再開、再禁輸を経て、2013年安全が確認できるとして30か月齢以下の牛の輸入が解禁された。

■ 牛肉偽装事件（雪印食品）

日本国内でのBSE感染牛発生を受けて全頭検査が始まり、産業保護のため政府による国産牛肉買い取り事業が行われた。これを悪用して、雪印食品が国外産の牛肉を国内産と偽って、農林水産省に買い取り費用を不正請求したことが判明。世論の反発にあい、雪印食品は精算（事実上の倒産）に追い込まれた。

3 食品（食材）表示偽装事件

2007年6月、牛肉コロッケから豚肉が検出され、製造元のミートホープ社が故意に混入したことが判明。その後、肉以外の異物の混入や、消費期限表示を貼り替えて再出荷していたことも暴露された。同社は翌月倒産。社長は、不正競争防止法違反と詐欺の罪で有罪が確定。食品表示に対する消費者の信頼を根底から覆す事件だった。

■ 食品の自主回収件数

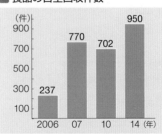

（農林水産消費安全技術センターWebサイト）

解説 2007年の偽装事件で世論の批判が高まり、国の監視も強化され、自主回収が急増している。しかし半数は表示の不備が原因で、過剰反応との意見もある。

2013年10月ホテルのレストランでバナメイエビを芝エビ、牛脂注入肉をサイコロステーキなどと表示した問題が大きな広がりを見せ、主要ホテルの4割にのぼると報道された。

4 高病原性鳥インフルエンザ

家畜の鶏などだけに感染する高病原性鳥インフルエンザ（H5N1型など）は、人間に感染した場合、重症化しやすいため、鶏に感染が発覚した時点で鶏農場全体の鶏を数万羽単位で「処分」する。国内でも2004〜05年に大規模に発生したが、その後も散発的な発生が報告されている。

5 口蹄疫の衝撃

感染力が強く、幼畜の致死率の高い口蹄疫が宮崎県で発生し、約30万頭の牛や豚が殺処分された。種牛の産地であることから、畜産業全体に大きな影響が出た。

6 ユッケによる集団食中毒事件

2011年4月、焼肉酒家えびすで、牛肉を生で食べるユッケなどを食べた客100人以上が、O111、O157（→p.110）による食中毒となり、5人が死亡する事件が起きた。

これを機にユッケやレバ刺しなど、牛肉の生食が全面的に禁止されることとなった。食の安全のためには厳しい規制もやむなしとする一方、生の食材を食べるという食文化が損なわれることへの懸念の声も出ている。

7 アサリの産地偽装

熊本県産アサリの年間漁獲量の100倍に相当する約2,500tが、「熊本県産」として流通しており、その97%が中国や韓国に由来していたことが判明。

外国産でも輸入後国内で育てた期間の方が長ければ、国産（熊本県産）と表示できる。しかし短期間のうちに出荷しているにもかかわらず国産＝熊本県産と偽装する行為が20年以上続いていたらしい。国産を好む消費者の行動も影響していると考えられる。

小売店調査におけるアサリの産地表示
（2021年10〜12月）

有明海産 5.0%　韓国産 0.9%
愛知県産 5.8%　その他国産 0.7%
推計販売数量 3,138t
北海道産 8.5%　熊本県産 79.2%

（農林水産省調査による）

食品中の放射性物質の基準値

原発事故によって、放射性物質が極めて大量に放出された。当初は10億Bq／時の放出だったが、2018年時点では1.6万Bq／時となっている。食品の安全を確保するために、事故直後に暫定規制値が定められたが、2012年4月により厳しい基準値が設けられた（右表）。しかし、流通過程で表示偽装なども発生し、消費者の不安は払拭されたとは言い難い。

● 放射性物質の基準値　（Bq/kg）

	放射性セシウム
乳児用食品	50
飲料水	10
牛乳	50
一般食品	100

食の「安全」と「安心」はどう違う？

安全とは、具体的な危険性や健康被害が生じないという状態。一方安心とは、心配や不安がないという主観的な心の状態をいう。これらが一致することが望ましいが、科学的に「安全」と判断されても、必ずしも「安心」に結びつかないことも多い。例えば、遺伝子組換え食品の安全性について、不安を感じる消費者は多い。

安全が安心になるには、何が必要なのだろうか。少なくとも生産者や販売業者に対する消費者の「信頼」なくしては成り立たないのだが、偽装事件はこの信頼を覆してしまう。

安全です！

3 食品のトレーサビリティ

1 食品のトレーサビリティ

生産段階、加工段階、流通段階、小売段階で、「いつだれがどのようにしたか」を記録し、食品のラベルをもとにインターネット、小売店やお客様相談室などで情報を入手できるシステム。これによって、食品に問題が発生したときには原因を見つけやすく、早い対応ができる。また、消費者が食品の安全性を判断しやすい。

2 牛肉のトレーサビリティ

2004年12月より、「牛の個体識別のための情報の管理及び伝達に関する特別措置法」が施行され、牛の個体識別番号の表示が義務づけられた。これによって、家畜改良センターのWebサイトにアクセスして、個体識別番号を入力すると、その牛がいつ、どこで生まれたか、どこで育ったか、いつどこで食肉処理されたかなどの情報を見ることができる。

■ 商品ラベルへの表示

右のようなデータが得られる。この牛は、福島県で8か月、岩手県で22か月飼養されているので、「岩手県産」である。

（農林水産省Webサイト）

1 調理の常識

料理は楽しいが、火や包丁を扱うなど危険な作業でもある。衛生にも気をつけなければ、食中毒になる可能性も。料理を始める前の基本常識をおさえておこう。

■ 手を洗うタイミング

■ 調理を始める前にはしっかり洗おう

手を組むようにして指の間もていねいに。

手首は握るようにして回しながら。

水でよく洗い流し、清潔なタオルでふく。

■ その他、以下のような場合にも洗おう
- 食材が入っていたトレイに触れたあと
- 生の肉や魚に触れたあと
- そのまま食べるもの（サラダ・あえ物・刺身など）の盛りつけ前
- トイレを使ったあと

■ まな板の扱い方

■ 最初にぬらしてから使おう
乾いたものを切るとき以外は、必ず水でぬらし、ふきんでふいてから使う。汚れやにおいがしみこみにくく、とれやすくなる。また、魚・肉用、野菜・果物用と使い分けをする。

■ 物置き台にしない
まな板の上に物をいろいろ置くのは、細菌汚染のもと。切るものと材料だけを置く。

■ 安定させて置く
❶流しの上にはみ出さない
調理台がせまい場合などに、流しの上にはみ出して置いてしまいがちだが、不安定で危ない。

❷調理台からはみ出さない
調理台からはみ出していると、包丁やまな板を足の上に落とす危険がある。

■ 洗うとき、最初は水で
肉や魚の汚れは、まず水で洗い流してから洗剤で洗う。最初に湯をかけると、熱で血やたんぱく質が固まり、落ちにくくなる。

■ 包丁の扱い方

■ 魚や肉を切ったあとは洗う
生の肉や魚を切った包丁・まな板には細菌がついている。洗剤でしっかり洗おう。野菜を切ったときは、水で洗い流すだけでもよい。

■ 使い終わったら、すぐ片づける
洗いおけや水切りかごの中に、他の食器とともに入れるのはけがのもと。使い終わったらすぐに片づけよう。

■ 加熱器具の扱い方

■ なべの柄の位置に注意！
❶複数のコンロを使う場合
他の鍋に柄が触れていると、持つとき熱くなっていて危ない。

❷調理台からはみ出さない
調理台から柄がはみ出していると、体に引っかけてしまう危険がある。

■ なべをつかむときは乾いた布で
なべつかみの代わりにふきんなどを使うときは、必ず乾いた布で。ぬれた布は熱が伝わりやすい。

■ やかんの持ち手は立てる
やかんの持ち手をねかせると危険。持ち手が熱くなり、やけどの原因になる。

■ 火のまわりに物を置かない
火のまわりにふきんなどの燃えやすいものを置くのは危険。なべのふたの上に置くのもやめよう。

■ コンロの汚れはすぐにふこう
油はねなどの汚れは、すぐにふく。熱いうちなら汚れも簡単に落ちる。

■ 包丁の使い方

■ 包丁の名称

みね
- 肉をたたく
- ごぼうの皮をこそげる

切先（刃先）（きっさき）
- トマトのへたをとる
- 切りこみを入れる
- 野菜をうすく切る

柄（え）

刃元
- じゃがいもの芽を取り除く
- 皮をむく
- かたいものを切る

中央
- 輪切り・せん切りにする

■ 包丁の正しい持ち方

人差し指を曲げ、中指、薬指、小指で柄の元の部分をしっかり握り込むと力が入りやすく、かたいものもよく切れる。

■ 材料を持つ手は

左手で材料を押さえ、切る幅に合わせて手をずらしながら切る。左手の指は内側に折り込む。指先を伸ばしたままだと危険（右）。

■ 料理レシピの基本ルール

■ 材料表

　材料表の分量には基本ルールがあるのでおさえておこう。「カップ1」と書いてあれば、1カップ＝200mLの計量カップのことをさす。同じく、大さじ1は15mLの、小さじ1は5mLの計量スプーンをさす。

　決まったもので量らないと、レシピに書かれている分量とは大きな違いがでて、できあがりの味つけがまったく別のものになってしまう。気をつけよう。

200mL
カップ1

15mL
大さじ1

5mL
小さじ1

■ 味つけ

　初めに加える調味料をひかえめにしよう。調理はたし算はできてもひき算はできない。少し薄めに味つけをし、味見をして確認することが大切。

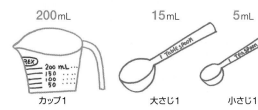

■ 電子レンジの使い方

■ ラップあり？ なし？

　電子レンジでもっとも使われる機能は、温め直し。ラップをするかしないかは迷う問題。目安は、しっとりふっくらさせたいものや煮立つと汁けがあふれるものはラップが必要。飯・煮物・汁物など。耐熱温度が140℃以上のラップを選ぼう。逆に水けをとばして仕上げたいものはラップは不要。炒め物・焼き物など。

ラップが必要

ラップは不要

■ 注意しよう！

　電子レンジで使えない容器がある。アルミ、ステンレス、ホウロウなどの金属製品は、スパーク（火花）を起こすので使えない。耐熱性のないガラス製品なども使えない。また、殻つきの卵、ゆで卵（殻なしも）は、破裂することがあるので危険。

■ 冷蔵庫の使い方

冷蔵室　約4℃
卵、牛乳、ケーキ、下ごしらえした材料、おかず、飲み物など

チルド室　約0℃
食品が凍り始める直前の温度。肉、魚、チーズ、ヨーグルト、納豆など

パーシャル室　約−3℃
食品が微凍結する温度。刺身などの魚、肉など

冷凍室　約−20℃
冷凍食品、家庭で冷凍したもの

野菜室　約6℃
野菜が乾燥しないよう、温度・湿度がやや高め。ほとんどの野菜や果実

2 調理・計量の基本

味つけを失敗しないためには、調味料を正確に計量することが大切である。また、野菜の切り方は多種にわたるので、料理に応じた切り方をしよう。

■ 計量の基本

■ 計量スプーン

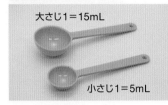

大さじ1＝15mL

小さじ1＝5mL

粒子状

多めにとってから、すりきる。

2分の1は、一度すりきり、半分落とす。

液体・ペースト

表面が盛り上がるくらいまで入れる。

2分の1は、6〜7分目まで入れる。

■ 計量カップ

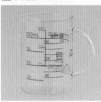

1カップ＝200mL
液体は、たいらなところにカップを置き、量りたい目盛りの位置まで液をそそぐ。

■ 手ばかり

塩少量
2本の指で、約小さじ12分の1（約0.5g）。

塩ひとつまみ
3本の指で、約小さじ6分の1（約1g）。

■ 火加減

■ 強火
炎がなべの底全体にあたっている状態。

■ 中火
ガスの炎の先端がなべの底に少しあたるくらいの状態。

■ 弱火
中火の半分ほどで、炎がなべの底にあたらない状態。

■ 水加減

■ ひたひたの水
材料が煮汁から少し頭を出している状態。

■ かぶるくらいの水
材料が完全に煮汁の中に入っている状態。

■ たっぷりの水
煮汁が材料の高さの倍くらいある状態。

■ 基本切り

1. 輪切り

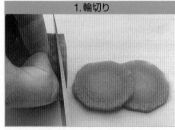

切り口が輪になるように端から同じ大きさで切る。厚さは料理による。

2. 半月切り

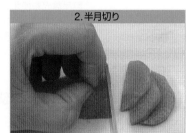

輪切りをさらに半分に切った状態。
縦半分に切り、切り口をまな板につけて端から切る。

3. いちょう切り

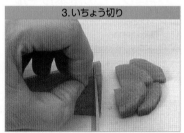

半月切りをさらに半分に切った状態。
縦半分に切り、さらに縦半分に切って端から切る。

4. 拍子木（ひょうしぎ）切り

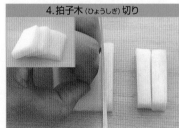

長さ4cm、さらに繊維にそうように縦1cm幅に切る。厚さがそろうように幅1cmの細長い棒状に切る。

5. さいの目切り

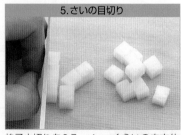

拍子木切りを0.7〜1cmくらいの立方体に切る。

6. たんざく切り

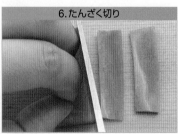

長さ4〜5cm、幅1cmのものをさらに薄く切る。

7. 色紙切り

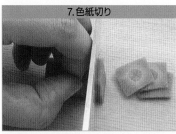

断面が正方形の立方体を薄切りにする。

8. 小口切り

材料を手で押さえ、端から一定の長さで切る。

9. 乱切り

斜めに切る。材料を手前にまわして切り口の中央を同様に切る。

10. くし形切り

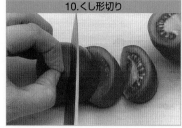

縦半分に切り、三日月形になるように、切っていく。

11. ささがき

鉛筆を削る要領で材料をまわしながら刃先で薄く削っていく。

12. そぎ切り

包丁を寝かせて引きながら薄く切る。

13. 斜め切り（ねぎ）

端から包丁を斜めに入れて切る。

14. せん切り

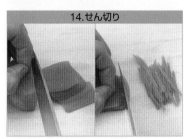

長さ4〜5cmの薄切りにする。
薄切りを重ねて、端から細く切る。太さは1〜2mmが一般的。

15. みじん切り（長ねぎ）

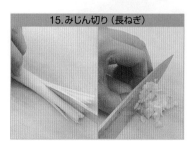

まわしながら、刃先で縦に何本も切れ目を入れる。切り込みが広がらないように押さえ、端から細かく切る。

16. みじん切り（たまねぎ）

縦半分に切り、根元を切り離さないように、縦に細かく切り込みを入れる。
切り離さない程度に横に切り込みを入れる。
根元を押さえ、端から細かく切る。

■ 調味の手順

さ	砂糖
し	塩
す	酢
せ	しょうゆ
そ	みそ

● 砂糖より塩を先に入れると…

砂糖

塩

砂糖は分子が大きいため、いったん小さい分子の塩が入ったあとにしみ込ませようとしても入りにくい。

野菜の繊維

料理の本を見ると、よく目につくのが「繊維にそって切る」「繊維に直角に切る」という文章。実は野菜は、繊維にそって切るか、繊維を断ち切るかで歯ごたえや風味などがちがってくるのだ。

● 繊維にそって切る
加熱しても形くずれがしにくい切り方で、炒め物などに向く。シャキシャキとした歯ごたえ。

● 繊維に直角に切る
香りが強く出る切り方で、サラダなどの生食や、香りを出したいスープなどに向く。

繊維の方向

しょうがの繊維の方向は、皮の節目に直角

3 材料の下ごしらえ

調理の前に食材にほどこす下処理。❶あくをぬく、❷切れ目を入れる、❸乾物をもどす、など。魚介類は鮮度を保つため、買ってきたらすぐに下処理をする。

■ 野菜

■ 水にさらす

冷水につける

じゃがいも・さつまいもなどのいも類やなすは、冷水につけてあく抜きする。

酢水につける

酢水に入れるとれんこんやごぼうは白く仕上がる。上は酢水につけた場合。

■ 塩でもむ

きゅうりやキャベツは塩でもむと、浸透圧の作用で野菜から水分が出てしんなりする。

■ ゆでる

茎から入れ、ふたをせず短時間ゆでる。えぐみをとるため冷水にとり色よく仕上げる。

■ 肉

■ 焼く場合

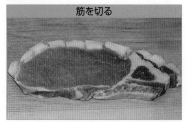

筋を切る

赤身と脂身の間にある筋は加熱により縮み、肉が反り返るので、切れ目を入れる。

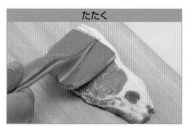

たたく

肉たたきでたたき、形を整えて焼くと、縮まずやわらかく仕上がる。

■ 乾物・加工品

■ 乾物をもどす

干ししいたけは水に20〜30分つけ、石づきのところがやわらかくなってから使う。

切り干しだいこんは水でもみ洗いし、かぶるくらいの水に約10分つけてもどす。

■ 油抜きをする

油揚げ・厚揚げ・がんもどきなどは、熱湯をかけ回すか、熱湯にくぐらせる。

ホームフリージングのポイント

1 冷凍に向かないものは冷凍しない
- 向く…ごはん、パン、加熱調理したもの、乾物・茶葉など乾燥したもの
- 向かない…とうふ・こんにゃく・たけのこなど（食感が変わる）、牛乳やクリーム（分離する）、一度解凍したもの（再冷凍は品質が悪くなる）

2 すばやく凍らせる
　熱いものは必ず冷ましてから凍らせる。

3 小分けして、密閉する
　1回に使う量に分け、できるだけ薄く、空気を抜く。

4 1か月以内に使い切る
　家庭で冷凍したものは、目安として1か月以内、いたみやすい生肉・魚介類・生野菜は2週間以内に食べる。

解凍法
- 自然解凍…肉・魚やおかずは冷蔵庫で。ゆっくり時間をかけて解凍することで、水っぽくならず生に近い味になる。
- 流水解凍…急ぐときに。水が入らない袋に入れて流水をかける。
- 電子レンジ解凍…解凍（弱）機能を使うなどして、加熱しすぎないようにする（ムラになる）。
- 加熱解凍…凍ったままゆでるなど、解凍と同時に調理する。

■ 魚（一尾の処理）

■ ぜいごを取る

皮をつけたまま料理するときは、ぜいご（かたいうろこの部分）を取る。

■ えらを取る

えらの下側から包丁を入れ、刃先でえらを引き出す。

■ 腹わたを取る

❶腹側に切れ目を入れる。

❷包丁の先をさし入れ、内臓を引き出す。流水で汚れを洗い落とす。

■ 二枚おろしと三枚おろし

❶胸びれの下から包丁を入れ、頭を切り落とす。

❷腹わたを取り、汚れを洗い流す。洗ったら水気をふきとっておく。

❸腹側から包丁を入れ、刃先を中骨にそわせて尾まで包丁を引く。

❹向きを逆にし、背から包丁を入れ、刃先を中骨にそわせて尾から頭まで包丁を引く。

❺包丁の刃を返し、中骨の上をすべらせるようにし、上身を尾から切り離す。

❻二枚おろし。

❼中骨を下にし、❸～❺の要領で背側と腹側から包丁を入れ、下身を中骨から離す。

❽三枚おろし。両方の腹側に残った腹骨を薄くそぎ取る。

■ いか

❶足と胴をはがし、内臓を引き抜く。内側に残った軟骨を取る。

❷えんぺら（→p.126）を引っ張りながら、そのまま皮をむく。

❸胴全体の皮をむく（ぬれぶきんを使うとよい）。

❹足からわたを切りはずし、目・口ばし・吸盤を取る。

4 調理操作

一つの料理は、複数の操作を組み合わせてできあがる。調理操作は、煮る・焼くなどの加熱操作、調味料で味をととのえる調味操作とその他非加熱操作に分かれる。

■ 飯物

■ おいしいご飯の炊き方

※炊飯器によっては、浸水時間や蒸らし時間まで自動で行う。

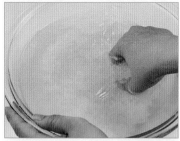

❶大きめのボウルに分量の米を入れ、たっぷりの水を一気に加え、さっとかき混ぜる。

❷ボウルのふちに手をあててすぐに水を捨てる（ぬかくさくならないように）。

❸手のひらで米を軽く押すようにして混ぜる。

❹水を3〜4回かえてすすぐ。

❺炊飯器に米を入れ米の量に合わせて水を入れる。約30分浸水させて炊く（※）。

❻炊き上がったら約10分ほど蒸らし（※）、水で濡らしたしゃもじで全体を大きく混ぜる。

■ 汁物

■ こんぶとかつおの混合だしのとり方

❶なべに水（4カップ）とこんぶ（水の1〜2％の重量）を入れ、約30分浸しておく。

❷中火にかけ、なべ底から泡が沸々としてきたら火を止め、こんぶを取り出す。

❸ふたたび沸騰させ、かつお節（だしの1〜2％の重量）を一気に加えて約1分加熱する。

❹火を止め3分おき、だし汁をふきんなどでこす。

■ 汁のうま味と用途

種類		材料の汁に対する重量割合（％）	だし汁のとり方	用途	おもなうま味成分
こんぶだし		2〜5	水に30〜60分つけてから火にかけ、沸騰直前に取り出す。	すし飯　精進料理	グルタミン酸
かつお節だし	一番だし	1〜4	沸騰直前にかつお節を入れ、ふたたび沸騰したら火を止め、上澄みをこす。	吸い物　茶わん蒸し	イノシン酸
	二番だし	2〜4	一番だしを取ったあとのかつお節に一番だしの半量の水を入れ、沸騰したら2〜3分煮てこす。	煮物　みそ汁	イノシン酸
混合だし		かつお節2　こんぶ1	こんぶからだしを取り、その後、かつお節を用いて取る。	上等な吸い物　上等な煮物	グルタミン酸　イノシン酸
煮干しだし		3〜4	水に30分つけてから火にかけ、沸騰後2〜3分煮出す。	みそ汁　煮物	イノシン酸
干ししいたけ		5〜10	水または40℃以下のぬるま湯につける。	煮物	グアニル酸
うま味調味料		0.02〜0.05	汁にとかす。	各種の調味	L-グルタミン酸ナトリウム

■ 煮物

■ おいしい煮物の作り方

落としぶた

1. 材料にしんが残ったり煮汁が回らなかったりしないよう、厚手で大きめのなべを使う。
2. 火加減は、一般に材料を入れて煮立つまでは強火で、その後は弱火にして煮込みながら味をふくめる。
3. 落としぶた（→p.126）を用い、じっくりと味をしみ込ませる。

4. 魚を煮るときは、生臭みを抑えうま味が流れ出ないように、煮汁をひと煮立ちさせたところに入れる。

■ 焼き物

■ 焼き魚のポイント

❶焼きはじめは、裏になる方が上。 ❷ひっくり返し、表を上にする。 ❸でき上がりは、頭を左に盛りつける。

■ おいしい焼き物の作り方

1. 肉類・魚介類などたんぱく質を多く含む食品は、最初の強火で短時間加熱し、表面を熱で凝固させうま味の流出を防ぐ。
2. でん粉性食品（焼きいも・ホットケーキなど）は、十分に糊化させ甘味を引き出すため、弱火で時間をかけて焼く。

■ 蒸し物

■ 蒸し方の種類

蒸し方	料理例
100℃を保ちながら加熱する	まんじゅう類、だんご・もち類、蒸しパン類、いも類、魚介類、肉類など
100℃を保ちながら、ふり水またはきりをふく	魚介類など
85〜90℃を保つために弱火にしたり、ふたをずらして温度調節をしながら蒸す	たまご豆腐、茶わん蒸し、カスタードプディングなど

■ 蒸し器の使い方

蒸し器は、食品を動かさずそのままの状態で加熱できるので、煮くずれや栄養成分の流出の心配が少ない。

1. 蒸し水は容量の80%程度入れる。
2. 蒸し水が沸騰してから食品を入れる。
3. 蒸し水の補充は熱湯を用いる。

水滴を防ぐためふきんをかける

ふたをぴったりする（100℃）

ふたをずらす（85〜90℃）

■ 揚げ物

■ 揚げ物の適温と時間のめやす

調理名		温度（℃）	時間（分）
天ぷら	魚介類	180〜190	1〜2
	いも類	160〜180	3
かき揚げ		180〜200	1〜2
フライ		180	2〜3
カツレツ		180	3〜4
コロッケ		190〜200	1〜1.5
ドーナッツ		160	3
クルトン		180〜190	30秒
ポテトチップス		130〜140	8〜10

※材料により適温は異なるので注意する。

■ 油の温度の見分け方（衣を少し落とす）

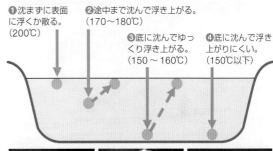

❶沈まずに表面に浮くか散る。（200℃）
❷途中まで沈んで浮き上がる。（170〜180℃）
❸底に沈んでゆっくり浮き上がる。（150〜160℃）
❹底に沈んで浮き上がりにくい。（150℃以下）

※この他、水分をふきとったさいばしを、火にかけた油の中に入れてはかる方法もある。

■ おいしい揚げ物の作り方

7分目

1. 熱を一定に保ちやすい厚手のなべを用いる。
2. 油の量はなべの7分目くらい。
3. 油がはねると危険なので、材料の水切り・下ごしらえを確実に。
4. 天ぷらの衣は揚げる直前につくる。
5. 揚げる順番は、野菜類を先に、臭みのある魚介類・肉類は後に。

6. 一度にたくさんの材料を入れると油の温度が下がり、べとついた仕上がりになる。なべの表面積の2/3までとする。

■ 揚げたあとは…

網じゃくしで揚げかすをすくい、温かいうちに油こし器でこすと、2〜3回は揚げ物に使える。そのあとは、炒め物で使い切ろう。

油を捨てるときは、決して台所の排水溝に捨ててはいけない。環境を汚す原因になる。油処理用品を使って捨てるとよい。

5 配膳と テーブルマナー

食卓についたときのマナーとは、同じテーブルを囲む
人たちが気持ちよく食事をすることができるように気
を配ることである。基本的なマナーを身につけよう。

■ 日本料理

■ 日常の食事マナー

熱いものは熱いうち
に、冷たいものは冷た
いうちにいただく。

焼き魚や煮魚は、左から食べ
はじめ、食べ終わったら骨や
皮をまとめておく。

飯をよそう量は、茶碗の約8分
目にする。飯と汁物は、茶碗や
汁椀を必ず手に持って食べる。

はしは、はしおき
にもどす。

汁物は音をた
てずに飲む。

❶ 焼き魚・さしみなど　❷ 煮物など　❸ 酢の物・あえ物など
❹ 飯　❺ 汁物

■ はしの持ち方

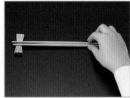

❶右手ではしを取り上げる。

❷はしの下に左手をそえる。

❸右手をはしの端まですべ
らせる。

❹右手を反転させ左手を離す。

正しい持ち方
上から3分の1くらい
のところを持つ。2本
のはしの間に中指をそ
える。

■ はしの使い方のタブー

寄せばし
器をはしで
引き寄せる

刺しばし
はしでおか
ずを刺す

迷いばし
はしを持っ
てあれこれ
と迷う

探りばし
好きなもの
を探して器
の中をさぐ
る

渡しばし
はしを茶碗
の上に渡し
掛けておく

そらばし
料理に一度、
はしをつけて
おきながら、
取らないでは
しを引くこと

ねぶりばし
はしをなめ
まわす

指しばし
食事中には
しで人を指
す

■ 椀を持った場合のはしのとり方

❶椀を左手で持ち、
右手ではしをとり、
左手の人さし指と中
指の間にはさむ。

❷右手ではしの上
側、端、下側となぞ
っていく。

❸椀を左手でしっ
かり持ち、右手では
しを持つ。

■ 尾頭つきの魚の食べ方

❶頭から尾に向か
って順に食べる。

❷上の身を食べた
ら、中骨をはずして
皿のすみに置き、下
の身を食べる。

❸食べ終わったら、
骨はまとめておく。

■ 西洋料理

■ テーブルセッティング（フルコース）

一番外側のナイフとフォークから使う　**❶**オードブル用ナイフ・フォーク　**❷**スープスプーン　**❸**魚用ナイフ・フォーク　**❹**肉用ナイフ・フォーク　**❺**位置皿　**❻**ナプキン　**❼**パン皿　**❽**バターナイフ　**❾**デザート用ナイフ・フォーク　**❿**コーヒースプーン

■ フルコースのメニュー例

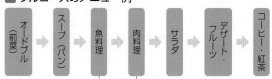

■ ナイフとフォークの扱い方

ナイフとフォークは、外側においてあるものから使う。原則として、ナイフは利き手で持つが、フォークを利き手に持ちかえて食べてもよい。ナイフは口に入れない。

料理を食べている最中

食べ終わり

■ 中国料理

■ フルコースのメニュー例

前菜（オードブル）

↓

大菜（メイン料理）

↓

湯（スープ）

↓

点心
飯・めん類
菓子類

■ ちりれんげの持ち方

スプーンと同じようにえんぴつの持ち方をする。

■ 料理を食べるときのマナー

料理

料理は、左からひと口大に切りながら食べる。食器を持って食べない。

スープ

スープは、スプーンで手前から向こうへすくって飲む。少量になったら、皿の手前を持ち上げてすくう。

パン

パンは、皿の上でひと口大にちぎって食べる。スープが出てからメイン料理が終わるまでに食べ終わる。

■ ナプキンの使い方

置き方

二つ折りにし、折り目を手前にしてひざの上に。

使い方

くちびるや指先の汚れはナプキンの端で押さえる程度に。

中座するとき

軽くたたんでいすの上に置く。

■ 料理の取り方

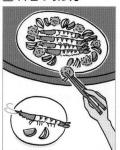

● 主賓や目上の人が料理を取り終えてから時計回りで回す。

● 料理がまわってきたら、早めに取る。分量は人数を考慮して加減する。

● 取り皿はテーブルに置いたまま食べ、味つけが異なるごとに、新しい皿にかえてよい。

6 調理基本用語集

あ～お

あえる 魚介・野菜などをあえ衣で混ぜ合わせること。

あく ごぼうやほうれんそうなどの野菜や肉類を調理する際に出る苦味や渋味のこと。あくを取ることをあく抜きという。

あしらい 料理の美しさや香り、味を引き立て、栄養のバランスをよくするために料理に添えるもの。さしみのけんやつま。

油通し 野菜や肉などの材料を低温の油にさっと通すこと。中国料理で使われる手法。余分な水気をとばしたり、色鮮やかに仕上げるために行う。

油抜き 油揚げ、さつま揚げなどの余分な油や油臭さを抜くため、熱湯をかけたり湯通しをして表面の油を取ること（→p.120）。

あら 魚をおろしたときに残る頭、中骨、えら、はらわたなどの総称。廃棄されることが多いが、汁物やなべ物に利用されるものもある。

あら熱を取る なべを火からおろしてすぐの熱をしばらくおいて冷ますこと。完全に冷ますのではなく、なべを手で持っても熱く感じないくらい（30～50℃くらい）に冷ます。

あらみじん 2～3mm角のあらめのみじん切りのこと。

アル・デンテ パスタのゆで加減で、歯ごたえのある状態のこと。

合わせ調味料 各種の調味料を混ぜ合わせたもの。あらかじめ混ぜておく。

石づき きのこ類の軸のうち地面や木に接しているかたい部分のこと。切り落として用いる。

板ずり まな板の上で塩をまぶした材料を手のひらで軽く押さえながら前後にころがすこと。青臭さを取り、緑色を鮮やかにする効果がある。

煎る 材料に脂分や水分を加えずに火にかけ、かき混ぜて熱を通す手法。ごまなどに用いる。

色止め 料理を色よく仕上げる手法。野菜を切ったらすぐに水、塩水、酢水などにつけ、変色を防ぐ。

打ち粉 うどんやそばを打ったり、餃子の皮やパイ生地をのばすとき、台や手にくっつかないようにふる粉のこと。

えぐみ 野菜に含まれるあくのひとつ。舌やのどを刺激する、苦味と渋味を合わせたような味。

えんがわ ひらめなどの魚の縁についた部位。

えんぺら いかの胴の先にある三角形のヒレの部分で、耳ともいう。

落としぶた 煮物をするとき、なべよりひとまわり小さいふたを中の材料に直接のせて煮ること。材料の煮くずれを防いだり煮汁を上下に回してむらなく味をつけるなどの効果がある。

おろす 大根をすりおろす意味と魚を切り分ける下ごしらえという二つの意味がある。

か～こ

かくし包丁 かたい材料を食べやすくしたり、材料への火の通りや味のしみ込みをよくしたりするために、盛りつけたときに表から見えない部分に包丁で切れ目を入れること。

かぶと 魚の頭の部分。兜に形が似ていることからこの名がある。たいが代表的。

かま 魚の胸びれの周辺。

ガラ 鶏の肉を除いた骨の部分。グルタミン酸やゼラチン分が多く含まれ、長時間煮込むことによって味のよいスープがとれる。

ガラムマサラ インドの混合香辛料。カルダモン・シナモン・クローブを基本に、クミン・コリアンダーなどを混ぜてすりあわせる。

皮目 魚や鶏の、皮のついている方の側。

皮をこそげる 皮をむかずに包丁のみねなどでこすり取ること。ごぼうなどの下ごしらえに用いる。

皮を引く さしみをつくるとき、魚の皮を取り除くこと。

生地 仕上げ前の材料。

グラッセ ゆでた野菜をバターで炒めたり、ソースをかけて加熱して、つやを出すこと。

化粧塩 魚を姿のまま塩焼きするときに、こげるのを防いで焼き上がりを美しくするためにふる塩。

けん さしみのあしらい。大根、にんじん、きゅうりなどの野菜を細切りにして水に放し、シャキッとさせて使う。

香味野菜 肉や魚の臭みを消し、料理に香りをつける野菜類。青じそ、さんしょう、ねぎ、セロリ、パセリ、たまねぎ、にんにく、しょうがなど。

こし 食品の弾力性や粘り。こしがある、こしが強いという。

こす 裏ごし器などを用い、材料をつぶしてなめらかにすること。

こそげる 野菜の皮や魚のうろこなどを、包丁でこすり取ったり、なべの底にこげついた飯などをしゃもじでこすり取ったりすること。

混合だし こんぶ（グルタミン酸）とかつお節（イノシン酸）の両方のうま味をきかせて取ること。

コンソメ 牛赤身肉や野菜などで取った西洋料理の澄んだスープ。

さ～そ

ささがき ごぼう・にんじん・うどなど棒状の材料を回しながら、鉛筆を削るように薄く削ぐ切り方。

さし水 ゆでている途中に水を加えること。煮立っているところに水を加えて沸騰を静め、再び沸騰させると材料がやわらかくゆであがる。

さらす 野菜のあく抜き、レバーの血抜きなどのために、材料を水や酢水、塩水などにつけること。

三枚おろし 魚のおろし方の一種。魚の頭を落とし、上身・下身・中骨の三枚

におろす手法（→p.121）。

塩抜き わかめなどの海藻類、塩漬けにした魚類などから塩を抜くこと。真水ではなく、薄い塩水にしばらくひたしてから真水に入れると早く塩を抜くことができる。

塩もみ 材料に塩をまぶし、軽くもんでしんなりさせること。余分な水分が抜けて、味がよくしみ込む。酢の物などの下ごしらえによく用いる。

塩ゆで 青菜などを色鮮やかにゆで上げるための下ごしらえで、熱湯に少量の塩を加えてゆでる。

下味 本格的な調理の前に、材料に調味料をかけたり、調味液をつけたりしてあらかじめつけておく味。

下煮 味のしみにくい材料や煮えにくい材料を前もって少し煮ておくこと。

締める 魚の身を、塩や酢をふって引き締めること。

霜降り 魚や肉を熱湯で手早く加熱すること。中心までは加熱されず、肉の表面だけが霜のついたように白くなっている状態。

じゃばら きゅうりなど、へびの腹に見立てて伸縮するように切ること。

ジュリエンヌ せん切りの意味。

白あえ 豆腐と白ごまをすり鉢ですり、砂糖・塩で調味したあえ衣で、おもに野菜類をあえる料理。

白髪ねぎ 長ねぎを開き、芯を抜いて白い部分をごく細くたてに切り、水にさらしたもの。

酢洗い 酢または酢水で魚などをさらし、生臭みを取ること。

吸い口 吸い物の風味をよくし、季節感を出すために少量加えるもので、木の芽、ゆずの皮、針しょうがなどがある。

すが立つ（すだち） 茶わん蒸しや卵豆腐、カスタードプディングなどを作るときに、火を通し過ぎるために、生地に細かい泡のような穴があき、なめらかさがなくなること。

筋切り 厚い切り身肉をソテーやステーキにするとき、脂身と赤身の境にあるかたい筋を、包丁の先で数か所切ること。肉の焼き縮みを防ぎ、形よく焼き上げるとともに、火の通りをよくする。

酢締め 材料を酢にひたして身を締めること。余分な臭気と生臭さを消し、さっぱりとした味になる。

スープストック スープをはじめ、ソースや煮込み料理に用いる西洋料理のだし汁。フランス料理ではスープには鶏と牛すね肉、香味野菜から取ったブイヨンを用いる。

ぜいご（ぜんご） あじの側面の尾のつけ根から5～6cmの長さでついているかたい骨状のもの（→p.121）。

背わた えびの背にある黒い筋状のわたのこと。竹串などを使ってすくうように取り除く。

そぼろ ひき肉や魚の身をほぐしてぼろぼろに煎りあげたもの。

た～と

たね 日本料理では「材料」の意味で用いられている。吸い物に入れる物をわんだね、すしにのせるのがす

しだねなど。西洋料理ではパンだね、パイだね、スポンジだねなど。

ダマになる　ホワイトソースを作るために小麦粉を水でとくとき、なめらかにとけず、粉のかたまりができること。

血合い　魚の肉で、赤黒い血の多い部分のこと。

血抜き　味を損なわないように、水などにつけて肉や内臓の血を早く抜き取ること。

茶きんしぼり　魚のすり身やさつまいもを裏ごししたものをふきんかラップに包んでしぼり、表面にしぼりめをつけたもの。

茶せん切り　切り方の一種。なすなどを茶道具の茶せんのような形に切ること。

つけ合わせ　料理の味や彩りを引き立て、栄養のバランスをとるために料理に添えるもの。

筒切り　切り方の一種。魚などのぶつ切り。

つなぎ　いくつかの材料を混ぜ合わせてひとつにするときに加えるもの。粘り気があって、材料をつないでまとめる役割をはたす。卵、すりおろした山いも、小麦粉、かたくり粉など。

つま　さしみを盛るときに添えるあしらいのこと。香りや色どりのために、青じそや花穂じそなどの香味野菜が使われる。

照り焼き　魚や鶏肉などを素焼きにして、しょうゆ・砂糖・みりんなどを合わせたかけじょうゆをかけてあぶり、照りを出す焼き方。

ドウ　こね生地のこと。粘りと弾力性がある。耳たぶのかたさくらいがよい。

共立て　スポンジケーキの生地の作り方で、全卵を軽くかくはんし、砂糖を加えて泡立てる方法。

ドリップ　冷凍食品を解凍するときに流出する液体。

とろ火　弱火以下のもっとも弱い火加減。

とろみをつける　かたくり粉やくず粉を水でとき、ソースや煮汁に入れてとろりとさせること。

な～の

中落ち　魚を三枚におろしたときに中骨についた身のこと。

なべ肌から入れる　調味料を入れるとき、なべの縁から内側の側面にそって入れること。香りがきわ立つ。

煮えばな　煮えはじめ。

煮切る　煮立ててアルコール分をとばすこと。

煮こごり　ゼラチン質の多い魚の煮汁が冷えて、ゼリー状にかたまったもの。

煮ころがし　さといもやじゃがいもなどを少なめの煮汁で、汁を煮切って仕上げる煮かた。

煮しめ　野菜や乾物の形をくずさずに煮た煮物。

煮びたし　たっぷりの煮汁で時間をかけて煮たり、加熱した材料を煮汁に浸して味を含ませる方法。

煮含める　薄味にしたたっぷりの煮汁で材料をゆっくり煮て味を含ませること。

ぬた　魚介類や野菜を酢みそであえたもの。

ぬめりを取る　材料のぬるぬるした粘液を取り除くこと。さといもは、皮をむいてから塩でもむか、ゆでてぬめ

りを落とす。

ねかす　味をよくしたり、こしを強くしたり、やわらかくするために、調理の途中で材料をしばらくの間そのままにしておくこと。

のす　材料を平らにひろげること。

のばす　のすと同じく平らにひろげるという意味と、薄めるという意味がある。

は～ほ

はかまを取る　グリーンアスパラやつくしなどの側面にある筋ばったかたい部分を削り取ること。

ピカタ　薄切り肉に塩・こしょうをして小麦粉をつけ、とき卵をつけてバターや油で焼いたもの。

びっくり水　沸騰しているなべに入れるさし水。沸騰している水が冷水によって急に静まるようすからこの名がある。

ひと塩　魚介類に薄く塩をふること。

ひと煮立ちさせる　煮汁が沸騰してからほんの少し煮て火を止めること。

人肌　人間の体温と同じくらいの温度。

ピューレー　生、または煮た野菜などをすりつぶしたり、裏ごししたりしてどろどろにしたもの。

ブイヤベース　海の幸を豊富にとり合わせ、サフランとにんにくの香りをつけて煮込んだなべ料理。

ブイヨン　西洋料理のスープのもとになるだし汁のことで、スープストックの一種。骨付きの肉や香味野菜を時間をかけてじっくり煮出す。

フィリング　詰めもののこと。パイに詰めるくだものや、泡立てたクリームなど。

ブーケガルニ　パセリ、セロリー、ローリエ、タイムなどの香草類をたこ糸で花束のようにしばったもの。煮込み料理の風味づけや、材料の臭み取りに効果的。

ブラウンソース　フランス料理の褐色系の基本ソース。茶色のルウと茶色のフォン（だし）、香味野菜、トマトペーストを煮込んだもの。

フランベ　加熱中などにアルコールをふりかけて火を移すこと。

ふり塩　材料に直接塩をふりかけること。

フリッター　生の材料に洋風の衣（泡立てた卵白と小麦粉）をつけて揚げること。

ブールマニエ　小麦粉とバターを混ぜてねったもの。スープやソースにとろみをつけるときに用いる。

ベシャメルソース　フランス料理の白色系の基本ソース。白いルー（バターと小麦粉）と牛乳で作る。

ペースト　食品材料をすりつぶしてこねたもの。のばすことのできるものという意味がある。

へた　なすやトマトなどの実についているがく。

別立て　スポンジケーキの生地の作り方で、卵を卵黄と卵白に分け、それぞれに砂糖を振り分けて泡立てる方法。

ホイップ　泡立てること。

ボイル　ゆでること。

骨切り　はもなどの小骨の多い魚に用いる方法で、身と小骨を切り、皮は残す切り方。

ま～も

マリネ　魚介類、肉、野菜を漬け汁（マリ

ナード）につけること。保存の目的を持ち、臭みを抜いてよい香味をつける。

回し入れる　調理中に液体の調味料をなべの縁の方からぐるりと回すように入れること。

水にとる　材料を水の中に入れること。ゆで上がったものを水の中に入れ、急激に冷ますときなどに行う。

水に放す　材料を水につけること。あく抜きや野菜をシャキッとさせるために行う。

みぞれ　大根おろしを使った料理に使われる。みぞれあえ、みぞれ汁など。

ミンチ　ひき肉のこと。

むき身　貝類やえびの殻をむいて身だけにしたもの。

ムース　フランス語で「泡」の意。生クリームや卵白の泡立てたものがベースになった料理。

ムニエル　魚に塩・こしょうをして小麦粉をまぶし、バターで焼く料理。

メレンゲ　卵白を泡立てて砂糖を加えたもの。

面取り　切った野菜の角を薄く切り取り、丸みをつけること。煮くずれを防ぎ、きれいに仕上げる。

もどす　乾物類を水や湯につけてやわらかくすること（→p.120）。冷凍してある食品を解凍するときにもこのようにいう。

や～よ

焼き霜　表面を焼きあぶること。

薬味　料理の香りや味を引き立てるために添える香味野菜や香辛料。

湯洗い　魚介類をおろし、湯通しをして冷水で冷やすこと。

湯がく　野菜などのあくを抜くために、熱湯にしばらくひたすこと。

湯せん　湯を沸かした大きめのなべに、材料を入れたなべをつけて間接的に熱を通す方法。バターをとかすときなどに用いる。

ゆでこぼし　材料をゆでた後、ゆで汁を捨てること。

湯通し　材料を湯に入れてすぐ取り出すこと。熱湯にくぐらせること。

湯引き　魚肉を熱湯に通すこと。

湯むき　材料を熱湯につけ、水で冷やして皮をむくことで、トマトなどの皮むきに用いられる。

寄せる　寒天やゼラチンなどを使って材料をかためること。

余熱　火を止めた後に、電熱器や厚手のなべ、電気がまなどに残る熱気。

予熱　オーブンを使う際に、あらかじめ庫内の温度を上げてあたためておくこと。

ら～ろ

ルウ　小麦粉をバターで炒め、なめらかにのばしたもの。ソースのベースになるもの。

わ

わた　魚の内臓のこと。またはかぼちゃのたねのまわりにあるやわらかい部分のこと。

割り下　調味した煮汁のこと。なべ料理などに使う。

わんだね　吸い物や汁物の中身にする材料。

1 からだの組成と栄養素

人はなぜ食べるのか

自動車はガソリンがなくなると止まってしまう。人間も同じようにからだの中のエネルギーがすべてなくなると、動けなくなる。その前に脳から「エネルギーを補給しなさい」という命令が出る。これが、「おなかがすいた」ということ。では、摂取した食べ物はからだの中でどのように役立っているのだろうか。一生営んでいく食生活について、その意味をもう一度考えてみよう。

■ からだの組成と摂取する栄養素

人のからだの組成と1日に摂取する栄養素は右の図のようであり、食物の摂取により細胞内で生命維持活動が営まれている。からだの組成には、性別、年齢、体型などにより個人差がある。

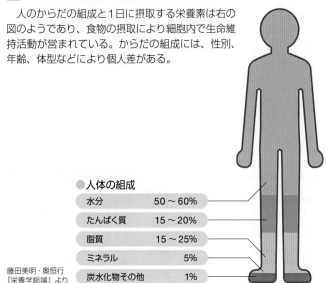

● 人体の組成

水分	50〜60%
たんぱく質	15〜20%
脂質	15〜25%
ミネラル	5%
炭水化物その他	1%

藤田美明・奥恒行
『栄養学総論』より

● 1日に摂取する栄養素

飲料水		1.0L	
食物中の水		1.0L	2.3L
代謝水※		0.3L	
炭水化物		340g	
たんぱく質		65g	
脂質		61g	
ミネラル	食塩	10g	
	カルシウム	1,100mg	
	鉄	10mg	
ビタミン類	ビタミンA	700μgRE	
	その他のビタミン類	130mg	

※代謝水:摂取した食物の栄養素が代謝されて生じる水。

■ 栄養素のはたらき

栄養素は、炭水化物、脂質、たんぱく質、ビタミン、ミネラルの5つに分類でき、**5大栄養素**とよばれる(また、炭水化物、脂質、たんぱく質を**3大栄養素**ともいう)。これらの栄養素は、からだを構成したり、生活や成長に必要なエネルギーを生成したり、生理機能の調整などを行っている。また、これらの栄養素は連携しながらはたらいているため、バランスのよい食事が理想とされている。栄養素は、欠乏しても過剰摂取しても、健康上よくない。

エネルギーになる(熱量素)	からだをつくる(構成素)	からだの調子を整える(調節素)
生きるために必要なエネルギーを供給する栄養素で、炭水化物・脂質・たんぱく質が関係する。	からだの骨や組織・筋肉・血液などをつくる栄養素で、脂質・たんぱく質・ミネラルが関係する。	からだの各機能を調節する栄養素で、たんぱく質・ミネラル・ビタミン・脂質の一部が関係する。

(食物繊維)

炭水化物(→p.130)(糖質・食物繊維)	脂質(→p.132)	たんぱく質(→p.134)	ミネラル(→p.136)	ビタミン(→p.140)

2 食物の消化と吸収

消化・吸収とは

消化とは、口から取り入れた食物を、小腸などの壁（上皮細胞）を通過できる状態に分解する作用をいう。歯によるそしゃくや腸のぜん動・かくはんによる物理的消化と、消化酵素による化学的消化がある。

消化された物質が血管やリンパ管に取り込まれる作用を吸収という。栄養素の約90％以上が小腸から吸収される。大腸では、水分が吸収され、未消化物や腸壁細胞・腸内細菌の死骸が糞となり、排せつされる。

消化器官と消化酵素のはたらき

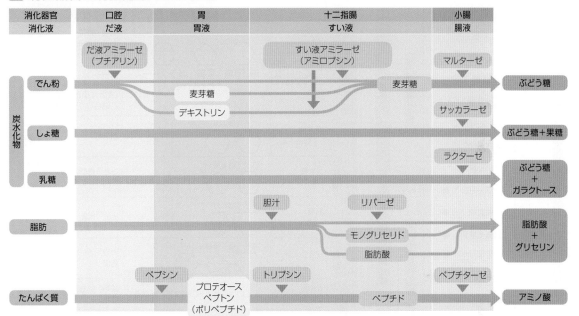

消化管と吸収の過程

栄養素は、その90％以上が小腸で吸収される。小腸の内壁は、吸収面積を広くするために柔毛で覆われている。その面積はテニスコート1面ほどになる。

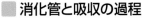

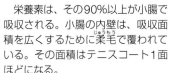

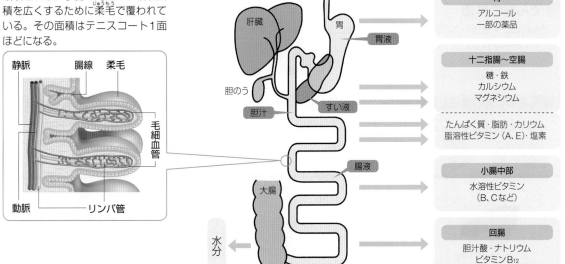

3 炭水化物（糖質・食物繊維）

炭水化物とは

炭素（C）、水素（H）、酸素（O）の3元素から構成され、分子式 $C_m(H_2O)_n$ であらわされる。消化酵素により消化される「糖質」と、消化されない「食物繊維」に分かれる。

このうち糖質は、1gあたり4kcalのエネルギーを持ち、全摂取エネルギーの約6割を占める。

食物繊維はほとんどエネルギー源とはならないが、整腸作用などがある。

糖質と食物繊維の区分

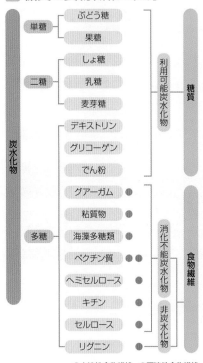

●水溶性食物繊維　■不溶性食物繊維

糖質の種類

分類	種類	構造と分子式	おもな所在	特性
単糖類	ぶどう糖	ぶどう糖　果糖　ガラクトース $C_6(H_2O)_6$	果物・野菜・血液（0.1%）	水溶性 甘い
	果糖（フルクトース）		果物・はちみつ	
	ガラクトース		（乳汁にぶどう糖と結合して）乳糖	
二糖類 少糖類	麦芽糖（マルトース）	ぶどう糖＋ぶどう糖	水あめ	
	しょ糖（スクロース）	ぶどう糖＋果糖　$C_{12}(H_2O)_{11}$	さとうきびの茎・てんさいの根	
	乳糖（ラクトース）	ぶどう糖＋ガラクトース	人乳・牛乳	
三糖類	ラフィノース	ぶどう糖＋果糖＋ガラクトース $C_{18}(H_2O)_{16}$	大豆・てんさい・綿実	
多糖類	でん粉（スターチ）	アミロースとアミロペクチンがある	穀類・いも類・豆類	不溶性 甘くない
	デキストリン	でん粉の途中分解産物	あめ	
	グリコーゲン	動物の貯蔵炭水化物	動物の肝臓・筋肉	

単糖類：1個の糖から構成される。　少糖類：2～10個の単糖が結合したもの。結合数によって二糖類、三糖類などという。　多糖類：単糖が多数結合したもの。分子式は $(C_6H_{10}O_5)_n$

でん粉の構造

でん粉は、アミロースとアミロペクチンからなり、その割合は食品によって異なる。

アミロースとアミロペクチンの割合（%）

食品名	アミロース	アミロペクチン
うるち米	20	80
もち米	0	100
とうもろこし	26	74

糖質を多く含む食品と目標摂取量

1日の目標量（15～17歳）　男女とも、総エネルギー摂取量の50%以上65%未満（→p.321）

●多く含む食品（100gあたり）

うどん…56.8g　食パン…46.4g　ごはん…37.1g

さつまいも…31.9g　バナナ…22.5g

●とりすぎた場合

肥満／糖尿病／高脂血症／脂肪肝／虫歯

●足りない場合

疲れやすくなる／集中力がなくなる／皮膚が衰えてくる

食物繊維とは

人間のもつ消化酵素で分解されない動植物食品中に含まれる難消化成分をいい、ダイエタリーファイバーともいう。その多くが多糖類である。水溶性と不溶性があり、いずれも消化吸収されず栄養素には含めないとされたが、近年、食物繊維の摂取量の低下と生活習慣病の増加との関連性が注目され、見直されている。食物繊維は5大栄養素（→p.128）に続く「第6の栄養素」とよばれるようになった。

■ 食物繊維の主なはたらき

1. 消化管を刺激し、その動きを活発にする
2. 食物繊維の保水性・ゲル形成機能により、便容積を増大し、かたさを正常化する（便秘予防）
3. 便量を増すことにより、消化管通過時間を短縮させる（便秘予防）
4. 満腹感を与え、エネルギーの過剰摂取を防ぐ（肥満予防）

5. 胆汁酸を吸収し排出することで、血中コレステロールの上昇を抑制する（動脈硬化予防）
6. 腸内の有害物質を吸着させ、糞便中に排出する

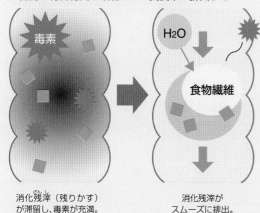

消化残渣（残りかす）が滞留し、毒素が充満。

消化残渣がスムーズに排出。

■ 食物繊維の分類

分類	含まれる部位	名称	多く含む食品
不溶性食物繊維	植物細胞壁の構成成分	セルロース	野菜・穀類・豆類・小麦ふすま
		ヘミセルロース	穀類・豆類・小麦ふすま
		ペクチン質	未熟な果物・野菜
		リグニン	ココア・小麦ふすま・豆類
	甲殻類の殻の構成成分	キチン	えび・かにの殻
水溶性食物繊維	植物細胞の貯蔵多糖類	ペクチン質	熟した果物
		植物ガム（グアーガム）	樹皮・果樹など
		粘質物（グルコマンナン）	こんにゃく
		海藻多糖類（アルギン酸、ラミナリン、フコイダン）	海藻・寒天
	食品添加物	化学修飾多糖類	
		化学合成多糖類	
その他	結合組織の成分	コンドロイチン硫酸	動物食品の骨・腱など

■ 食物繊維の摂取

食物繊維を含む野菜を食べる際には、とくに加熱調理して食べると効果的である。加熱によってかさが減るので、量もたっぷりとることができる。主食には、白米のほか玄米や麦などをうまくとり入れるとよい。

一方で、食物繊維をとり過ぎると、ビタミンやミネラルなどの吸収障害を引き起こすことがある。一般的に、通常の食品から食物繊維をとっている限りはとくに問題はないが、いわゆる「サプリメント」の過剰摂取には注意が必要である。

食物繊維を多く含む食品と目標摂取量

1日の目標量（15〜17歳以上）　男：19g以上、女：18g以上（→p.321）

●多く含む食品（1回使用量あたり）

いんげんまめ（80g）…15.7g

ごぼう（100g）…5.7g

おから（50g）…5.8g

とうもろこし　玄穀（150g）…13.5g

●とりすぎた場合

下痢／鉄・カルシウム・亜鉛の吸収が妨げられる

●足りない場合

便秘／痔（ぢ）／腸内環境の悪化＝発がんのリスクが高まる

4 脂質

脂質とは

炭水化物と同様に、炭素（C）、水素（H）、酸素（O）の3元素から構成される。エネルギー源、必須脂肪酸の供給源としてのはたらきのほかに、脂溶性ビタミンの吸収をよくするはたらきをもつ。単独では水に溶けないが、りん脂質やたんぱく質などと複合体をつくり、水に可溶化されている場合が多い。1gあたりのエネルギー値が9kcalと高いので、エネルギーの貯蔵に適しているが、過剰摂取に要注意。

脂質の種類

分類	種類	構造	おもな所在	生理機能
単純脂質	中性脂肪 ろう	脂肪酸+グリセリン 脂肪酸+高級アルコール	食用油・魚卵	エネルギー貯蔵、保温作用
複合脂質	りん脂質 糖脂質	脂肪酸+グリセリン+りん酸 +コリン（レシチン）など 脂肪酸+グリセリン+単糖類	卵黄	細胞膜などの構成成分 脳組織に広く分布
誘導脂質	脂肪酸 ステロール	脂肪を構成する有機酸 エルゴステロール（植物性） コレステロール（動物性） 性ホルモン、胆汁酸など	バター・食用油 あさり・かき・植物油 卵黄・えび・いか	脂肪として蓄積し、分解してエネルギー供給するホルモンの構成成分

中性脂肪の模式図

グリセリン
- 脂肪酸
- 脂肪酸
- 脂肪酸

りん脂質の模式図

グリセリン
- 脂肪酸
- 脂肪酸
- りん酸　コリンなどの塩基

脂肪酸の種類

分類			名称	構造	炭素数(n)：二重結合	おもな所在	特性
飽和脂肪酸（S）			酪酸 カプロン酸（ヘキサン酸） カプリル酸（オクタン酸） ラウリン酸 ミリスチン酸 パルミチン酸 ステアリン酸	$C_nH_{2n}O_2$ 例：パルミチン酸	C_4：0 C_6：0 C_8：0 C_{12}：0 C_{14}：0 C_{16}：0 C_{18}：0	バター バター バター・やし油 やし油・鯨油 やし油・落花生油 パーム油・やし油 ヘット（牛脂）・ラード（豚脂）	融点が高く、常温で固体のものが多い コレステロールをふやす 中性脂肪をふやし、動脈硬化の原因となる 酸化しにくい
不飽和脂肪酸	一価（M）		パルミトレイン酸 オレイン酸 エルシン酸	$C_nH_{2(n-x)}O_2$	C_{16}：1 C_{18}：1 C_{22}：1	動植物油 魚油・オリーブ油 なたね油	融点が低く、常温で液体のものが多い オレイン酸は酸化しにくく、コレステロールを減らす
	多価（P）	n-6系	リノール酸● アラキドン酸	例：リノール酸（n-6系）	C_{18}：2 C_{20}：4	ごま油・だいず油 肝油	必須脂肪酸を含む コレステロールを減らす 酸化しやすい
		n-3系	α-リノレン酸● イコサペンタエン酸 ドコサヘキサエン酸		C_{18}：3 C_{20}：5 C_{22}：6	なたね油・しそ油 魚油 魚油	

（注）●は必須脂肪酸。リノール酸をもとにアラキドン酸、α-リノレン酸をもとにIPAとDHAが体内で合成される。これら3つを必須脂肪酸に含める場合もある。

必須脂肪酸

不飽和脂肪酸のうち、リノール酸やα-リノレン酸は体内では合成されず、かならず食物から摂取しなければならない。健康な人では、食品から摂取したリノール酸をもとに、体内でアラキドン酸が合成される。また、α-リノレン酸をもとにイコサペンタエン酸（IPA）、ドコサヘキサエン酸（DHA）が合成される。必須脂肪酸が欠乏すると、成長不良や皮膚異常が見られたり、感染症にかかりやすくなったりする。

n-6系脂肪酸　リノール酸　➡　アラキドン酸

n-3系脂肪酸　α-リノレン酸　➡　IPA（EPA）　➡　DHA

（注）イコサペンタエン酸（IPA）はエイコサペンタエン酸（EPA）ともいう。本書は文部科学省「日本食品標準成分表」の表記にあわせた。

■ 望ましい脂肪酸の摂取比率

■ S：M：P比
脂質の栄養的評価は、脂肪酸のバランスに大きく左右される。

S	:	M	:	P
3	:	**4**	:	**3**
飽和脂肪酸		一価不飽和脂肪酸		多価不飽和脂肪酸

■ n-6系：n-3系比
同じ多価不飽和脂肪酸でも、生体における機能が違うため、適切な摂取バランスを心がけることが大切である。

n-6系	:	n-3系
4	:	**1**

■ トランス脂肪酸

　とりすぎると悪玉コレステロールが増加し、動脈硬化や心筋梗塞の危険性が高まると報告されている。ショートニングやマーガリンの製造過程で発生する。

　日本人の摂取状況は、WHOによる基準（総摂取カロリーの1%未満）を下回っている（0.3%程度）と推定されるため表示義務はないが、関心の高まりを受けて、消費者庁では情報開示に関する指針を公表している。

植物油 不飽和脂肪酸	水素添加 →	マーガリン 飽和脂肪酸	+	トランス 脂肪酸

■ コレステロール

　コレステロールは、血液中の脂質の1つである。成人の体内には約100gのコレステロールが存在し、体成分更新のために1日1g以上の供給が必要である。食物としてその一部を摂取し、ほかは肝臓で合成される。コレステロールは、①細胞膜の成分　②胆汁酸の成分　③性ホルモン、副腎皮質ホルモンの成分　④プロビタミン（体内でビタミンに変換されるもの）の成分としてのはたらきをもち、とくに成長期には必要とされる。

　しかし、肝臓が送り出すコレステロール（LDL）と、肝臓に送られてくるコレステロール（HDL）のバランスが崩れると血液中にコレステロールのかすがたまり、動脈硬化を起こす原因となる。

■ コレステロールの吸収と代謝

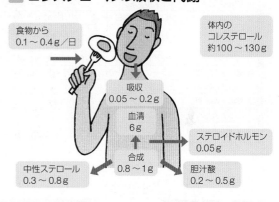

食物から
0.1～0.4g／日

体内の
コレステロール
約100～130g

吸収
0.05～0.2g

血清
6g

ステロイドホルモン
0.05g

合成
0.8～1g

中性ステロール
0.3～0.8g

胆汁酸
0.2～0.5g

脂質を多く含む食品と目標摂取量
1日の目標量（15～17歳）　男女とも、総エネルギー摂取量の20%以上30%未満（→p.321）

●多く含む食品（1回使用量あたり）

和牛肉 サーロイン（150g）…71.3g

ぶた ばら 脂身つき（100g）…35.4g

さんま 皮つき（1尾＝120g）…30.7g

アーモンド（30g）…15.5g

●とりすぎた場合
脂質異常症／肥満／動脈硬化／心臓疾患／老化／免疫力の低下

●足りない場合
摂取エネルギー不足／発育不良／脂溶性ビタミン欠乏／血管の脆弱化／免疫力の低下

■ オリーブ油とオレイン酸

　南イタリア地方では、他のヨーロッパ諸国に比べて心臓疾患による死亡率が低いといわれる。肉やバターを多く使う欧米諸国の食事に比べれば、むしろ日本に近い摂取バランスである。多く使われるオリーブ油のオレイン酸含有量は70%以上もあり、一価不飽和脂肪酸の特徴である酸化に強い油で、がんの原因にもなる過酸化脂質をつくりにくく、血中コレステロールを減らすはたらきもある。生で利用すると香りが高く、加熱による酸化も少ないことから、料理にも安心して使える。製法・等級によって名称が異なり、果肉を冷圧法で絞った一番絞りの「バージンオイル」にも、オレイン酸の含量の多い順に「エクストラ・バージン」「ファイン・バージン」「セミ・ファイン」の3段階がある。

5 たんぱく質

たんぱく質とは

約20種類のアミノ酸が数十〜数百個以上結合したもので、炭素（C）、水素（H）、酸素（O）のほかに、窒素（N）を含む。からだを構成する細胞・酵素・ホルモン・免疫抗体・核酸は、たんぱく質からできている。1gあたり4kcalのエネルギー源となるなど、たんぱく質はからだを構成する成分として重要であるとともに、エネルギー源としても重要な栄養素である。

たんぱく質の種類

分類	種類	おもなものの名称と所在	特性
単純たんぱく質	アルブミン	オボアルブミン（卵白）、ラクトアルブミン（乳）、血清アルブミン（血液）	水に溶け、加熱すると凝固する。
	グロブリン	グロブリン（卵白・血液）、グリシニン（大豆）、アラキン（落花生）	水に溶けず、塩溶液に溶ける。加熱すると凝固する。
	グルテリン	オリゼニン（米）、グルテニン（小麦）	水や塩溶液に溶けず、薄い酸やアルカリに溶ける。加熱しても凝固しない。
	プロラミン	グリアジン（小麦）、ツェイン（とうもろこし）	水に溶けず、アルコールに溶ける。
	硬たんぱく質	コラーゲン（皮・骨）、エラスチン（腱）、ケラチン（爪・毛髪）	水・塩溶液・酸・アルカリなどに溶けない。
複合たんぱく質	核たんぱく質	（細胞核）	単純たんぱく質に核酸が結合したもの。
	糖たんぱく質	オボムコイド（卵白）、ムチン（血清）	たんぱく質に糖が結合したもの。
	リンたんぱく質	カゼイン（乳）、ビテリン（卵黄）	たんぱく質にリン酸が結合したもの。
	色素たんぱく質	ヘモグロビン（血液）、ミオグロビン（筋肉）	たんぱく質に色素が結合したもの。
	リポたんぱく質	リポビテリン（卵黄）	たんぱく質にリン脂質が結合したもの。
誘導たんぱく質	ゼラチン	コラーゲン（皮・骨）	たんぱく質を、物理的、化学的に処理したもの。

アミノ酸の種類

たんぱく質は、アミノ酸を1個ずつ順番に結合させて合成するので、どれか1つでも不足すると、完全なたんぱく質ができない。たんぱく質を構成するアミノ酸のうち、体内で合成されない9種類のアミノ酸を**必須アミノ酸**、それ以外のものを**非必須アミノ酸**という。

非必須アミノ酸は、体内で合成することができるので、必ずしも食事から摂取する必要はないという意味で、体内になくてもよいという意味ではない。たんぱく質の合成には、必須アミノ酸も非必須アミノ酸もどちらも必要である。

分類	種類	働き	多く含む食品
必須アミノ酸	イソロイシン	成長促進、神経・肝機能向上、筋力向上	牛肉・鶏肉・鮭・チーズ
	ロイシン	肝機能向上、筋力向上	牛乳・ハム・チーズ
	リシン（リジン）	体組織の修復、ぶどう糖代謝促進	魚介類・肉類・レバー
	メチオニン	抑うつ状態の改善	牛乳・牛肉・レバー
	フェニルアラニン	抑うつ状態の改善、鎮痛作用	肉類・魚介類・大豆・卵
	トレオニン（スレオニン）	脂肪肝予防、成長促進	卵・ゼラチン・スキムミルク
	トリプトファン	精神安定、抑うつ状態改善	チーズ・種実
	バリン	成長促進	プロセスチーズ・レバー
	ヒスチジン	子どもの成長に必須、神経機能	チーズ・鶏肉・ハム
非必須アミノ酸	グリシン／アラニン／セリン／シスチン／チロシン／アスパラギン酸／グルタミン酸／プロリン／アルギニン（子どもにとっては必須アミノ酸）		

※メチオニン、フェニルアラニンは一部をそれぞれシスチン、チロシンで代替することができる。
　メチオニン＋シスチン＝含硫アミノ酸、フェニルアラニン＋チロシン＝芳香族アミノ酸

食品による必須アミノ酸のバランスのちがい

必須アミノ酸は、食品により含まれる量が異なる。右のグラフは、可食部100g中の各必須アミノ酸の量を示したものである。これを見ると、各食品によって必須アミノ酸のバランスはさまざまに異なっていることがわかる。食事摂取基準（→p.321）に1日に必要なたんぱく質の推奨量が掲載されているが、1つの食品を食べることで推奨量を満たしたとしても、必須アミノ酸のバランスはとれていない場合が多い。いろんな食品を組み合わせて食べる必要がある。

可食部100g中

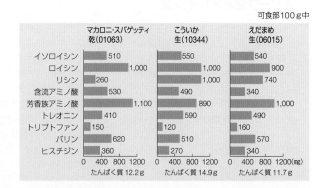

	マカロニ・スパゲッティ 乾（01063）	こういか 生（10344）	えだまめ 生（06015）
イソロイシン	510	550	540
ロイシン	1,000	1,000	900
リシン	260	1,000	740
含流アミノ酸	530	490	340
芳香族アミノ酸	1,100	890	1,000
トレオニン	410	590	490
トリプトファン	150	120	160
バリン	620	510	570
ヒスチジン	360	270	340
	たんぱく質 12.2g	たんぱく質 14.9g	たんぱく質 11.7g

必須アミノ酸の必要量

必須アミノ酸は、それぞれ1日あたりどれくらい必要かが決められている。乳幼児、児童および青少年は、体重維持のためのアミノ酸必要量に加え、成長に伴うアミノ酸必要量も加えられるので、成人よりも必要量が高い。

通常の食生活を送っていれば不足する心配はない。

(mg／kg体重／日)

必須アミノ酸	6か月	1〜2歳	3〜10歳	11〜14歳	15〜17歳	18歳以上
ヒスチジン	22	15	12	12	11	10
イソロイシン	36	27	22	22	21	20
ロイシン	73	54	44	44	42	39
リシン	63	44	35	35	33	30
含硫アミノ酸	31	22	17	17	16	15
芳香族アミノ酸	59	40	30	30	28	25
トレオニン	35	24	18	18	17	15
トリプトファン	9.5	6.4	4.8	4.8	4.5	4
バリン	48	36	29	29	28	26

(「WHO/FAO/UNU合同専門協議会報告」2007年)

アミノ酸価 (アミノ酸スコア) とは

各食品のたんぱく質の「質」つまり栄養価を評価する方法の1つに、アミノ酸価がある。体のたんぱく質合成のために理想的な必須アミノ酸組成をアミノ酸評点パターン[※1] (必須アミノ酸必要量パターン) として設定し、それぞれの食品に含まれる必須アミノ酸量[※2]がその何%にあたるかを算出する方法である。

評点パターンに満たない必須アミノ酸があると、十分に量がある必須アミノ酸が複数あったとしても、その最も少ない量のアミノ酸に見合う量でしかたんぱく質を合成できない(おけでいえば、一番短い板の部分にあたる)。

評点パターンに満たないものを制限アミノ酸といい、そのなかで最も比率の小さいもの(第一制限アミノ酸)の数値が、その食品のアミノ酸価となる。

[※1] アミノ酸評点パターンは1〜2歳のもの(「WHO/FAO/UNU合同専門協議会報告」2015年)
[※2] アミノ酸成分表は、第3表「アミノ酸組成によるたんぱく質1g当たりのアミノ酸成分表」(→p.314〜319)を使用する。

アミノ酸価の計算方法—食パンの場合

アミノ酸評点パターン(A)に対する食パンのたんぱく質1gあたりのアミノ酸量(B)の比率をみると、リシンは44となり100未満なので制限アミノ酸であり、なおかつ第一制限アミノ酸であるので、リシンのアミノ酸評点パターンに対する比率(C)が、食パンのアミノ酸価となる。

たんぱく質の補足効果

食品を上手に組み合わせることで、互いに不足の必須アミノ酸(制限アミノ酸)を補いあい、全体でその効力を発揮して栄養価を総合的に高めることができる。

(例) 穀物(リシンが不足)＋豆類(リシンが多い)

●アミノ酸価の求め方

$$アミノ酸価(C) = \frac{第一制限アミノ酸含量}{アミノ酸評点パターンの同アミノ酸含量(A)} \times 100$$

●食パンの場合

食パンのアミノ酸価は44

必須アミノ酸	たんぱく質1gあたりのアミノ酸量(mg)		アミノ酸評点パターンに対する比率
	アミノ酸評点パターン(A)	食パン(B)	
イソロイシン	31	42	135
ロイシン	63	81	129
リシン	52	23	44 (C)
含硫アミノ酸	25	42	168
芳香族アミノ酸	46	96	209
トレオニン	27	33	122
トリプトファン	7.4	12	162
バリン	41	48	117
ヒスチジン	18	27	150

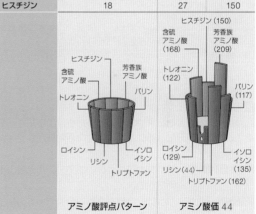

アミノ酸評点パターン　　アミノ酸価 44

※9種類すべてが100以上の場合、アミノ酸価は100になる。

たんぱく質を多く含む食品と目標摂取量

1日の推奨量(15〜17歳) 男65g、女55g(→p.321)

●多く含む食品 (1回使用量あたり)

かつお 春獲り(100g)…25.8g

うなぎ かば焼き(100g)…23.0g

にわとり ささみ 生(80g)…19.1g

ぶた もも 脂身つき(80g)…16.4g

●とりすぎた場合

肥満／脂肪の摂取量が増える／カルシウムの尿排泄増加などをまねく

●足りない場合

スタミナ不足／ウイルスなどへの抵抗力がおちる／発育障害／貧血／血管壁が弱まる／記憶力・思考力の減退／うつ病や神経症になりやすい

6 ミネラル

ミネラルとは

　人体を構成する元素は、酸素（O）・炭素（C）・水素（H）・窒素（N）が全体の約95％を占めているが、これ以外の元素を総称してミネラルという。ミネラルの含有量は微量であるが、それぞれの元素は重要な生理機能をつかさどっている。ミネラルは体内で合成されないので、食品から摂取しなくてはならない。欠乏症などにならないよう、バランスのよい摂取を心がけることが必要だ。

■ 人体のミネラルの含有量

多量ミネラル	％	微量ミネラル	％
カルシウム（Ca）	1.5〜2.2	鉄（Fe）	0.004
リン（P）	0.8〜1.2	亜鉛（Zn）	0.003
カリウム（K）	0.35	銅（Cu）	0.0001
ナトリウム（Na）	0.15	マンガン（Mn）	
マグネシウム（Mg）	0.05	ヨウ素（I）	
		セレン（Se）	微量
		モリブデン（Mo）	
		クロム（Cr）	

多量ミネラルは、1日の必要量が100mg以上のミネラル。微量ミネラルはそれ未満のミネラル。

■ 多量ミネラル

■ 可食部100gあたり
■ 1人1回使用量あたり
（ ）内の数値は1人1回使用量の目安

グラフ中の「推奨量」「目安量」の数値は、15〜17歳の1日の食事摂取基準の値である。詳細はp.322〜323を参照。

1 カルシウム（Ca）

　カルシウムは、体内に最も多く存在するミネラル。約99％は、骨や歯などの硬い組織に存在している。残り1％のカルシウムは、血液や筋肉などすべての細胞に存在する。

生理機能　骨や歯の形成。血液凝固や筋肉収縮。神経の興奮の抑制。

じょうずなとり方　牛乳中のカルシウムは吸収率が高く、効率がよい。

欠乏症　骨量が減少し、骨折や骨粗しょう症を起こす可能性が高くなる。

過剰症　泌尿器系結石を起こす。他のミネラルの吸収を阻害する。

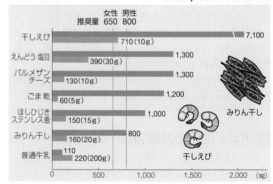

女性 推奨量 650　男性 800

干しえび	7,100 / 710（10g）
えんどう 塩豆	1,300 / 390（30g）
パルメザンチーズ	1,300 / 130（10g）
ごま 乾	1,200 / 60（5g）
ほしひじき ステンレス釜	1,000 / 150（15g）
みりん干し	800 / 160（20g）
普通牛乳	110 / 220（200g）

みりん干し／干しえび

2 リン（P）

　カルシウムとともに骨や歯を形成したり、エネルギーを蓄える物質の成分になるなど細胞の生命活動にかかせない栄養素。

生理機能　骨や歯の形成。体内の酸・アルカリの平衡を保つ。

じょうずなとり方　リンは保存性を高める目的で多くの加工食品に添加されている。加工食品をよく食べる人はカルシウム不足に注意（→コラム）。

欠乏症　骨や歯が弱くなる。

過剰症　カルシウムの吸収を妨げる。肝機能低下。

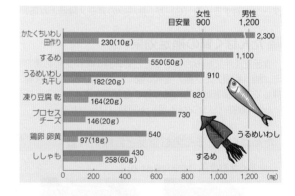

女性 目安量 900　男性 1,200

かたくちいわし 田作り	2,300 / 230（10g）
するめ	1,100 / 550（50g）
うるめいわし 丸干し	910 / 182（20g）
凍り豆腐 乾	820 / 164（20g）
プロセスチーズ	730 / 146（20g）
鶏卵 卵黄	540 / 97（18g）
ししゃも	430 / 258（60g）

うるめいわし／するめ

カルシウムを上手に摂取するには

　カルシウムの体内への吸収は、他の成分の影響を受けることがわかっている。カルシウムはリンとの比が1：1のとき最も吸収がよいが、現状ではリンの摂取の方が多い。リンが過剰になるのは、肉類、魚介類などに含まれるほか、食品添加物として加工食品に多く含まれるためである。

　また、カルシウムとマグネシウムの比率も、筋肉の収縮や正常な血圧の維持、骨の強化などに影響を与えている。マグネシウム1に対して、カルシウム2〜3がよいとされている。

●カルシウムを助け、骨を強くする栄養素

マグネシウム　リン　カルシウム　ビタミンD　ビタミンK

③ カリウム (K)

あらゆる細胞の正常な活動をバックアップ。ナトリウムと作用し合い、細胞の浸透圧を維持したり、水分を保持したりしている。またカリウムには、ナトリウムが腎臓で再吸収されるのを抑制し、尿への排泄を促す働きがあることから、血圧を下げる作用があると考えられている。

生理機能	細胞の浸透圧の調節。細胞内の酵素反応を調節。
生理機能	細胞の浸透圧の調節。細胞内の酵素反応を調節。
じょうずなとり方	あらゆる食品に含まれているが、新鮮なものほど多い。
欠乏症	脱力感や食欲不振。
過剰症	なし（とりすぎても尿中に排泄される）。

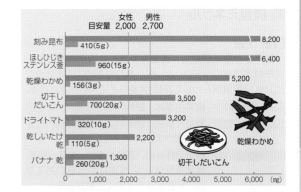

女性 2,000 男性 2,700
目安量

刻み昆布	410(5g)	8,200
ほしひじき ステンレス釜	960(15g)	6,400
乾燥わかめ	156(3g)	5,200
切干し だいこん	700(20g)	3,500
ドライトマト	320(10g)	3,200
乾しいたけ 乾	110(5g)	2,200
バナナ 乾	260(20g)	1,300

乾燥わかめ
切干しだいこん

④ ナトリウム (Na)

細胞内外のミネラルバランスを保つために不可欠。多くは、細胞外液に含まれている。カリウムと作用し合い、細胞外液の浸透圧を維持する。

生理機能	細胞外液の浸透圧を維持。酸・アルカリの平衡を調節。
じょうずなとり方	食塩が多く使われている加工食品をひかえることが、減塩対策。
欠乏症	なし（日本人は食事から塩分を必要量以上にとっている）。
過剰症	細胞内外のミネラルバランスがくずれ、むくみが生じる。高血圧の原因の１つ。

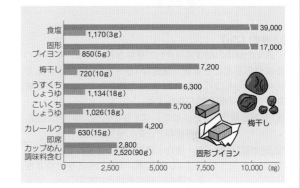

食塩	1,170(3g)	39,000
固形 ブイヨン	850(5g)	17,000
梅干し	720(10g)	7,200
うすくち しょうゆ	1,134(18g)	6,300
こいくち しょうゆ	1,026(18g)	5,700
カレールウ	630(15g)	4,200
即席 カップめん 調味料含む	2,520(90g)	2,800

梅干し
固形ブイヨン

⑤ マグネシウム (Mg)

骨の成分として重要で、体内にあるうち約60%〜70%は骨に含まれる。残りは肝臓や筋肉、血液などにたんぱく質と結合して存在している。マグネシウムは、300種類以上もの酵素の働きを助ける。

生理機能	筋肉の収縮。神経の興奮を抑える。酵素の活性化。
じょうずなとり方	加工していない食品に多く含まれる。未精製の穀類や種実類、豆腐などの大豆製品からがとりやすい。
欠乏症	動悸、不整脈、神経過敏、抑うつ症。骨・歯の形成障害。
過剰症	なし（とりすぎても、腸管からの吸収量が調節される）。

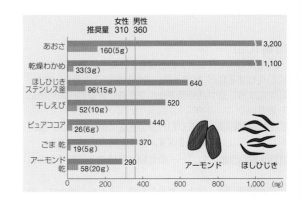

女性 310 男性 360
推奨量

あおさ	160(5g)	3,200
乾燥わかめ	33(3g)	1,100
ほしひじき ステンレス釜	96(15g)	640
干しえび	52(10g)	520
ピュアココア	26(6g)	440
ごま 乾	19(5g)	370
アーモンド 乾	58(20g)	290

アーモンド
ほしひじき

カルシウム不足が骨粗しょう症に

骨の主成分であるカルシウムが不足すると、骨粗しょう症になる危険性がある。骨粗しょう症とは、骨量（骨に蓄えられたカルシウムの量）が減少し、骨に「す」が入ったようにもろく骨折しやすくなることである（写真参照）。

骨量は、20歳頃までは増加し、一生を通じて最高のレベルに達したときの骨は「ピーク・ボーン・マス（最大骨量）」と呼ばれるが、中高年以降は減少してしまう（グラフ参照）。骨量を増加させなければならない時期に食生活を乱していると、骨粗しょう症になりやすいといえる。

●年齢による骨量の変化

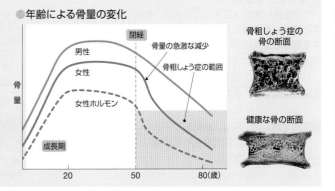

閉経
骨量の急激な減少
骨粗しょう症の範囲
男性
女性
女性ホルモン
骨量
成長期
20　50　80(歳)

骨粗しょう症の
骨の断面

健康な骨の断面

■ 微量ミネラル

⑥ 鉄（Fe）

酸素を全身に供給し、貧血を予防。体内にあるうち約70％は赤血球のヘモグロビンに、残りは筋肉中のミオグロビンや、「貯蔵鉄」として肝臓・骨髄などにストックされる。

生理機能	酸素の運搬。酵素の構成成分。
じょうずなとり方	動物性食品に含まれている鉄は体内に吸収されやすい。
欠乏症	鉄欠乏性貧血（疲れやすい、頭痛、動悸、食欲不振など）。成長期や月経のある女性、妊産婦などは特に注意が必要。
過剰症	通常なし（サプリメントによる過剰摂取で鉄沈着症）。

グラフ中の「推奨量」「目安量」の数値は、15〜17歳の1日の食事摂取基準の値である。詳細はp.322〜323を参照。

■ 可食部100gあたり
■ 1人1回使用量あたり
（ ）内の数値は1人1回使用量の目安

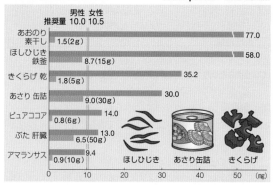

男性 女性
推奨量 10.0 10.5

食品	可食部100g	1人1回使用量
あおのり 素干し	77.0	1.5(2g)
ほしひじき 鉄釜	58.0	8.7(15g)
きくらげ 乾	35.2	1.8(5g)
あさり 缶詰	30.0	9.0(30g)
ピュアココア	14.0	0.8(6g)
ぶた 肝臓	13.0	6.5(50g)
アマランサス	9.4	0.9(10g)

ほしひじき　あさり缶詰　きくらげ

⑦ 亜鉛（Zn）

多くの酵素の構成成分として重要なミネラル。味を感じる味蕾の形成にも重要（味蕾は10〜12日のサイクルで次々と新しくつくられる）。からだのなかでは、骨や皮膚などすべての細胞内に存在する。

生理機能	DNAやたんぱく質の合成。味蕾の形成。生殖機能を正常に維持する。
じょうずなとり方	肉・魚介・野菜などに含まれる。特にかきはよい供給源。アルコールをとりすぎると亜鉛の排泄量が増加する。
欠乏症	貧血、味覚異常、生殖機能の低下（男性）。
過剰症	なし。

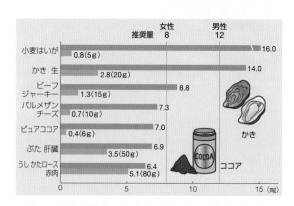

女性 男性
推奨量 8 12

食品	可食部100g	1人1回使用量
小麦はいが	16.0	0.8(5g)
かき 生	14.0	2.8(20g)
ビーフジャーキー	8.8	1.3(15g)
パルメザンチーズ	7.3	0.7(10g)
ピュアココア	7.0	0.4(6g)
ぶた 肝臓	6.9	3.5(50g)
うし かたロース 赤肉	6.4	5.1(80g)

かき　ココア

⑧ 銅（Cu）

赤血球のヘモグロビンの合成を助けたり、鉄の吸収をよくしたりするなど、貧血予防に欠かせないミネラル。また、乳児の成長、骨や血管壁の強化や皮膚の健康維持のためにも重要。

生理機能	ヘモグロビンの生成に欠かせない。鉄の吸収を促す。多くの酵素の構成成分。
じょうずなとり方	レバー・魚介類・豆類などに多く含まれる。
欠乏症	貧血、毛髪の異常。子どもの場合は、成長障害を起こすことがある。
過剰症	なし。

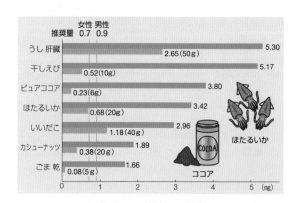

女性 男性
推奨量 0.7 0.9

食品	可食部100g	1人1回使用量
うし 肝臓	5.30	2.65(50g)
干しえび	5.17	0.52(10g)
ピュアココア	3.80	0.23(6g)
ほたるいか	3.42	0.68(20g)
いいだこ	2.96	1.18(40g)
カシューナッツ	1.89	0.38(20g)
ごま 乾	1.66	0.08(5g)

ほたるいか　ココア

⑨ マンガン（Mn）

骨の発育に重要なミネラル。また、体内で重要な働きをする酵素の構成成分としても欠かせない。人や動物に存在する量はわずかだが、肝臓・すい臓・毛髪に含まれる。

生理機能	骨や肝臓の酵素作用の活性化。骨の発育促進。
じょうずなとり方	茶葉・種実類・穀類・豆類に多く含まれる。
欠乏症	なし（必要量が少ないうえ、植物性食品に広く含まれている）。
過剰症	なし。

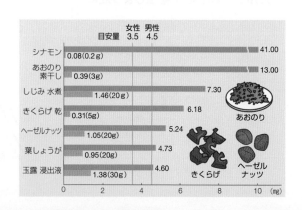

女性 男性
目安量 3.5 4.5

食品	可食部100g	1人1回使用量
シナモン	41.00	0.08(0.2g)
あおのり 素干し	13.00	0.39(3g)
しじみ 水煮	7.30	1.46(20g)
きくらげ 乾	6.18	0.31(5g)
ヘーゼルナッツ	5.24	1.05(20g)
葉しょうが	4.73	0.95(20g)
玉露 浸出液	4.60	1.38(30g)

あおのり　きくらげ　ヘーゼルナッツ

⑩ ヨウ素（I）

成長や代謝を促す甲状腺ホルモンの成分として欠かせないミネラル。体内では、ほとんど甲状腺に集中している。

生理機能	発育の促進。基礎代謝の促進。
じょうずなとり方	魚介類・海藻類に多く含まれる。
欠乏症	甲状腺が肥大し、機能が低下。ただし、海産物をよく食べる日本人にはほとんどない。
過剰症	とり過ぎても甲状腺ホルモンの合成ができなくなり、甲状腺が肥大し、甲状腺腫になる。

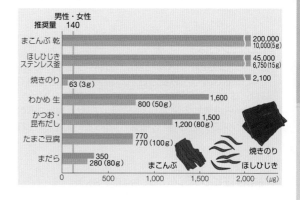

男性・女性
推奨量 140

まこんぶ 乾	200,000 / 10,000(5g)
ほしひじき ステンレス釜	45,000 / 6,750(15g)
焼きのり	2,100 / 63(3g)
わかめ 生	1,600 / 800(50g)
かつお・昆布だし	1,500 / 1,200(80g)
たまご豆腐	770 / 770(100g)
まだら	350 / 280(80g)

焼きのり　まこんぶ　ほしひじき

⑪ セレン（Se）

過酸化物質を分解する酵素の構成成分なので、細胞の酸化を防ぐ。胃・下垂体・肝臓に多く含まれる。

生理機能	抗酸化作用で細胞の酸化を防ぐ。
じょうずなとり方	魚介類、セレン濃度の高い土壌で育った植物に多く含まれる。
欠乏症	心筋障害。
過剰症	脱毛や爪の変形。おう吐、下痢、しびれ、頭痛。

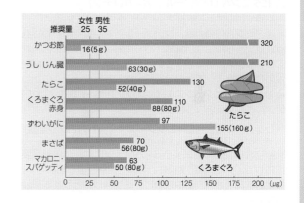

女性 男性
推奨量 25　35

かつお節	320 / 16(5g)
うし じん臓	210 / 63(30g)
たらこ	130 / 52(40g)
くろまぐろ 赤身	110 / 88(80g)
ずわいがに	97 / 155(160g)
まさば	70 / 56(80g)
マカロニ・スパゲッティ	63 / 50(80g)

たらこ　くろまぐろ

⑫ モリブデン（Mo）

体内において、尿酸という最終老廃物を作り出すために不可欠な酵素の働きを助ける重要なミネラル。肝臓・腎臓に含まれる。

生理機能	尿酸を作り出す働きをサポート。
じょうずなとり方	レバー・豆類・種実類などに多く含まれる。
欠乏症	発がんの可能性。
過剰症	尿中に銅の排泄量が増える。

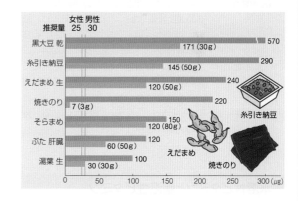

女性 男性
推奨量 25　30

黒大豆 乾	570 / 171(30g)
糸引き納豆	290 / 145(50g)
えだまめ 生	240 / 120(50g)
焼きのり	220 / 7(3g)
そらまめ	150 / 120(80g)
ぶた 肝臓	120 / 60(50g)
湯葉 生	100 / 30(30g)

糸引き納豆　えだまめ　焼きのり

⑬ クロム（Cr）

炭水化物（糖質）や脂質の代謝を助ける重要なミネラル。血糖値を正常に保つ。すべての細胞に含まれる。

生理機能	糖質や脂質の代謝をサポート。糖尿病・高脂血症・動脈硬化の予防効果がある。
じょうずなとり方	魚介類・肉類・海藻類などに多く含まれる。
欠乏症	高血糖・動脈硬化につながる。
過剰症	呼吸器障害の可能性。

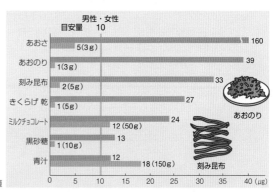

男性・女性
目安量 10

あおさ	160 / 5(3g)
あおのり	39 / 1(3g)
刻み昆布	33 / 2(5g)
きくらげ 乾	27 / 1(5g)
ミルクチョコレート	24 / 12(50g)
黒砂糖	13 / 1(10g)
青汁	12 / 18(150g)

あおのり　刻み昆布

※目安量は18歳以上の値

7 ビタミン

ビタミンとは

からだの発育や活動を正常に機能させるために、ごく微量であるが必要とされる重要な有機化合物である。体内で必要量を合成することができないため、食品から摂取する必要がある。現在、からだに不可欠なビタミンとして13種類が知られており、これらは油に溶ける脂溶性ビタミンと水に溶ける水溶性ビタミンに大別される。

またビタミンには、体内でビタミンに変化するプロビタミンという化合物があり、ビタミン摂取と同じ効果がある。ビタミンA、ビタミンDなどに存在する。

■ 脂溶性ビタミン（かっこ内は化学名）

1 ビタミンA（レチノール、β-カロテン）

皮膚や目の健康を維持するために不可欠なビタミン。

ビタミンAの効力は、レチノール活性当量であらわされる。レチノール活性当量は、おもに動物性の食品に含まれてビタミンAの形になっているレチノールと、おもに植物性の食品に含まれて体内で必要に応じてビタミンAにかわる物質（プロビタミンA）であるカロテノイド（β-カロテンなど）から求められる。

$$\text{レチノール活性当量} = \underset{(\mu\text{gRAE})}{\text{レチノール}} + \underset{(\mu\text{g})}{\frac{1}{12}\beta\text{-カロテン当量}}_{(\mu\text{g})}$$

植物性の食品に由来するβ-カロテンには、体内で必要に応じてビタミンAに変換されるので過剰症の心配はない。しかし、動物性の食品由来のビタミンAは、とりすぎに注意が必要。

生理機能	正常な発育を促進し、皮膚や粘膜を維持する（授乳婦は多くとる必要がある）。細菌に対する抵抗力を増進させる。明るさを感じるのに必要な網膜色素の成分。
欠乏症	目の乾き、夜盲症（夜になると見えにくくなる）、乳幼児では、失明や成長障害の可能性もある。
過剰症	頭痛、吐き気。髪の毛が抜け落ちる。皮膚の剥落（はがれて落ちること）。

水溶性ビタミンと脂溶性ビタミン

ビタミンは、水溶性と脂溶性に大きく分けられる。

水溶性のビタミンは、水に溶けやすくゆでたり洗ったりするだけで水に溶け出してしまうため、調理にも工夫が必要である（→p.144）。過剰に摂取しても、尿などによって体内から排泄されやすく、通常の食事で大きな害となることは少ない（例外もある）。

一方、脂溶性ビタミンは、油に溶けやすいために、油と一緒に調理すると吸収率が高まる。体内に蓄積しやすく、過剰に摂取するとからだに害を及ぼす可能性がある。バランスのとれた食事で過剰となることはまずないが、サプリメントなどによって大量に摂取すると、過剰症の危険があるので注意しよう。

可食部100gあたり
1人1回使用量あたり
（　）内の数値は1人1回使用量の目安

グラフ中の「推奨量」「目安量」の数値は、15〜17歳の1日の食事摂取基準の値である。詳細はp.323を参照。

●レチノール活性当量

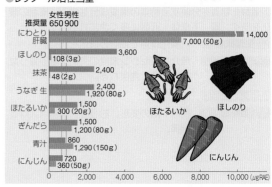

推奨量　女性 650　男性 900

にわとり肝臓	14,000
	7,000 (50g)
ほしのり	3,600
	108 (3g)
抹茶	2,400
	48 (2g)
うなぎ 生	2,400
	1,920 (80g)
ほたるいか	1,500
	300 (20g)
ぎんだら	1,500
	1,200 (80g)
青汁	860
	1,290 (150g)
にんじん	720
	360 (50g)

ほたるいか　ほしのり　にんじん

●レチノール

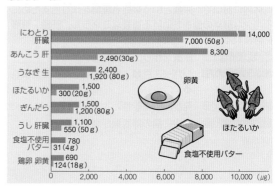

にわとり肝臓	14,000
	7,000 (50g)
あんこう 肝	8,300
	2,490 (30g)
うなぎ 生	2,400
	1,920 (80g)
ほたるいか	1,500
	300 (20g)
ぎんだら	1,500
	1,200 (80g)
うし 肝臓	1,100
	550 (50g)
食塩不使用バター	780
	31 (4g)
鶏卵 卵黄	690
	124 (18g)

卵黄　ほたるいか　食塩不使用バター

●β-カロテン当量

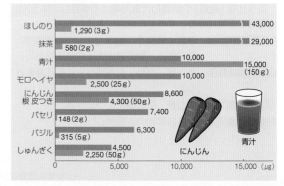

ほしのり	43,000
	1,290 (3g)
抹茶	29,000
	580 (2g)
青汁	10,000
	15,000 (150g)
モロヘイヤ	10,000
	2,500 (25g)
にんじん 根 皮つき	8,600
	4,300 (50g)
パセリ	7,400
	148 (2g)
バジル	6,300
	315 (5g)
しゅんぎく	4,500
	2,250 (50g)

にんじん　青汁

② ビタミンD（カルシフェロール）

骨を作るのに欠かせないカルシウムやリンの吸収に関与する栄養素。特に乳幼児期の骨の形成に欠かせないため、妊婦や授乳婦は多くとる必要がある。日光浴により、皮膚で生成される。ビタミンAの吸収を助けるはたらきもある。

生理機能	カルシウムの吸収促進。骨や歯の成長。血中カルシウム濃度の調節。
欠乏症	小児のくる病（骨の変形）、成人の骨軟化症、高齢者や閉経後の女性の骨粗しょう症の原因。
過剰症	のどの渇き、目の痛み。

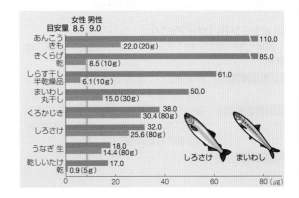

女性 男性
目安量 8.5 9.0

あんこう きも　110.0
22.0(20g)
きくらげ 乾　85.0
8.5(10g)
しらす干し 半乾燥品　61.0
6.1(10g)
まいわし 丸干し　50.0
15.0(30g)
くろかじき　38.0
30.4(80g)
しろさけ　32.0
25.6(80g)
うなぎ 生　18.0
14.4(80g)
乾しいたけ 乾　17.0
0.9(5g)

しろさけ　まいわし

0　20　40　60　80 (μg)

③ ビタミンE（トコフェロール）

細胞膜に広く存在し、強い抗酸化力で、細胞の老化を遅らせる。トコフェロールという化合物の集まりで、なかでもα-トコフェロールが強い効力を持つ。摂取量の2/3は便として排泄され、体内の蓄積は比較的短時間。

生理機能	過酸化脂質の生成抑制。血液中のLDLコレステロールの酸化抑制。老化防止。赤血球の溶血防止。
欠乏症	赤血球の溶血による貧血、神経機能の低下、無筋力症。
過剰症	なし（体内に蓄積されにくいため）。

●α-トコフェロール

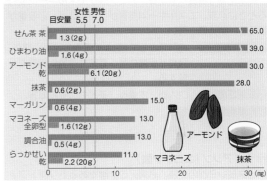

女性 男性
目安量 5.5 7.0

せん茶 茶　65.0
1.3(2g)
ひまわり油　39.0
1.6(4g)
アーモンド 乾　30.0
6.1(20g)
抹茶　28.0
0.6(2g)
マーガリン　15.0
0.6(4g)
マヨネーズ 全卵型　13.0
1.6(12g)
調合油　13.0
0.5(4g)
らっかせい 乾　11.0
2.2(20g)

アーモンド　マヨネーズ　抹茶

0　10　20　30 (mg)

④ ビタミンK（フィロキノン）

血液が固まるときに重要なはたらきをすることから「止血ビタミン」ともいわれる。また、ビタミンDとともに、骨の形成にも関与する。腸内細菌によって体内合成される。

生理機能	血液の凝固に必須のプロトロンビンの生成に不可欠。カルシウム結合たんぱく質の生成。
欠乏症	血液凝固の遅れ、新生児の場合は頭がい内出血や消化管出血。
過剰症	なし。

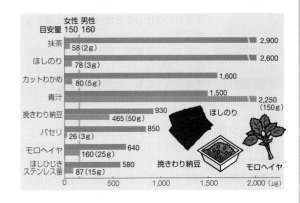

女性 男性
目安量 150 160

抹茶　2,900
58(2g)
ほしのり　2,600
78(3g)
カットわかめ　1,600
80(5g)
青汁　1,500
2,250(150g)
挽きわり納豆　930
465(50g)
パセリ　850
26(3g)
モロヘイヤ　640
160(25g)
ほしひじき ステンレス釜　580
87(15g)

ほしのり　挽きわり納豆　モロヘイヤ

0　500　1,000　1,500　2,000 (μg)

ビタミン様物質

　ビタミンと同様のはたらきをするが、体内で合成されるため欠乏症にはなりにくいことからビタミンとは区別されている物質。日頃から耳にするものもあるかもしれないが、研究途上のものも多い。

ルチン　さらに研究じゃ　ビタミンU

●ルチン
　ビタミンPの一種。ビタミンCの吸収を助け、抗酸化作用がある。血管を強くするはたらきや、血圧を下げる効果が期待される。そばに多く含まれ、水溶性のためゆで汁（そば湯）も飲むとよいとされる。

●コエンザイムQ10
　ビタミンQ、ユビキノンともいわれる物質のひとつ。抗酸化作用があり、細胞の酸化を防ぐとされる。体

内で合成されるが、年齢とともに合成能力が低下し体内から失われる。

●ビタミンU
　水溶性の化合物で、熱に弱い。胃酸の分泌を抑え、胃腸粘膜の修復を助けるため、胃や腸の潰瘍の予防・治療に役立つとされている。キャベツから発見されたため、キャベジンともいう。パセリやセロリなどにも含まれる。

■ 水溶性ビタミン（かっこ内は化学名）

■ 可食部100gあたり
■ 1人1回使用量あたり
（　）内の数値は1人1回使用量の目安

グラフ中の「推奨量」「目安量」の数値は、15〜17歳の1日の食事摂取基準の値である。詳細はp.323〜324を参照。

5 ビタミンB₁（サイアミン）
炭水化物（糖質）がエネルギーに変わるときに必要な補酵素。

生理機能	補酵素として糖質代謝に関与。消化液の分泌を促進する。神経機能を正常に保つ。
欠乏症	食欲不振、倦怠感、脚気（下肢のむくみやしびれ）。ウェルニッケ脳症（中枢神経が侵される障害）。
過剰症	なし。

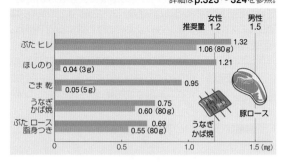

女性 推奨量 1.2　男性 1.5

- ぶた ヒレ　1.32 / 1.06（80g）
- ほしのり　0.04（3g）/ 1.21
- ごま 乾　0.05（5g）/ 0.95
- うなぎ かば焼　0.75 / 0.60（80g）
- ぶた ロース 脂身つき　0.69 / 0.55（80g）

豚ロース / うなぎかば焼

6 ビタミンB₂（リボフラビン）
炭水化物（糖質）や脂質、アミノ酸がエネルギーに変わるときに必要。エネルギー消費量が多い人ほど、必要量が増える。紫外線に弱い。

生理機能	補酵素として、三大栄養素の代謝に関与。発育を促進させ、有害な過酸化脂質を分解する。
欠乏症	口内炎、皮膚炎、子どもの成長障害。
過剰症	なし。

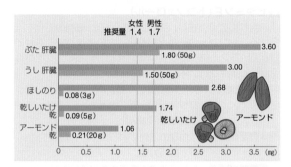

女性 推奨量 1.4　男性 1.7

- ぶた 肝臓　3.60 / 1.80（50g）
- うし 肝臓　3.00 / 1.50（50g）
- ほしのり　0.08（3g）/ 2.68
- 乾しいたけ 乾　0.09（5g）/ 1.74
- アーモンド 乾　0.21（20g）/ 1.06

乾しいたけ / アーモンド

7 ナイアシン（ニコチン酸）
ビタミンB群の一種。必須アミノ酸であるトリプトファンからも体内合成される。

生理機能	補酵素として、三大栄養素の代謝に関与。胃腸管のはたらきを維持する。皮膚を健康に保つ。
欠乏症	ペラグラ（皮膚病・消化管障害・神経障害）、口内炎。
過剰症	皮膚が赤くなる、おう吐、下痢。

● ナイアシン当量

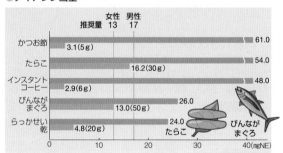

女性 推奨量 13　男性 17

- かつお節　3.1（5g）/ 61.0
- たらこ　16.2（30g）/ 54.0
- インスタントコーヒー　2.9（6g）/ 48.0
- びんなが まぐろ　13.0（50g）/ 26.0
- らっかせい 乾　4.8（20g）/ 24.0

たらこ / びんながまぐろ

8 ビタミンB₆（ピリドキシン）
たんぱく質の分解や再合成に欠かせない。貧血や肌荒れ予防にも有効。

生理機能	補酵素として、アミノ酸の代謝に関与する。皮膚の抵抗力を増進させる。
欠乏症	皮膚炎、貧血、食欲不振。
過剰症	不眠、足のしびれ、神経障害。

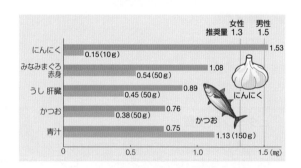

女性 推奨量 1.3　男性 1.5

- にんにく　0.15（10g）/ 1.53
- みなみまぐろ 赤身　0.54（50g）/ 1.08
- うし 肝臓　0.45（50g）/ 0.89
- かつお　0.38（50g）/ 0.76
- 青汁　0.75 / 1.13（150g）

にんにく / かつお

お肌のシミとビタミンC

シミやソバカスは、紫外線などの刺激から肌を守るために、メラノサイト（色素細胞）からつくられる黒色メラニンという色素が過剰に増えてしまった状態をいう。

ビタミンCには、過剰なメラニンの生成を抑制するはたらきがある。また、できてしまった黒色メラニンを無色化するはたらきもあるとされており、美容の強い味方である。しかしビタミンCが万能ということではない。過剰な日焼けは避けよう。

黒色メラニン / シミ / 無色メラニン / 紫外線 / 表皮 / 真皮 / メラノサイト / ビタミンC

⑨ ビタミンB₁₂ (シアノコバラミン)

コバルトを含み、「赤いビタミン」ともいわれる。おもに動物性食品に含まれるため、厳格なベジタリアンでは不足することがある。水溶性ビタミンのなかでは、唯一体内に蓄積される。

生理機能	葉酸とともに赤血球をつくる。中枢神経機能を維持する。
欠乏症	悪性貧血、しびれなどの神経障害。
過剰症	なし。

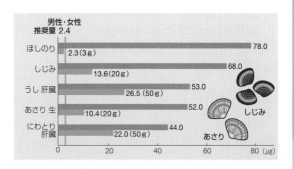

男性・女性 推奨量 2.4

ほしのり	2.3(3g) 78.0
しじみ	13.6(20g) 68.0
うし 肝臓	26.5(50g) 53.0
あさり 生	10.4(20g) 52.0
にわとり 肝臓	22.0(50g) 44.0

0 20 40 60 80 (µg)

しじみ / あさり

⑩ 葉酸 (ホラシン)

ビタミンB群の一種。緑黄色野菜やレバーに多く含まれる。「造血ビタミン」ともいわれる。光に弱い。

生理機能	ビタミンB₁₂とともに赤血球をつくる。たんぱく質の合成や細胞増殖に関与。胎児や乳幼児の正常な発育に不可欠なため、妊婦や授乳婦の推奨量には付加量が設定されている。
欠乏症	悪性貧血、口内炎。
過剰症	なし。

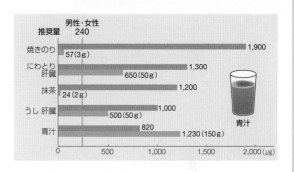

男性・女性 推奨量 240

焼きのり	57(3g) 1,900
にわとり 肝臓	650(50g) 1,300
抹茶	24(2g) 1,200
うし 肝臓	500(50g) 1,000
青汁	820 1,230(150g)

0 500 1,000 1,500 2,000 (µg)

青汁

⑪ パントテン酸

ビタミンB群の一種。腸内細菌によっても合成される。

生理機能	3大栄養素からエネルギーをつくるときに必要な、補酵素の構成成分。善玉コレステロールを増やしたり、ホルモンや抗体の合成にも関与。
欠乏症	頭痛、疲労、末梢神経障害。
過剰症	なし。

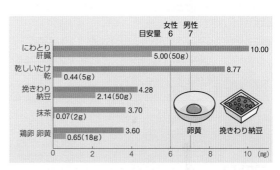

女性 目安量 6　男性 7

にわとり 肝臓	5.00(50g) 10.00
乾しいたけ 乾	0.44(5g) 8.77
挽きわり 納豆	2.14(50g) 4.28
抹茶	0.07(2g) 3.70
鶏卵 卵黄	0.65(18g) 3.60

0 2 4 6 8 10 (mg)

卵黄 / 挽きわり納豆

⑫ ビオチン

ビタミンB群の一種。皮膚や髪の健康に関与。

生理機能	三大栄養素がエネルギーに変わるときに代謝をサポート。
欠乏症	皮膚炎、脱毛。多くの食材に含まれ、腸内細菌によっても合成されるため、バランスのよい食事では不足しない。
過剰症	なし。

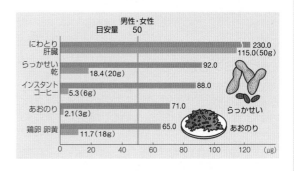

男性・女性 目安量 50

にわとり 肝臓	115.0(50g) 230.0
らっかせい 乾	18.4(20g) 92.0
インスタント コーヒー	5.3(6g) 88.0
あおのり	2.1(3g) 71.0
鶏卵 卵黄	11.7(18g) 65.0

0 20 40 60 80 100 120 (µg)

らっかせい / あおのり

⑬ ビタミンC (アスコルビン酸)

強力な抗酸化作用がある。皮膚や血管の老化を防ぐ。人は体内で合成できず、多くとっても蓄積できない。

生理機能	軟骨などの結合組織をつくるコラーゲン合成に不可欠。抗酸化作用。免疫を高める効果があり、風邪を予防する。
欠乏症	壊血病(各組織からの出血、抵抗力の低下など)、骨の形成不全。
過剰症	なし。

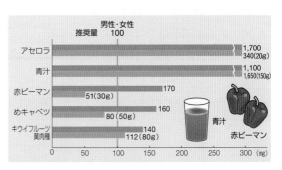

男性・女性 推奨量 100

アセロラ	340(20g) 1,700
青汁	1,650(150g) 1,100
赤ピーマン	51(30g) 170
めキャベツ	80(50g) 160
キウイフルーツ 黄肉種	112(80g) 140

0 50 100 150 200 250 300 (mg)

青汁 / 赤ピーマン

調理とビタミン

調理によるビタミンの損失

　ビタミンの摂取は、サプリメントからではなく食物としてとり入れることが基本である。その際、ビタミンによっては、食品の調理や加工により、ビタミンが破壊されたり流出することで、減少することが多いという点に留意することが重要である。

　ビタミンの種類、調理方法、調理時間などによって、ビタミンの損失量は異なる。それぞれの特徴にあった調理方法を工夫しよう。

おもなビタミン減少量の一般的なめやす

種類	減少率	調理上の注意
ビタミンA	20～30%	加熱は高温・短時間。
ビタミンB₁	30～50%	水浸・水洗いによる損失大。煮汁に溶出する。
ビタミンB₂	25～30%	加熱調理に適する。
ビタミンC	50～60%	煮汁の中に溶出しやすい。

ビタミンB₁

　ビタミンB₁は、水溶性ビタミンのため水に溶け出すうえに、加熱に弱いという性質をもっている。汁をのがさない炒め物や、汁も飲めるスープなどの調理方法により、効率よく摂取できる。

白米・玄米・ほうれんそうのビタミンB₁減少率

食品	調理方法	減少率
白米	軽洗・強洗	23～54%
	炊飯	75～80%
玄米	軽洗・強洗	5～8%
	炊飯	30～36%
ほうれんそう	生のまま千切り	15%
	ゆでる（1分）	45%
	ゆでる（3分）	80%
	炒める	0%

ワンポイント・アドバイス
　洗うだけでもビタミンB₁は減少し、炊きあがった米に含まれるビタミンB₁は、半分以下となる。ビタミンB₁を豊富に含む食品と組み合わせるとよい。
　ゆでる代わりに、電子レンジの瞬間加熱を利用すると、減少率が5～15%低くなる。

ビタミンB₂

　ビタミンB₂は、熱に強いため加熱調理しても、それほど減少しないが、光（紫外線）に弱いという性質をもっているため、食品は、暗所に貯蔵することが必要である。冷蔵庫で保管すれば問題ない。牛乳は、ビンよりも紙パックの方がビタミンB₂を保護する。

牛レバー・牛乳のビタミンB₂の減少率

食品	調理方法	減少率
牛レバー	ゆでる	11%
	炒める	22%
牛乳	沸騰まで加熱	2%

ワンポイント・アドバイス
　牛乳を200mL飲むと、1日に必要なビタミンB₂の約1/4がとれる。

ビタミンC

　ビタミンCは、温度や湿度、光や紫外線の影響を受けやすく、たいへん壊れやすい。また水に溶けだしやすい性質をもつ。なおビタミンCは酸化しやすく、時間の経過も減少率を高める。

だいこんのビタミンC減少率

食品	調理方法	減少率
だいこん	おろす	5%
	炒める（7分）	13%
	煮る（3～30分）	34～48%
	ふろふき（23分）	38%

ワンポイント・アドバイス
　ビタミンCを多くとるにはスピードが大切。たとえば、だいこんおろしのビタミンCは、2時間後には半減してしまう。
　また、ビタミンCは、ゆでた場合だけでなく生でも水にさらすと減少してしまう。約5分間で0～30%程度が減少する。

ほうれんそうのゆで時間とビタミンCの減少率

食品	調理方法	減少率
ほうれんそう	生	0%
	1分	26%
	3分	52%
	5分	60%

貯蔵条件（温度・時間）によるビタミンCの減少率

食品	貯蔵条件	減少率
トマト	購入時	0%
	5℃の冷蔵庫で3日後	5%
	30℃の室温で3日後	18%
ピーマン	購入時	0%
	10℃の冷蔵庫で3日後	8%
	10℃の冷蔵庫で5日後	20%

ビタミンを活かす方法

●日光をあてずに冷暗所で保存する。ふきんをかけておくだけでも効果がある。

●葉菜類をゆでるときは、長時間ゆで汁につけておかない。

NG!

●切る前に洗う（あく抜きをする場合は除く）。

●高温で手早く調理すると、ビタミンの減少は最小限ですむ。

8 健康と栄養

■ 冷え性 〜たんぱく質、ビタミンC・E、鉄〜

■ 症状と要因

手や足などの体の末端部分や、腰などが極端に冷たくなること。頭痛や便秘、不眠の症状につながることもある。

血の流れが悪く、体の末端まで血液が行き渡らないことが要因だが、その原因としては貧血、動脈硬化、低血圧などがある。また、ストレスが原因の場合もある。

■ 対策

❶バランスよく食べ、血行をよくする。たんぱく質には保温効果、ビタミンEには血行促進効果、鉄には貧血防止効果、ビタミンCには鉄の吸収をよくするはたらきがある。

❷生野菜や果物などは体を冷やすので避けるか、加熱調理する。

❸体を温める食べ物を食べる。

■ 体を冷やす食べ物　　■ 体を温める食べ物

トマト

なす

きゅうり

とうがらし

しょうが

にんにく

■ 口内炎 〜ビタミンB群〜

■ 症状と要因

ほほの内側、舌、歯茎などの口の中の粘膜に生じる炎症で、痛みや出血、口の中のはれや乾燥、食事がしみるなどの症状がある。味覚の変化や不眠などにもつながる。

口の中をかんだりする直接的な原因がある場合と、体調不良、暴飲暴食、栄養不足、ストレスなどが原因の場合がある。また、口の中の衛生状態が悪いとウイルスや細菌が繁殖しやすく、傷ついた粘膜に菌が感染しやすい。

■ 対策

❶ビタミンB群をとる。不足すると口内が切れやすくなる。

❷粘膜の構成成分となり、細菌への抵抗力を強くするビタミンAやCをとる。

❸歯みがきやうがいで口の中をきれいに保つ。

❹熱いものや冷たいもの、すっぱいものや辛いものは刺激が強いため、口の中が炎症を起こしている際には避ける。

■ 便秘 〜食物繊維、ビフィズス菌〜

■ 症状と要因

便を出すのがつらかったり、残便感がある状態を便秘という。適度なやわらかさの便がきちんと出て、お腹がスッキリすれば2〜3日に1度の排便でも便秘ではない。おもな症状は腹痛やお腹の膨満感、食欲不振など。要因には体質、運動不足、食物繊維や水分不足などがある。

■ 対策

❶食物繊維をとり、便量の増加やかたさを正常化させる。

❷ビフィズス菌をとる。ビフィズス菌は、腸を刺激して蠕動運動を活発にする。

❸朝食を必ず食べることで胃腸を刺激する。

❹運動する。

なお、ストレスなどで大腸が神経障害をおこすけいれん性便秘の場合、腸を刺激する食べ物は避ける。

スッキリ！

WC

いただきます！

■ 肌トラブル 〜ビタミンA・B₂・C・E、たんぱく質〜

■ 症状と要因

肌荒れには、にきび、日焼け、しみ、乾燥する、青あざになりやすいなど多くの症状がある。

体の表面を覆っている角質層のうるおいは皮脂や汗で保たれている。食生活の乱れやストレスなどで、皮脂の分泌量の過不足がにきびや乾燥につながる。

また、新しい皮膚は睡眠中につくられ、1か月〜1か月半程度で入れかわっていく。そのため、睡眠不足や皮膚をつくる栄養成分が不足していると、入れかわりがうまくいかず肌が荒れる。

■ 対策

❶たんぱく質やビタミン類などをバランスよくとる。

❷油っぽいものは皮脂の分泌を多くするため避ける。

❸甘いもの、カフェイン飲料、アルコール飲料など、刺激の強いものは避ける。

❹睡眠をしっかりとる。

■ 貧血 ～鉄～

■ 症状と要因

　貧血とは血液中の赤血球が不足することで、立ちくらみなどとは別。めまい、息切れ、動悸、耳鳴り、食欲不振、疲れやすいなどの症状が出る。

　鉄の不足により赤血球がつくれないことでおこる貧血を鉄欠乏性貧血といい、女性に多い。月経時の出血によって男性よりも多くの鉄を必要としているからである。無理なダイエットによる欠食や、バランスの偏った食事を続けていると、体内の鉄が欠乏し、貧血をおこしやすい。

　なお、ビタミンB₁₂や葉酸の不足は、悪性貧血をおこすおそれもある。

■ 対策

❶鉄を多く含む食品を食べる。

❷一度に吸収できる鉄の量は限られるので、1日3回の食事をしっかりとる。

❸鉄の吸収を助けるたんぱく質やビタミンCと一緒に食べる。

❹タンニンや食物繊維は鉄の吸収を妨げるので、過剰摂取は避ける。

■ 風邪をひきやすい

■ 症状と要因

　風邪は病原体が感染することで鼻やのどが炎症を起こす症状の総称。こじらせると肺炎や気管支炎につながるので注意する。

　要因は、ウイルスや細菌、化学物質などで、その種類は多く特定することは困難。過労や栄養不足が続くと、体の抵抗力が低下してウイルスが体内に入り込み、鼻やのどの粘膜に付着し、炎症をおこす。

■ 対策

❶少量でも高栄養の食事をバランスよくとる。

❷基礎体力をつけ、抵抗力を高めるたんぱく質、免疫力を高めるビタミンC、のどや鼻の粘膜を保護するビタミンAを積極的にとる。

❸風邪をひいた場合は、発熱、せき、鼻水、下痢など具体的な症状に応じた食事対策をとる。

●発熱、寒け
水分を十分とり、飯や麺類を多くとる。食欲がないときは果物など甘いもので補給を。

●鼻水、鼻づまり
味噌汁など温かいもの、発汗促進、殺菌作用のあるねぎやしょうがを食べて体を温める。

●せき、のどの痛み
辛みや酸味の強いもの、塩辛いもの、熱いものはNG。豆腐やゼリーなど、のどに通りやすいものでエネルギーを確保する。

●下痢、吐きけ
消化のよい穀物を中心に、少量でもこまめにとる。下痢のときは、水分とともにミネラルが失われるので、おかゆやスープで補給を。

■ 肥満

■ 症状と要因

　BMI（体格指数➡p.103）が25.0以上を「肥満」という。高脂血症や動脈硬化、糖尿病などの生活習慣病につながるおそれがる。

　「摂取エネルギー＞消費エネルギー」がおもな原因。要するに食べ過ぎと運動不足である。とりすぎたエネルギーが脂肪として蓄積される。適切な摂取エネルギーは年齢や性別などによって異なる（➡p.320）。

■ 肥満のタイプ

洋なし型

りんご型

腰やお尻などの下半身に脂肪がついており、女性に多い。皮下脂肪型が多い。

腹囲りに脂肪がつく内臓脂肪型肥満で、男性に多い。生活習慣病になりやすい。

■ 対策

❶消費エネルギーと摂取エネルギーのバランスをとる。

❷1日3食しっかり食べる。食事を抜くと、体はエネルギー不足に備えて脂肪を蓄積するようになる。

❸睡眠前の夜食はひかえる。

❹運動する習慣や体重測定の習慣をつける。

❺糖の代謝に必要なビタミン、ミネラルをとる。

■ やせ

■ 症状と要因

　BMI18.5未満を「やせ」という。極端なやせは、低血圧、筋力の低下、脱毛、生理不順、不妊などにつながる。BMI17以下は、女性ホルモンの分泌が減り、骨粗しょう症の危険もある。

　特に女性に多いが、過度の痩身願望によって、実際は標準体重であっても「太っている」と思いこむ傾向がある。太ることへの恐怖感が原因の1つ。

■ 対策

❶高エネルギーの食品をバランスよくとる。

❷牛乳や乳製品をとる。含まれているカゼインが、消化管の機能調整やカルシウムの吸収促進になる。

❸食物繊維の過剰摂取はビタミン・ミネラルの排出につながり、栄養不足になる。

CONTENTS

食品成分表編

穀類
肉類
いも・でん粉類
卵類
砂糖・甘味類
乳類
豆類
油脂類
種実類
菓子類
野菜類
し好飲料類
果実類
調味料・香辛料類
きのこ類
調理済み流通食品類
藻類
外食・中食
魚介類
市販食品

食品成分表の使い方

■ 日本食品標準成分表とは

日本食品標準成分表は、戦後の国民栄養改善の見地から、食品に含まれる栄養成分の基礎的データ集として1950年に経済安定本部が取りまとめたものから始まり、現在に至っている。

■「日本食品標準成分表2020年版（八訂）」の改訂のポイント

「日本食品標準成分表2020年版（八訂）」（以下、「成分表2020」と表記）の改訂内容は以下のようにまとめられる。

1. 炭水化物の細分化とエネルギー産生成分の見直し

新たに炭水化物を消化性の観点から細分化し、利用可能炭水化物（3種類）、食物繊維総量、糖アルコールが収載された。さらにエネルギー産生成分を、アミノ酸組成によるたんぱく質、脂肪酸のトリアシルグリセロール当量、利用可能炭水化物（単糖当量）、食物繊維、糖アルコールと規定し、これらの各成分に一定の係数を乗じて収載エネルギー値を決定することになった。

2. 冷凍・チルド・レトルトなどの形態で流通する「調理済み流通食品」の充実

3.「成分表2015」以降に追加・変更された食品の統合・整合化

■「成分表2020」で収載されている成分項目

エネルギー（kcal、kJ）	マグネシウム	ビタミンE（トコフェロール（α、β、γ、δ））
水分	リン	ビタミンK
たんぱく質（アミノ酸組成によるたんぱく質）	鉄	ビタミンB₁
	亜鉛	ビタミンB₂
脂質（脂肪酸のトリアシルグリセロール当量、コレステロール）	銅	ナイアシン
	マンガン	ナイアシン当量
炭水化物（利用可能炭水化物（単糖当量、質量計、差し引き法）、食物繊維総量（プロスキー変法、AOAC. 2011.25法）、糖アルコール）	ヨウ素	ビタミンB₆
	セレン	ビタミンB₁₂
	クロム	葉酸
	モリブデン	パントテン酸
有機酸	ビタミンA（レチノール、カロテン（α、β）、β-クリプトキサンチン、β-カロテン当量、レチノール活性当量）	ビオチン
灰分		ビタミンC
ナトリウム		アルコール
カリウム		食塩相当量
カルシウム	ビタミンD	

※ 青字の栄養素が、本書で成分値まで掲載されている項目。また、ミネラル・ビタミンに関しては、おもに含まれている食品を p.136〜143 に掲載。

■ カラーグラフ成分表の見方（部分抜粋）

カラーグラフの成分表は 可食部100gあたりの値

■ 重さの単位

mg（ミリグラム）　1g = 1,000mg
μg（マイクログラム）　1mg = 1,000μg

■ きわめて微量しか含まれない成分の表示法

- 0 ：最小記載量の1/10未満、または検出されなかった。
- Tr ：最小記載量の1/10以上含まれているが、5/10未満である。
- （ ）：推定値、または推計値（諸外国の食品成分表などを基に推計）
- − ：測定していない。

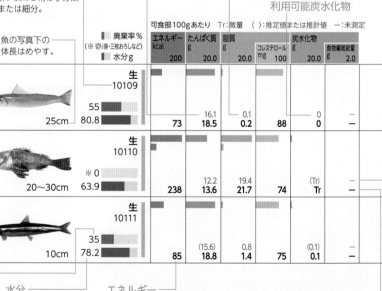

食品の解説

- たんぱく質の青字の数値はアミノ酸組成によるたんぱく質、
- 脂質の青字の数値は脂肪酸のトリアシルグリセロール当量、
- 炭水化物の青字の数値は利用可能炭水化物（質量計）、
- 食物繊維総量の黒字の数値はプロスキー変法、青字の数値はAOAC 2011.25法による分析。

食品の概量
小1 = 小さじ1
大1 = 大さじ1
1C = 1カップ

食品番号
はじめの2桁は食品群、次の3桁は小分類または細分。

魚の写真下の体長はめやす。

アミノ酸組成によるたんぱく質
トリアシルグリセロール当量
利用可能炭水化物

可食部100gあたり　Tr：微量　（ ）：推定値または推計値　−：未測定

	廃棄率 % （※ 切り身・三枚おろしなど） 水分 g	エネルギー kcal 200	たんぱく質 g 20.0	脂質 g 20.0	コレステロール mg 100	炭水化物 g 20.0	食物繊維総量 g 2.0
きす［鱚］ Japanese whiting ●中1尾=40g 淡黄灰色の細長い体が美しく、海のあゆともいわれる。白身の味わいは上品で、脂は少なく淡白。さしみ・天ぷらなどにする。 25cm 生 10109	55 80.8	73	16.1 18.5	0.1 0.2	88	0 0	−
きちじ［喜知次］ Kichiji rockfish ●1尾=100g 美しい赤色をした魚で、料理の素材としては、きんきと呼ばれる。淡白だが、深海魚特有の脂がある。煮付け・塩焼きにする。 20〜30cm 生 10110	※0 63.9	238	12.2 13.6	19.4 21.7	74	(Tr) Tr	−
きびなご［吉備奈仔］ Blue sprat ●10尾=100g 成魚で体長10cm前後の小型魚。4〜8月の産卵期に沿岸に近づくところを地引き網で獲る。鹿児島では夏を代表する魚。 10cm 生 10111	35 78.2	85	(15.6) 18.8	0.8 1.4	75	(0.1) 0.1	−

廃棄率
全体に対する廃棄される部分の重量の割合（%）。
可食部＝収載食品の概量−廃棄部位の概量

水分
可食部100g中に含まれる水分量（g）。

エネルギー
可食部100gあたりのたんぱく質・脂質・炭水化物の量（g）に、各成分ごとのエネルギー換算係数を乗じて算出。国際単位系の単位はkJ（キロジュール）だが、定着しているkcal（キロカロリー）を掲載。

■「成分表2020」で収載されている3大栄養素

●たんぱく質
　窒素量に「窒素―たんぱく質換算係数」を乗じて算出した数値。

　●アミノ酸組成によるたんぱく質：「アミノ酸成分表編」の各アミノ酸量から求められた数値。アミノ酸の脱水縮合物の量（アミノ酸残基の総量）として算出した数値である。

●脂質
　ジエチルエーテルによるソックスレー抽出法などによる数値。

　●脂肪酸のトリアシルグリセロール当量：「脂肪酸成分表編」の各脂肪酸量をトリアシルグリセロールに換算した量の総和として算出した数値である。トリアシルグリセロールの値がわかることで、食品に含まれる脂質のうち中性脂肪がどのくらい占めるのかがわかる。

●炭水化物
　差し引き法で算出した数値。すなわち、水分、たんぱく質、脂質及び灰分の合計（g）を100gから差し引いた数値。

　●利用可能炭水化物（質量計）：「炭水化物成分表」の各利用可能炭水化物量（でん粉、単糖類、二糖類、一部のオリゴ糖類）の総和として算出した数値である。

●食物繊維
従来からの分析方法であるプロスキー変法（高分子量の「水溶性食物繊維」と「不溶性食物繊維」を分析して合計したもの）と追補2018年以降の分析方法であるAOAC. 2011.25法（低分子水溶性食物繊維、高分子水溶性食物繊維、不溶性食物繊維、難消化性でん粉を分析して合計したもの）の2種類の数値が存在している。「成分表2020」に収載されている食物繊維総量の数値は、両分析の数値が混在している。

> ### 「ニュービジュアル家庭科」では…
> 　「成分表2020」から、「アミノ酸組成によるたんぱく質」「脂肪酸のトリアシルグリセロール当量」「利用可能炭水化物」が実際の摂取量に近いとされ、メインの位置づけになった。一方「日本人の食事摂取基準」は、「成分表2015」に沿って策定されているため、これと照らし合わせる項目は、従来通りの「たんぱく質」「脂質」「炭水化物」の数値になる。このため「ニュービジュアル家庭科」では、従来通りの項目をメインとすることにした。食物繊維については、分析法が混在すると食品同士の比較はできなくなるため、プロスキー変法をメインとし、AOAC. 2011.25を併記することにした。

ビタミンA
　ビタミンAの総量は、レチノール活性当量で示される。

$$レチノール活性当量＝レチノール＋\frac{1}{12}β\text{-}カロテン当量$$

レチノールはおもに動物性食品に含まれる。β-カロテン当量を構成するα-カロテン等はプロビタミンAと呼ばれ、おもに植物性食品に含まれる（→p.140）。

$$β\text{-}カロテン当量＝$$
$$β\text{-}カロテン＋\frac{1}{2}α\text{-}カロテン＋\frac{1}{2}クリプトキサンチン$$

■ 棒グラフによる量の表示

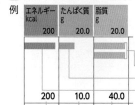

例	エネルギー kcal	たんぱく質 g	脂質 g
	200	20.0	20.0
	200	10.0	40.0

200 10.0 40.0 ← 可食部100gあたりの値

　各栄養成分の名称の下にある200、20.0、2.0、0.20などの数字は、グラフ1本分の相当量である。グラフが一面に塗りつぶされているものは、棒グラフ5本分を超える成分値であることを示す。

- 40.0 ÷ 20.0 = 2で2本分
- 10.0 ÷ 20.0 = 0.5で1本の半分
- 200 ÷ 200 = 1で1本分

グラフ1本分の相当量 →

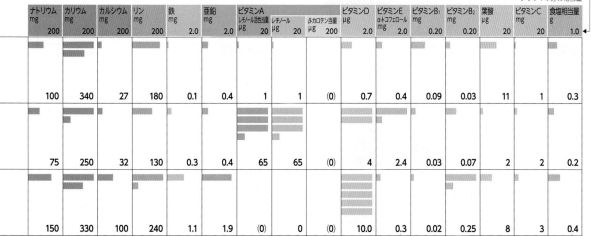

ナトリウム mg	カリウム mg	カルシウム mg	リン mg	鉄 mg	亜鉛 mg	ビタミンA レチノール活性当量 μg	レチノール μg	β-カロテン当量 μg	ビタミンD μg	ビタミンE α-トコフェロール mg	ビタミンB₁ mg	ビタミンB₂ mg	葉酸 μg	ビタミンC mg	食塩相当量 g
200	200	200	200	2.0	2.0	20	20	200	2.0	2.0	0.20	0.20	20	20	1.0
100	340	27	180	0.1	0.4	1	1	(0)	0.7	0.4	0.09	0.03	11	1	0.3
75	250	32	130	0.3	0.4	65	65	(0)	4	2.4	0.03	0.07	2	2	0.2
150	330	100	240	1.1	1.9	(0)	0	(0)	10.0	0.3	0.02	0.25	8	3	0.4

──── AOAC. 2011.25法による分析

──── プロスキー変法による分析

ビタミンE ──── 食品に含まれるビタミンEは、主としてα-、β-、γ-及びδ-トコフェロールの4種であるが、α-トコフェロールが指標とされている。

食塩相当量 ──── ナトリウム量に2.54を乗じて算出。食塩（NaCl）を構成するナトリウム（Na）の原子量（22.989770）と塩素（Cl）の原子量（35.453）から算出したもの。(22.989770+35.453) /22.989770≒2.54

穀類

CEREALS

稲わらの干し方の一例

農作物のうち、種子を食用とするために栽培されるものを穀物という。穀物は、栽培が容易で貯蔵がきき、簡単な調理で食用にできる。

選び方・保存のしかた

●米
●形がととのっていて、光沢のあるものがよい。袋詰めのものの場合、精白した月日を見て新しいものを選ぶ。
●直射日光を避け、湿気が入らないように清潔な容器で保存する。精白米の場合、夏期で2週間、冬期で1か月を保存のめやすにする。

●小麦粉
●純白か薄い黄色のものを選ぶ。無臭で異物のないものがよく、古くなると固まりができる。
●湿気のない涼しいところに保存する。缶などに移し、冷蔵庫に入れるのもよい。においがつきやすいので注意する。薄力粉は1年、強力粉は半年を保存のめやす

搗精とは

米を搗いて、ぬか層と胚芽を取り除くことをいう。精白すると消化はよくなるが、大事な栄養分は減ってしまう。

搗精による米の消化率と栄養素の変化

種類	歩留まり（%）	消化率（%）	灰分（g／100g）	ビタミンB₁（mg／100g）
玄米	100	90	1.2	0.41
半つき米	95〜96	94	0.8	0.30
七分つき米	93〜94	95.5	0.6	0.24
精白米	90〜92	98	0.4	0.08

胚芽（3%）　果皮　種皮　糊粉層　ぬか層（5%）　搗精　胚乳
胚乳（92%）　玄米　（ ）内は重量比　精白米

・たんぱく質の青字の数値はアミノ酸組成によるたんぱく質
・脂質の青字の数値は脂肪酸のトリアシルグリセロール当量
・炭水化物の青字の数値は利用可能炭水化物（質量計）
・食物繊維総量の黒字の数値はプロスキー変法、青字の数値はAOAC 2011.25法による分析

廃棄率％
水分g

可食部100gあたり　Tr：微量　（ ）：推定値または推計値　―：未測定

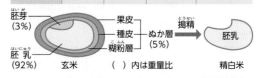

	エネルギーkcal 200	たんぱく質g 20.0	脂質g 20.0	コレステロールmg 100	炭水化物g 20.0	食物繊維総量g 2.0

アマランサス　Amaranth
大1＝10g
ヒユ科。穀粒は直径1〜1.5mmの扁平レンズ状。米、麦などに食物アレルギーがある人用の代替食品としても注目されている。

玄穀　01001
廃棄率 0
水分 13.5

343	(11.3) 12.7	5.0 6.0	(0)	57.8 64.9	― 7.4

あわ［粟］　Foxtail millet
1C＝150g
中央アジア原産の雑穀。うるち種ともち種があり、うるち種は飯やかゆ、団子などに、もち種は飯やもちに用いられる。

精白粒　01002
廃棄率 0
水分 13.3

346	10.2 11.2	4.1 4.4	(0)	63.3 69.7	3.3

えんばく［燕麦］　Oats
1C＝80g
オートミールは挽きわりのえんばく。かゆ状に煮て、牛乳・砂糖をかけて食べる。たんぱく質・脂質・カルシウムが豊富な食品。

オートミール　01004
廃棄率 0
水分 10.0

350	12.2 13.7	(5.1) 5.7	(0)	57.4 69.1	9.4

キヌア　Quinoa
大1＝10g
雑穀の一種で、たんぱく質・脂質・無機質が豊富。南米アンデス高地で主食とされ、インカ文明を支えた重要な穀物といわれる。

玄穀　01167
廃棄率 0
水分 12.2

344	9.7 13.4	2.7 3.2	0	55.4 69.0	6.2

小麦粉　Wheat
1C＝110g
小麦の実を粉砕し、ふすま部（果皮・種皮・糊粉層）を除いたもので、でん粉とたんぱく質のグルテンからなる。たんぱく質含有量により分類される（→p.151コラム）が、これは、強力粉には硬質小麦、中力粉には中間質小麦、薄力粉には軟質小麦が用いられることによる。

●薄力粉
製菓用や天ぷら用に使われる。
●中力粉
うどんやそばなどの製めん用に使われる。
●強力粉
製パン用や製めん用に使用。

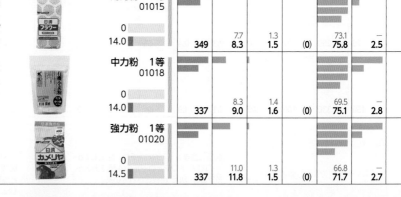

薄力粉　1等　01015
廃棄率 0
水分 14.0

349	7.7 8.3	1.3 1.5	(0)	73.1 75.8	2.5

中力粉　1等　01018
廃棄率 0
水分 14.0

337	8.3 9.0	1.4 1.6	(0)	69.5 75.1	2.8

強力粉　1等　01020
廃棄率 0
水分 14.5

337	11.0 11.8	1.3 1.5	(0)	66.8 71.7	2.7

One Point　どうして小麦は粉にしてから食べるの？▶小麦は、外皮がかたくてそのまま煮ても食べにくい。また、米と同じように精白すると、胚乳がやわら

にする。
●パン
- ●均一な断面をもつものがよい。表面に光沢があり、焼きむらのないものを選ぶ。
- ●湿気の多いところに置いておくと、かびが生えるので、密封し、冷凍するとよい。トーストにすれば風味も落ちず、おいしく食べることができる。

●スパゲッティ・マカロニ
- ●十分に乾燥し、光沢のあるこはく色のものがよい。スパゲッティは澄んだ音で折れ、その断面がガラス状のものがよい。マカロニは形の均一なものを選ぶ。
- ●密封して保存する。賞味期間は3年と長い。

●生めん・ゆでめん
- ●製造年月日が新しく、低温で保存されているものを選ぶ。
- ●冷蔵庫で保存し、できるだけ早く食べる。

●乾めん（そば・うどん）
- ●十分乾燥して、変色していないもの、かびのないものを選ぶ。
- ●湿気に注意し、密封して保存する。保存期間は長い。

調理性—粘りのしくみ

●アミロースとアミロペクチン

　米のでん粉には、アミロースとアミロペクチンがある。うるち米はアミロース2：アミロペクチン8に対し、もち米はアミロペクチン10でできている。アミロースはぶどう糖分子が直鎖状に結合しているのに対し、アミロペクチンは枝分かれして多数結合し絡まりやすい。この絡まりの多いことが、もち米の強い粘りけとなっている。

●グルテン

　グルテンは、小麦粉に含まれる2種類のたんぱく質からつくられる。水を加えてこねることで、でん粉とたんぱく質が水分を吸収して弾力性と粘着性が出る。

	強力粉	中力粉	薄力粉
グルテンの量	多い	中くらい	少ない
たんぱく質含有量	約12%	約9～10%	約8～9%
グルテンの性質	こねると弾力・粘力が出る 強い	こねると伸びがよい 普通	かるく混ぜるとやわらかい 弱い
おもな用途	パン・パスタなど	うどん・中華めんなど	ケーキ・クッキーなど

グラフ1本分の相当量

ナトリウム mg 200	カリウム mg 200	カルシウム mg 200	リン mg 200	鉄 mg 2.0	亜鉛 mg 2.0	ビタミンA レチノール活性当量 μg 20	レチノール μg 20	β-カロテン当量 μg 200	ビタミンD μg 2.0	ビタミンE α-トコフェロール mg 2.0	ビタミンB₁ mg 0.20	ビタミンB₂ mg 0.20	葉酸 μg 20	ビタミンC mg 20	食塩相当量 g 1.0
1	600	160	540	9.4	5.8	Tr	(0)	2	(0)	1.3	0.04	0.14	130	(0)	0
1	300	14	280	4.8	2.5	(0)	(0)	(0)	(0)	0.6	0.56	0.07	29	0	0
3	260	47	370	3.9	2.1	(0)	(0)	(0)	(0)	0.6	0.20	0.08	30	(0)	0
35	580	46	410	4.3	2.8	1	(0)	12	(0)	2.6	0.45	0.24	190	0	0.1
Tr	110	20	60	0.5	0.3	(0)	0	(0)	0	0.3	0.11	0.03	9	(0)	0
1	100	17	64	0.5	0.5	(0)	0	(0)	0	0.3	0.10	0.03	8	(0)	0
Tr	89	17	64	0.9	0.8	(0)	0	(0)	0	0.3	0.09	0.04	16	(0)	0

かすぎて砕けてしまう。しかし小麦を挽いて粉にすることで、水を加えてグルテンを出したり、発酵させたりといった加工ができるようになる。

穀類
いも・でん粉類
砂糖・甘味類
豆類
種実類
野菜類
果実類
きのこ類
藻類
魚介類

- たんぱく質の青字の数値はアミノ酸組成によるたんぱく質
- 脂質の青字の数値は脂肪酸のトリアシルグリセロール当量
- 炭水化物の青字の数値は利用可能炭水化物（質量計）
- 食物繊維総量の黒字の数値はプロスキー変法、青字の数値はAOAC 2011.25法による分析

可食部100gあたり　Tr:微量　（ ）:推定値または推計値　ー:未測定

■ 廃棄率%
■ 水分g

食品名	廃棄率% 水分g	エネルギー kcal 200	たんぱく質 g 20.0	脂質 g 20.0	コレステロール mg 100	炭水化物 g 20.0	食物繊維総量 g 2.0
きび [黍]　Proso millet　●1C＝160g イネ科に属し、うるち種ともち種がある。うるち種は飯やかゆなどに、もち種はもち・おこわ・団子・酒などにする。 精白粒　01011	0 13.8	353	10.0 11.3	2.9 3.3	(0)	65.0 70.9	ー 1.6
プレミックス粉　Premixed flour for pancake　●1C＝110g プレミックスとはPrepared Mix（調製粉）の略。小麦粉などの粉類に糖類、油脂などを必要に応じて適正に配合したもの。 ホットケーキ用　01024	0 11.1	360	(7.1) 7.8	(3.6) 4.0	31	(72.4) 74.4	1.8
パン類　Breads　●食パン1斤＝340〜450g 語源はポルトガル語。日本には16世紀に南蛮船によって伝えられた。原料は小麦粉とライ麦粉とがあり、小麦粉からは白パンが、ライ麦粉からは黒パンがつくられる。小麦粉（ライ麦粉）と水、食塩、イーストを主原料とする。製パン方法にはアメリカ式とフランス式があり、アメリカ式は強力粉にバターなどの副原料を加えて発酵させて焼く。フランス式はフランス・イタリアを中心におこなわれている方法で、中〜薄力粉を用い、食塩とイーストのみを加えて発酵させて焼く方法。 角形食パン　食パン　01026	0 39.2	248	7.4 8.9	3.7 4.1	0	44.2 46.4	4.2 2.2
●角形食パン 強力粉・水・食塩・イースト・砂糖・脱脂粉乳・油脂を練った生地を、長方形の箱型に入れて焼いたパン。 フランスパン　01031	0 30.0	289	8.6 9.4	(1.1) 1.3	(0)	58.2 57.5	2.7
●フランスパン 日本では、強力粉か中力粉・水・食塩・イーストを混ぜた生地を棒状にし、皮がパリパリになるように焼いたものをいう。 ライ麦パン　01032	0 35.0	252	6.7 8.4	(2.0) 2.2	(0)	52.7 5.6	5.6
●ライ麦パン 別名黒パン。ライ麦粉をサワードウで発酵させたパンで、酸味があり、小麦のパンよりふくらみが悪い。 ぶどうパン　01033	0 35.7	263	(7.4) 8.2	(3.3) 3.5	(Tr)	51.1 2.2	2.2
●ぶどうパン パン生地に干しぶどうを混ぜたパン。 ロールパン　01034	0 30.7	309	8.5 10.1	8.5 9.0	(Tr)	45.7 48.6	2.0
●ロールパン パン生地を三角状に伸ばして巻いたパン。 クロワッサン　レギュラータイプ　01209	0 (20.0)	406	(5.9) (6.5)	(19.3) (20.4)	(20)	(47.9) (51.5)	(1.9)
●クロワッサン パン生地でバターをはさんで伸ばし、折り畳んでまた伸ばすことを繰り返して薄い層とし、巻いて三日月型にしたパン。 イングリッシュマフィン　01036	0 46.0	224	(7.4) 8.1	(3.2) 3.6	(Tr)	(36.7) 40.8	1.2
●イングリッシュマフィン パン生地にとうもろこしのあらびき粉をまぶし、型に入れて薄い円柱状に焼いたパン。半分に割ってトーストして食べる。 ナン　01037	0 37.2	257	(9.3) 10.3	3.1 3.4	(0)	(41.6) 47.6	2.0
●ナン 生地を平たく伸ばし、タンドールというつぼ型のかまどの内壁にはりつけて焼いたもの。 ベーグル　01148	0 32.3	270	8.2 9.6	1.9 2.0	ー	46.0 54.6	2.5
●ベーグル 強力粉・食塩・酵母・水を練った生地を発酵させてリング状に成形し、ゆでてから焼いたパン。もちもちとした歯ごたえ。							
マカロニ・スパゲッティ　Macaroni and spaghetti　●乾1人分＝80g 小麦粉に湯を加えてこね、型から出して乾燥させてつくる。管状のマカロニ、棒状のスパゲッティなど、いろいろな形がある。 乾　01063	0 11.3	347	12.0 12.9	1.5 1.8	(0)	66.9 73.1	5.4 3.0
生パスタ　Fresh pasta　●1人分＝120g デュラムセモリナ粉などの小麦粉を水でこね、強い圧力で金型から押し出して成型し、乾燥させないもの。もちもちとした食感。 生　01149	0 42.0	232	7.5 7.8	1.7 1.9	(0)	42.2 46.9	1.5

ナトリウム mg 200	カリウム mg 200	カルシウム mg 200	リン mg 200	鉄 mg 2.0	亜鉛 mg 2.0	ビタミンA レチノール活性当量 μg 20	レチノール μg 20	β-カロテン当量 μg 200	ビタミンD μg 2.0	ビタミンE α-トコフェロール mg 2.0	ビタミンB₁ mg 0.20	ビタミンB₂ mg 0.20	葉酸 μg 20	ビタミンC mg 20	食塩相当量 g 1.0
2	200	9	160	2.1	2.7	(0)	(0)	(0)	(0)	Tr	0.34	0.09	13	0	0
390	230	100	170	0.5	0.3	9	9	3	0.1	0.5	0.10	0.08	10	0	1.0
470	86	22	67	0.5	0.5	0	0	4	0	0.4	0.07	0.05	30	0	1.2
620	110	16	72	0.9	0.8	(0)	(0)	0	(0)	0.1	0.08	0.05	33	(0)	1.6
470	190	16	130	1.4	1.3	(0)	(0)	0	Tr	0.3	0.16	0.06	34	(0)	1.2
400	210	32	86	0.9	0.6	Tr	Tr	1	Tr	0.4	0.11	0.05	33	(Tr)	1.0
490	110	44	97	0.7	0.8	1	(0)	15	0.1	0.5	0.10	0.06	38	(0)	1.2
(530)	(110)	(27)	(65)	(0.4)	(0.5)	(37)	(34)	(38)	(1.4)	(2.6)	(0.11)	(0.09)	(46)	0	(1.4)
480	84	53	96	0.9	0.8	Tr	(0)	1	(0)	0.3	0.15	0.08	23	(0)	1.2
530	97	11	77	0.8	0.7	(0)	(0)	0	(0)	0.6	0.13	0.06	36	(0)	1.3
460	97	24	81	1.3	0.7	—	—	—	—	0.2	0.19	0.08	47	—	1.2
1	200	18	130	1.4	1.5	1	(0)	9	(0)	0.3	0.19	0.06	13	(0)	0
470	76	12	73	0.5	0.5	(0)	(0)	(0)	—	0.1	0.05	0.04	9	(0)	1.2

穀類　いも・でん粉類　砂糖・甘味類　豆類　種実類　野菜類　果実類　きのこ類　藻類　魚介類

・たんぱく質の青字の数値はアミノ酸組成によるたんぱく質
・脂質の青字の数値は脂肪酸のトリアシルグリセロール当量
・炭水化物の青字の数値は利用可能炭水化物（質量計）
・食物繊維総量の黒字の数値はプロスキー変法、青字の数値はAOAC 2011.25法による分析

可食部100gあたり　Tr:微量　（　）:推定値または推計値　ー:未測定

■ 廃棄率%
■ 水分g

食品	エネルギー kcal 200	たんぱく質 g 20.0	脂質 g 20.0	コレステロール mg 100	炭水化物 g 20.0	食物繊維総量 g 2.0	廃棄率% / 水分g
うどん [饂飩] Thick wheat noodles ●生1玉=170〜250g 生 01038	249	5.2 / 6.1	(0.5) / 0.6	(0)	50.1 / 56.8	3.6 / ー	0 / 33.5
ゆで 01039	95	2.3 / 2.6	(0.3) / 0.4	(0)	19.5 / 21.6	1.3 / ー	0 / 75.0
干しうどん 乾 01041	333	8.0 / 8.5	(1.0) / 1.1	(0)	(69.9) / 71.9	ー / 2.4	0 / 13.5
そうめん・ひやむぎ [素麺・冷麦] Thin wheat noodles ●乾1わ=100g 乾 01043	333	8.8 / 9.5	(1.0) / 1.1	(0)	65.1 / 72.7	2.5	0 / 12.5
中華めん類 Yellow alkaline noodles ●生1玉=120g ●中華めん 生 01047	249	8.5 / 8.6	(1.0) / 1.2	(0)	47.6 / 55.7	5.4 / ー	0 / 33.0
●蒸し中華めん 01049	162	4.7 / 4.9	(1.5) / 1.7	Tr	30.6 / 35.6	3.1 / 1.7	0 / 57.4
●沖縄そば 生 01052	266	(9.1) / 9.2	(1.7) / 2.0	(0)	(48.1) / 54.2	2.1	0 / 32.3
即席めん類（調理後全体） Precooked noodles ●1人分=90〜120g 即席中華めん 油揚げ 01198	100	(2.3)	(4.4) / (4.4)	(1)	(12.2) / (13.4)	(0.5)	0 / (78.5)
中華スタイル即席カップめん 油揚げ しょうゆ味 01200	90	(2.0) / (2.3)	(4.4) / (4.5)	(2)	(6.0) / (12.9)	(1.4) / ー	0 / (80.8)
中華スタイル即席カップめん 油揚げ 焼きそば 01202	222	(4.2) / (5.0)	(10.6) / (11.3)	(3)	(13.5) / (34.2)	(3.3) / ー	0 / (53.6)
和風スタイル即席カップめん 油揚げ 01204	91	(1.9) / (2.2)	(4.4) / (4.7)	(1)	(6.7) / (11.2)	(1.4) / ー	0 / (80.5)
焼きふ [焼き麩] Wheat gluten cake ●1個=6g 車ふ 01068	361	(27.8) / 30.2	(2.9) / 3.4	(0)	54.2	2.6	0 / 11.4
ぎょうざの皮 [餃子の皮] Outer steamed wheat "Jiaozi" dough ●1枚=6g 生 01074	275	(8.4) / 9.3	(1.2) / 1.4	0	(54.9) / 57.0	ー / 2.2	0 / 32.0

うどん [饂飩]
小麦粉に食塩を混ぜて水とこね、細長く線状に仕上げたもの。これを乾燥させたものが干しうどん、ゆでて玉にしたものが玉うどんである。太さによって名称が異なり、ひらめん（ひもかわ、きしめん）は30mm幅の生地を4〜6本に切っためん、うどんは同じ幅の生地を10〜14本に切っためん、ひやむぎは18〜22本に、そうめんは26〜30本に切っためんである。また、日本各地に名産品があり、名古屋のきしめん、香川の讃岐（さぬき）うどんなどが有名である。手打ちうどんは、仕上げまで製めん機を使わず、手でおこなう。

そうめん・ひやむぎ [素麺・冷麦]
うどんとほぼ同じ工程でつくるが、ひやむぎはうどんより細く、そうめんはもっと細い。夏期に多く利用され、つけ汁で食べる。

中華めん類
●中華めん
中力粉にカン水というアルカリ性の水を加えてこね、さらにこね水を加えてつくる。めん状に仕上げてから特殊な方法でひだをつける。
●蒸し中華めん
中華めんを蒸したもので、焼きそばなどを調理するときに用いる。
●沖縄そば
沖縄めんとも呼ばれる。沖縄地方の特産で、カン水を使う中華めんと同じ系統のめん類である。硬い食感が特徴。そばの名がついているが、そば粉は使用していない。

即席めん類（調理後全体）
保存性があり、簡単な調理によって食べられる加工めん製品。でん粉をα化させためんを油で揚げて乾燥させた油揚げめんと、80℃以上の熱風かマイクロ波で加熱し、でん粉がα化の状態を保ったまま乾燥させた非油揚げの乾燥めんがある。短時間煮るか、もしくは熱湯をかけるだけで即席的に復元できる。原料に中華めんを用いる通称インスタントラーメンは、液状スープ、油脂や野菜などが別包装され、製品の品質や風味に工夫がなされている。最近は生めんタイプのものなど、多種多様な製品が登場している。
即席カップめんは、食器として使用できる容器の利用により、お湯をそそぐだけで食べることができるなど、簡便性がより高められている。即席めん類の保存では、酸化防止が最も大切である。

焼きふ [焼き麩]
ふは小麦粉のグルテンからつくる加工品。車ふはグルテンに強力小麦粉と膨張剤を加え、練った生地を棒に巻いて焼いたもの。

ぎょうざの皮 [餃子の皮]
小麦粉（強力粉）を水でこねて伸ばし丸く成形したもの。手づくりの場合は、こねた生地をちぎって小さなめん棒で成形する。

One Point うどんのつゆの色が濃い関東▶うどんのつゆは関東と関西で大きく違う。こいくちしょうゆを使って黒っぽいつゆの関東。うすくちしょうゆを使

ナトリウム mg 200	カリウム mg 200	カルシウム mg 200	リン mg 200	鉄 mg 2.0	亜鉛 mg 2.0	ビタミンA レチノール活性当量 μg 20	レチノール μg 20	β-カロテン当量 μg 200	ビタミンD μg 2.0	ビタミンE α-トコフェロール mg 2.0	ビタミンB$_1$ mg 0.20	ビタミンB$_2$ mg 0.20	葉酸 μg 20	ビタミンC mg 20	食塩相当量 g 1.0
1000	90	18	49	0.3	0.3	(0)	(0)	0	(0)	0.2	0.09	0.03	5	(0)	2.5
120	9	6	18	0.2	0.1	(0)	(0)	0	(0)	0.1	0.02	0.01	2	(0)	0.3
1700	130	17	70	0.6	0.4	(0)	(0)	0	(0)	0.3	0.08	0.02	9	(0)	4.3
1500	120	17	70	0.6	0.4	(0)	(0)	0	(0)	0.3	0.08	0.02	8	(0)	3.8
410	350	21	66	0.5	0.4	(0)	(0)	0	(0)	0.2	0.02	0.02	8	(0)	1.0
110	80	10	40	0.4	0.2	(0)	(0)	0	(0)	0.1	0	0.16	4	(0)	0.3
810	340	11	65	0.7	1.1	(0)	(0)	(0)	(0)	0.3	0.02	0.04	15	(0)	2.1
(430)	(33)	(28)	(20)	(0.2)	(0.1)	0	0	(3)	0	(0.5)	(0.02)	(0.13)	(2)	0	(1.1)
(590)	(43)	(46)	(27)	(0.2)	(0.1)	(3)	0	(31)	0	(0.6)	(0.14)	(0.12)	(3)	(1)	(1.5)
(910)	(100)	(94)	(54)	(0.4)	(0.3)	(2)	0	(19)	0	(1.8)	(0.28)	(0.30)	(9)	(2)	(2.3)
(550)	(34)	(41)	(38)	(0.2)	(0.1)	(Tr)	0	(6)	0	(0.6)	(0.19)	(0.08)	(2)	(2)	(1.4)
110	130	25	130	4.2	2.7	(0)	(0)	(0)	(0)	0.4	0.12	0.07	11	(0)	0.3
2	64	16	60	0.8	0.6	(0)	(0)	(0)	(0)	0.2	0.08	0.04	12	0	0

穀類 / いも・でん粉類 / 砂糖・甘味類 / 豆類 / 種実類 / 野菜類 / 果実類 / きのこ類 / 藻類 / 魚介類

い透きとおったつゆの関西。塩分濃度は見た目ほどの差はないらしい。あなたの好みはどっち??

- たんぱく質の青字の数値はアミノ酸組成によるたんぱく質
- 脂質の青字の数値は脂肪酸のトリアシルグリセロール当量
- 炭水化物の青字の数値は利用可能炭水化物（質量計）
- 食物繊維総量の黒字の数値はプロスキー変法、青字の数値はAOAC 2011.25法による分析

■ 廃棄率%
■ 水分g

可食部100gあたり　Tr：微量　（　）：推定値または推計値　－：未測定

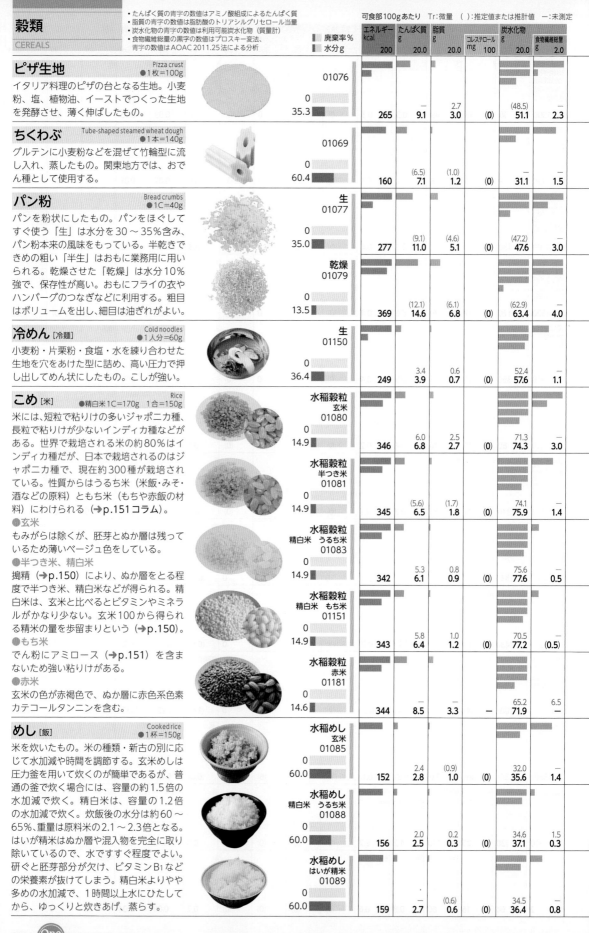

品目		エネルギー kcal 200	たんぱく質 g 20.0	脂質 g 20.0	コレステロール mg 100	炭水化物 g 20.0	食物繊維総量 g 2.0
ピザ生地 Pizza crust ●1枚=100g 01076	0 / 35.3	265	9.1	2.7 / 3.0	(0)	(48.5) / 51.1	2.3
ちくわぶ Tube-shaped steamed wheat dough ●1本=140g 01069	0 / 60.4	160	(6.5) / 7.1	(1.0) / 1.2	(0)	－ / 31.1	1.5
パン粉 Bread crumbs ●1C=40g 生 01077	0 / 35.0	277	(9.1) / 11.0	(4.6) / 5.1	(0)	(47.2) / 47.6	3.0
パン粉 乾燥 01079	0 / 13.5	369	(12.1) / 14.6	(6.1) / 6.8	(0)	(62.9) / 63.4	4.0
冷めん [冷麺] Cold noodles ●1人分=60g 生 01150	0 / 36.4	249	3.4 / 3.9	0.6 / 0.7	(0)	52.4 / 57.6	1.1
こめ [米] Rice ●精白米1C=170g 1合=150g 水稲穀粒 玄米 01080	0 / 14.9	346	6.0 / 6.8	2.5 / 2.7	(0)	71.3 / 74.3	3.0
水稲穀粒 半つき米 01081	0 / 14.9	345	(5.6) / 6.5	(1.7) / 1.8	(0)	74.1 / 75.9	1.4
水稲穀粒 精白米 うるち米 01083	0 / 14.9	342	5.3 / 6.1	0.8 / 0.9	(0)	75.6 / 77.6	0.5
水稲穀粒 精白米 もち米 01151	0 / 14.9	343	5.8 / 6.4	1.0 / 1.2	(0)	70.5 / 77.2	(0.5)
水稲穀粒 赤米 01181	0 / 14.6	344	8.5	3.3	－	65.2 / 71.9	6.5
めし [飯] Cooked rice ●1杯=150g 水稲めし 玄米 01085	0 / 60.0	152	2.4 / 2.8	(0.9) / 1.0	(0)	32.0 / 35.6	1.4
水稲めし 精白米 うるち米 01088	0 / 60.0	156	2.0 / 2.5	0.2 / 0.3	(0)	34.6 / 37.1	1.5 / 0.3
水稲めし はいが精米 01089	0 / 60.0	159	－ / 2.7	(0.6) / 0.6	(0)	34.5 / 36.4	0.8

ピザ生地
イタリア料理のピザの台となる生地。小麦粉、塩、植物油、イーストでつくった生地を発酵させ、薄く伸ばしたもの。

ちくわぶ
グルテンに小麦粉などを混ぜて竹輪型に流し入れ、蒸したもの。関東地方では、おでん種として使用する。

パン粉
パンを粉状にしたもの。パンをほぐしてすぐ使う「生」は水分を30〜35％含み、パン粉本来の風味をもっている。半乾きできめの粗い「半生」はおもに業務用に用いられる。乾燥させた「乾燥」は水分10％強で、保存性が高い。おもにフライの衣やハンバーグのつなぎなどに利用する。粗目はボリュームを出し、細目は油ぎれがよい。

冷めん
小麦粉・片栗粉・食塩・水を練り合わせた生地を穴をあけた型に詰め、高い圧力で押し出してめん状にしたもの。こしが強い。

こめ[米]
米には、短粒で粘りけの多いジャポニカ種、長粒で粘りけが少ないインディカ種などがある。世界で栽培される米の約80％はインディカ種だが、日本で栽培されるのはジャポニカ種で、現在約300種が栽培されている。性質からはうるち米（米飯・みそ・酒などの原料）ともち米（もちや赤飯の材料）にわけられる（➡p.151コラム）。
●玄米
もみがらは除くが、胚芽とぬか層は残っているため薄いベージュ色をしている。
●半つき米、精白米
搗精（➡p.150）により、ぬか層をとる程度で半つき米、精白米などが得られる。精白米は、玄米と比べるとビタミンやミネラルがかなり少ない。玄米100から得られる精米の量を歩留まりという（➡p.150）。
●もち米
でん粉にアミロース（➡p.151）を含まないため強い粘りけがある。
●赤米
玄米の色が赤褐色で、ぬか層に赤色系色素カテコールタンニンを含む。

めし[飯]
米を炊いたもの。米の種類・新古の別に応じて水加減や時間を調節する。玄米めしは圧力釜を用いて炊くのが簡単であるが、普通の釜で炊く場合には、容量の約1.5倍の水加減で炊く。精白米は、容量の1.2倍の水加減で炊く。炊飯後の水分は約60〜65％、重量は原料米の2.1〜2.3倍となる。はいが精米はぬか層や混入物を完全に取り除いているので、水ですすぐ程度でよい。研ぐと胚芽部分が欠け、ビタミンB₁などの栄養素が抜けてしまう。精白米よりやや多めの水加減で、1時間以上水にひたしてから、ゆっくりと炊きあげ、蒸らす。

One Point　米の研ぎ方▶精米技術が発達したため、最近は米をさっと「洗う」だけでもよくなったが、もともと米は「研ぐ（とぐ）」という。米をつかむように、

ナトリウム mg 200	カリウム mg 200	カルシウム mg 200	リン mg 200	鉄 mg 2.0	亜鉛 mg 2.0	ビタミンA レチノール活性当量 µg 20	レチノール µg 20	β-カロテン当量 µg 200	ビタミンD µg 2.0	ビタミンE α-トコフェロール mg 2.0	ビタミンB₁ mg 0.20	ビタミンB₂ mg 0.20	葉酸 µg 20	ビタミンC mg 20	食塩相当量 g 1.0
510	91	13	77	0.8	0.6	(0)	(0)	0	(0)	0.3	0.15	0.11	20	(0)	1.3
1	3	8	31	0.5	0.2	(0)	(0)	(0)	(0)	Tr	0.01	0.02	4	(0)	0
350	110	25	97	1.1	0.7	Tr	(0)	3	(0)	0.3	0.11	0.02	40	(0)	0.9
460	150	33	130	1.4	0.9	Tr	(0)	4	(0)	0.4	0.15	0.03	54	(0)	1.2
530	59	11	57	0.3	0.2	(0)	(0)	(0)	—	0	0.04	Tr	4	(0)	1.3
1	230	9	290	2.1	1.8	Tr	(0)	1	(0)	1.2	0.41	0.04	27	(0)	0
1	150	7	210	1.5	1.6	(0)	(0)	(0)	(0)	0.8	0.30	0.03	18	(0)	0
1	89	5	95	0.8	1.4	(0)	(0)	0	(0)	0.1	0.08	0.02	12	(0)	0
Tr	97	5	100	0.2	1.5	(0)	(0)	(0)	(0)	(0.2)	0.12	0.02	(12)	(0)	0
2	290	12	350	1.2	2.4	0	—	3	0	1.5	0.38	0.05	30	—	0
1	95	7	130	0.6	0.8	(0)	(0)	0	(0)	0.5	0.16	0.02	10	(0)	0
1	29	3	34	0.1	0.6	(0)	(0)	0	(0)	Tr	0.02	0.01	3	(0)	0
1	51	5	68	0.2	0.7	(0)	(0)	(0)	(0)	0.4	0.08	0.01	6	(0)	0

リズミカルにキュッキュと研ぐ。また、ぬかの溶けた水を米が吸ってぬか臭くならないように、3カップなら2分程度で研ぎ終える。

- たんぱく質の青字の数値はアミノ酸組成によるたんぱく質
- 脂質の青字の数値は脂肪酸のトリアシルグリセロール当量
- 炭水化物の青字の数値は利用可能炭水化物（質量計）
- 食物繊維総量の黒字の数値はプロスキー変法、青字の数値はAOAC 2011.25法による分析

可食部100gあたり　Tr:微量　（ ）:推定値または推計値　ー:未測定

■ 廃棄率%　■ 水分g

品名	食品番号	廃棄率% / 水分g	エネルギー kcal (200)	たんぱく質 g (20.0)	脂質 g (20.0)	コレステロール mg (100)	炭水化物 g (20.0)	食物繊維総量 g (2.0)
かゆ・おもゆ [粥・重湯] Gruel ●全かゆ1杯=180g								
水稲全かゆ 精白米 01093		0 / (83.0)	65	(0.9) (1.1)	(0.1) (0.1)	(0)	(14.7) (15.7)	ー (0.1)
水稲五分かゆ 精白米 01097		0 / (91.5)	33	(0.4) (0.5)	(0.1) (0.1)	(0)	(7.4) (7.9)	ー (0.1)
水稲おもゆ 精白米 01101		0 / (95.0)	19	(0.2) (0.3)	(0) 0	(0)	(4.3) (4.7)	ー (Tr)
アルファ化米 Quick-cooking rice 一般用 01110		0 / 7.9	358	5.0 6.0	0.8 1.0	(0)	79.6 84.8	ー 1.2
おにぎり Rice ball ●1個=80g 01111		0 / 57.0	170	2.4 2.7	(0.3) 0.3	(0)	36.1 39.4	0.4
焼きおにぎり Baked rice ball ●1個=80g 01112		0 / 56.0	166	(2.7) 3.1	(0.3) 0.3	0	(36.9) 39.5	0.4
きりたんぽ Baked tube-shaped cooked rice ●1本=60g 01113		0 / 50.0	200	(2.8) 3.2	(0.4) 0.4	0	(41.9) 46.2	0.4
上新粉 Ordinary rice flour ●1C=130g 01114		0 / 14.0	343	5.4 6.2	(0.8) 0.9	(0)	75.9 78.5	0.6
米粉 Fine flour ●大1=9g 01158		0 / 11.1	356	5.1 6.0	0.6 0.7	(0)	74.3 81.9	0.6
米粉パン Rice bread ●1個=70g 小麦グルテン不使用のもの 01159		0 / 41.2	247	2.8 3.4	2.8 3.1	ー	50.8 51.3	0.9
ビーフン Rice noodles ●1袋=150g 01115		0 / 11.1	360	5.8 7.0	(1.5) 1.6	(0)	(72.7) 79.9	0.9
ライスペーパー Rice paper ●1枚=9g 01169		0 / 13.2	339	0.4 0.5	0.2 0.3	0	77.9 84.3	0.8
もち [餅] Rice cake ●1切=50g 01117		0 / 44.5	223	3.6 4.0	(0.5) 0.6	(0)	45.5 50.8	0.5

かゆ・おもゆ [粥・重湯] Gruel
白米をやわらかく煮たもの。普通にかゆといえば全かゆのことである。全かゆは米の体積の6倍の水で炊いたもので、水をほぼ全部吸って、はしにのる程度のかたさである。五分かゆは米の体積の12倍の水で炊き、水分が表面に少し残り、さらっとしている。おもゆ（重湯）は米の体積の17倍の水で炊いた三分かゆから粒を除いた上澄み液のこと。このほかに、8倍の水で炊いた七分かゆなどがある。味付けは、食塩を少量加える。1月7日の七草がゆ、1月15日のあずきがゆなど、行事食としても用いられる。

アルファ化米 Quick-cooking rice
飯を熱風で乾燥させたもので、水と熱を加えるとでん粉がα化し、消化しやすいご飯となる。非常食やアウトドア用途で利用。

おにぎり Rice ball
平安期の強飯（こわいい）を卵形に固めたつつみいいが、にぎりめしの原型である。中身には梅干し、塩ざけなどが用いられる。

焼きおにぎり Baked rice ball
おにぎりにしょうゆを塗って焼いたもの。しょうゆのほかに、みそを塗ったものもある。冷凍でも売られている。

きりたんぽ Baked tube-shaped cooked rice
うるち米を炊き、すりつぶしたものを杉の大串につけていろり火や炭火で焼いたもの。秋田県北部地方の郷土料理として有名。

上新粉 Ordinary rice flour
うるち米を粉にしたもので、小麦粉やじゃがいもでん粉に比べて粒子が大きく、吸水量が小さい。だんごなどの原料となる。

米粉 Fine flour
精白米を非常に細かく製粉した微細米粉のこと。小麦アレルギーの人用にパン・めんなどがつくられている。

米粉パン Rice bread
米粉を酵母で発酵させたパン。小麦粉や小麦グルテンを含まないため、もっちりとして、しっとりした特有の食感。

ビーフン Rice noodles
うるち米を粉にして水に浸け、圧力を加えて練り、熱湯中にめん状に押し出して、ゆでて乾燥させたもの。もどしてから使う。

ライスペーパー Rice paper
吸水させた米をすりつぶし、湯をわかした鍋の上に張った布の上に薄く広げて蒸し、乾燥させたもの。生春巻きの皮として利用。

もち [餅] Rice cake
もち米を水に浸せきして蒸し、粒がなくなり粘けが出るまでついたもの。慶事や祝事に多く用いられる。

One Point　ビーフンの仲間▶ビーフンは台湾・中国南部の常食で、中国語で米粉（ミーフェン）と発音する。ビーフンと同じ米粉のめんはほかの国にもた

ナトリウム mg	カリウム mg	カルシウム mg	リン mg	鉄 mg	亜鉛 mg	ビタミンA レチノール活性当量 µg	レチノール µg	β-カロテン当量 µg	ビタミンD µg	ビタミンE α-トコフェロール mg	ビタミンB₁ mg	ビタミンB₂ mg	葉酸 µg	ビタミンC mg	食塩相当量 g
200	200	200	200	2.0	2.0	20	20	200	2.0	2.0	0.20	0.20	20	20	1.0
(Tr)	(12)	(1)	(14)	(Tr)	(0.3)	(0)	(0)	0	(0)	(Tr)	(0.01)	(Tr)	(1)	(0)	0
(Tr)	(6)	(1)	(7)	(Tr)	(0.1)	(0)	(0)	0	(0)	(Tr)	(Tr)	(Tr)	(1)	(0)	0
(Tr)	(4)	(Tr)	(4)	(Tr)	(0.1)	(0)	(0)	(0)	(0)	(Tr)	(Tr)	(Tr)	(Tr)	(0)	0
5	37	7	71	0.1	1.6	(0)	(0)	0	(0)	0.1	0.04	Tr	7	(0)	0
200	31	3	37	0.1	0.6	(0)	(0)	0	(0)	Tr	0.02	0.01	3	0	0.5
380	56	5	46	0.2	0.7	(0)	(0)	0	(0)	Tr	0.03	0.02	5	0	1.0
1	36	4	43	0.1	0.7	(0)	(0)	0	(0)	Tr	0.03	0.01	4	0	0
2	89	5	96	0.8	1.0	(0)	(0)	(0)	(0)	0.2	0.09	0.02	12	(0)	0
1	45	6	62	0.1	1.5	(0)	(0)	(0)	—	0	0.03	0.01	9	(0)	0
340	92	4	46	0.2	0.9	—	—	—	—	0.5	0.05	0.03	30	—	0.9
2	33	14	59	0.7	0.6	(0)	(0)	(0)	(0)	0	0.06	0.02	4	(0)	0
670	22	21	12	1.2	0.1	0	0	0	0	0	0.01	0	3	0	1.7
0	32	3	22	0.1	0.9	(0)	(0)	0	(0)	Tr	0.03	0.01	4	(0)	0

穀類　いも・でん粉類　砂糖・甘味類　豆類　種実類　野菜類　果実類　きのこ類　藻類　魚介類

くさんあり、ベトナムのフォー、タイのクイティアオ、マレーシアのミーが有名だ。タイのクイティアオは形や太さで名前が変わる。

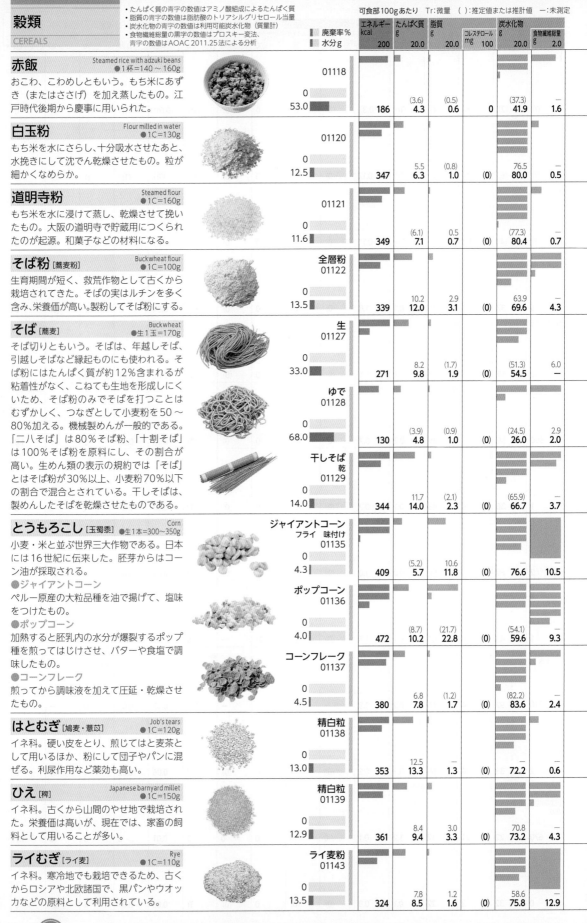

穀類
CEREALS

- たんぱく質の青字の数値はアミノ酸組成によるたんぱく質
- 脂質の青字の数値は脂肪酸のトリアシルグリセロール当量
- 炭水化物の青字の数値は利用可能炭水化物（質量計）
- 食物繊維総量の黒字の数値はプロスキー変法、青字の数値はAOAC 2011.25法による分析

■ 廃棄率%
■ 水分g

可食部100gあたり　Tr:微量　（ ）:推定値または推計値　ー:未測定

	エネルギー kcal 200	たんぱく質 g 20.0	脂質 g 20.0	コレステロール mg 100	炭水化物 g 20.0	食物繊維総量 g 2.0

赤飯 Steamed rice with adzuki beans ●1杯=140〜160g 01118
おこわ、こわめしともいう。もち米にあずき（またはささげ）を加え蒸したもの。江戸時代後期から慶事に用いられた。
廃棄率 0　水分 53.0

| | 186 | (3.6) 4.3 | (0.5) 0.6 | 0 | (37.3) 41.9 | ー 1.6 |

白玉粉 Flour milled in water ●1C=130g 01120
もち米を水にさらし、十分吸水させたあと、水挽きにして沈でん乾燥させたもの。粒が細かくなめらか。
廃棄率 0　水分 12.5

| | 347 | 5.5 6.3 | (0.8) 1.0 | (0) | 76.5 80.0 | ー 0.5 |

道明寺粉 Steamed flour ●1C=160g 01121
もち米を水に浸けて蒸し、乾燥させて挽いたもの。大阪の道明寺で貯蔵用につくられたのが起源。和菓子などの材料になる。
廃棄率 0　水分 11.6

| | 349 | (6.1) 7.1 | 0.5 0.7 | (0) | (77.3) 80.4 | ー 0.7 |

そば粉 [蕎麦粉] Buckwheat flour ●1C=100g 全層粉 01122
生育期間が短く、救荒作物として古くから栽培されてきた。そばの実はルチンを多く含み、栄養価が高い。製粉してそば粉にする。
廃棄率 0　水分 13.5

| | 339 | 10.2 12.0 | 2.9 3.1 | (0) | 63.9 69.6 | 4.3 |

そば [蕎麦] Buckwheat ●生1玉=170g 生 01127
そば切りともいう。そばは、年越しそば、引越しそばなど縁起ものにも使われる。そば粉にはたんぱく質が約12%含まれるが粘着性がなく、こねても生地を形成しにくいため、そば粉のみでそばを打つことはむずかしく、つなぎとして小麦粉を50〜80%加える。機械製めんが一般的である。「二八そば」は80%そば粉、「十割そば」は100%そば粉を原料にし、その割合が高い。生めん類の表示の規約では「そば」とはそば粉が30%以上、小麦粉70%以下の割合で混合とされている。干しそばは、製めんしたそばを乾燥させたものである。
廃棄率 0　水分 33.0

| | 271 | 8.2 9.8 | (1.7) 1.9 | (0) | (51.3) 54.5 | 6.0 ー |

ゆで 01128
廃棄率 0　水分 68.0

| | 130 | (3.9) 4.8 | (0.9) 1.0 | (0) | (24.5) 26.0 | 2.9 2.0 |

干しそば 乾 01129
廃棄率 0　水分 14.0

| | 344 | 11.7 14.0 | (2.1) 2.3 | (0) | (65.9) 66.7 | 3.7 |

とうもろこし [玉蜀黍] Corn ●生1本=300〜350g ジャイアントコーン フライ 味付け 01135
小麦・米と並ぶ世界三大作物である。日本には16世紀に伝来した。胚芽からはコーン油が採取される。
●ジャイアントコーン
ペルー原産の大粒品種を油で揚げて、塩味をつけたもの。
廃棄率 0　水分 4.3

| | 409 | (5.2) 5.7 | 10.6 11.8 | (0) | 76.6 | 10.5 |

●ポップコーン
加熱すると胚乳内の水分が爆裂するポップ種を煎ってはじけさせ、バターや食塩で調味したもの。
ポップコーン 01136
廃棄率 0　水分 4.0

| | 472 | (8.7) 10.2 | (21.7) 22.8 | (0) | (54.1) 59.6 | 9.3 |

●コーンフレーク
煎ってから調味液を加えて圧延・乾燥させたもの。
コーンフレーク 01137
廃棄率 0　水分 4.5

| | 380 | 6.8 7.8 | (1.2) 1.7 | (0) | (82.2) 83.6 | 2.4 |

はとむぎ [鳩麦・薏苡] Job's tears ●1C=120g 精白粒 01138
イネ科。硬い皮をとり、煎じてはと麦茶として用いるほか、粉にして団子やパンに混ぜる。利尿作用など薬効も高い。
廃棄率 0　水分 13.0

| | 353 | 12.5 13.3 | ー 1.3 | (0) | 72.2 | 0.6 |

ひえ [稗] Japanese barnyard millet ●1C=150g 精白粒 01139
イネ科。古くから山間のやせ地で栽培された。栄養価は高いが、現在では、家畜の飼料として用いることが多い。
廃棄率 0　水分 12.9

| | 361 | 8.4 9.4 | 3.0 3.3 | (0) | 70.8 73.2 | 4.3 |

ライむぎ [ライ麦] Rye ●1C=110g ライ麦粉 01143
イネ科。寒冷地でも栽培できるため、古くからロシアや北欧諸国で、黒パンやウオッカなどの原料として利用されている。
廃棄率 0　水分 13.5

| | 324 | 7.8 8.5 | 1.2 1.6 | (0) | 58.6 75.8 | ー 12.9 |

One Point　コーンフレークをつくったのは誰？▶アメリカの研究者ケロッグ兄弟が1894年に開発した。健康食品の研究中に、放置していて水分を含んでし

ナトリウム mg 200	カリウム mg 200	カルシウム mg 200	リン mg 200	鉄 mg 2.0	亜鉛 mg 2.0	ビタミンA レチノール活性当量 μg 20	レチノール μg 20	β-カロテン当量 μg 200	ビタミンD μg 2.0	ビタミンE α-トコフェロール mg 2.0	ビタミンB₁ mg 0.20	ビタミンB₂ mg 0.20	葉酸 μg 20	ビタミンC mg 20	食塩相当量 g 1.0
0	71	6	34	0.4	0.9	0	(0)	1	(0)	Tr	0.05	0.01	9	0	0
2	3	5	45	1.1	1.2	(0)	(0)	(0)	(0)	0	0.03	0.01	14	(0)	0
4	45	6	41	0.4	1.5	(0)	(0)	0	(0)	Tr	0.04		6	(0)	0
2	410	17	400	2.8	2.4	(0)	(0)	(0)	(0)	0.2	0.46	0.11	51	(0)	0
1	160	18	170	1.4	1.0	(0)	(0)	(0)	(0)	0.2	0.19	0.09	19	(0)	0
2	34	9	80	0.8	0.4	(0)	(0)	(0)	(0)	0.1	0.05	0.02	8	(0)	0
850	260	24	230	2.6	1.5	(0)	(0)	(0)	(0)	0.3	0.37	0.08	25	(0)	2.2
430	110	8	180	1.3	1.6	(0)	(0)	0	(0)	1.4	0.08	0.02	12	(0)	1.1
570	300	7	290	4.3	2.4	15	(0)	180	(0)	3.0	0.13	0.08	22	(0)	1.4
830	95	1	45	0.9	0.2	10	(0)	120	(0)	0.3	0.03	0.02	6	(0)	2.1
1	85	6	20	0.4	0.4	(0)	(0)	0	(0)	0	0.02	0.05	16	(0)	0
6	240	7	280	1.6	2.2	(0)	(0)	(0)	(0)	0.1	0.25	0.02	14	0	Tr
1	140	25	140	1.5	0.7	(0)	(0)	(0)	(0)	0.7	0.15	0.07	34	(0)	0

まった小麦粉を伸ばして焼いたところおいしかったため、改良して商品化した。日本では1963年に発売。

いも類

POTATOES

さといも畑

いも類は、地下茎または根の一部が肥大して塊茎または塊根となり、その部分に多量のでん粉やその他の多糖類が蓄えられたものである。

選び方・保存のしかた

●さつまいも
●太く、表皮が鮮やかで光沢のあるものがよい。
●8℃以下で低温障害（表面に黒い斑点が出る）を起こすので、直射日光の当たらない室内で保存する。水気に注意し、新聞紙などに包んでおく。

●じゃがいも
●皮にしわがなく、色が一定しているものがよい。特に冷蔵保存の必要はない。風通しのよい室内で保存する。芽や、日光が当たって緑色になった部分に生じる「ソラニン」という有害物質に注意する。

●さといも
●丸く太ったものがよい。皮が茶褐色で、適度に湿り気のあるものを選ぶ。泥つきの方がよい。
●新聞紙に包み、室温で保存する。

●やまのいも
●いちょういもは切り口が白く、長いもは皮が茶色がかったものがよい。
●泥つきのものは新聞紙に包み、室内で保存する。使いかけのものはラップで包み、冷蔵保存する。

●こんにゃく
●適当な弾力があるものがよい。
●袋入りの場合、開封せずに中の水に浸しておく。

さつまいもの収穫

じゃがいもの収穫

- たんぱく質の青字の数値はアミノ酸組成によるたんぱく質
- 脂質の青字の数値は脂肪酸のトリアシルグリセロール当量
- 炭水化物の青字の数値は利用可能炭水化物（質量計）
- 食物繊維総量の黒字の数値はプロスキー変法、青字の数値はAOAC 2011.25法による分析

■ 廃棄率%
■ 水分g

可食部100gあたり　Tr:微量　（ ）:推定値または推計値　ー:未測定

	エネルギー kcal 200	たんぱく質 g 20.0	脂質 g 20.0	コレステロール mg 100	炭水化物 g 20.0	食物繊維総量 g 2.0
アメリカほどいも [亜米利加塊芋] Groundnut(Apios) ●1個=5〜20g マメ科。肥大した根茎を食用にする。皮つきのまま調理し、そのまま食べることができる。北アメリカで古くから食用とされた。 塊根 生 02068 廃棄率 20 / 水分 56.5	146	3.5 / 5.9	0.2 / 0.6	—	30.5 / 35.6	11.1 / —
こんにゃく [蒟蒻] Konjac ●板こんにゃく1枚=170〜200g こんにゃくいもを乾燥させ、粉末にして水を加えて糊状にしたのち、水酸化カルシウムを加えて凝固させたもの。ひも状に絞り出して固めたものがしらたき（糸こんにゃく）である。それ自体には味がなく、煮物・田楽・酢みそなどで食べる。食物繊維が豊富で低カロリー。昔から「こんにゃくは体の砂払い」などといわれてきた。 板こんにゃく 精粉こんにゃく 02003 廃棄率 0 / 水分 97.3	5	0.1	Tr	(0)	2.3	2.2
しらたき 02005 廃棄率 0 / 水分 96.5	7	0.2	Tr	(0)	3.0	2.9
さつまいも [薩摩芋] Sweet potato ●中1本=200〜250g かんしょ（甘藷）、琉球いも、唐いもなど異名は多い。いも類の中で唯一甘味をもつ。アミラーゼを多く含み、30〜60℃近くまでゆっくり加熱すると、そのあいだに糖化が進み、甘味が増す。繊維が多く、ビタミンB1やB2、特にビタミンCが多く含まれる。食用のほかのおもな用途は、でん粉用、飼料用である。 塊根 皮なし 生 02006 廃棄率 9 / 水分 65.6	126	1.0 / 1.2	0.1 / 0.2	(0)	28.3 / 31.9	2.2
塊根 皮なし 焼き 02008 廃棄率 10 / 水分 58.1	151	1.2 / 1.4	(0.1) / 0.2	(0)	34.4 / 39.0	3.5
さといも [里芋] Taro ●中1個=50〜60g 山のいもに対して、里で栽培されたためにこう呼ばれる。株の中心にある親いもから出る脇いも（子いも）をさといもという。主成分は糖質（でん粉）。微量のシュウ酸塩が含まれ、直接皮膚に触れると皮膚が刺激されてかゆくなる。特有のぬめりは1%程度の食塩に溶けるので、煮る前に塩もみをするか、ゆでて水洗いするとよい。 球茎 生 02010 廃棄率 15 / 水分 84.1	53	1.2 / 1.5	0.1 / 0.1	(0)	10.3 / 13.1	2.3
球茎 冷凍 02012 廃棄率 0 / 水分 80.9	69	1.8 / 2.2	0.1 / 0.1	(0)	12.5 / 16.1	2.0

One Point さつまいもを食べるとおならが出るのはなぜ？▶さつまいもは食物繊維が多く、でん粉の粒子が大きいため小腸で消化しきれずに大腸まで送ら

穀類
いも・でん粉類
砂糖・甘味類
豆類
種実類
野菜類
果実類
きのこ類
藻類
魚介類

でん粉類

SATARCHES

でん粉は、植物の光合成により、根・茎・種実などに蓄えられた多糖類を乾燥させた無味・無臭の白色の粉末である。原料植物により粒子の形や大きさが異なる。水に溶けず、生のままでは消化しにくいので、水を加えて加熱し、糊化させてから食用にする。生の状態のものをβでん粉、糊化させたものをαでん粉という。製菓用・料理用として用いられるほか、水産練り製品の結着剤・織物や紙の糊などにも広く用いられている。

キャッサバの収穫

じゃがいもとさつまいもの伝播

日本へは慶長年間（1596～1615）に、オランダ人によってジャカトラ港（ジャカルタ）から船に積み込まれ、伝わった。ジャカトラから来たのでジャガタラいもと呼ばれ、のちにじゃがいもとなった。

北海道へは寛永年間（1789～1801）にロシアからサハリン経由で伝わった。明治初期には、計画栽培が始まった。

15世紀にコロンブスによってヨーロッパに伝えられた。

冷涼な気候になじまず、あまり普及しなかった。16世紀末に中国へ

16世紀後半にスペイン人によってヨーロッパへ伝えられた。

さつまいも

じゃがいも

中米から南米のアンデス山地原産。ヨーロッパへ伝えられた当初は観賞用で、食用としては普及しなかった。

メキシコ、グアテマラが原産。紀元前3000年以前に作物とされていた。紀元前2000年頃には南アメリカへ伝わった。

日本へは、琉球の野國総管が慶長10（1605）年に中国福建省から持ち帰り、琉球で栽培された。その後、琉球→種子島→薩摩へ伝えられた。江戸では「さつまいも」、薩摩では「琉球いも」、琉球では「唐いも」と呼ばれたのは、伝播経路の表れ。

グラフ1本分の相当量

ナトリウム mg	カリウム mg	カルシウム mg	リン mg	鉄 mg	亜鉛 mg	ビタミンA レチノール活性当量 µg	レチノール µg	β-カロテン当量 µg	ビタミンD µg	ビタミンE α-トコフェロール mg	ビタミンB₁ mg	ビタミンB₂ mg	葉酸 µg	ビタミンC mg	食塩相当量 g
200	200	200	200	2.0	2.0	20	20	200	2.0	2.0	0.20	0.20	20	20	1.0
5	650	73	120	1.1	0.6	0	—	3	—	0.8	0.12	0.03	47	15	0
10	33	43	5	0.4	0.1	(0)	(0)	(0)	(0)	0	(0)	(0)	1	(0)	0
10	12	75	10	0.5	0.1	(0)	(0)	(0)	(0)	0	(0)	(0)	0	(0)	0
11	480	36	47	0.6	0.2	2	(0)	28	(0)	1.5	0.11	0.04	49	29	0
13	540	34	55	0.7	0.2	1	(0)	6	(0)	1.3	0.12	0.06	47	23	0
Tr	640	10	55	0.5	0.3	Tr	(0)	5	(0)	0.6	0.07	0.02	30	6	0
3	340	20	53	0.6	0.4	Tr	(0)	5	(0)	0.7	0.07	0.01	22	5	0

れ、腸内細菌によって分解されるときに炭酸ガスが発生し、おならの元となる。さつまいもを食べて出るおならは、ほとんどにおいがない。

いも・でん粉類
POTATOES & SATARCHES

・たんぱく質の青字の数値はアミノ酸組成によるたんぱく質
・脂質の青字の数値は脂肪酸のトリアシルグリセロール当量
・炭水化物の青字の数値は利用可能炭水化物（質量計）
・食物繊維総量の黒字の数値はプロスキー変法、青字の数値はAOAC 2011.25法による分析

廃棄率%　水分g

可食部100gあたり　Tr:微量　（ ）:推定値または推計値　ー:未測定

食品名	番号	廃棄率% / 水分g	エネルギー kcal (200)	たんぱく質 g (20.0)	脂質 g (20.0)	コレステロール mg (100)	炭水化物 g (20.0)	食物繊維総量 g (2.0)
じゃがいも [馬鈴薯] Potatoes 塊茎 皮なし 生	02017	10 / 79.8	59	1.3 / 1.8	Tr / 0.1	(0)	15.5 / 17.3	8.9 / 1.2
塊茎 皮なし フライドポテト	02020	0 / 52.9	229	(2.3) / 2.9	(10.3) / 10.6	Tr	(25.0) / 32.4	3.1
乾燥マッシュポテト	02021	0 / 7.5	347	5.3 / 6.6	0.5 / 0.6	(0)	67.1 / 82.8	6.6
やまのいも類 [薯蕷] Yam いちょういも 塊根 生	02022	15 / 71.1	108	3.1 / 4.5	0.3 / 0.5	(0)	21.5 / 22.6	1.4
ながいも 塊根 生	02023	10 / 82.6	64	1.5 / 2.2	0.1 / 0.3	(0)	12.9 / 13.9	1.0
やまといも 塊根 生	02025	10 / 66.7	119	2.9 / 4.5	0.1 / 0.2	(0)	24.5 / 27.1	2.5
でん粉類 [澱粉] Starch くずでん粉	02029	0 / 13.9	356	0.2	—	—	(85.6) / 85.6	—
じゃがいもでん粉	02034	0 / 18.0	338	0.1	0.1	(0)	(81.6) / 81.6	—
とうもろこしでん粉	02035	0 / 12.8	363	— / 0.1	(0.7) / 0.7	(0)	(86.3) / 86.3	—
くずきり [葛切り] Kudzu starch noodles 乾	02036	0 / 11.8	341	0.2	0.2	(0)	81.5 / 87.7	0.9
ごま豆腐 Goma-dofu	02056	0 / 84.8	75	(1.5) / 1.5	(3.5) / 4.3	0	(7.2) / 9.1	1.0
タピオカパール Tapioca pearls 乾	02038	0 / 11.9	352	0	0.2	(0)	87.8	0.5
はるさめ [春雨] Thin starch noodles 緑豆はるさめ 乾	02039	0 / 11.8	344	0.2	0.4	—	80.4 / 87.5	4.1

じゃがいも [馬鈴薯] ●中1個=150～200g
男しゃく・メークインは明治時代に海外から導入された品種である。ビタミンB₁・Cが多く、熱を加えて調理しても損失が少ないという特徴がある。糖質の大部分はでん粉であり、繊維は少ない。加工用としてはでん粉原料に大量に使われる。ソラニンという毒成分が多い発芽部や緑色部皮層は取り除いて使用する。
●フライドポテト
じゃがいもを細切りにし、油で揚げたもの。
●乾燥マッシュポテト
蒸したじゃがいもをローラーで押しつぶしながら、急速乾燥・粉砕したもの。

やまのいも類 [薯蕷] ●ながいも1本=700g
栽培種のいちょういもおよび野生種のながいも、やまといもがある。粘りが強い。アミラーゼを含み、生食してもでん粉はよく消化される。すりおろして、またはとろろ汁として食べるのが一般的。
●いちょういも
いちょう形をしている。粘りが強い。
●ながいも
粘質物が少なく、とろろ汁・酢の物・煮物に用いられる。和菓子の原料には向かない。
●やまといも
粘質物が多く濃厚な味わいである。産地は関西地方に多い。丹波いも、伊勢いもなど。

丹波いも

でん粉類 [澱粉] ●じゃがいもでん粉1C=130g
植物がたくわえたでん粉を取り出し、乾燥させた無味・無臭の白色の粉末。料理に粘性を与えたり、揚げ物の衣にする。
●くずでん粉
マメ科のくずの根から取れる。生産量は少ないが質がよく高級菓子や料理に使われる。
●じゃがいもでん粉
不純物が少なく、水産練り製品や菓子に使われる。本来かたくり（ユリ科の植物）の地下茎からつくられるかたくり粉の代用。
●とうもろこしでん粉
吸湿性が低く、粘性が強いが、老化が早い。コーンスターチ。

くずきり [葛切り]
くずでん粉（くず粉）をめん状にして乾燥したもの。しかし現在は、じゃがいもでん粉を利用したものが多い。

ごま豆腐
ごまを香ばしく煎ってペースト状につぶし、くず粉と水を加えてこげないようによく練りながら加熱した後、冷やし固めたもの。

タピオカパール
キャッサバの塊根から取ったでん粉を成形・加熱処理したもの。もちもちした舌触りから、デザートなどに用いられる。

はるさめ [春雨]
緑豆はるさめは、緑豆のでん粉からつくったもので、中国産が多い。普通はるさめはじゃがいもやさつまいもでん粉が原料。

じゃがいもを広めた大王▶ドイツ料理ではじゃがいもがよく使われるが、ドイツで広めたのはフリードリヒ2世。1772年の冷害による大飢饉（だ

ナトリウム mg 200	カリウム mg 200	カルシウム mg 200	リン mg 200	鉄 mg 2.0	亜鉛 mg 2.0	ビタミンA レチノール活性当量 µg 20	レチノール µg 20	β-カロテン当量 µg 200	ビタミンD µg 2.0	ビタミンE α-トコフェロール mg 2.0	ビタミンB₁ mg 0.20	ビタミンB₂ mg 0.20	葉酸 µg 20	ビタミンC mg 20	食塩相当量 g 1.0
1	410	4	47	0.4	0.2	0	(0)	3	(0)	Tr	0.09	0.03	20	28	0
2	660	4	48	0.8	0.4	(0)	(0)	Tr	(0)	1.5	0.12	0.06	35	40	0
75	1200	24	150	3.1	0.9	(0)	(0)	0	(0)	0.2	0.25	0.05	100	5	0.2
5	590	12	65	0.6	0.4	Tr	(0)	5	(0)	0.3	0.15	0.05	13	7	0
3	430	17	27	0.4	0.3	(0)	(0)	Tr	(0)	0.2	0.10	0.02	8	6	0
12	590	16	72	0.5	0.6	1	(0)	6	(0)	0.2	0.13	0.02	6	5	0
2	2	18	12	2.0	Tr	(0)	(0)	(0)	(0)	—	(0)	(0)	(0)	(0)	0
2	34	10	40	0.6	Tr	0	0	0	(0)	—	0	0	(0)	0	0
1	5	3	13	0.3	0.1	0	0	0	(0)	—	0	0	(0)	0	0
4	3	19	18	1.4	0.1	(0)	(0)	(0)	(0)	—	(0)	(0)	(0)	(0)	0
Tr	32	6	69	0.6	0.4	0	0	0	0	0	0.10	0.01	6	0	0
5	12	24	8	0.5	0.1	(0)	(0)	(0)	(0)	(0)	(0)	(0)	(0)	(0)	0
14	13	20	10	0.5	0.1	(0)	(0)	(0)	(0)	(0)	(0)	(0)	(0)	(0)	0

いききん）のときに国民の前でじゃがいもを食べて見せ、奨励したおかげで盛んに栽培されるようになり、200以上のじゃがいも料理が生まれた。

砂糖類

SUGARS

はちみつと巣枠

砂糖はエネルギー源・甘味料として使われ、かんしょ、てんさいを原料とする。主成分はしょ糖で、そのほかに転化糖・ミネラル・水分を含む。

●かんしょ（甘蔗）
さとうきび。日本では、沖縄・鹿児島など暖かい地方が産地である。

●てんさい（甜菜）
さとうだいこん。ビート。一般に寒地で栽培される。日本では北海道が産地である。

保存のしかた

湿度が高いと、べとついたり変質しやすいので、ふたのしまる容器に入れ、湿度の低いところに保存する。

性質

●脱水性
糖類全体が脱水性に富む。なかでも果糖が最も強い。

●でん粉の老化防止
砂糖の親水性により、砂糖とでん粉が共存すると、砂糖が水分をうばうので、αでん粉はβでん粉になりにくい。例：糖分の多い練りようかんは老化しにくい。

●防腐性
砂糖濃度が高くなるほど、水分含量は少なくなるので、細菌などが繁殖しにくい。例：ジャム。

●酸化防止
濃厚な砂糖液には酸素が溶けにくいので、脂肪が共存してもこれを酸化することはない。例：ケーキなどのクリーム。

●ゼリー形成
ペクチン分子から水分をうばい、ゼリーの網目構造をささえる。

●発酵性
イースト菌は糖を分解・発酵させて炭酸ガスとアルコールをつくり、パンをふくらませる。

●着色作用
加熱することでカラメル色に着色させる。

- たんぱく質の青字の数値はアミノ酸組成によるたんぱく質
- 脂質の青字の数値は脂肪酸のトリアシルグリセロール当量
- 炭水化物の青字の数値は利用可能炭水化物（質量計）
- 食物繊維総量の黒字の数値はプロスキー変法、青字の数値はAOAC 2011.25法による分析

可食部100gあたり　Tr：微量　（　）：推定値または推計値　－：未測定

		廃棄率 %／水分 g	エネルギー kcal 200	たんぱく質 g 20.0	脂質 g 20.0	コレステロール mg 100	炭水化物 g 20.0	食物繊維総量 g 2.0
砂糖類 甘味料の代表で、調理・加工用に最も広く利用される。濃厚な砂糖液には防腐性があり、食品の貯蔵にも利用される。栄養的には有力なエネルギー源である。 ●黒砂糖 特有の風味で、かりんとうなどに使う。カルシウムが多いのは石灰を添加するため。 ●車糖 一般家庭で用いられる白砂糖は車糖（上白）で、転化糖（ぶどう糖と果糖の混合物）が添加されており、水に溶けやすい。三温糖は黄褐色で甘味が強く、濃厚な味である。 ●ざらめ糖 グラニュー糖は、ざらめ糖（転化糖をあまり含まないため湿気を吸いにくい砂糖）の一種。溶けやすく淡白なので、製菓・喫茶に適している。角砂糖はグラニュー糖を原料として成形し、熱風で乾燥させたもの。	砂糖類 Sugars ●黒砂糖大1＝15g 車糖大1＝9g **黒砂糖** 03001	0 / 4.4	352	0.7 1.7	Tr	(0)	88.9 90.3	－
	車糖 上白糖 03003	0 / 0.7	391	(0)	(0)	(0)	99.3 99.3	－
	車糖 三温糖 03004	0 / 0.9	390	Tr	(0)	(0)	99.0 99.0	－
	ざらめ糖 グラニュー糖 03005	0 / Tr	394	(0)	(0)	(0)	(99.9) 100	－
黒蜜　Brown sugar syrup ●大1＝18g さとうきびのしぼり汁を煮詰めた、黒または茶褐色の液体。あるいは、水で溶いた黒砂糖を煮詰めたもの。	03029	0 / 46.5	199	1.0	0	0	(49.7) 50.5	0
はちみつ［蜂蜜］　Honey ●大1＝21g 主成分はぶどう糖と果糖。採蜜の花により栄養成分、色、香りが異なる。乳児ボツリヌス症の恐れがあるため乳児には与えない。	03022	0 / 17.6	329	(0.2) 0.3	Tr	(0)	75.2 81.9	－
メープルシロップ　Maple syrup ●大1＝21g さとうかえで（砂糖楓）の樹液を煮詰めてシロップ状にしたもので、独特の香りがある。カナダやアメリカ北部が主産地。	03023	0 / 33.0	266	0.1	0	(0)	66.3	－

One Point　砂糖の上手な保存法▶砂糖を保存して、ついうっかりすると湿気を吸ってカチンカチンにかたまってしまう。こうならないように、顆粒糖（ヨー

砂糖の分類

甘味類

SWEETENERS

甘味類とは、砂糖以外に食用・食品加工用に用いられる甘味食品である。天然甘味料と人工甘味料からなる。天然甘味料には、砂糖以外に、果糖・ぶどう糖などがある。人工甘味料は化学的に合成され、糖尿病・虫歯・肥満などの防止目的で、多くの種類が使用されている。

いろいろな甘味料

種類	特徴
果糖	糖類の中で最も甘味が強く、砂糖の1.3〜1.7倍の甘味がある。
ぶどう糖	おもにさつまいもでん粉によりつくられる。砂糖の70％くらいの甘味がある。
メープルシロップ	さとうかえでの樹液からつくられ、かえで糖ともいわれる。独特な風味があり、ホットケーキ用シロップなどに用いられる。
水あめ	でん粉を原料とする。あめ・つくだ煮などに用いられる。

新しい甘味料　＊砂糖1に対する割合

	種類	甘味度＊	特徴
糖質甘味料	ソルビトール	0.5〜0.7	さわやかな清涼感ある甘味。虫歯になりにくい。食品添加物。
	パラチノース	0.4	砂糖に似たまろやかな甘味。虫歯になりにくい。
	カップリングシュガー	0.5〜0.6	あっさりした味。虫歯になりにくい。
	フラクトオリゴ糖	0.5〜0.6	砂糖に似た淡い甘味。虫歯になりにくい。ビフィズス菌増殖因子。
天然甘味料 非糖質甘味料	ステビア	100〜400	キク科のステビアの茎から抽出。さわやかな甘味。虫歯にならない。
	グリチルリチン	170〜250	マメ科の甘草の根より抽出。高甘味度。虫歯にならない。
合成甘味料	アスパルテーム	180〜200	高甘味度。さわやかな甘味。食品添加物。

グラフ1本分の相当量→

	ナトリウム mg 200	カリウム mg 200	カルシウム mg 200	リン mg 200	鉄 mg 2.0	亜鉛 mg 2.0	ビタミンA レチノール活性当量 µg 20	レチノール µg 20	β-カロテン当量 µg 200	ビタミンD µg 2.0	ビタミンE α-トコフェロール mg 2.0	ビタミンB₁ mg 0.20	ビタミンB₂ mg 0.20	葉酸 µg 20	ビタミンC mg 20	食塩相当量 g 1.0
	27	1100	240	31	4.7	0.5	1	(0)	13	(0)	(0)	0.05	0.07	10	(0)	0.1
	1	2	1	Tr	Tr	0	(0)	(0)	(0)	(0)	(0)	(0)	(0)	(0)	(0)	0
	7	13	6	Tr	0.1	Tr	(0)	(0)	(0)	(0)	(0)	Tr	0.01	(0)	(0)	0
	Tr	Tr	Tr	(0)	Tr	Tr	(0)	(0)	(0)	(0)	(0)	(0)	(0)	(0)	(0)	0
	15	620	140	17	2.6	0.3	0	0	0	0	0	0.03	0.04	6	0	0
	2	65	4	5	0.2	0.1	0	(0)	1	(0)	0	Tr	0.01	7	0	0
	1	230	75	1	0.4	1.5	(0)	(0)	(0)	(0)	(0)	Tr	0.02	1	(0)	0

豆類

PULSES

あずきの実り

豆類は、古くから世界各地で栽培されている。その種子を食用とするが、栽培がしやすく貯蔵性に富んでいることから、重要な食料である。

選び方・保存のしかた

●あずき
●収穫年次の新しいものを選ぶ。よく乾燥し、皮が薄く色つやのよい、粒のそろったものを選ぶ。使うとき、水に浮き上がるものは取り除く。
●缶などに入れて、湿気のない場所に保存する。
●いんげんまめ
●よく乾燥して、ふっくらして粒がそろったものがよい。虫食いや形のくずれたものは除く。
●缶などに入れて、湿気のない場所に保存する。古くなるとかたくなるので、1年以内に使い切る。
●そらまめ
●さやがきれいな緑色をしており、さやの外から見て、豆の形がそろっているものがよい。筋の部分が茶色に変色しているものは避ける。
●さやつきはそのまま新聞紙に包んで保存するが、3日以内に使うようにする。さやつきでないものは、すぐかたくなるので、早くゆでてポリ袋に入れ、冷蔵する。

●だいず
●つやがあり、粒がそろい、皮に張りのあるものを選ぶ。虫の食っているもの、皮が破れているもの、しわのあるものは避ける。
●光を遮断し、虫などが入らないよう缶などに入れる。
[だいずの加工品]
●豆腐
●傷みやすいので、製造年月日の新しいものを選ぶ。色が白くくずれていないものがよい。
●水に浸け冷蔵庫で保存する。1〜2日で使い切る。
●油揚げ類（生揚げ・油揚げ・がんもどき）
●張りとつやのあるものがよい。時間がたつと酸化し、味・香りとも悪くなるので、早く使い切る。
●乾燥しないように、ラップにくるんで冷蔵する。
●納豆
●粒の形がそろっており、表面に白色の粘着物がよく出ているものがよい。
●冷蔵庫で保存するが、アンモニア臭のあるものは避ける。

- たんぱく質の青字の数値はアミノ酸組成によるたんぱく質
- 脂質の青字の数値は脂肪酸のトリアシルグリセロール当量
- 炭水化物の青字の数値は利用可能炭水化物（質量計）
- 食物繊維総量の黒字の数値はプロスキー変法、青字の数値はAOAC 2011.25法による分析

可食部100gあたり　Tr:微量　（）:推定値または推計値　ー:未測定

廃棄率%
水分 g

		エネルギー kcal 200	たんぱく質 g 20.0	脂質 g 20.0	コレステロール mg 100	炭水化物 g 20.0	食物繊維総量 g 2.0

あずき [小豆]　乾1C=150g　あん1C=170g　Adzuki beans

全国各地で栽培されるが、北海道・東北地方が主産地である。代表的な品種として、大納言、金時などがある。主成分は炭水化物で脂質は少ない。特殊な成分として、煮ると出る泡にはサポニンが含まれ、血中コレステロールを下げる効果がある。赤飯・あん・菓子などに用いられる。

●ゆで小豆缶詰
ゆでたあずきに砂糖や食塩を加えたもの。
●こしあん
煮たあずきをこして皮を取り除いたもの。これに砂糖を加えて練ったものを練りあんという。
●つぶしあん
あずきを煮つぶして砂糖を加え、練り上げたもの。また粒あんは、あずきの皮がつぶれないように煮て、砂糖を加えて粒をこわさずに煮上げたもの。

いんげんまめ [隠元豆]　乾1C=150g　Kidney beans

日本には、17世紀に中国を経由して隠元（いんげん）禅師によってもたらされた。豆の形は長円形や腎臓形などで、白、茶色、紅色、縞模様などさまざまな色がある。菜豆、さんど豆ともいい、大福豆、白いんげん、金時豆、とら豆など多種がある。煮豆・あん・菓子・甘納豆などに用いられる。うずら豆は煮豆のことをさす。

ささげ [豇豆、大角豆]　乾1C=150g　Cowpeas

未熟なものはさやごと煮物などに利用するほか熟した豆を煮豆やあんに用いる。煮ても腹が切れないため赤飯にも用いられる。

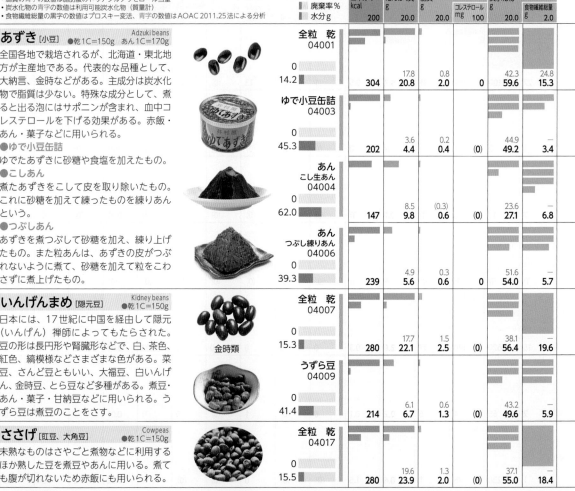

品名	コード	エネルギー kcal	たんぱく質 g	脂質 g	コレステロール mg	炭水化物 g	食物繊維総量 g	廃棄率%	水分 g
全粒 乾	04001	304	17.8 / 20.8	0.8 / 2.0	0	42.3 / 59.6	24.8 / 15.3	0	14.2
ゆで小豆缶詰	04003	202	3.6 / 4.4	0.2 / 0.4	(0)	44.9 / 49.2	3.4	0	45.3
あん こし生あん	04004	147	8.5 / 9.8	(0.3) / 0.6	(0)	23.6 / 27.1	6.8	0	62.0
あん つぶし練りあん	04006	239	4.9 / 5.6	0.3 / 0.3	(0)	51.6 / 54.0	5.7	0	39.3
全粒 乾（金時類）	04007	280	17.7 / 22.1	1.5 / 2.5	(0)	38.1 / 56.4	19.6	0	15.3
うずら豆	04009	214	6.1 / 6.7	0.6 / 1.3	(0)	43.2 / 49.6	5.9	0	41.4
全粒 乾	04017	280	19.6 / 23.9	1.3 / 2.0	(0)	37.1 / 55.0	18.4	0	15.5

One Point　あずきの色の秘密▶あずきの色素は老化防止や血圧抑制効果、また血液をサラサラにするはたらきがあるといわれるアントシアニンがおもな成

色で覚える豆の栄養学

●赤●
不溶性食物繊維を多く含む。便秘や肌荒れの解消や利尿作用もある。

大正金時

●黄●
黄色の豆の代表格だいずはたんぱく質が多い。 ほかに、サポニン、レシチンを含む。

黄だいず

●緑●
未成熟な豆は、成熟した豆に比べ栄養価は劣るが、β－カロテンやビタミンCが多く、免疫力強化の効果。

グリンピース

●黒●
漢方では、黒豆には解毒作用があるとされ、腎臓のはたらきを高めるのに効果があるといわれる。

黒だいず

だいず加工のプロセス

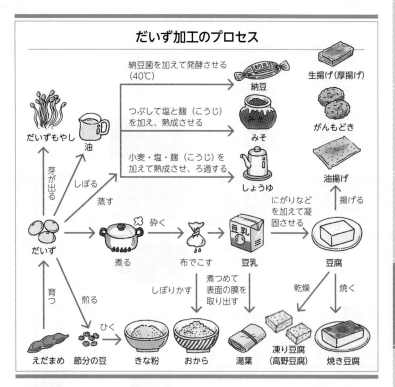

納豆菌を加えて発酵させる（40℃）→ 納豆
つぶして塩と麹（こうじ）を加え、熟成させる → みそ
小麦・塩・麹（こうじ）を加えて熟成させ、ろ過する → しょうゆ

だいずもやし ← 芽が出る ← だいず → しぼる → 油（蒸す）
だいず → 育つ ← えだまめ
だいず → 煎る → 節分の豆
だいず → 煮る → 砕く → 布でこす → 豆乳 → にがりなどを加えて凝固させる → 豆腐
豆乳 → 煮つめて表面の膜を取り出す → 湯葉
豆腐 → 揚げる → 生揚げ（厚揚げ）/ がんもどき / 油揚げ
豆腐 → 乾燥 → 凍り豆腐（高野豆腐）
豆腐 → 焼く → 焼き豆腐
しぼりかす → おから
ひく → きな粉

グラフ1本分の相当量

	ナトリウム mg 200	カリウム mg 200	カルシウム mg 200	リン mg 200	鉄 mg 2.0	亜鉛 mg 2.0	ビタミンA レチノール活性当量 μg 20	ビタミンA レチノール μg 20	ビタミンA β-カロテン当量 μg 200	ビタミンD μg 2.0	ビタミンE α-トコフェロール mg 2.0	ビタミンB₁ mg 0.20	ビタミンB₂ mg 0.20	葉酸 μg 20	ビタミンC mg 20	食塩相当量 g 1.0
	1	1300	70	350	5.5	2.4	1	(0)	9	(0)	0.1	0.46	0.16	130	2	0
	90	160	13	80	1.3	0.4	(0)	(0)	0	(0)	0	0.02	0.04	13	Tr	0.2
	3	60	73	85	2.8	1.1	(0)	(0)	0	(0)	0	0.02	0.05	2	Tr	0
	56	160	19	73	1.5	0.7	(0)	(0)	0	(0)	0.1	0.02	0.03	8	Tr	0.1
	Tr	1400	140	370	5.9	2.5	Tr	(0)	6	(0)	0.1	0.64	0.16	87	Tr	0
	110	230	41	100	2.3	0.6	(0)	(0)	(0)	(0)	0	0.03	0.01	23	Tr	0.3
	1	1400	75	400	5.6	4.9	2	(0)	19	(0)	Tr	0.50	0.10	300	Tr	0

分である。鉄分と結合すると黒褐色（こくかっしょく）に変色するので、鉄鍋で煮ない方がよい。

- たんぱく質の青字の数値はアミノ酸組成によるたんぱく質
- 脂質の青字の数値は脂肪酸のトリアシルグリセロール当量
- 炭水化物の青字の数値は利用可能炭水化物（質量計）
- 食物繊維総量の黒字の数値はプロスキー変法、青字の数値はAOAC 2011.25法による分析

可食部100gあたり　Tr:微量　（　）:推定値または推計値　一:未測定

■ 廃棄率%　■ 水分g

食品		エネルギー kcal 200	たんぱく質 g 20.0	脂質 g 20.0	コレステロール mg 100	炭水化物 g 20.0	食物繊維総量 g 2.0
えんどう[豌豆] Peas ●乾1C=160g 全粒 青えんどう 乾 04012	0 / 13.4	310	17.8 / **21.7**	1.5 / **2.3**	(0)	38.9 / **60.4**	— / **17.4**
うぐいす豆 04016	0 / 39.7	228	(4.5) / **5.6**	0.3 / **0.7**	(0)	— / **52.9**	— / **5.3**
そらまめ[蚕豆] Broad beans ●乾1C=110g 全粒 乾 04019	0 / 13.3	323	20.5 / **26.0**	1.3 / **2.0**	(0)	34.3 / **55.9**	— / **9.3**
おたふく豆 04021	0 / 37.2	237	(6.1) / **7.9**	0.6 / **1.2**	(0)	— / **52.2**	— / **5.9**
だいず[大豆] Soybeans ●乾1C=130g 全粒 黄大豆 国産 乾 04023	0 / 12.4	372	32.9 / **33.8**	18.6 / **19.7**	Tr	6.7 / **29.5**	21.5 / **17.9**
水煮缶詰 黄大豆 04028	0 / 71.7	124	12.5 / **12.9**	(6.3) / **6.7**	(Tr)	0.8 / **7.7**	— / **6.8**
きな粉[黄粉] Roasted and ground beans ●大1=6g 黄大豆 全粒大豆 04029	0 / 4.0	451	34.3 / **36.7**	24.7 / **25.7**	(Tr)	6.8 / **28.5**	— / **18.1**
豆腐 Tofu ●1丁=300〜400g 木綿豆腐 04032	0 / 85.9	73	6.7 / **7.0**	4.5 / **4.9**	0	0.8 / **1.5**	1.1 / **0.4**
絹ごし豆腐 04033	0 / 88.5	56	5.3 / **5.3**	(3.2) / **3.5**	(0)	0.9 / **2.0**	0.9 / **0.3**
焼き豆腐 Grilled tofu ●1丁=300〜400g 04038	0 / 84.8	82	7.8 / **7.8**	(5.2) / **5.7**	(0)	0.6 / **1.0**	— / **0.5**
生揚げ Fried slices of drained tofu ●1枚=120〜140g 04039	0 / 75.9	143	10.3 / **10.7**	(10.7) / **11.3**	Tr	1.1 / **0.9**	— / **0.7**
油揚げ Fried thin slices of pressed tofu ●1枚=20〜30g 生 04040	0 / 39.9	377	23.0 / **23.4**	31.2 / **34.4**	(Tr)	0.5 / **0.4**	— / **1.3**
がんもどき Fried mixture of crushed tofu ●1個=95〜125g 04041	0 / 63.5	223	15.2 / **15.3**	(16.8) / **17.8**	Tr	2.0 / **1.6**	— / **1.4**

えんどう[豌豆]
先端部を若どりした豆苗（トウミョウ）、若いさやごと食べるさやえんどう、未熟豆を食べるグリンピース、乾燥豆（青えんどう・赤えんどう）など、時期によりさまざまな用途に用いられる。青えんどうは煮てうぐいす豆、煎り豆など、赤えんどうはみつ豆などに用いられる。成分はあずきに似ている。食物繊維が多い。

そらまめ[蚕豆]
豆の形・大きさはいろいろあるが、野菜として出回っているものは大型種である。さやをむくとすぐに皮が固くなるので、調理の直前にさやから出すとよい。完熟したものは乾燥豆にして、煮豆・和菓子のあんなどに用いられる。乾燥豆は皮が固いので、一昼夜水に浸してもどしてから調理する。おたふく豆は皮のまま砂糖煮にしたもの。

だいず[大豆]
熱帯から温帯北部まで広く栽培され、種子を食用とする。栄養上は動物性たんぱく質のアミノ酸組成と似てすぐれているが、組織が固いので消化率は低い。消化率を高めるため、手を加えて加工品として利用することが多い。水煮缶詰は、大豆をゆでたものを缶詰にしているので、そのまま使うことができる。

きな粉[黄粉]
だいずを煎って粉にしたもの。生だいずより消化がよく、香りもよい。団子・くずもちなどに用いると粘着を防ぎ、食味もよい。

豆腐
最も一般的なだいずの加工品。豆腐は消化がよく、たんぱく質と脂質に富む。冷やっこ・湯豆腐・田楽など、さまざまな料理法により広く利用される。
●木綿豆腐
水分が少ない分たんぱく質や脂質が多い。
●絹ごし豆腐
水分が多く、こわれやすい。

焼き豆腐
木綿豆腐を水切りして焼いたもの。通常はバーナーで焼きめをつける。すき焼きや煮物、炒め物などに使う。

生揚げ
豆腐の加工品。厚揚げともいう。豆腐を厚めに切って水分を切り、高温の油で揚げてつくる。煮物やおでん種とする。

油揚げ
豆腐の加工品。豆腐を薄めに切って水分をよく切り、低温の油で揚げて膨化させ、次に高温の油できつね色に揚げてつくる。

がんもどき
豆腐の加工品。関西では飛竜頭（ひりょうず）という。豆腐に昆布、野菜、ごまなどを混ぜて平丸形にして揚げてつくる。

One Point 豆腐の「腐」という字 ▶ 豆腐は中国から伝わった食材で、中国語でも「豆腐」と書く。中国語で「腐」は、「くさる」ではなく、「ぷよぷよし

ナトリウム mg 200	カリウム mg 200	カルシウム mg 200	リン mg 200	鉄 mg 2.0	亜鉛 mg 2.0	ビタミンA レチノール活性当量 μg 20	レチノール μg 20	β-カロテン当量 μg 200	ビタミンD μg 2.0	ビタミンE α-トコフェロール mg 2.0	ビタミンB₁ mg 0.20	ビタミンB₂ mg 0.20	葉酸 μg 20	ビタミンC mg 20	食塩相当量 g 1.0
1	870	65	360	5.0	4.1	8	(0)	92	(0)	0.1	0.72	0.15	24	Tr	0
150	100	18	130	2.5	0.8	Tr	(0)	6	(0)	0	0.02	0.01	4	Tr	0.4
1	1100	100	440	5.7	4.6	Tr	(0)	5	(0)	0.7	0.50	0.20	260	Tr	0
160	110	54	140	5.3	0.8	(0)	(0)	Tr	(0)	0.2	0.01	0.01	30	Tr	0.4
1	1900	180	490	6.8	3.1	1	(0)	7	(0)	2.3	0.71	0.26	260	3	0
210	250	100	170	1.8	1.1	(0)	(0)	0	(0)	0.5	0.01	0.02	11	Tr	0.5
1	2000	190	660	8.0	4.1	Tr	(0)	4	(0)	1.7	0.07	0.24	220	1	0
9	110	93	88	1.5	0.6	0	(0)	0	(0)	0.2	0.09	0.04	12	0	0
11	150	75	68	1.2	0.5	0	(0)	0	(0)	0.1	0.11	0.04	12	0	0
4	90	150	110	1.6	0.8	(0)	(0)	(0)	(0)	0.2	0.07	0.03	12	Tr	0
3	120	240	150	2.6	1.1	(0)	(0)	(0)	(0)	0.8	0.07	0.03	23	Tr	0
4	86	310	350	3.2	2.5	(0)	(0)	(0)	(0)	1.3	0.06	0.04	18	0	0
190	80	270	200	3.6	1.6	(0)	(0)	(0)	(0)	1.5	0.03	0.04	21	Tr	0.5

たもの」という意味。つまり、豆腐とは「豆がぷよぷよしたもの」という意味。

豆類
PULSES

- たんぱく質の青字の数値はアミノ酸組成によるたんぱく質
- 脂質の青字の数値は脂肪酸のトリアシルグリセロール当量
- 炭水化物の青字の数値は利用可能炭水化物（質量計）
- 食物繊維総量の黒字の数値はプロスキー変法、青字の数値はAOAC 2011.25法による分析

可食部100gあたり　Tr：微量　（ ）：推定値または推計値　―：未測定

■ 廃棄率%
■ 水分g

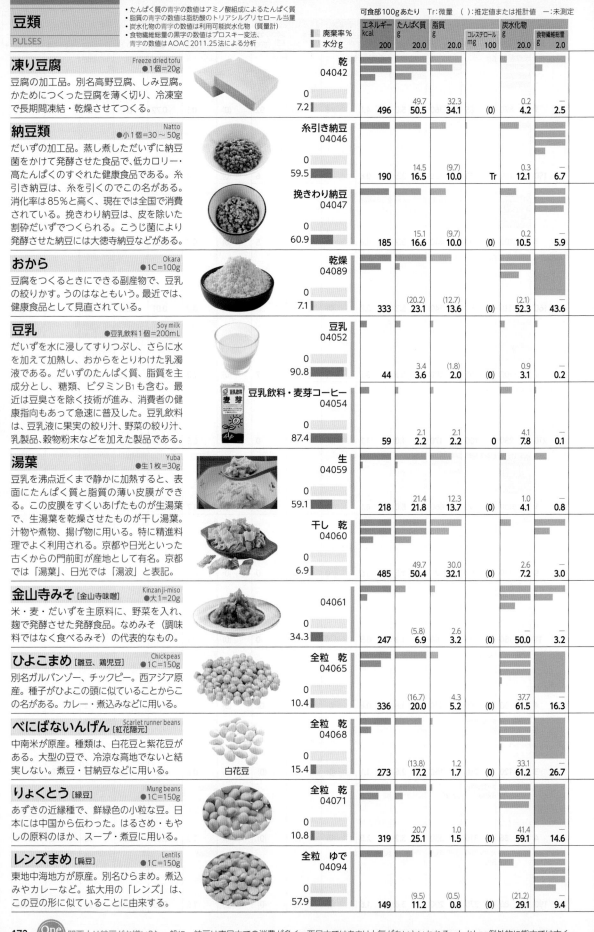

食品名		エネルギー kcal 200	たんぱく質 g 20.0	脂質 g 20.0	コレステロール mg 100	炭水化物 g 20.0	食物繊維総量 g 2.0
凍り豆腐 Freeze dried tofu ●1個=20g 豆腐の加工品。別名高野豆腐、しみ豆腐。かためにつくった豆腐を薄く切り、冷凍室で長期間凍結・乾燥させてつくる。	乾 04042　廃棄率 0　水分 7.2	496	49.7 / 50.5	32.3 / 34.1	(0)	0.2 / 4.2	2.5
納豆類 Natto ●小1個=30〜50g だいずの加工品。蒸し煮しただいずに納豆菌をかけて発酵させた食品で、低カロリー・高たんぱくのすぐれた健康食品である。糸引き納豆は、糸を引くのでこの名がある。消化率は85%と高く、現在では全国で消費されている。挽きわり納豆は、皮を除いた割砕だいずでつくられる。こうじ菌により発酵させた納豆には大徳寺納豆などがある。	糸引き納豆 04046　廃棄率 0　水分 59.5	190	14.5 / 16.5	(9.7) / 10.0	Tr	0.3 / 12.1	6.7
	挽きわり納豆 04047　廃棄率 0　水分 60.9	185	15.1 / 16.6	(9.7) / 10.0	(0)	0.2 / 10.5	5.9
おから Okara ●1C=100g 豆腐をつくるときにできる副産物で、豆乳の絞りかす。うのはなともいう。最近では、健康食品として見直されている。	乾燥 04089　廃棄率 0　水分 7.1	333	(20.2) / 23.1	(12.7) / 13.6	(0)	(2.1) / 52.3	43.6
豆乳 Soy milk ●豆乳飲料1個=200mL だいずを水に浸してすりつぶし、さらに水を加えて加熱し、おからをとりわけた乳濁液である。だいずのたんぱく質、脂質を主成分とし、糖類、ビタミンB₁も含む。最近は豆臭さを除く技術が進み、消費者の健康指向もあって急速に普及した。豆乳飲料は、豆乳液に果実の絞り汁、野菜の絞り汁、乳製品、穀物粉末などを加えた製品である。	豆乳 04052　廃棄率 0　水分 90.8	44	3.4 / 3.6	(1.8) / 2.0	(0)	0.9 / 3.1	0.2
	豆乳飲料・麦芽コーヒー 04054　廃棄率 0　水分 87.4	59	2.1 / 2.2	2.1 / 2.2	0	4.1 / 7.8	0.1
湯葉 Yuba ●生1枚=30g 豆乳を沸点近くまで静かに加熱すると、表面にたんぱく質と脂質の薄い皮膜ができる。この皮膜をすくいあげたものが生湯葉で、生湯葉を乾燥させたものが干し湯葉。汁物や煮物、揚げ物に用いる。特に精進料理でよく利用される。京都や日光といった古くからの門前町が産地として有名。京都では「湯葉」、日光では「湯波」と表記。	生 04059　廃棄率 0　水分 59.1	218	21.4 / 21.8	12.3 / 13.7	(0)	1.0 / 4.1	0.8
	干し 乾 04060　廃棄率 0　水分 6.9	485	49.7 / 50.4	30.0 / 32.1	(0)	2.6 / 7.2	3.0
金山寺みそ [金山寺味噌] Kinzanji-miso ●大1=20g 米・麦・だいずを主原料に、野菜を入れ、麹で発酵させた発酵食品。なめみそ（調味料ではなく食べるみそ）の代表的なもの。	04061　廃棄率 0　水分 34.3	247	(5.8) / 6.9	2.6 / 3.2	(0)	— / 50.0	3.2
ひよこまめ [雛豆、鶏児豆] Chickpeas ●1C=150g 別名ガルバンゾー、チックピー。西アジア原産。種子がひよこの頭に似ていることからこの名がある。カレー・煮込みなどに用いる。	全粒 乾 04065　廃棄率 0　水分 10.4	336	(16.7) / 20.0	4.3 / 5.2	(0)	37.7 / 61.5	16.3
べにばないんげん [紅花隠元] Scarlet runner beans 中南米が原産。種類は、白花豆と紫花豆がある。大型の豆で、冷涼な高地でないと結実しない。煮豆・甘納豆などに用いる。　白花豆	全粒 乾 04068　廃棄率 0　水分 15.4	273	(13.8) / 17.2	1.2 / 1.7	(0)	33.1 / 61.2	26.7
りょくとう [緑豆] Mung beans ●1C=150g あずきの近縁種で、鮮緑色の小粒の豆。日本には中国から伝わった。はるさめ・もやしの原料のほか、スープ・煮豆に用いる。	全粒 乾 04071　廃棄率 0　水分 10.8	319	20.7 / 25.1	1.0 / 1.5	(0)	41.4 / 59.1	14.6
レンズまめ [扁豆] Lentils ●1C=150g 東地中海地方が原産。別名ひらまめ。煮込みやカレーなど。拡大用の「レンズ」は、この豆の形に似ていることに由来する。	全粒 ゆで 04094　廃棄率 0　水分 57.9	149	(9.5) / 11.2	(0.5) / 0.8	(0)	(21.2) / 29.1	9.4

One Point　関西人は納豆がお嫌い？▶一般に、納豆は東日本での消費が多く、西日本ではあまり人気がないといわれる。しかし、例外的に熊本では古く

ナトリウム mg 200	カリウム mg 200	カルシウム mg 200	リン mg 200	鉄 mg 2.0	亜鉛 mg 2.0	ビタミンA レチノール活性当量 µg 20	レチノール µg 20	β-カロテン当量 µg 200	ビタミンD µg 2.0	ビタミンE α-トコフェロール mg 2.0	ビタミンB₁ mg 0.20	ビタミンB₂ mg 0.20	葉酸 µg 20	ビタミンC mg 20	食塩相当量 g 1.0
440	34	630	820	7.5	5.2	1	(0)	9	(0)	1.9	0.02	0.02	6	0	1.1
2	660	90	190	3.3	1.9	(0)	(0)	0	(0)	0.5	0.07	0.56	120	Tr	0
2	700	59	250	2.6	1.3	(0)	(0)	0	(0)	0.8	0.14	0.36	110	Tr	0
19	1300	310	380	4.9	2.3	(0)	(0)	0	(0)	1.5	0.42	0.11	53	Tr	0
2	190	15	49	1.2	0.3	(0)	(0)	(0)	(0)	0.1	0.03	0.02	28	Tr	0
42	110	20	36	0.3	0.2	0	0	0	0	0.3	0.01	0.01	15	Tr	0.1
4	290	90	250	3.6	2.2	1	(0)	10	(0)	0.9	0.17	0.09	25	Tr	0
12	840	210	600	8.3	4.9	1	(0)	8	(0)	2.4	0.35	0.12	38	0	0
2000	190	33	130	1.7	0.7	(0)	(0)	(0)	(0)	0	0.12	0.18	34	Tr	5.1
17	1200	100	270	2.6	3.2	2	(0)	19	(0)	2.5	0.37	0.15	350	Tr	0
1	1700	78	430	5.4	3.4	Tr	(0)	4	(0)	0.1	0.67	0.15	140	Tr	0
0	1300	100	320	5.9	4.0	13	(0)	150	(0)	0.3	0.70	0.22	460	Tr	0
0	330	27	190	4.3	2.5	1	(0)	15	(0)	0.4	0.20	0.06	22	0	0

いも・でん粉類

砂糖・甘味類

豆類

種実類

野菜類

果実類

きのこ類

藻類

魚介類

から普及しているし、また、人の移動にともなって食文化の交流が進み、最近では関西でも東日本と同様に販売・消費されている。

種実類

NUTS & SEEDS

いちょうの実がぎんなん

種実類は、植物の種子や堅果類の果実で食用にするものをいう。果実類では果肉を食用とするが、種実類では種実の胚や胚乳を食用とする。

特性による分類

脂質含量が多いもの	アーモンド、カシューナッツ、くるみ、ココナッツ、ごま、ピスタチオ、ひまわりの種、まつの実など
糖質含量が多いもの	はすの実、しいの実、ぎんなん、くりなど

種実類は、脂質含量の多いものと、糖質含量の多いものに分けられる。また、実は無機質・食物繊維なども豊富である。

種実の部位

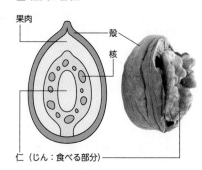

果肉
殻
核
仁（じん：食べる部分）

選び方・保存のしかた

●アーモンド
●粒のまま、スライス状、粉末状などの形で市販されているが、形が小さいものほど酸化しやすいので、密封容器に入れ、冷蔵保存する。

●くり
●皮につやがあり、重みのあるものがよい。大粒のものの方が味がよい。穴があいていたり、白い粉が出ていたりするものは虫がついている場合があるので注意。
●生のくりは虫がつきやすく、保存がむずかしい。密封して冷凍保存するとよい。甘露煮などにしても保存力が高まる。

●ごま
●よく実が入り、粒のそろったもの、よく乾燥したものがよい。
●密封容器に入れ、乾燥したところにおく。煎りごまやすりごまは、なるべく早く使い切る。

●落花生
●油分が多いため酸化しやすいので、油臭いもの、かび臭いものは避ける。落花生のかびは有害なので注意する。
●密封容器に入れ、冷凍保存する。

- たんぱく質の青字の数値はアミノ酸組成によるたんぱく質
- 脂質の青字の数値は脂肪酸のトリアシルグリセロール当量
- 炭水化物の青字の数値は利用可能炭水化物（質量計）
- 食物繊維総量の黒字の数値はプロスキー変法、青字の数値はAOAC 2011.25法による分析

可食部100gあたり　Tr:微量　（）:推定値または推計値　ー:未測定

■ 廃棄率%
■ 水分g

		エネルギー kcal 200	たんぱく質 g 20.0	脂質 g 20.0	コレステロール mg 100	炭水化物 g 20.0	食物繊維総量 g 2.0
アーモンド Almonds ●10粒=14g スイート種（食用）とビター種（リキュール用）がある。洋菓子、チョコレートの香味づけやビールのつまみなどに用いる。	乾 05001 0 4.7	609	18.7 / **19.6**	51.9 / **51.8**	—	5.2 / **20.9**	**10.1**
あまに [亜麻仁] Flax seeds ●小1=3g 亜麻という植物の種子（仁）なのであまにと呼ばれる。非常に古くから、種子は油に、茎は布地や紙に利用されてきた。	いり 05041 0 0.8	540	20.3 / **21.8**	41.1 / **43.3**	2	1.2 / **30.4**	**23.8**
カシューナッツ Cashew nuts ●10粒=12g 常緑高木カシューの実。煎ってそのままおやつに最適。中国料理や洋菓子の材料としても用いられる。	フライ 味付け 05005 0 3.2	591	19.3 / **19.8**	47.9 / **47.6**	(0)	(17.2) / **26.7**	**6.7**
かぼちゃ [南瓜] Pumpkin seeds ●大1=10g 皮をとってから塩蒸しして乾燥させる。つまみや菓子に利用。脂質がおもな成分で、たんぱく質・亜鉛、リノール酸が豊富。	いり 味付け 05006 35 4.5	590	(25.3) / **26.5**	(48.7) / **51.8**	(0)	(2.0) / **12.0**	— / **7.3**
ぎんなん [銀杏] Ginkgo nuts ●1粒=2〜3g いちょうの実。その胚乳を食用とする。でん粉がおもで、たんぱく質や脂肪は少なく、ビタミンCを多く含む。	生 05008 25 57.4	168	4.2 / **4.7**	1.3 / **1.6**	(0)	30.4 / **34.8**	**1.6**
くるみ [胡桃] Walnuts ●1粒=5g 鬼ぐるみ・ペルシャぐるみなど品種が多い。良質の脂肪、たんぱく質に富み、健康食品、美容食品として珍重されてきた。	いり 05014 0 3.1	713	13.4 / **14.6**	70.5 / **68.8**	(0)	2.6 / **11.7**	**7.5**
けし [芥子] Poppy seeds ●小1=3g 別名ポピーシード。熱を加えると香ばしいにおいが出る。プチプチした食感で、あんパンなどの飾りに使用される。主成分は脂質。	乾 05015 0 3.0	555	(20.2) / **19.3**	47.6 / **49.1**	(0)	3.2 / **21.8**	**16.5**

アーモンドの利用法

アーモンドは、紀元前から、西アジア、地中海沿岸、北アフリカなどに広く栽培された桃の一種で、その種子が食用とされる。食べられるのはスイート種である。

アーモンドの収穫風景

スライスアーモンド

アーモンドパウダー

おもな種実類が実る様子

■ アーモンド

固い殻に守られている。

■ ごま

ごまは白い花をつける。

■ カシューナッツ

果実の先端に種子がついている。

■ くるみ

実は4～5cmある。

■ 落花生

落花生は地中に実をつける。

■ ココナッツ

ココヤシの果実がココナッツ。

グラフ1本分の相当量

ナトリウム mg 200	カリウム mg 200	カルシウム mg 200	リン mg 200	鉄 mg 2.0	亜鉛 mg 2.0	ビタミンA レチノール活性当量 µg 20	レチノール µg 20	β-カロテン当量 µg 200	ビタミンD µg 2.0	ビタミンE α-トコフェロール mg 2.0	ビタミンB₁ mg 0.20	ビタミンB₂ mg 0.20	葉酸 µg 20	ビタミンC mg 20	食塩相当量 g 1.0
1	760	250	460	3.6	3.6	1	(0)	11	(0)	30.0	0.20	1.06	65	0	0
70	760	210	710	9.0	6.1	1	0	16	0	0.4	0.01	0.17	45	0	0.2
220	590	38	490	4.8	5.4	1	(0)	10	(0)	0.6	0.54	0.18	63	0	0.6
47	840	44	1100	6.5	7.7	3	(0)	31	(0)	0.6	0.21	0.19	79	Tr	0.1
Tr	710	5	120	1.0	0.4	24	(0)	290	(0)	2.5	0.28	0.08	45	23	0
4	540	85	280	2.6	2.6	2	(0)	23	(0)	1.2	0.26	0.15	91	0	0
4	700	1700	820	23.0	5.1	Tr	(0)	6	(0)	1.5	1.61	0.20	180	0	0

なる。特に外皮種に多く含まれている。独特のにおいは、種子が動物に食べられないようにするためではないかと考えられている。

種実類

NUTS&SEEDS

- たんぱく質の青字の数値はアミノ酸組成によるたんぱく質
- 脂質の青字の数値は脂肪酸のトリアシルグリセロール当量
- 炭水化物の青字の数値は利用可能炭水化物（質量計）
- 食物繊維総量の黒字の数値はプロスキー変法、青字の数値はAOAC 2011.25法による分析

可食部100gあたり　Tr:微量　（ ）:推定値または推計値　ー:未測定

	廃棄率 % / 水分 g	エネルギー kcal 200	たんぱく質 g 20.0	脂質 g 20.0	コレステロール mg 100	炭水化物 g 20.0	食物繊維総量 g 2.0
くり類［栗］ Chestnuts ●日本ぐり1粒=15〜20g 中国ぐり1粒=10g 世界各地の山野に自生する。堅果類の中では唯一糖質を主成分とし、砂糖普及以前は貴重な甘味資源だった。外側の固い皮を鬼皮、実に張り付いている皮を渋皮という。	日本ぐり 生 05010 30 58.8	147	2.4 / 2.8	(0.4) / 0.5	(0)	30.6 / 36.9	ー / 4.2
●日本ぐり 日本ぐりは大きくて糖分が多く甘味が強い。くりきんとん、くりご飯等に使用。甘露煮は、皮をむいてあく抜きしてから煮たくりをシロップに漬けたもの。	日本ぐり 甘露煮 05012 0 40.8	232	(1.5) / 1.8	(0.3) / 0.4	(0)	ー / 56.8	ー / 2.8
●中国ぐり 中国特産。渋皮離れの良い中国ぐりは、小粒で甘味が強い。焙煎（ばいせん）して、甘ぐり（別名焼きぐり）などに使用される。	中国ぐり 甘ぐり 05013 20 44.4	207	(4.3) / 4.9	(0.9) / 0.9	(0)	(40.2) / 48.5	ー / 8.5
ココナッツ Coconut ●大1=5g 熱帯地方に広く分布するココヤシの果実（ココナッツ）の胚乳を乾燥し、粉末状にしたもの。カレーや菓子に使用。	ココナッツパウダー 05016 0 2.5	676	(5.6) / 6.1	(64.3) / 65.8	(0)	(2.7) / 23.7	ー / 14.1
ごま［胡麻］ Sesame seeds ●小1=2g 大1=6g 種子の色により黒・白・金の3種類がある。製油原料のほか食用、製菓用などに用いられる。主成分は脂質とたんぱく質。 黒ごま	乾 05017 0 4.7	604	19.3 / 19.8	53.0 / 53.8	(0)	0.9 / 16.5	ー / 10.8
チアシード Chia seeds ●大1=10g 種子を水につけると粘液に包まれる。飲料・ヨーグルト・ドレッシング・デザートなどに混ぜる。無味無臭なので利用しやすい。	乾 05046 0 6.5	446	18.0 / 19.4	32.7 / 33.9	1	0.9 / 34.5	36.9 / ー
はす［蓮］ Lotus seeds ●10粒=10g 淡白でくせがない味。主成分はでん粉。成熟したものはゆでて食べる。かゆ、薬膳スープなどにする。おもに中国から輸入。	成熟 乾 05024 0 11.2	327	(18.0) / 18.3	1.6 / 2.3	(0)	47.4 / 64.3	ー / 10.3
ピスタチオ Pistachio nuts ●殻つき10粒=12g 緑色が鮮やかなものほど上質。風味がよく、高級感があることからナッツの女王という。煎ったものはスナックとして利用する。	いり 味付け 05026 45 2.2	617	16.2 / 17.4	55.9 / 56.1	(0)	(7.7) / 20.9	ー / 9.2
ひまわり［向日葵］ Sunflower seeds ●大1=9g 紀元前から食用作物とされてきた。オイルローストし塩味をつけて食べる。ひまわり油もとれる。	フライ 味付け 05027 0 2.6	587	(18.7) / 20.1	49.0 / 56.3	(0)	(14.0) / 17.2	ー / 6.9
ペカン Pecan nuts ●1粒=3g 別名ピーカンナッツ。良質な脂肪酸が多く、生活習慣病予防食品として人気がある。くるみによく似た味で、生または軽く煎る。	フライ 味付け 05030 0 1.9	716	(8.0) / 9.6	71.9 / 73.4	(0)	(5.6) / 13.3	ー / 7.1
マカダミアナッツ Macadamia nuts ●10粒=20g オーストラリア原産だが、19世紀にハワイに導入され主産地になった。つまみやクッキー、チョコレート加工品などに利用。	いり 味付け 05031 0 1.3	751	7.7 / 8.3	76.6 / 76.7	(0)	(4.5) / 12.2	ー / 6.2
らっかせい［落花生］ Peanuts ●殻つき10粒=25g 殻がついているものを落花生、渋皮がついているものを南京豆、渋皮を取り除いたものをピーナッツと呼び分ける場合もある。油の原料となるほか、煎り豆や塩豆にしたり、さまざまな菓子の材料としても使われる。ピーナッツバターは煎った落花生をすりつぶし、砂糖、食塩、ショートニング等を加えて練ったもの。未熟豆は▶p.198。	大粒種 乾 05034 30 6.0	572	24.0 / 25.2	46.4 / 47.0	(0)	10.0 / 19.4	8.5 / 7.4
	ピーナッツバター 05037 0 1.2	599	19.7 / 20.6	47.8 / 50.4	(0)	18.6 / 24.9	7.6 / 6.1

One Point　落花生は土の中でできるって本当？▶落花生は土の中で生長する、豆類の中でも珍しい習性をもっている（➡p.175）。花がしぼむと、花の元

ナトリウム mg	カリウム mg	カルシウム mg	リン mg	鉄 mg	亜鉛 mg	ビタミンA レチノール活性当量 µg	レチノール µg	β-カロテン当量 µg	ビタミンD µg	ビタミンE α-トコフェロール mg	ビタミンB₁ mg	ビタミンB₂ mg	葉酸 µg	ビタミンC mg	食塩相当量 g
200	200	200	200	2.0	2.0	20	20	200	2.0	2.0	0.20	0.20	20	20	1.0
1	420	23	70	0.8	0.5	3	(0)	37	(0)	0	0.21	0.07	74	33	0
7	75	8	25	0.6	0.1	3	(0)	32	(0)	0	0.07	0.03	8	0	0
2	560	30	110	2.0	0.9	6	(0)	68	(0)	0.1	0.20	0.18	100	2	0
10	820	15	140	2.8	1.4	(0)	(0)	(0)	(0)	0	0.03	0.03	10	0	0
2	400	1200	540	9.6	5.5	1	(0)	9	(0)	0.1	0.95	0.25	93	Tr	0
0	760	570	820	7.6	5.9	0	(0)	3	(0)	0.3	0.97	0.25	84	1	0
6	1300	110	690	2.9	2.8	1	(0)	6	(0)	1.0	0.44	0.11	200	1	0
270	970	120	440	3.0	2.5	10	(0)	120	(0)	1.4	0.43	0.24	59	(0)	0.7
250	750	81	830	3.6	5.0	1	(0)	9	(0)	12.0	1.72	0.25	280	0	0.6
140	370	60	270	2.7	3.6	4	(0)	45	(0)	1.7	0.19	0.19	43	0	0.4
190	300	47	140	1.3	0.7	(0)	(0)	Tr	(0)	Tr	0.21	0.09	16	(0)	0.5
2	740	49	380	1.6	2.3	1	0	8	0	11.0	0.41	0.10	76	0	0
350	650	47	370	1.6	2.7	Tr	(0)	4	(0)	4.8	0.10	0.09	86	(0)	0.9

が伸びて（子房柄）土の中にもぐり、そこで落花生ができる。この習性が名前の由来。

穀類

いも・でん粉類

砂糖・甘味類

豆類

種実類

野菜類

果実類

きのこ類

藻類

魚介類

野菜類

VEGETABLES

ミニトマトは房状に成長

野菜は豊かな色彩と特有の香りをもつ農作物で、栄養に富んだ食品である。健康を維持していくために欠かせない。栽培法や品種の改良、海外からの輸入などにより、その種類は年々増加している。

野菜類は利用部位により、果菜類・葉茎菜類・根菜類に大別される。

選び方・保存のしかた

●かぼちゃ　見た目より重いものを選ぶ。果柄のつけ根の青いものは甘味が少ない。

●キャベツ　重みがあり、外葉がみずみずしく、巻きの固いものがよい。

●きゅうり　張りとつやのあるものが新鮮。いぼがチクチクするものほど鮮度が高い。

●ごぼう　全体に太さが一定のものがよ

緑黄色野菜

平成13 (2001) 年に厚生労働省は、「五訂食品成分表」において、可食部100gあたりカロテン（β-カロテン当量）が600μg以上の野菜を緑黄色野菜とした（それ以下でも栄養指導上、緑黄色野菜とされているものもある）。

5000〜 (μg)	あしたば バジル とうがらし (果実)	しそ (葉) モロヘイヤ	なずな とうがらし (葉) よもぎ	にんじん ミニキャロット	きんとき よめな パセリ
3000〜4999 (μg)	トウミョウ だいこん (葉) 糸みつば	おかひじき つるむらさき めたで	西洋かぼちゃ にら ようさい	こまつな ふだんそう ルッコラ	しゅんぎく ほうれんそう
2000〜2999 (μg)	かぶ (葉) すぐきな つるな サラダな	からしな タアサイ 和種なばな リーフレタス	クレソン 葉だいこん 洋種なばな サニーレタス	ケール たかな こねぎ わけぎ	しそ (実) チンゲンサイ みずかけな ぎょうじゃにんにく
1000〜1999 (μg)	エンダイブ たいさい のざわな トマピー ながさきはくさい	みずな つくし パクチョイ ひのな	キンサイ 花にら 赤ピーマン ひろしまな かいわれだいこん	こごみ 葉にんじん さんとうさい 水菜つば	つまみな 葉ねぎ せり おおさかしろな じゅうろくささげ
600〜999 (μg)	あさつき 茎にんにく	オクラ のびる	日本かぼちゃ ブロッコリー	ミニトマト 切りみつば	とんぶり めキャベツ
0〜599 (μg)	アスパラガス 青ピーマン	さやいんげん リーキ	さやえんどう ししとう	たらのめ	トマト

可食部100gあたり　Tr:微量　（ ）:推定値または推計値　ー:未測定

- たんぱく質の青字の数値はアミノ酸組成によるたんぱく質
- 脂質の青字の数値は脂肪酸のトリアシルグリセロール当量
- 炭水化物の青字の数値は利用可能炭水化物（質量計）
- 食物繊維総量の黒字の数値はプロスキー変法、青字の数値はAOAC 2011.25法による分析

● 緑黄色野菜
■ 廃棄率%
■ 水分g

品目	部位	エネルギー kcal 200	たんぱく質 g 20.0	脂質 g 20.0	コレステロール mg 100	炭水化物 g 20.0	食物繊維総量 g 2.0
あさつき [浅葱] ●1わ=25g 別名せんぼんわけぎ、せんぶき。ねぎ類で最も細く、春ものが味がよい。薬味・酢みそあえなどにする。 Chive	葉 生 ● 06003 廃棄率 0 水分 89.0	34	(2.9) 4.2	(0.1) 0.3	(0)	5.6	3.3
あしたば ●5本=75g 別名八丈草。芽を摘んでも翌日にまた芽が出てくるので、この名がついた。若茎、若葉を食用とする。天ぷらやあえ物にする。 Angelica	茎葉 生 ● 06005 廃棄率 2 水分 88.6	30	(2.4) 3.3	ー 0.1	(0)	6.7	5.6
アスパラガス ●1本=20〜25g 紀元前から栽培されていたユリ科の植物で、若茎を食用とする。若芽を太陽に当てないように盛り土をして軟化栽培させたものがホワイトアスパラガスで、若茎を伸長させて収穫したものがグリーンアスパラガスである。ホワイトはおもに缶詰用となる。栄養的にはグリーンがすぐれ、カロテンを多く含む緑黄色野菜である。 Asparagus グリーンアスパラガス ホワイトアスパラガス	若茎 生 ● 06007 廃棄率 20 水分 92.6	21	1.8 2.6	(0.2) 0.2	Tr	2.1 3.9	1.8
	水煮缶詰 06009 廃棄率 0 水分 91.9	24	(1.6) 2.4	(0.1) 0.1	(0)	(2.3) 4.3	1.7
アロエ ●葉1枚=1kg 多肉質植物。葉が大きくて厚みがあるアロエベラが広く利用される。ゼリー状の葉肉をジュース・サラダなどにする。 Aloe	葉 生 06328 廃棄率 30 水分 99.0	3	0	0.1	(0)	0.7	0.4
いんげんまめ [隠元豆] ●1さや=5〜10g いんげんまめの若ざや（さやいんげん）を食用とする。17世紀頃に中国の隠元（いんげん）禅師が日本に伝えた。あえ物などに。 Kidney beans	さやいんげん 若ざや 生 ● 06010 廃棄率 3 水分 92.2	23	1.3 1.8	(0.1) 0.1	Tr	2.2 5.1	2.4

One Point　アロエは輸出入禁止?!▶アロエ属全種が希少種としてワシントン条約によって規制されており、キダチアロエはその代表例。例えば化粧品など

殻類

いも・でん粉類

砂糖・甘味類

豆類

種実類

野菜類

果実類

きのこ類

藻類

魚介類

い。ひげ根が多いものは避ける。洗いごぼうは、あまり白いものは風味が落ちる。
●だいこん　葉がしっかりして、みずみずしいものがよい。葉をつけ根から切り離しておくと、「す」が入るのを防ぐことができる。
●たまねぎ　よく乾燥していて、表面が透きとおったような茶色の皮のものがよい。肉質のしっかりしたものを選ぶ。芽の出たものは鮮度・味が落ちる。
●トマト　皮に張りがあり光沢のよいものを選ぶ。へたが元気なものがよい。
●なす　外皮のつやがよく、へたについたとげがチクチクするものが新鮮。
●にんじん　色が鮮やかで、表面がなめらかな、あまり大きくないものがよい。
●ピーマン　緑色が濃く、光沢と弾力性があり、果肉の厚いものがよい。
●ほうれんそう　葉が厚く、張りがあり、緑色が鮮やかでみずみずしいものがよい。
●野菜の保存方法
　ねぎ、たまねぎ、にんにくなど冷暗所での常温保存が適するものを除き、水分の蒸散を抑えるため、新聞紙やラップにきっちりと包み、冷蔵庫の野菜室へ入れる。長期間保存するときは、ゆでるなどの下ごしらえをして冷凍する。また、根や葉をつけておくと身の質が落ちるので、切り離して保存する。たまねぎやにんにくは皮つきのまま乾燥させる。

おもな野菜類の旬

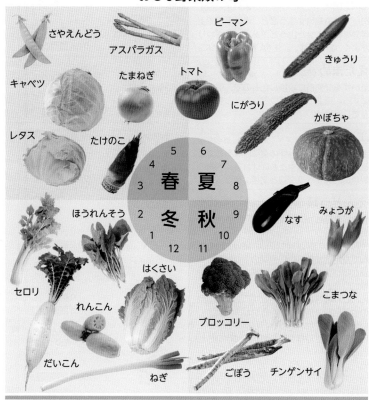

グラフ1本分の相当量↓

ナトリウム mg	カリウム mg	カルシウム mg	リン mg	鉄 mg	亜鉛 mg	ビタミンA レチノール活性当量 µg	レチノール µg	β-カロテン当量 µg	ビタミンD µg	ビタミンE α-トコフェロール mg	ビタミンB1 mg	ビタミンB2 mg	葉酸 µg	ビタミンC mg	食塩相当量 g
200	200	200	200	2.0	2.0	20	20	200	2.0	2.0	0.20	0.20	20	20	1.0
4	330	20	86	0.7	0.8	62	(0)	750	(0)	0.9	0.15	0.16	210	26	0
60	540	65	65	1.0	0.6	440	(0)	5300	(0)	2.6	0.10	0.24	100	41	0.2
2	270	19	60	0.7	0.5	31	(0)	380	(0)	1.5	0.14	0.15	190	15	0
350	170	21	41	0.9	0.3	1	(0)	7	(0)	0.4	0.07	0.06	15	11	0.9
8	43	56	2	0	0	0	(0)	1	(0)	0	0	0	4	1	0
1	260	48	41	0.7	0.3	49	(0)	590	(0)	0.2	0.06	0.11	50	8	0

- たんぱく質の青字の数値はアミノ酸組成によるたんぱく質
- 脂質の青字の数値は脂肪酸のトリアシルグリセロール当量
- 炭水化物青字の数値は利用可能炭水化物（質量計）
- 食物繊維総量の黒字の数値はプロスキー変法、青字の数値はAOAC 2011.25法による分析

● 緑黄色野菜　■ 廃棄率 %　■ 水分 g

可食部100gあたり　Tr:微量　（ ）:推定値または推計値　ー:未測定

食品名	部位・状態	食品番号	廃棄率 %	水分 g	エネルギー kcal 200	たんぱく質 g 20.0	脂質 g 20.0	コレステロール mg 100	炭水化物 g 20.0	食物繊維総量 g 2.0
うど	茎 生	06012	35	94.4	19	(0.8) 0.8	— 0.1	(0)	— 4.3	1.4
えだまめ	生	06015	45	71.7	125	10.3 11.7	5.7 6.2	(0)	4.3 8.8	5.0
エンダイブ	葉 生	06018	15	94.6	14	(0.9) 1.2	(0.1) 0.2	(0)	2.9	2.2
トウミョウ	茎葉 生	06019	0	90.9	28	(2.2) 3.8	0.4	(0)	4.0	3.3
さやえんどう	若ざや 生	06020	9	88.6	38	1.8 3.1	(0.2) 0.2	0	4.1 7.5	3.0
スナップえんどう	若ざや 生	06022	5	86.6	47	(1.6) 2.9	(0.1) 0.1	(0)	(5.7) 9.9	2.5
グリンピース	生	06023	0	76.5	76	5.0 6.9	0.2 0.4	0	11.8 15.3	7.7
グリンピース	冷凍	06025	0	75.7	80	4.5 5.8	0.5 0.7	(0)	10.5 17.1	9.3 5.8
オクラ	果実 生	06032	15	90.2	26	1.5 2.1	(0.1) 0.2	Tr	1.9 6.6	5.0
日本かぼちゃ	果実 生	06046	9	86.7	41	1.1 1.6	Tr 0.1	(0)	7.8 10.9	2.8
西洋かぼちゃ	果実 生	06048	10	76.2	78	1.2 1.9	0.2 0.3	0	15.9 20.6	3.5
西洋かぼちゃ	果実 冷凍	06050	0	78.1	75	(1.3) 2.2	(0.2) 0.3	(0)	(14.6) 18.5	4.2
そうめんかぼちゃ	果実 生	06051	30	92.4	25	(0.5) 0.7	(0.1) 0.1	(0)	6.1	1.5

うど [独活]　Japanese spikenard　●中1本=250g
暗所で軟白栽培するうどと、半地下式で上半分を緑化させた山うどがある。歯ざわりがよく、あくが強い。生食、酢の物などに。
山うど

えだまめ [枝豆]　Soybeans　●1さや=2～3g
だいずを完熟前に収穫したもので、塩ゆでにする。東北ではすりつぶしたあんを「ずんだ」という。
えだまめ　生

エンダイブ　Endive　●1個=200g
キク科の植物で、外側の葉に苦味をもつことから、にがちしゃとも呼ばれる。内側の黄色い部分をサラダ菜と同様に使う。

えんどう類 [豌豆]　Peas　●さやえんどう5さや=15g
えんどう豆については豆類参照(→p.170)。
●トウミョウ
えんどうの若芽が育つ頃に、葉の先端をつんで食用とする。中国野菜の1つ。やわらかな葉や茎を炒め物やスープなどにする。
●さやえんどう
えんどうの若さやを食用とするもの。小型の主要品種は絹さやで、さやが薄く、手でつかんで衣ずれのような音がするものがよい。色や歯ざわりを楽しむ料理に用いられることが多い。
●スナップえんどう
別名スナックえんどう。実が熟してもさやも豆もやわらかいため、さやごと食べられる。しかし、さやえんどうのような歯切れのよさはない。
●グリンピース
えんどうの未熟な種子を食用とするもの。さわやかな香りと独特の風味が楽しめる、季節感あふれる野菜の1つである。生は春から初夏にかけての時期に限られるが、缶詰や冷凍ものが1年中出回っている。炊き込みご飯のほか、料理の彩りなどに使う。

オクラ　Okra　●1個=5～10g
アオイ科の植物。未熟な果実を食用とする。独特の粘りと風味をもち、刻んであえ物にしたり、煮物のあしらいや吸い物に使う。

かぼちゃ類 [南瓜]　Pumpkin and squash　●1個=1～1.5kg
ウリ科に属し、カンボジアから渡来したのでこの名がある。日本かぼちゃ・西洋かぼちゃ・ペポかぼちゃなど、多くの品種がある。切り売りの場合は、肉厚で切り口の色が濃く鮮やかで、身がしまっているものがよい。
●日本かぼちゃ
別名とうなす。甘味が少なく粘質で、薄味の和風の煮物に向く。おもに関東以南で栽培される。
●西洋かぼちゃ
日本かぼちゃに比べ、糖質・カリウム・カロテン・ビタミンCが多い。肉質はほくほくして甘味が強い。煮食、ポタージュなど。
●そうめんかぼちゃ
別名糸かぼちゃ・金糸うり。ペポかぼちゃの一種。加熱すると果肉の繊維がほぐれて糸状になる。酢の物・あえ物に向く。

One Point 「うどの大木」という慣用句▶野菜類のうどとは別に木として成長するうどがある。大木に成長するが材質が非常にやわらかいため、「大きく育

ナトリウム mg 200	カリウム mg 200	カルシウム mg 200	リン mg 200	鉄 mg 2.0	亜鉛 mg 2.0	ビタミンA レチノール活性当量 µg 20	レチノール µg 20	β-カロテン当量 µg 200	ビタミンD µg 2.0	ビタミンE α-トコフェロール mg 2.0	ビタミンB₁ mg 0.20	ビタミンB₂ mg 0.20	葉酸 µg 20	ビタミンC mg 20	食塩相当量 g 1.0
Tr	220	7	25	0.2	0.1	(0)	(0)	0	(0)	0.2	0.02	0.01	19	4	0
1	590	58	170	2.7	1.4	22	(0)	260	(0)	0.8	0.31	0.15	320	27	0
35	270	51	30	0.6	0.4	140	(0)	1700	(0)	0.8	0.06	0.08	90	7	0.1
7	350	34	61	1.0	0.4	340	(0)	4100	(0)	3.3	0.24	0.27	91	79	0
1	200	35	63	0.9	0.6	47	(0)	560	(0)	0.7	0.15	0.11	73	60	0
1	160	32	62	0.6	0.4	34	(0)	400	(0)	0.4	0.13	0.09	53	43	0
1	340	23	120	1.7	1.2	35	(0)	420	(0)	0.1	0.39	0.16	76	19	0
9	240	27	110	1.6	1.0	36	(0)	440	(0)	Tr	0.29	0.11	77	20	0
4	260	92	58	0.5	0.6	56	(0)	670	(0)	1.2	0.09	0.09	110	11	0
1	400	20	42	0.5	0.3	60	0	730	(0)	1.8	0.07	0.06	80	16	0
1	450	15	43	0.5	0.3	330	(0)	4000	(0)	4.9	0.07	0.09	42	43	0
3	430	25	46	0.5	0.6	310	(0)	3800	(0)	4.2	0.06	0.09	48	34	0
1	260	27	35	0.3	0.2	4	(0)	49	(0)	0.2	0.05	0.01	25	11	0

っても役に立たないもの」の例えとされたと考えられる。

- たんぱく質の青字の数値はアミノ酸組成によるたんぱく質
- 脂質の青字の数値は脂肪酸のトリアシルグリセロール当量
- 炭水化物の青字の数値は利用可能炭水化物（質量計）
- 食物繊維総量の黒字の数値はプロスキー変法、青字の数値はAOAC 2011.25法による分析

可食部100gあたり　Tr:微量　（ ）:推定値または推計値　ー:未測定

● 緑黄色野菜　■ 廃棄率%　■ 水分g

食品名	番号	廃棄率%	水分g	エネルギー kcal (200)	たんぱく質 g (20.0)	脂質 g (20.0)	コレステロール mg (100)	炭水化物 g (20.0)	食物繊維総量 g (2.0)
かぶ [蕪] 葉 生 ●	06034	30	92.3	20	(2.0) 2.3	(0.1) 0.1	(0)	3.9	2.9
根 皮つき 生	06036	9	93.9	18	0.6 0.7	0.1 0.1	(0)	3.0 4.6	1.5
漬物 塩漬 根 皮つき	06041	0	90.5	21	(0.8) 1.0	(0.1) 0.2	(0)	4.9	1.9
からしな [芥子菜] 葉 生 ●	06052	0	90.3	26	2.8 3.3	0.1	(0)	4.7	3.7
カリフラワー 花序 生	06054	50	90.8	28	2.1 3.0	0.1	0	3.2 5.2	2.9
かんぴょう [干瓢] 乾	06056	0	19.8	239	4.4 6.3	0.2	(0)	33.2 68.1	30.1
きく [菊] 花びら 生	06058	15	91.5	25	(1.2) 1.4	0	(0)	6.5	3.4
キャベツ類 キャベツ 結球葉 生	06061	15	92.7	21	0.9 1.3	0.1 0.2	(0)	3.5 5.2	1.8
グリーンボール 結球葉 生	06063	15	93.4	20	(1.0) 1.4	(Tr) 0.1	(0)	(3.2) 4.3	1.6
レッドキャベツ 結球葉 生	06064	10	90.4	30	(1.3) 2.0	Tr 0.1	(0)	(3.5) 6.7	2.8
きゅうり [胡瓜] 果実 生	06065	2	95.4	13	0.7 1.0	Tr 0.1	0	1.9 3.0	1.1
漬物 ピクルス サワー型	06070	0	93.4	13	(1.0) 1.4	Tr	(0)	2.5	1.4
クレソン 茎葉 生 ●	06077	15	94.1	13	(1.5) 2.1	(0.1) 0.1	(0)	(0.5) 2.5	2.5

かぶ [蕪] Turnip　●葉1株分=40g　根中1個=80g
アブラナ科の植物で、肥大した根・葉・茎を食用とする。日本ではもっとも古い野菜の1つで、古名を「すずな」という。根の大きさによる分類では、大型の聖護院かぶ、中型の天王寺かぶ、小型の金町小かぶが代表品種である。かぶの葉にはカロテンとビタミンCが多く、カルシウム・鉄・カリウムも多く含まれ、緑黄色野菜である。根にはビタミンCやでん粉分解酵素のアミラーゼが含まれる。料理としては、汁の実や煮物、かぶら蒸しなどの蒸し物、塩漬けの漬物に広く用いられる。西洋料理では、煮込みやつけ合わせとしてよく使われる。

からしな [芥子菜] Leaf mustard　●葉1株分=30g
別名葉がらし。葉の色は緑と赤紫が混ざっている。鉄、カルシウム、ビタミン類が豊富。独特の強い辛味と鼻をつく香気がある。

カリフラワー Cauliflower　●1個=500g
花を咲かせずに結球したキャベツの変種で、花のつぼみを食用とする。ビタミンC・鉄を多く含む。

かんぴょう [干瓢] Kanpyo　●巻きずし1本分=3g
ゆうがおの果肉を薄くはぎ、乾燥させた加工品で、栃木県や茨城県が主産地。甘辛く煮込んで、巻きずしの具とすることが多い。

きく [菊] Chrysanthemum　●1輪=5g
日本の伝統的な食用花（エディブルフラワー）。江戸時代から食されている。観賞用とは別に改良された専用の食用菊を利用。

キャベツ類 Cabbage　●1枚=60g　1個=700g～1kg
アブラナ科に属する。外の葉が大きくなると結球する野菜で、生の歯ごたえと加熱したときの甘味が親しまれる。冬キャベツは2月頃出回り扁平で葉がかため、春キャベツは巻きがゆるめで葉がやわらかい。特にビタミンCを多く含み、生食・煮物・炒め物・蒸し物など用途は広い。
●グリーンボール
小ぶりのボール形で肉厚の割にやわらかい。
●レッドキャベツ
赤い色素（アントシアン）は茎や葉の表皮だけで、その下の細胞はふつうの緑色や白色のため、切り口が美しい模様になる。

きゅうり [胡瓜] Cucumber　●生中1本=80～100g
ウリ科の代表的野菜で、果実の未熟なうちに食用にする。世界各地で栽培され、品種は多い。水分含量が多く、栄養価は低いが、さわやかな香りと歯ざわりが好まれる。サラダ・漬物などに用いる。
●ピクルス
香辛料や酢に漬けた「スイート型」と、塩漬け後に乳酸発酵させた「サワー型」がある。

クレソン Watercress　●1本=5g
明治初期に伝えられ、和名をオランダがらしという。ピリッとした辛味と香りが特徴。肉料理のつけ合わせやサラダに用いる。

One Point　野菜は立てて保存しよう▶植物には地面から垂直に伸びようとする性質があるため、例えば青菜類を横に寝かせておくと、起きあがろうとして

グラフ1本分の相当量

ナトリウム mg 200	カリウム mg 200	カルシウム mg 200	リン mg 200	鉄 mg 2.0	亜鉛 mg 2.0	ビタミンA レチノール活性当量 μg 20	レチノール μg 20	β-カロテン当量 μg 200	ビタミンD μg 2.0	ビタミンE α-トコフェロール mg 2.0	ビタミンB₁ mg 0.20	ビタミンB₂ mg 0.20	葉酸 μg 20	ビタミンC mg 20	食塩相当量 g 1.0
24	330	250	42	2.1	0.3	230	(0)	2800	(0)	3.1	0.08	0.16	110	82	0.1
5	280	24	28	0.3	0.1	(0)	(0)	0	(0)	0	0.03	0.03	48	19	0
1100	310	48	36	0.3	0.1	(0)	(0)	0	(0)	0	0.02	0.03	48	19	2.8
60	620	140	72	2.2	0.9	230	0	2800	(0)	3.0	0.12	0.27	310	64	0.2
8	410	24	68	0.6	0.6	2	(0)	18	(0)	0.2	0.06	0.11	94	81	0
3	1800	250	140	2.9	1.8	(0)	(0)	0	(0)	0.4	0	0.04	99	0	0
2	280	22	28	0.7	0.3	6	(0)	67	(0)	4.6	0.10	0.11	73	11	0
5	200	43	27	0.3	0.2	4	(0)	50	(0)	0.1	0.04	0.03	78	41	0
4	270	58	41	0.4	0.2	9	(0)	110	(0)	0.2	0.05	0.04	53	47	0
4	310	40	43	0.5	0.3	3	(0)	36	(0)	0.1	0.07	0.03	58	68	0
1	200	26	36	0.3	0.2	28	(0)	330	(0)	0.3	0.03	0.03	25	14	0
1000	11	23	5	1.2	0.1	1	(0)	14	(0)	Tr	0.02	0.06	1	0	2.5
23	330	110	57	1.1	0.2	230	(0)	2700	(0)	1.6	0.10	0.20	150	26	0.1

もっているエネルギーを使い、味がそこなわれる。野菜は、育っていた状態と同じ姿勢で保存すると味の落ちかたが遅い。

- たんぱく質の青字の数値はアミノ酸組成によるたんぱく質
- 脂質の青字の数値は脂肪酸のトリアシルグリセロール当量
- 炭水化物の青字の数値は利用可能炭水化物（質量計）
- 食物繊維総量の黒字の数値はプロスキー変法、青字の数値は AOAC 2011.25 法による分析

可食部100gあたり　Tr:微量　（ ）:推定値または推計値　ー:未測定

● 緑黄色野菜　▐ 廃棄率%　▐ 水分g

	エネルギー kcal 200	たんぱく質 g 20.0	脂質 g 20.0	コレステロール mg 100	炭水化物 g 20.0	食物繊維総量 g 2.0
くわい [慈姑]　Arrowhead　●1個=15〜20g　塊茎 生 06078　廃棄率20　水分65.5	128	6.3	0.1	(0)	26.6	2.4
ごぼう [牛蒡]　Edible burdock　●1本=180g　根 生 06084　廃棄率10　水分81.7	58	1.1 / 1.8	(0.1) / 0.1	(0)	1.0 / 15.4	5.7
こまつな [小松菜]　Spinach mustard ●1わ=300g 中1株=40〜50g ●葉 生 06086　廃棄率15　水分94.1	13	1.3 / 1.5	0.1 / 0.2	(0)	0.3 / 2.4	1.9
ザーサイ [搾菜]　Stem mustard ●小皿1=20g　漬物 06088　廃棄率0　水分77.6	20	(2.0) / 2.5	0.1	(0)	4.6	4.6
ししとう [獅子唐]　Sweet peppers ●1本=5〜10g　●果実 生 06093　廃棄率10　水分91.4	24	1.3 / 1.9	(0.1) / 0.3	(0)	1.2 / 5.7	3.6
しそ [紫蘇]　Perilla ●葉1枚=0.5g 実1本=1〜5g　●葉 生 06095　廃棄率0　水分86.7	32	3.1 / 3.9	Tr / 0.1	(0)	7.5	7.3
穂じそ　●実 生 06096　廃棄率0　水分85.7	32	(2.7) / 3.4	0.1	(0)	8.9	8.9
しゅんぎく [春菊]　Garland chrysanthemum ●1わ=200g　●葉 生 06099　廃棄率1　水分91.8	20	1.9 / 2.3	0.1 / 0.3	(0)	0.4 / 3.9	3.2
じゅんさい [蓴菜]　Water shield ●5個=10g　若葉 水煮びん詰 06101　廃棄率0　水分98.6	4	0.4	0	(0)	1.0	1.0
しょうが類 [生姜] ●しょうが1かけ=10〜15g Ginger　葉しょうが 根茎 生 06102　廃棄率40　水分96.3	9	(0.4) / 0.5	(0.1) / 0.2	(0)	2.1	1.6
しょうが 根茎 皮なし 生 06103　廃棄率20　水分91.4	28	0.7 / 0.9	(0.2) / 0.3	(0)	4.0 / 6.6	2.1
しょうが 漬物 酢漬 06104　廃棄率0　水分89.2	15	(0.3) / 0.3	(0.1) / 0.2	(0)	3.9	2.2
しょうが 漬物 甘酢漬 06105　廃棄率0　水分86.0	44	(0.2) / 0.2	(0.3) / 0.4	(0)	10.7	1.8

くわい [慈姑]
水田の地中に伸びた地下茎の塊茎を食用とする。煮物や揚げ物にする。たくさん芽が出る＝めでたいことから、正月の縁起物。

ごぼう [牛蒡]
キク科の野菜で、肥大した根を食用とする。素朴な香りと強い歯ごたえをもち、あくが強い。繊維が多く、整腸作用がある。

こまつな [小松菜]
中国から伝わったかぶの一種で、葉を食用とする。東京の小松川の特産であったことに由来する。おひたしなどにする。

ザーサイ [搾菜]
中国四川省の代表的な漬物。こぶ状に肥大したからし菜の変種を、とうがらし・さんしょうなどとともに塩漬したもの。

ししとう [獅子唐]
とうがらしの甘味種。未熟果を食用とする。カロテン・ビタミンCが多い。料理のあしらいに使うほか、天ぷらなどにする。

しそ [紫蘇]
芽から葉、実まですべて利用できる代表的な香味野菜。葉が緑色をした青じそ、紅紫色の赤じそがある。大葉は青じその葉のことで、香りが強い。ビタミンAが特に多く、ビタミンCにも富む。薬味として生食する場合は青じそが、梅干や漬物の着色には赤じそが用いられる。さしみのつまなどには、穂じそが利用される。

しゅんぎく [春菊]
関西では菊菜と呼ぶ。菊に似た独特の香りをもつ。あくが少なく、若くやわらかい葉は生食できる。鍋物での需要が多い。

じゅんさい [蓴菜]
各地の池や沼に自生しているが、栽培もされている。透明なゼリー状の粘質物に包まれている若芽やつぼみを食用にする。

しょうが類 [生姜]
●葉しょうが
別名はじかみ。塊茎から新芽が出始めたものを葉がついたまま収穫する。生臭みを消す、殺菌作用があるなどの効能がある。
●しょうが
しょうがの根茎（根しょうが）のことで、種しょうがから分かれてできたものを新しょうが、2年以上たつ種しょうがをひねしょうがと呼ぶ。ひねしょうがは薬味、肉や魚の臭み消し等に利用する。
●漬物（酢漬・甘酢漬）
酢漬は、別名紅しょうが。塩で下漬した後、梅酢（梅干しを漬けた後の残り汁）で数日間漬け込み細切りにする。甘酢漬は、新しょうがを薄切りにしてゆで、甘酢に漬けたもの。しょうがに含まれるアントシアン系色素が酢と反応して、ピンク色に漬け上がる。寿司屋ではガリと呼ばれる。

One Point　そんなつもりはなかったのに……▶ごぼうは日本のみで食用されるらしい。太平洋戦争で捕虜（ほりょ）になった連合国兵にごぼうを食べさせ

ナトリウム mg 200	カリウム mg 200	カルシウム mg 200	リン mg 200	鉄 mg 2.0	亜鉛 mg 2.0	ビタミンA レチノール活性当量 µg 20	レチノール µg 20	β-カロテン当量 µg 200	ビタミンD µg 2.0	ビタミンE α-トコフェロール mg 2.0	ビタミンB₁ mg 0.20	ビタミンB₂ mg 0.20	葉酸 µg 20	ビタミンC mg 20	食塩相当量 g 1.0
3	600	5	150	0.8	2.2	(0)	(0)	0	(0)	3.0	0.12	0.07	140	2	0
18	320	46	62	0.7	0.8	Tr	(0)	1	(0)	0.6	0.05	0.04	68	3	0
15	500	170	45	2.8	0.2	260	(0)	3100	(0)	0.9	0.09	0.13	110	39	0
5400	680	140	67	2.9	0.4	1	(0)	11	(0)	0.2	0.04	0.07	14	0	13.7
1	340	11	34	0.5	0.3	44	(0)	530	(0)	1.3	0.07	0.07	33	57	0
1	500	230	70	1.7	1.3	880	(0)	11000	(0)	3.9	0.13	0.34	110	26	0
1	300	100	85	1.2	1.0	220	(0)	2600	(0)	3.8	0.09	0.16	72	5	0
73	460	120	44	1.7	0.2	380	(0)	4500	(0)	1.7	0.10	0.16	190	19	0.2
2	2	4	5	0	0.2	2	(0)	29	(0)	0.1	0	0.02	3	0	0
5	310	15	21	0.4	0.4	Tr	(0)	4	(0)	0.1	0.02	0.03	14	3	0
6	270	12	25	0.5	0.1	Tr	(0)	5	(0)	0.1	0.03	0.02	8	2	0
2200	25	22	5	0.2	Tr	0	(0)	5	(0)	0.1	0	0.01	1	0	5.6
800	13	39	3	0.3	Tr	0	(0)	4	(0)	0.1	0.63	0	1	0	2.0

穀類 いも・でん粉類 砂糖・甘味類 豆類 種実類 野菜類 果実類 きのこ類 藻類 魚介類

たところ、その後軍事裁判でその兵士に「木の根を食べさせられた」と証言されて、食事を与えた人は捕虜虐待のため死刑になってしまった。

- たんぱく質の青字の数値はアミノ酸組成によるたんぱく質
- 脂質の青字の数値は脂肪酸のトリアシルグリセロール当量
- 炭水化物の青字の数値は利用可能炭水化物（質量計）
- 食物繊維総量の黒字の数値はプロスキー変法、青字の数値はAOAC 2011.25法による分析

● 緑黄色野菜　■ 廃棄率%　■ 水分g

可食部100gあたり　Tr:微量　（ ）:推定値または推計値　ー:未測定

	エネルギー kcal	たんぱく質 g	脂質 g	コレステロール mg	炭水化物 g	食物繊維総量 g
	200	20.0	20.0	100	20.0	2.0

しろうり［白瓜］　Oriental pickling melon　●生1本=200g

別名あさうり。まくわうりの一種であるが、生長しても甘味も香りももたない。果肉はかたく、外皮はなめらかでつやがある。完熟すると白くなるので、この名がある。4～9月頃まで出回り、旬は夏。味が淡白なので奈良漬・みそ漬・鉄砲漬などの漬物に加工されることが多いが、薄切りにして三杯酢であえたり、わん種などにも使われる。

果実 生 06106						
廃棄率 25　水分 95.3	15	(0.6) 0.9	(Tr) 0.1	(0)	3.3	1.2
漬物 奈良漬 06108						
廃棄率 0　水分 44.0	216	4.6	0.2	(0)	40.0	2.6

ずいき［芋茎］　Taro　●1本=2g

さといもの葉柄のことで、干しずいきは、ずいきの皮をむいて乾燥したもの。繊維質・ミネラルに富み、酢の物やあえ物に用いる。

干しずいき 乾 06111						
廃棄率 0　水分 9.9	232	(2.6) 6.6	(0.3) 0.4	(0)	63.5	25.8

ズッキーニ　Zucchini　●1本=200g

かぼちゃの一種で、未熟果を食用にする。水分が多く、ビタミンA・Cに富む。煮込み料理・炒め物・フライなどにする。

果実 生 06116						
廃棄率 4　水分 94.9	16	(0.9) 1.3	(0.1) 0.1	(0)	(2.3) 2.8	1.3

せり［芹］　Water dropwort　●1わ=150g

春の七草の1つで、香りと歯ざわりを楽しむ。カロテンの多い野菜で、あえ物・おひたしのほか、鍋物などにも使われる。

茎葉 生 06117						
廃棄率 30　水分 93.4	17	(1.9) 2.0	(0.1) 0.1	(0)	3.3	2.5

セロリ　Celery　●1本=100～150g

別名オランダみつば。独特の強い香りと歯ざわりが特徴の茎菜類。サラダのほか、欧米では煮込み料理やスープに使われる。

葉柄 生 06119						
廃棄率 35　水分 94.7	12	0.4 0.4	0.1 0.1	(0)	1.3 3.6	1.5

ぜんまい［薇］　Japanese royal fern　●1袋=80～200g

若芽を食用とする山菜。わらびに似ているが、より大きく、かたい。生は苦味が強いので、あくを抜く。天ぷら・あえ物など。

生ぜんまい 若芽 生 06120						
廃棄率 15　水分 90.9	27	(1.3) 1.7	0.1	(0)	6.6	3.8

そらまめ［蚕豆］　Broad beans　●1粒=6g

若ざや用の未熟な豆を食用とする。おいしいのは収穫してから3日だけといわれるほど鮮度が落ちやすい。塩ゆでなどにする。

未熟豆 生 06124						
廃棄率 25　水分 72.3	102	8.3 10.9	0.1 0.2	(0)	12.1 15.5	2.6

タアサイ［搨菜］　Tatsoi　●1株=200g

中国野菜。日本では2月頃に多く獲れる。カロテンやビタミンCが豊富で、炒め物や煮物などに使われる。

葉 生 06126						
廃棄率 6　水分 94.3	12	(1.1) 1.3	(0.1) 0.2	(0)	2.2	1.9

たいさい［体菜］　Chinese mustard　●1株=150～200g

チンゲンサイと同じ仲間の中国野菜。カルシウム、鉄、カロテンなどが豊富。おひたし、炒め物、煮物などに用いる。

葉 生 06145						
廃棄率 0　水分 93.7	15	(0.8) 0.9	(Tr) 0.1	(0)	3.5	1.6

たけのこ［筍］　Bamboo shoots　●生大1本=1～2kg　中中1本=300g

竹の幼茎で、4～5月に山野に自生するか、栽培される。代表的な品種は孟宗（もうそう）竹で、肉質がやわらかく品質がよい。また、えぐみが少ない淡竹（はちく）、あくがつよい真竹（まだけ）などがある。掘りたてはえぐみもなく生で食べられるが、時間がたつとえぐみが出てくるので、下ゆでしてから調理する。主産地で水煮にして、缶詰として加工する場合も多い。

若茎 生 06149						
廃棄率 50　水分 90.8	27	2.5 3.6	(0.1) 0.2	(0)	1.4 4.3	2.8
水煮缶詰 06151						
廃棄率 0　水分 92.8	22	(1.9) 2.7	(0.1) 0.2	(0)	(2.2) 4.0	2.3

●めんま

別名しなちく。たけのこを細かく切って蒸し、乳酸発酵後に天日で干して塩蔵したもの。塩抜きしてから調味液で煮る。

めんま 塩蔵 塩抜き 06152						
廃棄率 0　水分 93.9	15	(0.7) 1.0	(0.4) 0.5	(0)	3.6	3.5

One Point　新春に限る!?　▶春の七草のせりには、"5月のせりは食べるな"という言葉がある。これは猛毒の毒ぜりがこの時期に伸び始めるため。毒ぜり

ナトリウム mg 200	カリウム mg 200	カルシウム mg 200	リン mg 200	鉄 mg 2.0	亜鉛 mg 2.0	ビタミンA レチノール活性当量 μg 20	レチノール μg 20	β-カロテン当量 μg 200	ビタミンD μg 2.0	ビタミンE α-トコフェロール mg 2.0	ビタミンB₁ mg 0.20	ビタミンB₂ mg 0.20	葉酸 μg 20	ビタミンC mg 20	食塩相当量 g 1.0
1	220	35	20	0.2	0.2	6	(0)	70	(0)	0.2	0.03	0.03	39	8	0
1900	97	25	79	0.4	0.8	2	(0)	27	(0)	0.1	0.03	0.11	52	0	4.8
6	10000	1200	210	9.0	5.4	1	(0)	15	(0)	0.4	0.15	0.30	30	0	0
1	320	24	37	0.5	0.4	27	(0)	320	(0)	0.4	0.05	0.05	36	20	0
19	410	34	51	1.6	0.3	160	(0)	1900	(0)	0.7	0.04	0.13	110	20	0
28	410	39	39	0.2	0.2	4	(0)	44	(0)	0.2	0.03	0.03	29	7	0.1
2	340	10	37	0.6	0.5	44	(0)	530	(0)	0.6	0.02	0.09	210	24	0
1	440	22	220	2.3	1.4	20	(0)	240	(0)	Tr	0.30	0.20	120	23	0
29	430	120	46	0.7	0.5	180	(0)	2200	(0)	1.5	0.05	0.09	65	31	0.1
38	340	79	49	1.1	0.7	130	(0)	1500	(0)	0.9	0.07	0.07	120	45	0.1
Tr	520	16	62	0.4	1.3	1	(0)	11	(0)	0.7	0.05	0.11	63	10	0
3	77	19	38	0.3	0.4	(0)	(0)	0	(0)	1.0	0.01	0.04	36	0	0
360	6	18	11	0.2	Tr	(0)	(0)	0	(0)	Tr	0	0	1	0	0.9

穀類　いも・でん粉類　砂糖・甘味類　豆類　種実類　野菜類　果実類　きのこ類　藻類　魚介類

は茎が太くて節がたくさんあり、空洞になっているので、摘み草のときには要注意。

- たんぱく質の青字の数値はアミノ酸組成によるたんぱく質
- 脂質の青字の数値は脂肪酸のトリアシルグリセロール当量
- 炭水化物の青字の数値は利用可能炭水化物（質量計）
- 食物繊維総量の黒字の数値はプロスキー変法、青字の数値はAOAC 2011.25法による分析

● 緑黄色野菜　■ 廃棄率%　■ 水分g

可食部100gあたり　Tr：微量　（　）：推定値または推計値　ー：未測定

品名	エネルギー kcal (200)	たんぱく質 g (20.0)	脂質 g (20.0)	コレステロール mg (100)	炭水化物 g (20.0)	食物繊維総量 g (2.0)

かいわれだいこん [貝割大根] Daikon, sprouts
●1パック=50g

四十日群だいこんの種を水耕栽培し、双葉を食用とする。ピリッとした辛味がある。料理のあしらいやサラダなどにする。

芽ばえ 生 06128 — 廃棄率 0 / 水分 93.4

| | 21 | (1.8) 2.1 | (0.2) 0.5 | (0) | — 3.3 | 1.9 |

だいこん [大根] Japanese radishes
●根中1本=800g

●だいこん
アブラナ科。肥大した根と葉を食用とする。古名は、春の七草の「すずしろ」。種類は多いが代表品種は宮重（青首だいこん）で、1年中出回る。ほかの在来種は、守口（岐阜）・聖護院（京都）・桜島（鹿児島）などが有名。根には、ビタミンC・アミラーゼを多く含む。だいこんの辛味は、強い殺菌作用のあるイソチオシアネートという成分による。これは、すりおろしたりすることで、細胞が壊れてはじめて生成される。この成分はだいこんの先端に多く含まれる。

●切干しだいこん
だいこんを天日乾燥させた加工品。生よりも甘味と風味が加わる。はりはり漬などの漬物や、水でもどし、煮物に使う。

●たくあん漬（塩押しだいこん漬）
生だいこんを塩漬したのち、本漬けしたもの。別名新漬たくあん。江戸時代に沢庵和尚が考案したものといわれる。

●福神漬
七福神にちなみ、だいこんを主材料に7種類の野菜をしょうゆ漬した漬物。

葉 生 06130 — 廃棄率 10 / 水分 90.6

| | 23 | 1.9 2.2 | Tr 0.1 | (0) | 1.4 5.3 | — 4.0 |

根 皮つき 生 06132 — 廃棄率 10 / 水分 94.6

| | 15 | 0.4 0.5 | Tr 0.1 | (0) | 2.6 4.1 | 1.4 |

切干しだいこん 乾 06136 — 廃棄率 0 / 水分 8.4

| | 280 | (7.3) 9.7 | (0.3) 0.8 | (0) | 69.7 | 21.3 |

漬物 たくあん漬 塩押しだいこん漬 06138 — 廃棄率 0 / 水分 85.0

| | 43 | (0.5) 0.6 | 0.3 | (0) | 10.8 | 2.3 |

漬物 福神漬 06143 — 廃棄率 0 / 水分 58.6

| | 137 | 2.7 | 0.1 | (0) | 33.3 | 3.9 |

たかな [高菜] Leaf mustard

独特の辛味がある。たかな漬は、たかなを塩漬けしてから乳酸発酵させたもの。刻んでチャーハンなどに用いられる。

たかな漬 06148 — 廃棄率 0 / 水分 87.2

| | 30 | (1.5) 1.9 | 0.6 | (0) | 6.2 | 4.0 |

たまねぎ類 [玉葱] Onions
●大1個=350g 中1個=200g

中央アジア原産で、世界各地で栽培される重要な作物である。生の独特の辛味はアリシンによるもの。調理の際に目を刺激する原因物質だが、ビタミンB₁の吸収を助けるはたらきや、強い殺菌作用、消化酵素の分泌促進作用、発汗作用等がある。サラダや炒め物のほか、うま味のベースにも使用。

●赤たまねぎ
別名レッドオニオン、紫たまねぎ。辛味が少ないので、サラダなど生食に向く。

●葉たまねぎ
玉になる部分がふくらみはじめたくらいの早い時期に、葉がついたまま収穫したもの。

たまねぎ りん茎 生 06153 — 廃棄率 6 / 水分 90.1

| | 33 | 0.7 1.0 | Tr 0.1 | 1 | 6.9 8.4 | 1.5 |

赤たまねぎ りん茎 生 06156 — 廃棄率 8 / 水分 89.6

| | 34 | (0.6) 0.9 | (Tr) 0.1 | (0) | (7.2) 9.0 | 1.7 |

葉たまねぎ りん茎及び葉 生 06337 — 廃棄率 1 / 水分 89.5

| | 33 | (1.2) 1.8 | — 0.4 | (0) | (5.1) 7.6 | 3.0 |

たらのめ [たらの芽] Japanese angelica-tree
●1個=5g

春にたらの木の先端に出る若芽を食用とする山菜。独特の香りと食感を楽しむ。天ぷら・あえ物・汁の実に使う。

若芽 生 06157 — 廃棄率 30 / 水分 90.2

| | 27 | 4.2 | 0.2 | (0) | 4.3 | 4.2 |

チコリ Chicory
●1個=80g

はくさいに似た紡錘（ぼうすい）形の葉を食用とする。ほろ苦く、サクサクした歯ざわりがある。サラダなどに使う。

若芽 生 06159 — 廃棄率 15 / 水分 94.7

| | 17 | (0.8) 1.0 | Tr | (0) | (0.8) 3.9 | 1.1 |

チンゲンサイ [青梗菜] Green bok choy
●1株=100〜200g

漬け菜の一種で代表的な中国野菜。味にくせがなく、歯切れがよい。カロテン・ビタミンC・カルシウムに富む。炒め物などに。

葉 生 06160 — 廃棄率 15 / 水分 96.0

| | 9 | 0.7 0.6 | (0.1) 0.1 | (0) | 0.4 2.0 | 1.2 |

One Point　たまねぎなんかで泣きたくない▶たまねぎにはアリシンという刺激物質が含まれていて、切ったとき気化し、目を刺激することで涙が出る。たま

ナトリウム mg 200	カリウム mg 200	カルシウム mg 200	リン mg 200	鉄 mg 2.0	亜鉛 mg 2.0	ビタミンA レチノール活性当量 μg 20	レチノール μg 20	β-カロテン当量 μg 200	ビタミンD μg 2.0	ビタミンE α-トコフェロール mg 2.0	ビタミンB₁ mg 0.20	ビタミンB₂ mg 0.20	葉酸 μg 20	ビタミンC mg 20	食塩相当量 g 1.0
5	99	54	61	0.5	0.3	160	(0)	1900	(0)	2.1	0.08	0.13	96	47	0
48	400	260	52	3.1	0.3	330	(0)	3900	(0)	3.8	0.09	0.16	140	53	0.1
19	230	24	18	0.2	0.2	(0)	(0)	0	(0)	0	0.02	0.01	34	12	0
210	3500	500	220	3.1	2.1	0	(0)	2	(0)	0	0.35	0.20	210	28	0.5
1300	56	16	12	0.2	0.1	(0)	(0)	1	(0)	Tr	0.01	0.01	10	40	3.3
2000	100	36	29	1.3	0.1	8	(0)	100	(0)	0.1	0.02	0.10	3	0	5.1
1600	110	51	24	1.5	0.2	200	(0)	2400	(0)	1.6	0.01	0.03	23	Tr	4.0
2	150	17	31	0.3	0.2	0	0	1	0	Tr	0.04	0.01	15	7	0
2	150	19	34	0.3	0.2	(0)	(0)	0	(0)	0.1	0.03	0.02	23	7	0
3	290	67	45	0.6	0.3	120	0	1500	(0)	1.1	0.06	0.11	120	32	0
1	460	16	120	0.9	0.8	48	(0)	570	(0)	2.4	0.15	0.20	160	7	0
3	170	24	25	0.2	0.2	1	(0)	11	(0)	0.2	0.06	0.02	41	2	0
32	260	100	27	1.1	0.3	170	(0)	2000	(0)	0.7	0.03	0.07	66	24	0.1

（縦の見出し）穀類／いも・でん粉類／砂糖・甘味類／豆類／種実類／野菜類／果実類／きのこ類／藻類／魚介類

ねぎで泣きたくないときは、水につけながら切るとアリシンが水に溶けて気化しなくなる。また、あらかじめ冷蔵庫で数時間冷やしておくのもよい。

野菜類
VEGETABLES

可食部100gあたり　Tr:微量　（ ）:推定値または推計値　－:未測定

- たんぱく質の青字の数値はアミノ酸組成によるたんぱく質
- 脂質の青字の数値は脂肪酸のトリアシルグリセロール当量
- 炭水化物の青字の数値は利用可能炭水化物（質量計）
- 食物繊維総量の青字の数値はプロスキー変法、青字の数値はAOAC 2011.25法による分析

● 緑黄色野菜　■ 廃棄率 %　■ 水分 g

食品	エネルギー kcal 200	たんぱく質 g 20.0	脂質 g 20.0	コレステロール mg 100	炭水化物 g 20.0	食物繊維総量 g 2.0
つるむらさき [落葵・蔓紫] Malabar nightshade ●1本=40g 茎葉 生 06165　廃棄率0　水分95.1	11	(0.5) 0.7	— 0.2	(0)	2.6	2.2
とうがらし [唐辛子] Hot peppers ●乾1個=0.5g 果実 乾 06172　廃棄率0　水分8.8	270	(10.8) 14.7	(4.4) 12.0	(0)	58.4	46.4
とうがん [冬瓜] Chinese preserving melon ●1個=2〜5kg 果実 生 06173　廃棄率30　水分95.2	15	(0.3) 0.5	(0.1) 0.1	(0)	3.8	1.3
とうもろこし [玉蜀黍] Corn ●中1本=300〜350g スイートコーン 未熟種子 生 06175　廃棄率50　水分77.1	89	2.7 3.6	1.3 1.7	0	12.0 16.8	3.0
スイートコーン缶詰 クリームスタイル 06179　廃棄率0　水分78.2	82	(1.5) 1.7	(0.5) 0.5	(0)	18.6	1.8
スイートコーン缶詰 ホールカーネルスタイル 06180　廃棄率0　水分78.4	78	(2.2) 2.3	(0.5) 0.5	(0)	(13.0) 17.8	3.3
ヤングコーン Corn, sweet corn, young ear, raw ●1本=10g 幼雌穂 生 06181　廃棄率0　水分90.9	29	(1.7) 2.3	(0.2) 0.2	(0)	(4.1) 6.0	2.7
トマト類 Tomatoes ●中1個=100〜150g 赤色トマト 果実 生 06182　廃棄率3　水分94.0	20	0.5 0.7	0.1 0.1	0	3.1 4.7	1.0
赤色ミニトマト 果実 生 06183　廃棄率2　水分91.0	30	(0.8) 1.1	(0.1) 0.1	(0)	4.5 7.2	1.4
加工品 ホール 食塩無添加 06184　廃棄率0　水分93.3	21	(0.9) 0.9	(0.1) 0.1	(0)	(3.6) 4.4	1.3
加工品 トマトジュース 食塩添加 06185　廃棄率0　水分94.1	15	(0.7) 0.7	(0.1) 0.1	(0)	(2.9) 4.0	0.7
なす類 [茄子] Eggplant ●1個=100g べいなす1個=200g なす 果実 生 06191　廃棄率10　水分93.2	18	0.7 1.1	Tr 0.1	1	2.6 5.1	2.2
べいなす 果実 生 06193　廃棄率30　水分93.0	20	(0.9) 1.1	(Tr) 0.1	(0)	(2.6) 5.3	2.4

つるむらさき [落葵・蔓紫]
若い茎葉を食用とする。つるが緑色の緑茎種と赤紫色の紫茎種がある。ぬめりと土臭さがある。おひたし、あえ物などに用いる。

とうがらし [唐辛子]
小型の辛味種の生または乾燥したものを薬味や香辛料として用いる。若い果実はつやのある新緑色で熟すと赤くなる。

とうがん [冬瓜]
果実は大型の長円形である。ビタミンCを含む。味は淡白で、胃のはたらきを促進するといわれる。蒸し物・スープなどに使う。

とうもろこし [玉蜀黍]
別名とうきび。世界三大穀類の一つで、人間の食料のほか家畜の飼料や、最近ではバイオエネルギーとしても利用されている。日本へは、天正7（1579）年にポルトガル人が長崎に伝えたのが最初で、明治期に北海道で栽培されるようになり、全国に普及した。スイートコーンは、種実が成熟しても胚乳の炭水化物がでん粉にならず、糖分のまま残るので甘い。ゆでたり焼いたりして利用する。缶詰にも加工され、粒をそのまま残したホールカーネルスタイルのほか、皮ごとすりつぶしたクリームスタイルがあり、サラダやスープなどに利用される。

ヤングコーン
別名ベビーコーン。スイートコーンのごく若い穂を芯ごと利用するもの。缶詰に加工することが多い。サラダなどに用いる。

トマト類
ナス科に属し、南米ペルーのアンデス高原が原産地である。世界各国で栽培され、ほとんど1年中出回る。果皮が固く果肉が緻密な桃太郎、頭頂部がとがったファースト系、小粒なミニトマトなどに分けられる。トマトは日本では生食されることが多く、ビタミン類のよい供給源になっている。生食のほか、ピューレーにしてソース・スープ・ムースなどにしたり、シチューや煮込みに加える。ヨーロッパ、特にイタリアやスペインでは、調味料としての役割に使われることが多い。トマトジュースは、トマトを破砕・搾汁または裏ごしし、食塩を加えたものである。
●ミニトマト
別名プチトマト、チェリートマトといい、糖度が高く熟してから収穫するため味が濃厚で、料理のアクセントなどに使われる。

なす類 [茄子]
インド原産。生産量が多く、ハウス栽培の普及で1年を通して出回る。形や大きさはさまざまで、長なす、べいなす、丸なすなど。あくが強く、褐変を起こしやすい。冬春なすと夏秋なすがあり、後者の収穫量は、前者のほぼ3倍である。秋なすは糖分が多く、形も小さく、肉がしまって美味である。ビタミンやミネラルは少ない。

One Point　トマトなのにりんご？▶トマトのことをイタリアではポモドーロ（黄金のりんご）、フランスではポム・ダムール（愛のりんご）、イギリスではラブ・

ナトリウム mg (200)	カリウム mg (200)	カルシウム mg (200)	リン mg (200)	鉄 mg (2.0)	亜鉛 mg (2.0)	ビタミンA レチノール活性当量 μg (20)	レチノール μg (20)	β-カロテン当量 μg (200)	ビタミンD μg (2.0)	ビタミンE α-トコフェロール mg (2.0)	ビタミンB₁ mg (0.20)	ビタミンB₂ mg (0.20)	葉酸 μg (20)	ビタミンC mg (20)	食塩相当量 g (1.0)
9	210	150	28	0.5	0.4	250	(0)	3000	(0)	1.1	0.03	0.07	78	41	0
17	2800	74	260	6.8	1.5	1500	(0)	17000	(0)	30.0	0.50	1.40	30	1	0
1	200	19	18	0.2	0.1	(0)	(0)		(0)	0.1	0.01	0.01	26	39	0
Tr	290	3	100	0.8	1.0	4	0	53	(0)	0.3	0.15	0.10	95	8	0
260	150	2	46	0.4	0.4	4	(0)	50	(0)	0.1	0.02	0.05	19	3	0.7
210	130	2	40	0.4	0.6	5	(0)	62	(0)	0.1	0.03	0.05	18	2	0.5
0	230	19	63	0.4	0.8	3	(0)	35	(0)	0.4	0.09	0.11	110	9	0
3	210	7	26	0.2	0.1	45	(0)	540	(0)	0.9	0.05	0.02	22	15	0
4	290	12	29	0.4	0.2	80	(0)	960	(0)	0.9	0.07	0.05	35	32	0
4	240	9	26	0.4	0.1	47	(0)	570	(0)	1.2	0.06	0.03	21	10	0
120	260	6	18	0.3	0.1	26	(0)	310	(0)	0.7	0.04	0.04	17	6	0.3
Tr	220	18	30	0.3	0.2	8	(0)	100	(0)	0.3	0.05	0.05	32	4	0
1	220	10	26	0.4	0.2	4	(0)	45	(0)	0.3	0.04	0.04	19	6	0

穀類 / いも・でん粉類 / 砂糖・甘味類 / 豆類 / 種実類 / 野菜類 / 果実類 / きのこ類 / 藻類 / 魚介類

アップル（愛のりんご）と呼んでいる。ヨーロッパでは値打ちの高い果物や野菜に"りんご"という呼び名をつける習慣があったためらしい。

- たんぱく質の青字の数値はアミノ酸組成によるたんぱく質
- 脂質の青字の数値は脂肪酸のトリアシルグリセロール当量
- 炭水化物の青字の数値は利用可能炭水化物（質量計）
- 食物繊維総量の黒字の数値はプロスキー変法、青字の数値はAOAC 2011.25法による分析

可食部100gあたり　Tr：微量　（ ）：推定値または推計値　ー：未測定

● 緑黄色野菜　■ 廃棄率 %　■ 水分 g

品名	エネルギー kcal (200)	たんぱく質 g (20.0)	脂質 g (20.0)	コレステロール mg (100)	炭水化物 g (20.0)	食物繊維総量 g (2.0)
なばな類 [菜花] Turnip rape ●1わ=250g						
和種なばな 花らい・茎 生 ● 06201　廃棄率0　水分88.4	34	(3.6) / 4.4	(0.1) / 0.2	(0)	— / 5.8	4.2
にがうり [苦瓜] Bitter melon ●中1本=250g						
果実 生 06205　廃棄率15　水分94.4	15	0.7 / 1.0	0.1 / 0.1	(0)	0.3 / 3.9	2.6
にら類 [韮] Chinese chive ●1わ=100g						
にら 葉 生 ● 06207　廃棄率5　水分92.6	18	1.3 / 1.7	(0.1) / 0.3	Tr	1.7 / 4.0	2.7
黄にら 葉 生 06210　廃棄率0　水分94.0	18	(1.5) / 2.1	(Tr) / 0.1	(0)	— / 3.3	2.0
にんじん類 [人参] Carrot ●中1本=200〜250g						
にんじん 根 皮つき 生 ● 06212　廃棄率3　水分89.1	35	0.5 / 0.7	0.1 / 0.2	(0)	5.8 / 9.3	2.8
きんとき 根 皮つき 生 ● 06218　廃棄率15　水分87.3	39	(1.3) / 1.8	0.1 / 0.2	(0)	— / 9.6	3.9
にんにく類 [大蒜・葫] Garlic ●1かけ=10g						
にんにく りん茎 生 06223　廃棄率9　水分63.9	129	4.0 / 6.4	0.5 / 0.9	(0)	1.0 / 27.5	6.2
茎にんにく 花茎 生 ● 06224　廃棄率0　水分86.7	44	(1.4) / 1.9	(0.1) / 0.3	(0)	— / 10.6	3.8
ねぎ類 [葱] Welsh onions ●根深ねぎ1本=100〜150g						
根深ねぎ 葉 軟白 生 06226　廃棄率40　水分89.6	35	1.0 / 1.4	Tr / 0.1	2	3.6 / 8.3	2.5
葉ねぎ 葉 生 ● 06227　廃棄率7　水分90.5	29	1.3 / 1.9	0.1 / 0.3	(0)	0 / 6.5	3.2
こねぎ 葉 生 ● 06228　廃棄率10　水分91.3	26	(1.4) / 2.0	(0.1) / 0.3	(0)	— / 5.4	2.5
のざわな [野沢菜] Turnip green						
漬物 調味漬 ● 06231　廃棄率3　水分89.5	22	— / 1.7	0	(0)	— / 5.4	3.1
バジル Basil ●5枚=2g						
葉 生 ● 06238　廃棄率20　水分91.5	21	(1.2) / 2.0	(0.5) / 0.6	(0)	(0.3) / 4.0	4.0

なばな類 [菜花]
和種なばなの別名は菜の花。つぼみを食用とする。関東地方で栽培される。食用にするようになったのは明治時代から。

にがうり [苦瓜]
別名ゴーヤ。沖縄・南九州で多く栽培される。ウリ科の未熟果を食用とする。果肉に独特の苦味がある。炒め物やあえ物にする。

にら類 [韮]
ユリ科。りん茎から伸びた葉を食用とする。暑さや寒さに強く、伸びが早いので、1年中栽培される。カロテンが豊富な緑黄色野菜で、カルシウム、カリウム、ビタミンB₂・Cなどを多く含む。独特の香りがあり、整腸作用、疲労回復などに効果があるといわれる。黄にらは日光に当てずに軟化栽培したもの。炒め物・鍋物などに使う。

にんじん類 [人参]
短根・だいだい色の西洋種と、細長い東洋種がある。栄養的にすぐれ、1年中供給される。カロテンが特に多く、緑黄色野菜。整腸作用があり、貧血、病後の回復期などによい。和・洋・中いずれの料理にも向き、煮物のほか、炒め物・天ぷらなどに使う。
●きんとき [金時]
京の伝統野菜の1つで、別名京にんじん。

にんにく類 [大蒜・葫]
球状に肥大したりん茎を食用とする。リン・カリウムを多く含む。強烈なにおいはアリシンという成分によるもので、強い殺菌作用をもち、強壮効果がある。生ですりおろして薬味に用いるほか、肉や魚のうま味を引き出す香辛料として、欠かせないもの。
●茎にんにく
長く伸びたにんにくの花茎を切ったもの。

ねぎ類 [葱]
白い部分を食用とする根深ねぎ（別名長ねぎ）と、緑の葉の部分を食用とする葉ねぎ（別名青ねぎ）、一本ねぎを若採りしたこねぎ（市販名万能ねぎ）がある。生では特有のにおいと辛味があるが、加熱すると甘味が出る。緑の葉にはカロテンやビタミンCが多く、ミネラルも含まれているため、葉ねぎの方が根深ねぎより栄養的にすぐれている。生で刻んでめん類の薬味などのほか、鍋物などにする。根深ねぎの代表品種は、下仁田ねぎ（群馬）などで、関東で多く生産される。葉ねぎの代表品種は、九条ねぎ（京都）などで、関西で多く生産される。

（図中）根深ねぎ　葉ねぎ

のざわな [野沢菜]
かぶの一種だが、根は大きくならない。葉を漬物にする。長野県野沢地方特産なので、この名がついた。炒め物などにも用いる。

バジル
別名バジリコ。甘い香りがある香草。品種は多く、世界中で栽培される。トマトと相性がよく、イタリア料理には不可欠。

「日本書紀」にも出てくるねぎ ▶ ねぎの原産地はシベリア地方（または中国）といわれている。日本にも古くから伝わり、「日本書紀」に出てくる

ナトリウム mg 200	カリウム mg 200	カルシウム mg 200	リン mg 200	鉄 mg 2.0	亜鉛 mg 2.0	ビタミンA レチノール活性当量 μg 20	レチノール μg 20	β-カロテン当量 μg 200	ビタミンD μg 2.0	ビタミンE α-トコフェロール mg 2.0	ビタミンB₁ mg 0.20	ビタミンB₂ mg 0.20	葉酸 μg 20	ビタミンC mg 20	食塩相当量 g 1.0
16	390	160	86	2.9	0.7	180	(0)	2200	(0)	2.9	0.16	0.28	340	130	0
1	260	14	31	0.4	0.2	17	(0)	210	(0)	0.8	0.05	0.07	72	76	0
1	510	48	31	0.7	0.3	290	(0)	3500	(0)	2.5	0.06	0.13	100	19	0
Tr	180	15	35	0.7	0.2	5	(0)	59	(0)	0.3	0.05	0.08	76	15	0
28	300	28	26	0.2	0.2	720	(0)	8600	(0)	0.4	0.07	0.06	21	6	0.1
11	540	37	64	0.4	0.9	410	(0)	5000	(0)	0.5	0.07	0.05	110	8	0
8	510	14	160	0.8	0.8	0	(0)	2	(0)	0.5	0.19	0.07	93	12	0
9	160	45	33	0.5	0.3	60	(0)	710	(0)	0.8	0.11	0.10	120	45	0
Tr	200	36	27	0.3	0.3	7	(0)	83	(0)	0.2	0.05	0.04	72	14	0
1	260	80	40	1.0	0.3	120	(0)	1500	(0)	0.9	0.06	0.11	100	32	0
1	320	100	36	1.0	0.3	190	(0)	2200	(0)	1.3	0.08	0.14	120	44	0
960	360	94	36	0.7	0.3	200	(0)	2400	(0)	1.3	0.03	0.11	35	26	2.4
1	420	240	41	1.5	0.6	520	(0)	6300	(0)	3.5	0.08	0.19	69	16	0

穀類　いも・でん粉類　砂糖・甘味類　豆類　種実類　野菜類　果実類　きのこ類　藻類　魚介類

「秋葱（あきき）」は、ねぎのこと。ねぎのことを単に「き」と呼んでいたらしい。

- たんぱく質の青字の数値はアミノ酸組成によるたんぱく質
- 脂質の青字の数値は脂肪酸のトリアシルグリセロール当量
- 炭水化物の青字の数値は利用可能炭水化物（質量計）
- 食物繊維総量の黒字の数値はプロスキー変法、青字の数値はAOAC 2011.25法による分析

可食部100gあたり　Tr:微量　（ ）:推定値または推計値　―:未測定

● 緑黄色野菜　■ 廃棄率%　■ 水分g

	エネルギー kcal 200	たんぱく質 g 20.0	脂質 g 20.0	コレステロール mg 100	炭水化物 g 20.0	食物繊維総量 g 2.0

はくさい [白菜]　●1株=1～1.5kg　1枚=100g　Chinese cabbage

日本には明治中期以降に導入され、栽培された。結球と不結球があるが、一般には結球はくさいをさす。キャベツに似た栄養素。やわらかで繊維が少なく、漬物などのほか、鍋物・煮物にも利用される。

●キムチ
白菜に塩と薬味や塩辛などを加え、低温で発酵させた朝鮮の漬物。

結球葉　生 06233	13	0.6 / 0.8	Tr / 0.1	(0)	2.0 / 3.2	― / 1.3
廃棄率6 水分95.2						
漬物　キムチ 06236	27	― / 2.3	― / 0.1	(0)	― / 5.4	― / 2.2
廃棄率0 水分88.4						

パセリ　●1本=8～10g　Parsley

香辛野菜の一種で、葉の広がったイタリアンパセリもある。栄養豊かな緑黄色野菜で、サラダやスープなどに使う。

| ●葉　生 06239 | 34 | 3.2 / 4.0 | (0.5) / 0.7 | (0) | 0.9 / 7.8 | ― / 6.8 |
| 廃棄率10 水分84.7 | | | | | | |

はつかだいこん [二十日大根]　●1個=10g　Little radish

別名ラディッシュ。種をまいてから20～30日で収穫できるためにこの名がついた。料理の飾りやサラダなどに利用する。

| 根　生 06240 | 13 | 0.7 / 0.8 | (0.1) / 0.1 | (0) | (1.9) / 3.1 | ― / 1.2 |
| 廃棄率25 水分95.3 | | | | | | |

ビーツ　●1個=200g　Red beet

別名ビート、かえんさい。肥大した根を食用にする。外側だけでなく中まで赤い。ロシア料理のボルシチには欠かせない。

| 根　生 06243 | 38 | (1.0) / 1.6 | (0.1) / 0.1 | (0) | (6.9) / 9.3 | ― / 2.7 |
| 廃棄率10 水分87.6 | | | | | | |

ピーマン類　●青ピーマン中1個=30～40g　Sweet peppers

とうがらしの一変種（甘味種）。比較的大型の果実をつける青用とうがらしである。果形は球形で中空、皮が厚く、青臭さと苦味がある。緑色のほかに肉厚で外来種の赤ピーマン、黄ピーマンがある（別名パプリカ、キングベル）。旬は夏であるが、ハウス栽培で1年中出回っている。夏野菜の中では栄養価が高く、特にビタミンA・Cが豊富な緑黄色野菜である。一般に冬場の方が緑色が濃く、ビタミンCの含有量が多くなる。サラダ・網焼きなどのほか、油との相性がよいので、炒め物・天ぷら・肉詰めや洋食の彩りにする。

●青ピーマン 果実　生 06245	20	0.7 / 0.9	0.1 / 0.2	0	2.3 / 5.1	― / 2.3
廃棄率15 水分93.4						
赤ピーマン 果実　生 06247	28	(0.8) / 1.0	(0.2) / 0.2	(0)	(5.3) / 7.2	― / 1.6
廃棄率10 水分91.1						
黄ピーマン 果実　生 06249	28	(0.6) / 0.8	(0.1) / 0.2	(0)	(4.9) / 6.6	― / 1.3
廃棄率10 水分92.0						

ふき [蕗]　●1本=60g　1わ=600g　Japanese butterbur

キク科。葉柄の皮をむき、あくを抜いたのち、煮物やつくだ煮、または缶詰・漬物にする。特有の香りと苦味をもつ。

| 葉柄　生 06256 | 11 | ― / 0.3 | ― / 0 | (0) | ― / 3.0 | ― / 1.3 |
| 廃棄率40 水分95.8 | | | | | | |

ふきのとう　●1個=10g　Japanese butterbur

ふきのつぼみ。つぼみがやわらかく、しまっている状態のものを食用とする。ほろ苦さをもつ、春の代表的な素材である。

| 花序　生 06258 | 38 | ― / 2.5 | ― / 0.1 | (0) | ― / 10.0 | ― / 6.4 |
| 廃棄率2 水分85.5 | | | | | | |

ほうれんそう [菠薐草]　●1わ=200g　Spinach

茎が長く葉に切れ込みのある東洋種は春採り、葉肉が厚く切れ込みの少なく茎の短い西洋種は秋採り。両者を交配した一代雑種が周年栽培される。栄養価の高い野菜で、特にカロテン、ビタミンB1・B2・Cなどが豊富な緑黄色野菜である。カルシウムは、あくの主成分であるシュウ酸と結びついて吸収がよくない。おひたしなど。

●通年平均・夏採り・冬採り
ビタミンCの値が、冬季に高く夏季に低い傾向にある。それぞれの値と、平均値とをあわせて掲載している。その他の栄養素は、同じ値としている。

●葉　通年平均 生 06267	18	1.7 / 2.2	0.2 / 0.4	0	0.3 / 3.1	― / 2.8
廃棄率10 水分92.4						
葉　夏採り 生 06355 東洋種	18	(1.7) / 2.2	0.2 / 0.4	0	(0.3) / 3.1	― / 2.8
廃棄率10 水分92.4						
葉　冬採り 生 06356 西洋種	18	(1.7) / 2.2	0.2 / 0.4	0	(0.3) / 3.1	― / 2.8
廃棄率10 水分92.4						

One Point　復活の白菜▶世田谷の「下山千歳白菜」は、ふつうの白菜の2～3倍の5kgを超える大玉であったことに加え、病害に強いことが評価されて

ナトリウム mg 200	カリウム mg 200	カルシウム mg 200	リン mg 200	鉄 mg 2.0	亜鉛 mg 2.0	ビタミンA レチノール活性当量 μg 20	レチノール μg 20	β-カロテン当量 μg 200	ビタミンD μg 2.0	ビタミンE α-トコフェロール mg 2.0	ビタミンB₁ mg 0.20	ビタミンB₂ mg 0.20	葉酸 μg 20	ビタミンC mg 20	食塩相当量 g 1.0
6	220	43	33	0.3	0.2	8	(0)	99	(0)	0.2	0.03	0.03	61	19	0
1100	290	50	48	0.5	0.2	15	(0)	170	(0)	0.5	0.04	0.06	22	15	2.9
9	1000	290	61	7.5	1.0	620	(0)	7400	(0)	3.3	0.12	0.24	220	120	0
8	220	21	46	0.3	0.1	(0)	(0)	(0)	(0)	0	0.02	0.02	53	19	0
30	460	12	23	0.4	0.3	(0)	(0)	(0)	(0)	0.1	0.05	0.05	110	5	0.1
1	190	11	22	0.4	0.2	33	(0)	400	(0)	0.8	0.03	0.03	26	76	0
Tr	210	7	22	0.4	0.2	88	(0)	1100	(0)	4.3	0.06	0.14	68	170	0
Tr	200	8	21	0.3	0.2	17	(0)	200	(0)	2.4	0.04	0.03	54	150	0
35	330	40	18	0.1	0.2	4	0	49	(0)	0.2	Tr	0.02	12	2	0.1
4	740	61	89	1.3	0.8	33	(0)	390	(0)	3.2	0.10	0.17	160	14	0
16	690	49	47	2.0	0.7	350	(0)	4200	(0)	2.1	0.11	0.20	210	35	0
16	690	49	47	2.0	0.7	350	(0)	4200	(0)	2.1	0.11	0.20	210	20	0
16	690	49	47	2.0	0.7	350	(0)	4200	(0)	2.1	0.11	0.20	210	60	0

1953年に農林省の登録を受け、関東一円で広く生産された。核家族化がすすみその大きさゆえ一時栽培が中断していたが、現在復活しつつある。

- たんぱく質の青字の数値はアミノ酸組成によるたんぱく質
- 脂質の青字の数値は脂肪酸のトリアシルグリセロール当量
- 炭水化物の青字の数値は利用可能炭水化物（質量計）
- 食物繊維総量の黒字の数値はプロスキー変法、青字の数値はAOAC 2011.25法による分析

● 緑黄色野菜　■ 廃棄率%　■ 水分g

可食部100gあたり　Tr:微量　（ ）:推定値または推計値　―:未測定

食品名		廃棄率% / 水分g	エネルギー kcal (200)	たんぱく質 g (20.0)	脂質 g (20.0)	コレステロール mg (100)	炭水化物 g (20.0)	食物繊維総量 g (2.0)
はなっこりー Hanakkori ●06392 生	くせがなく甘味があり、花・葉・茎すべてが食べられる。ブロッコリーと中国野菜サイシンから産出された新種の野菜。	0 / 89.5	34	3.6	0.5	―	5.4	3.1 ―
ブロッコリー Broccoli ●1株=200g 花序 生 ●06263	野生キャベツの一変種。先端の花らい（つぼみ）と、その近くの茎を食用とする。イタリアを中心とする地域が原産地。	35 / 86.2	37	3.8 5.4	0.3 0.6	0	2.3 6.6	5.1
みずな [水菜] Leaf green ●1束=200〜300g 葉 生 ●06072	京都原産の京野菜の1つで、関東では京菜ともいう。漬物・あえ物のほか、関西では鯨と一緒に「はりはり鍋」にする。	15 / 91.4	23	(1.9) 2.2	0.1	(0)	4.8	3.0
みつば [三葉] Japanese hornwort ●5本=10g 糸みつば 葉 生 ●06278	セリ科の香味野菜。1本の葉柄に3枚の葉がつくことからこの名がある。ゆでて、おひたしやわんづまに使われる。	8 / 94.6	12	(0.8) 0.9	0.1	(0)	2.9	2.3
みょうが [茗荷] Japanese ginger ●1茎=15〜20g 花穂 生 06280	茎をみょうがたけ、花をみょうがの子という。後者には夏みょうがと秋みょうががある。独特の香気があり、薬味などに使う。	3 / 95.6	11	(0.7) 0.9	0.1	(0)	2.6	2.1
めキャベツ [芽キャベツ] Brussels sprouts ●1個=10〜20g 結球葉 生 ●06283	別名子持ちかんらん、姫キャベツ。成分・味はキャベツと大差ないが、甘味がある。塩ゆでし、サラダなどに使う。	0 / 83.2	52	(3.9) 5.7	(0.1) 0.1	(0)	(4.1) 9.9	5.5
もやし類 Bean sprouts ●1袋=200〜300g アルファルファもやし 生 06286	豆類を水に浸して、暗所に10日ほど置いて発芽させたもので、芽と茎を食べる。豆の状態よりも、発芽することでビタミンCが豊富になり、アミノ酸含有量も多くなる。おひたし・ナムルなどに広く使われる。●アルファルファもやし 別名糸もやし。牧草として栽培される種が元。	0 / 96.0	11	1.6	(0.1) 0.1	(0)	(0.3) 2.0	1.4
だいずもやし 生 06287	●だいずもやし　だいずが発芽したもので、太くて長い。歯ごたえがあり、加熱料理に向く。	4 / 92.0	29	2.9 3.7	1.2 1.5	Tr	0.6 2.3	2.3
りょくとうもやし 生 06291	●りょくとうもやし　りょくとう（→p.172）を発芽させる。水分が多く、甘味がある。最も出回るもやし。	3 / 95.4	15	1.2 1.7	(0.1) 0.1	(0)	1.3 2.6	1.3
モロヘイヤ Nalta jute ●1本=5g 茎葉 生 ●06293	古代エジプトでも食用とされていたシナノキ科の葉。くせがなく、かすかな甘味があり、刻むとオクラのような粘りがある。	0 / 86.1	36	(3.6) 4.8	(0.4) 0.5	(0)	0.1 6.3	5.9
ゆりね [百合根] Lily bulb ●1個=70〜100g りん茎 生 06296	ユリのりん茎。ヤマユリやオニユリを食用にする。ほのかな甘味がある。りん片をはがして煮物、茶わん蒸しなどに利用する。	10 / 66.5	119	(2.4) 3.8	0.1	(0)	28.3	5.4
ようさい [蕹菜] Water convolvulus ●1本=5g 茎葉 生 ●06298	つる性の茎葉を利用。茎が空洞なので空心菜（くうしんさい）ともいう。炒め物・おひたしなどに使う。	0 / 93.0	17	(1.7) 2.2	0.1	(0)	(0.9) 3.1	3.1
よもぎ [蓬] Japanese wormwood ●1茎=5g 葉 生 ●06301	別名よもぎな。全国の山野に自生する。春に若葉を摘んで草もちに利用する。カルシウム・鉄・ビタミン類が豊富。	0 / 83.6	43	(4.2) 5.2	0.3	(0)	8.7	7.8

One Point みょうがと物忘れ▶釈迦（シャカ）に、自分の名前を覚えることができないので、首から名札をかけていた弟子がいた。彼の墓に生えた草を、

ナトリウム mg 200	カリウム mg 200	カルシウム mg 200	リン mg 200	鉄 mg 2.0	亜鉛 mg 2.0	ビタミンA レチノール活性当量 μg 20	レチノール μg 20	β-カロテン当量 μg 200	ビタミンD μg 2.0	ビタミンE α-トコフェロール mg 2.0	ビタミンB₁ mg 0.20	ビタミンB₂ mg 0.20	葉酸 μg 20	ビタミンC mg 20	食塩相当量 g 1.0
5	380	51	79	0.5	0.5	97	—	1200	—	1.3	0.09	0.15	220	90	0
7	460	50	110	1.3	0.8	75	0	900	0	3.0	0.17	0.23	220	140	0
36	480	210	64	2.1	0.5	110	(0)	1300	(0)	1.8	0.08	0.15	140	55	0.1
3	500	47	47	0.9	0.1	270	(0)	3200	(0)	0.9	0.04	0.14	64	13	0
1	210	25	12	0.5	0.4	3	(0)	31	(0)	0.1	0.05	0.05	25	2	0
5	610	37	73	1.0	0.6	59	(0)	710	(0)	0.6	0.19	0.23	240	160	0
7	43	14	37	0.5	0.4	5	(0)	56	(0)	1.9	0.07	0.09	56	5	0
3	160	23	51	0.5	0.4	(0)	(0)	(Tr)	(0)	0.5	0.09	0.07	85	5	0
2	69	10	25	0.2	0.3	Tr	(0)	6	(0)	0.1	0.04	0.05	41	8	0
1	530	260	110	1.0	0.6	840	(0)	10000	(0)	6.5	0.18	0.42	250	65	0
1	740	10	71	1.0	0.7	(0)	(0)	(0)	(0)	0.5	0.08	0.07	77	9	0
26	380	74	44	1.5	0.5	360	(0)	4300	(0)	2.2	0.10	0.20	120	19	0.1
10	890	180	100	4.3	0.6	440	(0)	5300	(0)	3.2	0.19	0.34	190	35	0

穀類 ／ いも・でん粉類 ／ 砂糖・甘味類 ／ 豆類 ／ 種実類 ／ 野菜類 ／ 果実類 ／ きのこ類 ／ 藻類 ／ 魚介類

名前を荷（にな）って苦労したことをしのんで茗荷と名づけたという。ここから、みょうがを食べると物忘れがひどくなるという説ができた。

・たんぱく質の青字の数値はアミノ酸組成によるたんぱく質
・脂質の青字の数値は脂肪酸のトリアシルグリセロール当量
・炭水化物の青字の数値は利用可能炭水化物（質量計）
・食物繊維総量の黒字の数値はプロスキー変法、
　青字の数値はAOAC 2011.25法による分析

可食部100gあたり　Tr:微量　（ ）:推定値または推計値　―:未測定

■ 緑黄色野菜
■ 廃棄率%
■ 水分g

品目	エネルギー kcal 200	たんぱく質 g 20.0	脂質 g 20.0	コレステロール mg 100	炭水化物 g 20.0	食物繊維総量 g 2.0
らっかせい [落花生] Peanuts ●殻つき10個=25g — 未熟豆 生 06303						
廃棄率 35 / 水分 50.1	306	(11.2) 12.0	(23.9) 24.2	(0)	12.4	4.0
らっきょう類 [薤] Japanese scallion ●らっきょう1個=4〜7g ●らっきょう らっきょう 甘酢漬 06306						
廃棄率 0 / 水分 67.5	117	(0.3) 0.4	(0.2) 0.3	(0)	29.4	2.9
●エシャレット エシャレット りん茎 生 06307						
廃棄率 40 / 水分 79.1	59	(1.4) 2.3	(0.1) 0.2	(0)	17.8	11.4
リーキ Leeks ●1本=200g りん茎葉 生 06308						
廃棄率 35 / 水分 90.8	30	(1.2) 1.6	(0.1) 0.1	(0)	(4.0) 6.9	2.5
ルッコラ Rocket salad ●1茎=7g 葉 生 06319						
廃棄率 2 / 水分 92.7	17	— 1.9	0.1 0.4	(0)	(0) 3.1	2.6
レタス類 Lettuce ●レタス中1個=200g レタス 土耕栽培 結球葉 生 06312						
廃棄率 2 / 水分 95.9	11	0.5 0.6	Tr 0.1	(0)	1.7 2.8	1.1
サラダな 葉 生 06313						
廃棄率 10 / 水分 94.9	10	0.8 1.0	0.1 0.2	(0)	0.7 2.7	1.8
サニーレタス 葉 生 06315						
廃棄率 6 / 水分 94.1	15	(0.7) 1.2	(0.1) 0.2	(0)	(0.6) 3.2	2.0
サンチュ 葉 生 06362						
廃棄率 0 / 水分 94.5	14	(1.0) 1.2	(0.2) 0.4	(0)	— 2.5	2.0
れんこん [蓮根] East Indian lotus root ●1節=200g 根茎 生 06317						
廃棄率 20 / 水分 81.5	66	1.3 1.9	Tr 0.1	(0)	13.0 15.5	2.0
わけぎ [分葱] Green onion ●1わ=70g 葉 生 06320						
廃棄率 4 / 水分 90.3	30	(1.1) 1.6	—	(0)	7.4	2.8
わらび [蕨] Bracken fern ●生1本=10〜15g 生わらび 生 06324						
廃棄率 6 / 水分 92.7	19	1.8 2.4	0.1	(0)	4.0	3.6
ミックスベジタブル Mixed vegetables 冷凍 06382						
廃棄率 0 / 水分 80.5	67	3.0	0.7	0	15.1	5.9 —

らっかせい [落花生]
マメ科の1年草の種子。淡黄色の子葉を食用とする。脂肪・たんぱく質を多く含む。ゆでると、ほくほくした食感。

らっきょう類 [薤]
●らっきょう
ユリ科の地下にできるりん茎を食用とする。特有のにおいと辛味をもつ。塩漬・甘酢漬・しょうゆ漬などにする。
●エシャレット
らっきょうを軟白栽培して若どりしたもので、1年中出回る。金山寺みそなどを添えて、生食する。

リーキ
別名ポロねぎ・西洋ねぎ。ふつうのねぎより白い部分が太くて短く、甘味が強い。煮込みやスープなどに使う。

ルッコラ
アブラナ科。別名ロケットサラダ。ごまのような風味とぴりっとした辛味がある。地中海沿岸が原産で、サラダなどに。

レタス類
キク科の1年草。紀元前6世紀にはペルシャで食用にされ、中国から日本に伝わった。ちしゃという和名は、切り口から白い液が出るのを乳草と呼び、これが変化したもの。さわやかな味わいがあり、サラダとして生で食べることができるので、調理による栄養分の損失が少ない。形状により、結球性のレタス、不完全結球のサラダな、非結球性のリーフレタス、ゆるい結球のコスレタスなどがある。
●サラダな
結球がゆるく、光沢がある。しんなりとした歯ざわり。バターヘッド型と呼ばれる。
●サニーレタス
リーフレタスの一種。葉に縮みがあり、葉先が赤紫色のもの。別名赤ちりめんちしゃ。
●サンチュ
リーフレタスの一種。焼肉やサラダに使う。

れんこん [蓮根]
はすの根茎の肥大した部分を食用とする。穴が空いていることから、見通しがきくという意味で、縁起のよい野菜とされている。

わけぎ [分葱]
ねぎとたまねぎの雑種。ねぎに似ているが、根元が丸みをおびている。葉は細く、濃緑色でやわらかい。薬味などで使われる。

わらび [蕨]
山菜の一種。栽培もさかんに行われている。木灰（きばい）や重曹であく抜きしたものを、煮物・あえ物などにする。

ミックスベジタブル
グリンピース、スイートコーン、さいの目切りにんじんの凍結品。変色防止などのため、湯通しなどの下ごしらえ後に凍結する。

One Point れんこんの穴の数は一般的に何個あるといわれる？▶8〜10個。真ん中に1個、その周りに7〜9個。れんこんの地下茎や葉、葉柄には穴

ナトリウム mg 200	カリウム mg 200	カルシウム mg 200	リン mg 200	鉄 mg 2.0	亜鉛 mg 2.0	ビタミンA レチノール活性当量 µg 20	レチノール µg 20	β-カロテン当量 µg 200	ビタミンD µg 2.0	ビタミンE α-トコフェロール mg 2.0	ビタミンB₁ mg 0.20	ビタミンB₂ mg 0.20	葉酸 µg 20	ビタミンC mg 20	食塩相当量 g 1.0
1	450	15	200	0.9	1.2	Tr	(0)	5	(0)	7.2	0.54	0.09	150	20	0
750	9	11	7	1.8	0.1	(0)	(0)	0	−	0.2	Tr	Tr	Tr	0	1.9
2	290	20	47	0.8	0.5	2	(0)	18	(0)	0.4	0.03	0.05	55	21	0
2	230	31	27	0.7	0.3	4	(0)	45	(0)	0.3	0.06	0.08	76	11	0
14	480	170	40	1.6	0.8	300	(0)	3600	(0)	1.4	0.06	0.17	170	66	0
2	200	19	22	0.3	0.2	20	(0)	240	(0)	0.3	0.05	0.03	73	5	0
6	410	56	49	2.4	0.2	180	(0)	2200	(0)	1.4	0.06	0.13	71	14	0
4	410	66	31	1.8	0.4	170	(0)	2000	(0)	1.2	0.10	0.10	120	17	0
3	470	62	39	0.5	0.2	320	(0)	3800	(0)	0.7	0.06	0.10	91	13	0
24	440	20	74	0.5	0.3	Tr	(0)	3	(0)	0.6	0.10	0.01	14	48	0.1
1	230	59	25	0.4	0.2	220	(0)	2700	(0)	1.4	0.06	0.10	120	37	0
Tr	370	12	47	0.7	0.6	18	(0)	220	(0)	1.6	0.02	1.09	130	11	0
22	220	19	71	0.7	0.5	320	0	3900	0	0.3	0.14	0.07	50	9	0.1

穀類 / いも・でん粉類 / 砂糖・甘味類 / 豆類 / 種実類 / 野菜類 / 果実類 / きのこ類 / 藻類 / 魚介類

があり、これらがつながっている。その穴が通気孔となり、外の空気を根に送っている。

果実類

FRUITS

たわわに実るドリアン

果実は、木の実や種実など植物の実を食用とするもので、特有の芳香、色、みずみずしさをもつ季節感あふれる食品である。日本では、平安時代頃までは果物が菓子であり、江戸時代には水菓子と呼ばれた。現在、生食することが多いが、ドライフルーツ・ジャムなどにも加工される。

果実類の分類

果菜類	草本の果実	メロン、いちご、すいかなど
仁果類	子房壁が発達して果実になったもの	りんご、なし、びわなど
準仁果類	子房の外果皮中に、中果皮が発達したもの	かんきつ類、かきなど
漿果類 (液果類)	1果が1子房からできている	ぶどう、バナナ、パインアップルなど
核果類	子房の内果皮が固い核になり、その中に種子があるもの	もも、うめ、あんず、さくらんぼなど
熱帯果類	輸入される果実をさした便宜的な呼称。国内でも若干生産がある	バナナ、ココナッツ、パパイヤ、マンゴー、ライチー、マンゴスチンなど

果実類の部位

[仁果類] りんご — 果柄、花托（果肉）、種子、果心

[準仁果類] みかん — 種子、果心、砂じょう、じょうのう膜、じょうのう、果皮

[核果類] もも — 縫合線、果肉、種核、種子、果柄

選び方・保存のしかた

●いちご　果実は全体に濃い赤色でつやのあるもの。

●うんしゅうみかん　色が濃く、つやのあるもの。

●かき　皮につやと張りがあり、重みのあるもの。

●キウイ　茶色の毛が密集しているもの。

●グレープフルーツ　どっしりと重いも

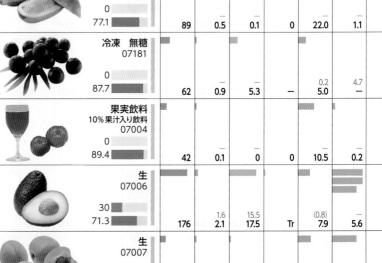

- たんぱく質の青字の数値はアミノ酸組成によるたんぱく質
- 脂質の青字の数値は脂肪酸のトリアシルグリセロール当量
- 炭水化物の青字の数値は利用可能炭水化物（質量計）
- 食物繊維総量の黒字の数値はプロスキー変法、青字の数値はAOAC 2011.25法による分析

可食部100gあたり　Tr:微量　（ ）:推定値または推計値　ー:未測定

	廃棄率 % 水分 g	エネルギー kcal 200	たんぱく質 g 20.0	脂質 g 20.0	コレステロール mg 100	炭水化物 g 20.0	食物繊維総量 g 2.0
あけび [通草]　Akebia　●1個=50g つる性の植物。熟すと果皮が紫になって割れる。果肉は半透明の白いゼリー状。市場には割れる前のものが出回る。 果肉 生 07001	0 77.1	89	0.5	0.1	0	22.0	1.1
アサイー　Acai　●10粒=10g ヤシ科。果実は直径1〜1.2cmの黒紫色。果肉は5%ほどで水分が少ない。果肉をピューレー状にして、スムージーなどにする。 冷凍 無糖 07181	0 87.7	62	0.9	5.3	—	0.2 5.0	4.7 —
アセロラ　Acerola　●1個=6g 西インド諸島から南米原産のトロピカルフルーツ。ビタミンCの含有量がレモンの17倍もある。生食のほかジュースなど。 果実飲料 10%果汁入り飲料 07004	0 89.4	42	0.1	0	0	10.5	0.2
アボカド　Avocados　●中1個=200g 中南米原産のトロピカルフルーツ。「森のバター」といわれるほど栄養豊富で、サラダなどに野菜として使われることが多い。 生 07006	30 71.3	176	1.6 2.1	15.5 17.5	Tr	(0.8) 7.9	5.6
あんず [杏]　Apricots　●1個=70g 別名アプリコット。中国東北部原産。果実は独特の芳香と甘酸っぱさをもつので、ジャム・缶詰などに加工されることが多い。 生 07007	5 89.8	37	(0.8) 1.0	(0.2) 0.3	(0)	(4.7) 8.5	1.6
いちじく [無花果]　Figs　●1個=50g 果実の内側の花も食用とする。生食のほか、乾果・ジャムなどにも加工される。酵素（フィシン）が消化を助ける。 生 07015	15 84.6	57	0.4 0.6	(0.1) 0.1	(0)	(11.0) 14.3	1.9

One Point　いちじくには酵素がたっぷり▶いちじくはフィシン以外にも、でん粉分解酵素のアミラーゼ、脂肪分解酵素のリパーゼなどいろいろな酵素をもつ

穀類
いも・でん粉類
砂糖・甘味類
豆類
種実類
野菜類
果実類
きのこ類
藻類
魚介類

の。
●**すいか** 叩くと、ややにごった音がすれば食べ頃。
●**バナナ** 果実に丸みがあり房がそろっているもの。
●**ぶどう** 色が濃く、粒がそろっていて果皮全体に白い粉がふき、果軸が緑で太いもの。
●**もも** 全体に色が回っているもの。
●**りんご** かたく、花落ちがふくらみ、全体に色が回っているもの。
●**保存のしかた** ほとんどの果実は、5℃前後の低温で乾燥させないように保存する。バナナなどの亜熱帯産の果実は低温に弱く、皮が黒ずむなどの低温障害を起こすので冷蔵庫には入れない。

■ 果実の糖分 (%)

果実	果糖	ぶどう糖	しょ糖	合計
バナナ	2.0	6.0	10.0	18.0
ぶどう	6.9	8.1	0	15.0
りんご	6.2	2.6	1.9	10.7
うんしゅうみかん	1.1	1.5	6.0	8.6
なし	4.5	1.9	1.2	7.6
もも (黄)	0.9	0.8	5.1	6.8
いちご	1.6	1.4	0.1	3.1

(山崎清子他「調理と理論」同文書院)

おもな果実類の旬

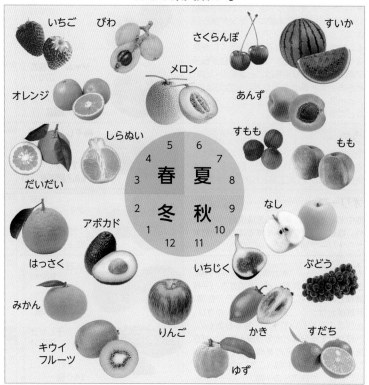

グラフ1本分の相当量

ナトリウム mg 200	カリウム mg 200	カルシウム mg 200	リン mg 200	鉄 mg 2.0	亜鉛 mg 2.0	ビタミンA レチノール活性当量 µg 20	レチノール µg 20	β-カロテン当量 µg 200	ビタミンD µg 2.0	ビタミンE α-トコフェロール mg 2.0	ビタミンB₁ mg 0.20	ビタミンB₂ mg 0.20	葉酸 µg 20	ビタミンC mg 20	食塩相当量 g 1.0
Tr	95	11	22	0.3	0.1	(0)	(0)	0	(0)	0.2	0.07	0.03	30	65	0
11	150	45	19	0.5	0.3	34	—	410	—	3.7	0.03	0.06	13	1	0
1	13	1	2	0.1	0.1	3	0	35	(0)	0.1	Tr	Tr	5	120	0
7	590	8	52	0.6	0.7	7	(0)	87	(0)	3.3	0.09	0.20	83	12	0
2	200	9	15	0.3	0.1	120	(0)	1500	(0)	1.7	0.02	0.02	2	3	0
2	170	26	16	0.3	0.2	1	(0)	18	(0)	0.4	0.03	0.03	22	2	0

- たんぱく質の青字の数値はアミノ酸組成によるたんぱく質
- 脂質の青字の数値は脂肪酸のトリアシルグリセロール当量
- 炭水化物の青字の数値は利用可能炭水化物（質量計）
- 食物繊維総量の黒字の数値はプロスキー変法、青字の数値はAOAC 2011.25法による分析

可食部100gあたり　Tr:微量　（ ）:推定値または推計値　―:未測定

■ 廃棄率%
■ 水分g

	エネルギー kcal 200	たんぱく質 g 20.0	脂質 g 20.0	コレステロール mg 100	炭水化物 g 20.0	食物繊維総量 g 2.0

いちご [苺] ●1個=15～20g　1パック=300～380g
Strawberries

19世紀の江戸時代末期にオランダから日本に入ったためオランダいちごとも呼ばれる。食用にする部分は花托（かたく）が発達したもので、表面についている粒が種子である。代表的な品種は、とよのか・女峰・とちおとめ・あまおうなど。生食のほか、ジュース・ジャムなどの加工品や、ケーキなどの飾りに用いられる。

生　07012
2
90.0
| 31 | 0.7 0.9 | 0.1 0.1 | 0 | (5.9) 8.5 | ― 1.4 |

ジャム　低糖度　07014
0
50.7
| 194 | (0.4) 0.5 | (0.1) 0.1 | (0) | ― 48.4 | ― 1.1 |

うめ [梅] ●梅干し1個=10g
Japanese apricots

中国原産で、日本でも梅干し用の果実として古くから親しまれてきた。酸が多いので生食には向かず、加工品として利用される。

梅干し　調味漬　07023
25
68.7
| 90 | ― 1.5 | (0.4) 0.6 | ― | ― 21.1 | ― 2.5 |

オリーブ ●1個=3g
Olives

地中海沿岸原産。果実に苦味成分があるため、塩蔵品のピクルスにするほか、完熟果からオリーブ油をとる。

塩漬　グリーンオリーブ　07037
25
75.6
| 148 | (0.7) 1.0 | (14.6) 15.0 | (0) | (0) 4.5 | ― 3.3 |

かき [柿] ●甘がき中1個=150～200g
Japanese persimmons

甘がき（富有・次郎など）と渋がき（平核無など）がある。ビタミンA・Cが豊富。渋味成分はタンニンの一種。干しがきは、渋がきの皮をむいて干し、甘くしたもの。乾燥させて半分ほど水分が飛んだ干しがきをあんぽがき、さらに乾燥させて白い粉がついた干しがきを枯露（ころ）がきという。白い粉は、甘味成分の一種。

甘がき　生　07049
9
83.1
| 63 | 0.3 0.4 | 0.1 0.2 | 0 | 13.1 15.9 | ― 1.6 |

干しがき　07051
8
24.0
| 274 | (1.0) 1.5 | (0.8) 1.7 | (0) | ― 71.3 | ― 14.0 |

キワノ ●1個=200g
Kiwano

アフリカ原産のトロピカルフルーツ。別名角メロン。果肉は種を含んだ緑色のゼリー状で、甘酸っぱい。

生　07055
40
89.2
| 41 | ― 1.5 | ― 0.9 | ― | ― 8.0 | ― 2.6 |

いよかん [伊予柑] ●中1個=200～250g
Iyo

みかん類とオレンジ類の雑種の1つで、愛媛県で多くつくられる。果皮はむきやすく、果肉はやわらかく、多汁である。

砂じょう　生　07018
40
86.7
| 50 | (0.5) 0.9 | ― 0.1 | (0) | ― 11.8 | ― 1.1 |

うんしゅうみかん [温州蜜柑] ●1個=100g
Satsuma mandarins

一般にみかんと呼ばれる。果実はへん円形で赤橙色。つぶつぶした果肉部分（砂じょう）と、それらを包む膜を含めてじょうのうという。果肉は多汁でやわらかく、甘味と酸味が適度に調和し、種子のないものが多い。うんしゅうみかんは、ハウス栽培（5月頃～）、極早生（青みかん9月上旬～）、早生（10月下旬～）、普通温州（11～12月）とつないで、1年中出回る。国内の生産量は、日本の果実の中でずばぬけて多い。おもな産地のほとんどが、関東以南の太平洋や瀬戸内海に面した沿岸地である。未熟な頃には酸が多く、糖は少ないが、成熟するにつれて酸はしだいに減少し、糖分が増加する。ビタミンC、カロテンとも多い。生食のほか、缶詰・ジュース・ジャムなどの原料になる。日本以外では、スペインやトルコ・韓国などでも栽培されている。

じょうのう　普通　生　07027
20
86.9
| 49 | 0.4 0.7 | Tr 0.1 | 0 | 8.9 12.0 | ― 1.0 |

砂じょう　普通　生　07029
25
87.4
| 49 | (0.4) 0.7 | (Tr) 0.1 | 0 | 9.5 11.5 | ― 0.4 |

果実飲料　果粒入りジュース　07032
0
86.7
| 53 | (0.1) 0.2 | (0) Tr | (0) | ― 13.0 | Tr |

缶詰　果肉　07035
0
83.8
| 63 | ― 0.5 | (Tr) 0.1 | (0) | ― 15.3 | ― 0.5 |

オロブランコ ●1個=250g
Oroblanco

グレープフルーツとぶんたんの交配種。形も大きさもグレープフルーツに似ているが果皮は緑色で甘味が強い。

砂じょう　生　07048
45
88.7
| 43 | (0.5) 0.8 | ― 0.1 | 0 | ― 10.1 | ― 0.9 |

One Point　オリーブと鳩▶オリーブの木は、鳩とともに平和の象徴とされることが多い。これは、旧約聖書のノアの箱船伝説に基づいている。神が起こし

ナトリウム mg 200	カリウム mg 200	カルシウム mg 200	リン mg 200	鉄 mg 2.0	亜鉛 mg 2.0	ビタミンA レチノール活性当量 μg 20	レチノール μg 20	β-カロテン当量 μg 200	ビタミンD μg 2.0	ビタミンE α-トコフェロール mg 2.0	ビタミンB₁ mg 0.20	ビタミンB₂ mg 0.20	葉酸 μg 20	ビタミンC mg 20	食塩相当量 g 1.0
Tr	170	17	31	0.3	0.2	1	(0)	18	(0)	0.4	0.03	0.02	90	62	0
12	79	12	14	0.4	0.1	(0)	(0)	Tr	(0)	0.2	0.01	0.01	27	10	0
3000	130	25	15	2.4	0.1	Tr	(0)	4	(0)	0.2	0.01	0.01	0	0	7.6
1400	47	79	8	0.3	0.2	38	(0)	450	(0)	5.5	0.01	0.02	3	12	3.6
1	170	9	14	0.2	0.1	35	(0)	420	(0)	0.1	0.03	0.02	18	70	0
4	670	27	62	0.6	0.2	120	(0)	1400	(0)	0.4	0.02	0	35	2	0
2	170	10	42	0.4	0.4	3	(0)	36	(0)	0.7	0.03	0.01	2	2	0
2	190	17	18	0.2	0.1	13	(0)	160	(0)	0.1	0.06	0.03	19	35	0
1	150	21	15	0.2	0.1	84	(0)	1000	(0)	0.4	0.10	0.03	22	32	0
1	150	15	15	0.1	0.1	92	(0)	1100	(0)	0.4	0.09	0.03	22	33	0
4	33	5	4	0.1	Tr	18	(0)	220	(0)	0.1	0.02	0.01	0	12	0
4	75	8	8	0.4	0.1	34	(0)	410	(0)	0.5	0.05	0.02	12	15	0
1	150	12	19	0.2	0.1	Tr	(0)	5	(0)	0.3	0.09	0.02	34	38	0

た大洪水のあと、陸地を探すためにノアが放った鳩がオリーブの枝をくわえて帰ってきたということからららしい。

果実類
FRUITS

・たんぱく質の青字の数値はアミノ酸組成によるたんぱく質
・脂質の青字の数値は脂肪酸のトリアシルグリセロール当量
・炭水化物の青字の数値は利用可能炭水化物（質量計）
・食物繊維総量の黒字の数値はプロスキー変法、
　青字の数値はAOAC 2011.25法による分析

■ 廃棄率%
■ 水分g

可食部100gあたり　Tr:微量　（ ）:推定値または推計値　一:未測定

	エネルギー kcal 200	たんぱく質 g 20.0	脂質 g 20.0	コレステロール mg 100	炭水化物 g 20.0	食物繊維総量 g 2.0

オレンジ　Oranges
●バレンシア中1個=250g

スイートオレンジとサワーオレンジに大別されるが、日本では通常スイートオレンジのことをさす。品種は多く、ネーブル・バレンシアオレンジとも1年中出回っている。
●ネーブル
果頂部にいわゆるへそがあるのが特徴。果皮はむきにくいが多汁で甘く、香りがよい。
●バレンシア
世界中で広く栽培されるが、気候の関係で日本ではあまり栽培されない。ビタミンCが特に豊富で、ペクチン質と有機酸が多い。生食のほかジュースなどにしたり、果汁を肉・魚料理のソースに使う。マーマレードはオレンジの果皮と果汁を60〜70％の砂糖を加えて煮詰めてつくるジャムである。しかし、オレンジジュースなど、オレンジの名を冠した食品の中には、オレンジ以外の柑橘類を原材料とするものも多い。

ネーブル 砂じょう 生 07040
廃棄率35 / 水分86.8
| | 48 | 0.5 / 0.9 | (0.1) / 0.1 | 0 | 8.1 / 11.8 | — / 1.0 |

バレンシア 米国産 砂じょう 生 07041
廃棄率40 / 水分88.7
| | 42 | (0.7) / 1.0 | (0.1) / 0.1 | 0 | (7.0) / 9.8 | — / 0.8 |

バレンシア 果実飲料 濃縮還元ジュース 07043
水分88.1
| | 46 | (0.3) / 0.7 | (0.1) / 0.1 | 0 | (7.7) / 10.7 | — / 0.2 |

バレンシア マーマレード 低糖度 07047
廃棄率0 / 水分51.7
| | 190 | (0.2) / 0.3 | — / 0.1 | (0) | 47.7 | 1.3 |

かぼす [香燈・臭橙]　Kabosu
●1個=100〜150g

緑果のうちに収穫する。果汁が豊富で酸味が強く、鍋物のポン酢・焼き魚・酢の物などに用いる。主産地は大分県。

果汁 生 07052
廃棄率0 / 水分90.7
| | 36 | 0.4 | 0.1 | (0) | 8.5 | 0.1 |

グレープフルーツ　Grapefruit
●1個=350〜400g

ぶんたん類の一種。ぶどうの房状に実ることからこの名がある。多汁で適度の酸味と甘味に加え、ほろ苦さがある。日本ではほとんど栽培されておらず、アメリカや南アフリカからの輸入品がほとんどである。ビタミンCはみかんより多く、ペクチン質が多いのでマーマレードにも向く。生食・ジュース・ゼリー・肉料理のソースなどに用いられる。なお、含まれるフラノクマリンには、薬の血中濃度を上げる効果がある。
●白肉種・紅肉種
果肉の色により、2つに大別される。ビタミンAの含量が異なり、紅肉腫の方が多い。

白肉種 砂じょう 生 07062
廃棄率30 / 水分89.0
| | 40 | 0.5 / 0.9 | (0.1) / 0.1 | 0 | 7.3 / 9.6 | — / 0.6 |

紅肉種 砂じょう 生 07164
廃棄率30 / 水分89.0
| | 40 | (0.7) / 0.9 | 0.1 | 0 | (6.3) / 9.6 | — / 0.6 |

果実飲料 濃縮還元ジュース 07064
廃棄率0 / 水分90.1
| | 38 | — / 0.7 | (0.1) / 0.1 | (0) | (7.7) / 8.8 | — / 0.2 |

シークワーサー　Shiikuwasha
●1個=25g

未熟果は、果汁を搾って刺身・焼き魚・酢の物などに利用したり飲料にする。熟すに従い、黄色くなる。おもに沖縄でつくられる。

果汁 生 07075
廃棄率0 / 水分90.9
| | 35 | 0.8 | 0.1 | (0) | 7.9 | 0.3 |

しらぬひ [不知火]　Shiranuhi
●1個=200〜300g

清見とポンカンの交雑種。ヘタの部分の凸が特徴。糖度13度以上、酸度1度以下がデコポンとして登録商標される。

砂じょう 生 07165
廃棄率30 / 水分85.8
| | 56 | (0.5) / 0.8 | 0.2 | — | 12.9 | 0.6 |

すだち [酢橘]　Sudachi
●1個=30〜40g

緑果のうちに収穫する。果汁が豊富で、強い酸味をもつ。鍋物や焼き魚などに使う。特にまつたけ料理には欠かせない。

果汁 生 07079
廃棄率0 / 水分92.5
| | 29 | 0.5 | 0.1 | (0) | 6.6 | 0.1 |

だいだい [橙]　Sour oranges
●1個=200g

縁起物の果物として正月飾りに用いられる。酸味と苦味があり生食されることはない。果汁は刺身や焼き魚などに利用される。

果汁 生 07083
廃棄率0 / 水分91.2
| | 35 | 0.3 | 0.2 | (0) | 8.0 | 0 |

なつみかん [夏蜜柑]　Natsudaidai
●1個=400g

夏かん、夏だいだいともいう。果肉は多汁で酸味が強い。ビタミンCが多く、生食のほかマーマレードの原料となることが多い。

砂じょう 生 07093
廃棄率45 / 水分88.6
| | 42 | 0.5 / 0.9 | 0.1 | 0 | 10.0 | 1.2 |

One Point グレープフルーツと薬の関係▶グレープフルーツには、薬の血中濃度を上げる物質（フラノクマリン）が含まれることがわかっている。このため、

ナトリウム mg 200	カリウム mg 200	カルシウム mg 200	リン mg 200	鉄 mg 2.0	亜鉛 mg 2.0	ビタミンA レチノール活性当量 μg 20	レチノール μg 20	β-カロテン当量 μg 200	ビタミンD μg 2.0	ビタミンE α-トコフェロール mg 2.0	ビタミンB₁ mg 0.20	ビタミンB₂ mg 0.20	葉酸 μg 20	ビタミンC mg 20	食塩相当量 g 1.0
1	180	24	22	0.2	0.1	11	(0)	130	(0)	0.3	0.07	0.04	34	60	0
1	140	21	24	0.3	0.2	10	(0)	120	(0)	0.3	0.10	0.03	32	40	0
1	190	9	18	0.1	0.1	4	(0)	47	(0)	0.3	0.07	0.02	27	42	0
9	49	19	5	0.2	Tr	5	(0)	56	(0)	0.4	0.01	0	3	4	0
1	140	7	8	0.1	Tr	1	(0)	10	(0)	0.1	0.02	0.02	13	42	0
1	140	15	17	Tr	0.1	(0)	(0)	0	(0)	0.3	0.07	0.03	15	36	0
1	140	15	17	Tr	0.1	34	(0)	410	(0)	0.3	0.07	0.03	15	36	0
1	160	9	12	0.1	Tr	10	(0)	110	(0)	0.2	0.06	0.02	10	53	0
2	180	17	8	0.1	0.1	7	(0)	89	(0)	0.5	0.08	0.03	7	11	0
Tr	170	9	18	0.1	0.1	30	(0)	360	(0)	0.3	0.09	0.03	17	48	0
1	140	16	11	0.2	0.2	0	0	Tr	(0)	0.3	0.03	0.02	13	40	0
1	190	10	8	0.1	Tr	2	(0)	18	(0)	0.1	0.03	0.02	13	35	0
1	190	16	21	0.2	0.1	7	(0)	85	(0)	0.3	0.08	0.03	25	38	0

穀類 いも・でん粉類 砂糖・甘味類 豆類 種実類 野菜類 **果実類** きのこ類 藻類 魚介類

薬によっては効き過ぎたり副作用が通常よりも強く現れてしまう場合があるらしい。病気のときなどはちょっと注意しよう。

- たんぱく質の青字の数値はアミノ酸組成によるたんぱく質
- 脂質の青字の数値は脂肪酸のトリアシルグリセロール当量
- 炭水化物の青字の数値は利用可能炭水化物（質量計）
- 食物繊維総量の黒字の数値はプロスキー変法、青字の数値はAOAC 2011.25法による分析

廃棄率％
水分g

可食部100gあたり　Tr:微量　（ ）:推定値または推計値　ー:未測定

	エネルギー kcal 200	たんぱく質 g 20.0	脂質 g 20.0	コレステロール mg 100	炭水化物 g 20.0	食物繊維総量 g 2.0

はっさく [八朔]　Hassaku　●1個=400g

ぶんたんの雑種といわれる。果皮は厚くてむきにくい。果肉はややかたく、果汁は少なめで、ほどよい甘味と酸味がある。

砂じょう 生　07105
廃棄率 35　水分 87.2

	47	(0.5) 0.8	0.1	(0)	11.5	1.5

ぶんたん [文旦]　Pummelo　●1個=600g～2kg

種類が多く、なかでも晩白柚はかんきつ類最大の果実。わずかな苦味があり、果汁は少ない。果皮の砂糖漬などがつくられる。

砂じょう 生　07126
50　89.0

	41	(0.4) 0.7	0.1	(0)	9.8	0.9

ぽんかん [椪柑]　Ponkan mandarins　●1個=200～250g

インド原産。果肉は多汁で香りが高く、甘味が強くて酸味が少ない。果皮はむきやすくて食べやすい。生食する。

砂じょう 生　07129
35　88.8

	42	(0.5) 0.9	0.1	(0)	9.8	1.0

ゆず [柚子]　Yuzu　●1個=100g　果皮1個分=12g

通年出回る。果皮は厚く、強い芳香をもつので、香味料として用いられるほか、ゆずみそ・ゆずこしょうなどに加工される。

果皮 生　07142
0　83.7

	50	0.9 1.2	0.5	(0)	14.2	6.9

ライム　Limes　●1個=50g

酸味が強く、苦味をもった果肉・果皮を香味料として用いる。果汁はカクテルやドレッシングに入れるほか、調味料として使う。

果汁 生　07145
0　89.8

	39	(0.3) 0.4	0.1	(0)	9.3	0.2

レモン [檸檬]　Lemons　●1個=100g　果汁1個分=50g

果肉はかたく、多汁で強い酸味をもつ。温暖で雨量の少ない地方で栽培されるが、安い輸入レモンが多く出回っている。ビタミンCの含有量が特に多く、古くは、長い航海に出る船乗りたちを壊血病から救った貴重なビタミンCの供給源であった。ジュースやレモネードなどの飲料、菓子の材料などに用いる。

全果 生　07155
3　85.3

	43	— 0.9	0.2 0.7	0	2.6 12.5	4.9

果汁 生　07156
0　90.5

	24	0.3 0.4	(0.1) 0.2	0	1.5 8.6	Tr

キウイフルーツ　Kiwifruit　●1個=100g

中国原産品をニュージーランドで品種改良したもの。キーウィー（kiwi）というニュージーランドの鳥に姿形が似ていることからこの名がついたという説もある。収穫後には追熟が必要。果肉が緑色の緑肉種のほか、酸味が弱く甘味が強い黄肉種（ゴールデンキウイ）も出回るようになった。ビタミンCが多く、黄肉種は特に多い。

緑肉種 生　07054
15　84.7

	51	0.8 1.0	0.2	0	9.5 13.4	2.6

黄肉種 生　07168
20　83.2

	63	— 1.1	(0.2) 0.2	(0)	(11.9) 14.9	1.4

グァバ　Guava　●1個=100g

中南米原産のトロピカルフルーツ。別名ばんじろう、ばんざくろ。果肉は白色、紅色、ピンクなどで、果汁が多く甘味が強い。

白肉種 生　07169
30　88.9

	33	(0.3) 0.6	0.1	(0)	9.9	5.1

くこ [枸杞]　Lycium chinense　●1個=000g

各種料理に少量加えたり、杏仁豆腐の彩り等に利用される。北アメリカではドライフルーツ、中国では薬食両用の食品とされる。

実 乾　07185
0　4.8

	387	(6.6) 12.3	4.1	—	75.3	—

ココナッツ　Coconut

●ココナッツミルク

ココナッツの種子の内側にできる固形胚乳をすりおろし、水と一緒に弱火で煮込んでから裏ごししたもの。

ココナッツミルク　07158
0　78.8

	157	(1.8) 1.9	14.9 16.0	0	(8.9) 2.8	0.2

●ナタデココ

フィリピンの伝統食品で、ココナッツウォーターを発酵させ、上に浮かぶゲル状の膜を取り出してさいころ状に切ったもの。

ナタデココ　07170
0　79.7

	80	0	Tr	(0)	20.2	0.5

One Point　海賊以上に怖いもの……　▶大航海時代に最も恐れられたのは、ビタミンCの不足から生じる壊血病（かいけつびょう➡p.143）。バスコ・ダ・

ナトリウム mg 200	カリウム mg 200	カルシウム mg 200	リン mg 200	鉄 mg 2.0	亜鉛 mg 2.0	ビタミンA レチノール活性当量 µg 20	レチノール µg 20	β-カロテン当量 µg 200	ビタミンD µg 2.0	ビタミンE α-トコフェロール mg 2.0	ビタミンB₁ mg 0.20	ビタミンB₂ mg 0.20	葉酸 µg 20	ビタミンC mg 20	食塩相当量 g 1.0
1	180	13	17	0.1	0.1	9	(0)	110	(0)	0.3	0.06	0.03	16	40	0
1	180	13	19	0.1	0.1	1	(0)	15	(0)	0.5	0.03	0.04	16	45	0
1	160	16	16	0.1	Tr	52	(0)	620	(0)	0.2	0.08	0.04	13	40	0
5	140	41	9	0.3	0.1	20	(0)	240	(0)	3.4	0.07	0.10	21	160	0
1	160	16	16	0.2	0.1	(0)	(0)	0	(0)	0.2	0.03	0.02	17	33	0
4	130	67	15	0.2	0.1	2	(0)	26	(0)	1.6	0.07	0.07	31	100	0
2	100	7	9	0.1	0.1	1	(0)	6	(0)	0.1	0.04	0.02	19	50	0
1	300	26	30	0.3	0.1	4	(0)	53	(0)	1.3	0.01	0.02	37	71	0
2	300	17	25	0.2	0.1	3	(0)	41	(0)	2.5	0.02	0.02	32	140	0
3	240	8	16	0.1	0.1	(0)	(0)	0	(0)	0.3	0.03	0.04	41	220	0
510	1400	47	180	4.0	1.2	250	−	3000	0	5.7	0.28	0.40	99	9	1.3
12	230	5	49	0.8	0.3	0	0	0	(0)	Tr	0.01	0	4	0	0
2	0	1	Tr	0	0	0	(0)	0	(0)	0	0	0	0	0	0

穀類　いも・でん粉類　砂糖・甘味類　豆類　種実類　野菜類　**果実類**　きのこ類　藻類　魚介類

ガマのインド航路発見の航海においては、180人の船員のうち100人がこの病気で死亡したらしい。

- たんぱく質の青字の数値はアミノ酸組成によるたんぱく質
- 脂質の青字の数値は脂肪酸のトリアシルグリセロール当量
- 炭水化物の青字の数値は利用可能炭水化物（質量計）
- 食物繊維総量の青字の数値はプロスキー変法、青字の数値はAOAC 2011.25法による分析

■ 廃棄率%
■ 水分g

可食部100gあたり　Tr:微量　（ ）:推定値または推計値　ー:未測定

	エネルギー kcal 200	たんぱく質 g 20.0	脂質 g 20.0	コレステロール mg 100	炭水化物 g 20.0	食物繊維総量 g 2.0
さくらんぼ [桜桃] Sweet cherries ●国産1個=6〜8g / 国産 生 07070 / 10 / 83.1	64	(0.8) 1.0	(0.1) 0.2	(0)	— 15.2	— 1.2
米国産 生 07071 / 9 / 81.1	64	(1.0) 1.2	(0.1) 0.1	(0)	(13.7) 17.1	— 1.4
ざくろ [石榴] Pomegranates ●1個=300g / 生 07073 / 55 / 83.9	63	— 0.2	— Tr	(0)	— 15.5	0
すいか [西瓜] Watermelon ●中1個=4kg / 赤肉種 生 07077 / 40 / 89.6	41	0.3 0.6	(0.1) 0.1	0	— 9.5	0.3
スターフルーツ Carambola ●1個=50g / 生 07069 / 4 / 91.4	30	(0.5) 0.7	(0.1) 0.1	0	— 7.5	1.8
すもも類 [李] Plums ●プルーン1個=10g / にほんすもも 生 07080 / 7 / 88.6	46	0.4 0.6	— 1.0	0	— 9.4	1.6
プルーン 乾 07082 / 0 / 33.3	211	(1.6) 2.4	(0.1) 0.2	0	(41.7) 62.3	7.1
ドラゴンフルーツ Pitaya ●1個=300g / 生 07111 / 35 / 85.7	52	— 1.4	— 0.3	0	— 11.8	1.9
ドリアン Durian ●1個=2〜3kg / 生 07087 / 15 / 66.4	140	— 2.3	2.8 3.3	0	— 27.1	2.1
なし類 [梨] Pears ●日本なし1個=300g 西洋なし1個=250g / 日本なし 生 07088 / 15 / 88.0	38	0.2 0.3	(0.1) 0.1	0	8.1 11.3	0.9
西洋なし 生 07091 / 15 / 84.9	48	(0.2) 0.3	(0.1) 0.1	(0)	(9.2) 14.4	1.9
なつめやし [棗椰子] Dates ●1個=5g / 乾 07096 / 5 / 24.8	281	(1.2) 2.2	(Tr) 0.2	(0)	(59.0) 71.3	7.0
パッションフルーツ Passion fruit ●1個=80〜100g / 果汁 生 07106 / 0 / 82.0	67	— 0.8	— 0.4	(0)	(4.0) 16.2	0

さくらんぼ [桜桃]　Sweet cherries　●国産1個=6〜8g
桜桃（おうとう）ともいう。一般には甘果桜桃（スイートチェリー）をさす。さわやかな酸味と適度の甘味がある。品種は多く、ナポレオン・佐藤錦・高砂などは良質で人気がある。アメリカからの輸入物（アメリカンチェリー）は紫紅色で国産品より甘味が強く大粒である。生食のほか、ジャム・コンポート・缶詰などに加工される。
アメリカンチェリー

ざくろ [石榴]　Pomegranates　●1個=300g
ペルシア原産。熟すと裂け、内部には種子を包んだ果肉のつぶつぶがたくさん詰まっている。果実酒などにも利用される。

すいか [西瓜]　Watermelon　●中1個=4kg
ウリ科。おもに生食され、水分が多く、利尿効果がある。大玉種と小玉種があり、果肉は赤色のものと黄色のものがある。

スターフルーツ　Carambola　●1個=50g
別名ごれんし。熱帯アジア原産。多汁多肉で酸味があるが、熟すにしたがって甘味が増す。輪切りにすると横断面が星形。

すもも類 [李]　Plums　●プルーン1個=10g
●にほんすもも
別名プラム。ソルダム・サンタローザなど多くの品種が出回る。酸味と芳香をもち、生食のほか、ジャムや果実酒などに用いる。
●プルーン
西洋すももの一種。果実を乾燥させ、ドライプルーンにすることが多い。鉄分と食物繊維が豊富で、保存性がある。

ドラゴンフルーツ　Pitaya　●1個=300g
南米原産の柱サボテンの果実。果肉は赤色や白色、果皮は黄色や赤色など多様。無数にある種は食感には影響しない。生食など。

ドリアン　Durian　●1個=2〜3kg
トロピカルフルーツ。果肉は粘りけがあり、甘い。果汁は少なく、独特の酸味と腐敗臭に似た強い香りがある。おもに生食される。

なし類 [梨]　Pears　●日本なし1個=300g 西洋なし1個=250g
●日本なし
多汁でさくさくした歯ざわりをもつ。果皮の色により、赤なし系の長十郎・豊水・幸水などと、青なし系の二十世紀などがある。生食が中心。
幸水
●西洋なし
果肉がねっとりとして芳香をもつ。生食のほか、缶詰・ジャムなどに加工される。
ラ・フランス

なつめやし [棗椰子]　Dates　●1個=5g
ヤシ科。古くからアラブで主食的に利用。紅色に熟すと果肉がやわらかくなる。干しなつめやしはそのまま食べたり、煮物に。

パッションフルーツ　Passion fruit　●1個=80〜100g
果肉はゼリー状で、たくさんの種子を包み込んでいる。独特の香りと酸味がある。ジュース・ジャム・ゼリーなどに利用する。

One Point　バターフルーツと砂なし!?　▶ "西洋なし"はクリームのようなねっとりした甘さがあるため、別名バターフルーツと呼ばれる。一方で"日本なし"

ナトリウム mg (200)	カリウム mg (200)	カルシウム mg (200)	リン mg (200)	鉄 mg (2.0)	亜鉛 mg (2.0)	ビタミンA レチノール活性当量 µg (20)	レチノール µg (20)	β-カロテン当量 µg (200)	ビタミンD µg (2.0)	ビタミンE α-トコフェロール mg (2.0)	ビタミンB₁ mg (0.20)	ビタミンB₂ mg (0.20)	葉酸 µg (20)	ビタミンC mg (20)	食塩相当量 g (1.0)
1	210	13	17	0.3	0.1	8	(0)	98	(0)	0.5	0.03	0.03	38	10	0
1	260	15	23	0.3	0.1	2	(0)	23	(0)	0.5	0.03	0.03	42	9	0
1	250	8	15	0.1	0.2	(0)	(0)	0	(0)	0.1	0.01	0.01	6	10	0
1	120	4	8	0.2	0.1	69	(0)	830	(0)	0.1	0.03	0.02	3	10	0
1	140	5	10	0.2	0.2	6	(0)	74	(0)	0.2	0.03	0.02	11	12	0
1	150	5	14	0.2	0.1	7	(0)	79	(0)	0.6	0.02	0.02	37	4	0
1	730	57	69	1.1	0.4	100	(0)	1200	(0)	1.3	0.07	0.07	3	0	0
Tr	350	6	29	0.3	0.3	(0)	(0)	0	(0)	0.4	0.08	0.06	44	7	0
Tr	510	5	36	0.3	0.3	3	(0)	36	(0)	2.3	0.33	0.20	150	31	0
Tr	140	2	11	0	0.1	(0)	(0)	0	(0)	0.1	0.02	Tr	6	3	0
Tr	140	5	13	0.1	0.1	(0)	(0)	0	(0)	0.3	0.02	0.01	4	3	0
Tr	550	71	58	0.8	0.4	13	(0)	160	(0)	1.4	0.07	0.04	19	0	0
5	280	4	21	0.6	0.4	89	(0)	1100	(0)	0.2	0.01	0.09	86	16	0

穀類　いも・でん粉類　砂糖・甘味類　豆類　種実類　野菜類　**果実類**　きのこ類　藻類　魚介類

は実がらついているので、西洋人から"砂なし"と呼ばれることがある。

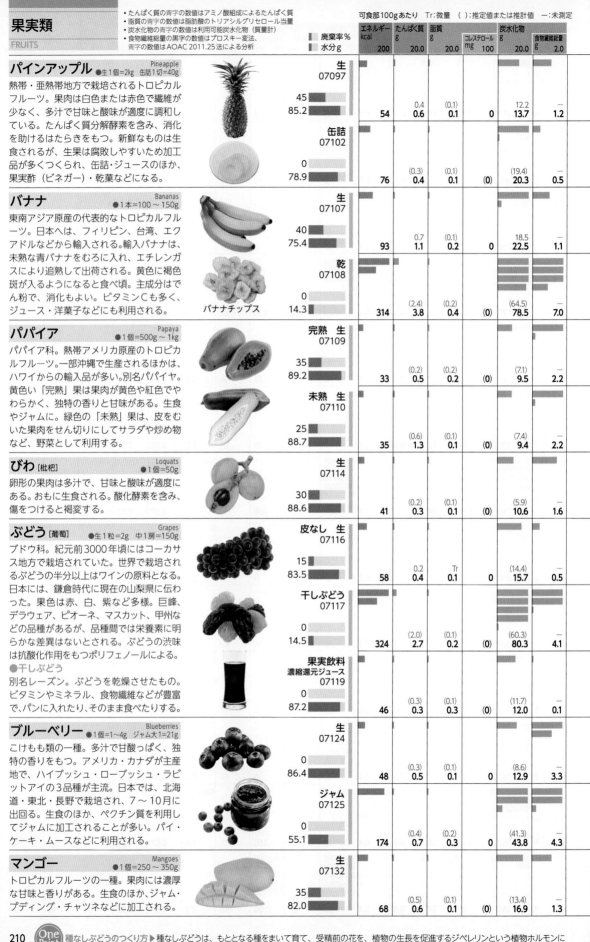

果実類

FRUITS

・たんぱく質の青字の数値はアミノ酸組成によるたんぱく質
・脂質の青字の数値は脂肪酸のトリアシルグリセロール当量
・炭水化物の青字の数値は利用可能炭水化物（質量計）
・食物繊維総量の黒字の数値はプロスキー変法、
　青字の数値はAOAC 2011.25法による分析

可食部100gあたり　Tr:微量　（ ）:推定値または推計値　ー:未測定

	エネルギー kcal	たんぱく質 g	脂質 g	コレステロール mg	炭水化物 g	食物繊維総量 g
	200	20.0	20.0	100	20.0	2.0

パインアップル ●生1個=2kg 缶詰1切=40g　Pineapple

熱帯・亜熱帯地方で栽培されるトロピカルフルーツ。果肉は白色または赤色で繊維が少なく、多汁で甘味と酸味が適度に調和している。たんぱく質分解酵素を含み、消化を助けるはたらきをもつ。新鮮なものは生食されるが、生果は腐敗しやすいため加工品が多くつくられ、缶詰・ジュースのほか、果実酢（ビネガー）・乾菓などになる。

生 07097						
廃棄率% 45 / 水分g 85.2	54	0.4 0.6	(0.1) 0.1	0	12.2 13.7	ー 1.2

缶詰 07102						
0 / 78.9	76	(0.3) 0.4	(0.1) 0.1	(0)	(19.4) 20.3	ー 0.5

バナナ ●1本=100～150g　Bananas

東南アジア原産の代表的なトロピカルフルーツ。日本へは、フィリピン、台湾、エクアドルなどから輸入される。輸入バナナは、未熟な青バナナをむろに入れ、エチレンガスにより追熟して出荷される。黄色に褐色斑が入るようになると食べ頃。主成分はでん粉で、消化もよい。ビタミンCも多く、ジュース・洋菓子などにも利用される。

生 07107						
40 / 75.4	93	0.7 1.1	(0.1) 0.2	0	18.5 22.5	ー 1.1

乾 07108 バナナチップス						
0 / 14.3	314	(2.4) 3.8	(0.2) 0.4	(0)	(64.5) 78.5	ー 7.0

パパイア ●1個=500g～1kg　Papaya

パパイア科。熱帯アメリカ原産のトロピカルフルーツ。一部沖縄で生産されるほかは、ハワイからの輸入品が多い。別名パパイヤ。黄色い「完熟」果は果肉が黄色や紅色でやわらかく、独特の香りと甘味がある。生食やジャムに。緑色の「未熟」果は、皮をむいた果肉をせん切りにしてサラダや炒め物など、野菜として利用する。

完熟 生 07109						
35 / 89.2	33	(0.2) 0.5	(0.1) 0.2	(0)	(7.1) 9.5	ー 2.2

未熟 生 07110						
25 / 88.7	35	(0.6) 1.3	(0.1) 0.1	(0)	(7.4) 9.4	ー 2.2

びわ [枇杷] ●1個=50g　Loquats

卵形の果肉は多汁で、甘味と酸味が適度にある。おもに生食される。酸化酵素を含み、傷をつけると褐変する。

生 07114						
30 / 88.6	41	(0.2) 0.3	(0.1) 0.1	(0)	(5.9) 10.6	ー 1.6

ぶどう [葡萄] ●生1粒=2g 中1房=150g　Grapes

ブドウ科。紀元前3000年頃にはコーカサス地方で栽培されていた。世界で栽培されるぶどうの半分以上はワインの原料となる。日本には、鎌倉時代に現在の山梨県に伝わった。果色は赤、白、紫など多様。巨峰、デラウェア、ピオーネ、マスカット、甲州などの品種があるが、品種間では栄養素に明らかな差異はないとされる。ぶどうの渋味は抗酸化作用をもつポリフェノールによる。

●干しぶどう
別名レーズン。ぶどうを乾燥させたもの。ビタミンやミネラル、食物繊維などが豊富で、パンに入れたり、そのまま食べたりする。

皮なし 生 07116						
15 / 83.5	58	0.2 0.4	Tr 0.1	0	(14.4) 15.7	ー 0.5

干しぶどう 07117						
0 / 14.5	324	(2.0) 2.7	(0.1) 0.2	(0)	(60.3) 80.3	ー 4.1

果実飲料 濃縮還元ジュース 07119						
0 / 87.2	46	(0.3) 0.3	(0.1) 0.1	(0)	(11.7) 12.0	ー 0.1

ブルーベリー ●1個=1～4g ジャム大1=21g　Blueberries

こけもも類の一種。多汁で甘酸っぱく、独特の香りをもつ。アメリカ・カナダが主産地で、ハイブッシュ・ローブッシュ・ラビットアイの3品種が主流。日本では、北海道・東北・長野で栽培され、7～10月に出回る。生食のほか、ペクチン質を利用してジャムに加工されることが多い。パイ・ケーキ・ムースなどに利用される。

生 07124						
0 / 86.4	48	(0.3) 0.5	(0.1) 0.1	0	(8.6) 12.9	ー 3.3

ジャム 07125						
0 / 55.1	174	(0.4) 0.7	(0.2) 0.3	0	(41.3) 43.8	ー 4.3

マンゴー ●1個=250～350g　Mangoes

トロピカルフルーツの一種。果肉には濃厚な甘味と香りがある。生食のほか、ジャム・プディング・チャツネなどに加工される。

生 07132						
35 / 82.0	68	(0.5) 0.6	(0.1) 0.1	(0)	(13.4) 16.9	ー 1.3

ナトリウム mg 200	カリウム mg 200	カルシウム mg 200	リン mg 200	鉄 mg 2.0	亜鉛 mg 2.0	ビタミンA レチノール活性当量 µg 20	レチノール µg 20	β-カロテン当量 µg 200	ビタミンD µg 2.0	ビタミンE α-トコフェロール mg 2.0	ビタミンB1 mg 0.20	ビタミンB2 mg 0.20	葉酸 µg 20	ビタミンC mg 20	食塩相当量 g 1.0
Tr	150	11	9	0.2	0.1	3	(0)	38	(0)	Tr	0.09	0.02	12	35	0
1	120	7	7	0.3	0.1	1	0	12	(0)	0	0.07	0.01	7	7	0
Tr	360	6	27	0.3	0.2	5	(0)	56	(0)	0.5	0.05	0.04	26	16	0
1	1300	26	84	1.1	0.6	70	(0)	840	(0)	1.4	0.07	0.12	34	Tr	0
6	210	20	11	0.2	0.1	40	(0)	480	(0)	0.3	0.02	0.04	44	50	0
5	190	36	17	0.3	0.1	10	(0)	120	(0)	0.1	0.03	0.04	38	45	0
1	160	13	9	0.1	0.2	68	(0)	810	(0)	0.1	0.02	0.03	9	5	0
1	130	6	15	0.1	0.1	2	(0)	21	(0)	0.1	0.04	0.01	4	2	0
12	740	65	90	2.3	0.3	1	(0)	11	(0)	0.5	0.12	0.03	9	Tr	0
2	24	5	7	0.3	Tr	(0)	(0)	0	(0)	0	0.02	Tr	1	Tr	0
1	70	8	9	0.2	0.1	5	(0)	55	(0)	1.7	0.03	0.03	12	9	0
1	75	8	12	0.3	0.1	2	(0)	26	(0)	1.9	0.03	0.02	3	3	0
1	170	15	12	0.2	0.1	51	(0)	610	(0)	1.8	0.04	0.06	84	20	0

浸ける。すると子房が早く生長して果実ができる。しかし、受精はしていないので種子はできないのだ。

穀類　いも・でん粉類　砂糖・甘味類　豆類　種実類　野菜類　果実類　きのこ類　藻類　魚介類

- たんぱく質の青字の数値はアミノ酸組成によるたんぱく質
- 脂質の青字の数値は脂肪酸のトリアシルグリセロール当量
- 炭水化物の青字の数値は利用可能炭水化物（質量計）
- 食物繊維総量の黒字の数値はプロスキー変法、青字の数値はAOAC 2011.25法による分析

■ 廃棄率%
■ 水分g

可食部100gあたり　Tr:微量　（):推定値または推計値　－:未測定

食品名	廃棄率% / 水分g	エネルギー kcal (200)	たんぱく質 g (20.0)	脂質 g (20.0)	コレステロール mg (100)	炭水化物 g (20.0)	食物繊維総量 g (2.0)
マンゴスチン Mangosteen ●1個＝100g 生 07133	70 / 81.5	71	0.6	0.2	0	17.5	1.4
メロン Muskmelon ●1個＝500g〜1kg 温室メロン 生 アールス 07134	50 / 87.8	40	(0.7) 1.1	(0.1) 0.1	(0)	(9.3) 10.3	0.5
露地メロン 緑肉種 生 アンデス 07135	45 / 87.9	45	0.6 1.0	(0.1) 0.1	－	9.2 10.4	0.5
露地メロン 赤肉種 生 クインシー 07174	45 / 87.9	45	(0.6) 1.0	0.1 0.1	0	(9.2) 10.4	0.5
もも類[桃] Peaches ●もも中1個＝250g ネクタリン1個＝150g もも 白肉種 生 07136	15 / 88.7	38	0.4 0.6	(0.1) 0.1	0	8.0 10.2	1.3
もも 缶詰 黄肉種 果肉 07175	0 / 78.5	83	(0.4) 0.5	－ 0.1	－	(16.3) 20.6	1.4
ネクタリン 生 07140	15 / 87.8	39	(0.4) 0.7	(0.2) 0.3	(0)	(7.7) 10.7	1.7
ライチー[茘枝] Lychees ●1個＝20g 生 07144	30 / 82.1	61	(0.6) 1.0	(0.1) 0.1	0	(14.9) 16.4	0.9
ラズベリー Red raspberries ●1個＝2〜3g 生 07146	0 / 88.2	36	－ 1.1	－ 0.1	0	(5.6) 10.2	4.7
りゅうがん[龍眼] Longans ●1個＝5〜10g 乾 07147	60 / 19.4	310	(3.2) 5.1	(0.3) 0.4	(0)	－ 72.9	2.8
りんご[苹果、林檎] Apples ●中1個＝250g 皮なし 生 07148	15 / 84.1	53	0.1 0.1	Tr Tr	(0)	12.2 15.5	1.4
果実飲料 濃縮還元ジュース 07150	0 / 88.1	47	0.1 0.1	(0.1) 0.2	(0)	(10.3) 11.4	Tr
ジャム 07154	0 / 46.9	203	(0.2) 0.2	(Tr) 0.1	(0)	(51.0) 52.7	0.8

マンゴスチン
トロピカルフルーツ。果肉はなめらかで芳香があり、フルーツの女王といわれる。生食のほか、ジャムなどに加工される。

メロン
ウリ科。果実は球形から長球形で、網目のあるものとないものがある。網目のあるネットメロンはマスクメロンとも呼ばれるが、マスクは芳香のあるメロンという意味。果肉は多汁で甘味があり、強い香りをもつ。1年中出回るが、夏が旬である。生食のほか、シャーベットなどに加工される。
●温室メロン
温室内で栽培されるもので、アールスナイト、クレストアールスなどがある。
●露地メロン
緑肉種としてアムス、アンデスがある。赤肉種としてクインシー、夕張などがある。

もも類[桃]
中国原産で、日本にも古くから自生していた。山梨、福島、長野、山形、岡山などが主産地である。果肉が白色の白肉種（白桃）と黄色い黄肉種（黄桃）に分けられ、黄桃はおもに缶詰に加工される。糖分が多く、ピューレーにしてババロアやシャーベットにしたり、フルーツソースの原料にすることもある。
●ネクタリン
別名油桃。ももから派生した一変種。果皮にうぶ毛がなくつるつるしている。ももよりも小さく、果肉は赤紅色や黄色で肉質はしまっており、強い甘味と適度な酸味がある。

ライチー[茘枝]
別名れいし。トロピカルフルーツの一種。果肉は白色半透明で、多汁でやわらかく、芳香がある。

ラズベリー
木いちごの一種。仏名はフランボワーズ。果皮の色は赤、黒、紫がある。多汁でほどよい酸味と甘味をもつ。ジャムなどに。

りゅうがん[龍眼]
トロピカルフルーツの一種。白色半透明の果肉が竜の目玉に見たてられた。多汁。ライチーに似ているが、風味はやや劣る。

りんご[苹果、林檎]
有史以前から食用とされた古い果実。品種は多種多彩で、世界には2000種以上存在する。くせがなく、味、香りともに生食に向き、果実の中では保存性が高い。日本には、早生種（7〜9月）のつがる、中生種（10月）の紅玉・陸奥、晩生種（11月）のふじ・王林・国光などがある。カリウムやペクチン、食物繊維が多く、リンゴ酸、クエン酸を含む。また、果肉が空気に触れると、りんごに含まれるポリフェノール類が酸化され、切り口が褐変するので、食塩水などにつけて酸化を防ぐ。生食のほか、料理のソースやジュースなど。

One Point　楊貴妃とライチー▶ライチーは中国の代表的な果実。福建省から広東省の中国南部が原産といわれている。「果物の女王」ともいわれ、唐の

ナトリウム mg 200	カリウム mg 200	カルシウム mg 200	リン mg 200	鉄 mg 2.0	亜鉛 mg 2.0	ビタミンA レチノール活性当量 µg 20	レチノール µg 20	β-カロテン当量 µg 200	ビタミンD µg 2.0	ビタミンE α-トコフェロール mg 2.0	ビタミンB₁ mg 0.20	ビタミンB₂ mg 0.20	葉酸 µg 20	ビタミンC mg 20	食塩相当量 g 1.0
1	100	6	12	0.1	0.2	(0)	(0)	0	(0)	0.6	0.11	0.03	20	3	0
7	340	8	21	0.3	0.2	3	(0)	33	(0)	0.2	0.06	0.02	32	18	0
6	350	6	13	0.2	0.2	12	(0)	140	(0)	0.2	0.05	0.02	24	25	0
6	350	6	13	0.2	0.2	300	(0)	3600	(0)	0.2	0.05	0.02	24	25	0
1	180	4	18	0.1	0.1	Tr	(0)	5	(0)	0.7	0.01	0.01	5	8	0
4	80	3	9	0.2	0.2	17	(0)	210	(0)	1.2	0.01	0.02	4	2	0
1	210	5	16	0.2	0.1	20	(0)	240	(0)	1.4	0.02	0.03	12	10	0
Tr	170	2	22	0.2	0.2	(0)	(0)	0	(0)	0.1	0.02	0.06	100	36	0
1	150	22	29	0.7	0.4	2	(0)	19	(0)	0.8	0.02	0.04	38	22	0
2	1000	30	94	1.7	0.7	0	0	Tr	(0)	0.1	0.03	0.74	20	0	0
Tr	120	3	12	0.1	Tr	1	(0)	15	(0)	0.1		0.02	Tr	2	4	0
6	110	3	9	0.1	Tr	(0)	(0)	0	(0)	0.1	Tr	Tr	2	1	0
7	33	6	4	0	Tr	Tr	(0)	4	(0)	0.1	0.01	0	1	Tr	0

穀類　いも・でん粉類　砂糖・甘味類　豆類　種実類　野菜類　果実類　きのこ類　藻類　魚介類

玄宗皇帝は、ライチーが好物だった楊貴妃を喜ばせるため、遠く華南から長安までを8日8晩、馬を乗り継がせてライチーを運ばせたという。

きのこ類

MUSHROOMS

自生するなめこ

きのこは、大型の胞子組織を形成する菌類。葉緑素を含まない。種類は8万種にもおよぶが、食用とされるのは100〜200種である。

生態面から見た分類

菌の種類	生態	名称
腐生菌	動植物の遺体の有機物を分解する	ひとよたけ、ぶなしめじ
木材腐朽菌	衰弱する木材を分解する	しいたけ、えのきたけ、なめこ、ひらたけ、きくらげ、ならたけ
菌根菌	生きた樹木の根に菌根をつくり、その樹木と共生または寄生する	まつたけ、はつたけ、ほんしめじ

きのこの構造と各部位

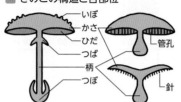

いぼ／かさ／ひだ／つば／柄／つぼ／管孔／針

選び方・保存のしかた

●しいたけ
●生しいたけは、ぬれた感じがなく、かさが肉厚で色つやがよく、軸が太くて短めのものを選ぶ。かさの裏が白く、うぶ毛が生え、薄い膜のはっているものが新鮮で、茶色のものは避ける。鮮度が落ちるとかさが開ききるので、7〜8分の開きのものがよい。
●乾しいたけは、かさが5〜6分開きの大きくて表面が黄茶色のものが上等である。用途に合わせて種類を選ぶことも大切である。
●生しいたけは、ポリ袋に入れて冷蔵庫で1週間くらい保存できるが、一度水に通すと傷みが早くなる。

●えのきたけ
●かさが小さくそろっていて、白いものを選ぶ。全体にピンとしているものがよい。根元が変色していたり、かさのべたつくものは古い。
●傷みやすいので、密封して冷蔵庫で保存しても2〜3日しかもたない。

・たんぱく質の青字の数値はアミノ酸組成によるたんぱく質
・脂質の青字の数値は脂肪酸のトリアシルグリセロール当量
・炭水化物の青字の数値は利用可能炭水化物（質量計）
・食物繊維総量の黒字の数値はプロスキー変法、青字の数値はAOAC 2011.25法による分析

■ 廃棄率%
■ 水分g

可食部100gあたり　Tr:微量　（ ）:推定値または推計値　−:未測定

	エネルギー kcal 200	たんぱく質 g 20.0	脂質 g 20.0	コレステロール mg 100	炭水化物 g 20.0	食物繊維総量 g 2.0

えのきたけ [榎茸] — Winter mushrooms
●1袋＝100g

ぬめりがあるので別名なめたけ（滑茸）。味付け瓶詰の商品名をそのまま「なめたけ」とすることが多い。市販品の大部分は、おがくず等の培地で光を当てずに菌床栽培したもやし状のものである。広葉樹の枯れ木や切り株に発生する天然のものや光を当てて栽培したものは茶褐色や黄褐色になる。鍋物・あえ物・炒め物などに使う。

		生 08001				
廃棄率 15 水分 88.6		34	1.6 / 2.7	0.1 / 0.2	0	0.9 / 7.6	− / 3.9

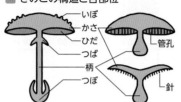

		味付け瓶詰 08003				
廃棄率 0 水分 74.1		76	2.4 / 3.6	(0.2) / 0.3	(0)	9.9 / 16.9	− / 4.1

きくらげ類 [木耳] — Tree ears
●乾10個＝5g

形が人間の耳に似ていることから木耳と書くが、寒天質で歯ざわりがくらげに似ていることから木水母と書くこともある。特徴であるこりこりとした歯ざわりは、にかわ質によるもの。精進料理や中国料理によく利用される。しろきくらげは、中国では、不老長寿の薬として珍重されてきたが、栽培可能となり、多く出回るようになった。

		きくらげ 乾 08006				
廃棄率 0 水分 14.9		216	5.3 / 7.9	1.3 / 2.1	0	2.6 / 71.1	57.4

		しろきくらげ 乾 08008				
廃棄率 0 水分 14.6		170	3.4 / 4.9	0.5 / 0.7	(0)	3.4 / 74.5	68.7

くろあわびたけ [黒鮑茸] — Abalone mushrooms
●1個＝20g

台湾、タイなどで栽培される。ひらたけの近種。ひらたけよりもかさが大きく色は茶褐色で、歯ざわりがあわびに似ている。

		生 08010				
廃棄率 10 水分 90.2		28	(2.3) / 3.7	(0.2) / 0.4	(0)	1.3 / 4.9	4.1

しいたけ [椎茸] — Shiitake
●生しいたけ1枚＝10〜30g

生しいたけと乾しいたけが市場に出回る。ブナ科の樹木に穴をあけて種菌を植え込む原木栽培や、管理しやすく収穫量の多いおがくず培地による菌床栽培がある。低カロリーでビタミンや食物繊維が多く、乾燥することによってうま味と香りが濃厚になる。乾しいたけは水でもどしてから利用するが、もどし汁はだしとして利用できる。

		生しいたけ 菌床栽培 生 08039				
廃棄率 20 水分 89.6		25	2.0 / 3.1	0.2 / 0.3	0	0.7 / 6.4	4.9 / 4.6

		乾しいたけ 乾 08013				
廃棄率 20 水分 9.1		258	14.1 / 21.2	(1.7) / 2.8	0	11.2 / 62.5	46.7

One Point　普通のきのこでがん予防▶きのこのがん予防効果はよく知られており、民間ではさるのこしかけというきのこの効果が伝えられていた。しかし、

穀類
いも・でん粉類
砂糖・甘味類
豆類
種実類
野菜類
果実類
きのこ類
藻類
魚介類

●きくらげ
●中国名は木耳（ムウアル）。市販されているのは中国や台湾からの乾燥品が多い。湿気に注意して保存する。
●しめじ
●かさの色は、初秋に出る淡灰色のものと、10月ごろに出る灰色のものとがある。いずれもかさは小さく張りがあり、軸は太くて短く、根元が白くふくらんでいるものを選ぶ。
●なめこ
●粘着物を十分にもっていて香味があり、かさが開ききっていない小粒のものがよい。
●生なめこはポリ袋に密封され、9月から翌年5月ごろまで市場に出回るが、粘質部分は変質しやすく、色も暗褐色になるので、購入後なるべく早めに使いきるようにする。
●エリンギ
●軸が太く弾力のあるものがよい。全体にしなびたり、変色しているものは避ける。
●ラップに包み、冷蔵庫の野菜室で保存する。

●まいたけ
●かたく締まって弾力があり、かさの表面の色が濃いものがよい。全体に茶色っぽくやわらかくなっているものは古い。
●水分が少ないので、乾燥させて長期間保存することができる。
●マッシュルーム
●軸は太くて短く、弾力があり、かさはすべすべして丸みと厚みのあるものを選ぶ。ホワイトマッシュルームは白いもののほうがよい。
●生のものは非常に傷みやすいので、冷蔵庫で保管し、早めに使いきる。
●まつたけ
●かさは淡い茶褐色でつぼんでいるものがよい。香気はかさにあるので、開いたものは香りが落ち、色が黒く乾いたものは鮮度がよくない。かさの裏の色が白くひだの美しいもの、軸は短めで丸みがあり、つまんだとき弾力性のあるものを選ぶ。フカフカしているのは虫食いの可能性がある。
●保存するには、ラップに包んで冷凍するのが、いちばん香りを逃さない方法である。

きのこの栽培方法

きのこの人工栽培には、原木栽培と菌床栽培がある。

原木栽培は、原木に穴をあけて種菌を打ち込み、一年間、林間地など自然環境下できのこを発生させる方法。自然に近い方法で行っていることから、収量・品質などが左右されやすいのが欠点。

菌床栽培は、おがくずとふすまなどの栄養体を混合した培地を菌床袋に詰めてかためたものに種菌を接種し、3か月ほど、空調設備などを備えた施設内において菌を蔓延させてきのこを発生させる方法。2つの栽培方法は、国内ではほぼ半々の割合となっている。

しいたけの原木栽培

やなぎまつたけの菌床栽培

グラフ1本分の相当量

	ナトリウム mg 200	カリウム mg 200	カルシウム mg 200	リン mg 200	鉄 mg 2.0	亜鉛 mg 2.0	ビタミンA レチノール活性当量 μg 20	レチノール μg 20	β-カロテン当量 μg 200	ビタミンD μg 2.0	ビタミンE α-トコフェロール mg 2.0	ビタミンB₁ mg 0.20	ビタミンB₂ mg 0.20	葉酸 μg 20	ビタミンC mg 20	食塩相当量 g 1.0
	2	340	Tr	110	1.1	0.6	(0)	0	(0)	0.9	0	0.24	0.17	75	0	0
	1700	320	10	150	0.8	0.6	(0)	0	(0)	0.1	(0)	0.26	0.17	39	0	4.3
	59	1000	310	230	35.0	2.1	(0)	0	(0)	85.0	0	0.19	0.87	87	0	0.1
	28	1400	240	260	4.4	3.6	(0)	0	(0)	15.0	(0)	0.12	0.70	76	0	0.1
	3	300	2	100	0.5	0.7	(0)	0	(0)	0.3	0	0.21	0.22	65	0	0
	1	290	1	87	0.4	0.9	0	0	0	0.3	0	0.13	0.21	49	0	0
	14	2200	12	290	3.2	2.7	(0)	0	(0)	17.0	0	0.48	1.74	270	20	0

えのきたけ、しいたけ、なめこ、ぶなしめじ等の普通の食用きのこのほうが効果が高いという研究結果が出ている。

きのこ類
MUSHROOMS

・たんぱく質の青字の数値はアミノ酸組成によるたんぱく質
・脂質の青字の数値は脂肪酸のトリアシルグリセロール当量
・炭水化物の青字の数値は利用可能炭水化物（質量計）
・食物繊維総量の黒字の数値はプロスキー変法、青字の数値はAOAC 2011.25法による分析

可食部100gあたり　Tr：微量　（ ）：推定値または推計値　ー：未測定

	廃棄率% / 水分g	エネルギー kcal (200)	たんぱく質 g (20.0)	脂質 g (20.0)	コレステロール mg (100)	炭水化物 g (20.0)	食物繊維総量 g (2.0)
しめじ類 [占地] Shimeji ●1パック=100g							
はたけしめじ 生 08015	15 / 92.0	25	2.6	0.3	(0)	4.5	2.7
ぶなしめじ 生 08016	10 / 91.1	26	1.6 / 2.7	0.2 / 0.5	0	1.3 / 4.8	3.0 / 3.5
ほんしめじ 生 08018	20 / 93.6	21	2.5	0.4	(0)	2.8	1.9
たもぎたけ [たも木茸] Pleurotus citrinopileatus ●1パック=100g 生 08019	15 / 91.7	23	(2.2) / 3.6	(0.1) / 0.3	(0)	0.4 / 3.7	3.3
なめこ [滑子] Nameko ●1袋=100g 株採り 生 08020	20 / 92.1	21	1.0 / 1.8	0.1 / 0.2	1	2.4 / 5.4	3.4
ぬめりすぎたけ [滑杉茸] Numerisugitake 生 08023	8 / 92.6	23	(1.3) / 2.3	(0.2) / 0.4	(0)	1.9 / 4.1	2.5
エリンギ King oyster mushrooms ●1本=30g 生 08025	6 / 90.2	31	1.7 / 2.8	0.2 / 0.4	(0)	2.9 / 6.0	3.4
ひらたけ [平茸] Oyster mushrooms ●1パック=100g 生 08026	8 / 89.4	34	2.1 / 3.3	0.1 / 0.3	(0)	1.3 / 6.2	2.6
まいたけ [舞茸] Maitake ●1パック=100g 生 08028	10 / 92.7	22	1.2 / 2.0	0.3 / 0.5	(0)	0.3 / 4.4	3.5
マッシュルーム Button mushrooms ●生1個=10g 生 08031	5 / 93.9	15	1.7 / 2.9	0.1 / 0.3	(0)	0.1 / 2.1	2.0
マッシュルーム 水煮缶詰 08033	0 / 92.0	18	(1.9) / 3.4	(0.1) / 0.2	(0)	(0.2) / 3.3	3.2
まつたけ [松茸] Matsutake ●中1本=30g 生 08034	3 / 88.3	32	1.2 / 2.0	0.2 / 0.6	(0)	1.5 / 8.2	4.7
やなぎまつたけ [柳松茸] Black poplar mushrooms 生 08036	10 / 92.8	20	2.4	(Tr) / 0.1	(0)	0.7 / 4.0	3.0

しめじ類 [占地]
"香りまつたけ、味しめじ"といわれるほど味がよい。うま味成分はグルタミン酸やアスパラギン酸などである。

●はたけしめじ
木の樹皮を堆肥化したバーク堆肥で菌床栽培する。歯ごたえがよく、よいだしが出る。

●ぶなしめじ
ほんしめじと似ており、まろやかなだしが出る。免疫力の向上や、発がん抑制作用があるといわれる。

●ほんしめじ
柄の根元が太くふくらんでいるので、大黒様の腹に見立てて大黒しめじともいう。

たもぎたけ [たも木茸]
中部以北の深い山や北海道の広葉樹の切り株や倒木に発生する。味がよいきのこで、濃く深い味わいのだしが出る。鍋物などに。

なめこ [滑子]
人工栽培したものが多い。独特のぬめりと歯切れ、口当たりのよさが好まれる。わん種・なめこおろし・酢の物などにする。

ぬめりすぎたけ [滑杉茸]
秋に広葉樹の倒木に発生する。なめこによく似ているが、かさにささくれがある。ぬめりやこくがあり、汁物や鍋物などにする。

エリンギ
セリ科植物の枯死した根部に発生する。日本では自生しない。肉質がしっかりしていて歯ごたえがあり、日もちが大変よい。

ひらたけ [平茸]
別名オイスターマッシュルーム。味にくせがなく、香りも少ないので、多くの料理に使われる。わん種・あえ物・焼き物などに。

まいたけ [舞茸]
現在では人工栽培が可能に。体内の免疫機能を助け、抗がん作用があるといわれるグルカンという多糖類を含む。あえ物などに。

マッシュルーム
全世界で広く利用されているきのこ。ホワイト種、ブラウン種などがある。成長するにしたがい、ひだの色が、灰色か淡いピンク色→茶色→黒色になる。成熟してひだが黒くなったもののほうがよりうま味が濃いが、日本では若いマッシュルームに人気がある。スープ・ソテー・シチューなど用途は広い。

まつたけ [松茸]
秋の味覚の代表的なきのこで高級品。未だ人工栽培は確立されていない。香りがよく、土瓶蒸し・まつたけご飯などにする。

やなぎまつたけ [柳松茸]
柳類に発生してまつたけのような香りがあるということでこの名がついたが、なめこの近縁のきのこである。焼き物などに。

One Point　近寄るな! 危険な毒きのこ きのこは環境などの要因で外観が変わることがあり、毒きのこと食用きのこを区別するのは、非常に難しい。名前

ナトリウム mg 200	カリウム mg 200	カルシウム mg 200	リン mg 200	鉄 mg 2.0	亜鉛 mg 2.0	ビタミンA レチノール活性当量 μg 20	レチノール μg 20	β-カロテン当量 μg 200	ビタミンD μg 2.0	ビタミンE α-トコフェロール mg 2.0	ビタミンB₁ mg 0.20	ビタミンB₂ mg 0.20	葉酸 μg 20	ビタミンC mg 20	食塩相当量 g 1.0
4	260	1	64	0.6	0.4	(0)	(0)	(0)	0.9	0	0.12	0.44	20	0	0
2	370	1	96	0.5	0.5	(0)	0	(0)	0.5	0	0.15	0.17	29	0	0
1	310	2	76	0.6	0.7	(0)	(0)	(0)	0.6	(0)	0.07	0.28	24	0	0
1	190	2	85	0.8	0.6	(0)	0	(0)	0.8	0	0.17	0.33	80	0	0
3	240	4	68	0.7	0.5	(0)	(0)	(0)	0	0	0.07	0.12	60	0	0
1	260	1	65	0.6	0.4	(0)	0	(0)	0.4	0	0.16	0.34	19	1	0
2	340	Tr	89	0.3	0.6	(0)	(0)	(0)	1.2	0	0.11	0.22	65	0	0
2	340	1	100	0.7	1.0	(0)	0	(0)	0.3	(0)	0.40	0.40	92	0	0
0	230	Tr	54	0.2	0.7	(0)	(0)	(0)	4.9	(0)	0.09	0.19	53	0	0
6	350	3	100	0.3	0.4	(0)	0	(0)	0.3	0	0.06	0.29	28	0	0
350	85	8	55	0.8	1.0	(0)	0	(0)	0.4	(0)	0.03	0.24	2	0	0.9
2	410	6	40	1.3	0.8	(0)	0	(0)	0.6	(0)	0.10	0.10	63	0	0
1	360	Tr	110	0.5	0.6	(0)	0	(0)	0.4	0	0.27	0.34	33	0	0

穀類　いも・でん粉類　砂糖・甘味類　豆類　種実類　野菜類　果実類　きのこ類　藻類　魚介類

がよくわからないきのこは、絶対に食べないようにしよう。素人判断は禁物である。

藻類

ALGAE

こんぶの天日干し

　藻類（海藻）とは、胞子で繁殖し水中で成長する植物をいう。現在、世界中には約8,000種の海藻が知られている。

藻類の分類

- 緑藻類　あおさ／あおのり／かわのり／ひとえぐさ等
- 褐藻類　こんぶ／わかめ／ひじき／もずく等
- 紅藻類　おごのり／てんぐさ／とさかのり等

（「日本産海藻目録」による）

のりの養殖

選び方・保存のしかた

●あまのり
●ほしのりは、表面がなめらかで光沢があり、厚さが均一で、色が黒紫色のものがうま味・香りともによい。良質のほしのりは紅藻素・らん藻素などの色素が多く含まれ、焼くと鮮やかな透明感のある濃い緑色に変化する。
●アルミホイルなどに包み、密閉容器に入れて、冷蔵庫で保存する。室温で保存する場合は、乾燥剤と一緒に密閉容器に入れて、乾燥した場所に置く。使うときは必要量を取り出し、すぐにふたをする。

●こんぶ
●だしこんぶは、黒っぽい色をしており、幅が広く、砂が少ないものがよい。葉先より根に近い部分のものがうま味が濃い。香りのよいものが、よく乾燥して熟成している。ちりめんじわや色むらのあるもの、色が薄いものは避ける。真こんぶ・利尻こんぶ・羅臼こんぶが最上品とされる。
●とろろこんぶは、黄みがかった白っぽいものがおいしい。表面の薄皮の割合が高いと黒くなり、うま味が少なくなる。

- たんぱく質の青字の数値はアミノ酸組成によるたんぱく質
- 脂質の青字の数値は脂肪酸のトリアシルグリセロール当量
- 炭水化物の青字の数値は利用可能炭水化物（質量計）
- 食物繊維総量の黒字の数値はプロスキー変法、青字の数値はAOAC 2011.25法による分析

可食部100gあたり　Tr:微量　（）:推定値または推計値　―:未測定

			エネルギー kcal 200	たんぱく質 g 20.0	脂質 g 20.0	コレステロール mg 100	炭水化物 g 20.0	食物繊維総量 g 2.0
あおのり [青海苔] Green laver ●小1=2g 独特の香りと鮮やかな緑色が特徴。料理の彩りや香りづけに利用。あぶって粉末にしたもみあおのりは、お好み焼きなどに使う。		素干し 09002 廃棄率0 水分6.5	249	21.4 / 29.4	3.3 / 5.2	Tr	0.2 / 41.0	35.2
あまのり [甘海苔] Purple laver ●ほしのり1枚=2g あさくさのり、すさびのりなどの種類があり、全国各地の沿岸に生育し、養殖もおこなわれている。ほしのりは、原藻を細かく刻み、乾燥させてつくる。10枚で1帖（じょう）という単位で数える。火であぶり、のりまきやおにぎりなどに使う。味付けのりは、ほしのりにみりんやしょうゆを塗り、乾燥させたものである。		焼きのり 09004 廃棄率0 水分2.3	297	32.0 / 41.4	2.2 / 3.7	22	1.7 / 44.3	36.0
		味付けのり 09005 廃棄率0 水分3.4	301	31.5 / 40.0	(2.1) / 3.5	21	13.5 / 41.8	25.2
いわのり [岩海苔] Iwa-nori ●素干し1枚=10g 養殖されない天然のりで、岩にはりついて生育する。へらやあわびの殻等でかきとり採取する。つくだ煮や、すいてほしのりに。		素干し 09007 廃棄率0 水分8.4	228	(27.1) / 34.8	(0.4) / 0.7	30	(0.4) / 39.1	36.4
うみぶどう [海葡萄] Green caviar ●1パック=50g 別名くびれずた。薄緑色で、直径1〜2mmの粒状の葉がつく。ぷちぷちとした歯ごたえがある。酢じょうゆなどで食べる。		生 09012 廃棄率0 水分97.0	6	― / 0.5	Tr / 0.1	0	― / 1.2	0.8
おごのり [海髪] Ogo-nori ●大1=4g 原藻を塩蔵もしくは湯通ししてから石灰に漬けて保存し、その後水洗いして食用にする。石灰処理をすると緑色になる。		塩蔵 塩抜き 09010 廃棄率0 水分89.0	26	― / 1.3	― / 0.1	11	― / 8.8	7.5
とさかのり [鶏冠海苔] Tosaka-nori ●大1=4g にわとりのとさかに似ているため、この名がついた。赤、青（緑）、白のとさかのりが市販されているが、原藻は同じ。		赤とさか 塩蔵 塩抜き 09029 廃棄率0 水分92.1	19	― / 1.5	― / 0.1	9	― / 5.1	4.0

One Point　**ほしのりは2枚重ねて▶**ほしのりをおいしく焼くコツは、2枚重ねて表側だけを交互に軽く火であぶること。こうすると香りを逃がさずにきれい

●乾燥が不十分だと、うま味成分に海水の塩分が作用して白い結晶（マンニット）が出るので、保存は缶などに入れ、湿気を避けるようにする。

●わかめ

●塩蔵わかめは、濃緑色のものを選ぶ。塩分が多いものはよくないので、加塩の有無と量を表示で確認して、なるべく加塩していないものを選ぶ。養殖がほとんどであるが、天然物は岩礁が多く、潮の流れの激しい沿岸のものが身が締まっていて美味である。

●茎わかめは、緑色が鮮やかなものを選ぶ。少し丸みがあり、肉厚のものがやわらかい。

●ほしわかめは、よく乾燥していて鮮やかな緑色をした、香りの強いものがよい。しけたりかびのあるものは避ける。

●ひじき

●大きさがそろっていて、黒くて光沢があるものを選ぶ。葉先までピンとしているもの、新鮮で香りが強いもの、よく乾燥しているものがよい。

●もずく

●生のものは傷みやすいので、塩蔵品が多い。細いものがよい。

こんぶのうま味と利用法

●こんぶのうま味

こんぶはうま味成分のグルタミン酸（アミノ酸系）を含む。うま味成分は単独で使うよりも、ほかのうま味成分と組み合わせるとうま味が飛躍的に強くなる（うま味の相乗効果）。

●こんぶ＋豚肉

豚肉はイノシン酸を含む。また、豚肉とこんぶを一緒に煮ると、溶け出した豚肉の油で煮汁の沸点が高くなり、こんぶを水だけで煮るよりもやわらかくなる。

●こんぶ＋乾しいたけ

乾しいたけはグアニル酸を含む。グアニル酸は核酸系のうま味成分で、グルタミン酸と合わせるとうま味の相乗効果が起こる。乾しいたけは、時間をかけてもどすといっそううま味が出る。

●こんぶ＋かつお節

イノシン酸はかつお節にも含まれている。こんぶとかつお節でだしをとるのは、昔からうま味の相乗効果を経験的に知っていたからといえる。

●利用法

こんぶ表面のマンニットという白い結晶はうま味成分が変化したもの。こんぶを利用するときは水洗いするとおいしい成分が流れてしまうので、乾いたふきんで軽くふいて、ごみや汚れを落とす程度にする。

違う種類のみそのしきりにこんぶを使うと、こんぶの風味が移って、みそがおいしくなる。

グラフ1本分の相当量→

ナトリウム mg 200	カリウム mg 200	カルシウム mg 200	リン mg 200	鉄 mg 2.0	亜鉛 mg 2.0	ビタミンA レチノール活性当量 µg 20	レチノール µg 20	β-カロテン当量 µg 200	ビタミンD µg 2.0	ビタミンE α-トコフェロール mg 2.0	ビタミンB1 mg 0.20	ビタミンB2 mg 0.20	葉酸 µg 20	ビタミンC mg 20	食塩相当量 g 1.0
3200	2500	750	390	77.0	1.6	1700	(0)	21000	(0)	2.5	0.92	1.66	270	62	8.1
530	2400	280	700	11.0	3.6	2300	(0)	27000	(0)	4.6	0.69	2.33	1900	210	1.3
1700	2700	170	710	8.2	3.7	2700	(0)	32000	(0)	3.7	0.61	2.31	1600	200	4.3
2100	4500	86	530	48.0	2.3	2300	(0)	28000	(0)	4.2	0.57	2.07	1500	3	5.3
330	39	34	10	0.8	Tr	10	(0)	120	(0)	0.2	Tr	0.01	4	Tr	0.8
130	1	54	14	4.2	0.2	65	(0)	780	(0)	0.1	0.02	0.18	3	0	0.3
270	37	70	11	1.2	0.2	1	(0)	15	(0)	0	0	0.04	0	0	0.7

な緑色になる。

- たんぱく質の青字の数値はアミノ酸組成によるたんぱく質
- 脂質の青字の数値は脂肪酸のトリアシルグリセロール当量
- 炭水化物の青字の数値は利用可能炭水化物（質量計）
- 食物繊維総量の黒字の数値はプロスキー変法、青字の数値はAOAC 2011.25法による分析

可食部100gあたり　Tr:微量　（ ）:推定値または推計値　ー:未測定

食品名 / 番号	廃棄率 %	水分 g	エネルギー kcal (200)	たんぱく質 g (20.0)	脂質 g (20.0)	コレステロール mg (100)	炭水化物 g (20.0)	食物繊維総量 g (2.0)
こんぶ類[昆布] Kombu ●素干し10cm角=5g								
まこんぶ 素干し 乾 09017	0	9.5	170	5.1 / 5.8	1.0 / 1.3	0	0.1 / 64.3	32.1 / 27.1
りしりこんぶ 素干し 09019	0	13.2	211	(6.4) / 8.0	(1.5) / 2.0	0	— / 56.5	— / 31.4
削り昆布 09021	0	24.4	177	(5.2) / 6.5	0.6 / 0.9	0	— / 50.2	— / 28.2
つくだ煮 09023	0	49.6	150	4.7 / 6.0	0.9 / 1.0	0	19.8 / 33.3	— / 6.8
てんぐさ[天草] Tengusa ●ところてん1食分=150g								
ところてん 09026	0	99.1	2	(0.1) / 0.2	— / 0	Tr	0.6 / 0.6	— / 0.6
粉寒天 09049	0	16.7	160	0.1 / 0.2	(0.2) / 0.3	0	0.1 / 81.7	— / 79.0
ひじき[鹿尾菜] Hijiki ●ほしひじき大1=2g								
ほしひじき ステンレス釜 乾 09050	0	6.5	180	7.4 / 9.2	1.7 / 3.2	Tr	0.4 / 58.4	— / 51.8
ほしひじき 鉄釜 乾 09053	0	6.5	186	9.2	3.2	Tr	56.0	51.8
ひとえぐさ[一重草] Hitoegusa ●小1=7g								
つくだ煮 09033		56.5	148	11.2 / 14.4	0.5 / 1.3	1	22.9 / 21.1	— / 4.1
もずく[海蘊] Mozuku ●1食分=50g								
塩蔵 塩抜き 09038	0	97.7	4	0.2 / 0.2	(0.1) / 0.1	0	— / 1.4	1.4
わかめ[若布] Wakame ●乾燥わかめ1人分=2g								
乾燥わかめ 素干し 09040	0	12.7	164	(10.4) / 13.6	(0.7) / 1.6	0	— / 41.3	32.7
湯通し塩蔵わかめ 塩抜き 生 09045	0	93.3	16	1.3 / 1.5	0.2 / 0.3	0	0 / 3.4	2.9 / 3.2
めかぶわかめ 生 09047	0	94.2	14	0.7 / 0.9	0.5 / 0.6	0	0 / 3.4	— / 3.4

こんぶ類[昆布] Kombu ●素干し10cm角=5g

食用にされるものは10数種類あり、根・茎・葉に区別される。うま味成分のグルタミン酸を多量に含む。表面の白い粉はうま味成分のマンニット。ぬめりは水溶性食物繊維の一種のアルギン酸。乾燥品が一般的。

●まこんぶ
長さ2〜6m、幅30cm。幅が広く肉厚のこんぶで、こんぶ類では最も味がよい。だしのほか、おぼろこんぶ・塩昆布などに。

●りしりこんぶ
長さ1〜3m、幅5〜10cm。まこんぶの変種で、高級料理や吸い物のだし用にする。

●削り昆布
まこんぶを食酢でやわらかくし、削って薄片にしたもので、幅が広いものをおぼろこんぶ、糸状のものをとろろこんぶという。

●つくだ煮
しょうゆを主体とした調味液で煮詰めたもの。

てんぐさ[天草] Tengusa ●ところてん1食分=150g

全国各地でとれるが、夏が最盛期。食物繊維が豊富である。ところてんは、てんぐさを煮溶かし寒天質を抽出して凝固させたものである。天突きで糸状にして、しょうゆや黒蜜をかけて食べる。粉寒天は、てんぐさを煮て、ろ過した液体を凝固させ、圧力をかけて強制的に水分を抜き、乾燥粉砕してつくる。角寒天もある。

ひじき[鹿尾菜] Hijiki ●ほしひじき大1=2g

ホンダワラ科の海藻。縄文・弥生時代の遺物より、ひじきらしい海藻が発見され、古くより食されてきたことがわかる。また奈良時代には、神への供え物として使われていた。生ひじきを数時間水煮して渋味を抜くため、釜の材質により、鉄含有量が異なる。組織が円柱状でやわらかく、煮物にも適する。水でもどしてから利用する。

ひとえぐさ[一重草] Hitoegusa ●小1=7g

原藻をそのまま、または水洗いしてからすいて乾燥させ、しょうゆを主体とした調味料で煮詰めたものが、のりのつくだ煮。

もずく[海蘊] Mozuku ●1食分=50g

モズク科。ほかの海藻に巻きついて生息するため、"藻付く"が名前の由来。糸状で独特のぬめりがある。酢の物などにする。

わかめ[若布] Wakame ●乾燥わかめ1人分=2g

北海道南西部から九州にかけての海岸で、黒潮の影響が強い地域以外の各地に分布する。岩手・宮城・徳島で生産量の80%以上を占める。独特のぬめりは水溶性食物繊維のアルギン酸によるもの。酢の物・わん種などに利用する。乾燥わかめは、生わかめを乾燥したもの。湯通し塩蔵わかめは、わかめを湯通ししてから冷却し、塩蔵したもの。カットわかめは、湯通し塩蔵わかめを食塩水で洗ってから乾燥し、適当な大きさにカットしたもの。めかぶわかめは、成長したわかめの茎の根元にできるひだ状のもの。刻むと粘りが出てとろろ状になる。

One Point　恋人からのプレゼントが"ひじき"!?　▶伊勢物語の中で、在原業平が恋人にひじきを贈る場面が出てくる。ひじきは当時珍しかったため、貴重

ナトリウム mg 200	カリウム mg 200	カルシウム mg 200	リン mg 200	鉄 mg 2.0	亜鉛 mg 2.0	ビタミンA レチノール活性当量 μg 20	レチノール μg 20	β-カロテン当量 μg 200	ビタミンD μg 2.0	ビタミンE α-トコフェロール mg 2.0	ビタミンB₁ mg 0.20	ビタミンB₂ mg 0.20	葉酸 μg 20	ビタミンC mg 20	食塩相当量 g 1.0
2600	6100	780	180	3.2	0.9	130	(0)	1600	(0)	2.6	0.26	0.31	240	29	6.6
2700	5300	760	240	2.4	1.0	71	(0)	850	(0)	1.0	0.80	0.35	170	15	6.9
2100	4800	650	190	3.6	1.1	64	(0)	760	(0)	0.8	0.33	0.28	32	19	5.3
2900	770	150	120	1.3	0.5	5	0	56	0	0.1	0.05	0.05	15	Tr	7.4
3	2	4	1	0.1	Tr	(0)	(0)	0	(0)	0	0	0	0	Tr	0
170	30	120	39	7.3	0.3	0	(0)	0	(0)	0	0	Tr	1	0	0.4
1800	6400	1000	93	6.2	1.0	360	(0)	4400	(0)	5.0	0.09	0.42	93	0	4.7
1800	6400	1000	93	58.0	1.0	360	(0)	4400	(0)	5.0	0.09	0.42	93	0	4.7
2300	160	28	63	3.6	0.9	23	(0)	270	(0)	0.1	0.06	0.26	23	0	5.8
90	2	22	2	0.7	0.3	15	(0)	180	(0)	0.1	Tr	0.01	2	0	0.2
6600	5200	780	350	2.6	0.9	650	(0)	7800	(0)	1.0	0.39	0.83	440	27	16.8
530	10	50	30	0.5	0.2	17	(0)	210	(0)	0.1	0.01	0.01	6	0	1.4
170	88	77	26	0.3	0.2	20	(0)	240	(0)	0.1	0.02	0.03	36	2	0.4

穀類　いも・でん粉類　砂糖・甘味類　豆類　種実類　野菜類　果実類　きのこ類　藻類　魚介類

な一品として考えられていたらしい。しかし、現代に振り返ってみると、プレゼントとして貰う乙女心は複雑な気もする。

魚介類

FISHES & SHELLFISHES

冷凍まぐろの市場

　魚介類とは、魚類と貝類を中心とした食用水産生物の総称である。海に囲まれた日本では、古代から採集狩猟経済が営まれ、魚や貝が食料とされた。近年では、調理ずみのレトルト食品や冷凍食品などの加工品も多く、生鮮魚は回転ずしや外食産業において、人気がある。

魚介類の分類

成分表に掲載される魚介類は、大きく魚類と貝類・甲殻類（→p.240〜）に分かれている。

海水産魚類	遠洋回遊魚類	えい、かじき、かつお、まぐろ、しいら、さめ
	近海回遊魚類	あじ、いわし、さば、さんま、とびうお、ぶり、にしん、はまち
	沿岸魚類	いさき、かます、しらうお、すずき、ふぐ、ぼら、たかべ
	底生魚類	あなご、あんこう、かれい、ぎんだら、たい、たちうお、ひらめ
	遡降河回遊魚類（※1）	海から河へ：さけ、ます　河から海へ：うなぎ、やつめうなぎ
淡水産魚類		あゆ、ふな、はぜ、なまず、こい、わかさぎ、どじょう、にじます
甲殻類		あみ、えび、かに、しゃこ
軟体動物		いか、たこ
貝類		あかがい、あさり、あわび、かき、さざえ、しじみ、とりがい、はまぐり、ほたてがい
棘皮動物（※2）		うに、なまこ
その他		ほや、くらげ、くじら

※1　産卵のために海から河へ、または、河から海へ移動する習性をもつもの。
※2　棘皮（きょくひ）動物は、うになど棘（とげ）のあるものをさすが、類縁のなまこなども含む。

選び方

●1尾で選ぶ場合

目	澄んでいる。落ち込んでいないもの。
えら	鮮やかな赤色であるもの。
腹	弾力のあるもの。古いと腹切れする。
体	かたく、色つやのあるもの。
におい	生臭さ・アンモニア臭のないもの。
うろこ	きれいについているもの。

●あじの場合

目が澄んでいる
体全体が丸く、ピンと張っている
腹が銀色に光って、締まっている

●切り身を選ぶ場合

身	弾力やつやがあるもの。締まっているもの。
切り口	鮮やかなもの。

注意：パックの下に水（ドリップ）のたまっているものは、解凍してから時間がたっているので避ける。

- たんぱく質の青字の数値はアミノ酸組成によるたんぱく質
- 脂質の青字の数値は脂肪酸のトリアシルグリセロール当量
- 炭水化物の青字の数値は利用可能炭水化物（質量計）
- 食物繊維総量の黒字の数値はプロスキー変法、青字の数値はAOAC 2011.25法による分析

	廃棄率 %（※切り身・三枚おろしなど）／水分 g	エネルギー kcal 200	たんぱく質 g 20.0	脂質 g 20.0	コレステロール mg 100	炭水化物 g 20.0	食物繊維総量 g 2.0
あいなめ［鮎並］ Fat greenling ●1尾=450g 岩礁にすむ磯魚。関西ではあぶらめという。白身であるが脂肪分が多く、うま味が多い。照り焼き・唐揚げなどにする。 30cm	生 10001　50　76.0	105	(15.8) 19.1	2.9 3.4	76	(0.1) 0.1	─
あこうだい［阿侯鯛］ Matsubara's red rockfish ●1尾=300g 体が赤いのであこうだいというが、たいの仲間ではない。白身でやわらかく、脂質が比較的少ない。煮付け・塩焼きなどにする。 50cm	生 10002　※0　79.8	86	14.6 16.8	1.8 2.3	56	(0.1) 0.1	─
あじ類［鯵］ Horse mackerel ●中1尾=70〜100g あじという名は、味がよいところからつけられたという。日本近海物だけで20種類以上あるが、あじといえば、ふつう、まあじをさす。味にくせがないため和料理に合い、たたき・さしみなどの生食をはじめ、塩焼き・フライなど用途は広い。開き干しは、大型・中型のあじの内臓を除去し、食塩水に浸漬・乾燥させたものである。 20〜40cm	まあじ　皮つき 生 10003　55　75.1	112	16.8 19.7	3.5 4.5	68	(0.1) 0.1	─
	開き干し 生 10006　35　68.4	150	(17.2) 20.2	6.7 8.8	73	(0.1) 0.1	─
●むろあじ（くさや） 体長30cmくらいで、干物に向く。くさやは伊豆七島の特産で、内臓を除去し、長期間熟成・発酵させたくさや汁に浸漬し、天日乾燥させたもので、強い臭気をもつ。	むろあじ くさや 10014　30　38.6	223	(41.6) 49.9	2.0 3.0	110	(0.3) 0.3	─
あなご［穴子］ Common Japanese conger ●1尾=50〜150g うなぎに似た円筒形の魚で、淡白な風味でありながら、脂ものっている。すし種・天ぷら・煮物・わん種など用途は広い。 50cm	生 10015　35　72.2	146	14.4 17.3	8.0 9.3	140	(Tr) Tr	─

可食部100gあたり　Tr:微量　（ ）:推定値または推計値　―:未測定

 IPAとEPAって同じ？ ちがう？ ▶実は同じものをさしている。本文にあるIPAは、かつてEPA（エイコサペンタエン酸）とも表現したが、「日

●ぶりの場合

色が鮮やかで、身に張りがある

血合いは鮮やかな赤色

鮮魚の保存のしかた

●うろこを取り、内臓・えらを取り出し、腹の中まできれいに流水で洗う。

●下ごしらえした魚は、水気を切ってバットなどに入れ、ぬれた紙をかぶせて冷蔵する。

●長期保存ならば、適当におろして小分けにし、切り身にして冷凍保存する。

●さしみの場合、冷蔵保存は1日が限度である。

おもな魚介類の旬

グラフ1本分の相当量→

ナトリウム mg 200	カリウム mg 200	カルシウム mg 200	リン mg 200	鉄 mg 2.0	亜鉛 mg 2.0	ビタミンA レチノール活性当量 µg 20	レチノール µg 20	β-カロテン当量 µg 200	ビタミンD µg 2.0	ビタミンE α-トコフェロール mg 2.0	ビタミンB₁ mg 0.20	ビタミンB₂ mg 0.20	葉酸 µg 20	ビタミンC mg 20	食塩相当量 g 1.0
150	370	55	220	0.4	0.5	6	6	(0)	9	1.7	0.24	0.26	8	2	0.4
75	310	15	170	0.3	0.4	26	26	(0)	1	3.4	0.11	0.04	3	Tr	0.2
130	360	66	230	0.6	1.1	7	7	0	8.9	0.6	0.13	0.13	5	Tr	0.3
670	310	36	220	0.8	0.7	(Tr)	Tr	(Tr)	3	0.7	0.10	0.15	6	(0)	1.7
1600	850	300	810	3.2	3.2	(Tr)	Tr	(0)	2	1.2	0.24	0.40	26	(0)	4.1
150	370	75	210	0.8	0.7	500	500	(0)	0.4	2.3	0.05	0.14	9	2	0.4

本食品標準成分表（文科省）」ではIPAの表記を採用している。このため本書でもIPAという表記で統一している。

- たんぱく質の青字の数値はアミノ酸組成によるたんぱく質
- 脂質の青字の数値は脂肪酸のトリアシルグリセロール当量
- 炭水化物の青字の数値は利用可能炭水化物（質量計）
- 食物繊維総量の黒字の数値はプロスキー変法、青字の数値はAOAC 2011.25法による分析

可食部100gあたり　Tr:微量　（ ）:推定値または推計値　ー:未測定

■ 廃棄率 %（※ 切り身・三枚おろしなど）
■ 水分 g

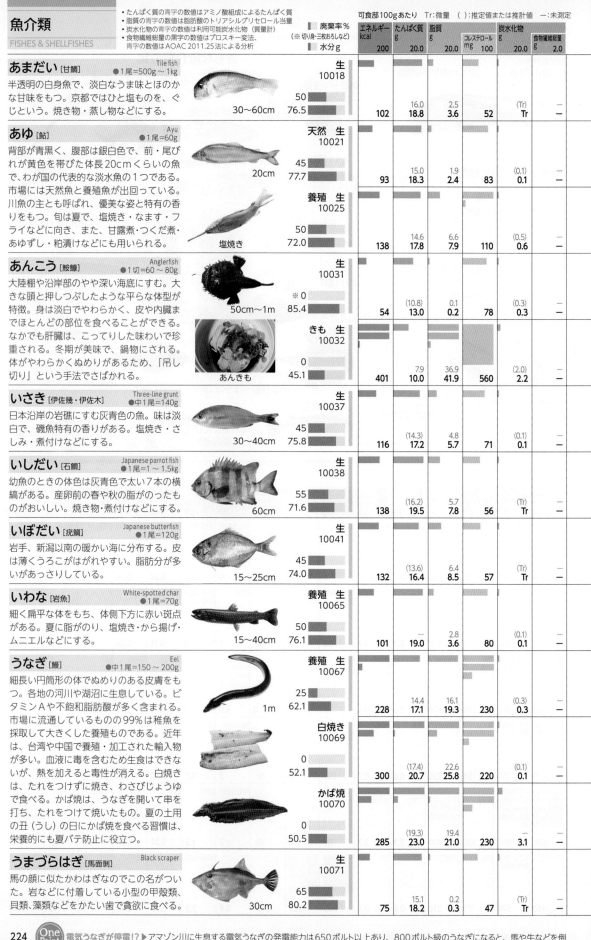

	エネルギー kcal 200	たんぱく質 g 20.0	脂質 g 20.0	コレステロール mg 100	炭水化物 g 20.0	食物繊維総量 g 2.0
あまだい [甘鯛] Tile fish ●1尾=500g～1kg 生 10018 30～60cm 廃棄率50 水分76.5	102	16.0 **18.8**	2.5 **3.6**	52	(Tr) **Tr**	ー
あゆ [鮎] Ayu ●1尾=60g 天然 生 10021 20cm 廃棄率45 水分77.7	93	15.0 **18.3**	1.9 **2.4**	83	(0.1) **0.1**	ー
養殖 生 10025 塩焼き 廃棄率50 水分72.0	138	14.6 **17.8**	6.6 **7.9**	110	(0.5) **0.6**	ー
あんこう [鮟鱇] Anglerfish ●1切=60～80g 生 10031 50cm～1m 廃棄率※0 水分85.4	54	(10.8) **13.0**	0.1 **0.2**	78	(0.3) **0.3**	ー
きも 生 10032 あんきも 廃棄率0 水分45.1	401	7.9 **10.0**	36.9 **41.9**	560	(2.0) **2.2**	ー
いさき [伊佐幾・伊佐木] Three-line grunt ●中1尾=140g 生 10037 30～40cm 廃棄率45 水分75.8	116	(14.3) **17.2**	4.8 **5.7**	71	(0.1) **0.1**	ー
いしだい [石鯛] Japanese parrot fish ●1尾=1～1.5kg 生 10038 60cm 廃棄率55 水分71.6	138	(16.2) **19.5**	5.7 **7.8**	56	(Tr) **Tr**	ー
いぼだい [疣鯛] Japanese butterfish ●1尾=120g 生 10041 15～25cm 廃棄率45 水分74.0	132	(13.6) **16.4**	6.4 **8.5**	57	(Tr) **Tr**	ー
いわな [岩魚] White-spotted char ●1尾=70g 養殖 生 10065 15～40cm 廃棄率50 水分76.1	101	**19.0**	2.8 **3.6**	80	(0.1) **0.1**	ー
うなぎ [鰻] Eel ●中1尾=150～200g 養殖 生 10067 1m 廃棄率25 水分62.1	228	14.4 **17.1**	16.1 **19.3**	230	(0.3) **0.3**	ー
白焼き 10069 廃棄率0 水分52.1	300	(17.4) **20.7**	22.6 **25.8**	220	(0.1) **0.1**	ー
かば焼 10070 廃棄率0 水分50.5	285	(19.3) **23.0**	19.4 **21.0**	230	**3.1**	ー
うまづらはぎ [馬面剥] Black scraper 生 10071 30cm 廃棄率65 水分80.2	75	15.1 **18.2**	0.2 **0.3**	47	(Tr) **Tr**	ー

あまだい [甘鯛]
半透明の白身魚で、淡白なうま味とほのかな甘味をもつ。京都ではひと塩ものを、ぐじという。焼き物・蒸し物などにする。

あゆ [鮎]
背部が青黒く、腹部は銀白色で、前・尾びれが黄色を帯びた体長20cmくらいの魚で、わが国の代表的な淡水魚の1つである。市場には天然魚と養殖魚が出回っている。川魚の主とも呼ばれ、優美な姿と特有の香りをもつ。旬は夏で、塩焼き・なます・フライなどに向き、また、甘露煮・つくだ煮・あゆずし・粕漬けなどにも用いられる。

あんこう [鮟鱇]
大陸棚や沿岸部のやや深い海底にすむ。大きな頭と押しつぶしたような平らな体型が特徴。身は淡白でやわらかく、皮や内臓までほとんどの部位を食べることができる。なかでも肝臓は、こってりした味わいで珍重される。冬期が美味で、鍋物にされる。体がやわらかくぬめりがあるため、「吊し切り」という手法でさばかれる。

いさき [伊佐幾・伊佐木]
日本沿岸の岩礁にすむ灰青色の魚。味は淡白で、磯魚特有の香りがある。塩焼き・さしみ・煮付けなどにする。

いしだい [石鯛]
幼魚のときの体色は灰青色で太い7本の横縞がある。産卵前の春や秋の脂がのったものがおいしい。焼き物・煮付けなどにする。

いぼだい [疣鯛]
岩手、新潟以南の暖かい海に分布する。皮は薄くうろこがはがれやすい。脂肪分が多いがあっさりしている。

いわな [岩魚]
細く扁平な体をもち、体側下方に赤い斑点がある。夏に脂がのり、塩焼き・から揚げ・ムニエルなどにする。

うなぎ [鰻]
細長い円筒形の体でぬめりのある皮膚をもつ。各地の河川や湖沼に生息している。ビタミンAや不飽和脂肪酸が多く含まれる。市場に流通しているものの99%は稚魚を採取して大きくした養殖ものである。近年は、台湾や中国で養殖・加工された輸入物が多い。血液に毒を含むため生食はできないが、熱を加えると毒性が消える。白焼きは、たれをつけずに焼き、わさびじょうゆで食べる。かば焼は、うなぎを開いて串を打ち、たれをつけて焼いたもの。夏の土用の丑（うし）の日にかば焼を食べる習慣は、栄養的にも夏バテ防止に役立つ。

うまづらはぎ [馬面剥]
馬の顔に似たかわはぎなのでこの名がついた。岩などに付着している小型の甲殻類、貝類、藻類などをかたい歯で貪欲に食べる。

ナトリウム mg 200	カリウム mg 200	カルシウム mg 200	リン mg 200	鉄 mg 2.0	亜鉛 mg 2.0	ビタミンA レチノール活性当量 µg 20	レチノール µg 20	β-カロテン当量 µg 200	ビタミンD µg 2.0	ビタミンE α-トコフェロール mg 2.0	ビタミンB₁ mg 0.20	ビタミンB₂ mg 0.20	葉酸 µg 20	ビタミンC mg 20	食塩相当量 g 1.0
73	360	58	190	0.3	0.3	27	27	(0)	1	1.3	0.04	0.06	6	1	0.2
70	370	270	310	0.9	0.8	35	35	(0)	1	1.2	0.13	0.15	27	2	0.2
55	360	250	320	0.8	0.9	55	55	(0)	8	5.0	0.15	0.14	28	2	0.1
130	210	8	140	0.2	0.6	13	13	0	1	0.7	0.04	0.16	5	1	0.3
110	220	6	140	1.2	2.2	8300	8300	(0)	110.0	14.0	0.14	0.35	88	1	0.3
160	300	22	220	0.4	0.6	41	41	(0)	15.0	0.9	0.06	0.12	12	Tr	0.4
54	390	20	240	0.3	0.6	39	39	(0)	3	2.1	0.15	0.15	2	Tr	0.1
190	280	41	160	0.5	0.8	95	95	(0)	2	0.7	0.04	0.19	7	1	0.5
49	380	39	260	0.3	0.8	5	5	2	5	1.6	0.09	0.12	5	1	0.1
74	230	130	260	0.5	1.4	2400	2400	1	18.0	7.4	0.37	0.48	14	2	0.2
100	300	140	280	1.0	1.9	1500	1500	(0)	17.0	5.3	0.55	0.45	16	Tr	0.3
510	300	150	300	0.8	2.7	1500	1500	(0)	19.0	4.9	0.75	0.74	13	Tr	1.3
210	320	50	160	0.4	0.5	(0)	0	(0)	8	1.1	0.01	0.13	4	Tr	0.5

右端タブ：穀類／いも・でん粉類／砂糖・甘味類／豆類／種実類／野菜類／果実類／きのこ類／藻類／魚介類

すほどの威力。発電の目的は外敵から身を守るほか、小魚をしびれさせ捕かくするため。しかし、発電を続けると疲れて放電ができなくなる。

- たんぱく質の青字の数値はアミノ酸組成によるたんぱく質
- 脂質の青字の数値は脂肪酸のトリアシルグリセロール当量
- 炭水化物の青字の数値は利用可能炭水化物（質量計）
- 食物繊維総量の黒字の数値はプロスキー変法、青字の数値はAOAC 2011.25法による分析

可食部100gあたり　Tr：微量　（ ）：推定値または推計値　－：未測定

いわし類 [鰯]　Sardine　●まいわし1尾＝80g

200種類以上が温帯域中心に分布し、群をつくって回遊するため、まとめて捕獲できる。旬は地方によって異なり、1年中獲れる。漁獲量全体から見ると、養殖魚の餌にする量が最大の比率を占める。

●うるめいわし
体が丸く、まいわしよりも脂が少ないため、生食よりも干物に向く。

●かたくちいわし
小型で、稚魚はたたみいわしとし、成魚は干物などにする。この塩蔵品のオリーブ油漬けがアンチョビである。

●まいわし
体側に黒点が7つ以上並ぶことからナナツボシといわれ、体長3cmくらいまでのしらす、10cm以下の小羽（こば）、約13cm以下の中羽（ちゅうば）、それ以上の大羽（おおば）に分けられる。普通、たたきなどには大羽、めざしには中羽を利用する。多脂魚だが、脂質含量は季節により異なり、春から夏には2～4％、秋から冬には15～16％に達する。塩焼き・酢の物・すし種・フライ・つみれなどに用いるほか、各種の加工品がつくられている。
代表的ないわし類の干物は次のとおり。

●煮干し
かたくちいわしの小型のものを食塩水でゆでたのち、乾燥させたもの。体長3cm以下の煮干しは、ちりめんとも呼ばれる。

●田作り
小型のかたくちいわしを素干し（ごまめ）にしたもの。正月料理に用いられる。

●めざし
丸干しを串またはわらで数尾重ねて、両目を貫いて干したもの。

●しらす干し
かたくちいわしやまいわしなどの稚魚を食塩水でゆでて乾燥させたもの。「微乾燥品」は水分が多く、関東で好まれる。

●みりん干し
背開きをして内臓を除き、しょうゆ・みりんを主体とする調味液に浸漬・乾燥させる。

●缶詰 油漬
別名オイルサーディン。まいわしの内臓を除き、乾燥した後、油中で加熱脱水したもの。

●アンチョビ
かたくちいわしを三枚におろして塩漬し、発酵・熟成させてオリーブ油に漬けたもの。

おこぜ [虎魚]　Devil stinger

独特な頭、顔と背びれのとげに毒をもち、一見グロテスクな魚。ふぐに似た淡白な味わいをもつ。薄づくりやから揚げにする。

かさご [笠子]　Marbled rockfish

背びれや腹びれに鋭いとげをもつ胎生魚。11～3月の間に子を産み、この時期が旬。淡白な白身で、さしみ・煮魚などにする。

かじき類 [梶木]　Swordfish　●1切＝140g

剣状に鋭く長くつきだした口をもつ大型の魚。肉は薄い赤橙色で、さしみ・照り焼きなどにする。

食品名 / 食品番号	廃棄率% / 水分g	エネルギー kcal (200)	たんぱく質 g (20.0)	脂質 g (20.0)	コレステロール mg (100)	炭水化物 g (20.0)	食物繊維総量 g (2.0)
うるめいわし 丸干し 10043	15 / 40.1	219	(38.8) 45.0	3.6 5.1	220	(0.3) 0.3	—
かたくちいわし 生 10044 （12cm）	45 / 68.2	171	15.3 18.2	9.7 12.1	70	(0.3) 0.3	—
かたくちいわし 煮干し 10045	0 / 15.7	298	(54.1) 64.5	2.8 6.2	550	(0.3) 0.3	—
かたくちいわし 田作り 10046	0 / 14.9	304	(55.9) 66.6	2.8 5.7	720	(0.3) 0.3	—
まいわし 生 10047 （17cm）	60 / 68.9	156	16.4 19.2	7.3 9.2	67	(0.2) 0.2	—
めざし 生 10053	15 / 59.0	206	(15.2) 18.2	11.0 18.9	100	(0.5) 0.5	—
しらす干し 微乾燥品 10055	0 / 67.5	113	19.8 24.5	1.1 2.1	250	(0.1) 0.1	—
みりん干し かたくちいわし 10058	0 / 18.5	330	(37.2) 44.3	5.0 7.0	110	— 25.0	—
缶詰 油漬 10063	0 / 46.2	351	(16.9) 20.3	29.1 30.7	86	(0.3) 0.3	—
缶詰 アンチョビ 10397	0 / 54.3	157	21.3 24.2	6.0 6.8	89	(0.1) 0.1	—
おこぜ 生 10077 （30cm）	60 / 78.8	81	(16.2) 19.6	0.1 0.2	75	(0.2) 0.2	—
かさご 生 10079 （25cm）	※0 / 79.1	83	16.7 19.3	0.9 1.1	45	(0.1) 0.1	—
めかじき 生 10085 切り身 1尾3m	※0 / 72.2	139	15.2 19.2	6.6 7.6	72	(0.1) 0.1	—

One Point　いわしの名の由来▶いわしは陸に揚げるとすぐに弱ってしまうため、よわし→いわしとなったという説がある。また、上等な魚ではないため、卑（い

ナトリウム mg	カリウム mg	カルシウム mg	リン mg	鉄 mg	亜鉛 mg	ビタミンA レチノール活性当量 μg	レチノール μg	β-カロテン当量 μg	ビタミンD μg	ビタミンE α-トコフェロール mg	ビタミンB₁ mg	ビタミンB₂ mg	葉酸 μg	ビタミンC mg	食塩相当量 g
200	200	200	200	2.0	2.0	20	20	200	2.0	2.0	0.20	0.20	20	20	1.0
2300	820	570	910	4.5	2.7	(0)	0	(0)	8	0.1	0.25	0.43	44	Tr	5.8
85	300	60	240	0.9	1.0	11	11	(0)	4	0.4	0.03	0.16	19	1	0.2
1700	1200	2200	1500	18.0	7.2	(Tr)	Tr	(0)	18.0	0.9	0.10	0.10	74	(0)	4.3
710	1600	2500	2300	3.0	7.9	(Tr)	Tr	(0)	30.0	0.8	0.10	0.11	230	(0)	1.8
81	270	74	230	2.1	1.6	8	8	0	32.0	2.5	0.03	0.39	10	0	0.2
1100	170	180	190	2.6	1.2	77	77	(0)	11.0	0.3	0.01	0.21	34	Tr	2.8
1700	170	280	480	0.6	1.7	190	190	0	12.0	1.1	0.11	0.03	27	0	4.2
1100	420	800	660	3.7	3.5	13	13	(0)	25.0	1.1	0.02	0.24	23	(0)	2.8
320	280	350	370	1.4	2.1	25	25	(0)	7	8.2	0.08	0.32	10	0	0.8
5200	140	150	180	2.6	3.7	4	4	(0)	1.7	1.9	0	0.31	23	0	13.1
85	360	31	200	0.4	0.7	2	2	(0)	1	0.4	0.01	0.12	3	0	0.2
120	310	57	180	0.3	0.5	3	3	(0)	2	0.3	0.03	0.06	3	1	0.3
71	440	3	260	0.5	0.7	61	61	0	8.8	4.4	0.06	0.09	8	1	0.2

穀類　いも・でん粉類　砂糖・甘味類　豆類　種実類　野菜類　果実類　きのこ類　藻類　魚介類

や）し→いわしとなったという説等がある。

・たんぱく質の青字の数値はアミノ酸組成によるたんぱく質
・脂質の青字の数値は脂肪酸のトリアシルグリセロール当量
・炭水化物の青字の数値は利用可能炭水化物（質量計）
・食物繊維総量の黒字の数値はプロスキー変法、青字の数値はAOAC 2011.25法による分析

■ 廃棄率%（※切り身・三枚おろしなど）
■ 水分g

可食部100gあたり　Tr:微量　（ ）:推定値または推計値　一:未測定

列見出し（基準値）: エネルギー kcal 200 ／ たんぱく質 g 20.0 ／ 脂質 g 20.0 ／ コレステロール mg 100 ／ 炭水化物 g 20.0 ／ 食物繊維総量 g 2.0

かつお類 [鰹]　Skip jack tuna
● 1切=100g　フレーク缶詰1個=200g

世界中の熱帯・温帯海域にすむ回遊魚。従来は一本釣りが中心であったが、現在では大型船による沖合漁業が盛んで、急速冷凍されて1年中出回る。かつおは季節によって脂ののり具合いや味わいが異なる。関東では脂が適度にのった初夏の初がつお（上りがつお、春獲り）が好まれるが、関西では脂分が多い秋の戻りがつお（下りがつお、秋獲り）が珍重される。血合いには鉄やビタミン類が多い。身は暗赤色で血合いが多く、野性味ある香りと独特のうま味がある。料理では、高知の郷土料理であるかつおのたたき（土佐づくり）が代表的。ほかにさしみ・煮付けなどにする。

● 削り節
かつおを三枚におろして煮沸後火であぶり、かびつけ行程を何回も繰り返してつくられるのがかつお節。これを機械で薄片としたものが削り節である。

● 塩辛
胃・腸・肝臓などからは塩辛をつくる。

● 缶詰
水煮・味付け・油漬けなどがある。

食品名	番号	廃棄率%	水分g	エネルギーkcal	たんぱく質g (青/黒)	脂質g (青/黒)	コレステロールmg	炭水化物g (青/黒)	食物繊維総量g
かつお 春獲り 生	10086	※0	72.2	108	20.6 / 25.8	0.4 / 0.5	60	(0.1) / 0.1	—
かつお 秋獲り 生	10087	35	67.3	150	20.5 / 25.0	4.9 / 6.2	58	(0.2) / 0.2	—
加工品 削り節	10092	0	17.2	327	64.0 / 75.7	1.9 / 3.2	190	(0.4) / 0.4	—
加工品 塩辛	10095	0	72.9	58	(9.7) / 12.0	0.7 / 1.5	210	(Tr) / Tr	—
缶詰 味付け フレーク	10096	0	65.8	139	(14.9) / 18.4	2.4 / 2.7	53	— / 10.7	—

かます [魳]　Barracuda
● 1尾=100g

カマス科の海産魚の総称で、一般にはあかかますをさす。肉は白身で淡白だが水っぽいので干物にするとうま味が増す。

食品名	番号	廃棄率%	水分g	エネルギーkcal	たんぱく質g (青/黒)	脂質g (青/黒)	コレステロールmg	炭水化物g (青/黒)	食物繊維総量g
生	10098	40	72.7	137	15.5 / 18.9	6.4 / 7.2	58	(0.1) / 0.1	—

かれい類 [鰈]　Righteye flounder
● 中1尾=200g

代表的な底魚で、日本近海には約20種類ほどが生息する。俗に「左ひらめに右かれい」といわれ、目が体の右側にあるのがかれいとされる。まがれい・まこがれい・いしがれい・むしがれいなどがある。代表的なものはまがれいで、肉が上質で美味。子持ちがれいは、抱卵したかれい類に対する通称名。

食品名	番号	廃棄率%	水分g	エネルギーkcal	たんぱく質g (青/黒)	脂質g (青/黒)	コレステロールmg	炭水化物g (青/黒)	食物繊維総量g
まがれい 生	10100	※0	77.8	89	17.8 / 19.6	1.0 / 1.3	71	(0.1) / 0.1	—
子持ちがれい 生	10104	40	72.7	123	— / 19.9	4.8 / 6.2	120	(0.1) / 0.1	—

かわはぎ [皮剥]　Leatherfish

かたい皮と細かなうろこに覆われていて、皮をはいで調理するので、この名がある。淡白な白身で、さしみやすし種にする。

食品名	番号	廃棄率%	水分g	エネルギーkcal	たんぱく質g (青/黒)	脂質g (青/黒)	コレステロールmg	炭水化物g (青/黒)	食物繊維総量g
生	10107	※0	79.9	77	16.3 / 18.8	0.3 / 0.4	47	(Tr) / Tr	—

かんぱち [間八]　Greater amber jack
● 1さく=250g

ぶりによく似た魚で、旬は晩夏から秋。近年では養殖物が多く出回っている。さしみ・塩焼き・照り焼きなどにする。

食品名	番号	廃棄率%	水分g	エネルギーkcal	たんぱく質g (青/黒)	脂質g (青/黒)	コレステロールmg	炭水化物g (青/黒)	食物繊維総量g
三枚おろし 生	10108	※0	73.3	119	(17.4) / 21.0	3.5 / 4.2	62	(0.1) / 0.1	—

きす [鱚]　Japanese whiting
● 中1尾=40g

淡黄灰色の細長い体が美しく、海のあゆともいわれる。白身の味わいは上品で、脂は少なく淡白。さしみ・天ぷらなどにする。

食品名	番号	廃棄率%	水分g	エネルギーkcal	たんぱく質g (青/黒)	脂質g (青/黒)	コレステロールmg	炭水化物g (青/黒)	食物繊維総量g
生	10109	55	80.8	73	16.1 / 18.5	0.1 / 0.2	88	0 / 0	—

きちじ [喜知次]　Kichiji rockfish
● 1尾=100g

美しい赤色をした魚で、料理の素材としては、きんきと呼ばれる。淡白だが、深海魚特有の脂がある。煮付け・塩焼きにする。

食品名	番号	廃棄率%	水分g	エネルギーkcal	たんぱく質g (青/黒)	脂質g (青/黒)	コレステロールmg	炭水化物g (青/黒)	食物繊維総量g
生	10110	※0	63.9	238	12.2 / 13.6	19.4 / 21.7	74	(Tr) / Tr	—

きびなご [吉備奈仔]　Blue sprat
● 10尾=100g

成魚で体長10cm前後の小型魚。4〜8月の産卵期に沿岸に近づくところを地引き網で獲る。鹿児島では夏を代表する魚。

食品名	番号	廃棄率%	水分g	エネルギーkcal	たんぱく質g (青/黒)	脂質g (青/黒)	コレステロールmg	炭水化物g (青/黒)	食物繊維総量g
生	10111	35	78.2	85	(15.6) / 18.8	0.8 / 1.4	75	(0.1) / 0.1	—

One Point　"かれい"や"ひらめ"の生まれたときは？▶どちらも生まれたときは体も平たくないし、目も普通の魚と同じ。1か月くらいたつと、"かれい"は

ナトリウム mg 200	カリウム mg 200	カルシウム mg 200	リン mg 200	鉄 mg 2.0	亜鉛 mg 2.0	ビタミンA レチノール活性当量 µg 20	レチノール µg 20	β-カロテン当量 µg 200	ビタミンD µg 2.0	ビタミンE α-トコフェロール mg 2.0	ビタミンB₁ mg 0.20	ビタミンB₂ mg 0.20	葉酸 µg 20	ビタミンC mg 20	食塩相当量 g 1.0
43	430	11	280	1.9	0.8	5	5	0	4	0.3	0.13	0.17	6	Tr	0.1
38	380	8	260	1.9	0.9	20	20	0	9	0.1	0.10	0.16	4	Tr	0.1
480	810	46	680	9.0	2.5	24	24	0	4	1.1	0.38	0.57	15	Tr	1.2
5000	130	180	150	5.0	12.0	90	90	(0)	120.0	0.7	0.10	0.25	48	(0)	12.7
650	280	29	190	2.6	0.7	(Tr)	Tr	(0)	9	1.0	0.14	0.13	9	(0)	1.7
120	320	41	140	0.3	0.5	12	12	(0)	11.0	0.9	0.03	0.14	8	Tr	0.3
110	330	43	200	0.2	0.8	5	5	(0)	13.0	1.5	0.03	0.35	4	1	0.3
77	290	20	200	0.2	0.8	12	12	0	4	2.9	0.19	0.20	20	4	0.2
110	380	13	240	0.2	0.4	2	2	(0)	43.0	0.6	0.02	0.07	6	Tr	0.3
65	490	15	270	0.6	0.7	4	4	(0)	4	0.9	0.15	0.16	10	Tr	0.2
100	340	27	180	0.1	0.4	1	1	(0)	0.7	0.4	0.09	0.03	11	1	0.3
75	250	32	130	0.3	0.4	65	65	(0)	4	2.4	0.03	0.07	2	2	0.2
150	330	100	240	1.1	1.9	(0)	0	(0)	10.0	0.3	0.02	0.25	8	3	0.4

穀類　いも・でん粉類　砂糖・甘味類　豆類　種実類　野菜類　果実類　きのこ類　藻類　魚介類

左目が右に、"ひらめ"は右目が左に寄ってくる。目が一方に寄ることで、海底で生活しているときにエサを見つけるのに都合がいいのだ。

・たんぱく質の青字の数値はアミノ酸組成によるたんぱく質
・脂質の青字の数値は脂肪酸のトリアシルグリセロール当量
・炭水化物の青字の数値は利用可能炭水化物（質量計）
・食物繊維総量の黒字の数値はプロスキー変法、青字の数値はAOAC 2011.25法による分析

■ 廃棄率%（※ 切り身・三枚おろしなど）
■ 水分g

可食部100gあたり　Tr:微量　（):推定値または推計値　ー:未測定

品名		廃棄率% / 水分g	エネルギー kcal 200	たんぱく質 g 20.0	脂質 g 20.0	コレステロール mg 100	炭水化物 g 20.0	食物繊維総量 g 2.0
キャビア Caviar ●大1=5g	塩蔵品 10113	0 / 51.0	242	(22.6) 26.2	13.0 17.1	500	(1.0) 1.1	ー ー
ぎんだら[銀鱈] Sablefish ●1切=130g	生 10115	※0 / 67.4	210	12.1 13.6	16.7 18.6	50	(Tr) Tr	ー
きんめだい[金眼鯛] Splendid alfonsino ●1尾=300g	生 10116	60 / 72.1	147	14.6 17.8	7.9 9.0	60	(0.1) 0.1	ー
ぐち[石首魚] Croaker ●1尾=100g	生 10117	60 / 80.1	78	15.3 18.0	0.6 0.8	66	(Tr) Tr	ー
こい[鯉] Carp ●中1尾=700g	養殖 生 10119	50 / 71.0	157	14.8 17.7	8.9 10.2	86	(0.2) 0.2	ー
このしろ[鰶] Dotted gizzard shad ●1尾=40g	甘酢漬 10125	0 / 61.5	184	(15.7) 19.1	8.2 10.1	74	ー 6.4	ー
さけ・ます類[鮭・鱒] Salmon and trout ●1切=70〜100g さくらます	生 10132	※0 / 69.8	146	(17.3) 20.9	6.2 7.7	54	(0.1) 0.1	ー
しろさけ	生 10134	※0 / 72.3	124	18.9 22.3	3.7 4.1	59	(0.1) 0.1	ー
しろさけ	塩ざけ 10139	※0 / 63.6	183	19.4 22.4	9.7 11.1	64	(0.1) 0.1	ー
しろさけ	イクラ 10140	0 / 48.4	252	(28.8) 32.6	11.7 15.6	480	(0.2) 0.2	ー
にじます 海面養殖 皮つき 生	10146	※0 / 63.0	201	18.7 21.4	11.7 14.2	69	(0.1) 0.1	ー
べにざけ	生 10149	※0 / 71.4	127	(18.6) 22.5	3.7 4.5	51	(0.1) 0.1	ー
ますのすけ	生 10152	※0 / 66.5	176	(16.2) 19.5	9.7 12.5	54	(Tr) Tr	ー

キャビア
ちょうざめの卵巣を塩漬けにしたもの。世界三大珍味の1つといわれる。色は薄墨色か、黄みがかった黒色をしている。

ぎんだら[銀鱈]
いぶし銀のようなうろこで覆われた大型魚。たらの仲間ではない。白身で脂肪分が多く、フライ・ソテー・鍋物などにする。

きんめだい[金眼鯛]
目が大きく鮮やかな赤色の深海魚で、たいの仲間ではない。白身の身は脂がのり、蒸し物・煮付け・鍋物などにする。

ぐち[石首魚]
別名いしもち。白身でやわらかく、あっさりしている。練り製品の原料に最適で、酒蒸し・ムニエルなどにも向く。

こい[鯉]
天然は利根川産、養殖では長野県佐久が知られている。泥臭さはあるが、豊かな風味の白身で、こいこく・揚げ物などにする。

このしろ[鰶]
成長につれて名前が変わる出世魚で15cm前後をこはだという。酢漬けにすると小骨がやわらかくなり、骨ごと食べられる。

さけ・ます類[鮭・鱒]
さけとますは同じ仲間である。背びれと尾びれの間に小さな脂びれがあるのが特徴。川で生まれて海に一度降りてからまた川に戻る降海型、河川で一生を過ごす陸封型、養殖に分けることができる。

●さくらます
体長60cmと小型で、背びれと尾びれの縁が黒いが、産卵期には桃色となる。富山名物ますずしの材料となる。

●しろさけ
最も一般的なさけ。全長80cmの細長い体型で、身は白っぽい。春から夏に東北地方以北の沿岸を中心に獲れるものをときしらず（時不知）、秋に東北・北海道沿岸によってくるものを秋さけ（秋あじ）という。

●イクラ
すじこ（卵粒を分離せずに卵膜がついたまま塩蔵したもの）を一粒ずつに分離して塩蔵したもので、どんぶりなどに用いられる。

●にじます
繁殖期の雄の体側が帯状の虹色に発色するのでこの名がついた。各地で淡水養殖されている。近年は大型の改良種が海面養殖されており、サーモントラウトなどの名前で販売されている。

●べにざけ
アラスカ・カナダなどが主産地で、日本近海ではあまり獲れない。スモークサーモンなどに加工されることが多い。

●ますのすけ
別名キングサーモン。大型のさけで、脂肪分が多く、筒切りにしてステーキなどにすることが多い。さけの中では最も高価。

One Point キャビアのひとくちメモ▶ちょうざめとはいわゆるさめの仲間ではなく、1億年以上前から存在するといわれる古生代の回遊魚。27種類ほど知

ナトリウム mg 200	カリウム mg 200	カルシウム mg 200	リン mg 200	鉄 mg 2.0	亜鉛 mg 2.0	ビタミンA レチノール活性当量 μg 20	レチノール μg 20	β-カロテン当量 μg 200	ビタミンD μg 2.0	ビタミンE α-トコフェロール mg 2.0	ビタミンB₁ mg 0.20	ビタミンB₂ mg 0.20	葉酸 μg 20	ビタミンC mg 20	食塩相当量 g 1.0
1600	200	8	450	2.4	2.5	60	59	6	1	9.3	0.01	1.31	49	4	4.1
74	340	15	180	0.3	0.3	1500	1500	0	3.5	4.6	0.05	0.10	1	0	0.2
59	330	31	490	0.3	0.3	63	63	(0)	2	1.7	0.03	0.05	9	1	0.1
95	260	37	140	0.4	0.6	5	5	(0)	2.9	0.5	0.04	0.28	6	Tr	0.2
49	340	9	180	0.5	1.2	4	4	(0)	14.0	2.0	0.46	0.18	10	Tr	0.1
890	120	160	170	1.8	0.9	(Tr)	Tr	(0)	7	0.5	Tr	0.17	1	(0)	2.3
53	390	15	260	0.4	0.5	63	63	(0)	10.0	2.3	0.11	0.14	21	1	0.1
66	350	14	240	0.5	0.5	11	11	(0)	32.0	1.2	0.15	0.21	20	1	0.2
720	320	16	270	0.3	0.4	24	24	(0)	23.0	0.4	0.14	0.15	11	1	1.8
910	210	94	530	2.0	2.1	330	330	(0)	44.0	9.1	0.42	0.55	100	6	2.3
64	390	13	250	0.3	0.5	57	57	(0)	11.0	5.5	0.17	0.10	12	2	0.2
57	380	10	260	0.4	0.5	27	27	(0)	33.0	1.3	0.26	0.15	13	Tr	0.1
38	380	18	250	0.3	0.4	160	160	0	16.0	3.3	0.13	0.12	12	1	0.1

穀類　いも・でん粉類　砂糖・甘味類　豆類　種実類　野菜類　果実類　きのこ類　藻類　魚介類

られているが、キャビアがとれるのは数種類。ベルーガからいちばん大粒の卵がとれるが、卵を産むようになるまで20年近くかかる。

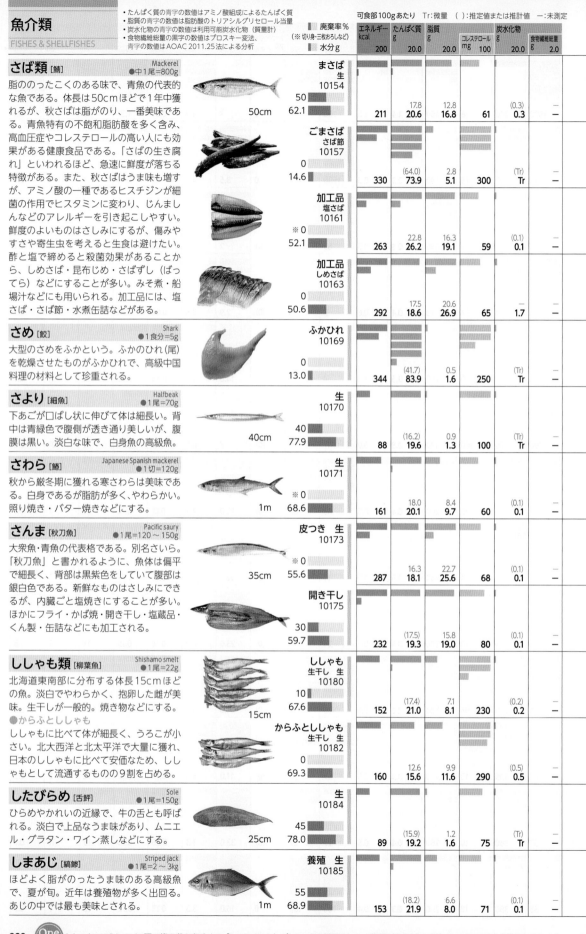

魚介類
FISHES & SHELLFISHES

- たんぱく質の青字の数値はアミノ酸組成によるたんぱく質
- 脂質の青字の数値は脂肪酸のトリアシルグリセロール当量
- 炭水化物の青字の数値は利用可能炭水化物（質量計）
- 食物繊維総量の黒字の数値はプロスキー変法、青字の数値はAOAC 2011.25法による分析

可食部100gあたり　Tr：微量　（）：推定値または推計値　―：未測定

	廃棄率%（※切り身・三枚おろしなど）/ 水分g	エネルギー kcal 200	たんぱく質 g 20.0	脂質 g 20.0	コレステロール mg 100	炭水化物 g 20.0	食物繊維総量 g 2.0
さば類 [鯖] Mackerel ●中1尾=800g							
まさば 生 10154	50 / 62.1 50cm	211	17.8 / 20.6	12.8 / 16.8	61	(0.3) / 0.3	―
ごまさば さば節 10157	0 / 14.6	330	(64.0) / 73.9	2.8 / 5.1	300	(Tr) / Tr	―
加工品 塩さば 10161	※0 / 52.1	263	22.8 / 26.2	16.3 / 19.1	59	(0.1) / 0.1	―
加工品 しめさば 10163	0 / 50.6	292	17.5 / 18.6	20.6 / 26.9	65	― / 1.7	―
さめ [鮫] Shark ●1食分=5g							
ふかひれ 10169	0 / 13.0	344	(41.7) / 83.9	0.5 / 1.6	250	(Tr) / Tr	―
さより [細魚] Halfbeak ●1尾=70g							
生 10170	40 / 77.9 40cm	88	(16.2) / 19.6	0.9 / 1.3	100	(Tr) / Tr	―
さわら [鰆] Japanese Spanish mackerel ●1切=120g							
生 10171	※0 / 68.6 1m	161	18.0 / 20.1	8.4 / 9.7	60	(0.1) / 0.1	―
さんま [秋刀魚] Pacific saury ●1尾=120〜150g							
皮つき 生 10173	※0 / 55.6 35cm	287	16.3 / 18.1	22.7 / 25.6	68	(0.1) / 0.1	―
開き干し 10175	30 / 59.7	232	(17.5) / 19.3	15.8 / 19.0	80	(0.1) / 0.1	―
ししゃも類 [柳葉魚] Shishamo smelt ●1尾=22g							
ししゃも 生干し 生 10180	10 / 67.6 15cm	152	(17.4) / 21.0	7.1 / 8.1	230	(0.2) / 0.2	―
からふとししゃも 生干し 生 10182	0 / 69.3	160	12.6 / 15.6	9.9 / 11.6	290	(0.5) / 0.5	―
したびらめ [舌鮃] Sole ●1尾=150g							
生 10184	45 / 78.0 25cm	89	(15.9) / 19.2	1.2 / 1.6	75	(Tr) / Tr	―
しまあじ [縞鰺] Striped jack ●1尾=2〜3kg							
養殖 生 10185	55 / 68.9 1m	153	(18.2) / 21.9	6.6 / 8.0	71	(0.1) / 0.1	―

さば類 [鯖] ●中1尾=800g
脂ののったこくのある味で、青魚の代表的な魚である。体長は50cmほどで1年中獲れるが、秋さばは脂がのり、一番美味である。青魚特有の不飽和脂肪酸を多く含み、高血圧症やコレステロールの高い人にも効果がある健康食品である。「さばの生き腐れ」といわれるほど、急速に鮮度が落ちる特徴がある。また、秋さばはうま味も増すが、アミノ酸の一種であるヒスチジンが細菌の作用でヒスタミンに変わり、じんましんなどのアレルギーを引き起こしやすい。鮮度のよいものはさしみにするが、傷みやすさや寄生虫を考えると生食は避けたい。酢と塩で締めると殺菌効果があることから、しめさば・昆布じめ・さばずし（ばってら）などにすることが多い。みそ煮・船場汁などにも用いられる。加工品には、塩さば・さば節・水煮缶詰などがある。

さめ [鮫] ●1食分=5g
大型のさめをふかという。ふかのひれ（尾）を乾燥させたものがふかひれで、高級中国料理の材料として珍重される。

さより [細魚] ●1尾=70g
下あごが口ばし状に伸びて体は細長い。背中は青緑色で腹側が透き通り美しいが、腹膜は黒い。淡白な味で、白身魚の高級魚。

さわら [鰆] ●1切=120g
秋から厳冬期に獲れる寒さわらは美味である。白身であるが脂肪が多く、やわらかい。照り焼き・バター焼きなどにする。

さんま [秋刀魚] ●1尾=120〜150g
大衆魚・青魚の代表格である。別名さいら。「秋刀魚」と書かれるように、魚体は偏平で細長く、背部は黒紫色をしていて腹部は銀白色である。新鮮なものはさしみにできるが、内臓ごと塩焼きにすることが多い。ほかにフライ・かば焼・開き干し・塩蔵品・くん製・缶詰などにも加工される。

ししゃも類 [柳葉魚] ●1尾=22g
北海道東南部に分布する体長15cmほどの魚。淡白でやわらかく、抱卵した雌が美味。生干しが一般的。焼き物などにする。
●からふとししゃも
ししゃもに比べて体が細長く、うろこが小さい。北大西洋と北太平洋で大量に獲れ、日本のししゃもに比べて安価なため、ししゃもとして流通するものの9割を占める。

したびらめ [舌鮃] ●1尾=150g
ひらめやかれいの近縁で、牛の舌とも呼ばれる。淡白で上品なうま味があり、ムニエル・グラタン・ワイン蒸しなどにする。

しまあじ [縞鰺] ●1尾=2〜3kg
ほどよく脂がのったうま味のある高級魚で、夏が旬。近年は養殖物が多く出回る。あじの中では最も美味とされる。

One Point ししゃもって？▶アイヌ語で柳の葉を意味する「シュシュハム」がししゃもの語源らしい。飢饉（ききん）に苦しむアイヌの人々を救うために、女

ナトリウム mg 200	カリウム mg 200	カルシウム mg 200	リン mg 200	鉄 mg 2.0	亜鉛 mg 2.0	ビタミンA レチノール活性当量 μg 20	レチノール μg 20	β-カロテン当量 μg 200	ビタミンD μg 2.0	ビタミンE α-トコフェロール mg 2.0	ビタミンB1 mg 0.20	ビタミンB2 mg 0.20	葉酸 μg 20	ビタミンC mg 20	食塩相当量 g 1.0
110	330	6	220	1.2	1.1	37	37	1	5.1	1.3	0.21	0.31	11	1	0.3
370	1100	860	1200	7.2	8.4	(Tr)	Tr	(0)	12.0	0.9	0.25	0.85	30	(0)	0.9
720	300	27	200	2.0	0.6	9	9	(0)	11.0	0.5	0.16	0.59	10	(0)	1.8
640	200	9	160	1.1	0.4	14	14	(0)	8	0.5	0.13	0.28	4	Tr	1.6
180	3	65	36	1.2	3.1	(0)	(0)	(0)	1	0.4	Tr	Tr	23	(0)	0.5
190	290	41	190	0.3	1.9	(Tr)	Tr	(0)	3	0.9	Tr	0.12	10	2	0.5
65	490	13	220	0.8	1.0	12	12	(0)	7	0.3	0.09	0.35	8	Tr	0.2
140	200	28	180	1.4	0.8	16	16	0	16.0	1.7	0.01	0.28	15	0	0.4
500	260	60	140	1.1	0.7	25	25	(0)	14.0	1.5	Tr	0.30	10	(0)	1.3
490	380	330	430	1.6	1.8	100	100	6	0.6	0.8	0.02	0.25	37	1	1.2
590	200	350	360	1.4	2.0	120	120	0	0.4	1.6	Tr	0.31	21	1	1.5
140	310	36	160	0.3	0.5	30	30	0	2	0.6	0.06	0.14	12	1	0.4
53	390	16	250	0.7	1.1	10	10	0	18.0	1.6	0.25	0.15	2	Tr	0.1

穀類 / いも・でん粉類 / 砂糖・甘味類 / 豆類 / 種実類 / 野菜類 / 果実類 / きのこ類 / 藻類 / 魚介類

神様が柳の葉を魚に変えて贈ってくれたという伝説がある。

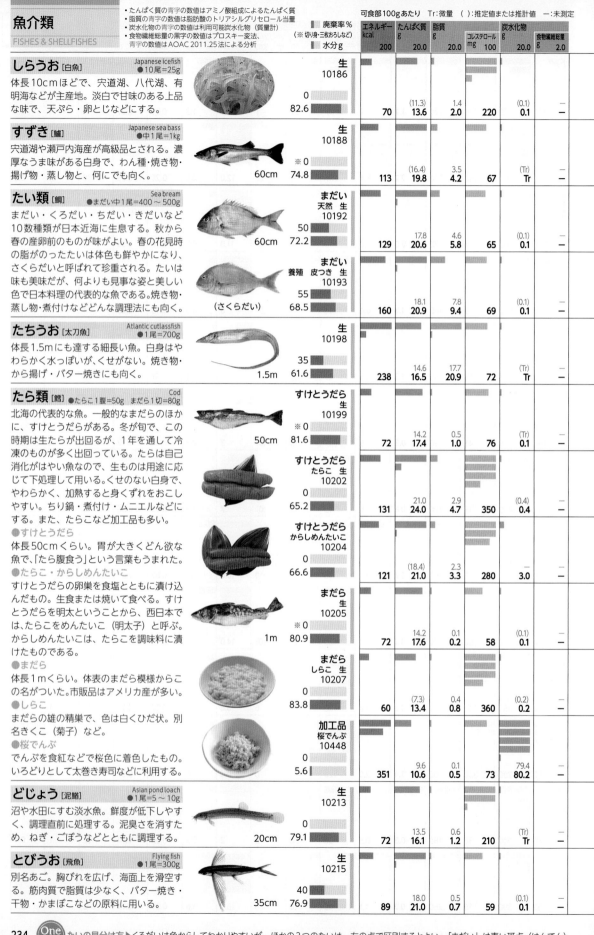

魚介類
FISHES & SHELLFISHES

- たんぱく質の青字の数値はアミノ酸組成によるたんぱく質
- 脂質の青字の数値は脂肪酸のトリアシルグリセロール当量
- 炭水化物の青字の数値は利用可能炭水化物（質量計）
- 食物繊維総量の黒字の数値はプロスキー変法、青字の数値はAOAC 2011.25法による分析

可食部100gあたり　Tr:微量　（ ）:推定値または推計値　ー:未測定

			エネルギー kcal 200	たんぱく質 g 20.0	脂質 g 20.0	コレステロール mg 100	炭水化物 g 20.0	食物繊維総量 g 2.0

しらうお [白魚]　Japanese icefish　●10尾=25g

体長10cmほどで、宍道湖、八代湖、有明海などが主産地。淡白で甘味のある上品な味で、天ぷら・卵とじなどにする。

| 生 10186 | 廃棄率% 0 | 水分g 82.6 | 70 | (11.3) 13.6 | 1.4 2.0 | 220 | (0.1) 0.1 | ― |

すずき [鱸]　Japanese sea bass　●中1尾=1kg

宍道湖や瀬戸内海産が高級品とされる。濃厚なうま味がある白身で、わん種・焼き物・揚げ物・蒸し物と、何にでも向く。

60cm

| 生 10188 | ※0 | 74.8 | 113 | (16.4) 19.8 | 3.5 4.2 | 67 | (Tr) Tr | ― |

たい類 [鯛]　Sea bream　●まだい中1尾=400〜500g

まだい・くろだい・ちだい・きだいなど10数種類が日本近海に生息する。秋から春の産卵前のものが味がよい。春の花見時の脂がのったたいは体色も鮮やかになり、さくらだいと呼ばれて珍重される。たいは味も美味だが、何よりも見事な姿と美しい色で日本料理の代表的な魚である。焼き物・蒸し物・煮付けなどどんな調理法にも向く。

60cm

| まだい 天然 生 10192 | 50 | 72.2 | 129 | 17.8 20.6 | 4.6 5.8 | 65 | (0.1) 0.1 | ― |

（さくらだい）

| まだい 養殖 皮つき 生 10193 | 55 | 68.5 | 160 | 18.1 20.9 | 7.8 9.4 | 69 | (0.1) 0.1 | ― |

たちうお [太刀魚]　Atlantic cutlassfish　●1尾=700g

体長1.5mにも達する細長い魚。白身はやわらかく水っぽいが、くせがない。焼き物・から揚げ・バター焼きにも向く。

1.5m

| 生 10198 | 35 | 61.6 | 238 | 14.6 16.5 | 17.7 20.9 | 72 | (Tr) Tr | ― |

たら類 [鱈]　Cod　●たらこ1腹=50g　まだら1切=80g

北海の代表的な魚。一般的なまだらのほかに、すけとうだらがある。冬が旬で、この時期は生たらが出回るが、1年を通して冷凍のものが多く出回っている。たらは自己消化がはやい魚なので、生ものは用途に応じて下処理して用いる。くせのない白身で、やわらかく、加熱すると身くずれをおこしやすい。ちり鍋・煮付け・ムニエルなどにする。また、たらこなど加工品も多い。

●すけとうだら
体長50cmくらい。胃が大きくどん欲な魚で、「たら腹食う」という言葉もうまれた。

●たらこ・からしめんたいこ
すけとうだらの卵巣を食塩とともに漬け込んだもの。生食または焼いて食べる。すけとうだらを明太ということから、西日本では、たらこをめんたいこ（明太子）と呼ぶ。からしめんたいこは、たらこを調味料に漬けたものである。

●まだら
体長1mくらい。体表のまだら模様からこの名がついた。市販品はアメリカ産が多い。

●しらこ
まだらの雄の精巣で、色は白くひだ状。別名きくこ（菊子）など。

●桜でんぷ
でんぷを食紅などで桜色に着色したもの。いろどりとして太巻き寿司などに利用する。

50cm

| すけとうだら 生 10199 | ※0 | 81.6 | 72 | 14.2 17.4 | 0.5 1.0 | 76 | (Tr) 0.1 | ― |

| すけとうだら たらこ 生 10202 | 0 | 65.2 | 131 | 21.0 24.0 | 2.9 4.7 | 350 | (0.4) 0.4 | ― |

| すけとうだら からしめんたいこ 10204 | 0 | 66.6 | 121 | (18.4) 21.0 | 2.3 3.3 | 280 | ― 3.0 | ― |

1m

| まだら 生 10205 | ※0 | 80.9 | 72 | 14.2 17.6 | 0.1 0.2 | 58 | (0.1) 0.1 | ― |

| まだら しらこ 生 10207 | 0 | 83.8 | 60 | (7.3) 13.4 | 0.4 0.8 | 360 | (0.2) 0.2 | ― |

| 加工品 桜でんぷ 10448 | 0 | 5.6 | 351 | 9.6 10.6 | 0.1 0.5 | 73 | 79.4 80.2 | ― |

どじょう [泥鰌]　Asian pond loach　●1尾=5〜10g

沼や水田にすむ淡水魚。鮮度が低下しやすく、調理直前に処理する。泥臭さを消すため、ねぎ・ごぼうなどとともに調理する。

20cm

| 生 10213 | 0 | 79.1 | 72 | 13.5 16.1 | 0.6 1.2 | 210 | (Tr) Tr | ― |

とびうお [飛魚]　Flying fish　●1尾=300g

別名あご。胸びれを広げ、海面上を滑空する。筋肉質で脂質は少なく、バター焼き・干物・かまぼこなどの原料に用いる。

35cm

| 生 10215 | 40 | 76.9 | 89 | 18.0 21.0 | 0.5 0.7 | 59 | (0.1) 0.1 | ― |

One Point たいの見分け方▶くろだいは色からしてわかりやすいが、ほかの3つのたいは、右の点で区別するとよい。「まだい」は青い斑点（はんてん）

ナトリウム mg 200	カリウム mg 200	カルシウム mg 200	リン mg 200	鉄 mg 2.0	亜鉛 mg 2.0	ビタミンA レチノール活性当量 μg 20	レチノール μg 20	β-カロテン当量 μg 200	ビタミンD μg 2.0	ビタミンE α-トコフェロール mg 2.0	ビタミンB_1 mg 0.20	ビタミンB_2 mg 0.20	葉酸 μg 20	ビタミンC mg 20	食塩相当量 g 1.0
170	250	150	270	0.4	1.2	50	50	(0)	1	1.8	0.08	0.10	58	4	0.4
81	370	12	210	0.2	0.5	180	180	0	10.0	1.2	0.02	0.20	8	3	0.2
55	440	11	220	0.2	0.4	8	8	0	5	1.0	0.09	0.05	5	1	0.1
52	450	12	240	0.2	0.5	11	11	0	7	2.4	0.32	0.08	4	3	0.1
88	290	12	180	0.2	0.5	52	52	0	14.0	1.2	0.01	0.07	2	1	0.2
100	350	13	180	0.2	0.5	10	10	0	0.5	0.9	0.05	0.11	12	1	0.3
1800	300	24	390	0.6	3.1	24	24	0	1.7	7.1	0.71	0.43	52	33	4.6
2200	180	23	290	0.7	2.7	41	37	46	1	6.5	0.34	0.33	43	76	5.6
110	350	32	230	0.2	0.5	10	10	0	1	0.8	0.10	0.10	5	Tr	0.3
110	390	6	430	0.2	0.7	8	8	0	2	1.8	0.24	0.13	11	2	0.3
930	43	300	180	0.4	0.6	2	2	—	0	0.1	0.01	0.01	3	—	2.4
96	290	1100	690	5.6	2.9	15	13	25	4	0.6	0.09	1.09	16	1	0.2
64	320	13	340	0.5	0.8	3	3	0	2	2.3	0.01	0.10	8	1	0.2

穀類　いも・でん粉類　砂糖・甘味類　豆類　種実類　野菜類　果実類　きのこ類　藻類　魚介類

と尾びれの後端が黒い。「ちだい」はまだいと似ているが、尾びれの後端が黒くない。「きだい」は青い斑点がなく、尾びれの後端が黒くない。

魚介類
FISHES & SHELLFISHES

- たんぱく質の青字の数値はアミノ酸組成によるたんぱく質
- 脂質の青字の数値は脂肪酸のトリアシルグリセロール当量
- 炭水化物の青字の数値は利用可能炭水化物（質量計）
- 食物繊維総量の黒字の数値はプロスキー変法、青字の数値はAOAC 2011.25法による分析

可食部100gあたり　Tr:微量　（　）:推定値または推計値　－:未測定

	廃棄率%／水分g	エネルギー kcal (200)	たんぱく質 g (20.0)	脂質 g (20.0)	コレステロール mg (100)	炭水化物 g (20.0)	食物繊維総量 g (2.0)
にしん [鰊] Pacific herring ●1尾=300g かずのこ1本=30g 生 10218 35cm	45／66.1	196	14.8／17.4	13.1／15.1	68	(0.1)／0.1	—
身欠きにしん 10219	9／60.6	224	(17.8)／20.9	14.6／16.7	230	(0.2)／0.2	—
かずのこ 塩蔵 水戻し 10224	0／80.0	80	(16.1)／15.0	1.6／3.0	230	(0.5)／0.6	—
はぜ [沙魚] Yellowfin goby ●小1尾=15g 中1尾=25g 生 10225 20cm	60／79.4	78	16.1／19.1	0.1／0.2	92	(0.1)／0.1	—
はたはた [鰰・鱩] Sailfin sandfish ●1尾=50g 生 10228	※0／78.8	101	12.8／14.1	4.4／5.7	100	(Tr)／Tr	—
はも [鱧] Conger pike ●1尾=500g 生 10231 2m	※0／71.0	132	18.9／22.3	4.3／5.3	75	(Tr)／Tr	—
ひらまさ [平政] Goldstriped amber jack ●1切=120g 生 10233 80cm	※0／71.1	128	(18.8)／22.6	3.6／4.9	68	(0.1)／0.1	—
ひらめ [鮃・平目] Olive flounder ●中1尾=800g 天然 生 10234 80cm	40／76.8	96	(17.6)／20.0	1.6／2.0	55	(Tr)／Tr	—
養殖 皮つき 生 10235 ひらめのさしみ	40／73.7	115	19.0／21.6	3.1／3.7	62	(Tr)／Tr	—
ふぐ [河豚] Puffer とらふぐ 養殖 生 10236 70cm	※0／78.9	80	(15.9)／19.3	0.2／0.3	65	(0.2)／0.2	—
ふな [鮒] Crucian carp ●1尾=150g ふなずし 10449	20／57.0	181	19.1／21.3	5.6／7.9	300	—／9.2	—
ぶり [鰤] Yellowtail ●1切=100g 成魚 生 10241 1m	※0／59.6	222	18.6／21.4	13.1／17.6	72	(0.3)／0.3	—
はまち 養殖 皮つき 生 10243 40cm	※0／61.5	217	17.8／20.7	13.4／17.2	77	(0.3)／0.3	—

にしん [鰊]
別名かどいわし。まいわしに似た体型であるが、まいわしより大きく、体側に黒点はない。3～5月にかけて産卵のために北海道沿岸に集まるが、これを春にしんという。寄生虫がいて鮮度が落ちやすいので、生食せず、塩焼き・かば焼などにする。
●身欠きにしん
魚体を二枚におろして乾燥させたもので、昆布巻き・煮つけなど、煮物に多く用いられるが、脂肪が多いので油焼けしやすい。
●かずのこ
にしんの卵巣を塩漬けしたもので、子孫繁栄の縁起物。歯切れのよさが好まれる。

はぜ [沙魚]
ふつう、まはぜをさす。体長20cmくらい。骨がやわらかく、熱を通しても身がかたくならない。天ぷら・煮つけなどにする。

はたはた [鰰・鱩]
うろこがない深海魚。初冬のかみなりが鳴る頃に産卵のために岸に近寄る。煮魚、焼き魚、なれずしなどに利用する。

はも [鱧]
あなごに似た細長い円筒形の魚で、全長は2mにもなる。白身のやわらかな肉質で、小骨が多い。はもちり・照り焼きなどに。

ひらまさ [平政]
ぶり、かんぱちなどの仲間。脂がのった引き締まった肉は歯ごたえがありおいしい。さしみ・塩焼き・ムニエルなどにする。

ひらめ [鮃・平目]
たいと並んで高級魚の代表とされる。きめの細かい締まった白身で、くせがなくうま味が強い。背びれに沿った縁側は脂がのり、歯ごたえもよい。肝臓も脂肪分が多く、とろりとした味わいがある。1年中出回るが、脂ののる冬の寒びらめが珍重される。市場に出回るうちの約1割は養殖物である。さしみやすし種・昆布じめなどにする。

ふぐ [河豚]
とらふぐ、からすふぐ、まふぐがおもに出回る。卵巣・肝臓に強い毒をもつ。薄づくり・ちり鍋・から揚げなどにする。

ふな [鮒]
川や湖沼にすむ淡水魚。甘露煮・さんしょう焼きなどにする。ふなずしは、にごろぶなどを塩と米飯で漬け込んだなれずし。

ぶり [鰤]
成長とともに呼び名が変わる出世魚。成魚をぶりと呼ぶ。冬のぶりは寒ぶりといい、脂がのって美味。照り焼きなどにする。
●はまち
本来は、ぶりの幼魚の関東での呼び名。現在では養殖ぶりの通称。これは養殖ぶりがはまちの大きさであることから定着。天然ぶりを上回る量が市場に出荷されている。

One Point ふぐの毒▶テトロドトキシンは、青酸カリの1000分の1で致死量というかなり強い毒である。もともとは餌についていた細菌がつくった毒で、

ナトリウム mg 200	カリウム mg 200	カルシウム mg 200	リン mg 200	鉄 mg 2.0	亜鉛 mg 2.0	ビタミンA レチノール活性当量 μg 20	レチノール μg 20	β-カロテン当量 μg 200	ビタミンD μg 2.0	ビタミンE α-トコフェロール mg 2.0	ビタミンB₁ mg 0.20	ビタミンB₂ mg 0.20	葉酸 μg 20	ビタミンC mg 20	食塩相当量 g 1.0
110	350	27	240	1.0	1.1	18	18	0	22.0	3.1	0.01	0.23	13	Tr	0.3
170	430	66	290	1.5	1.3	(Tr)	Tr	(0)	50.0	2.7	0.01	0.03	12	(0)	0.4
480	2	8	94	0.4	1.3	2	2	0	17.0	0.9	Tr	0.01	0	0	1.2
93	350	42	190	0.2	0.6	7	6	9	3	1.0	0.04	0.04	8	1	0.2
180	250	60	120	0.5	0.6	20	20	(0)	2	2.2	0.02	0.14	7	0	0.5
66	450	79	280	0.2	0.6	59	59	0	5	1.1	0.04	0.18	21	1	0.2
47	450	12	300	0.4	0.7	19	19	0	5	1.4	0.20	0.14	8	3	0.1
46	440	22	240	0.1	0.4	12	12	0	3	0.6	0.04	0.11	16	3	0.1
43	440	30	240	0.1	0.5	19	19	0	1.9	1.6	0.12	0.34	13	5	0.1
100	430	6	250	0.2	0.9	3	3	0	4	0.8	0.06	0.21	3	Tr	0.3
1500	64	350	240	0.9	2.9	43	43	—	3.6	4.6	Tr	0.07	15	0	3.9
32	380	5	130	1.3	0.7	50	50	(0)	8	2.0	0.23	0.36	7	2	0.1
38	340	19	210	1.0	0.8	32	32	0	4	4.6	0.16	0.21	9	2	0.1

穀類 いも・でん粉類 砂糖・甘味類 豆類 種実類 野菜類 果実類 きのこ類 藻類 魚介類

これがふぐの体内で蓄積された。このため餌の種類を変えて養殖すると、同じ種でもテトロドトキシンが少なかったり、全くなくなる場合がある。

・たんぱく質の青字の数値はアミノ酸組成によるたんぱく質
・脂質の青字の数値は脂肪酸のトリアシルグリセロール当量
・炭水化物の青字の数値は利用可能炭水化物（質量計）
・食物繊維総量の黒字の数値はプロスキー変法、
　青字の数値はAOAC 2011.25法による分析

可食部100gあたり　Tr：微量　（ ）：推定値または推計値　―：未測定

廃棄率%（※ 切り身・三枚おろしなど）　水分g

ほうぼう [魴鮄]　Red gurnard　●1尾=100g

上質の白身でうま味が強い。さしみ・煮つけ・唐揚げ・塩焼き・鍋料理などにする。胸びれの一部を足のように動かして海底を歩く。

30cm

ほっけ [𩸽]　Atka mackerel　●1尾=500g

あいなめの仲間で、成魚の体長は60cmくらい。おもに東北、北海道沿岸で獲れる。生干しの開きが多く出回る。

60cm

ぼら [鯔・鰡]　Striped mullet　●からすみ1腹=80g

内湾の浅瀬で成長したのち、10〜12月に南の外洋へ回遊し、産卵する。からすみは卵巣を塩漬したもので、珍重される。

まぐろ類 [鮪]　Tuna　●さしみ1切=20g

紡錘形で、三日月型をした尾びれのつけ根がくびれた大型の魚で、赤道を中心に南北緯度45度くらいまでの温暖地域に生息する。江戸時代中期以降、赤身をしょうゆ漬した「づけ」に調味され、生食されるようになった。「とろ」と呼ばれる脂身が好まれるようになったのは戦後のことである。

●きはだ
めばちまぐろとほぼ同じ範囲に生息し、夏から秋にかけて日本近海を回遊する。背びれと尻びれが黄色で、身は薄紅色である。

●くろまぐろ
別名ほんまぐろ。体長3mくらいで、最も高価である。旬は1〜2月で、さしみ・すし種などにされる。とろは脂肪分が多く、魚肉の10%程度しかとれない。

●びんなが
まぐろの中では最も小さく、6月頃に日本の沖合を回遊する。

●缶詰
油漬缶詰・フレーク味付け缶詰などがあり、ツナとして好まれる。シーチキンは商標名。

2m　3m　50cm〜1m

まながつお [鯧]　Silver pomfret　●1切=150g

かつおとは別種の魚で、きめ細かい白身でねっとりとした味わいがある。水分が多いので、みそ漬にすることが多い。

60cm

むつ [鯥]　Gnomefish　●1切=80g

本州以南にすむ。真冬のものは「寒むつ」といわれ美味である。さしみ・焼き物・鍋物・煮つけなどにする。

50cm

めばる [眼張]　Japanese stingfish　●1尾=300g

日本各地の沿岸の岩礁にすむ。目が大きいことから、この名がついた。身は淡白で、煮つけやから揚などにする。

30cm

やまめ [山女]　Seema

別名やまべ。さくらますのうち陸封型（海に下らずに河川で一生を過ごすもの）のこと。養殖もされる。焼き魚などにする。

20cm

わかさぎ [鰙・公魚]　Japanese smelt　●中1尾=10g

全長10cmくらいの魚で、きゅうりに似た香りがある。あっさりしたうま味があり、天ぷら・から揚げ・あめ煮などにする。

10cm

品名	食品番号	廃棄率%	水分g	エネルギー kcal (200)	たんぱく質 g (20.0)	脂質 g (20.0)	コレステロール mg (100)	炭水化物 g (20.0)	食物繊維総量 g (2.0)
ほうぼう 生	10244	50	74.9	110	(16.2) 19.6	3.0 4.2	55	(Tr) Tr	—
ほっけ 開き干し 生	10248	35	67.0	161	18.0 20.6	8.3 9.4	86	(0.1) 0.1	—
ぼら からすみ	10250	0	25.9	353	— 40.4	14.9 28.9	860	(0.3) 0.3	—
きはだ 生	10252	※0	74.0	102	20.6 24.3	0.6 1.0	37	(Tr) Tr	—
くろまぐろ 天然 赤身 生	10253	※0	70.4	115	22.3 26.4	0.8 1.4	50	(0.1) 0.1	—
くろまぐろ 天然 脂身 生	10254	※0	51.4	308	16.7 20.1	23.5 27.5	55	(0.1) 0.1	—
びんなが 生	10255	※0	71.8	111	21.6 26.0	0.6 0.7	49	(0.2) 0.2	—
缶詰 油漬 フレーク ライト	10263	0	59.1	265	(14.4) 17.7	21.3 21.7	32	(0.1) 0.1	—
まながつお 生	10266	40	70.8	161	(13.9) 17.1	9.7 10.9	70	(Tr) Tr	—
むつ 生	10268	※0	69.7	175	14.5 16.7	11.6 12.6	59	(Tr) Tr	—
めばる 生	10271	55	77.2	100	15.6 18.1	2.8 3.5	75	(Tr) Tr	—
やまめ 養殖 生	10275	45	75.6	110	(15.1) 18.4	3.7 4.3	65	(0.3) 0.3	—
わかさぎ 生	10276	0	81.8	71	11.8 14.4	1.2 1.7	210	(0.1) 0.1	—

One Point　ぼらに由来する言葉▶ぼらは成長するにつれて名称がかわる出世魚。"とどのつまり"とは、ぼらは最終的にはとどという名になるということで、

グラフ1本分の相当量

ナトリウム mg 200	カリウム mg 200	カルシウム mg 200	リン mg 200	鉄 mg 2.0	亜鉛 mg 2.0	ビタミンA レチノール活性当量 μg 20	レチノール μg 20	β-カロテン当量 μg 200	ビタミンD μg 2.0	ビタミンE α-トコフェロール mg 2.0	ビタミンB₁ mg 0.20	ビタミンB₂ mg 0.20	葉酸 μg 20	ビタミンC mg 20	食塩相当量 g 1.0
110	380	42	200	0.4	0.5	9	9	(0)	3	0.5	0.09	0.15	5	3	0.3
690	390	170	330	0.5	0.9	30	30	0	4.6	1.3	0.10	0.24	7	4	1.8
1400	170	9	530	1.5	9.3	350	350	8	33.0	9.7	0.01	0.93	62	10	3.6
43	450	5	290	2.0	0.5	2	2	Tr	6	0.4	0.15	0.09	5	0	0.1
49	380	5	270	1.1	0.4	83	83	0	5	0.8	0.10	0.05	8	2	0.1
71	230	7	180	1.6	0.5	270	270	0	18.0	1.5	0.04	0.07	8	4	0.2
38	440	9	310	0.9	0.5	4	4	0	7	0.7	0.13	0.10	4	1	0.1
340	230	4	160	0.5	0.3	8	8	0	2	2.8	0.01	0.03	3	0	0.9
160	370	21	190	0.3	0.5	90	90	(0)	5	1.4	0.22	0.13	7	1	0.4
85	390	25	180	0.5	0.4	8	8	(0)	4	0.9	0.03	0.16	6	Tr	0.2
75	350	80	200	0.4	0.4	11	11	(0)	1	1.5	0.07	0.17	5	2	0.2
50	420	85	280	0.5	0.8	15	15	Tr	8	2.2	0.15	0.16	13	3	0.1
200	120	450	350	0.9	2.0	99	99	2	2	0.7	0.01	0.14	21	1	0.5

"結局"という意味。"おぼこ"は、ぼらの幼魚のことで幼く初々しいこと。

貝類・甲殻類ほか

SHELLFISHES

貝類や甲殻類の多くは、磯や砂浜で比較的容易に採集でき、太古の昔から食料として利用してきた。

貝類・甲殻類などの分類

●貝類
- **●二枚貝**：はまぐり・あさり・ほたてがい・かき・あかがい・しじみなど
- **●巻き貝**：さざえ・ばいがい・あわび・たにし・とこぶしなど

●頭足類：いか・たこ
●甲殻類：えび・かに・しゃこ
●棘皮動物：なまこ・うに

魚介類の食品表示

生鮮魚介類には食品表示法で、名称・産地などの表示が義務づけられている（→p.106）。

●名称：輸入魚の"メロ"がむつとは違う種なのに"銀むつ"という名称で販売されるなど、紛らわしい表示をなくすために種名（＝標準和名）を表示する。
　例：かじきまぐろ×→まかじき

●産地：国産品の場合は漁獲水域や水揚げ港などを、輸入品の場合は原産国名を表示する。
　このほか、養殖・解凍したものはその旨を明記し、保存方法なども表記する義務がある。

選び方

●貝類

殻つき	口をしっかり閉じて、生きているもの。口の開いているものは避ける。
むき身	光沢があってふっくら盛り上がっているもの。
パック	貝の大きさがそろっているもの。

●くるまえび
　身が締まった活けもので、体が透明で、頭のつけ根がしっかりしているものがよい。

- たんぱく質の青字の数値はアミノ酸組成によるたんぱく質
- 脂質の青字の数値は脂肪酸のトリアシルグリセロール当量
- 炭水化物の青字の数値は利用可能炭水化物（質量計）
- 食物繊維総量の黒字の数値はプロスキー変法、青字の数値はAOAC 2011.25法による分析

可食部100gあたり　Tr：微量　（ ）：推定値または推計値　ー：未測定

		廃棄率 %／水分 g	エネルギー kcal 200	たんぱく質 g 20.0	脂質 g 20.0	コレステロール mg 100	炭水化物 g 20.0	食物繊維総量 g 2.0
あかがい [赤貝]　Bloody clam ●中身1個=15〜20g	生 10279	75／80.4	70	10.6 / 13.5	0.1 / 0.3	46	(3.2) / 3.5	ー
あさり [浅蜊]　Short-necked clam ●中身1個=2〜3g	生 10281	60／90.3	27	4.6 / 6.0	0.1 / 0.3	40	(0.4) / 0.4	ー
	缶詰 味付け 10284	0／67.2	124	(12.8) / 16.6	0.9 / 1.9	77	— / 11.5	ー
あわび [鮑]　Abalone ●1個=250〜300g	くろあわび 生 10427	55／79.5	76	11.2 / 14.3	0.3 / 0.8	110	3.3 / 3.6	ー
いがい [貽貝]　Mediterranean mussel ●1個=8〜15g	生 10289	60／82.9	63	7.5 / 10.3	0.8 / 1.6	47	2.8 / 3.2	ー
エスカルゴ　Escargot Apple snails ●1個=10g	水煮缶詰 10291	0／79.9	75	(12.0) / 16.5	0.4 / 1.0	240	(0.7) / 0.8	ー
かき [牡蠣]　Pacific oyster ●中身1個=8〜15g	養殖 生 10292	75／85.0	58	4.9 / 6.9	1.3 / 2.2	38	2.3 / 4.9	ー
さざえ [栄螺]　Turban shell ●中身1個=30〜50g	生 10295	85／78.0	83	14.2 / 19.4	0.1 / 0.4	140	(0.7) / 0.8	ー

あかがい [赤貝]　身の赤色と弾力のある歯ごたえをもつ二枚貝。最近は輸入物や養殖物も多い。酢の物・すし種・あえ物など生食に向く。

あさり [浅蜊]　潮干狩りで最もなじみのある4cmくらいの二枚貝。太平洋沿岸の浅海で1年を通してとれる。コハク酸が多く、うま味の濃い貝である。汁物に特有の風味を与え、酒蒸し・つくだ煮・チャウダー・パスタ料理などに用いられる。味付け缶詰は、むき身をしょうゆ・みりんなどを主体とする調味液で味付け加工したものである。

あわび [鮑]　身の締まった特有の歯ごたえと濃厚なうま味をもつ。蒸し物などにする。くろあわびは最も食味がよく、身がかためでさしみに向く。

いがい [貽貝]　北海道以南にすむ二枚貝で、ムール貝・姫貝・にたり貝・ええがいとも呼ばれる。汁物・煮物・焼き物・ぬたなどにする。

エスカルゴ　食用かたつむり。フランスからの輸入物が多い。エスカルゴバターとともに身を殻に詰めてオーブンで焼いた料理が有名。

かき [牡蠣]　やわらかな身と特有の味をもつ二枚貝。「海のミルク」といわれるほど栄養価が高く、うま味が濃い。鍋物・フライなどに。

さざえ [栄螺]　外海の荒磯にすむ巻き貝。歯ごたえがあり、肝にはやや苦いうま味がある。さしみ・壺焼き・あえ物などにする。

One Point　♂♀の運命は栄養次第▶かきは5〜6月に産卵し、産卵が終わると中性になるが、翌年の産卵期の前にあまり栄養をとれなかったかきは雄に、

●しばえび

頭部がオレンジ色に透けて見え、首がしっかりしているものがよい。みそが黒ずんでいるものは古い。

●かに類

手に持つと重みのあるものが身が詰まっている。脚やはさみがとれていないもの。

●いか類

透明感があり、吸盤が吸い付くもの、目が黒々しているものが新鮮。

●たこ類

生の場合は、体が灰白色で弾力があるもの、吸盤が吸い付くものが新鮮。ゆでてある場合は、吸盤が小さく粒がそろっているもの、足がくるりときれいに内側に巻いているものがよい。

貝の部位

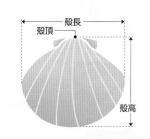
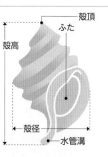

殻長　殻頂　殻高　殻頂　ふた　殻高　殻径　水管溝

二枚貝と巻き貝

貝類の貝殻の形には、二枚貝と巻き貝がある。二枚貝は2枚の貝が合わさった形のもので、はまぐり・あさり・ほたてがいなど。二枚の殻が左右対称のもの（あさりなど）と非対称（かきなど）のものがある。

巻き貝はらせん状のもので、ばいがい・さざえなど。あわびは、らせんが急に大きくなって入り口部分が広がった巻き貝である。

グラフ1本分の相当量→

ナトリウム mg 200	カリウム mg 200	カルシウム mg 200	リン mg 200	鉄 mg 2.0	亜鉛 mg 2.0	ビタミンA レチノール活性当量 μg 20	レチノール μg 20	β-カロテン当量 μg 200	ビタミンD μg 2.0	ビタミンE α-トコフェロール mg 2.0	ビタミンB1 mg 0.20	ビタミンB2 mg 0.20	葉酸 μg 20	ビタミンC mg 20	食塩相当量 g 1.0
300	290	40	140	5.0	1.5	35	30	60	(0)	0.9	0.20	0.20	20	2	0.8
870	140	66	85	3.8	1.0	4	2	22	0	0.4	0.02	0.16	11	1	2.2
640	35	87	180	28.0	3.2	6	3	36	(0)	2.3	Tr	0.06	1	(0)	1.6
430	160	25	82	2.2	−	1	0	17	(0)	0.3	0.15	0.09	20	1	1.1
540	230	43	160	3.5	1.0	34	34	Tr	(0)	1.1	0.01	0.37	42	5	1.4
260	5	400	130	3.9	1.5	(0)	0	−	0	0.6	0	0.09	1	0	0.7
460	190	84	100	2.1	14.0	24	24	6	0.1	1.3	0.07	0.14	39	3	1.2
240	250	22	140	0.8	2.2	31	Tr	360	(0)	2.3	0.04	0.09	16	1	0.6

栄養をとったかきは雌になる。栄養状態によって雄になるか雌になるか決まるなんて、何とも落ち着かないなぁ。

- たんぱく質の青字の数値はアミノ酸組成によるたんぱく質
- 脂質の青字の数値は脂肪酸のトリアシルグリセロール当量
- 炭水化物の青字の数値は利用可能炭水化物（質量計）
- 食物繊維総量の黒字の数値はプロスキー変法、青字の数値はAOAC 2011.25法による分析

■ 廃棄率%
■ 水分g

可食部100gあたり　Tr:微量　（ ）:推定値または推計値　ー:未測定

品名	廃棄率% / 水分g	エネルギー kcal (200)	たんぱく質 g (20.0)	脂質 g (20.0)	コレステロール mg (100)	炭水化物 g (20.0)	食物繊維総量 g (2.0)
しじみ [蜆] Japanese corbicula clam ●10個=30g 生 10297	75 / 86.0	54	5.8 / 7.5	0.6 / 1.4	62	(4.1) / 4.5	ー
たいらがい [平貝] Pen shell ●貝柱1個=30g 貝柱 生 10298	0 / 75.2	94	(15.8) / 21.8	0.1 / 0.2	23	(1.4) / 1.5	ー
つぶ [螺] Whelk ●中身1個=30g 生 10300	0 / 78.2	82	13.6 / 17.8	0.1 / 0.2	110	(2.1) / 2.3	ー
とこぶし [常節] Tokobushi abalone ●中身1個=30g 生 10301	60 / 78.9	78	(11.6) / 16.0	0.1 / 0.4	150	(2.7) / 3.0	ー
とりがい [鳥貝] Cockle ●中身1個=6g 斧足 生 10303	0 / 78.6	81	10.1 / 12.9	0.1 / 0.3	22	(6.2) / 6.9	ー
ばい [蜆] Ivory shell ●1個=20〜30g 生 10304	55 / 78.5	81	(11.8) / 16.3	0.3 / 0.6	110	(2.8) / 3.1	ー
ばかがい [馬鹿貝] Hen clam ●中身10個=40g 生 10305	65 / 84.6	56	8.5 / 10.9	0.2 / 0.5	120	(2.2) / 2.4	ー
はまぐり [蛤] Hard clam ●中身1個=7〜25g 生 10306	60 / 88.8	35	4.5 / 6.1	0.3 / 0.6	25	(1.6) / 1.8	ー
ほたてがい [帆立貝] Giant ezo-scallop ●貝柱生1個=25g 生 10311	50 / 82.3	66	10.0 / 13.5	0.4 / 0.9	33	(1.4) / 1.5	ー
ほたてがい 貝柱 生 10313	0 / 78.4	82	12.3 / 16.9	0.1 / 0.3	35	(3.1) / 3.5	ー
ほたてがい 貝柱 水煮缶詰 10315	0 / 76.4	87	(14.8) / 19.5	0.2 / 0.6	62	(1.4) / 1.5	ー
ほっきがい [北寄貝] Sakhalin surf clam ●1個=100g 生 10316	65 / 82.1	66	(8.1) / 11.1	0.3 / 1.1	51	(3.4) / 3.8	ー
みるがい [海松貝] Keen's gaper 水管 生 10317	80 / 78.9	77	(13.3) / 18.3	0.1 / 0.4	36	(0.3) / 0.3	ー

しじみ [蜆] Japanese corbicula clam
淡水または汽水産の二枚貝。栄養価が高く、よいだしがとれる。肝機能や目によいともいわれる。みそ汁・つくだ煮にする。

たいらがい [平貝] Pen shell
たいらぎとも呼ばれる大型の二枚貝。貝柱は大きく美味で、さしみ・酢の物・すし種などにされ、初春のものは特に好まれる。

つぶ [螺] Whelk
壺状であることからこの名がある巻き貝。地方によっては、ばいがいと混称される。生食のほか、ゆでて食べることが多い。

とこぶし [常節] Tokobushi abalone
風味・歯ごたえがあわびに似た小型の巻き貝。あわびの稚貝と見分けにくいが別物。煮物など、調理法もあわびに準じる。

とりがい [鳥貝] Cockle
卵形の貝殻に放射線状の線が入っている二枚貝。黒紫色の足の部分を食用とする。歯ごたえがよく、すし種などにする。

ばい [蜆] Ivory shell
歯ごたえと甘味のある巻き貝。古くから食用の貝として親しまれてきた。生食のほか、煮付け・酢の物・壺焼きなどにする。

ばかがい [馬鹿貝] Hen clam
あおやぎともいう。むき身の足の部分を食用とし、酢の物・すし種などにする。貝柱は小柱、大きいものを大星という。

はまぐり [蛤] Hard clam
晩秋から早春が旬の二枚貝。わん種・焼き物・鍋物・酒蒸しなど用途は広い。最近は、中国などの輸入ものが多く出回っている。

ほたてがい [帆立貝] Giant ezo-scallop
中型・大型の二枚貝。貝柱は大きくてやわらかく、美味で、さしみ・フライ・煮物などにする。貝柱周辺の外套膜をひもという。黒い中腸腺（うろ）は貝毒や重金属が集中するため食べないほうがよい。中国料理では干し貝柱をよく利用する。もどし汁はうま味が出ているので、だし汁として利用する。また水煮缶詰・味付け缶詰も出回っている。市販品のほとんどが北海道・青森などでの養殖もの。貝を糸で結び海中に吊す垂下方式のほかに、稚貝をある程度育てて海中に放流する「地まき」という方法で養殖されている。

ほっきがい [北寄貝] Sakhalin surf clam
うば貝ともいう。薄い紫色の足の部分が美味である。水煮缶詰や乾燥品もある。さしみ・すし種・塩焼き・吸い物などにする。

みるがい [海松貝] Keen's gaper
冬が旬の二枚貝。貝の中でも最高級品。水管が長く、常に殻の外にはみ出している。さしみ、すし種などにする。

One Point しじみの種類 ▶ "やまとしじみ" "ましじみ" "せたしじみ" などがある。"やまとしじみ" は、島根県の宍道（しんじ）湖や青森県の十三湖などが有

ナトリウム mg	カリウム mg	カルシウム mg	リン mg	鉄 mg	亜鉛 mg	ビタミンA レチノール活性当量 μg	レチノール μg	β-カロテン当量 μg	ビタミンD μg	ビタミンE α-トコフェロール mg	ビタミンB₁ mg	ビタミンB₂ mg	葉酸 μg	ビタミンC mg	食塩相当量 g
200	200	200	200	2.0	2.0	20	20	200	2.0	2.0	0.20	0.20	20	20	1.0
180	83	240	120	8.3	2.3	33	25	100	0.2	1.7	0.02	0.44	26	2	0.4
260	260	16	150	0.6	4.3	Tr	Tr	Tr	(0)	0.8	0.01	0.09	25	2	0.7
380	160	60	120	1.3	1.2	2	0	19	(0)	1.8	Tr	0.12	15	Tr	1.0
260	250	24	160	1.8	1.4	5	0	58	(0)	1.3	0.15	0.14	24	1	0.7
100	150	19	120	2.9	1.6	Tr	Tr	Tr	(0)	1.2	0.16	0.06	18	1	0.3
220	320	44	160	0.7	1.3	1	0	10	(0)	2.2	0.03	0.14	14	2	0.6
300	220	42	150	1.1	1.8	5	4	5	(0)	0.8	0.14	0.06	18	1	0.8
780	160	130	96	2.1	1.7	9	7	25	(0)	0.6	0.08	0.16	20	1	2.0
320	310	22	210	2.2	2.7	23	10	150	(0)	0.9	0.05	0.29	87	3	0.8
120	380	7	230	0.2	1.5	1	1	0	0	0.8	0.01	0.06	61	2	0.3
390	250	50	170	0.7	2.7	Tr	Tr	Tr	(0)	1.1	Tr	0.05	7	(0)	1.0
250	260	62	160	4.4	1.8	7	6	10	(0)	1.4	0.01	0.16	45	2	0.6
330	420	55	160	3.3	1.0	Tr	Tr	Tr	(0)	0.6	Tr	0.14	13	1	0.8

名（ともに淡水と海水が混じる汽水域）。淡水性の"ましじみ"は、澄んだ小川などに生息する。"せたしじみ"は琵琶湖の瀬田川に生息する。

穀類
いも・でん粉類
砂糖・甘味類
豆類
種実類
野菜類
果実類
きのこ類
藻類
魚介類

・たんぱく質の青字の数値はアミノ酸組成によるたんぱく質
・脂質の青字の数値は脂肪酸のトリアシルグリセロール当量
・炭水化物の青字の数値は利用可能炭水化物（質量計）
・食物繊維総量の黒字の数値はプロスキー変法、
　青字の数値はAOAC 2011.25法による分析

■ 廃棄率%
■ 水分 g

可食部100gあたり　Tr:微量　（ ）:推定値または推計値　ー:未測定

品名・食品番号	廃棄率% / 水分g	エネルギー kcal (200)	たんぱく質 g (20.0)	脂質 g (20.0)	コレステロール mg (100)	炭水化物 g (20.0)	食物繊維総量 g (2.0)
えび類 [海老] Prawn and shrimp ●ブラックタイガー 1尾=40g							
あまえび 生 10319	65 / 78.2	85	15.2 / 19.8	0.7 / 1.5	130	(0.1) / 0.1	— / —
くるまえび 養殖 生 10321	55 / 76.1	90	18.2 / 21.6	0.3 / 0.6	170	(Tr) / Tr	— / —
さくらえび 素干し 10325	0 / 19.4	286	(46.9) / 64.9	2.1 / 4.0	700	(0.1) / 0.1	— / —
バナメイえび 養殖 生 10415	20 / 78.6	82	16.5 / 19.6	0.3 / 0.6	160	(0.6) / 0.7	— / —
ブラックタイガー 養殖 生 10329	15 / 79.9	77	(15.2) / 18.4	0.1 / 0.3	150	(0.3) / 0.3	— / —
加工品 干しえび 10330	0 / 24.2	213	(40.0) / 48.6	1.2 / 2.8	510	(0.3) / 0.3	— / —
かに類 [蟹] Crab ●ずわいがに脚1本=80g							
がざみ 生 10332	65 / 83.1	61	(10.8) / 14.4	0.1 / 0.3	79	(0.3) / 0.3	— / —
ずわいがに 生 10335	70 / 84.0	59	10.6 / 13.9	0.2 / 0.4	44	(0.1) / 0.1	— / —
たらばがに 生 10338	70 / 84.7	56	10.1 / 13.0	0.5 / 0.9	34	(0.2) / 0.2	— / —
いか類 [烏賊] Squids ●中1ぱい=250〜300g							
こういか 生 10344	35 / 83.4	64	10.6 / 14.9	0.6 / 1.3	210	(0.1) / 0.1	— / —
するめいか 生 10345	30 / 80.2	76	(13.4) / 17.9	0.3 / 0.8	250	(0.1) / 0.1	— / —
ほたるいか 生 10348	0 / 83.0	74	7.8 / 11.8	2.3 / 3.5	240	(0.2) / 0.2	— / —
加工品 するめ 10353	0 / 20.2	304	(50.2) / 69.2	1.7 / 4.3	980	(0.4) / 0.4	— / —

えび類 [海老] Prawn and shrimp

えびは、古来から日本では慶事には欠かせない素材。腰が曲がっていること、ひげが長いことから海の老人にたとえられ、「海老」の字が当てられる。えびはおよそ3000種あるといわれる。脂質は少なく、うま味が強いわりに淡白である。

●あまえび
別名ほっこくあかえび。赤く、甘い。さしみ・すし種にする。

●くるまえび
最も美味とされ、養殖物、輸入物が入荷量の大部分を占める。大きさによって、さいまき・中まき・まきと呼び名がかわる。天ぷら・さしみ・すし種などにする。

●さくらえび
駿河湾だけで漁獲される5cmほどの淡紅色のえびで、素干し・煮干しなどにする。

●バナメイえび
味がよく、近年東南アジアで養殖量が多い。市販のむきえびの多くを占めている。薄い灰色で加熱しても赤色は薄い。

●ブラックタイガー
全身が黒っぽく、加熱すると鮮やかな赤色になる。大型で成長も早いため、東南アジア各地で養殖され、日本へ輸出している。

●干しえび
日本各地で獲れるさるえびを干したもの。水でもどすと濃厚なうま味が出る。

かに類 [蟹] Crab

かには世界中に広く分布し、日本でも約1000種類いる。うま味が多く、みそと呼ばれる内臓や卵は濃厚な味で、栄養価も高い。

●がざみ
遊泳力が強く、わたりがにとも呼ばれる。底引網で捕獲され、流通量は一番多い。

●ずわいがに
北陸・山陰など日本海各地に分布。身の量は少ないが、卵は美味。紅ずわいや大ずわいもずわいがにとして出回るが、味は劣る。

●たらばがに
太平洋沿岸北部に分布し、たらの漁場で獲れるためこの名がある。やどかりの仲間。

いか類 [烏賊] Squids

日本近海に生息するいかは多種ある。新鮮ないかはさしみ・すし種に、また、天ぷら・つけ焼きなどにも向く。いか墨はスパゲッティのソースにも用いる。夜のいか漁の漁り火（いさりび）は、風物にもなっている。

●こういか
別名をすみいか、まいかともいう。胴部に大きくて厚い甲をもち、身がやわらかい。

●するめいか
漁獲量が最も多く、東日本で多く流通。身が薄く歯ぎれがよく、あっさりした味。

●ほたるいか
胴長5cmほどの小さないかで、富山県の特産として有名。体表の数百の発光器から青白い光を発するためこの名がついた。

●するめ
するめいかの内臓を取り除いて干したもの。けんさきいかのものが最上品とされる。

ナトリウム mg 200	カリウム mg 200	カルシウム mg 200	リン mg 200	鉄 mg 2.0	亜鉛 mg 2.0	ビタミンA レチノール活性当量 μg 20	レチノール μg 20	β-カロテン当量 μg 200	ビタミンD μg 2.0	ビタミンE α-トコフェロール mg 2.0	ビタミンB$_1$ mg 0.20	ビタミンB$_2$ mg 0.20	葉酸 μg 20	ビタミンC mg 20	食塩相当量 g 1.0
300	310	50	240	0.1	1.0	3	3	0	(0)	3.4	0.02	0.03	25	Tr	0.8
170	430	41	310	0.7	1.4	4	0	49	(0)	1.6	0.11	0.06	23	Tr	0.4
1200	1200	2000	1200	3.2	4.9	(Tr)	Tr	(0)	(0)	(7.2)	0.17	0.15	230	0	3.0
140	270	68	220	1.4	1.2	0	0	(0)	0	1.7	0.03	0.04	38	1	0.3
150	230	67	210	0.2	1.4	1	1	0	(0)	1.4	0.07	0.03	15	Tr	0.4
1500	740	7100	990	15.0	3.9	14	14	5	(0)	2.5	0.10	0.19	46	0	3.8
360	300	110	200	0.3	3.7	1	0	7	(0)	1.8	0.02	0.15	22	Tr	0.9
310	310	90	170	0.5	2.6	(Tr)	Tr	(0)	(0)	2.1	0.24	0.60	15	Tr	0.8
340	280	51	220	0.3	3.2	1	0	7	(0)	1.9	0.05	0.07	21	1	0.9
280	220	17	170	0.1	1.5	5	5	Tr	(0)	2.2	0.03	0.05	3	1	0.7
210	300	11	250	0.1	1.5	13	13	0	0.3	2.1	0.07	0.05	5	1	0.5
270	290	14	170	0.8	1.3	1500	1500	Tr	(0)	4.3	0.19	0.27	34	5	0.7
890	1100	43	1100	0.8	5.4	22	22	0	(0)	4.4	0.10	0.10	11	0	2.3

（側タブ）穀類／いも・でん粉類／砂糖・甘味類／豆類／種実類／野菜類／果実類／きのこ類／藻類／魚介類

ス状の異物を発生させる。それを防ぐため、酸性パーチと呼ばれる薄紙を入れている。形が崩れないようにしているのではない。

・たんぱく質の青字の数値はアミノ酸組成によるたんぱく質
・脂質の青字の数値は脂肪酸のトリアシルグリセロール当量
・炭水化物の青字の数値は利用可能炭水化物（質量計）
・食物繊維総量の黒字の数値はプロスキー変法、青字の数値はAOAC 2011.25法による分析

可食部100gあたり　Tr:微量　（ ）:推定値または推計値　ー:未測定

■ 廃棄率 %
■ 水分 g

	廃棄率% / 水分g	エネルギー kcal (200)	たんぱく質 g (20.0)	脂質 g (20.0)	コレステロール mg (100)	炭水化物 g (20.0)	食物繊維総量 g (2.0)
たこ類 [蛸] Octopus ●まだこ足1本=150g							
●いいだこ 体長20cmくらいで、卵巣が成熟すると飯粒が詰まっているように見えるのでこの名がある。煮物・酢みそあえなどにする。 いいだこ 生 10360　20cm	0 / 83.2	64	(10.6) 14.6	0.4 0.8	150	(0.1) 0.1	ー
●まだこ うま味が濃く、流通量が多い。神経を休めるはたらきをもつアセチルコリンを含む。新鮮なまだこは、さしみ・煮物などにする。 まだこ 生 10361　1m	15 / 81.1	70	11.7 16.4	0.2 0.7	150	(0.1) 0.1	ー
うに [雲丹] Sea urchin ●中身1個=5g むらさきうに・ばふんうになどが食用になる。生うには殻から取り出した卵巣である。練りうになどにも加工されている。 生うに 10365	0 / 73.8	109	11.7 16.0	2.5 4.8	290	(3.0) 3.3	ー
くらげ [水母] Jellyfish ●中1枚=300g 食用とされる備前くらげは、塩漬けされ、保存されたもの。水でもどし塩抜きして利用する。こりこりした歯ごたえが好まれる。 塩蔵　塩抜き 10370	0 / 94.2	21	5.2	Tr 0.1	31	(Tr) Tr	ー
なまこ [海鼠] Sea cucumber ●中1匹=100〜200g まなまこ・おきなまこなどが食用になる。歯ごたえと磯の香りを楽しむ。酢の物などにする。乾物は中国料理の食材となる。 生 10372	20 / 92.2	22	3.6 4.6	0.1 0.3	1	(0.5) 0.5	ー
ほや [海鞘] Sea squirt ●1個=250g 形が、ランプの火を覆うガラス製の筒の火屋（ほや）に似ているためこの名がついた。酢の物・塩辛・焼きほやなどにする。 生 10374　15cm	80 / 88.8	27	5.0	0.5 0.8	33	(0.7) 0.8	ー
水産練り製品 Surimi products ●蒸しかまぼこ1本=250g 水産練り製品は、魚肉をすりつぶし、食塩・調味料・でん粉・香辛料を加えて練り上げ、加熱加工したものである。高級品ほど添加物が少ない。原料は、ぐち・えそ・ひらめ・かれい・すけとうだら・はもなどの白身魚、いかなどが用いられる。 かに風味かまぼこ 10376	0 / 75.6	89	(11.3) 12.1	0.4 0.5	17	9.2	ー
●かに風味かまぼこ すけとうだらのすり身を原料に、でん粉や調味料を加え、着色してかにの食感に似せた代表的なコピー食品。 蒸しかまぼこ 10379	0 / 74.4	93	11.2 12.0	0.5 0.9	15	9.7	ー
●蒸しかまぼこ すり身にでん粉・塩・砂糖・みりんなどを加え、練り上げ、蒸し煮してつくる。 焼き竹輪 10381	0 / 69.9	119	(11.3) 12.2	1.7 2.0	25	13.5	ー
●焼き竹輪 かまぼこの原料を円筒状の串に巻きつけて成形し、焼いたもの。おでん種などにする。 つみれ 10383	0 / 75.4	104	ー 12.0	2.6 4.3	40	6.5	ー
●つみれ しんじょとも呼ばれる。すり身に食塩・卵・小麦粉などを加えて練り上げ、成形後にゆでたもの。おでん種などにする。 なると 10384	0 / 77.8	80	7.6	0.3 0.4	17	11.6	ー
●なると 魚肉のすり身を紅白2色にして重ねて巻いたもので、かまぼこの一種。断面が鳴門海峡の渦のような模様なのでこの名がついた。 はんぺん 10385	0 / 75.7	93	9.9	0.9 1.0	15	11.4	ー
●はんぺん 魚肉のすり身に、すりおろしたやまいもと卵白を混ぜて、気泡を抱き込ませてゆでる。 ●さつま揚げ すり身に調味料を混ぜ、油で揚げた代表的な揚げかまぼこ。鹿児島産が有名。芯にごぼう・えび・いかの足を入れたものもある。関東ではさつま揚げと呼ぶが、関西では天ぷら、鹿児島ではつけ揚げという。 さつま揚げ 10386	0 / 67.5	135	12.5	3.0 3.7	20	13.9	ー

One Point　さしみの話▶「日本人は生の魚を食べる」ことは世界でも有名だが、魚を生でさしみとして食べるようになったのは室町時代中期からといわれる。

ナトリウム mg 200	カリウム mg 200	カルシウム mg 200	リン mg 200	鉄 mg 2.0	亜鉛 mg 2.0	ビタミンA レチノール活性当量 µg 20	レチノール µg 20	β-カロテン当量 µg 200	ビタミンD µg 2.0	ビタミンE α-トコフェロール mg 2.0	ビタミンB1 mg 0.20	ビタミンB2 mg 0.20	葉酸 µg 20	ビタミンC mg 20	食塩相当量 g 1.0
250	200	20	190	2.2	3.1	36	35	9	(0)	2.7	0.01	0.08	37	1	0.6
280	290	16	160	0.6	1.6	5	5	(0)	(0)	1.9	0.03	0.09	4	Tr	0.7
220	340	12	390	0.9	2.0	58	0	700	(0)	3.6	0.10	0.44	360	3	0.6
110	1	2	26	0.3	Tr	0	0	0	(0)	0	Tr	0.01	3	0	0.3
680	54	72	25	0.1	0.2	Tr	0	5	(0)	0.4	0.05	0.02	4	0	1.7
1300	570	32	55	5.7	5.3	Tr	Tr	0	(0)	1.2	0.01	0.13	32	3	3.3
850	76	120	77	0.2	0.2	21	21	0	1	0.9	0.01	0.04	3	1	2.2
1000	110	25	60	0.3	0.2	(Tr)	Tr	(0)	2	0.2	Tr	0.01	5	0	2.5
830	95	15	110	1.0	0.3	(Tr)	Tr	(0)	1	0.4	0.05	0.08	4	(0)	2.1
570	180	60	120	1.0	0.6	(Tr)	Tr	(0)	5	0.2	0.02	0.20	3	(0)	1.4
800	160	15	110	0.5	0.2	(Tr)	Tr	(0)	Tr	0.1	Tr	0.01	1	(0)	2.0
590	160	15	110	0.5	0.1	(Tr)	Tr	(0)	Tr	0.4	Tr	0.01	7	(0)	1.5
730	60	60	70	0.8	0.3	(Tr)	Tr	(0)	1	0.4	0.05	0.10	5	(0)	1.9

それ以前にはなます（細かく切って二杯酢や甘酢、酢みそなどの酢であえた料理）にして食べていた。

肉類

MEATS

市場で売られている肉

一般に食用とされる肉類は、畜肉（牛・豚など）、獣肉（猪・鹿）、家禽肉（鶏・合鴨など）、野鳥肉、その他の肉に分けられる。

選び方・保存のしかた

●牛肉
肉はきめが細かく、締まっていて、つやのある鮮紅色のものがよい。脂肪は粘りのある白色または乳白色のものが良質である。古くなると、赤色が褐色に変化し、脂肪部分に肉汁がにじんでくる。副生物のたんやレバーは、新鮮さが命である。

●和牛肉サーロイン（脂身つき）

脂肪はかたくて粘りのあるもの 色は白またはクリーム色

肉のきめが細かく、鮮紅色

●保存方法
空気に触れないよう密封して氷温室・チルド室で保存するが、5日が目安でそれ以上保存する場合は冷凍する。ただし、ひき肉は買った当日に使い切り、残った場合には加熱調理してから冷凍する。

●豚肉
淡いつやのあるピンク色をし、表面の脂肪は白くてつやと粘りがあるものがよい。肉色の灰みが強くなり、脂肪が黄色

がかっているものは、鮮度が落ちる。副生物は鮮度が重要で、傷、色つや、脂肪や筋などに次いで下処理の具合がポイントとなる。

●ロース（脂身つき）

脂肪の白いものを選ぶ。光沢のあるものがよい

淡いピンクで、きめが細かく締まったもの。水っぽいものは避ける

●保存方法
牛肉と同様の方法で保存する。ただし、3日が目安。

●鶏肉
肉に厚みがあるものが上質。処理後4〜8時間が一番おいしいので、新鮮なものほどよい。毛穴が盛り上がり、肉の色が鮮やかで、皮と脂肪に透明感があることなどが新鮮なものの目安となる。

●保存方法
傷みやすいので、下ごしらえをして冷凍保存する。

●肉の形状による保存期間の変化
保存期間は、肉の形状によっても変わってくる。かたまりのブロック状態→厚切り→角切り→薄切り→ひき肉の順で短くなる。

- たんぱく質の青字の数値はアミノ酸組成によるたんぱく質
- 脂質の青字の数値は脂肪酸のトリアシルグリセロール当量
- 炭水化物の青字の数値は利用可能炭水化物（質量計）
- 食物繊維総量の黒字の数値はプロスキー変法、青字の数値は AOAC 2011.25 法による分析

■ 廃棄率 %
■ 水分 g

可食部100gあたり　Tr:微量　（ ）:推定値または推計値　−:未測定

	エネルギー kcal 200	たんぱく質 g 20.0	脂質 g 20.0	コレステロール mg 100	炭水化物 g 20.0	食物繊維総量 g 2.0

うさぎ [兎]　Rabbit
食用は飼育された「家うさぎ」がほとんど。肉質・味ともに鶏肉に似ている。色は鶏肉よりも白く、粘性が強い。

肉　赤肉　生 11003
廃棄率 0
水分 72.2

131	18.0 / 20.5	4.7 / 6.3	63	(Tr) / Tr	− / −

うし [牛]　Beef
●1食分=100g

牛肉は、肉類のなかでも特に必須アミノ酸をバランスよく含んでいる。また、豚肉や鶏肉に比べ、鉄分（体内に吸収されやすいヘム鉄）が多いのが特徴。和牛は高級牛肉として評価が高いが、飼育に手間がかかるため生産量が限られ、日常の供給には乳用肥育牛が当てられる。

●和牛肉
和牛には、黒毛の黒毛和種、黄褐色の褐毛和種、無角黒毛の無角和種、赤褐色の日本短角種の4種があるが、そのうちの90％以上が黒毛和種である。産地で飼育する銘柄牛は特に味に定評があり、松阪牛（三重）、米沢牛（山形）などが有名である。

●乳用肥育牛肉
「国産牛」と表示されて売られる一般的な牛肉。ホルスタイン種の雄を20か月程度肥育したものがほとんどで、脂肪が少なく赤身の多い肉質。乳の出なくなった雌も。

●交雑牛肉
ホルスタイン種の雌と黒毛和種の雄の交雑種。肉質は赤身が多くやわらかい。

●輸入牛肉
おもにアメリカやオーストラリアから、真空パックされて冷凍やチルド状態で輸入。

●子牛肉
生後10か月未満の幼齢牛。生後6か月未満の牛は特にビール（veal）と呼ばれる。

和牛肉　サーロイン　脂身つき　生 11015
廃棄率 0
水分 40.0

460	(10.2) / 11.7	(44.4) / 47.5	86	(0.3) / 0.3	− / −

乳用肥育牛肉　かた　脂身つき　生 11030
廃棄率 0
水分 62.0

231	17.1	18.0 / 19.8	66	(0.3) / 0.3	− / −

乳用肥育牛肉　かたロース　脂身つき　生 11034
廃棄率 0
水分 56.4

295	(13.7) / 16.2	(24.7) / 26.4	71	(0.2) / 0.2	− / −

乳用肥育牛肉　リブロース　脂身つき　生 11037
廃棄率 0
水分 47.9

380	12.5 / 14.1	35.0 / 37.1	81	(0.2) / 0.2	− / −

乳用肥育牛肉　サーロイン　脂身つき　生 11043
廃棄率 0
水分 54.4

313	(14.0) / 16.5	(26.7) / 27.9	69	(0.4) / 0.4	− / −

乳用肥育牛肉　ばら　脂身つき　生 11046
廃棄率 0
水分 47.4

381	11.1 / 12.8	37.3 / 39.4	79	(0.2) / 0.3	− / −

One Point レアもウェルダンも卵料理だった▶ステーキの焼き方にはレア、ミディアム、ウェルダンがあるが、レアは卵の半熟のことであり、ウェルダンは

各肉の部位と適する料理

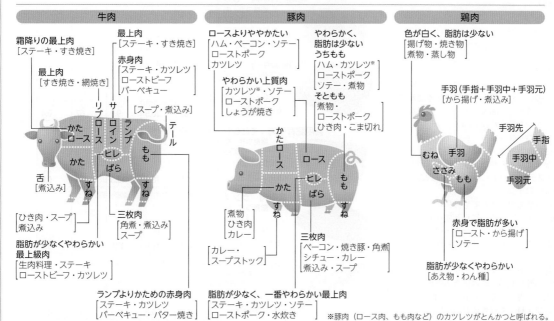

| ナトリウム mg | カリウム mg | カルシウム mg | リン mg | 鉄 mg | 亜鉛 mg | ビタミンA | | | ビタミンD μg | ビタミンE | ビタミンB₁ mg | ビタミンB₂ mg | 葉酸 μg | ビタミンC mg | 食塩相当量 g |
| | | | | | | レチノール活性当量 μg | レチノール μg | β-カロテン当量 μg | | α-トコフェロール mg | | | | | |
200	200	200	200	2.0	2.0	20	20	200	2.0	2.0	0.20	0.20	20	20	1.0
35	400	5	300	1.3	1.0	3	3	Tr	0	0.5	0.10	0.19	7	1	0.1
32	180	3	100	0.9	2.8	3	3	1	0	0.6	0.05	0.12	5	1	0.1
59	290	4	160	2.1	4.5	5	5	1	0	0.4	0.08	0.20	6	1	0.2
50	260	4	140	0.9	4.7	7	7	3	0.1	0.5	0.06	0.17	7	1	0.1
40	230	4	120	1.0	3.7	13	12	8	0.1	0.5	0.05	0.12	6	1	0.1
48	270	4	150	1.0	2.9	8	8	4	0	0.4	0.06	0.10	6	1	0.1
56	190	3	110	1.4	2.8	13	13	2	0	0.6	0.05	0.12	3	1	0.1

グラフ1本分の相当量

卵を十分にゆでることだった。この用語がステーキの焼き方に使われるようになったのは20世紀半ばかららしい。

- たんぱく質の青字の数値はアミノ酸組成によるたんぱく質
- 脂質の青字の数値は脂肪酸のトリアシルグリセロール当量
- 炭水化物の青字の数値は利用可能炭水化物（質量計）
- 食物繊維総量の黒字の数値はプロスキー変法、青字の数値はAOAC 2011.25法による分析

可食部100gあたり　Tr：微量　（ ）：推定値または推計値　－：未測定

うし

●厚切り1枚＝150g　薄切り1枚＝30g　Beef

●かた
すじや膜が多く、肉質はややかたいので、やわらかく調理して食べる。カレー・シチュー・煮込みに向く。ひき肉の材料にもなる。

●かたロース
肩に近い背中部分にあるロースで、霜降り肉が多い。やわらかく、風味がすぐれている。すき焼き・網焼き・バター焼きなどスライス肉を使う料理に向く。

●リブロース
肋骨部の背肉で、霜降りの最上肉。きめが細かくてやわらかい。すき焼き・バター焼き・ステーキ・ローストビーフなどに向く。

●サーロイン
肉質はきめが細かくてやわらかく、適度に脂肪がのっている。ヒレと並んで最高級の部位。すき焼き・ステーキ・ローストビーフなど肉そのものを味わう料理に向く。

●ばら
赤身肉と脂肪が交互に層をなすため、三枚肉とも呼ばれる。肉質はきめ細かいがややかたく、脂肪も多い。角煮やポトフなど、形のままじっくり煮込む料理に向く。

●もも
内側のももの肉でうちももともいう。牛肉の中で最も脂肪の少ない部位。肉のきめは粗く、かため。ローストビーフなどに向く。

●そともも
外側のももの肉。運動する筋肉が一番集まっている部位なので、肉色は濃く、きめは粗く、ややかたい。焼肉、ポトフなどに向く。

●ランプ
サーロインの後方で、腰からももにかかる部分。別名ラン。もも肉に次いで脂肪が少ないが、肉質はやわらかく、味に深みがある。ほぼ牛肉料理全般に利用できる。

●ヒレ
背骨の内側に沿って2本ついている円錐形の肉。最もやわらかい部位。牛さし・ステーキ・カツレツなどに向く。

●舌
別名たん。肉質は締まってかたいが、脂肪分が多い。塩焼き・シチューなどに向く。

●心臓
別名はつ。くせがなくコリコリとした歯ざわりが特徴。串焼きなどにする。

●肝臓
別名レバー。弾力性があり、味は濃厚である。若い牛のものほど赤みがある。ビタミンA、ビタミンB2、鉄分を多く含む。さしみ・串焼き・から揚げ・炒め物などにする。

●じん臓
形が豆に似ているため別名まめ。脂肪は少なく、ビタミンB群や鉄分を多く含んでいる。炒め物やスープなどにする。

●胃
牛には4つの胃があり、第一胃をみの（がつ）、第二胃をはちのす、第三胃をせんまい、第四胃をあかせんまいと呼ぶ。みのは白色で肉厚、弾力があり、焼き肉などにする。せんまいは、灰色の布を何枚も重ねたような膜がある。鉄分がレバーより多い。

食品名	廃棄率 %	水分 g	エネルギー kcal (200)	たんぱく質 g (20.0)	脂質 g (20.0)	コレステロール mg (100)	炭水化物 g (20.0)	食物繊維総量 g (2.0)
乳用肥育牛肉 もも 脂身つき 生 11047	0	65.8	196	(16.0) 19.5	12.6 13.3	69	(0.4) 0.4	－
乳用肥育牛肉 もも 皮下脂肪なし 生 11048	0	68.2	169	17.1 20.5	9.2 9.9	67	(0.4) 0.4	－
乳用肥育牛肉 そともも 脂身つき 生 11053	0	64.0	220	(15.0) 18.2	(15.9) 16.3	68	(0.5) 0.6	－
乳用肥育牛肉 ランプ 脂身つき 生 11056	0	62.1	234	(15.3) 18.6	(17.1) 17.8	65	(0.5) 0.6	－
乳用肥育牛肉 ヒレ 赤肉 生 11059	0	67.3	177	17.7 20.8	10.1 11.2	60	(0.4) 0.5	－
子牛肉 もも 皮下脂肪なし 生 11088	0	74.8	107	(17.4) 21.2	2.1 2.7	71	(0.2) 0.2	－
ひき肉 生 11089	0	61.4	251	14.4 17.1	19.8 21.1	64	(0.3) 0.3	－
副生物 舌 生 11090	0	54.0	318	12.3 13.3	29.7 31.8	97	(0.2) 0.2	－
副生物 心臓 生 11091	0	74.8	128	13.7 16.5	6.2 7.6	110	(0.1) 0.1	－
副生物 肝臓 生 11092	0	71.5	119	17.4 19.6	2.1 3.7	240	(3.3) 3.7	－
副生物 じん臓 生 11093	0	75.7	118	13.6 16.7	5.0 6.4	310	(0.2) 0.2	－
副生物 第一胃 ゆで 11094	0	66.6	166	(19.2) 24.5	6.9 8.4	240	0 0	－
副生物 第三胃 生 11096	0	86.6	57	(9.2) 11.7	0.9 1.3	120	0 0	－

もも肉ステーキ

One Point 牛に胃袋が4つもあるワケ▶草が主食の牛は、消化を助けるために胃が4つある。第一胃では胃内にいる微生物で草を分解・発酵させ、第二

ナトリウム mg 200	カリウム mg 200	カルシウム mg 200	リン mg 200	鉄 mg 2.0	亜鉛 mg 2.0	ビタミンA レチノール活性当量 μg 20	レチノール μg 20	β-カロテン当量 μg 200	ビタミンD μg 2.0	ビタミンE α-トコフェロール mg 2.0	ビタミンB₁ mg 0.20	ビタミンB₂ mg 0.20	葉酸 μg 20	ビタミンC mg 20	食塩相当量 g 1.0
49	330	4	180	1.4	4.5	3	3	0	0	0.6	0.08	0.20	9	1	0.1
50	340	4	190	1.3	4.7	2	2	0	0	0.5	0.08	0.21	9	1	0.1
55	310	4	150	1.4	3.2	5	5	0	0	0.5	0.08	0.17	6	1	0.1
54	300	4	150	1.4	3.7	6	6	0	0	0.7	0.08	0.19	6	1	0.1
56	380	4	200	2.4	3.4	4	4	2	0	0.5	0.12	0.26	11	1	0.1
54	390	5	200	1.3	2.3	3	3	Tr	0	0.1	0.08	0.16	5	1	0.1
64	260	6	100	2.4	5.2	13	12	11	0.1	0.5	0.08	0.19	5	1	0.2
60	230	3	130	2.0	2.8	3	3	5	0	0.9	0.10	0.23	14	1	0.2
70	260	5	170	3.3	2.1	9	9	Tr	0	0.6	0.42	0.90	16	4	0.2
55	300	5	330	4.0	3.8	1100	1100	40	0	0.3	0.22	3.00	1000	30	0.1
80	280	6	200	4.5	1.5	5	4	14	0	0.3	0.46	0.85	250	3	0.2
51	130	11	82	0.7	4.2	1	1	(Tr)	Tr	0.4	0.04	0.14	3	2	0.1
50	83	16	80	6.8	2.6	4	4	(Tr)	0	0.1	0.04	0.32	33	4	0.1

卵類　乳類　油脂類　菓子類　し好飲料類　調味料・香辛料類　調理済み流通食品類　外食・中食　市販食品

胃がそれを口内に押し戻す（反すう）。再び飲み込んだ草を第二胃がかくはんし、第三胃で水分や栄養分を吸収し、第四胃の胃液で消化する。

・たんぱく質の青字の数値はアミノ酸組成によるたんぱく質
・脂質の青字の数値は脂肪酸のトリアシルグリセロール当量
・炭水化物の青字の数値は利用可能炭水化物（質量計）
・食物繊維総量の黒字の数値はプロスキー変法、青字の数値はAOAC 2011.25法による分析

可食部100gあたり　Tr:微量　（ ）:推定値または推計値　ー:未測定

■ 廃棄率 %　■ 水分 g

うし　Beef

●腱
別名すじ。筋肉と骨を結合している組織で、ゼラチン質の独特の食感がある。煮込み、おでん種などに用いる。

●尾
別名テール。中心を通る髄や皮にコラーゲンを多く含み、煮込むとゼラチン化するため、長時間煮込む料理に使われる。煮込み・シチュー・韓国料理のスープなど。

●横隔膜
横隔膜の腰椎に接する部分をさがり、筋肉の部分をはらみと呼ぶ。焼き肉・シチューなどの煮込みに向く。
さがり――――はらみ

ローストビーフ　Roast beef
●ローストビーフ1枚=60g
牛肉のかたまり肉をオーブンで焼いた料理。表面はこんがりと内部にはバラ色の肉汁が含まれている状態がよい焼き加減。

コンビーフ缶詰　Corned beef
●大1缶=190g　小1缶=100g
牛肉を塩漬にした加工品。肉を繊維状に細かく加工した缶詰が出回っている。牛馬混合肉を使ったニューコンミートもある。

うま [馬]　Horse
●さくら鍋1人分=100g
「さくら」「けとばし」とも呼ばれる。淡紅色で、脂肪分が少なく、鉄分が多い。馬さし・みそだれのさくら鍋などにする。

くじら [鯨]　Whale
●1切=20g
せみくじら・ながすくじら・まっこうくじらなどが食用となる。赤身は鍋物・から揚げなどに、うねすはくじらベーコンに。

ぶた [豚]　Pork
●1食分=100g　薄切り1枚=30g
豚肉は、牛肉や鶏肉に比べ、疲労回復に効果のあるビタミンB₁が豊富なのが特徴である。牛と違い、豚は品種も多く、世界中で数百種にのぼる。日本では最も多く消費されている肉で、食用豚のほとんどが純粋種をかけ合わせた交雑種。

●かた
前足の付け根を中心とした部分。肉質はかたく、筋も多いが、うま味が多い。焼肉・炒め物・カレーなどに向く。

●かたロース
かたの部分のロース。脂肪と筋が網状に入っている。ソテー・焼き豚などにする。

●ロース
背中の中央部分。肉質はきめ細かくやわらかい。焼き豚・しょうが焼きなどに向く。

●ばら
脂肪と赤身肉が3層になっているので、三枚肉ともいわれる。脂肪分が多く、味にこくがある。カレー・シチューなどに向く。

●もも
赤身の多い部分で、一般にはうちもものこと。脂肪が少なく、味は淡白である。ゆで豚などに向く。ハムに加工されることも。

●ヒレ
最もきめが細かく、やわらかな最高級の部位。脂肪が少なく味は淡白である。1頭に2%しかない貴重な部位。

食品名	食品番号	廃棄率 %	水分 g	エネルギー kcal (200)	たんぱく質 g (20.0)	脂質 g (20.0)	コレステロール mg (100)	炭水化物 g (20.0)	食物繊維総量 g (2.0)
副生物 腱 ゆで	11101	0	66.5	152	— / 28.3	4.3 / 4.9	67	0 / 0	—
副生物 尾 生	11103	40	40.7	440	— / 11.6	43.7 / 47.1	76	(Tr) / Tr	—
副生物 横隔膜 生	11274	0	57.0	288	13.1 / 14.8	25.9 / 27.3	70	(0.3) / 0.3	—
ローストビーフ	11104	0	64.0	190	18.9 / 21.7	10.7 / 11.7	70	1.4 / 0.9	—
コンビーフ缶詰	11105	0	63.4	191	18.1 / 19.8	12.6 / 13.0	68	0.9 / 1.7	—
肉 赤肉 生（うま）	11109	0	76.1	102	17.6 / 20.1	2.2 / 2.5	65	(0.3) / 0.3	—
肉 赤肉 生（くじら）	11110	0	74.3	100	19.9 / 24.1	0.3 / 0.4	38	(0.2) / 0.2	—
大型種肉 かた 皮下脂肪なし 生	11116	0	69.8	158	19.7	8.8 / 9.3	64	(0.2) / 0.2	—
大型種肉 かたロース 脂身つき 生	11119	0	62.6	237	(14.7) / 17.1	18.4 / 19.2	69	(0.1) / 0.1	—
大型種肉 ロース 脂身つき 生	11123	0	60.4	248	17.2 / 19.3	18.5 / 19.2	61	(0.2) / 0.2	—
大型種肉 ばら 脂身つき 生	11129	0	49.4	366	12.8 / 14.4	34.9 / 35.4	70	(0.1) / 0.1	—
大型種肉 もも 脂身つき 生	11130	0	68.1	171	(16.9) / 20.5	9.5 / 10.2	67	(0.2) / 0.2	—
大型種肉 ヒレ 赤肉 生	11140	0	73.4	118	18.5 / 22.2	3.3 / 3.7	59	(0.3) / 0.3	—

One Point　豚を生食しないのはなぜ？▶牛や馬、鶏のささみなどは、新鮮であればそれぞれユッケやさしみ、鶏わさなどのように生で食する料理もある。

グラフ1本分の相当量

肉類
卵類
乳類
油脂類
菓子類
し好飲料類
調味料・香辛料類
調理済み流通食品類
外食・中食
市販食品

ナトリウム mg 200	カリウム mg 200	カルシウム mg 200	リン mg 200	鉄 mg 2.0	亜鉛 mg 2.0	ビタミンA レチノール活性当量 µg 20	レチノール µg 20	β-カロテン当量 µg 200	ビタミンD µg 2.0	ビタミンE α-トコフェロール mg 2.0	ビタミンB1 mg 0.20	ビタミンB2 mg 0.20	葉酸 µg 20	ビタミンC mg 20	食塩相当量 g 1.0
93	19	15	23	0.7	0.1	(0)	0	(Tr)	0	0.1	0	0.04	3	0	0.2
50	110	7	85	2.0	4.3	20	20	Tr	0	0.3	0.06	0.17	3	1	0.1
48	250	2	140	3.2	3.7	4	4	3	0	0.7	0.14	0.35	6	1	0.1
310	260	6	200	2.3	4.1	Tr	Tr	Tr	0.1	0.3	0.08	0.25	9	0	0.8
690	110	15	120	3.5	4.1	Tr	Tr	Tr	0	0.8	0.02	0.14	5	0	1.8
50	300	11	170	4.3	2.8	9	9	Tr	—	0.9	0.10	0.24	4	1	0.1
62	260	3	210	2.5	1.1	7	7	(0)	0.1	0.6	0.06	0.23	4	1	0.2
55	340	4	190	0.4	2.9	4	4	0	0.2	0.3	0.71	0.25	2	2	0.1
54	300	4	160	0.6	2.7	6	6	0	0.3	0.4	0.63	0.23	2	2	0.1
42	310	4	180	0.3	1.6	6	6	0	0.1	0.3	0.69	0.15	1	1	0.1
50	240	3	130	0.6	1.8	11	11	0	0.5	0.5	0.51	0.13	2	1	0.1
47	350	4	200	0.7	2.0	4	4	0	0.1	0.3	0.90	0.21	2	1	0.1
56	430	3	230	0.9	2.2	3	3	(0)	0.3	0.3	1.32	0.25	1	1	0.1

しかし、豚に関しては必ず火を通して食べること。これは、寄生虫感染や肝炎にかかるおそれがあるため。SPF豚といえども生食は避けるべき。

- たんぱく質の青字の数値はアミノ酸組成によるたんぱく質
- 脂質の青字の数値は脂肪酸のトリアシルグリセロール当量
- 炭水化物の青字の数値は利用可能炭水化物（質量計）
- 食物繊維総量の黒字の数値はプロスキー変法、青字の数値はAOAC 2011.25法による分析

■ 廃棄率%
■ 水分g

可食部100gあたり　Tr:微量　（ ）:推定値または推計値　―:未測定

食品	エネルギー kcal (200)	たんぱく質 g (20.0)	脂質 g (20.0)	コレステロール mg (100)	炭水化物 g (20.0)	食物繊維総量 g (2.0)
ひき肉 生 11163　廃棄率0　水分64.8	209	15.9 / 17.7	16.1 / 17.2	74	(0.1) / 0.1	—
副生物 心臓 生 11165　廃棄率0　水分75.7	118	13.4 / 16.2	5.0 / 7.0	110	(0.1) / 0.1	—
副生物 肝臓 生 11166　廃棄率0　水分72.0	114	17.3 / 20.4	1.9 / 3.4	250	(2.3) / 2.5	—
副生物 胃 ゆで 11168　廃棄率0　水分76.8	111	(13.9) / 17.4	4.1 / 5.1	250	0 / 0	—
副生物 小腸 ゆで 11169　廃棄率0　水分73.7	159	(11.2) / 14.0	11.1 / 11.9	240	0 / 0	—
ロースハム 11176　廃棄率0　水分61.1	211	16.0 / 18.6	13.5 / 14.5	61	1.1 / 2.0	—
生ハム 促成 11181　廃棄率0　水分55.0	243	20.6 / 24.0	16.0 / 16.6	78	3.3 / —	—
ばらベーコン 11183　廃棄率0　水分45.0	400	11.2 / 12.9	38.1 / 39.1	50	2.6 / 0.3	—
ウインナーソーセージ 11186　廃棄率0　水分52.3	319	10.5 / 11.5	29.3 / 30.6	60	3.1 / 3.3	—
ドライソーセージ 11188　廃棄率0　水分23.5	467	23.1 / 26.7	39.8 / 42.0	95	3.3 / 2.6	—
焼き豚 11195　廃棄率0　水分64.3	166	16.3 / 19.4	7.2 / 8.2	46	4.7 / 5.1	—
レバーペースト 11196　廃棄率0　水分45.8	370	11.0 / 12.9	33.1 / 34.7	130	2.7 / 3.6	—
ゼラチン 11198　廃棄率0　水分11.3	347	86.0 / 87.6	— / 0.3	2	0 / 0	—

ぶた
Pork　●心臓1個=200〜300g　肝臓1個=1kg

●ひき肉
いろいろな部位の肉を混合してひいたもの。ハンバーグ・肉団子などに。

［ぶたの副生物］
豚の内臓は、牛と比べて大きさも手頃で、くせも少なく扱いやすい。ビタミン・ミネラルが多く含まれ、沖縄料理・中国料理では、頭・皮・耳・鼻・足・内臓・血液まであますところなく利用される。

●心臓
別名はつ。しゃっきりした歯ごたえがある。脂肪は少なく、味は淡白。ビタミンB₁・B₂、鉄の含有量が多い。炒め物などに。

●肝臓
別名レバー。牛レバーよりくせはないが、うま味に欠ける。ビタミンA・B₂、鉄の含有量が多い。煮込み・焼き肉などに。

●胃
別名がつ。歯ごたえがあり、くせは少なく食べやすい。煮込み・鉄板焼きなどに。

●小腸
別名ひも。歯ごたえがある。ソーセージのケーシング材料にもなる。煮込みなど。

ハム類
Ham　●ロースハム1枚=20g

豚肉を塩漬にしてくん製にしたり、湯煮、蒸し煮をおこなって、防腐性と独特の風味を与えた製品をいう。

●ロースハム
豚のロース肉をハムに加工したもの。

●生ハム
豚肉を長時間塩漬し、肉のうま味を発酵によって引き出し、低温でくん煙したもの。

ベーコン類
Bacon　●1枚=15〜20g

本来は、豚肉を塩漬したものの総称であったが、現在は豚のばら肉を成形・塩漬してから乾燥させ、くん煙したものをいう。

ソーセージ類
Sausage　●ウインナー1本=15〜25g

ひき肉に味付けをして、腸（またはケーシング）に詰めてくん煙または加熱したもの。

●ウインナーソーセージ
羊腸または太さが20mm未満の人工ケーシングに詰めてソーセージに加工したもの。

●ドライソーセージ
長期保存用で、塩漬後、非加熱で細菌が繁殖できなくなるまで低温乾燥したもの。

焼き豚
Roast pork　●1枚=15〜25g

豚肉をしょうゆ・砂糖・酒・ねぎなどを合わせた調味液に漬け、あぶり焼き・蒸し焼きにしたもの。別名チャーシュー。

レバーペースト
Liver paste　●大1=15g

原材料は豚の肝臓で、血抜きしたレバーをゆでるか、蒸して加熱・裏ごしし、調味する。サンドイッチの具などに利用する。

ゼラチン
Gelatin　●小1=3g

動物の骨・皮・筋の結合組織にあるコラーゲンなどを熱処理加工したもの。ゼリー等の凝固剤に使われる。

ナトリウム mg 200	カリウム mg 200	カルシウム mg 200	リン mg 200	鉄 mg 2.0	亜鉛 mg 2.0	ビタミンA レチノール活性当量 μg 20	レチノール μg 20	β-カロテン当量 μg 200	ビタミンD μg 2.0	ビタミンE α-トコフェロール mg 2.0	ビタミンB₁ mg 0.20	ビタミンB₂ mg 0.20	葉酸 μg 20	ビタミンC mg 20	食塩相当量 g 1.0
57	290	6	120	1.0	2.8	9	9	0	0.4	0.5	0.69	0.22	2	1	0.1
80	270	5	170	3.5	1.7	9	9	Tr	0.7	0.4	0.38	0.95	5	4	0.2
55	290	5	340	13.0	6.9	13000	13000	Tr	1.3	0.4	0.34	3.60	810	20	0.1
100	150	9	140	1.5	2.4	4	4	(0)	0.5	0.4	0.10	0.23	31	5	0.3
13	14	21	130	1.4	2.0	15	15	(0)	0.3	0.3	0.01	0.03	17	0	0
910	290	4	280	0.5	1.6	3	3	0	0.2	0.1	0.70	0.12	1	25	2.3
1100	470	6	200	0.7	2.2	5	5	(0)	0.3	0.3	0.92	0.18	3	18	2.8
800	210	6	230	0.6	1.8	6	6	(0)	0.5	0.6	0.47	0.14	1	35	2.0
740	180	6	200	0.5	1.3	2	2	Tr	0.4	0.4	0.35	0.12	1	32	1.9
1700	430	27	250	2.6	3.9	3	3	(0)	0.5	1.1	0.64	0.39	4	3	4.4
930	290	9	260	0.7	1.3	Tr	Tr	Tr	0.6	0.3	0.85	0.20	3	20	2.4
880	160	27	260	7.7	2.9	4300	4300	Tr	0.3	0.4	0.18	1.45	140	3	2.2
260	8	16	7	0.7	0.1	(0)	(0)	(0)	0	0	(0)	(0)	2	(0)	0.7

いるが、変わり種で有名なのはドイツの血詰めソーセージだろう。ほかにも豚や牛の内臓や舌を詰めたものもある。

肉類
卵類
乳類
油脂類
菓子類
し好飲料類
調味料・香辛料類
調理済み流通食品類
外食・中食
市販食品

肉類
MEATS

- たんぱく質の青字の数値はアミノ酸組成によるたんぱく質
- 脂質の青字の数値は脂肪酸のトリアシルグリセロール当量
- 炭水化物の青字の数値は利用可能炭水化物（質量計）
- 食物繊維総量の黒字の数値はプロスキー変法、青字の数値はAOAC 2011.25法による分析

可食部100gあたり　Tr:微量　（　）:推定値または推計値　一:未測定

		廃棄率% / 水分g	エネルギー kcal (200)	たんぱく質 g (20.0)	脂質 g (20.0)	コレステロール mg (100)	炭水化物 g (20.0)	食物繊維総量 g (2.0)
めんよう [緬羊] Mutton ●1食分=100g	マトン　ロース　脂身つき　生 11199	0 / 68.2	192	17.7 / 19.3	13.4 / 15.0	65	(0.2) / 0.2	一
	ラム　ロース　脂身つき　生 11202	0 / 56.5	287	13.6 / 15.6	23.2 / 25.9	66	(0.2) / 0.2	一
かも [鴨] Duck ●むね肉1枚=300g	あいがも　肉　皮つき　生 11205　マリネ	0 / 56.0	304	(12.4) / 14.2	28.2 / 29.0	86	(0.1) / 0.1	一
にわとり [鶏] Chicken ●もも肉1枚=200g	若どり　手羽　皮つき　生 11218	35 / 68.1	189	(16.5) / 17.8	13.7 / 14.3	110	0 / 0	一
	若どり　むね　皮つき　生 11219	0 / 72.6	133	17.3 / 21.3	5.5 / 5.9	73	(Tr) / 0.1	一
	若どり　もも　皮つき　生 11221	0 / 68.5	190	17.0 / 16.6	13.5 / 14.2	89	0 / 0	一
	若どり　もも　皮つき　から揚げ 11289	0 / 41.2	307	20.5 / 24.2	17.2 / 18.1	110	13.0 / 13.3	0.8
	若どり　ささみ　生 11227	5 / 75.0	98	19.7 / 23.9	0.5 / 0.8	66	(Tr) / 0.1	一
	ひき肉　生 11230	0 / 70.2	171	14.6 / 17.5	11.0 / 12.0	80	0 / 0	一
	副品目　肝臓　生 11232	0 / 75.7	100	16.1 / 18.9	1.9 / 3.1	370	(0.5) / 0.6	一
	副品目　すなぎも　生 11233	0 / 79.0	86	15.5 / 18.3	1.2 / 1.8	200	(Tr) / Tr	一
	チキンナゲット 11292	0 / 53.7	235	13.0 / 15.5	12.3 / 13.7	45	12.6 / 14.9	1.2
すっぽん [鼈] Chinese softshell turtle	肉　生 11243	0 / 69.1	175	一 / 16.4	12.0 / 13.4	95	(0.5) / 0.5	一

めんよう [緬羊] Mutton ●1食分=100g

羊肉は、生後1年未満の子羊をラムといい、それ以降のものをマトンと呼ぶ。マトンはラムに比べて肉がかたいうえに、特有のにおいが強い。においは脂肪に集中している。ジンギスカン料理のほかは、ハムやソーセージなどの加工原料とされる。ニュージーランドとオーストラリアからの輸入が流通量の8割以上を占める。

かも [鴨] Duck ●むね肉1枚=300g

あいがもは、まがもと、まがもを家禽化したあひるの交雑種。肉質や味はまがもに似ている。鴨すき・治部煮などの料理がある。

にわとり [鶏] Chicken ●もも肉1枚=200g

鶏肉は、肉自体に脂肪が少ないので、皮や肉のまわりの脂肪を除けば、高たんぱく、低カロリーの食材である。食肉の中では比較的安く、扱いやすい。現在流通している鶏肉のおよそ90％はブロイラー（短い期間で出荷するために改良された肉用若鶏の総称）である。ブロイラーは、飼育期間が50日と短く、大量生産が可能である。一方、地方の在来種を改良した地鶏は、ブロイラーよりも飼育期間は長く、やや高価になるが、肉質や味にそれぞれの特徴がある。

●手羽
うでから羽先までの翼部分の肉。手羽先と手羽元に分かれる。手羽元は上腕の部分で、脂肪が少なく、淡白な味である。手羽先は手羽元以外の部分で、肉は少ないが脂肪が多く、味にこくがある。煮込み・水炊きなどにする。

●むね
脂肪が少なく味は淡白で、肉は白くやわらかい。照り焼き・蒸し鶏などにする。

●もも
足先からつけ根までの肉。肉は赤っぽく、ややかたい。フライドチキンなどにする。

●ささみ
笹の葉の形に似た、胸骨に沿って左右に1本ずつ付いている部分。脂肪がもっとも少なく、肉質はやわらかい。鶏さし・わん種・酒蒸しにしてあえ物などにする。

●ひき肉
さまざまな部位を合わせてひいたものが多い。つくね団子、そぼろなどにする。

●肝臓
別名レバー。牛や豚の肝臓よりくせがない。たんぱく質や鉄が多く、特にビタミンAを多く含む。串焼き・炒め物などにする。

●すなぎも
鶏独特の内臓で胃袋の筋肉部分。コリコリした食感があり、焼き鳥などにする。たんぱく質が多い。

●チキンナゲット
ひき肉に調味料を混ぜて一口大に成形し、衣をつけて揚げたもの。

すっぽん [鼈] Chinese softshell turtle

淡水性のカメの一種。たんぱく質は少ないが、多種類のアミノ酸を含む。ビタミン類、カルシウム、鉄分も豊富。鍋物などに。

銘柄鶏って？ ▶地鶏はJAS法で基準があるが、最近目にする「銘柄鶏」というのは、養鶏業者による独自の規定に沿って飼育されたもの。両

グラフ1本分の相当量

肉類

卵類

乳類

油脂類

菓子類

し好飲料類

調味料・香辛料類

調理済み流通食品類

外食・中食

市販食品

ナトリウム mg 200	カリウム mg 200	カルシウム mg 200	リン mg 200	鉄 mg 2.0	亜鉛 mg 2.0	ビタミンA レチノール活性当量 μg 20	レチノール μg 20	β-カロテン当量 μg 200	ビタミンD μg 2.0	ビタミンE α-トコフェロール mg 2.0	ビタミンB₁ mg 0.20	ビタミンB₂ mg 0.20	葉酸 μg 20	ビタミンC mg 20	食塩相当量 g 1.0
62	330	3	180	2.7	2.5	12	12	0	0.7	0.7	0.16	0.21	1	1	0.2
72	250	10	140	1.2	2.6	30	30	0	0	0.6	0.12	0.16	1	1	0.2
62	220	5	130	1.9	1.4	46	46	(0)	1	0.2	0.24	0.35	2	1	0.2
79	220	14	150	0.5	1.2	47	47	0	0.4	0.6	0.07	0.10	10	2	0.2
42	340	4	200	0.3	0.6	18	18	0	0.1	0.3	0.09	0.10	12	3	0.1
62	290	5	170	0.6	1.6	40	40	—	0.4	0.7	0.10	0.15	13	3	0.2
990	430	11	240	1.0	2.1	28	28	6	0.2	2.5	0.12	0.23	23	2	2.5
40	410	4	240	0.3	0.6	5	5	Tr	0	0.7	0.09	0.11	15	3	0.1
55	250	8	110	0.8	1.1	37	37	0	0.1	0.9	0.09	0.17	10	1	0.1
85	330	5	300	9.0	3.3	14000	14000	30	0.2	0.4	0.38	1.80	1300	20	0.2
55	230	7	140	2.5	2.8	4	4	Tr	0	0.3	0.06	0.26	36	5	0.1
630	260	48	220	0.6	0.6	24	16	100	0.2	2.9	0.08	0.09	13	1	1.6
69	150	18	88	0.9	1.6	94	94	Tr	3.6	1.0	0.91	0.41	16	1	0.2

者を混同するケースもあるので要注意だ。地鶏と銘柄鶏を合わせて「国産銘柄鶏」ともいう（つまりブロイラー以外の鶏のこと）。

卵類

EGGS

ピータン

一般に食用にされている卵類は、にわとり・うずら・あひる・七面鳥の卵だが、最も広く利用されているのは鶏卵である。

鶏卵の構造

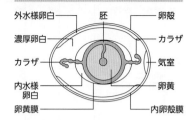

外水様卵白　　胚　　卵殻
濃厚卵白　　　　　　カラザ
カラザ　　　　　　　気室
内水様卵白　　　　　卵黄
卵黄膜　　　　　　　内卵殻膜

●卵白と卵黄の凝固温度

卵白	58℃	凝固開始
	62～65℃	流動性消失
	70℃	ほぼ凝固
	80℃	かたく完全に凝固
卵黄	65℃	ねばりのあるゲル状
	70℃	ほとんど凝固

卵白は約60℃、卵黄は約65℃から凝固しはじめ、卵白・卵黄ともに約70℃でほぼ凝固する。

選び方・保存のしかた

●賞味期限やひび割れの有無を確認して購入する。輸送、保管状況で鮮度が大きく変わるので、涼しい売り場に置いてあり、商品の回転がよい店で買う。家庭で鮮度を確認するには、比重を利用したり、割ったときの濃厚卵白の盛り上がりの程度で見分けることができる。

新鮮な卵

1週間経過後

※カラザが弱り、濃厚卵白の盛り上がりが時間の経過とともに失われる。

●特に温度に注意して保存する。5～10℃の冷蔵庫で気室のある丸い方を上

• たんぱく質の青字の数値はアミノ酸組成によるたんぱく質
• 脂質の青字の数値は脂肪酸のトリアシルグリセロール当量
• 炭水化物の青字の数値は利用可能炭水化物（質量計）
• 食物繊維総量の黒字の数値はプロスキー変法、青字の数値はAOAC 2011.25法による分析

■ 廃棄率 %
■ 水分 g

可食部100gあたり　Tr:微量　（ ）:推定値または推計値　ー:未測定

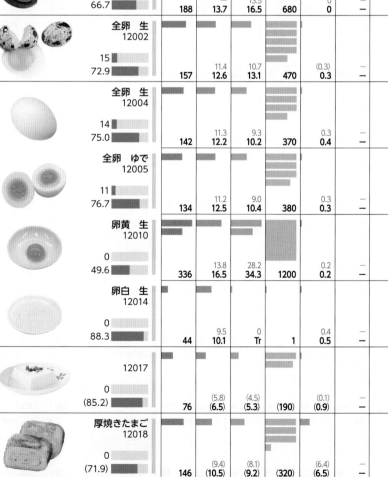

		エネルギー kcal 200	たんぱく質 g 20.0	脂質 g 20.0	コレステロール mg 100	炭水化物 g 20.0	食物繊維総量 g 2.0
あひる卵 [家鴨卵] Eggs: domesticated duck ●1個=70g ピータンは、あひるの卵の殻に、生石灰・塩などを混ぜた泥を塗り、数か月浸透させ、卵の中身をアルカリで凝固させたもの。	ピータン 12020 45 66.7	188	— 13.7	13.5 16.5	680	0 0	—
うずら卵 [鶉卵] Eggs: japanese quail ●1個=10～12g 殻は灰色の地に褐色の斑点があり、小さい。栄養価は鶏卵と同様に高い。ゆでてわん種にしたり、生でとろろなどに落とす。	全卵 生 12002 15 72.9	157	11.4 12.6	10.7 13.1	470	(0.3) 0.3	—
鶏卵 Eggs: hen ●Mサイズ殻付1個=60g 卵白1個分=35g 鶏卵は、1年を通して供給量が多く、安価できわめて栄養価の高い食品である。アミノ酸価100という、すぐれたアミノ酸組成をもち、脂肪は消化・吸収がよい。また、ほとんどすべてのミネラルを含み、特に卵黄のカルシウム含量は高く、ビタミン類もCを除くすべての種類を豊富に含む。コレステロールが多いが、その値を下げるレシチンも多く含まれる。鶏卵の部位は、卵殻部・卵白部・卵黄部に分けられ、その割合は1：6：3である。卵黄は卵白より凝固する温度が低く、この性質を利用してつくられるのが温泉卵である。また、卵白の熱凝固性は、肉製品や水産練り製品の結着剤として広く利用される。卵白は起泡性もすぐれており、製菓、製パンなどに用いられる。卵黄は乳化性が高く、マヨネーズ製造の際に利用される。	全卵 生 12004 14 75.0	142	11.3 12.2	9.3 10.2	370	0.3 0.4	—
	全卵 ゆで 12005 11 76.7	134	11.2 12.5	9.0 10.4	380	0.3 0.3	—
	卵黄 生 12010 0 49.6	336	13.8 16.5	28.2 34.3	1200	0.2 0.2	—
	卵白 生 12014 0 88.3	44	9.5 10.1	0 Tr	1	0.4 0.5	—
たまご豆腐 [卵豆腐] Tamago-dofu ●小1パック=100g 卵の凝固性を利用し、同量のだし汁と若干の塩を加えて蒸し、豆腐のように固めてつくる。わん種にするなどして食べる。	12017 0 (85.2)	76	(5.8) (6.5)	(4.5) (5.3)	(190)	(0.1) (0.9)	—
たまご焼 [卵焼] Tamago-yaki (Rolled omelet) 厚焼きたまごは、溶いた卵を調味し、卵焼き用の四角いフライパンで焼きながら厚く巻いていく料理。通常は砂糖が入って甘め。	厚焼きたまご 12018 0 (71.9)	146	(9.4) (10.5)	(8.1) (9.2)	(320)	(6.4) (6.5)	—

One Point ゆで卵の殻がきれいにむけない!? ▶これは、産卵直後の新しい卵をゆでたときによくある話。新しい卵の内側では炭酸ガスが気化して内圧が

にして保存するとよい。これは、卵黄が気室に遮られて、外気が出入りする殻に触れさせないためである。においが移りやすいので、魚・たまねぎなど香りの強い食品のそばは避ける。無洗卵ほど日もちがよく、保存状態がよければ1か月程度はもつ。卵白は冷凍保存もできるので、ポリ袋などに入れて冷凍し、必要に応じて、室温で解凍して使うことができる。

鶏卵の規格

(農林水産省による)

色表示	種類	1個の重量の基準
あか	LL	70g以上76g未満
だいだい	L	64g以上70g未満
みどり	M	58g以上64g未満
あお	MS	52g以上58g未満
むらさき	S	46g以上52g未満
ちゃ	SS	40g以上46g未満

卵の調理特性

●熱凝固性 (→p.258)
鶏卵は熱を加えると水を含んだまま凝固する(例:卵料理全般)。

●卵白の起泡性
卵白をかくはんして空気を混ぜ込むと、しだいに泡が立ち、徐々に細かくなる。さらにかくはんすると、水に不溶のフィルム状になる。これは、卵白が起泡性と空気変性という2つの特性をあわせもつからである。菓子をつくるときにはこの性質を利用して、さまざまな形や食感のものができる(例:メレンゲ、スポンジケーキなど)。

メレンゲ

●卵黄の乳化性
卵黄中のリン脂質のレシチンは、水と油を乳化させるはたらきがある(例:マヨネーズ)。

●卵白の結着性
卵白にはのりのような結着力があり、その後加熱すると、結着力はさらに強まる(例:料理のつなぎ)。

●その他の特性
●プリンや茶碗蒸しを高温で加熱し続けると、卵液中のたんぱく質が固まり、まわりの水分が気化するため、穴があいてしまう(すが立つ)。なめらかに仕上げるには、90度前後がよい。
●卵をゆですぎると、卵黄中のイオウ化合物が加熱されて硫化水素となり、卵黄中の鉄と結合して硫化鉄となるため、暗緑色になる。

グラフ1本分の相当量

ナトリウム mg 200	カリウム mg 200	カルシウム mg 200	リン mg 200	鉄 mg 2.0	亜鉛 mg 2.0	ビタミンA レチノール活性当量 μg 20	レチノール μg 20	βカロテン当量 μg 200	ビタミンD μg 2.0	ビタミンE α-トコフェロール mg 2.0	ビタミンB₁ mg 0.20	ビタミンB₂ mg 0.20	葉酸 μg 20	ビタミンC mg 20	食塩相当量 g 1.0
780	65	90	230	3.0	1.3	220	220	22	6.2	1.9	Tr	0.27	63	(0)	2.0
130	150	60	220	3.1	1.8	350	350	16	2.5	0.9	0.14	0.72	91	(0)	0.3
140	130	46	170	1.5	1.1	210	210	7	3.8	1.3	0.06	0.37	49	0	0.4
140	130	47	170	1.5	1.1	170	160	4	2.5	1.2	0.06	0.32	48	0	0.3
53	100	140	540	4.8	3.6	690	690	24	12.0	4.5	0.21	0.45	150	0	0.1
180	140	5	11	Tr	0	0	0	0	0	0	0	0.35	0	0	0.5
(390)	(99)	(26)	(95)	(0.8)	(0.6)	(83)	(83)	(2)	(0.6)	(0.6)	(0.04)	(0.17)	(25)	0	(1.0)
(450)	(130)	(41)	(150)	(1.3)	(0.9)	(140)	(140)	(4)	(2.1)	(1.1)	(0.06)	(0.27)	(40)	0	(1.2)

高まり、卵白が殻に密着するためむきにくくなる。ガスは徐々に抜けていくので、数日おいた卵だときれいにむける。

乳類

MILKS

乳用牛（ホルスタイン種）の放牧

生乳は、ほ乳類の乳腺からの分泌物で、その動物の発育に必要な栄養素をすべて含んでいる。食用とされるのは、牛乳・やぎ乳などである。

牛乳類の分類

種類別	使用割合	成分		無脂乳固形分
		乳脂肪分		
牛乳	生乳100%	3.0%以上		8.0%以上
成分調整牛乳		—		
低脂肪牛乳		0.5〜1.5%		
無脂肪牛乳		0.5%未満		
加工乳	—	—		
乳飲料	—	乳固形分3.0%以上		

牛乳の殺菌方法

温度	時間	殺菌法	構成比
62〜65℃	30分	低温保持殺菌法（LTLT）	2.5%
72℃以上	15秒以上	高温短時間殺菌法（HTST）	4.1%
75℃以上	15分以上	高温保持殺菌法（HTLT）	
120〜130℃	2〜3秒	超高温瞬間殺菌法（UHT）	91%
135〜150℃	1〜4秒	超高温滅菌法（UHL）	2.4%

（社団法人全国牛乳流通改善協会などより）

選び方・保存のしかた

●変質した牛乳の見分け方

●牛乳の腐敗は、おもに好気性の胞子形成菌や、たんぱく質を分解する大腸菌などのはたらきによる。

目で見る	分離している
においをかぐ	すっぱいにおいがする
口に含む	酸味や苦味がある
加熱する	豆腐のように固まる

●牛乳の保存期間は、保存条件によってかわる。一般に、牛乳（UHT）・加工乳・乳飲料の保存期間は、開封前10℃以下で冷蔵した場合、製造日より1週間程度である。しかし、一度封を切ると、外部の細菌が入って急速に変質することが多いので、10℃以下で冷蔵した場合でも2日以内に使い切るようにする。ただし、適正に保存されれば、この期間を過ぎても、品質が悪くなって飲めなくなるということはない。ロングライフ（LL）牛乳は、常温で約2か月の保存が可能である。しかし、開封した後は外部の細菌にさらされるので、同様に2〜3日以内に使っ

・たんぱく質の青字の数値はアミノ酸組成によるたんぱく質
・脂質の青字の数値は脂肪酸のトリアシルグリセロール当量
・炭水化物の青字の数値は利用可能炭水化物（質量計）
・食物繊維総量の黒字の数値はプロスキー変法、青字の数値はAOAC 2011.25法による分析

■ 廃棄率%
■ 水分g

可食部100gあたり　Tr：微量　（ ）：推定値または推計値　ー：未測定

液状乳類

Liquid milk ●1C＝210g

生乳（搾乳したままの牛の乳）を殺菌処理して、直接飲用に適するようにしたのが牛乳である。牛乳は栄養価が高く、理想的な食品である。たんぱく質・脂質・糖質・ミネラル・ビタミン類を全般的に豊富に含む。たんぱく質は8割がカゼインで、必須アミノ酸をすべて含む。脂肪は乳化状態にあるので消化吸収がよい。炭水化物の主成分である乳糖は、腸内で乳酸菌の繁殖を助け、リンとカルシウムの吸収を高める。ミネラルではカルシウムが多い。

●生乳
乳牛からしぼったまま未殺菌のもの。日本で飼育されている乳牛はほとんどがホルスタイン種である。

●普通牛乳
一般に牛乳と呼ばれるもので、無脂乳固形分8％以上、乳脂肪分3％以上が含まれる。

●脱脂乳
牛乳からクリームを分離した残りの部分。そのまま飲用されるほか、脱脂粉乳・ヨーグルト・チーズなどの原料に用いられる。

●加工乳
生乳を主体（70％以上）として、成分を調整した牛乳。普通タイプ・濃厚牛乳・低脂肪乳などがある。

●乳児用液体ミルク
成分は乳児用調製粉乳と同様で、乳児にそのまま飲ませることができるよう、液状にして容器に密封した母乳代替食品。

●乳飲料
牛乳や乳製品を主体として、コーヒー液・果汁・香料などを添加した飲用の乳製品。

食品名	エネルギーkcal (200)	たんぱく質g (20.0)	脂質g (20.0)	コレステロールmg (100)	炭水化物g (20.0)	食物繊維総量g (2.0)
生乳 ホルスタイン種 13002　廃棄率0　水分87.7	63	2.8 / 3.2	3.8 / 3.7	12	4.4 / 4.7	—
普通牛乳 13003　廃棄率0　水分87.4	61	3.0 / 3.3	3.5 / 3.8	12	4.4 / 4.8	—
脱脂乳 13006　廃棄率0　水分91.0	31	3.1 / 3.4	0.1 / 0.1	3	4.6 / 4.8	—
加工乳 濃厚 13004　廃棄率0　水分86.3	70	3.0 / 3.4	4.2 / 4.2	16	4.8 / 5.3	—
加工乳 低脂肪 13005　廃棄率0　水分88.8	42	3.4 / 3.8	1.0 / 1.0	6	4.9 / 5.5	—
乳児用液体ミルク 13059　廃棄率0　水分87.6	66	1.5	3.6	11	7.1	—
乳飲料 コーヒー 13007　廃棄率0　水分88.1	56	1.9 / 2.2	2.0 / 2.0	8	7.7 / 7.2	—

One Point　給食で牛乳を飲み始めたのはいつ頃？　▶一般に全国の小学校で牛乳が飲まれるようになったのは第二次大戦後のこと。当時は脱脂粉乳をお湯

た方が安全である。
●ヨーグルト
●きめ細かくなめらかで、気泡やひび割れがなく、上澄みの液の量があまり多くないものがよい。
●10℃以下で冷蔵する。未開封ならば約2週間は保存可能である。開封後はなるべくはやく使い切る。表面に出る水分はホエー（乳清）なので心配はない。
●チーズ
●色は種類によって異なるが、全体が均一で、にごりのないものがよく、かたさも平均しているものを選ぶ。苦味のないなめらかなものがよい。
●ナチュラルタイプのものはラップに包み、密封容器に入れて、冷蔵庫で保存する。湿りけは禁物である。最適保存温度は2～5℃で、0℃以下にすると中の水分が凍結して組織がボロボロになってしまう。粉チーズは冷凍保存できる。
●アイスクリーム
●アイスクリームは、温度管理がきちんとされていれば細菌が増えることはなく、長期間保存しても品質変化はきわめてわずかである。

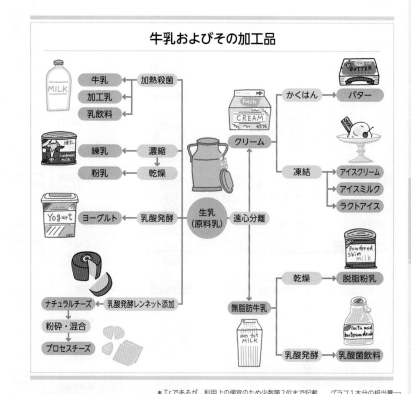

牛乳およびその加工品

＊Trであるが、利用上の便宜のため少数第2位まで記載　　グラフ1本分の相当量

ナトリウム mg 200	カリウム mg 200	カルシウム mg 200	リン mg 200	鉄 mg 2.0	亜鉛 mg 2.0	ビタミンA レチノール活性当量 μg 20	レチノール μg 20	β-カロテン当量 μg 200	ビタミンD μg 2.0	ビタミンE α-トコフェロール mg 2.0	ビタミンB₁ mg 0.20	ビタミンB₂ mg 0.20	葉酸 μg 20	ビタミンC mg 20	食塩相当量 g 1.0
40	140	110	91	Tr	0.4	38	37	8	Tr	0.1	0.04	0.15	5	1	0.1
41	150	110	93	0.02*	0.4	38	38	6	0.3	0.1	0.04	0.15	5	1	0.1
51	150	100	97	0.1	0.4	Tr	Tr	0	Tr	Tr	0.04	0.15	0	2	0.1
55	170	110	100	0.1	0.4	35	34	14	Tr	Tr	0.03	0.17	0	Tr	0.1
60	190	130	90	0.1	0.4	13	13	3	Tr	Tr	0.04	0.18	Tr	Tr	0.2
—	81	45	29	0.6	0.4	66	—	—	1.1	1.9	0.08	0.11	21	31	0
30	85	80	55	0.1	0.2	5	5	Tr	Tr	0.1	0.02	0.09	Tr	Tr	0.1

乳類
MILKS

- たんぱく質の青字の数値はアミノ酸組成によるたんぱく質
- 脂質の青字の数値は脂肪酸のトリアシルグリセロール当量
- 炭水化物の青字の数値は利用可能炭水化物（質量計）
- 食物繊維総量の黒字の数値はプロスキー変法、青字の数値は AOAC 2011.25法による分析

■ 廃棄率%
■ 水分 g

可食部100gあたり　Tr:微量　（ ）:推定値または推計値　―:未測定

食品名／番号	廃棄率%	水分g	エネルギー kcal (200)	たんぱく質 g (20.0)	脂質 g (20.0)	コレステロール mg (100)	炭水化物 g (20.0)	食物繊維総量 g (2.0)
粉乳類 Milk powder ●大1=6g								
脱脂粉乳 13010	0	3.8	354	30.6 / 34.0	0.7 / 1.0	25	47.9 / 53.3	—
乳児用調製粉乳 13011	0	2.6	510	10.8 / 12.4	26.0 / 26.8	63	51.3 / 55.9	—
練乳 Condensed whole milk ●大1=21g								
加糖練乳 13013	0	26.1	314	7.0 / 7.7	8.4 / 8.5	19	53.2 / 56.0	—
クリーム類 Cream ●クリーム・ホイップクリーム大1=15g								
クリーム 乳脂肪 13014	0	48.2	404	1.6 / 1.9	39.6 / 43.0	64	2.7 / 6.5	—
クリーム 植物性脂肪 13016	0	55.5	353	1.1 / 1.3	37.6 / 39.5	21	2.5 / 3.3	—
ホイップクリーム 乳脂肪・植物性脂肪 13018	0	44.0	394	(3.5) / 4.0	(36.7) / 38.4	57	(12.6) / 12.9	—
コーヒーホワイトナー 液状 乳脂肪・植物性脂肪 13021	0	69.2	227	(4.2) / 4.8	(21.2) / 21.6	27	(1.7) / 3.7	—
コーヒーホワイトナー 粉末状 乳脂肪 13023	0	2.8	504	(6.5) / 7.6	24.4 / 27.3	86	57.7 / 60.4	—
ヨーグルト Yogurt ●1C=210g								
全脂無糖 13025	0	87.7	56	3.3 / 3.6	2.8 / 3.0	12	3.8 / 4.9	—
脱脂加糖 13026	0	82.6	65	4.0 / 4.3	0.2 / 0.2	4	11.2 / 11.9	—
ドリンクタイプ 加糖 13027	0	83.8	64	2.6 / 2.9	0.5 / 0.5	3	10.1 / 12.2	—
乳酸菌飲料 Lactic acid bacteria beverages								
乳製品 13028	0	82.1	64	0.9 / 1.1	Tr / 0.1	1	15.1 / 16.4	—
殺菌乳製品 13029	0	45.5	217	1.3 / 1.5	0.1 / 0.1	2	— / 52.6	—

粉乳類
牛乳を濃縮・乾燥させて粉末としたもの。脂肪含有の有無により、牛乳を乾燥させた全粉乳と、脱脂乳を乾燥させた脱脂粉乳とに分かれるが、脱脂粉乳の方がはるかに生産量が多い。乳児用調製粉乳は、粉乳をベースとして、乳児に必要な乳類やビタミン類、ミネラルなどを配合して乾燥させたもの。

練乳
生乳や牛乳を煮詰めて濃縮したもの。加糖練乳は、コンデンスミルクともいい、牛乳に砂糖を加え、1/3の量に濃縮したもの。

クリーム類
●クリーム
牛乳を遠心分離機にかけ、脱脂乳を分離させてとった脂肪のこと。成分規格では乳脂肪18%以上を含むこととされる。脂肪含有量によって低脂肪クリーム（18〜30%）と高脂肪クリーム（30〜48%）に分かれる。低脂肪クリームはおもにコーヒー用に、高脂肪クリームはバター製造用、ホイップ用とされる。植物性のものは、植物性油脂を加えた脂肪置換クリームである。
●ホイップクリーム
高脂肪クリームを泡立てたもの。シャンティクリームともいう。洋菓子・料理・デザートの材料として用いられる。
●コーヒーホワイトナー
低脂肪クリームや乳脂肪の一部を植物性油脂と置き換えて安定性をもたせた脂肪置換クリームを原料として、コーヒー用に加工した市販のクリーム。脂肪含量は20%前後である。コーヒーの渋味をマイルドにする目的で、好みにより用いられる。液状のものと粉末状のものがあり、それぞれ動物性と植物性がある。

ヨーグルト
乳または乳製品を原料料とした、乳酸菌による発酵製品。
●全脂無糖
プレーンヨーグルトと呼ばれるもの。乳脂肪分を3%程度含む。
●脱脂加糖
別名普通ヨーグルト。脱脂乳を原料として、糖類を添加してある。通常、ゼラチンなどの凝固剤を加えたカップ入りのものが多い。
●ドリンクタイプ
一般的に、「飲むヨーグルト」と呼ばれる。ヨーグルトを機械的に均一の液状にしたもの。加糖されているものが多い。

乳酸菌飲料
牛乳などを発酵させたものを原料とした飲み物で、無脂乳固形分が3%以上。
●乳製品
発酵後の殺菌処理がなく、乳酸菌が生存しているもの。
●殺菌乳製品
発酵後、殺菌処理をするため、乳酸菌自体はない。希釈して飲むタイプの飲料。

One Point　醍醐味（だいごみ）は最上の乳製品▶仏教では、乳を精製する過程の五段階を「五味」といい、最後の段階の「醍醐」を純粋で最高の味で

ナトリウム mg 200	カリウム mg 200	カルシウム mg 200	リン mg 200	鉄 mg 2.0	亜鉛 mg 2.0	ビタミンA レチノール活性当量 µg 20	レチノール µg 20	β-カロテン当量 µg 200	ビタミンD µg 2.0	ビタミンE α-トコフェロール mg 2.0	ビタミンB₁ mg 0.20	ビタミンB₂ mg 0.20	葉酸 µg 20	ビタミンC mg 20	食塩相当量 g 1.0
570	1800	1100	1000	0.5	3.9	6	6	Tr	Tr	Tr	0.30	1.60	1	5	1.4
140	500	370	220	6.5	2.8	560	560	85	9.3	5.5	0.41	0.72	82	53	0.4
96	400	260	220	0.1	0.8	120	120	20	0.1	0.2	0.08	0.37	1	2	0.2
43	76	49	84	0.1	0.2	160	150	110	0.3	0.4	0.02	0.13	0	0	0.1
40	67	50	79	0	0.2	9	1	99	0.1	4.0	0.01	0.07	0	0	0.1
130	69	42	120	0.1	0.3	180	170	96	0.2	0.4	0.01	0.06	3	(Tr)	0.3
160	50	26	140	0.1	0.3	77	75	24	0.1	0.1	0.01	0.04	2	Tr	0.4
360	360	87	240	0	0.4	320	310	100	0.2	0.8	0.02	0.65	10	0	0.9
48	170	120	100	Tr	0.4	33	33	3	0	0.1	0.04	0.14	11	1	0.1
60	150	120	100	0.1	0.4	(0)	(0)	(0)	Tr	Tr	0.03	0.15	3	Tr	0.2
50	130	110	80	0.1	Tr	5	5	1	Tr	Tr	0.01	0.12	1	Tr	0.1
18	48	43	30	Tr	0.4	0	0	0	0	Tr	0.01	0.05	Tr	Tr	0
19	60	55	40	0.1	0.2	(0)	(0)	(0)	Tr	Tr	0.02	0.08	Tr	0	0

あるとした。そこから転じて、醍醐味は深い味わい、本当のおもしろさ、物事の神髄（しんずい）などをいう言葉となった。

- たんぱく質の青字の数値はアミノ酸組成によるたんぱく質
- 脂質の青字の数値は脂肪酸のトリアシルグリセロール当量
- 炭水化物の青字の数値は利用可能炭水化物（質量計）
- 食物繊維総量の黒字の数値はプロスキー変法、青字の数値はAOAC 2011.25法による分析

可食部100gあたり　Tr:微量　（ ）:推定値または推計値　ー:未測定

■ 廃棄率%
■ 水分g

チーズ類　Cheese
●1切=30g　パルメザン大1=6g

ナチュラルチーズとプロセスチーズがある。ナチュラルチーズは、牛乳・羊乳・やぎ乳などに酵素と乳酸菌を作用させて脂肪とたんぱく質を固め、水気を切って熟成・発酵させたものである。

●カテージ
フレッシュチーズの一種で、代表的な非熟成タイプ。脱脂乳を原料とするので、高たんぱくで低カロリー。サラダなどに利用。

●カマンベール
フランスのカマンベール村原産の軟質チーズ。白かびタイプで、中身はクリーミー。

●クリーム
生クリームを加えてつくる、熟成させないフレッシュチーズ。脂肪分が多い。なめらかな口当たりで、軽い酸味がある。

●パルメザン
イタリア原産。超硬質チーズで、すりおろしてスパゲッティにかけるなど料理用として使われる。

●ブルー
青かびを用いて熟成させた半硬質チーズ。くせの強い独特な風味が特徴。フランスのロックフォール、イタリアのゴルゴンゾーラ、イギリスのスティルトンは世界三大ブルーチーズと呼ばれる。

●モッツァレラ
非熟成タイプで、フレッシュチーズの一種。熱を加えるとよく伸びる。ピザなどに利用。

●プロセスチーズ
日本では最も一般的なチーズ。ナチュラルチーズを混ぜ合わせて加熱・乳化・成形したもの。熟成が止まり、保存性も高い。

食品名	食品番号	廃棄率%	水分g	エネルギー kcal	たんぱく質 g	脂質 g	コレステロール mg	炭水化物 g	食物繊維総量 g
ナチュラルチーズ カテージ	13033	0	79.0	99	13.2 / 13.3	4.1 / 4.5	20	0.5 / 1.9	ー
ナチュラルチーズ カマンベール	13034	0	51.8	291	17.7 / 19.1	22.5 / 24.7	87	0 / 0.9	ー
ナチュラルチーズ クリーム	13035	0	55.5	313	7.6 / 8.2	30.1 / 33.0	99	2.4 / 2.3	ー
ナチュラルチーズ パルメザン	13038	0	15.4	445	(41.1) / 44.0	27.6 / 30.8	96	(0) / 1.9	ー
ナチュラルチーズ ブルー	13039	0	45.6	326	(17.5) / 18.8	26.1 / 29.0	90	(0) / 1.0	ー
ナチュラルチーズ モッツァレラ	13056	0	56.3	269	18.4	19.9	62	(0) / 4.2	ー
プロセスチーズ	13040	0	45.0	313	21.6 / 22.7	24.7 / 26.0	78	0.1 / 1.3	ー

アイスクリーム類　Ice cream
●中1個=80g

クリームに牛乳・砂糖・香料・安定剤・乳化剤などを加え、空気を加えながら凍結させた氷菓。乳等省令により、乳脂肪分や乳固形物の割合で、アイスクリーム・アイスミルク・ラクトアイスに分類される。

●アイスクリーム
乳固形分15％以上、乳脂肪分8％以上と規定され、最も濃厚な味とこくを有する。チョコレートなどを加えた製品が多い。

●アイスミルク
乳固形分10％以上、乳脂肪分3％以上のもの。乳脂肪以外に植物性脂肪を含む。

●ラクトアイス
乳固形分3％以上のもの。乳脂肪分に対する規格はない。植物性脂肪を多く含む。

●ソフトクリーム
液状のアイスクリームミックスをフリーザーにかけ、硬化させずにしぼり出したもの。

食品名	食品番号	廃棄率%	水分g	エネルギー kcal	たんぱく質 g	脂質 g	コレステロール mg	炭水化物 g	食物繊維総量 g
アイスクリーム 高脂肪	13042	0	61.3	205	3.1 / 3.5	10.8 / 12.0	32	17.3 / 22.4	0.1
アイスミルク	13044	0	65.6	167	(3.0) / 3.4	6.5 / 6.4	18	ー / 23.9	ー
ラクトアイス 低脂肪	13046	0	75.2	108	(1.6) / 1.8	2.0 / 2.0	4	ー / 20.6	ー
ソフトクリーム	13047	0	69.6	146	(3.4) / 3.8	5.6 / 5.6	13	ー / 20.1	ー

シャーベット　Sherbet

果汁・リキュール・シャンパンなどに甘味をつけ、凍らせた氷菓。市販品は甘味料・安定剤・香料などを加える。

食品名	食品番号	廃棄率%	水分g	エネルギー kcal	たんぱく質 g	脂質 g	コレステロール mg	炭水化物 g	食物繊維総量 g
シャーベット	13049	0	69.1	128	0.9	1.0	1	28.7	ー

人乳　Human milk

母乳ともいわれ、乳児に最も適した栄養源である。牛乳に比べ、たんぱく質が少なく、糖質が多く、ミネラルは少ない。

食品名	食品番号	廃棄率%	水分g	エネルギー kcal	たんぱく質 g	脂質 g	コレステロール mg	炭水化物 g	食物繊維総量 g
人乳	13051	0	88.0	61	0.8 / 1.1	3.6 / 3.5	15	(6.4) / 7.2	ー

One Point　チーズに生えるかびは毒質ではないの？▶かびには、人間にとって良いかびと悪いかびの2種類がある。チーズに生えるのは前者のかびで、毒

ナトリウム mg 200	カリウム mg 200	カルシウム mg 200	リン mg 200	鉄 mg 2.0	亜鉛 mg 2.0	ビタミンA レチノール活性当量 μg 20	レチノール μg 20	β-カロテン当量 μg 200	ビタミンD μg 2.0	ビタミンE α-トコフェロール mg 2.0	ビタミンB₁ mg 0.20	ビタミンB₂ mg 0.20	葉酸 μg 20	ビタミンC mg 20	食塩相当量 g 1.0
400	50	55	130	0.1	0.5	37	35	20	0	0.1	0.02	0.15	21	(0)	1.0
800	120	460	330	0.2	2.8	240	230	140	0.2	0.9	0.03	0.48	47	(0)	2.0
260	70	70	85	0.1	0.7	250	240	170	0	1.2	0.03	0.22	11	(0)	0.7
1500	120	1300	850	0.4	7.3	240	230	120	0.2	0.8	0.05	0.68	10	(0)	3.8
1500	120	590	440	0.3	2.5	280	270	170	0.3	0.6	0.03	0.42	57	(0)	3.8
70	20	330	260	0.1	2.8	280	280	—	0.2	0.6	0.01	0.19	9	—	0.2
1100	60	630	730	0.3	3.2	260	240	230	Tr	1.1	0.03	0.38	27	0	2.8
80	160	130	110	0.1	0.5	100	100	45	0.1	0.2	0.06	0.18	Tr	Tr	0.2
75	140	110	100	0.1	0.3	22	21	9	0.1	0.1	0.03	0.14	Tr	Tr	0.2
45	80	60	45	0.1	0.1	0	0	0	Tr	0.2	0.02	0.12	1	(0)	0.1
65	190	130	110	0.1	0.4	18	17	9	0.1	0.2	0.05	0.22	Tr	(0)	0.2
13	95	22	22	0.1	0.1	(0)	(0)	(0)	Tr	Tr	0.04	0.05	Tr	0	0
15	48	27	14	0.04*	0.3	46	45	12	0.3	0.4	0.01	0.03	Tr	5	0

素をもっておらず身体には害がない。また、悪いかびの繁殖を防ぎ、チーズの脂肪やたんぱく質を分解してよりおいしくするはたらきがある。

肉類　卵類　乳類　油脂類　菓子類　し好飲料類　調味料・香辛料類　調理済み流通食品　外食・中食　市販食品

油脂類

FATS & OILS

えごま油

食用の油脂は、常温（15～20℃）で液体のものを油（oil）、固体のものを脂（fat）といい、それぞれに植物性と動物性などがある。

選び方・保存のしかた

●植物油の選び方
●特有の香りがあり、にごりがなく、淡色のものがよい。JASマークがついたものには原材料が表示されているので確認する。

●動物脂の選び方
●固有の色つやがあり、組織がなめらかで異臭のないものがよい。製造年月日の新しいものを選ぶ。

●保存のしかた
●油が酸化する要因には、熱・空気（酸素）・光がある。酸化の初期段階はにおいや風味に変化があらわれる。この程度なら使用することはできるが、酸化が進行すると不快臭がしたりべとつくようになったりする。このため、油は密封し、冷暗所に保存する。

油脂類の分類

油脂	液体油（oil）	植物油	大豆油・サフラワー（べにばな）油・サンフラワー（ひまわり）油・なたね油・コーン（とうもろこし）油・米ぬか油・ごま油・綿実油・オリーブ油・落花生油など
		動物油	いわし油・さば油・たら油・鯨油・たら肝油など
	固体脂（fat）	植物脂	パーム油・ココナッツ（ヤシ）油・カカオ脂（カカオバター）など
		動物脂	牛脂（ヘット）・豚脂（ラード）・バターなど
		加工脂	硬化油・マーガリン・ショートニングなど

- たんぱく質の青字の数値はアミノ酸組成によるたんぱく質
- 脂質の青字の数値は脂肪酸のトリアシルグリセロール当量
- 炭水化物の青字の数値は利用可能炭水化物（質量計）
- 食物繊維総量の黒字の数値はプロスキー変法、青字の数値はAOAC 2011.25法による分析

可食部100gあたり　Tr:微量　（ ）:推定値または推計値　ー:未測定

■ 廃棄率%
■ 水分g

	エネルギー kcal 200	たんぱく質 g 20.0	脂質 g 20.0	コレステロール mg 100	炭水化物 g 20.0	食物繊維総量 g 2.0
オリーブ油 Olive oil ●小1=4g 大1=12g 1C=180g オリーブの実を圧搾してとった不乾性油。薄い黄緑色で軽い香りがある。主産地である地中海沿岸地域の料理には欠かせない。 14001 廃棄率0 水分0	894	0	ー 98.9 100	0	ー 0	ー
ごま油 Sesame oil ●小1=4g 大1=12g 1C=180g ごまを煎らずに生のまま採取し精製したもの。透明でくせがなく、抗酸化物質のゴマリグナンが豊富。太白と呼ばれる。 14002 廃棄率0 水分0	890	0	ー 98.1 100	0	ー 0	ー
調合油 Vegetable oil, blend ●小1=4g 大1=12g 1C=180g だいず油となたね油を調合した、いわゆるサラダ油のこと。用途に合わせて調合された油。 14006 廃棄率0 水分0	886	0	ー 97.2 100	2	ー 0	ー
ラード Lard ●1C=170g 豚肉の脂身からとった脂肪。風味がよく、中国料理や業務用の揚げ油、マーガリン・ショートニングなどの製造に用いられる。 14016 廃棄率0 水分0	885	0	ー 97.0 100	100	ー 0	ー
バター類 Butter ●大1=12g 牛乳から分離した乳脂肪分（クリーム）をさらにかくはんして、乳脂肪の粒子を包んでいるたんぱく質の膜を壊し、脂肪だけを取りだして練り上げたもの。有塩バターは、練り上げるときに2～3%の塩分が添加されている。食塩不使用バターは、製造過程で塩分を加えないバターで、おもに製菓用に利用される。 無発酵バター 有塩バター 14017 廃棄率0 水分16.2	700	0.5 0.6	74.5 81.0	210	0.5 0.2	ー
無発酵バター 食塩不使用バター 14018 廃棄率0 水分15.8	720	(0.4) 0.5	77.0 83.0	220	(0.6) 0.2	ー
マーガリン類 Margarine ●大1=12g フランスでバターが不足していた時代に代替品として考案されたものが原型。バターの原料が牛乳なのに対し、マーガリンの原料は植物性・動物性の油脂である。油脂含有率が80%以上であるとソフトマーガリン、80%未満であるとファットスプレッドである。ファットスプレッドは、カロリーが少なくてやわらかく、塗りやすい。 マーガリン 家庭用 有塩 14020 廃棄率0 水分14.7	715	0.4 0.4	78.9 83.1	5	0.8 0.5	ー
ファットスプレッド 14021 廃棄率0 水分30.2	579	0.1 0.2	64.1 69.1	4	0.6 0	ー

One Point 酸化しにくいオリーブ油▶オリーブ油は、血液中の悪玉コレステロールを減らす、老化の原因とされる活性酸素の活動を抑える等のはたらきをし、

■ 脂質1gあたりの脂肪酸

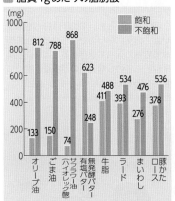

(文部科学省「日本食品標準成分表2020年版（八訂）脂肪酸成分表編（第3表）」)

一般に、パルミチン酸などの飽和脂肪酸を多く含むものは常温で固体であり、リノール酸・オレイン酸などの不飽和脂肪酸を多く含むものは常温で液体である。

■ 国民1人1日あたり油脂類供給量の推移

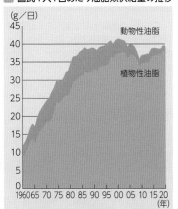

(農林水産省「食料需給表」)

戦後、食生活の西洋化がすすみ、急激に油脂の供給量が増加した。健康志向によって2000年前後をピークに伸びは鈍化していたが、最近また増加傾向にある。

揚げ物のあとの油

揚げ物のあとは、油が熱いうちにこそう。揚げ物をして180℃前後になった油には材料のさまざまな成分が溶け出し、時間がたつにつれて、油がそのにおいを吸収する。油が熱いうちにこし、光の通らない容器に保管するのが油を長もちさせるコツ。200℃以上の高温にしなければ、新しい油を加えて何度でも使うことができる。ただし、にごってドロドロになったら、捨てるようにするが、そのまま流しに捨ててはいけない。

グラフ1本分の相当量

ナトリウム mg 200	カリウム mg 200	カルシウム mg 200	リン mg 200	鉄 mg 2.0	亜鉛 mg 2.0	ビタミンA レチノール活性当量 µg 20	レチノール µg 20	β-カロテン当量 µg 200	ビタミンD µg 2.0	ビタミンE α-トコフェロール mg 2.0	ビタミンB₁ mg 0.20	ビタミンB₂ mg 0.20	葉酸 µg 20	ビタミンC mg 20	食塩相当量 g 1.0
Tr	0	Tr	0	0	0	15	0	180	(0)	7.4	0	0	(0)	(0)	0
Tr	Tr	1	1	0.1	Tr	0	0	Tr	(0)	0.4	0	0	(0)	(0)	0
0	Tr	Tr	Tr	0	Tr	0	0	0	(0)	13.0	0	0	(0)	(0)	0
0	0	0	0	0	Tr	0	0	0	0.2	0.3	0	0	0	0	0
750	28	15	15	0.1	0.1	520	500	190	0.6	1.5	0.01	0.03	Tr	0	1.9
11	22	14	18	0.4	0.1	800	780	190	0.7	1.4	0	0.03	1	0	0
500	27	14	17	Tr	0.1	25	0	300	11.0	15.0	0.01	0.03	Tr	0	1.3
420	17	8	10	Tr	Tr	31	0	380	1.1	16.0	0.02	0.02	Tr	0	1.1

不飽和脂肪酸の中でも最も酸化しにくいオレイン酸を70%以上も含むために、健康的な油といわれる。

菓子類

CONFECTIONERIES

ビュッシュ・ド・ノエル（クリスマスのケーキ）

菓子は、穀粉・砂糖・油脂・卵・乳製品などを原材料としたし好食品である。その種類は多く、和・洋・中華菓子に大別される。

菓子の分類

菓子は、明治以前に定着した伝統的な「和菓子」と、明治以降に欧米から入った「洋菓子」に大きく分類され、これ以外に「中華菓子」がある。さらに、水分の含有量によって、生菓子（30％以上）、半生菓子（10〜30％）、干菓子（10％以下）に分類される。

保存のしかた

和・洋菓子とも、干菓子は日もちはよいが、湿気に弱いので、缶などふたの閉まる容器に入れて保存するとよい。生菓子は日もちのしないものが多く、すぐに食べ切るのがよい。保存する場合には、必ず冷蔵庫に入れる。

菓子						
和菓子			洋菓子			中華菓子
生菓子	半生菓子	干菓子	生菓子	半生菓子	干菓子	
ねりきり	もなか	せんべい	ゼリー	ドーナッツ	ビスケット	中華まんじゅう
きんつば	カステラ	らくがん	シュークリーム	バターケーキ	ガム	げっぺい
どら焼		かりんとう	パイ		スナック	

- たんぱく質の青字の数値はアミノ酸組成によるたんぱく質
- 脂質の青字の数値は脂肪酸のトリアシルグリセロール当量
- 炭水化物の青字の数値は利用可能炭水化物（質量計）
- 食物繊維総量の黒字の数値はプロスキー変法、青字の数値はAOAC 2011.25法による分析

可食部100gあたり　Tr:微量　（ ）:推定値または推計値　ー:未測定

■ 廃棄率％
■ 水分 g

			エネルギー kcal	たんぱく質 g	脂質 g	コレステロール mg	炭水化物 g	食物繊維総量 g
			200	20.0	20.0	100	20.0	2.0
今川焼 Imagawayaki ●1個=50g	こしあん入り 15005 0 (45.5)	小麦粉に卵、砂糖、膨張剤を加え、円盤形に流して焼いた2枚の生地にあんをはさんだもの。大判焼、回転焼などとも呼ぶ。	217	(4.1) (4.5)	(0.9) (1.1)	(29)	(47.2) (48.3)	ー (1.4)
かしわもち [柏餅] Kashiwa-mochi ●1個=50g	こしあん入り 15008 0 (48.5)	端午の節句に食べるもち菓子。上新粉でつくったもちに、あずきあんかみそあんをのせて二つ折りにし、柏の葉で包んだもの。	203	(3.5) (4.0)	(0.3) (0.4)	0	(45.2) (46.7)	ー (1.7)
カステラ Kasutera ●1切=50g	15009 0 (25.6)	ポルトガル人によって伝えられた焼き菓子。現在は和菓子として扱われている。原材料は小麦粉、卵、砂糖、はちみつなど。	313	(6.5) (7.1)	(4.3) (5.0)	(160)	(61.8) (61.8)	(0.5)
きんつば [金鍔] Kintsuba ●1個=50g	15016 0 (34.0)	直方体に成形したあんの1面1面に、小麦粉と砂糖を水で溶いた衣をつけて、鉄板で焼いたもの。	260	(5.3) (6.0)	(0.4) (0.7)	0	(56.1) (58.6)	(5.5)
草もち [草餅] Kusa-mochi ●1個=60g	つぶしあん入り 15150 0 (43.0)	上新粉によもぎを加えてつくったもちであんを包んだもの。昔は、春の七草の1つである御形（ごぎょう）が使われていた。	227	(4.4) (4.8)	(0.6) (0.7)	(0)	(49.1) (51.1)	(2.7)
くし団子 [串団子] Kushi-dango ●1串=60〜80g	あん つぶしあん入り 15151 0 (50.0)	上新粉やもち粉の団子生地を竹串に3〜4個刺して、蒸したり、焼いたあと、あんを塗ったり、砂糖としょうゆ・昆布だし・水あめなどを煮詰め、かたくり粉またはくず粉でとろみをつけたたれ（みたらし）をかけたもの。あんの団子では、生地によもぎ（キク科の野草）のやわらかい葉をゆでて加え、草もち団子とすることもある。	199	(3.3) (3.8)	(0.4) (0.5)	0	(43.8) (45.4)	(1.3)
	みたらし 15019 0 (50.5)		194	(2.7) (3.2)	(0.4) (0.4)	0	(43.5) (44.9)	(0.3)

One Point　おやつが3時の理由▶おやつは漢字で「御八つ」と書く。昔、1日2食だった時代に、夕食までの空腹感を紛らすために、午後2時から午後

和菓子で使われる粉の種類

種類	特徴
上新粉	うるち米を精米して製粉したもの。団子やかしわもちに使われる。
白玉粉	もち米を水につけてすりつぶし、さらして乾燥させたもの。白玉団子でわかるように、やわらかさと弾力が特徴。草もちやうぐいすもちなどに使われる。
道明寺粉	もち米を蒸し、乾燥させてから砕いたもの。もち米と同じ食感だが、小粒なので上品。桜もち・おはぎなどに使われる。
みじん粉	もち米を蒸してから煎って、粉にしたもの。みじん粉を主材料とする菓子は、砂糖と混ぜて型抜きをするらくがんなど。
わらび粉	本来は、わらびの根からとったでん粉。市場で出回っているものは、各種のでん粉を配合している。透明でこしの強い、プリプリとした生地が特徴。わらびもちに使われる。
くず粉	くずという豆科のつたの根からとるでん粉。なめらかな舌ざわりが特徴。くずだけのものを「本くず」と呼ぶ。くずもち・くずきりなどに使われる。

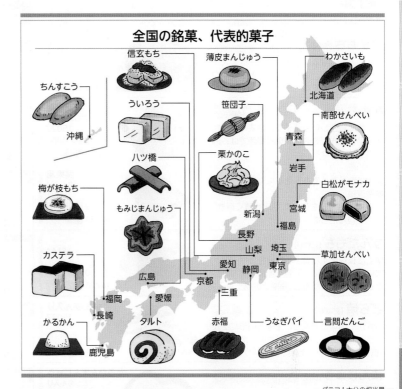

全国の銘菓、代表的菓子

グラフ1本分の相当量

	ナトリウム mg 200	カリウム mg 200	カルシウム mg 200	リン mg 200	鉄 mg 2.0	亜鉛 mg 2.0	ビタミンA レチノール活性当量 µg 20	ビタミンA レチノール µg 20	ビタミンA β-カロテン当量 µg 200	ビタミンD µg 2.0	ビタミンE α-トコフェロール mg 2.0	ビタミンB1 mg 0.20	ビタミンB2 mg 0.20	葉酸 µg 20	ビタミンC mg 20	食塩相当量 g 1.0
	(57)	(64)	(29)	(55)	(0.6)	(0.3)	(14)	(14)	(Tr)	(0.3)	(0.2)	(0.04)	(0.04)	(6)	(0)	(0.1)
	(55)	(40)	(18)	(47)	(0.9)	(0.5)	0	0	0	0	—	(0.03)	(0.02)	(4)	0	(0.1)
	(71)	(86)	(27)	(85)	(0.7)	(0.6)	(91)	(90)	(7)	(2.3)	(2.3)	(0.05)	(0.18)	(22)	0	(0.2)
	(120)	(160)	(20)	(73)	(1.4)	(0.7)	0	0	0	0	(0.1)	(0.03)	(0.03)	(8)	0	(0.3)
	(30)	(90)	(13)	(60)	(0.9)	(0.6)	(18)	(0)	(210)	(0)	(0.2)	(0.04)	(0.02)	(9)	(0)	(0.1)
	(24)	(68)	(6)	(57)	(0.6)	(0.6)	0	0	0	0	(0.1)	(0.04)	(0.01)	(7)	0	(0.1)
	(250)	(59)	(4)	(52)	(0.4)	(0.5)	0	0	0	0	(0.1)	(0.04)	(0.02)	(7)	0	(0.6)

- たんぱく質の青字の数値はアミノ酸組成によるたんぱく質
- 脂質の青字の数値は脂肪酸のトリアシルグリセロール当量
- 炭水化物の青字の数値は利用可能炭水化物（質量計）
- 食物繊維総量の数値はプロスキー変法、青字の数値はAOAC 2011.25法による分析

廃棄率％
水分 g

可食部100gあたり　Tr:微量　（ ）:推定値または推計値　ー:未測定

	エネルギー kcal 200	たんぱく質 g 20.0	脂質 g 20.0	コレステロール mg 100	炭水化物 g 20.0	食物繊維総量 g 2.0

くずもち [葛餅] Kudzu-mochi ●1個＝80g

くずでん粉（→p.164）・水・砂糖を火にかけてよく練り、透明になってとろみがついたら型に入れて冷やしたもの。

関西風　くずでん粉製品　15121
廃棄率 0　水分 (77.4)

| | 93 | (0.1) | (0.1) | 0 | (22.5) (22.5) | ー |

桜もち [桜餅] Sakura-mochi ●1個＝50g

薄紅色に着色した生菓子で、塩漬けにした桜の葉で包んだもの。関東と関西では、外側の生地が異なる。
●関西風
道明寺粉を蒸してあんを芯に丸めたもの。
●関東風
小麦粉に白玉粉を混ぜた生地を薄く焼き、あんを包んだもの。

関西風　こしあん入り　15022
廃棄率 2　水分 (50.0)

| | 196 | (3.0) (3.5) | (0.1) (0.3) | 0 | (44.7) (46.0) | (1.7) |

関東風　こしあん入り　15021
廃棄率 2　水分 (40.5)

| | 235 | (4.0) (4.5) | (0.3) (0.4) | 0 | (52.6) (54.2) | (2.6) |

ずんだもち [打豆餅] Zunda-mochi ●1個＝20g

ゆでた枝豆をすりつぶして緑色のペースト状にしたずんだに、砂糖を加えてあんにしたものをまぶしたもち。南東北の郷土菓子。

15144
廃棄率 0　水分 (47.8)

| | 212 | (4.4) (4.9) | (1.6) (1.7) | 0 | (40.9) (45.1) | (1.3) |

どら焼 [銅鑼焼] Dorayaki ●1個＝90g

小麦粉・卵などを混ぜた生地を円形に2枚焼き、間にあんをはさんだもの。形がどら（銅鑼）に似ているためこの名がついた。

つぶしあん入り　15027
廃棄率 0　水分 (31.5)

| | 292 | (6.0) (6.6) | (2.8) (3.2) | (98) | (59.9) (57.9) | (1.9) |

まんじゅう [饅頭] Manju ●蒸し1個＝50g 中華1個＝80g

●かるかんまんじゅう
すりおろしたやまのいもに砂糖を加えて泡立て、うるち米を原料にしたかるかん粉を混ぜたかるかん生地であんを包み、蒸したもの。
●蒸しまんじゅう
膨張剤を加えた小麦粉の生地にあんを包んで蒸したもの。「酒まんじゅう」や山芋を加えた「じょうよまんじゅう」もこの一種。
●中華まんじゅう
純粋な中華菓子ではなく、日本人の口に合うようにつくられている。肉まん・あんまんのほか、種類は多種におよぶ。

かるかんまんじゅう　こしあん入り　15160
廃棄率 0　水分 (42.5)

| | 226 | (2.5) (3.0) | (0.2) (0.3) | (0) | (53.4) (53.8) | (1.4) |

蒸しまんじゅう　こしあん入り　15033
廃棄率 0　水分 (35.0)

| | 254 | (4.1) (4.6) | (0.3) (0.5) | (0) | (57.5) (59.5) | (2.4) |

中華まんじゅう　肉まん　15035
廃棄率 0　水分 (39.5)

| | 242 | (8.7) (10.0) | (4.7) (5.1) | (16) | (39.0) (43.4) | (3.2) |

もなか [最中] Monaka ●1個＝50g

もち米をこねて薄くのばした生地を型で焼き、それを2枚合わせて皮とし、中にはあんを入れたもの。

こしあん入り　15036
廃棄率 0　水分 (29.0)

| | 277 | (4.3) (4.9) | (0.2) (0.3) | 0 | (63.2) (65.5) | (3.1) |

ようかん [羊羹] Yokan ●1本＝225g 1切＝60g

あんに砂糖と寒天を加えて練り固めた練りようかんや水ようかんと、あんに小麦粉などを加えて蒸した蒸しようかんがある。

練りようかん　15038
廃棄率 0　水分 (26.0)

| | 289 | (3.1) (3.6) | (0.1) (0.2) | 0 | (68.0) (69.9) | (3.1) |

あめ玉 [飴玉] Amedama(sugar candy) ●1個＝3g

主原料は砂糖に水あめを加えたものであるが、使用する副原料により、その種類は多い。保存性のある干菓子に分類される。

15041
廃棄率 0　水分 (2.5)

| | 385 | 0 | 0 | 0 | (97.5) (97.5) | ー |

米菓 Rice cracker ●あられ10個＝8g せんべい1枚＝6～14g

日本独特の焼菓子で、もち米を原料とする「あられ類（関西ではおかきとも呼ぶ）」とうるち米を原料とする「せんべい類」の総称。あられは、もちをさいの目に切り、煎ってふくらませたもの。しょうゆせんべいは、うるち米の生地を型抜きして乾燥後に焼き、しょうゆ調味液を塗ってさらに焼いたもの。

あられ　15059
廃棄率 0　水分 (4.4)

| | 378 | (6.7) (7.5) | (0.8) (1.0) | 0 | (75.4) (84.9) | (0.8) |

しょうゆせんべい　15060
廃棄率 0　水分 (5.9)

| | 368 | (6.3) (7.3) | (0.9) (1.0) | 0 | (80.4) (83.9) | (0.6) |

One Point せんべいは弘法大師から▶日本最古のせんべいは、弘法大師（空海）が唐で製法を知って伝えたもので、米粉とくず粉に甘い果物の汁と水を

ナトリウム mg 200	カリウム mg 200	カルシウム mg 200	リン mg 200	鉄 mg 2.0	亜鉛 mg 2.0	ビタミンA レチノール活性当量 μg 20	レチノール μg 20	β-カロテン当量 μg 200	ビタミンD μg 2.0	ビタミンE α-トコフェロール mg 2.0	ビタミンB₁ mg 0.20	ビタミンB₂ mg 0.20	葉酸 μg 20	ビタミンC mg 20	食塩相当量 g 1.0
(1)	(1)	(5)	(3)	(0.5)	0	0	0	0	0	—	0	0	0	0	0
(33)	(22)	(18)	(27)	(0.7)	(0.5)	0	0	0	0	0	(0.01)	(0.01)	(1)	0	(0.1)
(45)	(37)	(26)	(37)	(1.0)	(0.4)	0	0	0	0	(Tr)	(0.02)	(0.02)	(2)	0	(0.1)
(35)	(130)	(19)	(51)	(0.6)	(0.8)	(5)	0	(64)	0	(0.2)	(0.07)	(0.03)	(60)	(3)	(0.1)
(140)	(120)	(22)	(78)	(1.1)	(0.6)	(40)	(40)	(1)	(0.7)	(0.4)	(0.04)	(0.09)	(15)	(0)	(0.4)
(45)	(65)	(24)	(39)	(1.0)	(0.5)	(0)	(0)	(Tr)	(0)	(Tr)	(0.02)	(0.02)	(2)	(Tr)	(0.1)
(60)	(48)	(33)	(46)	(1.0)	(0.4)	(0)	(0)	(0)	(0)	(Tr)	(0.03)	(0.02)	(2)	(0)	(0.2)
(460)	(310)	(28)	(87)	(0.8)	(1.2)	(3)	(2)	(20)	(0.1)	—	(0.23)	(0.10)	(38)	(7)	(1.2)
(2)	(32)	(33)	(41)	(1.2)	(0.6)	0	0	0	0	0	(0.01)	(0.02)	(1)	0	0
(3)	(24)	(33)	(32)	(1.1)	(0.4)	0	0	0	0	0	(0.01)	(0.02)	(1)	0	0
(1)	(2)	(1)	(Tr)	(Tr)	0	0	0	0	0	0	0	0	0	0	0
(660)	(99)	(8)	(55)	(0.3)	(1.6)	0	0	0	0	(0.1)	(0.06)	(0.03)	(11)	0	(1.7)
(500)	(130)	(8)	(120)	(1.0)	(1.1)	0	0	0	0	(0.2)	(0.10)	(0.04)	(16)	0	(1.3)

加えて亀甲形（きっこうがた）に焼いたものだという。ちなみに、しょうゆ味の米のせんべいは江戸時代に登場した。

菓子類
CONFECTIONERIES

・たんぱく質の青字の数値はアミノ酸組成によるたんぱく質
・脂質の青字の数値は脂肪酸のトリアシルグリセロール当量
・炭水化物の青字の数値は利用可能炭水化物（質量計）
・食物繊維総量の黒字の数値はプロスキー変法、
　青字の数値はAOAC 2011.25法による分析

可食部100gあたり　Tr:微量　（ ）:推定値または推計値　ー:未測定

	エネルギー kcal	たんぱく質 g	脂質 g	コレステロール mg	炭水化物 g	食物繊維総量 g
基準値	200	20.0	20.0	100	20.0	2.0

菓子パン類　Bun with filling
●1個=60〜80g

パン生地に多めの砂糖を加えて甘い味をつけ、あん・クリームなどを包んで焼いた、主として間食として食べられるパン。

●あんパン
明治時代に東京・銀座の木村屋總本店が日本人向けの菓子パンとして考案した。

●カレーパン
汁気の少ないカレーをパン生地で包み、揚げたり焼いたりした総菜パン。

●チョコパン
パン生地にチョコレートを加えて焼いたもの。生地全体に練り込んだものなどがある。

●メロンパン
薄くのばした甘いクッキー生地をパン生地にかぶせて焼いたもの。縦横の筋目模様をつけたものがメロンに似ているのでこの名がついたと言われる。一般に果物のメロンは使用していない。

あんパン　薄皮タイプ　こしあん入り　15126
廃棄率 0　水分(37.4)

エネルギー kcal	たんぱく質 g	脂質 g	コレステロール mg	炭水化物 g	食物繊維総量 g
256	(5.7)(6.6)	(3.0)(3.5)	(17)	(50.3)(51.9)	(2.4)

カレーパン　皮及び具　15127
廃棄率 0　水分(41.3)

エネルギー kcal	たんぱく質 g	脂質 g	コレステロール mg	炭水化物 g	食物繊維総量 g
302	(5.7)(6.6)	(17.3)(18.3)	(13)	(29.5)(32.3)	(1.6)

チョコパン　薄皮タイプ　15131
廃棄率 0　水分(35.0)

エネルギー kcal	たんぱく質 g	脂質 g	コレステロール mg	炭水化物 g	食物繊維総量 g
340	(4.0)(4.7)	(18.5)(19.4)	(16)	(38.2)(40.0)	(0.8)

メロンパン　15132
廃棄率 0　水分 20.9

エネルギー kcal	たんぱく質 g	脂質 g	コレステロール mg	炭水化物 g	食物繊維総量 g
349	6.7 / 8.0	10.2 / 10.5	37	56.2 / 59.9	(1.7)

シュークリーム　Custard cream puff
●1個=60g

シューとはフランス語でキャベツのこと。シュー生地を焼き、これにカスタードクリームを詰めたもの。

15073
廃棄率 0　水分(56.3)

エネルギー kcal	たんぱく質 g	脂質 g	コレステロール mg	炭水化物 g	食物繊維総量 g
211	(5.5)(6.0)	(10.4)(11.4)	(200)	(23.8)(25.5)	(0.3)

タルト（洋菓子）　Tart
●1個=100〜120g

パイ生地やビスケット生地を型に入れて焼き、クリーム・果物・ナッツなどを詰めたもの。中身を詰めてから焼くタルトもある。

15133
廃棄率 0　水分(50.3)

エネルギー kcal	たんぱく質 g	脂質 g	コレステロール mg	炭水化物 g	食物繊維総量 g
247	(4.1)(4.7)	(12.3)(13.5)	(100)	(28.9)(30.5)	(1.4)

チーズケーキ　Cheesecake
●1個=80〜100g

レアチーズケーキは、クリームチーズ・砂糖・レモン汁などをゼラチンで固めたもの。オーブンで生地を焼く、ベイクドもある。

レアチーズケーキ　15135
廃棄率 0　水分(43.1)

エネルギー kcal	たんぱく質 g	脂質 g	コレステロール mg	炭水化物 g	食物繊維総量 g
349	(5.3)(5.8)	(25.2)(27.5)	(64)	(20.5)(22.5)	(0.3)

デニッシュペストリー　Danish pastry
●1個=80g

砂糖を多く含むパン生地に、パイのように油脂を折り込んで焼いたもの。カスタードクリームやフルーツの甘煮などをのせる。

デンマークタイプ　カスタードクリーム　15173
廃棄率 0　水分(25.5)

エネルギー kcal	たんぱく質 g	脂質 g	コレステロール mg	炭水化物 g	食物繊維総量 g
417	(6.6)(7.3)	(27.8)(29.6)	(130)	(33.5)(36.6)	(2.1)

ドーナッツ　Doughnuts
●1個=40〜50g

ケーキドーナツは、小麦粉・卵・砂糖などの生地を膨張剤でふくらませたもの。イーストドーナツはイースト発酵でふくらませる。

イーストドーナッツ　プレーン　15077
廃棄率 0　水分(27.5)

エネルギー kcal	たんぱく質 g	脂質 g	コレステロール mg	炭水化物 g	食物繊維総量 g
379	(6.4)(7.2)	(19.4)(20.2)	(19)	(33.2)(43.9)	(1.5)

パイ　Pie
●1個=80〜150g

パイ生地に果物の甘煮などをのせて焼いた菓子。アップルパイは、最も一般的なパイである。皿型・半月型などがある。

アップルパイ　15080
廃棄率 0　水分(45.0)

エネルギー kcal	たんぱく質 g	脂質 g	コレステロール mg	炭水化物 g	食物繊維総量 g
294	(3.7)(4.0)	(16.0)(17.5)	(1)	(36.9)(32.8)	(1.2)

バターケーキ　Butter cake
●1切=40g

スポンジケーキよりバターの配合率が高い。小麦粉、卵、砂糖、バターがすべて同じ割合で含まれるパウンドケーキが代表的。

15082
廃棄率 0　水分(20.0)

エネルギー kcal	たんぱく質 g	脂質 g	コレステロール mg	炭水化物 g	食物繊維総量 g
422	(5.3)(5.8)	(23.2)(25.3)	(160)	(47.4)(48.0)	(0.7)

ホットケーキ　Thick pancake
●1枚=80g

小麦粉、砂糖、卵、牛乳、ベーキングパウダーでつくるゆるめの生地を、フライパンなどで手軽に焼くパンケーキ。

15083
廃棄率 0　水分(40.0)

エネルギー kcal	たんぱく質 g	脂質 g	コレステロール mg	炭水化物 g	食物繊維総量 g
253	(7.0)(7.7)	(4.9)(5.4)	(77)	(43.8)(45.3)	(1.1)

ワッフル　Waffles
●1個=50〜70g

スポンジ生地を型に流して焼き、片面に焼き色をつけて、中にジャムやカスタードクリームをはさんでぐるりと巻いた菓子。

カスタードクリーム入り　15084
廃棄率 0　水分(45.9)

エネルギー kcal	たんぱく質 g	脂質 g	コレステロール mg	炭水化物 g	食物繊維総量 g
241	(6.6)(7.3)	(7.0)(7.9)	(140)	(37.0)(38.1)	(0.8)

One Point　**あんパン誕生物語**▶明治2年に日本人初のパン屋を開いた木村安兵衛は、日本人の好物のまんじゅうをヒントに、まんじゅう生地のようにパン

ナトリウム mg 200	カリウム mg 200	カルシウム mg 200	リン mg 200	鉄 mg 2.0	亜鉛 mg 2.0	ビタミンA レチノール活性当量 μg 20	レチノール μg 20	β-カロテン当量 μg 200	ビタミンD μg 2.0	ビタミンE α-トコフェロール mg 2.0	ビタミンB₁ mg 0.20	ビタミンB₂ mg 0.20	葉酸 μg 20	ビタミンC mg 20	食塩相当量 g 1.0
(42)	(45)	(36)	(50)	(1.3)	(0.6)	(4)	(4)	(Tr)	(0.1)	(0.1)	(0.03)	(0.04)	(11)	(0)	(0.1)
(490)	(130)	(24)	(91)	(0.7)	(0.6)	(34)	(7)	(320)	0	(2.1)	(0.11)	(0.15)	(17)	0	(1.2)
(150)	(190)	(100)	(100)	(0.5)	(0.6)	(36)	(30)	(68)	(0.4)	(2.7)	(0.07)	(0.16)	(14)	(Tr)	(0.4)
210	110	26	84	0.6	0.6	40	37	31	0.2	1.2	0.09	0.10	29	0	0.5
(78)	(120)	(91)	(150)	(0.8)	(0.8)	(150)	(150)	(14)	(2.1)	(0.8)	(0.07)	(0.18)	(28)	(1)	(0.2)
(79)	(120)	(82)	(77)	(0.6)	(0.4)	(120)	(120)	(32)	(0.7)	(0.7)	(0.05)	(0.11)	(42)	(21)	(0.2)
(210)	(93)	(98)	(75)	(0.2)	(0.4)	(160)	(150)	(93)	(0.2)	(0.7)	(0.04)	(0.16)	(8)	(2)	(0.5)
(180)	(120)	(56)	(120)	(0.9)	(0.9)	(120)	(120)	(43)	(2.5)	(3.3)	(0.11)	(0.17)	(60)	(Tr)	(0.5)
(310)	(110)	(43)	(73)	(0.5)	(0.6)	(10)	(10)	(Tr)	(0.2)	(2.5)	(0.09)	(0.11)	(37)	(Tr)	(0.8)
(180)	(54)	(5)	(17)	(0.2)	(0.1)	(Tr)	(0)	(4)	(Tr)	(1.2)	(0.03)	(0.01)	(3)	(1)	(0.4)
(240)	(74)	(22)	(67)	(0.6)	(0.4)	(200)	(190)	(54)	(1.2)	(0.8)	(0.05)	(0.12)	(16)	0	(0.6)
(260)	(210)	(110)	(160)	(0.5)	(0.5)	(52)	(51)	(5)	(0.7)	(0.5)	(0.08)	(0.16)	(15)	(Tr)	(0.7)
(63)	(160)	(99)	(150)	(0.8)	(0.8)	(110)	(110)	(7)	(1.7)	(0.8)	(0.08)	(0.19)	(25)	(1)	(0.2)

生地に酒種を混ぜ込み、あんを包む「あんパン」を発明した。真ん中に桜の花の塩漬けを乗せたのは、天皇陛下に献上した際の工夫。

菓子類

CONFECTIONERIES

- たんぱく質の青字の数値はアミノ酸組成によるたんぱく質
- 脂質の青字の数値は脂肪酸のトリアシルグリセロール当量
- 炭水化物の青字の数値は利用可能炭水化物（質量計）
- 食物繊維総量の黒字の数値はプロスキー変法、青字の数値はAOAC 2011.25法による分析

可食部100gあたり　Tr:微量　（ ）:推定値または推計値　ー:未測定

■ 廃棄率%　■ 水分g

品目	エネルギー kcal (200)	たんぱく質 g (20.0)	脂質 g (20.0)	コレステロール mg (100)	炭水化物 g (20.0)	食物繊維総量 g (2.0)
カスタードプリン Caramel custard ●1個=100g 15086　廃棄率0　水分(74.1)	116	(5.3) (5.7)	(4.5) (5.5)	(120)	(13.8) (14.0)	ー
牛乳寒天 Milk pudding 15136　廃棄率0　水分(85.2)	61	(1.0) (1.1)	(1.2) (1.3)	(4)	(11.6) (12.2)	(0.5)
こんにゃくゼリー Fruit jelly (gelled with konjac starch) ●ポーションタイプ1個=25g 15142　廃棄率0　水分(83.2)	65	ー 0	ー (0.1)	0	11.5 (16.4)	(0.8)
ゼリー Jelly ●1個=50〜60g オレンジ 15087　廃棄率0　水分(77.6)	80	(1.9) (2.1)	(0.1) (0.1)	0	(17.8) (19.8)	(0.2)
クラッカー Crackers ●1枚=3〜4g オイルスプレークラッカー 15093　廃棄率0　水分2.7	481	(7.7) 8.5	21.1 22.5	ー	63.9	2.1
ビスケット Biscuits ●1枚=10g ハードビスケット 15097　廃棄率0　水分2.6	422	6.4 7.6	8.9 10.0	10	71.9 77.8	2.3
コーンスナック Corn snack ●1袋=80g 15102　廃棄率0　水分0.9	516	(4.7) 5.2	25.4 27.1	(0)	65.3	1.0
ポテトチップス Potato chips ●1袋=100g 成形ポテトチップス 15104　廃棄率0　水分2.2	515	(6.3) 5.8	28.8 32.0	ー	57.3	4.8
キャラメル Caramel soft candy ●1個=3g 15105　廃棄率0　水分5.4	426	(3.4) 4.0	10.4 11.7	14	77.9	ー
チョコレート類 Chocolate ●ミルクチョコレート1枚=50g カバーリングチョコレート 15114　廃棄率0　水分(2.0)	488	(6.0) (7.1)	(23.1) (24.3)	(15)	(62.2) (64.2)	(3.2)
ミルクチョコレート 15116　廃棄率0　水分0.5	550	(5.8) 6.9	32.8 34.1	19	(56.5) 55.8	3.9
チューインガム類 Chewing gum ●1枚=3〜4g 糖衣ガム 15119　廃棄率20　水分(2.4)	390	0	0	0	(97.6)	ー
しるこ [汁粉] Sweet red bean soup ●1杯=150g こしあん 15139　廃棄率0　水分(46.1)	211	(4.0) (4.7)	(0.1) (0.3)	0	(47.1) (48.7)	(3.2)

カスタードプリン
卵、砂糖、牛乳を主材料としてつくる蒸し菓子の一種で、カラメルにより不足の糖分を補う。デザートとして人気が高い。

牛乳寒天
別名ミルク寒天、牛乳ようかん。水に寒天を入れて煮溶かし、牛乳と砂糖を加えて冷やし固めたもの。

こんにゃくゼリー
果汁等をこんにゃく粉で固めたもので弾力性がある。ゲル化剤を用いて凝固させるために、こんにゃく特有のくさみがない。

ゼリー
果物のピューレや果汁に砂糖・ペクチン・ゼラチン・寒天などを加え、その凝固性を利用して好みの形に固めたデザート。

クラッカー
小麦粉主体の生地をイーストで発酵させ、高温で短時間に焼き上げた菓子。主食にすることもある。crack（砕ける）が語源。

ビスケット
卵・砂糖・小麦粉・バターを使った焼き菓子。小麦粉や砂糖・バターの配合の違いによりハードタイプとソフトタイプがある。

コーンスナック
手軽に食べられる菓子を中心としたスナック菓子の中で、とうもろこしを原料としたもの。おもに粉を加工する場合が多い。

ポテトチップス
じゃがいもの薄切りを揚げたスナック菓子。成形ポテトチップスは、乾燥マッシュポテトを成形後、油で揚げて調味したもの。

キャラメル
砂糖、水あめ、牛乳、バター、香料などを煮詰め、固めてのばしたもの。日本では、明治32年に森永製菓が商品化した。

チョコレート類
カカオ豆を加工したカカオマスやカカオバターを原料として使用した菓子。
●カバーリングチョコレート
ビスケットなどをチョコレートでコーティングしたもの。
●ミルクチョコレート
カカオマスにミルクを加えてつくられたもの。ミルクとして、粉乳・クリームを使用。

チューインガム類
天然樹脂のチクル、合成樹脂の酢酸ビニル樹脂などを基材として、味や香りをつけたもの。板ガム、糖衣ガムなど種類が多い。

しるこ [汁粉]
あずきを煮て砂糖を加えたり、あずきのあんに砂糖を加えたりしてつくる汁物。もちや白玉などを入れることが多い。

One Point　バースデイケーキのろうそく▶古代ギリシアでは、月と狩りの女神アルテミスの誕生を祝うためのケーキに、月の光の象徴としてろうそくを飾っ

ナトリウム mg 200	カリウム mg 200	カルシウム mg 200	リン mg 200	鉄 mg 2.0	亜鉛 mg 2.0	ビタミンA レチノール活性当量 µg 20	レチノール µg 20	β-カロテン当量 µg 200	ビタミンD µg 2.0	ビタミンE α-トコフェロール mg 2.0	ビタミンB₁ mg 0.20	ビタミンB₂ mg 0.20	葉酸 µg 20	ビタミンC mg 20	食塩相当量 g 1.0
(69)	(130)	(81)	(110)	(0.5)	(0.6)	(88)	(87)	(6)	(1.4)	(0.5)	(0.04)	(0.20)	(18)	(1)	(0.2)
(15)	(51)	(38)	(32)	(0.1)	(0.1)	(13)	(13)	(2)	(0.1)	(Tr)	(0.01)	(0.05)	(2)	(Tr)	0
(58)	(110)	(15)	(37)	(Tr)	(Tr)	0	0	(2)	0	0	(Tr)	0	0	0	(0.1)
(5)	(180)	(9)	(17)	(0.1)	(0.1)	(4)	0	(45)	0	(0.3)	(0.07)	(0.02)	(26)	(40)	0
610	110	180	190	0.8	0.5	(0)	(0)	(0)	—	12.0	0.08	0.04	12	(0)	1.5
320	140	330	96	0.9	0.5	18	18	6	Tr	0.9	0.13	0.22	16	(0)	0.8
470	89	50	70	0.4	0.3	11	(0)	130	—	3.7	0.02	0.05	8	(0)	1.2
360	900	49	140	1.2	0.7	0	0	0	—	2.6	0.25	0.05	36	9	0.9
110	180	190	100	0.3	0.4	110	110	15	3	0.5	0.09	0.18	5	(0)	0.3
(140)	(320)	(160)	(180)	(1.6)	(1.1)	(42)	(40)	(23)	(0.6)	(0.9)	(0.15)	(0.27)	(14)	(0)	(0.3)
64	440	240	240	2.4	1.6	66	63	37	1	0.7	0.19	0.41	18	(0)	0.2
(2)	(4)	(1)	(Tr)	(0.1)	—	0	0	0	(0)	—	0	0	—	0	0
(2)	(29)	(35)	(40)	(1.3)	(0.5)	0	0	0	0	0	(0.01)	(0.02)	(1)	0	0

たという。その習慣が中世になってドイツで復活し、ろうそくを飾ったケーキで誕生日を祝うようになった。

し好飲料類

BEVERAGES

茶摘み

し好飲料とは、栄養摂取をおもな目的としない、香味や刺激を楽しむための飲料である。アルコールを含む飲料と含まない飲料に大別される。

分類

酒の分類

醸造酒（発酵酒）			蒸留酒			混成酒		
名称	原料	アルコール分(%)	名称	原料	アルコール分(%)	名称	原料	アルコール分(%)
ワイン	ぶどう	12	焼酎	米・いも・そば・麦	20〜35	みりん	もち米	14〜22
清酒	米	15〜17	ウイスキー	麦・とうもろこし	39〜43	リキュール類	醸造酒・蒸留酒・果実	17〜35
ビール	麦	4〜8	ブランデー	ワイン	39〜43	白酒	もち米・みりん	8.5

茶の分類

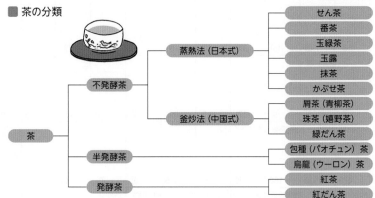

茶
- 不発酵茶
  - 蒸熱法（日本式）
    - せん茶
    - 番茶
    - 玉緑茶
    - 玉露
    - 抹茶
    - かぶせ茶
  - 釜炒法（中国式）
    - 屑茶（青柳茶）
    - 珠茶（嬉野茶）
    - 緑だん茶
- 半発酵茶
  - 包種（パオチュン）茶
  - 烏龍（ウーロン）茶
- 発酵茶
  - 紅茶
  - 紅だん茶

- たんぱく質の青字の数値はアミノ酸組成によるたんぱく質
- 脂質の青字の数値は脂肪酸のトリアシルグリセロール当量
- 炭水化物の青字の数値は利用可能炭水化物（質量計）
- 食物繊維総量の黒字の数値はプロスキー変法、青字の数値はAOAC 2011.25法による分析

可食部100gあたり　Tr:微量　（ ）:推定値または推計値　一:未測定

■ 廃棄率%
■ 水分g

		エネルギー kcal 200	たんぱく質 g 20.0	脂質 g 20.0	コレステロール mg 100	炭水化物 g 20.0	食物繊維総量 g 2.0

清酒　●1合（180mL）=180g　Sake
純米酒 16002
蒸し米・米こうじを原料として糖化・発酵させた「もろみ」を搾ったもので、日本古来の酒である。
廃棄率 0　水分 83.7

102	(0.3) 0.4	0 Tr	0	(2.3) 3.6	一 0

ビール［麦酒］　●中1缶（350mL）=350g　Beer
淡色 16006
大麦の麦芽・ホップ・水を原料とし、発酵させた発泡性の飲料。ホップの加え方により、各メーカーの銘柄の特徴が出る。
廃棄率 0　水分 92.8

39	0.2 0.3	0 0	0	Tr 3.1	一 0

発泡酒　●中1缶（350mL）=350g　Happoshu
16009
麦芽または麦を原料の一部として使用した、発泡性のある酒。麦芽の使用量がビールより少ないため酒税が低く、安価。
廃棄率 0　水分 92.0

44	(0.1) 0.1	0 0	0	0 3.6	一 0

ぶどう酒［葡萄酒］　●グラス1杯（100mL）=100g　Wine
白 16010
ぶどうからつくられる醸造酒。ワインの名が一般的。赤・白・ロゼの種類がある。白ワインがぶどうを圧搾して果汁のみを発酵させてつくるのに対し、赤ワインは果皮入りの果汁を発酵させ、果皮から色素を抽出するので、同時にタンニンが抽出され、味わいに白にはない渋味がある。ロゼは、赤と白の中間で、淡いバラ色のワイン。
廃棄率 0　水分 88.6

75	一 0.1	一 Tr	(0)	(2.2) 2.0	一 一

赤 16011
廃棄率 0　水分 88.7

68	一 0.2	一 Tr	(0)	(0.2) 1.5	一 一

紹興酒　●1杯（30mL）=30g　Shaoxing wine
16013
中国浙江省紹興一帯でつくられる代表的な醸造酒。精白したもち米と小麦が原料。年数のたったものは老酒とも呼ばれる。
廃棄率 0　水分 78.8

126	1.7	Tr	(0)	5.1	Tr

しょうちゅう［焼酎］　●1合（180mL）=180g　Shochu
単式蒸留しょうちゅう 16015
米・雑穀・さつまいも・そばなどでん粉質の原料や黒糖など糖質の原料をアルコール発酵させ、蒸留してつくる。
廃棄率 0　水分 79.5

144	0	0	(0)	一	一

One Point 世界で一番強いお酒は何？ ▶現在世界で一番強いとされているのは、ポーランド産のウオッカ「スピリタス」。アルコール分は96％で、完成す

保存のしかた

● 清酒　香り、味、色が変化しやすいので、直射日光を避け、冷暗所に置く。
● 洋酒　保存性が高く、室温で保存できるが、空気に触れると酸化し香りが飛ぶ。
● ワイン　コルクが乾燥すると品質が低下するので、寝かせて保存する。
● 茶　湿気に注意し、特に緑茶ははやく使いきる。

赤ワインとポリフェノール

　赤ワインに多く含まれるポリフェノールは、抗酸化物質の一種である。動脈硬化は、悪玉コレステロールが活性酸素によって酸化され、血管の内壁に堆積して、血液が流れにくくなった状態で、心筋梗塞や脳梗塞の原因となる。ポリフェノールは、この活性酸素のはたらきを抑えるという。

コーヒーと茶のおもな生産地

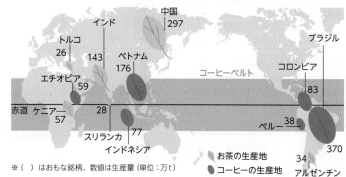

※（　）はおもな銘柄、数値は生産量（単位：万t）

🍃 お茶の生産地
🫘 コーヒーの生産地

　コーヒーは、コーヒーベルトという赤道を中心に南北緯約25度の間の地域でほとんどが生産されている。コーヒーの原料となるコーヒー豆は、3～3.5 mほどの常緑低木でジャスミンに似た香りの白い花を咲かせるコーヒーノキの果実から得られる。栽培品種は、アラビカ種を中心に200種類以上が知られている。最大産出国はブラジルで、2位のベトナムの約2倍にもなる。

　お茶は中国が最大産出国で、インド、ケニア、アルゼンチン、スリランカと続く。インドのダージリン、スリランカのウバ、中国のキーモンは世界の三大紅茶と呼ばれている。

（矢野恒太記念会「日本国勢図会2022/23」）

ナトリウム mg 200	カリウム mg 200	カルシウム mg 200	リン mg 200	鉄 mg 2.0	亜鉛 mg 2.0	ビタミンA レチノール活性当量 µg 20	ビタミンA レチノール µg 20	ビタミンA β-カロテン当量 µg 200	ビタミンD µg 2.0	ビタミンE α-トコフェロール mg 2.0	ビタミンB₁ mg 0.20	ビタミンB₂ mg 0.20	葉酸 µg 20	ビタミンC mg 20	食塩相当量 g 1.0
4	5	3	9	0.1	0.1	0	0	0	0	0	Tr	0	0	0	0
3	34	3	15	Tr	Tr	0	0	0	0	0	0	0.02	7	0	0
1	13	4	8	0	Tr	0	0	0	0	0	0	0.01	4	0	0
3	60	8	12	0.3	Tr	(0)	(0)	(0)	—	0	0	0	0	0	0
2	110	7	13	0.4	Tr	(0)	(0)	(0)	—	0	0	0.01	0	0	0
15	55	25	37	0.3	0.4	(0)	(0)	(0)	—	0	Tr	0.03	1	0	0
—	—	—	—	—	—	(0)	(0)	(0)	—	(0)	(0)	(0)	(0)	(0)	—

グラフ1本分の相当量

肉類　卵類　乳類　油脂類　菓子類　し好飲料類　調味料・香辛料類　調理済み流通食品類　外食・中食　市販食品

るまでに70数回の蒸留を繰り返す。アルコール分が非常に高く引火しやすいため、取り扱いには注意が必要。

し好飲料類
BEVERAGES

・たんぱく質の青字の数値はアミノ酸組成によるたんぱく質
・脂質の青字の数値は脂肪酸のトリアシルグリセロール当量
・炭水化物の青字の数値は利用可能炭水化物（質量計）
・食物繊維総量の黒字の数値はプロスキー変法、青字の数値はAOAC 2011.25法による分析

可食部100gあたり　Tr:微量　（ ）:推定値または推計値　ー:未測定

■ 廃棄率%　■ 水分g

食品名	廃棄率% / 水分g	エネルギー kcal (200)	たんぱく質 g (20.0)	脂質 g (20.0)	コレステロール mg (100)	炭水化物 g (20.0)	食物繊維総量 g (2.0)
ウイスキー Whisky ●シングル(30mL)=28g　16016	0 / 66.6	234	0	0	(0)	0	ー
ブランデー Brandy ●1杯(30mL)=29g　16017	0 / 66.6	234	0	0	(0)	0	ー
ウオッカ Vodka ●1杯(30mL)=29g　16018	0 / 66.2	237	ー	ー	(0)	ー	ー
						Tr	
ラム Rum ●1杯(30mL)=29g　16020	0 / 66.1	237	0	Tr	(0)	0.1	ー
梅酒 Umeshu ●1杯(30mL)=32g　16022	0 / 68.9	155	0.1	Tr	ー	20.7	ー
みりん [味醂] Mirin ●小1=6g　1C=230g　本みりん 16025	0 / 47.0	241	0.2 / 0.3	ー / Tr	ー	26.6 / 43.2	ー
缶チューハイ Cocktail in a can ●中1缶(350mL)=350g　レモン風味 16059	0 / 91.4	51	0	Tr	(0)	1.8 / 2.9	0.1
緑茶類 Green tea ●大1=6g　1C=200g　玉露 浸出液 16034	0 / 97.8	5	(1.0) / 1.3	(0)	(0)	Tr	ー
抹茶 茶 16035	0 / 5.0	237	23.1 / 29.6	3.3 / 5.3	(0)	1.5 / 39.5	38.5
せん茶 浸出液 16037	0 / 99.4	2	(0.2) / 0.2	ー	ー	ー / 0.2	ー
番茶 浸出液 16039	0 / 99.8	0	Tr	(0)	(0)	0.1	ー
ほうじ茶 浸出液 16040	0 / 99.8	0	Tr	(0)	(0)	0.1	ー
玄米茶 浸出液 16041	0 / 99.9	0	0	(0)	(0)	0	0

ウイスキー
大麦などの穀物に麦芽（モルト）を加えて糖化し、発酵させた蒸留酒。貯蔵していくうちにきれいな褐色の液体になる。

ブランデー
果実を原料とした蒸留酒。一般的にはワインを蒸留したもの。りんご（カルヴァドス）などを原料としたものもある。

ウオッカ
穀物（小麦・大麦・じゃがいもなど）を主原料とし、高濃度で蒸留して活性炭でろ過するため、アルコールの純度が高い。

ラム
糖蜜やさとうきびの搾汁を原料とした蒸留酒。食後酒として飲むほか、カクテルのベースや菓子の風味づけに用いる。

梅酒
青梅の実を氷砂糖とともに、しょうちゅうに漬けてつくるわが国古来の酒。特有の芳香とクエン酸の酸味をもち、薬効もある。

みりん [味醂]
しょうちゅうに蒸したもち米と米こうじを加え、熟成させた甘い酒。日本料理に甘味をつけたり、つやを出すために用いる。

缶チューハイ
チューハイは、しょうちゅうなど無色で香りのない蒸留酒を炭酸水で割ったもの。缶入りができ、一般的に飲まれるようになった。

緑茶類
ツバキ科の「お茶の木」の葉を加工したものを、お湯で浸出して飲用する。加工工程で発酵させていないため、ほかの発酵茶（ウーロン茶・紅茶）よりビタミンCがずば抜けて多い。また、抗酸化作用があるといわれる緑茶カテキンも豊富である。

●玉露
茶摘みの20日ほど前から直射日光を当てずに茶を育て、摘んだ若葉を蒸して揉み、乾燥させた高級茶。

●抹茶（2gで1杯分）
玉露同様、茶摘み前に茶の木をむしろなどで覆い、摘んだ若葉を蒸し、揉まずに乾燥させてから茎や軸を除き、ひいたもの。

●せん茶
4～5月に摘んだ若葉を蒸し、揉みながら乾燥させたもの。日本茶の8割を占める。茶摘みの時期により、一番茶（新茶：5月初旬）から四番茶（8月）まである。

●番茶
せん茶を摘んだ後の、少しかたくなった葉や茎でつくったお茶。

●ほうじ茶
中級のせん茶と番茶を高温で煎ったもの。煎ることで香ばしい香りがつく。

●玄米茶
水に浸して蒸した玄米を煎り、番茶やせん茶に混ぜたもの。最近は抹茶を加えている。

One Point　緑茶と紅茶のいれ方は違うの？▶緑茶をいれるときは、お湯を静かに注ぐ。一方紅茶は、沸騰したお湯を、高い位置から直接ティーポットに注ぐ。

ナトリウム mg 200	カリウム mg 200	カルシウム mg 200	リン mg 200	鉄 mg 2.0	亜鉛 mg 2.0	ビタミンA レチノール活性当量 μg 20	レチノール μg 20	β-カロテン当量 μg 200	ビタミンD μg 2.0	ビタミンE α-トコフェロール mg 2.0	ビタミンB1 mg 0.20	ビタミンB2 mg 0.20	葉酸 μg 20	ビタミンC mg 20	食塩相当量 g 1.0
2	1	0	Tr	Tr	Tr	(0)	(0)	(0)	(0)	—	(0)	(0)	(0)	(0)	0
4	1	0	Tr	0	Tr	(0)	(0)	(0)	(0)	—	(0)	(0)	(0)	(0)	0
Tr	Tr	(0)	(0)	(0)	—	(0)	(0)	(0)	(0)	—	(0)	(0)	(0)	(0)	0
3	Tr	0	Tr	0	Tr	(0)	(0)	(0)	(0)	—	(0)	(0)	(0)	(0)	0
4	39	1	3	Tr	Tr	(0)	(0)	(0)	—	—	0	0.01	0	0	0
3	7	2	7	0	0	(0)	(0)	(0)	—	—	Tr	0	0	0	0
10	13	1	Tr	0	0	(0)	(0)	0	(0)	0	0	0	0	0	0
2	340	4	30	0.2	0.3	(0)	(0)	(0)	(0)	—	0.02	0.11	150	19	0
6	2700	420	350	17.0	6.3	2400	(0)	29000	(0)	28.0	0.60	1.35	1200	60	0
3	27	3	2	0.2	Tr	(0)	(0)	(0)	(0)	—	0	0.05	16	6	0
2	32	5	2	0.2	Tr	(0)	(0)	(0)	(0)	—	0	0.03	7	3	0
1	24	2	1	Tr	Tr	(0)	(0)	(0)	(0)	—	0	0.02	13	Tr	0
2	7	2	1	Tr	Tr	(0)	(0)	(0)	(0)	(0)	0	0.01	3	1	0

肉類 卵類 乳類 油脂類 菓子類 し好飲料類 調味料・香辛料類 調理済み流通食品類 外食・中食 市販食品

緑茶にお湯を静かに注ぐのは、茶葉の渋味が出ないようにするため。紅茶は、茶葉をよく動かして成分をしっかり抽出させるため。

- たんぱく質の青字の数値はアミノ酸組成によるたんぱく質
- 脂質の青字の数値は脂肪酸のトリアシルグリセロール当量
- 炭水化物の青字の数値は利用可能炭水化物（質量計）
- 食物繊維総量の黒字の数値はプロスキー変法、青字の数値はAOAC 2011.25法による分析

■ 廃棄率%　■ 水分g

可食部100gあたり　Tr:微量　（ ）:推定値または推計値　－:未測定

食品名	廃棄率%	水分g	エネルギー kcal (200)	たんぱく質 g (20.0)	脂質 g (20.0)	コレステロール mg (100)	炭水化物 g (20.0)	食物繊維総量 g (2.0)
発酵茶類 ウーロン茶 浸出液 16042	0	99.8	0	Tr	(0)	(0)	0.1	－
紅茶 浸出液 16044	0	99.7	1	0.1	(0)	(0)	0.1	－
コーヒー 浸出液 16045	0	98.6	4	(0.1) 0.2	(Tr) Tr	0	(0) 0.7	－
インスタントコーヒー 16046	0	3.8	287	(6.0) 14.7	0.2 0.3	0	56.5	－
コーヒー飲料 乳成分入り 加糖 16047	0	90.5	38	0.7	0.2 0.3	－	8.2	－
ココア ピュアココア 16048	0	4.0	386	13.5 18.5	20.9 21.6	1	9.6 42.4	23.9
ミルクココア 16049	0	1.6	400	7.4	6.6 6.8	－	80.4	5.5
青汁 ケール 16056	0	2.3	312	10.8 13.8	2.8 4.4	0	70.2	28.0
甘酒 16050		79.7	76	(1.3) 1.7	－ 0.1	(0)	(16.9) 18.3	0.4
スポーツドリンク 16057	0	94.7	21	0	Tr	0	5.1	Tr
炭酸飲料類 果実色飲料 16052	0	87.2	51	Tr	Tr	(0)	12.8	－
コーラ 16053	0	88.5	46	0.1	Tr	(0)	(12.0) 11.4	－
麦茶 浸出液 16055	0	99.7	1	Tr	(0)	(0)	0.3	－

発酵茶類　Fermented tea
●大1=6g　1C=200g

普通の食品の発酵とは違い、お茶の発酵とはおもに酸化のことをさす。
●ウーロン茶
中国茶の1つで、茶葉を発酵途中で加熱して発酵を止め、揉んで乾燥させた半発酵茶。
●紅茶
摘んだ葉を蒸さずに自然乾燥させてから揉み、赤褐色になるまで発酵させた発酵茶。

凍頂ウーロン茶

コーヒー　Coffee
●1C=200g　インスタント大1=6g

コーヒー豆（実から外皮と果肉を取り除いた種子）を焙煎し、その浸出液を飲む。コーヒー豆は原産国や産地の名前がついているものが多く、それぞれに酸味や渋味などのバランスに特徴があるため、好みでブレンドする。浸出液は、煎ったコーヒー豆を挽き、熱湯で浸出したもの。レギュラーコーヒーと呼ばれる。インスタントコーヒーは、湯を注ぐだけで手軽に飲めるコーヒー。スプレードライタイプとフリーズドライタイプがある。コーヒー飲料は、乳製品や糖分などが添加された飲料で、缶入りが一般的に飲まれている。

コーヒー豆

ココア　Cocoa
●大1=6g

カカオ豆を焙煎し、果肉を加熱・圧搾して脂肪を除き、粉砕したもの。脂肪のほかにたんぱく質・炭水化物を含み、消化もよい。ピュアココアは、カカオ豆100％からつくられ、香料や添加物などを加えていないもの。ミルクココアは、ココア粉末に、牛乳成分や砂糖などを添加して、そのまま湯を注ぐインスタントココアのこと。

青汁　Kale juice

青汁とは、緑葉野菜（ケールなど）をすりつぶしてしぼった汁のこと。市販品は粉末。ケールは特に高い栄養価をもつ。

甘酒　Ama-zake
●1C=210g

米を原料とした日本独特の甘味飲料。白米と米こうじと温湯でつくる。甘味が強く、芳香がある。アルコール分はない。

スポーツドリンク　Sports drink
●1本=500g

運動などで失われた水分やミネラル分などを効率よく補給する飲料。水に糖分・クエン酸・ミネラルなどを加えて調整している。

炭酸飲料類　Carbonated beverage
●1本=515g

炭酸ガスが水に溶け込んだ、発泡性の飲料。清涼感を楽しむ。ほとんどが水分と糖分。
●果実色飲料
フルーツをイメージした色に着色し、香料を加えたもの。果汁はあっても微量。
●コーラ
複数の香料を独自にブレンドした黒褐色の炭酸飲料。日本でも昭和30年代より製造。

麦茶　Mugi-cha
●1C=200g

大麦や裸麦を殻ごと煎って煮出したもの。香ばしく、夏の飲み物として好まれる。カフェインを全く含まない。

One Point　清涼飲料水で死亡も▶清涼飲料水を大量に飲むと血液中のぶどう糖濃度が高くなるため、尿中に多量のぶどう糖と水分を排出する。すると、

ナトリウム mg 200	カリウム mg 200	カルシウム mg 200	リン mg 200	鉄 mg 2.0	亜鉛 mg 2.0	ビタミンA レチノール活性当量 µg 20	レチノール µg 20	β-カロテン当量 µg 200	ビタミンD µg 2.0	ビタミンE α-トコフェロール mg 2.0	ビタミンB₁ mg 0.20	ビタミンB₂ mg 0.20	葉酸 µg 20	ビタミンC mg 20	食塩相当量 g 1.0
1	13	2	1	Tr	Tr	(0)	(0)	(0)	(0)	—	0	0.03	2	0	0
1	8	1	2	0	Tr	(0)	(0)	(0)	(0)	—	0	0.01	3	0	0
1	65	2	7	Tr	Tr	0	0	0	0	0	0	0.01	0	0	0
32	3600	140	350	3.0	0.4	(0)	(0)	0	(0)	0.1	0.02	0.14	8	(0)	0.1
30	60	22	19	0.1	0.1	(0)	0	(0)	—	0	0.01	0.04	0	(0)	0.1
16	2800	140	660	14.0	7.0	3	0	30	(0)	0.3	0.16	0.22	31	0	0
270	730	180	240	2.9	2.1	8	8	Tr	—	0.4	0.07	0.42	12	(0)	0.7
230	2300	1200	270	2.9	1.8	860	0	10000	0	9.4	0.31	0.80	820	1100	0.6
60	14	3	21	0.1	0.3	(0)	(0)	(0)	(0)	Tr	0.01	0.03	8	(0)	0.2
31	26	8	0	Tr	0	0	0	0	0	0	0	0	0	Tr	0.1
2	1	3	Tr	Tr	0	(0)	(0)	0	(0)	—	0	0	—	0	0
2	Tr	2	11	Tr	Tr	(0)	(0)	0	(0)	—	0	0	—	0	0
1	6	2	1	Tr	0.1	(0)	(0)	(0)	(0)	0	0	0	0	(0)	0

またのどが渇き、同じことが繰り返されると急性の糖尿病になり、突然悪化して昏睡（こんすい）状態になる。これを「ペットボトル症候群」という。

肉類　卵類　乳類　油脂類　菓子類　し好飲料類　調味料・香辛料類　調理済み流通食品類　外食・中食　市販食品

調味料類

SEASONINGS

スパイス各種

調味料類は、調味の基本である塩味、甘味、酸味、うま味などを料理や食品に与える材料で、人のし好を満たし食欲を増進させるものである。

選び方・保存のしかた

●しょうゆ
●透明感があり、異臭のないものを選ぶ。
●開栓前は1年半くらいもつが、開栓後は室温に置くと味・香りも日ごとに落ち、色が濃くなっていく。食卓用に小分けしたしょうゆも1週間くらいで使いきるようにし、残りは冷蔵庫に入れる。

●食塩
●精製方法により品質が異なるので、用途に応じて使い分けるとよい。
●湿気に弱いので、よく乾燥させて保存する。

●食酢
●原料により種類があり、こくや香りに違いがあるので、用途に応じて使い分けるのがよい。
●密封して冷暗所に保存する。底にできる白い沈殿物は品質には影響ない。

●みそ
●光沢があり、香りがよく、塩味と酸味がよく調和しているものがよい。
●みそは空気に触れると風味が落ちる。開封した後は、密閉容器などに入れて、冷蔵庫で保存する。

香辛料類

SPICES

香辛料類には、スパイス（香辛料）やハーブ（香草）があり、料理の風味づけや臭み消し、着色などの目的に利用される。熱帯・亜熱帯産の植物の根・樹皮・種子などを乾燥させたものがスパイス、温暖な地方の香草の葉や茎などの生または乾燥させたものがハーブと呼ばれる。

選び方・保存のしかた

●瓶詰、缶入り、量り売りがあるが、ほとんど密封された状態で販売されているので、賞味期限の表示を確認し、新しいものを選ぶ。密封されたものがよく、日光に直接当たっているものは避ける。開封したらできるだけはやく使いきった方がよい。
●冷暗所に置き、密封すれば2年間は品質が保てる。香りが抜けたり、変質したものは使用しない。

- たんぱく質の青字の数値はアミノ酸組成によるたんぱく質
- 脂質の青字の数値は脂肪酸のトリアシルグリセロール当量
- 炭水化物の青字の数値は利用可能炭水化物（質量計）
- 食物繊維総量の黒字の数値はプロスキー変法、青字の数値はAOAC 2011.25法による分析

可食部100gあたり　Tr:微量　（ ）:推定値または推計値　ー:未測定

■ 廃棄率 %
■ 水分 g

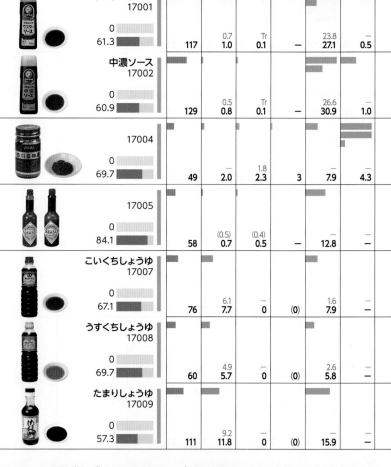

	エネルギー kcal 200	たんぱく質 g 20.0	脂質 g 20.0	コレステロール mg 100	炭水化物 g 20.0	食物繊維総量 g 2.0
ウスターソース類 Japanese worcester sauce ●大1=18g						
ウスターソース 17001　0　61.3	117	0.7 / 1.0	Tr / 0.1	ー	23.8 / 27.1	ー / 0.5
中濃ソース 17002　0　60.9	129	0.5 / 0.8	Tr / 0.1	ー	26.6 / 30.9	ー / 1.0
トウバンジャン [豆板醤] Doubanjiang ●小1=4g						
17004　0　69.7	49	ー / 2.0	1.8 / 2.3	3	ー / 7.9	4.3
チリペッパーソース Hot pepper sauce ●小1=4g						
17005　0　84.1	58	(0.5) / 0.7	(0.4) / 0.5	ー	ー / 12.8	ー
しょうゆ類 [醤油] Soy sauce ●小1=6g						
こいくちしょうゆ 17007　0　67.1	76	6.1 / 7.7	ー / ー	(0)	1.6 / 7.9	ー
うすくちしょうゆ 17008　0　69.7	60	4.9 / 5.7	0	(0)	2.6 / 5.8	ー
たまりしょうゆ 17009　0　57.3	111	9.2 / 11.8	ー / ー	(0)	ー / 15.9	ー

ウスターソース類 Japanese worcester sauce　●大1=18g
西洋料理に用いる液体の調味料の総称。日本ではウスターソースをさすことが多い。ウスターソース類は、トマト・たまねぎなどのエキスに香辛料・食塩を加えて熟成させ、ろ過し、砂糖・酢などを加えて調味したものである。JAS規格では、粘度により、ウスターソース・中濃ソース・濃厚ソース（とんかつソース）などがある。

トウバンジャン [豆板醤] Doubanjiang　●小1=4g
そらまめを原料にしてつくったみそに、唐辛子を入れた中国特有の調味料。ピリッと辛く、四川料理には欠かせない。

チリペッパーソース Hot pepper sauce　●小1=4g
辛味の強い唐辛子に酢と食塩を混ぜて発酵させた辛味調味料。青唐辛子を使った緑色のものは辛さがマイルド。

しょうゆ類 [醤油] Soy sauce　●小1=6g
だいずや小麦を原料として、こうじ菌を育成させてもろみをつくり、これを熟成させてしぼった液を殺菌してつくる。
●こいくちしょうゆ
「しょうゆ」というと、こいくちしょうゆをさす。消費の8割以上を占め、だいずと小麦がほぼ半々の割合でつくられている。
●うすくちしょうゆ
色や香りが淡いが、塩分濃度はこいくちしょうゆよりも高い。
●たまりしょうゆ
豆こうじが主体で、小麦はほとんど使われていない。うま味が強い。さしみやすしなどに。

One Point　魚醤（ぎょしょう）って何？▶しょうゆとの違いは、原料がだいずではなく魚介類のたんぱく質を分解させてつくったものということ。このとき食

■ 香辛料の4つの効用と種類

種類	特徴
臭み消し	魚や肉の生臭さを消したりおさえたりする。いくつかの香草を束にしたものをブーケガルニという。ガーリック・ジンジャー・ベイリーブス・クローブ・タイム・セージ・ローズマリー・ローリエなど
香りづけ	料理に合わせて香りをつける。少なくとも3種類以上の香辛料を混ぜ合わせるとおいしくなる。オールスパイス・バジル・セロリ・クローブ・カルダモン・シナモン・コリアンダー・ディル・ナツメグ・セージなど
辛味づけ	辛味や香りにより、舌や鼻を刺激し、だ液や消化液を分泌させ、食欲を増進させる。ペッパー（ブラック・レッド）・ジンジャー・マスタード・にんにく・わさび・さんしょうなど
色づけ	辛味や香りとともに色もつける。長年のうちにその料理特有の色になっている。ターメリック（カレーの黄色）・サフラン（パエリア・ブイヤベースの黄金色）・パプリカ（ハンガリー料理の赤だいだい色）など

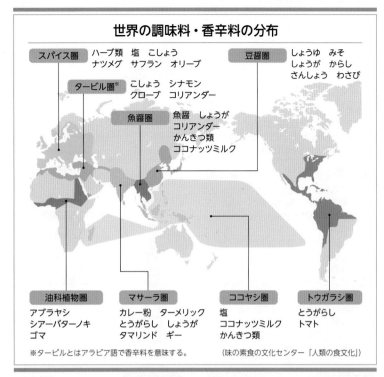

世界の調味料・香辛料の分布

スパイス圏　ハーブ類　塩　こしょう　ナツメグ　サフラン　オリーブ

ターピル圏※　こしょう　シナモン　クローブ　コリアンダー

魚醤圏　魚醤　しょうが　コリアンダー　かんきつ類　ココナッツミルク

豆醤圏　しょうゆ　みそ　しょうが　からし　さんしょう　わさび

油科植物圏　アブラヤシ　シアーバターノキ　ゴマ

マサーラ圏　カレー粉　ターメリック　とうがらし　しょうが　タマリンド　ギー

ココヤシ圏　塩　ココナッツミルク　かんきつ類

トウガラシ圏　とうがらし　トマト

※ターピルとはアラビア語で香辛料を意味する。　　（味の素食の文化センター「人類の食文化」）

グラフ1本分の相当量

ナトリウム mg	カリウム mg	カルシウム mg	リン mg	鉄 mg	亜鉛 mg	ビタミンA レチノール活性当量 μg	レチノール μg	β-カロテン当量 μg	ビタミンD μg	ビタミンE α-トコフェロール mg	ビタミンB₁ mg	ビタミンB₂ mg	葉酸 μg	ビタミンC mg	食塩相当量 g
200	200	200	200	2.0	2.0	20	20	200	2.0	2.0	0.20	0.20	20	20	1.0
3300	190	59	11	1.6	0.1	4	(0)	47	(0)	0.2	0.01	0.02	1	0	8.5
2300	210	61	16	1.7	0.1	7	(0)	87	(0)	0.5	0.02	0.04	1	(0)	5.8
7000	200	32	49	2.3	0.3	120	(0)	1400	(0)	3.0	0.04	0.17	8	3	17.8
630	130	15	24	1.5	0.1	130	(0)	1600	(0)	—	0.03	0.08	—	0	1.6
5700	390	29	160	1.7	0.9	0	0	0	(0)	0	0.05	0.17	33	0	14.5
6300	320	24	130	1.1	0.6	0	0	0	(0)	0	0.05	0.11	31	0	16.0
5100	810	40	260	2.7	1.0	0	0	0	(0)	—	0.07	0.17	37	0	13.0

塩が腐敗をおさえるとともに味付けとなる。日本では秋田の「しょっつる」、外国ではベトナムの「ニョクマム」、タイの「ナンプラー」が有名。

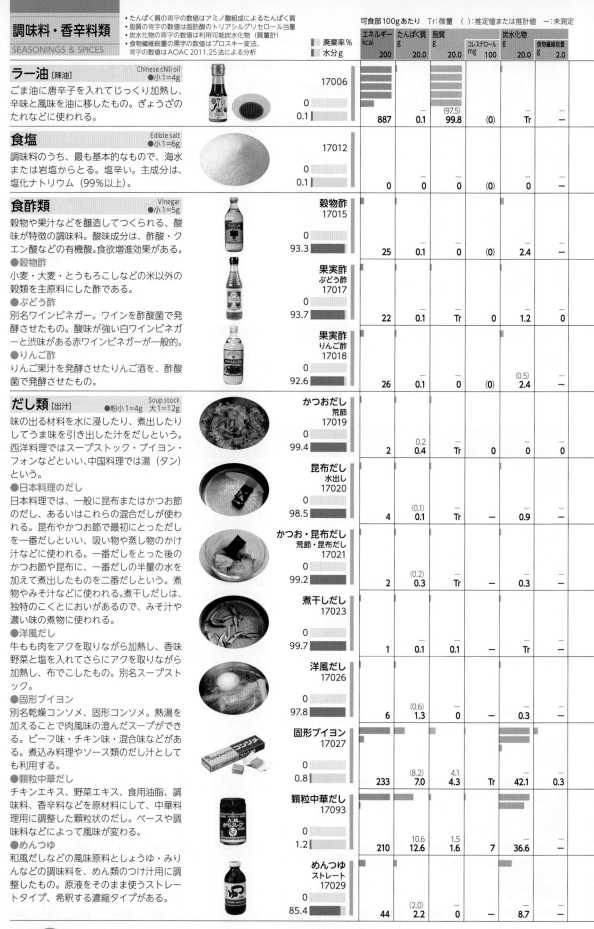

調味料・香辛料類
SEASONINGS & SPICES

- たんぱく質の青字の数値はアミノ酸組成によるたんぱく質
- 脂質の青字の数値は脂肪酸のトリアシルグリセロール当量
- 炭水化物の青字の数値は利用可能炭水化物（質量計）
- 食物繊維総量の黒字の数値はプロスキー変法、青字の数値はAOAC 2011.25法による分析

可食部100gあたり　Tr：微量　（ ）：推定値または推計値　ー：未測定

■ 廃棄率 %
■ 水分 g

食品		エネルギー kcal 200	たんぱく質 g 20.0	脂質 g 20.0	コレステロール mg 100	炭水化物 g 20.0	食物繊維総量 g 2.0
ラー油 [辣油] Chinese chili oil ●小1=4g 17006 廃棄率 0 水分 0.1		887	0.1	(97.5) 99.8	(0)	Tr	—
食塩 Edible salt ●小1=6g 17012 廃棄率 0 水分 0.1		0	0	0	(0)	0	—
食酢類 Vinegar ●小1=5g 穀物酢 17015 廃棄率 0 水分 93.3		25	0.1	0	(0)	2.4	—
果実酢 ぶどう酢 17017 廃棄率 0 水分 93.7		22	0.1	Tr	0	1.2	0
果実酢 りんご酢 17018 廃棄率 0 水分 92.6		26	0.1	0	(0)	(0.5) 2.4	—
だし類 [出汁] Soup stock ●粉小1=4g 大1=12g かつおだし 荒節 17019 廃棄率 0 水分 99.4		2	0.2 0.4	Tr	0	0	0
昆布だし 水出し 17020 廃棄率 0 水分 98.5		4	(0.1) 0.1	Tr	—	0.9	—
かつお・昆布だし 荒節・昆布だし 17021 廃棄率 0 水分 99.2		2	(0.2) 0.3	Tr	—	0.3	—
煮干しだし 17023 廃棄率 0 水分 99.7		1	0.1	0.1	—	Tr	—
洋風だし 17026 廃棄率 0 水分 97.8		6	(0.6) 1.3	0	—	0.3	—
固形ブイヨン 17027 廃棄率 0 水分 0.8		233	(8.2) 7.0	4.1 4.3	Tr	42.1	0.3
顆粒中華だし 17093 廃棄率 0 水分 1.2		210	10.6 12.6	1.5 1.6	7	36.6	—
めんつゆ ストレート 17029 廃棄率 0 水分 85.4		44	(2.0) 2.2	0	—	8.7	—

ラー油 [辣油]
ごま油に唐辛子を入れてじっくり加熱し、辛味と風味を油に移したもの。ぎょうざのたれなどに使われる。

食塩
調味料のうち、最も基本的なもので、海水または岩塩からとる。塩辛い。主成分は、塩化ナトリウム（99％以上）。

食酢類
穀物や果汁などを醸造してつくられる、酸味が特徴の調味料。酸味成分は、酢酸・クエン酸などの有機酸。食欲増進効果がある。

●穀物酢
小麦・大麦・とうもろこしなどの米以外の穀類を主原料にした酢である。

●ぶどう酢
別名ワインビネガー。ワインを酢酸菌で発酵させたもの。酸味が強い白ワインビネガーと渋味がある赤ワインビネガーが一般的。

●りんご酢
りんご果汁を発酵させたりりんご酒を、酢酸菌で発酵させたもの。

だし類 [出汁]
味の出る材料を水に浸したり、煮出したりしてうま味を引き出した汁をだしという。西洋料理ではスープストック・ブイヨン・フォンなどといい、中国料理では湯（タン）という。

●日本料理のだし
日本料理では、一般に昆布またはかつお節のだし、あるいはこれらの混合だしが使われる。昆布やかつお節で最初にとっただしを一番だしといい、吸い物や蒸し物のかけ汁などに使われる。一番だしをとった後のかつお節や昆布に、一番だしの半量の水を加えて煮出したものを二番だしという。煮物やみそ汁などに使われる。煮干しだしは、独特のこくとにおいがあるので、みそ汁や濃い味の煮物に使われる。

●洋風だし
牛もも肉をアクを取りながら加熱し、香味野菜と塩を入れてさらにアクを取りながら加熱し、布でこしたもの。別名スープストック。

●固形ブイヨン
別名乾燥コンソメ、固形コンソメ。熱湯を加えることで肉風味の澄んだスープができる。ビーフ味・チキン味・混合味などがある。煮込み料理やソース類のだし汁としても利用する。

●顆粒中華だし
チキンエキス、野菜エキス、食用油脂、調味料、香辛料などを原材料にして、中華料理用に調整した顆粒状のだし。ベースや調味料などによって風味が変わる。

●めんつゆ
和風だしなどの風味原料としょうゆ・みりんなどの調味料を、めん類のつけ汁用に調整したもの。原液をそのまま使うストレートタイプ、希釈する濃縮タイプがある。

One Point　一番うまくてまずいもの▶徳川家康がこの世で一番うまいものを尋ねたところ、阿茶の局が塩と答えた。まずいものを尋ねると、それも塩と答

ナトリウム mg 200	カリウム mg 200	カルシウム mg 200	リン mg 200	鉄 mg 2.0	亜鉛 mg 2.0	ビタミンA レチノール活性当量 µg 20	レチノール µg 20	β-カロテン当量 µg 200	ビタミンD µg 2.0	ビタミンE α-トコフェロール mg 2.0	ビタミンB₁ mg 0.20	ビタミンB₂ mg 0.20	葉酸 µg 20	ビタミンC mg 20	食塩相当量 g 1.0
Tr	Tr	Tr	Tr	0.1	Tr	59	(0)	710	(0)	3.7	0	0	—	(0)	0
39000	100	22	(0)	Tr	Tr	(0)	(0)	(0)	(0)	—	(0)	(0)	(0)	(0)	99.5
6	4	2	2	Tr	0.1	0	0	0	(0)	—	0.01	0.01	0	0	0
4	22	3	8	0.2	Tr	(0)	(0)	Tr	Tr	—	0	0.01	0	0	0
18	59	4	6	0.2	0.1	(0)	0	(0)	(Tr)	—	0	0.01	0	0	0
21	29	2	18	Tr	Tr	0	0	0	0	0	Tr	0.01	0	0	0.1
61	140	3	6	Tr	Tr	(0)	(0)	0	—	0	Tr	Tr	2	Tr	0.2
34	63	3	13	Tr	Tr	(Tr)	(Tr)	0	—	0	0.01	0.01	1	Tr	0.1
38	25	3	7	Tr	Tr	—	—	0	—	0	0.01	Tr	1	0	0.1
180	110	5	37	0.1	0.1	—	—	0	—	0	0.02	0.05	3	0	0.5
17000	200	26	76	0.4	0.1	0	0	0	Tr	0.7	0.03	0.08	16	0	43.2
19000	910	84	240	0.6	0.5	3	2	8	0	0.9	0.06	0.56	170	0	47.5
1300	100	8	48	0.4	0.2	0	0	0	(0)	—	0.01	0.04	17	0	3.3

えたそう。素材の味を引き出すのも、ダメにするのも塩加減。指導者も家臣の能力をうまく引き出すことが大切なのだ、という意味。

- たんぱく質の青字の数値はアミノ酸組成によるたんぱく質
- 脂質の青字の数値は脂肪酸のトリアシルグリセロール当量
- 炭水化物の青字の数値は利用可能炭水化物（質量計）
- 食物繊維総量の黒字の数値はプロスキー変法、青字の数値はAOAC 2011.25法による分析

可食部100gあたり　Tr:微量　（ ）:推定値または推計値　―:未測定

■ 廃棄率%
■ 水分g

品名		エネルギー kcal 200	たんぱく質 g 20.0	脂質 g 20.0	コレステロール mg 100	炭水化物 g 20.0	食物繊維総量 g 2.0
オイスターソース Oyster sauce ●大1=16g 別名かき油。生がきを塩漬けして発酵させ、上澄みをとった、独特の風味のある調味料。中国では蠣油（ハオユー）という。	17031 廃棄率 0 水分 61.6	105	(6.1) 7.7	0.1 0.3	2	― 18.3	0.2
魚醤油 Fish sauce　ナンプラー ナンプラーは、いわしの稚魚をおもな素材にして、塩を加えて発酵・熟成させた魚醤で、タイの特産品。濃厚なうま味がある。	17107 0 65.5	47	6.3 9.1	0 0.1	0	― 2.7	―
ごまだれ Sesame sauce 練りごま・しょうゆ・砂糖・だしなどを混ぜたたれ。こくがあるので、あっさりした素材のあえ衣やしゃぶしゃぶのたれなどに利用。	17098 0 (40.7)	282	(6.7) (7.2)	(14.2) (15.1)	―	(19.9) (29.2)	(3.0)
デミグラスソース Demi-glace sauce 西洋料理の基本ソースの1つ。ブラウンソースに牛の骨やすね肉と香味野菜のだしを加えて煮詰め、風味づけしたもの。	17105 0 81.5	82	2.9	3.0	―	11.0	―
テンメンジャン[甜麺醤] Tian Mian Jiang 小麦粉に水を加えて蒸し、こうじと食塩を加えて発酵させたみそで、甘味とうま味が強い。北京ダックやホイコウロウに使う。	17106 0 37.5	249	8.5	7.7	0	38.1	3.1
ホワイトソース White sauce 小麦粉をこがさないようにバターで炒めたホワイトルーを、牛乳でといてのばしたもの。西洋料理の基本ソースの1つ。	17109 0 81.7	99	(1.2) 1.8	(6.2) 6.2	6	(5.3) 9.2	0.4
ぽん酢しょうゆ Ponzu vinegar with soy sauce 柑橘類のしぼり汁をぽん酢といい、それにしょうゆを混ぜた合わせ酢。ゆずのほか、だいだい・すだち・レモンなども利用する。	17110 0 (82.1)	49	(2.7) (3.4)	― (0.1)	0	― (0.7) (7.4)	(0.2)
マーボー豆腐の素 Mapo tofu sauce 豆腐を加えて煮込むだけでマーボー豆腐ができるレトルトタイプの半調理製品。テンメンジャンと呼ばれる中華の甘みそを使用。	17032 0 75.0	115	4.2	6.3	―	10.4	―
トマト加工品類 Tomato products ●大1=15g ●トマトピューレー 熟したトマトを裏ごしして低温で真空濃縮したもの。調味料が添加されていないため、トマトの風味が活き、利用範囲が広い。	トマトピューレー 17034 0 86.9	44	(1.4) 1.9	(0.1) 0.1	(0)	(5.2) 9.9	1.8
●トマトケチャップ トマトピューレーに砂糖・塩・酢・香辛料などを加えて濃縮したもの。調味用のほか、テーブル調味料としても用いられる。	トマトケチャップ 17036 0 66.0	104	1.2 1.6	0.1 0.1	0	(24.0) 27.6	1.7
ルウ類 Japanese curry roux ●1人分=15g カレーソースをつくるためのベース。小麦粉・油脂でルウをつくり、カレー粉・肉エキス・調味料などが加えられている。	カレールウ 17051 0 3.0	474	5.7 6.5	32.8 34.1	20	35.1 44.7	6.4 3.7
ふりかけ Furikake 飯に振りかける副食物で、粉末状や粒子状のものがある。たまごふりかけは定番で、乾燥卵黄が入っている。	たまご 17127 0 (2.5)	428	(20.9) (23.4)	(19.7) (21.9)	(420)	(29.3) (39.7)	(5.1)
みりん風調味料 Mirin-like sweet cooking seasoning ●大1=18g 本みりんと同様に用いられる調味料だが、アルコール含有量が低いために「酒類」に分類されず、調味料の扱いになる。	17054 0 43.6	225	― 0.1	― 0	(0)	39.2 55.7	―

One Point　ケチャップは中国語▶ケチャップの語源は福建語で、塩漬けにした魚の汁という意味の「コエチアプ」。マレー半島に伝わって「ケチョプ」、さら

ナトリウム mg	カリウム mg	カルシウム mg	リン mg	鉄 mg	亜鉛 mg	ビタミンA レチノール活性当量 µg	ビタミンA レチノール µg	ビタミンA β-カロテン当量 µg	ビタミンD µg	ビタミンE α-トコフェロール mg	ビタミンB₁ mg	ビタミンB₂ mg	葉酸 µg	ビタミンC mg	食塩相当量 g
200	200	200	200	2.0	2.0	20	20	200	2.0	2.0	0.20	0.20	20	20	1.0
4500	260	25	120	1.2	1.6	–	–	(Tr)	–	0.1	0.01	0.07	9	Tr	11.4
9000	230	20	57	1.2	0.7	0	0	0	0	0	0.01	0.10	26	0	22.9
(1700)	(210)	(220)	(200)	(2.3)	(1.6)	(4)	0	(2)	(Tr)	(Tr)	(0.11)	(0.09)	(38)	0	(4.3)
520	180	11	53	0.3	0.3	–	–	–	–	–	0.04	0.07	25	–	1.3
2900	350	45	140	1.6	1.0	0	(0)	3	(0)	0.8	0.04	0.11	20	0	7.3
380	62	34	42	0.1	0.2	–	–	–	–	0.6	0.01	0.05	3	0	1.0
(2300)	(280)	(24)	(72)	(0.7)	(0.4)	(1)	0	(4)	0	(0.1)	(0.05)	(0.08)	(20)	(24)	(5.8)
1400	55	12	35	0.8	–	9	4	63	–	–	0.05	0.03	–	2	3.6
19	490	19	37	0.8	0.3	52	0	630	(0)	2.7	0.09	0.07	29	10	0
1200	380	16	35	0.5	0.2	43	0	510	0	2.0	0.06	0.04	13	8	3.1
4200	320	90	110	3.5	0.5	6	(0)	69	(0)	2.0	0.09	0.06	9	0	10.6
(3600)	(490)	(390)	(490)	(4.5)	(2.9)	(360)	(100)	(3100)	(2.2)	(2.5)	(0.29)	(0.48)	(170)	(11)	(9.2)
68	3	Tr	15	0.1	Tr	(0)	(0)	(0)	(0)	–	Tr	0.02	0	0	0.2

肉類　卵類　乳類　油脂類　菓子類　し好飲料類　調味料・香辛料類　調理済み流通食品類　外食・中食　市販食品

にヨーロッパに伝わる中でほかの材料やさまざまなスパイスが加えられたりして「ケチャップ」となった。イギリスではマッシュルーム・ケチャップが一般的。

調味料・香辛料類
SEASONINGS & SPICES

- たんぱく質の青字の数値はアミノ酸組成によるたんぱく質
- 脂質の青字の数値は脂肪酸のトリアシルグリセロール当量
- 炭水化物の青字の数値は利用可能炭水化物（質量計）
- 食物繊維総量の黒字の数値はプロスキー変法、青字の数値はAOAC 2011.25法による分析

■ 廃棄率%　■ 水分g

可食部100gあたり　Tr:微量　（ ）:推定値または推計値　―:未測定

食品名・食品番号	廃棄率% / 水分g	エネルギー kcal (200)	たんぱく質 g (20.0)	脂質 g (20.0)	コレステロール mg (100)	炭水化物 g (20.0)	食物繊維総量 g (2.0)
ドレッシング類 Dressing ●マヨネーズ大1=12g							
マヨネーズ 全卵型 17042	0 / 16.6	668	1.3 / 1.4	72.5 / 76.0	55	(2.1) / 3.6	―
マヨネーズ 卵黄型 17043	0 / 19.7	668	2.2 / 2.5	72.8 / 74.7	140	(0.5) / 0.6	―
フレンチドレッシング 分離液状 17040	0 / (47.8)	325	0 / (Tr)	(30.6) / (31.5)	(1)	(11.3) / (12.4)	―
和風ドレッシングタイプ調味料 ノンオイルタイプ 17039	0 / 71.8	83	3.1	0.1	―	16.1	0.2
サウザンアイランドドレッシング 17041	0 / (44.1)	392	(0.2) / (0.3)	(38.1) / (39.2)	(9)	(11.9) / (12.8)	(0.4)
みそ類 [味噌] Miso ●大1=18g							
米みそ 甘みそ 17044	0 / 42.6	206	8.7 / 9.7	3.0 / 3.0	(0)	37.9	5.6
米みそ 赤色辛みそ 17046	0 / 45.7	178	11.3 / 13.1	5.4 / 5.5	(0)	21.1	4.1
麦みそ 17047	0 / 44.0	184	8.1 / 9.7	4.2 / 4.3	(0)	30.0	6.3
豆みそ 17048	0 / 44.9	207	14.8 / 17.2	10.2 / 10.5	(0)	14.5	6.5
即席みそ ペーストタイプ 17050	0 / 61.5	122	(7.9) / 8.9	3.1 / 3.7	(0)	(8.3) / 15.4	2.8
料理酒 Sake for cooking ●小1=5g 大1=15g 17138	0 / 82.4	88	0.2 / 0.2	― / Tr	0	3.5 / 4.7	0
オールスパイス Allspice ●小1=2g 粉 17055	0 / 9.2	364	5.6	(3.7) / 5.6	(0)	75.2	―
カレー粉 Curry powder ●小1=2g 17061	0 / 5.7	338	(10.2) / 13.0	11.6 / 12.2	8	63.3	36.9

ドレッシング類

ドレッシングはその形態から、半固体状、分離液状、乳化液状に区分される。

●マヨネーズ

植物油・卵・酢を主原料に、調味料・香辛料を加えた半固形のソース。市販されているものには、全卵を使った全卵型と、卵黄のみを使った卵黄型がある。全卵型はまろやかであり、卵黄型は味が濃厚でこくがある。サラダなどのドレッシングとして用いるほか、タルタルソースやサウザンアイランドドレッシングの材料にもなる。

●フレンチドレッシング

サラダ油と酢を主体にしたもので、ドレッシングの基本。食塩・レモン果汁・砂糖・こしょうなどを加える。

●和風ドレッシングタイプ調味料

サラダ油にしょうゆや和風調味料などを加えたもの。

●サウザンアイランドドレッシング

サラダ油・酢・トマトケチャップ・ピクルス・卵黄・食塩などを原料にした、ピンク色の乳化液状のもの。

みそ類 [味噌]

米・麦・だいずなどの植物原料に、こうじ菌・酵母菌・乳酸菌などの微生物をはたらかせてつくる日本古来の醸造調味料。原料により、米みそ・麦みそ・豆みそ・調合みそに分けられる。各地の気候・風土に左右されながら、独特の味がつくられている。

●米みそ

蒸し煮だいずに米こうじと食塩を加え、発酵・熟成させたもの。色の濃淡、塩辛さの強弱により、甘みそ・淡色辛みそ・赤色辛みそに細分される。

●麦みそ

大麦・裸麦をこうじ原料とし、だいず・食塩を混ぜて醸造したもの。

●豆みそ

だいずと食塩を主原料とし、種こうじをつけて豆こうじとし、熟成させたもの。渋味や苦味をもつのが豆みその特徴である。

●即席みそ

湯を注ぐとみそ汁になるもの。ペーストタイプは、みそ・調味料・アルコールをプラスチック小袋に包装して加熱殺菌したもの。

料理酒

素材の生臭さを消す、やわらかくする、うま味やこくを出すなどの働きをする。飲用できないよう、食塩や酢などを添加している。

オールスパイス

フトモモ科の植物の実で、シナモン・クローブ・ナツメグの3つの香りをもつことからこの名がある。菓子・料理に用いる。

カレー粉

インド発祥で、複数の香辛料をカレー用に20～30種類配合した混合香辛料。カレーや炒め物に利用する。

One Point ▶カレーで風邪予防？▶カレー独特の黄色は、香辛料のターメリック（ウコン）の色によるもの。ウコンに含まれるクルクミンという成分は、肝臓

ナトリウム mg 200	カリウム mg 200	カルシウム mg 200	リン mg 200	鉄 mg 2.0	亜鉛 mg 2.0	ビタミンA レチノール活性当量 µg 20	レチノール µg 20	β-カロテン当量 µg 200	ビタミンD µg 2.0	ビタミンE α-トコフェロール mg 2.0	ビタミンB₁ mg 0.20	ビタミンB₂ mg 0.20	葉酸 µg 20	ビタミンC mg 20	食塩相当量 g 1.0
730	13	8	29	0.3	0.2	24	24	1	0.3	13.0	0.01	0.03	1	0	1.9
770	21	20	72	0.6	0.5	54	53	3	0.6	11.0	0.03	0.07	3	0	2.0
(2500)	(2)	(1)	(1)	(Tr)	(Tr)	0	0	0	0	(4.0)	(Tr)	(Tr)	0	0	(6.3)
2900	130	10	54	0.3	0.2	Tr	(0)	3	(0)	0	0.02	0.03	6	(Tr)	7.4
(1200)	(32)	(7)	(9)	(0.1)	(0.1)	(8)	(4)	(43)	(0.1)	(5.2)	(Tr)	(0.01)	(3)	(2)	(3.0)
2400	340	80	130	3.4	0.9	(0)	(0)	(0)	(0)	0.3	0.05	0.10	21	(0)	6.1
5100	440	130	200	4.3	1.2	(0)	(0)	(0)	(0)	0.5	0.03	0.10	42	(0)	13.0
4200	340	80	120	3.0	0.9	(0)	(0)	(0)	(0)	0.4	0.04	0.10	35	(0)	10.7
4300	930	150	250	6.8	2.0	(0)	(0)	(0)	(0)	1.1	0.04	0.12	54	(0)	10.9
3800	310	47	130	1.2	0.9	0	(0)	1	(0)	0.5	0.04	0.27	29	(0)	9.6
870	6	2	4	Tr	Tr	0	0	0	0	0	Tr	0	0	0	2.2
53	1300	710	110	4.7	1.2	3	0	34	(0)	—	0	0.05	(0)	0	0.1
40	1700	540	400	29.0	2.9	32	0	390	(0)	4.4	0.41	0.25	60	2	0.1

肉類　卵類　乳類　油脂類　菓子類　し好飲料類　調味料・香辛料類　調理済み流通食品類　外食・中食　市販食品

の働きを高めて細菌やウイルスを追い出し、免疫力を高める効果がある。

- たんぱく質の青字の数値はアミノ酸組成によるたんぱく質
- 脂質の青字の数値は脂肪酸のトリアシルグリセロール当量
- 炭水化物の青字の数値は利用可能炭水化物（質量計）
- 食物繊維総量の黒字の数値はプロスキー変法、青字の数値は AOAC 2011.25 法による分析

可食部100gあたり　Tr:微量　（ ）:推定値または推計値　―:未測定

■ 廃棄率 %　■ 水分 g

食品	エネルギー kcal (200)	たんぱく質 g (20.0)	脂質 g (20.0)	コレステロール mg (100)	炭水化物 g (20.0)	食物繊維総量 g (2.0)
からし [辛子] Mustard ●小1=2g 練り小1=4g からし菜の種子をすりつぶして練って利用する香辛料。強い辛味がある。和からしと洋からしがある。						
●練り からしに酢・食塩・油脂などを混ぜたもの。 **練り** 17058　廃棄率 0　水分 31.7	314	5.9	— (14.4) 14.5	(0)	40.1	—
●粒入りマスタード あらびきした種子を利用して酢・食塩・油脂などを混ぜてつくる。 **粒入りマスタード** 17060　廃棄率 0　水分 57.2	229	(6.9) 7.6	(15.9) 16.0	(Tr)	(5.1) 12.7	—
こしょう [胡椒] Pepper ●小1=2g 果実を香辛料として用いる。黒こしょうは実が未熟なうちに収穫して乾燥させたもの。辛味、香りが強い。 **黒 粉** 17063　廃棄率 0　水分 12.7	362	(8.9) 11.0	(5.5) 6.0		(38.5) 66.6	—
さんしょう [山椒] Sansho (Japanese pepper) ●小1=2g ミカン科の常緑低木、さんしょうの完熟した実を粉末状にしたもの。ピリリとしたさわやかな風味が特徴。 **粉** 17066　廃棄率 0　水分 8.3	375	10.3	6.2	(0)	69.6	—
しょうが [生姜] Ginger ●小1=6g 塊茎を香辛料として用いる。強い芳香と辛味がある。チューブ入りのおろししょうがも出回っている。 **おろし** 17069　廃棄率 0　水分 88.2	41	(0.3) 0.7	(0.4) 0.6	(0)	(4.7) 8.6	—
とうがらし [唐辛子] Red hot pepper ●小1=2g 甘味種と辛味種がある。混合とうがらしを七味、とうがらしのみを一味という。辛味成分は血行をよくし、食欲を増進させる。 **粉** 17073　廃棄率 0　水分 1.7	412	(9.9) 16.2	(8.3) 9.7	(0)	66.8	—
ナツメグ Nutmeg ●小1=2g ニクズクの種を香辛料として用いる。甘い刺激性の香りをもち、クッキーや、ハンバーグなどのひき肉料理などに利用される。 **粉** 17074　廃棄率 0　水分 6.3	520	5.7	(30.6) 38.5	(0)	47.5	—
にんにく [大蒜] Garlic 別名ガーリック。りん茎は強烈なにおいと辛味があり、香辛料としても用いる。 ●ガーリックパウダー にんにくのりん茎を乾燥させ、粉状にしたもの。乾燥させることで生よりもにおいが抑えられている。 **ガーリックパウダー 食塩無添加** 17075　廃棄率 0　水分 3.5	380	(17.2) 19.9	0.4 0.8	2	18.4 73.8	—
●おろし おろしてチューブやびん入りにしたもの。 **おろし** 17076　廃棄率 0　水分 52.1	170	(2.9) 4.7	(0.3) 0.5	(Tr)	(1.2) 37.0	—
パプリカ Paprika 辛味のない唐辛子であるパプリカの乾燥粉末。独特の香りがある。パプリカの赤い色素は油に溶けやすい。 **粉** 17079　廃棄率 0　水分 10.0	385	(14.6) 15.5	(10.9) 11.6	(0)	55.6	—
わさび [山葵] Wasabi ●小1=7g 根茎を香辛料として用いる。すりおろすと、ツーンと鼻に抜けるさわやかな辛味が引き出される。 **練り** 17081　廃棄率 0　水分 39.8	265	(1.9) 3.3	10.3	(0)	39.8	—
酵母 Yeast ●小1=3g ドライイーストともいう。パン生地にパン酵母を加えるとアルコール発酵し、生じた炭酸ガスが生地をふくらます。 **パン酵母 乾燥** 17083　廃棄率 0　水分 8.7	307	(30.2) 37.1	4.7 6.8	0	1.4 43.1	32.6
ベーキングパウダー Baking powder ●小1=4g 洋菓子などをふくらませる膨張剤で、主成分は重曹と酸。化学変化により生じた炭酸ガスが生地をふくらます。 17084　廃棄率 0　水分 4.5	150	— Tr	(0.6) 1.2	(0)	(35.0) 29.0	—

One Point さしみにわさびをつけて食べるのはなぜ？▶わさびの辛味成分には強い殺菌作用があるから。また、わさびの辛味は、涙が出るほど刺激的だ

グラフ1本分の相当量

ナトリウム mg 200	カリウム mg 200	カルシウム mg 200	リン mg 200	鉄 mg 2.0	亜鉛 mg 2.0	ビタミンA レチノール活性当量 µg 20	レチノール µg 20	β-カロテン当量 µg 200	ビタミンD µg 2.0	ビタミンE α-トコフェロール mg 2.0	ビタミンB1 mg 0.20	ビタミンB2 mg 0.20	葉酸 µg 20	ビタミンC mg 20	食塩相当量 g 1.0
2900	190	60	120	2.1	1.0	1	(0)	16	(0)	—	0.22	0.07	(0)	0	7.4
1600	190	130	260	2.4	1.4	3	(0)	32	(Tr)	1.0	0.32	0.05	16	Tr	4.1
65	1300	410	160	20.0	1.1	15	(0)	180	(0)	—	0.10	0.24	(0)	(0)	0.2
10	1700	750	210	10.0	0.9	17	(0)	200	(0)	—	0.10	0.45	—	0	0
580	140	16	14	0.3	0.1	1	(0)	7	(0)	—	0.02	0.03	—	120	1.5
4	2700	110	340	12.0	2.0	720	(0)	8600	(0)	—	0.43	1.15	—	Tr	0
15	430	160	210	2.5	1.3	1	(0)	12	(0)	—	0.05	0.10	(0)	(0)	0
18	390	100	300	6.6	2.5	(0)	(0)	0	(0)	0.4	0.54	0.15	30	(0)	0
1800	440	22	100	0.7	0.5	Tr	(0)	3	(0)	—	0.11	0.04	—	0	4.6
60	2700	170	320	21.0	10.0	500	(0)	6100	(0)	—	0.52	1.78	(0)	(0)	0.2
2400	280	62	85	2.0	0.8	1	(0)	15	(0)	—	0.11	0.07	—	0	6.1
120	1600	19	840	13.0	3.4	0	0	0	2.8	Tr	8.81	3.72	3800	1	0.3
6800	3900	2400	3700	0.1	Tr	0	0	0	0	—	0	0	(0)	0	17.3

がすぐに消え、さっぱりしている。このため、たいやひらめのような淡白な味のさしみにも合っている。

調理済み流通食品類
PREPARED FOODS

揚げ物

調理の手間をかけずに食べられるよう加工された食品。食品にかかわる各種技術の革新により多様なものがつくられている。

レトルトパウチ食品

アルミ箔とプラスチックフィルムを3層に貼り合わせた袋（レトルトパウチ）に調理・加工済みの食品を入れ、空気を抜いて密封し、高圧釜（レトルト）で120℃・4分以上の高温・高圧で殺菌したもの。

●特徴
無菌状態で気密性・遮光性が高いため、保存料や殺菌料を使わずに常温で1～2年の長期保存が可能。風味・色・栄養分などがそこなわれにくい。

●選び方・保存のしかた
包装容器に傷などのないものを選ぶ。常温で保存。

カレー

電子レンジ対応のカレー

冷凍食品

前処理（下ごしらえ）し、-18℃以下になるよう急速冷凍して適切に包装し、-18℃以下で保管・流通しているもの。電子レンジで温めるだけで食べられるものが主流。

●特徴
冷凍下で微生物が増殖しないため、保存料・殺菌料が必要ない。1年間の長期保存ができる。

●選び方・保存のしかた
冷凍ケースの温度計が-18℃以下であることを確認し、きちんと凍っていてパッケージに霜がついていないものを選ぶ。冷凍庫で-18℃以下で保存する。

ピラフ　　ハンバーグ

- たんぱく質の青字の数値はアミノ酸組成によるたんぱく質
- 脂質の青字の数値は脂肪酸のトリアシルグリセロール当量
- 炭水化物の青字の数値は利用可能炭水化物（質量計）
- 食物繊維総量の黒字の数値はプロスキー変法、青字の数値はAOAC 2011.25法による分析

可食部100gあたり　Tr:微量　（ ）:推定値または推計値　ー:未測定

■廃棄率%　■水分g

食品名	廃棄率%／水分g	エネルギー kcal (200)	たんぱく質 g (20.0)	脂質 g (20.0)	コレステロール mg (100)	炭水化物 g (20.0)	食物繊維総量 g (2.0)
和風 汁物類 Soup とん汁 18028	0 / (94.4)	26	(1.3)／(1.5)	(1.4)／(1.5)	(3)	(0.9)／(2.0)	(0.5)／ー
和風 煮物類 Boiled foods 卯の花いり 18029	0 / (79.1)	84	(3.1)／(4.4)	(3.5)／(4.1)	(7)	(3.9)／(10.7)	(5.1)
親子丼の具 18030	0 / (79.4)	101	(7.9)／(8.4)	(5.1)／(5.2)	(130)	(3.0)／(5.6)	(0.4)
牛飯の具 18031	0 / (78.8)	122	(3.5)／(4.1)	(8.8)／(9.4)	(18)	(4.0)／(6.4)	(1.0)
切り干し大根の煮物 18032	0 / (88.2)	48	(1.9)／(2.3)	(1.9)／(2.5)	0	(3.2)／(5.7)	(2.0)
きんぴらごぼう 18033	0 / (81.6)	84	(3.1)／(1.4)	(4.3)／(4.5)	(Tr)	(4.2)／(11.3)	(3.2)
肉じゃが 18036	0 / (79.6)	78	(3.8)／(4.3)	(1.1)／(1.3)	(9)	(10.3)／(13.0)	(1.3)
ひじきのいため煮 18037	0 / (80.8)	75	(2.8)／(3.1)	(3.5)／(4.0)	(Tr)	(6.5)／(9.9)	(3.4)

和風 汁物類
汁物は汁を主にした料理。とん汁は豚肉・野菜・こんにゃくなどを煮込んでねぎと七味とうがらしをふった具だくさんのみそ汁。

和風 煮物類
煮物とは、材料を煮てしょうゆ・砂糖・塩・みそ・みりんなどで調味した料理。
●卯の花いり
からいりするなどの下ごしらえをしたおからに油揚げやにんじんやなどを加え、だし汁・しょうゆ・砂糖などでいり煮したもの。おからは卯の花、きらず（雪花菜）ともいう。
●親子丼の具
とり肉とたまねぎを甘辛く煮て、溶き卵でとじたもの。とり肉と卵を使うため、親子の名がついた。
●牛飯の具
牛肉とたまねぎを甘辛く煮たもの。丼に盛った飯にのせて紅しょうがやみつばなどを添える。牛飯の別名は牛丼。
●切り干し大根の煮物
切り干し大根を水戻ししていため、油揚げやにんじんなどを加えて、しょうゆ・砂糖などで煮汁がほとんどなくなるまで煮た料理。
●きんぴらごぼう
ごぼうをささがきやせん切りにしてにんじんなどを加えていため、しょうゆ・砂糖などで調味し、とうがらしで辛味をつけた料理。
●肉じゃが
肉・たまねぎ・じゃがいも・にんじん・しらたきなどをいため、だし汁としょうゆ・砂糖などで煮た料理。関西では牛肉、関東では豚肉を利用することが多い。
●ひじきのいため煮
水戻しした乾燥ひじきとにんじんや油揚げなどをいため、しょうゆ・砂糖などで煮汁がほとんどなくなるまで煮た料理。

チルド食品

凍結しない程度の低温冷蔵で保存・輸送・販売される食品。一般的に0〜10℃の温度で管理される。チルドとは冷却されたという意味。

●特徴

低温冷蔵することで酵素の活性や有害微生物の成育を抑制できるので食品の品質を保てるが、成育が止まるわけではないため、時間の経過とともに低温でも活動できる細菌が増殖する。

●選び方・保存のしかた

冷蔵庫で保存。冷凍はしない。

ハンバーグ

サラダチキン

粉末状食品

一般的に、液状の食品を加工によって粉末状にし、食用時に水または湯で復元する食品。

●特徴

栄養価の損失が少ない。乾燥によって保存性がいちじるしく向上し、保存期間が長い。粉末化によってかさが大幅に減り、軽いため輸送や運搬に便利。

●選び方・保存のしかた

直射日光・高温多湿を避けて常温で保存する。

スープ

缶詰

食品を缶に入れ、空気を抜いて真空状態にして密閉し、加圧加熱殺菌したもの。

●特徴

無菌状態で気密性・遮光性も高いため、保存料や殺菌料を使わずに常温で長期保存できる。

●選び方・保存のしかた

さび・傷・膨張などがなく、名称（品名）・原材料名・内容量・賞味期限・製造業者や販売業者の名称と所在地などがはっきり表示されているものを選ぶ。直射日光を避け、涼しく風通しのよい湿気の少ない場所で常温で保存する。

グラフ1本分の相当量

ナトリウム mg 200	カリウム mg 200	カルシウム mg 200	リン mg 200	鉄 mg 2.0	亜鉛 mg 2.0	ビタミンA レチノール活性当量 µg 20	レチノール µg 20	β-カロテン当量 µg 200	ビタミンD µg 2.0	ビタミンE α-トコフェロール mg 2.0	ビタミンB₁ mg 0.20	ビタミンB₂ mg 0.20	葉酸 µg 20	ビタミンC mg 20	食塩相当量 g 1.0
(220)	(63)	(10)	(18)	(0.2)	(0.2)	(17)	0	(200)	(Tr)	(0.1)	(0.03)	(0.01)	(7)	(1)	(0.6)
(450)	(190)	(47)	(68)	(0.8)	(0.4)	(38)	(3)	(420)	(0.1)	(0.5)	(0.06)	(0.04)	(13)	(1)	(1.1)
(380)	(120)	(21)	(88)	(0.7)	(0.7)	(57)	(51)	(69)	(0.7)	(0.4)	(0.04)	(0.13)	(20)	(2)	(1.0)
(400)	(110)	(18)	(45)	(0.6)	(0.9)	(4)	(2)	(16)	0	(0.2)	(0.02)	(0.04)	(9)	(2)	(1.0)
(370)	(76)	(46)	(39)	(0.5)	(0.3)	(54)	0	(640)	0	(0.2)	(0.01)	(0.02)	(7)	(Tr)	(0.9)
(350)	(150)	(36)	(37)	(0.5)	(0.4)	(86)	0	(1000)	0	(0.7)	(0.03)	(0.03)	(32)	(1)	(0.9)
(480)	(210)	(13)	(44)	(0.8)	(0.9)	(53)	(1)	(630)	0	(0.2)	(0.05)	(0.05)	(14)	(9)	(1.2)
(560)	(180)	(100)	(45)	(0.6)	(0.3)	(84)	0	(1000)	(Tr)	(0.7)	(0.02)	(0.02)	(6)	(Tr)	(1.4)

肉類

卵類

乳類

油脂類

菓子類

し好飲料類

調味料・香辛料類

調理済み流通食品類

外食・中食

市販食品

- たんぱく質の青字の数値はアミノ酸組成によるたんぱく質
- 脂質の青字の数値は脂肪酸のトリアシルグリセロール当量
- 炭水化物の青字の数値は利用可能炭水化物（質量計）
- 食物繊維総量の黒字の数値はプロスキー変法、青字の数値はAOAC 2011.25法による分析

可食部100gあたり　Tr:微量　（ ）:推定値または推計値　ー:未測定

食品名／番号	廃棄率%／水分g	エネルギー kcal (200)	たんぱく質 g (20.0)	脂質 g (20.0)	コレステロール mg (100)	炭水化物 g (20.0)	食物繊維総量 g (2.0)
和風 和え物類 Dressed foods							
青菜の白和え 18024	0 / (79.7)	81	(3.9) (4.2)	(2.6) (3.4)	(Tr)	(7.2) (10.5)	— (2.4)
いんげんのごま和え 18025	0 / (81.4)	77	(3.0) (3.7)	(3.2) (3.4)	(5)	(4.9) (9.1)	— (2.8)
和風 酢の物類 Vinegared foods							
紅白なます 18027	0 / (90.3)	34	(0.6) (0.6)	(0.7) (0.6)	0	(6.1) (7.2)	— (0.9)
和風 その他							
アジの南蛮漬け 18038	0 / (78.0)	109	(6.7) (8.1)	(5.6) (6.1)	(27)	(4.6) (6.2)	— (0.9)
洋風 カレー類 Japanese curry							
チキンカレー 18040	0 / (75.2)	131	(5.4) (5.6)	(8.4) (8.8)	(29)	(5.6) (8.4)	— (1.2)
洋風 コロッケ類 Croquettes							
カニクリームコロッケ 18043	0 / (54.6)	255	(4.4) (5.1)	(16.5) (17.1)	(8)	(21.1) (22.0)	— (1.0)
ポテトコロッケ 18018	0 / (55.5)	226	(4.5) (5.3)	(12.1) (12.6)	(14)	(23.2) (25.2)	— (2.0)
洋風 シチュー類 Stew							
ビーフシチュー 18011	0 / (74.9)	153	(3.5) (4.1)	(11.9) (12.6)	(18)	(4.3) (7.1)	— (0.7)
洋風 素揚げ類 Fried with no coat							
ミートボール 18015	0 / (62.1)	199	(9.0) (10.2)	(11.4) (12.5)	(23)	(10.8) (13.4)	— (1.3)
洋風 スープ類 Soup							
かぼちゃのクリームスープ 18042	0 / (83.3)	73	(1.2) (1.5)	(3.6) (3.9)	(7)	(8.1) (10.1)	— (1.3)
コーンクリームスープ 粉末タイプ 18004	0 / 2.1	425	8.1	13.7	—	67.4	—
洋風 ハンバーグステーキ類 Humburg steak							
合いびきハンバーグ 18050	0 / (62.8)	197	(11.7) (13.4)	(11.2) (12.2)	(47)	(4.3) (10.0)	— (1.1)
豆腐ハンバーグ 18052	0 / (71.2)	142	(8.8) (9.9)	(8.5) (9.2)	(41)	(6.8) (8.4)	— (1.3)

凡例: ■ 廃棄率%　■ 水分 g

和風 和え物類 Dressed foods

和え物とは、各種の調味料を混ぜた和え衣で食材を和えた料理。

●青菜の白和え
豆腐・白ごま・白みそをすり混ぜた白い和え衣で、青菜類を和えた料理。

●いんげんのごま和え
ゆでたいんげんをすりごま・砂糖・しょうゆなどで和えた料理。ごまよごしともいう。

和風 酢の物類 Vinegared foods

酢の物は、酢・しょうゆ・だし汁などを混ぜた合わせ酢で調味する料理。紅白なますはにんじん（赤）とだいこん（白）でつくる。

和風 その他

南蛮漬けは、肉や魚のから揚げを、とうがらしとたまねぎを加えた三杯酢に漬けた料理。名前は南蛮貿易で伝来したことに由来。

洋風 カレー類 Japanese curry

とり肉と野菜をカレーソースで煮込んだ料理。インドでは、宗教上の理由で牛肉・豚肉を避けるため、とり肉が多く利用される。

洋風 コロッケ類 Croquettes
●コロッケ1個=60g

●カニクリームコロッケ
かに肉を固めのホワイトソースに混ぜてたわら型などに形を整え、小麦粉・溶き卵・パン粉をつけて揚げた料理。

●ポテトコロッケ
ゆでてつぶしたじゃがいもにひき肉やたまねぎのみじん切りなどを炒めて混ぜ、小判型に整えて衣をつけて揚げた料理。

洋風 シチュー類 Stew

ビーフシチューは、牛肉と野菜をブラウンソース（小麦粉をバターでいため、ブイヨンを加えて煮詰めたもの）で煮込んだ料理。

洋風 素揚げ類 Fried with no coat
●ミートボール1個=15g

ミートボールは、別名肉団子。ひき肉に炒めたたまねぎなどを混ぜて球形に形を整え、粉や衣をつけずに素揚げした料理。

洋風 スープ類 Soup

●かぼちゃのクリームスープ
かぼちゃ・たまねぎ・ベーコンなどをコンソメスープで煮て牛乳や生クリームを加えた料理。

●コーンクリームスープ　粉末タイプ
スイートコーンが主原料のクリームスープ。粉末タイプは熱湯を注ぐとスープ状になる。

洋風 ハンバーグステーキ類 Humburg steak
●ハンバーグ1個=120g

●合いびきハンバーグ
牛肉と豚肉をあわせた合いびき肉を主原料にして楕円形にまとめ、両面を焼いた料理。起源は13世紀ごろの騎馬民族タルタル人が食べていた生肉料理といわれる。

●豆腐ハンバーグ
ひき肉の一部か全部を豆腐に置き換えたもの。カロリーなどを抑えることができる。

One Point フリーズドライ食品▶食品を凍らせ、真空に近い状態で水分を氷からそのまま水蒸気にして乾燥させる製法（真空凍結乾燥法）で乾燥させたも

ナトリウム mg 200	カリウム mg 200	カルシウム mg 200	リン mg 200	鉄 mg 2.0	亜鉛 mg 2.0	ビタミンA レチノール活性当量 µg 20	レチノール µg 20	β-カロテン当量 µg 200	ビタミンD µg 2.0	ビタミンE α-トコフェロール mg 2.0	ビタミンB₁ mg 0.20	ビタミンB₂ mg 0.20	葉酸 µg 20	ビタミンC mg 20	食塩相当量 g 1.0
(500)	(180)	(95)	(69)	(1.2)	(0.6)	(130)	0	(1600)	(Tr)	(0.6)	(0.06)	(0.05)	(32)	(3)	(1.3)
(480)	(270)	(120)	(88)	(1.3)	(0.7)	(73)	(3)	(840)	(0.2)	(0.2)	(0.08)	(0.10)	(52)	(5)	(1.2)
(230)	(130)	(22)	(16)	(0.2)	(0.1)	(38)	0	(460)	0	(Tr)	(0.02)	(0.01)	(19)	(6)	(0.6)
(290)	(190)	(37)	(110)	(0.4)	(0.5)	(39)	(2)	(440)	(3.9)	(0.8)	(0.06)	(0.06)	(7)	(3)	(0.7)
(540)	(170)	(20)	(58)	(0.7)	(0.5)	(46)	(12)	(410)	(Tr)	(0.6)	(0.04)	(0.07)	(10)	(3)	(1.4)
(320)	(94)	(30)	(51)	(0.4)	(0.4)	(9)	(8)	(8)	(0.1)	(2.2)	(0.05)	(0.07)	(12)	(Tr)	(0.8)
(280)	(250)	(15)	(60)	(0.8)	(0.5)	(10)	(5)	(67)	(0.1)	(1.5)	(0.11)	(0.05)	(23)	(10)	(0.7)
(380)	(150)	(11)	(45)	(0.5)	(0.8)	(58)	(6)	(620)	(0.1)	(0.7)	(0.03)	(0.06)	(13)	(4)	(1.0)
(460)	(240)	(22)	(86)	(0.8)	(0.8)	(27)	(6)	(250)	(0.1)	(1.2)	(0.15)	(0.12)	(24)	(1)	(1.2)
(300)	(160)	(32)	(38)	(0.2)	(0.2)	(110)	(19)	(1100)	(0.2)	(1.4)	(0.03)	(0.06)	(12)	(9)	(0.8)
2800	470	120	190	1.2	—	8	0	90	—	—	0.15	0.41	—	2	7.1
(340)	(280)	(29)	(110)	(1.3)	(2.4)	(18)	(11)	(84)	(0.2)	(0.6)	(0.23)	(0.15)	(17)	(2)	(0.9)
(250)	(200)	(68)	(120)	(1.3)	(0.9)	(47)	(15)	(380)	(0.2)	(0.8)	(0.11)	(0.09)	(21)	(2)	(0.6)

の。氷の粒があったすきまにお湯や水が入ることで食品が復元される。

- たんぱく質の青字の数値はアミノ酸組成によるたんぱく質
- 脂質の青字の数値は脂肪酸のトリアシルグリセロール当量
- 炭水化物の青字の数値は利用可能炭水化物（質量計）
- 食物繊維総量の黒字の数値はプロスキー変法、青字の数値はAOAC 2011.25法による分析

可食部100gあたり　Tr:微量　（ ）:推定値または推計値　－:未測定

■廃棄率 %
■水分 g

食品名・食品番号	廃棄率 % / 水分 g	エネルギー kcal (200)	たんぱく質 g (20.0)	脂質 g (20.0)	コレステロール mg (100)	炭水化物 g (20.0)	食物繊維総量 g (2.0)
洋風 フライ類 Fried foods ●えびフライ1尾=25g メンチカツ1個=80g							
いかフライ 18019	0 / (54.9)	227	(10.4) (13.3)	(10.4) (11.3)	(230)	(19.3) (19.7)	— (0.9)
えびフライ 18020	0 / (50.5)	236	(13.2) (15.9)	(11.0) (11.6)	(120)	(20.0) (20.5)	— (1.0)
白身フライ 18021	0 / 50.7	299	9.7	21.8	—	16.2	—
メンチカツ 18022	0 / (50.3)	273	(9.4) (10.7)	(17.7) (18.7)	(26)	(16.3) (18.7)	— (1.7)
洋風 フライ用冷凍食品 Frozen foods							
えびフライ 冷凍 18009	0 / 66.3	139	10.2	1.9	—	20.3	—
洋風 その他							
えびグラタン 18003	0 / (74.1)	128	(4.8) (5.5)	(6.4) (6.9)	(23)	(3.0) (12.1)	— (0.9)
えびピラフ 18014	0 / (62.9)	146	(2.8) (3.3)	(2.2) (2.3)	(8)	(27.1) (29.8)	(1.2) (0.6)
中国 点心類 Chinese snacks ●ぎょうざ1個=25g しゅうまい1個=25g							
ぎょうざ 18002	0 / (57.8)	209	(5.8) (6.9)	(10.0) (11.3)	(19)	(19.7) (22.3)	— (1.5)
しゅうまい 18012	0 / (60.2)	191	(7.5) (9.1)	(8.7) (9.2)	(27)	(15.9) (19.5)	— (1.7)
中国 菜類 Chinese foods							
酢豚 18047	0 / (83.4)	77	(4.0) (4.6)	(3.1) (3.3)	(15)	(6.0) (7.6)	— (0.8)
八宝菜 18048	0 / (86.0)	64	(4.9) (5.8)	(2.9) (3.2)	(44)	(1.9) (3.8)	— (0.9)
麻婆豆腐 18049	0 / (80.0)	104	(7.2) (7.8)	(6.4) (6.8)	(10)	(1.9) (3.8)	(0.7) (0.5)
韓国 和え物類 Dressed foods							
もやしのナムル 18039	0 / (84.4)	70	(2.5) (3.1)	(4.2) (4.5)	0	(2.5) (5.7)	— (2.7)

洋風 フライ類 Fried foods

フライとは、食材に小麦粉・溶き卵・パン粉の順で衣をつけ、160～180℃で揚げた料理。

●いかフライ
皮をむいたいかを輪切りなどにしてフライにしたもの。下処理をていねいにすることで油はねが少なくなる。

●えびフライ
えびのからと背わたを取ってフライにしたもの。タルタルソースやウスターソースなどが添えられることが多い。

●白身フライ
たらやメルルーサなどの白身魚をフライにしたもの。

●メンチカツ
ひき肉（ミンチ）にたまねぎのみじん切りなどを混ぜて小判型や球型に成形し、フライにしたもの。

洋風 フライ用冷凍食品 Frozen foods

フライ用冷凍食品には、フライ済みのものと、食材に衣をつけたフライ前のものがある。後者は、解凍せずにそのまま揚げる。

洋風 その他

●えびグラタン
えび・野菜・マカロニなどとホワイトソースを混ぜてグラタン皿に入れ、チーズやパン粉を振って焼き色がつくまでオーブンで焼いた料理。

●えびピラフ
生米・肉・野菜・香辛料などをバターで炒め、スープで炊きあげた炊き込みご飯。

中国 点心類 Chinese snacks

点心とは中国料理の軽食の総称。

●ぎょうざ
ひき肉と野菜を混ぜたあんを小麦粉製の皮で包み、焼く、ゆでる、蒸すなどした料理。

●しゅうまい
ひき肉とたまねぎのみじん切りなどを混ぜたあんを、小麦粉製のごく薄い四角い皮で包み、円筒形に成形して蒸した料理。

中国 菜類 Chinese foods

菜とは主菜となる料理のこと。

●酢豚
角切りの豚肉に下味をつけてかたくり粉をまぶして揚げ、炒めた野菜とともに煮て甘酢あんをからめた広東料理。

●八宝菜
八宝は多くのよい食材という意味。豚肉・えび・いか・はくさい・しいたけなど多くの材料を炒めてスープを加え、調味してかたくり粉でとろみをつけた広東料理。

●麻婆豆腐
豆腐・ひき肉などを、豆板醤や豆豉などの調味料で炒め煮した辛味のある四川料理。

韓国 和え物類 Dressed foods

ナムルは、野菜や山菜をごま油、しょうゆ、おろしにんにく、とうがらしなどで和えた料理。ビビンバの具などに用いる。

One Point 韓国料理の特徴▶調味にとうがらしやごま油が多く使われる、牛肉料理が発達しており利用部位や調理法が多様、食べ物はすべて薬になると

ナトリウム mg 200	カリウム mg 200	カルシウム mg 200	リン mg 200	鉄 mg 2.0	亜鉛 mg 2.0	ビタミンA レチノール活性当量 μg 20	レチノール μg 20	β-カロテン当量 μg 200	ビタミンD μg 2.0	ビタミンE α-トコフェロール mg 2.0	ビタミンB1 mg 0.20	ビタミンB2 mg 0.20	葉酸 μg 20	ビタミンC mg 20	食塩相当量 g 1.0
(200)	(140)	(16)	(150)	(0.4)	(0.9)	(8)	(8)	(1)	(0.1)	(2.1)	(0.04)	(0.03)	(13)	(1)	(0.5)
(340)	(200)	(69)	(200)	(0.6)	(1.3)	(13)	(13)	(1)	(0.2)	(2.2)	(0.08)	(0.05)	(22)	0	(0.9)
340	240	47	100	0.5	—	57	57	0	—	—	0.10	0.10	—	1	0.9
(350)	(240)	(24)	(96)	(1.2)	(1.6)	(10)	(5)	(55)	(0.1)	(1.4)	(0.14)	(0.09)	(28)	(1)	(0.9)
340	95	42	90	1.5	—	Tr	Tr	Tr	—	—	0.04	0.07	—	1	0.9
(380)	(140)	(97)	(110)	(0.3)	(0.6)	(69)	(32)	(440)	(0.2)	(0.6)	(0.04)	(0.11)	(13)	(2)	(1.0)
(560)	(63)	(11)	(45)	(0.2)	(0.6)	(23)	(1)	(260)	(0.1)	(0.4)	(0.02)	(0.02)	(5)	(2)	(1.4)
(460)	(170)	(22)	(62)	(0.6)	(0.6)	(10)	(3)	(77)	(0.1)	(0.6)	(0.14)	(0.07)	(22)	(4)	(1.2)
(520)	(260)	(26)	(92)	(0.9)	(0.8)	(6)	(6)	(1)	(0.1)	(0.2)	(0.16)	(0.10)	(26)	(1)	(1.3)
(210)	(130)	(9)	(52)	(0.3)	(0.5)	(50)	(2)	(570)	(0.1)	(0.5)	(0.17)	(0.05)	(9)	(4)	(0.5)
(320)	(150)	(26)	(77)	(0.4)	(0.6)	(49)	(13)	(440)	(0.3)	(0.6)	(0.13)	(0.06)	(20)	(5)	(0.8)
(380)	(150)	(64)	(86)	(1.3)	(0.9)	(3)	(1)	(17)	(0.1)	(0.3)	(0.16)	(0.07)	(13)	(1)	(1.0)
(510)	(160)	(91)	(62)	(1.2)	(0.5)	(140)	0	(1700)	0	(1.1)	(0.05)	(0.07)	(64)	(9)	(1.3)

肉類　卵類　乳類　油脂類　菓子類　し好飲料類　調味料・香辛料類　調理済み流通食品類　外食・中食　市販食品

いう考え方によって肉や野菜のバランスを考える、品数が多いなどが特徴。

外食・中食

EATING OUT・READY MEAL

エッグマックマフィン®

内容量139g

イングリッシュマフィン・タマゴ・カナディアンベーコン（ロースハム）・チェダースライスチーズ

1個食べたら

エネルギー	311 kcal
たんぱく質	19.2 g
脂質	13.5 g
炭水化物	27.1 g
カルシウム	171 mg
鉄	1.3 mg
ビタミンA	118 µg
ビタミンB1	0.13 mg
ビタミンB2	0.31 mg
ビタミンC	0 mg
食塩相当量	1.6 g

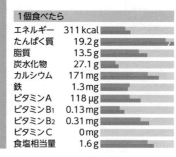

マクドナルド
（2022年7月現在）

[凡例] 身体活動レベルⅡの15〜17歳男女における栄養摂取基準の約1/3を示す。

栄養素	男子	女子
エネルギー	933kcal	767kcal
たんぱく質	21.7g	18.3g
脂質	25.9g	21.3g
炭水化物	134.2g	110.2g
カルシウム	267mg	217mg
鉄	3.3mg	3.5mg
ビタミンA	300µg	217µg
ビタミンB1	0.50mg	0.40mg
ビタミンB2	0.57mg	0.47mg
ビタミンC	33mg	33mg
食塩相当量	2.5g	2.2g

※成分の−は未測定、未公表。

ハンバーガー®

内容量108g

バンズ・ビーフパティ・オニオン・ピクルス

1個食べたら

エネルギー	256 kcal
たんぱく質	12.8 g
脂質	9.4 g
炭水化物	30.3 g
カルシウム	30 mg
鉄	1.2 mg
ビタミンA	14 µg
ビタミンB1	0.10 mg
ビタミンB2	0.09 mg
ビタミンC	1 mg
食塩相当量	1.4 g

マクドナルド
（2022年7月現在）

ビッグマック®

内容量217g

バンズ・ビーフパティ・オニオン・ピクルス・レタス・チェダースライスチーズ

1個食べたら

エネルギー	525 kcal
たんぱく質	26.0 g
脂質	28.3 g
炭水化物	41.8 g
カルシウム	143 mg
鉄	2.2 mg
ビタミンA	74 µg
ビタミンB1	0.17 mg
ビタミンB2	0.24 mg
ビタミンC	2 mg
食塩相当量	2.6 g

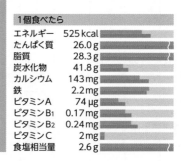

マクドナルド
（2022年7月現在）

フィレオフィッシュ®

内容量137g

バンズ・フィッシュポーション（スケソウダラ）・チェダースライスチーズ

1個食べたら

エネルギー	326 kcal
たんぱく質	14.3 g
脂質	14.0 g
炭水化物	36.1 g
カルシウム	75 mg
鉄	0.5 mg
ビタミンA	28 µg
ビタミンB1	0.11 mg
ビタミンB2	0.09 mg
ビタミンC	0 mg
食塩相当量	1.6 g

マクドナルド
（2022年7月現在）

ミニッツメイドオレンジ (M)

内容量425g

1杯飲んだら

エネルギー	143 kcal
たんぱく質	3.3 g
脂質	0 g
炭水化物	33.8 g
カルシウム	29 mg
鉄	0.3 mg
ビタミンA	13 µg
ビタミンB1	0.33 mg
ビタミンB2	0 mg
ビタミンC	133 mg
食塩相当量	0.0 g

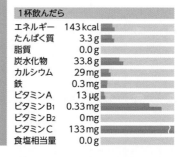

マクドナルド
（2022年7月現在）

ファストフードの栄養価1 [マクドナルド]

ハンバーガー
+
フライドポテト(S)
+
ミルク

エネルギー	618 kcal
たんぱく質	22.4 g
脂質	28.5 g
炭水化物	68.0 g
カルシウム	267 mg
鉄	1.8 mg
ビタミンA	92 µg
ビタミンB1	0.31 mg
ビタミンB2	0.41 mg
ビタミンC	12 mg
食塩相当量	2.1 g

ホットケーキ
+
ハッシュポテト
+
ミニッツメイドオレンジ(S)

エネルギー	559 kcal
たんぱく質	11.6 g
脂質	18.9 g
炭水化物	88.4 g
カルシウム	416 mg
鉄	3.7 mg
ビタミンA	51 µg
ビタミンB1	0.29 mg
ビタミンB2	0.57 mg
ビタミンC	87 mg
食塩相当量	2.2 g

※身体活動レベルⅡ（ふつう）15〜17歳女子における1日の食事摂取基準の約1/3に対する比をグラフで示した。

モスバーガー

内容量209g

バンズ・ハンバーガーパティ・トマト・オニオン・ミートソース・アメリカンマスタード・カロリーハーフマヨネーズタイプ

1個食べたら

エネルギー	367 kcal
たんぱく質	15.7 g
脂質	15.5 g
炭水化物	41.3 g
カルシウム	32 mg
鉄	1.2 mg
ビタミンA	30 µg
ビタミンB₁	0.10 mg
ビタミンB₂	0.10 mg
ビタミンC	10 mg
食塩相当量	2.1 g

モスバーガー

テリヤキバーガー

内容量168g

バンズ・ハンバーガーパティ＋テリヤキソース・レタス・カロリーハーフマヨネーズタイプ

1個食べたら

エネルギー	378 kcal
たんぱく質	14.7 g
脂質	16.9 g
炭水化物	41.6 g
カルシウム	29 mg
鉄	1.1 mg
ビタミンA	19 µg
ビタミンB₁	0.09 mg
ビタミンB₂	0.11 mg
ビタミンC	3 mg
食塩相当量	2.6 g

モスバーガー

モスライスバーガー

（海鮮かきあげ 塩だれ）

内容量183g

ライスプレート・海鮮かきあげ・海鮮かきあげソース

1個食べたら

エネルギー	373 kcal
たんぱく質	8.5 g
脂質	10.5 g
炭水化物	61.5 g
カルシウム	44 mg
鉄	0.6 mg
ビタミンA	56 µg
ビタミンB₁	0.09 mg
ビタミンB₂	0.04 mg
ビタミンC	0 mg
食塩相当量	1.9 g

モスバーガー

アイスカフェラテ (M)

内容量210g

1杯飲んだら

エネルギー	109 kcal
たんぱく質	5.4 g
脂質	6.1 g
炭水化物	8.1 g
カルシウム	177 mg
鉄	0.0 mg
ビタミンA	61 µg
ビタミンB₁	0.06 mg
ビタミンB₂	0.25 mg
ビタミンC	2 mg
食塩相当量	0.2 g

モスバーガー

ロースカツバーガー

内容量175g

バンズ・ロースカツ＋カツソース・キャベツの千切り・アメリカンマスタード

1個食べたら

エネルギー	414 kcal
たんぱく質	16.6 g
脂質	16.6 g
炭水化物	50.0 g
カルシウム	34 mg
鉄	0.9 mg
ビタミンA	9 µg
ビタミンB₁	0.59 mg
ビタミンB₂	0.10 mg
ビタミンC	12 mg
食塩相当量	2.4 g

モスバーガー

オニオンフライ

内容量80g

オニオン

1袋食べたら

エネルギー	250 kcal
たんぱく質	4.0 g
脂質	14.5 g
炭水化物	26.0 g
カルシウム	112 mg
鉄	0.4 mg
ビタミンA	0 µg
ビタミンB₁	0.03 mg
ビタミンB₂	0.40 mg
ビタミンC	2 mg
食塩相当量	1.2 g

モスバーガー

ファストフードの栄養価2 [モスバーガー]

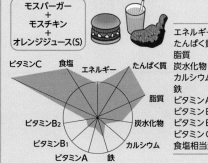

モスバーガー ＋ モスチキン ＋ オレンジジュース(S)

エネルギー	719 kcal
たんぱく質	32.3 g
脂質	32.1 g
炭水化物	75.6 g
カルシウム	59 mg
鉄	2.0 mg
ビタミンA	65 µg
ビタミンB₁	0.15 mg
ビタミンB₂	0.16 mg
ビタミンC	90 mg
食塩相当量	3.6 g

ダブルモス 野菜バーガー ＋ こだわりサラダ ＋ アイスカフェラテ (S)

エネルギー	615 kcal
たんぱく質	27.8 g
脂質	32.4 g
炭水化物	53.9 g
カルシウム	180 mg
鉄	2.7 mg
ビタミンA	109 µg
ビタミンB₁	0.21 mg
ビタミンB₂	0.36 mg
ビタミンC	36 mg
食塩相当量	3.2 g

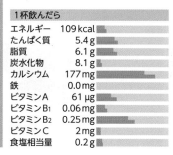

肉類
卵類
乳類
油脂類
菓子類
し好飲料類
調味料・香辛料類
調理済み流通食品類
外食・中食
市販食品

チキンフィレバーガー

内容量161g

全粒粉バンズ・チキンフィレ・レタス・オリーブオイル入りマヨソース

1個食べたら

エネルギー	401 kcal
たんぱく質	24.5 g
脂質	20.0 g
炭水化物	31.0 g
カルシウム	24 mg
鉄	0.9 mg
ビタミンA	20 µg
ビタミンB1	0.19 mg
ビタミンB2	0.13 mg
ビタミンC	3 mg
食塩相当量	2.4 g

ケンタッキー
フライドチキン

和風チキンカツバーガー

内容量165g

全粒粉バンズ・チキンカツ・千切りキャベツ・特製マヨソース・醤油風味テリヤキソース

1個食べたら

エネルギー	454 kcal
たんぱく質	16.2 g
脂質	25.4 g
炭水化物	40.3 g
カルシウム	27 mg
鉄	0.9 mg
ビタミンA	8 µg
ビタミンB1	0.13 mg
ビタミンB2	0.09 mg
ビタミンC	10 mg
食塩相当量	2.0 g

ケンタッキー
フライドチキン

オリジナルチキン

内容量87g
(可食部平均)

鶏肉・小麦粉・卵・牛乳・食塩・スパイス類

1個食べたら

エネルギー	218 kcal
たんぱく質	16.5 g
脂質	12.8 g
炭水化物	9.1 g
カルシウム	15 mg
鉄	0.6 mg
ビタミンA	48 µg
ビタミンB1	0.09 mg
ビタミンB2	0.48 mg
ビタミンC	4 mg
食塩相当量	1.5 g

ケンタッキー
フライドチキン

ビスケット (ハニーメイプル付)

内容量51g
10g
(ハニーメイプル)

小麦粉・卵・ビスケットオイル・ハニーメイプル

ハニーメイプルをつけて1個食べたら

エネルギー	229 kcal
たんぱく質	3.2 g
脂質	11.1 g
炭水化物	28.7 g
カルシウム	23 mg
鉄	0.2 mg
ビタミンA	3 µg
ビタミンB1	0.04 mg
ビタミンB2	0.03 mg
ビタミンC	0 mg
食塩相当量	0.9 g

ケンタッキー
フライドチキン

ペッパーマヨツイスター

内容量143g

トルティーヤ・カーネルクリスピー・レタス・ペッパー風味マヨネーズ・ピカンテサルサ

1個食べたら

エネルギー	328 kcal
たんぱく質	11.3 g
脂質	17.4 g
炭水化物	31.4 g
カルシウム	106 mg
鉄	0.7 mg
ビタミンA	19 µg
ビタミンB1	0.15 mg
ビタミンB2	0.14 mg
ビタミンC	7 mg
食塩相当量	1.7 g

ケンタッキー
フライドチキン

コールスロー M

内容量130g

キャベツ・にんじん・たまねぎ風味が加わったコールスロードレッシング

1カップ食べたら

エネルギー	137 kcal
たんぱく質	1.6 g
脂質	10.2 g
炭水化物	10.3 g
カルシウム	44 mg
鉄	0.4 mg
ビタミンA	43 µg
ビタミンB1	0.04 mg
ビタミンB2	0.04 mg
ビタミンC	39 mg
食塩相当量	0.9 g

ケンタッキー
フライドチキン

ファストフードの栄養価3 [KFC]

和風チキンカツバーガー
＋
コールスロー (S)
＋
フライドポテト (S)
＋
オレンジジュース

飲料の数値は非公開なので、一般的な値で代用した。

エネルギー	780 kcal
たんぱく質	20.5 g
脂質	39.6 g
炭水化物	86.0 g
カルシウム	73 mg
鉄	1.7 mg
ビタミンA	38 µg
ビタミンB1	0.38 mg
ビタミンB2	0.14 mg
ビタミンC	86 mg
食塩相当量	3.8 g

オリジナルチキン(2ピース)
＋
ビスケット(ハニーメイプル付)
＋
アイスコーヒー

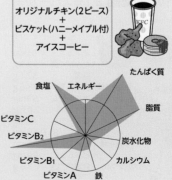

エネルギー	677 kcal
たんぱく質	36.8 g
脂質	36.7 g
炭水化物	49.3 g
カルシウム	54 mg
鉄	1.4 mg
ビタミンA	99 µg
ビタミンB1	0.22 mg
ビタミンB2	1.02 mg
ビタミンC	8 mg
食塩相当量	3.9 g

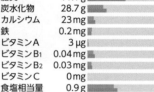

※身体活動レベルⅡ (ふつう) 15～17歳女子における1日の食事摂取基準の約1/3に対する比をグラフで示した。

肉類
卵類
乳類
油脂類
菓子類
し好飲料類
調味料・香辛料類
調理済み流通食品類
外食・中食
市販食品

エビバーガー

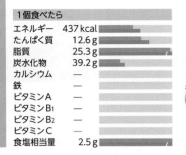

1個食べたら	
エネルギー	437 kcal
たんぱく質	12.6 g
脂質	25.3 g
炭水化物	39.2 g
カルシウム	—
鉄	—
ビタミンA	—
ビタミンB1	—
ビタミンB2	—
ビタミンC	—
食塩相当量	2.5 g

ロッテリア

牛丼　並盛

1杯食べたら	
エネルギー	733 kcal
たんぱく質	22.9 g
脂質	25.0 g
炭水化物	104.1 g
カルシウム	14 mg
鉄	1.4 mg
ビタミンA	6 µg
ビタミンB1	0.1 mg
ビタミンB2	0.2 mg
ビタミンC	2.2 mg
食塩相当量	2.5 g

すき家

フレンチフライポテト (S)

1袋食べたら	
エネルギー	210 kcal
たんぱく質	2.4 g
脂質	10.9 g
炭水化物	26.3 g
カルシウム	—
鉄	—
ビタミンA	—
ビタミンB1	—
ビタミンB2	—
ビタミンC	—
食塩相当量	0.5 g

ロッテリア

牛カレー (並)

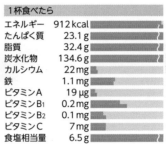

1杯食べたら	
エネルギー	912 kcal
たんぱく質	23.1 g
脂質	32.4 g
炭水化物	134.6 g
カルシウム	22 mg
鉄	1.1 mg
ビタミンA	19 µg
ビタミンB1	0.2 mg
ビタミンB2	0.1 mg
ビタミンC	7 mg
食塩相当量	6.5 g

すき家

シェーキ (バニラ風味)

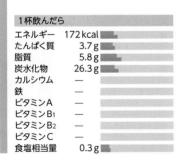

1杯飲んだら	
エネルギー	172 kcal
たんぱく質	3.7 g
脂質	5.8 g
炭水化物	26.3 g
カルシウム	—
鉄	—
ビタミンA	—
ビタミンB1	—
ビタミンB2	—
ビタミンC	—
食塩相当量	0.3 g

ロッテリア

鮭朝食 (並)

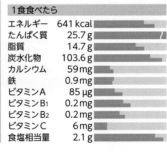

1食食べたら	
エネルギー	641 kcal
たんぱく質	25.7 g
脂質	14.7 g
炭水化物	103.6 g
カルシウム	59 mg
鉄	0.9 mg
ビタミンA	85 µg
ビタミンB1	0.2 mg
ビタミンB2	0.2 mg
ビタミンC	6 mg
食塩相当量	2.1 g

すき家

ファストフードの栄養価4 [ロッテリア]

ハンバーガー + フレンチフライポテト(S) + コーンクリームスープ

エネルギー	543 kcal
たんぱく質	14.3 g
脂質	23.1 g
炭水化物	70.6 g
カルシウム	— mg
鉄	— mg
ビタミンA	— µg
ビタミンB1	— mg
ビタミンB2	— mg
ビタミンC	— mg
食塩相当量	2.7 g

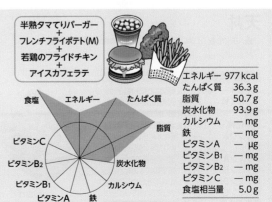

半熟タマてりバーガー + フレンチフライポテト(M) + 若鶏のフライドチキン + アイスカフェラテ

エネルギー	977 kcal
たんぱく質	36.3 g
脂質	50.7 g
炭水化物	93.9 g
カルシウム	— mg
鉄	— mg
ビタミンA	— µg
ビタミンB1	— mg
ビタミンB2	— mg
ビタミンC	— mg
食塩相当量	5.0 g

デミたまハンバーグ

ハンバーグ、たまご、デミグラスソース、ポテト、枝豆、コーン

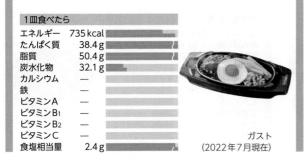

1皿食べたら	
エネルギー	735 kcal
たんぱく質	38.4 g
脂質	50.4 g
炭水化物	32.1 g
カルシウム	—
鉄	—
ビタミンA	—
ビタミンB1	—
ビタミンB2	—
ビタミンC	—
食塩相当量	2.4 g

ガスト
（2022年7月現在）

ミックスグリル

ハンバーグ、チキン、ソーセージ、ドミソース、ガーリックソース、ハッシュポテト、枝豆、コーン

1皿食べたら	
エネルギー	928 kcal
たんぱく質	51.0 g
脂質	64.0 g
炭水化物	34.2 g
カルシウム	—
鉄	—
ビタミンA	—
ビタミンB1	—
ビタミンB2	—
ビタミンC	—
食塩相当量	3.6 g

ガスト
（2022年7月現在）

ベイクドチーズケーキ

チーズ、牛乳、小麦粉、砂糖、卵、植物性油脂、バター、レモン果汁

1個食べたら	
エネルギー	269 kcal
たんぱく質	4.7 g
脂質	17.6 g
炭水化物	27.1 g
カルシウム	—
鉄	—
ビタミンA	—
ビタミンB1	—
ビタミンB2	—
ビタミンC	—
食塩相当量	0.3 g

ガスト
（2022年7月現在）

ハンバーグステーキ

牛肉、じゃがいも、コーン、グリンピース、牛乳、ホワイトソース、卵 他

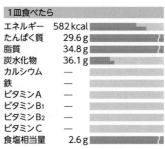

1皿食べたら	
エネルギー	582 kcal
たんぱく質	29.6 g
脂質	34.8 g
炭水化物	36.1 g
カルシウム	—
鉄	—
ビタミンA	—
ビタミンB1	—
ビタミンB2	—
ビタミンC	—
食塩相当量	2.6 g

サイゼリヤ
（2022年7月現在）

ミラノ風ドリア

米、ホワイトソース、ミートソース、牛乳、粉チーズ 他

1皿食べたら	
エネルギー	520 kcal
たんぱく質	12.0 g
脂質	26.3 g
炭水化物	56.9 g
カルシウム	—
鉄	—
ビタミンA	—
ビタミンB1	—
ビタミンB2	—
ビタミンC	—
食塩相当量	2.3 g

サイゼリヤ
（2022年7月現在）

小エビのサラダ

甘エビ、レタス、トマト、にんじん 他

1皿食べたら	
エネルギー	134 kcal
たんぱく質	8.1 g
脂質	8.3 g
炭水化物	7.1 g
カルシウム	—
鉄	—
ビタミンA	—
ビタミンB1	—
ビタミンB2	—
ビタミンC	—
食塩相当量	1.3 g

サイゼリヤ
（2022年7月現在）

天丼

ご飯、天ぷら粉、たれ、えび、れんこん、漬物、アジ、揚げ油、おくら、のり

1杯食べたら	
エネルギー	602 kcal
たんぱく質	16.4 g
脂質	9.8 g
炭水化物	107.0 g
カルシウム	—
鉄	—
ビタミンA	—
ビタミンB1	—
ビタミンB2	—
ビタミンC	—
食塩相当量	2.7 g

和食さと
（2022年7月現在）

ざるそば

そば、めんつゆ、青ネギ、わさび、のり

1枚食べたら	
エネルギー	277 kcal
たんぱく質	13.0 g
脂質	2.2 g
炭水化物	51.6 g
カルシウム	—
鉄	—
ビタミンA	—
ビタミンB1	—
ビタミンB2	—
ビタミンC	—
食塩相当量	2.0 g

和食さと
（2022年7月現在）

生姜焼き

豚肉、玉ねぎ、キャベツ、タレ、調味料　他

1個食べたら	
エネルギー	544 kcal
たんぱく質	16.1 g
脂質	47.0 g
炭水化物	9.9 g
カルシウム	—
鉄	—
ビタミンA	—
ビタミンB1	—
ビタミンB2	—
ビタミンC	—
食塩相当量	2.1 g

オリジン弁当
（2022年7月現在）

タルタルのり弁当

ご飯、白身魚フライ、ちくわ天、きんぴらごぼう、しょうゆ、かつお節、のり、加工でん粉、調味料他（別添タルタルソース、しょうゆ）

1個食べたら	
エネルギー	618 kcal
たんぱく質	18.4 g
脂質	13.8 g
炭水化物	100.6 g
カルシウム	—
鉄	—
ビタミンA	—
ビタミンB1	—
ビタミンB2	—
ビタミンC	—
食塩相当量	3.0 g

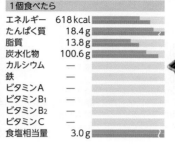

オリジン弁当
（2021年7月現在）

海老とブロッコリーのサラダ

ブロッコリー、マヨネーズ、鶏卵、ボイルエビ、調味料　他

100g食べたら	
エネルギー	228 kcal
たんぱく質	11.1 g
脂質	21.6 g
炭水化物	2.3 g
カルシウム	—
鉄	—
ビタミンA	—
ビタミンB1	—
ビタミンB2	—
ビタミンC	—
食塩相当量	0.8 g

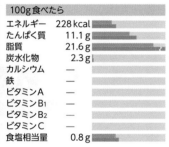

オリジン弁当
（2022年7月現在）

のり弁当

米、のり、かつお節、こんぶ、だいこん、にんじん、ごぼう、魚のすり身、白身魚、小麦粉、パン粉、調味料　他

1個食べたら	
エネルギー	731 kcal
たんぱく質	19.4 g
脂質	20.7 g
炭水化物	120.6 g
カルシウム	—
鉄	—
ビタミンA	—
ビタミンB1	—
ビタミンB2	—
ビタミンC	—
食塩相当量	3.3 g

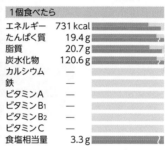

ほっともっと
（2022年7月現在）

肉野菜炒め弁当

米、豚肉、枝豆、きゃべつ、もやし、たまねぎ、にんじん、調味料　他

1個食べたら	
エネルギー	646 kcal
たんぱく質	22.7 g
脂質	16.9 g
炭水化物	106.3 g
カルシウム	—
鉄	—
ビタミンA	—
ビタミンB1	—
ビタミンB2	—
ビタミンC	—
食塩相当量	4.3 g

ほっともっと
（2022年7月現在）

ロースかつ丼

米、豚肉、卵、玉ねぎ、かつお節、だいこん、小麦粉、パン粉、調味料　他

1個食べたら	
エネルギー	944 kcal
たんぱく質	31.7 g
脂質	36.6 g
炭水化物	126.5 g
カルシウム	—
鉄	—
ビタミンA	—
ビタミンB1	—
ビタミンB2	—
ビタミンC	—
食塩相当量	4.3 g

ほっともっと
（2022年7月現在）

デラックスMサイズ（ハンドトス）

小麦粉、チーズ、ペパロニサラミ、ベーコン、ピーマン、オニオン、トマトソース

1ピース（1/8枚）食べたら	
エネルギー	149 kcal
たんぱく質	6.4 g
脂質	6.1 g
炭水化物	16.3 g
カルシウム	—
鉄	—
ビタミンA	—
ビタミンB1	—
ビタミンB2	—
ビタミンC	—
食塩相当量	0.9 g

ピザハット
（2022年7月現在）

ツナマイルドMサイズ（ハンドトス）

小麦粉、チーズ、ツナマヨ、ベーコン、オニオン、コーン、トマトソース

1ピース（1/8枚）食べたら	
エネルギー	158 kcal
たんぱく質	7.0 g
脂質	6.6 g
炭水化物	16.8 g
カルシウム	—
鉄	—
ビタミンA	—
ビタミンB1	—
ビタミンB2	—
ビタミンC	—
食塩相当量	1.0 g

ピザハット
（2022年7月現在）

市販食品

FOODS ON THE MARKET

※パッケージは現在と異なる場合がある。

[凡例] 身体活動レベルⅡの15〜17歳男女における
食事摂取基準の約1/3を示す。

	男子	女子	
エネルギー	933kcal	767kcal	
たんぱく質	21.7g	18.3g	
脂質	25.9g	21.3g	
炭水化物	134.2g	110.2g	
カルシウム	267mg	217mg	
鉄	3.3mg	3.5mg	
ビタミンA	300µg	217µg	
ビタミンB₁	0.50mg	0.40mg	
ビタミンB₂	0.57mg	0.47mg	※成分の−は
ビタミンC	33mg	33mg	未測定、
食塩相当量	2.5g	2.2g	未公表。

日清スパ王プレミアム
海老のトマトクリーム
内容量304g

めん〔スパゲティ（デュラム小麦のセモリナ）（イタリア製造）〕・トマトペースト・えび・植物油脂・乳等を主要原料とする食品・野菜（ブロッコリー・たまねぎ）・豚脂・全粉乳・食塩・砂糖・野菜調味油・クリーム・えび調味油・ガーリックペースト　他

1袋食べたら

エネルギー	459kcal
たんぱく質	14.3g
脂質	17.6g
炭水化物	60.8g
カルシウム	—
鉄	—
ビタミンA	—
ビタミンB₁	—
ビタミンB₂	—
ビタミンC	—
食塩相当量	2.5g

日清食品冷凍（株）
（2022年9月現在）

[冷凍食品]

具だくさんエビピラフ
内容量450g

米・野菜（にんじん・スイートコーン・さやいんげん・たまねぎ・赤ピーマン）・ボイルえび・マッシュルーム・食塩・野菜加工品・乳等を主要原料とする食品・砂糖・ブイヨン風調味料・ワイン・焦がしバター風味油・卵白・香辛料・なたね油・チキンエキス・でん粉・アサリエキス調味料・魚介エキス調味料・発酵調味料　他

1/2袋（225g）食べたら

エネルギー	308kcal
たんぱく質	6.8g
脂質	3.2g
炭水化物	63.0g
カルシウム	—
鉄	—
ビタミンA	—
ビタミンB₁	—
ビタミンB₂	—
ビタミンC	—
食塩相当量	2.2g

味の素冷凍食品（株）
（2022年8現在）

えび＆タルタルソース
内容量126g（6個）

タルタルソース〔植物油脂・砂糖・食酢・卵黄加工品・ピクルス（きゅうり）・食塩・卵白粉・ゼラチン・香辛料〕・たまねぎ・魚肉すりみ・衣（パン粉）

2個食べたら

エネルギー	136kcal
たんぱく質	2.8g
脂質	9.6g
炭水化物	9.6g
カルシウム	—
鉄	—
ビタミンA	—
ビタミンB₁	—
ビタミンB₂	—
ビタミンC	—
食塩相当量	0.8g

マルハニチロ（株）
（2022年8月現在）

お弁当にGood!® からあげチキン
内容量126g（6個）

鶏肉（タイ産又は国産（5%未満））・しょうゆ・粒状植物性たん白・植物油脂・砂糖・鶏油・粉末状植物性たん白・香辛料・粉末卵白・チキンエキス・発酵調味料・酵母エキスパウダー・食塩・酵母エキス・衣（コーンフラワー・でん粉・食塩・小麦たん白加工品・香辛料・粉末しょうゆ・コーングリッツ・粉末卵白・モルトエキスパウダー）・揚げ油（大豆油）　他

3個食べたら

エネルギー	132kcal
たんぱく質	6.6g
脂質	7.5g
炭水化物	9.3g
カルシウム	—
鉄	—
ビタミンA	—
ビタミンB₁	—
ビタミンB₂	—
ビタミンC	—
食塩相当量	1.2g

（株）ニチレイフーズ
（2022年8月現在）

ほしいぶんだけ パリッと具だくさん 五目春巻
内容量150g（6個）

野菜（たけのこ・にんじん・キャベツ）・ラード・粒状植物性たん白・豚肉・はるさめ・しょうゆ・はっ酵調味料・チャーシューペースト・砂糖・でん粉・おろししょうが・植物油脂・ポークエキス・がらスープ・XO醤・乾燥しいたけ・おろしにんにく・酵母エキス・香辛料・オイスターソース・酵母エキスパウダー・香味油・紹興酒・メンマパウダー　他

1個食べたら

エネルギー	79kcal
たんぱく質	1.3g
脂質	4.9g
炭水化物	7.4g
カルシウム	—
鉄	—
ビタミンA	—
ビタミンB₁	—
ビタミンB₂	—
ビタミンC	—
食塩相当量	0.3g

日本水産（株）
（2022年8月現在）

ミックスベジタブル
内容量270g

スイートコーン・グリンピース・にんじん

1/3袋（90g）食べたら

エネルギー	75kcal
たんぱく質	2.8g
脂質	1.1g
炭水化物	13.5g
カルシウム	—
鉄	—
ビタミンA	—
ビタミンB₁	—
ビタミンB₂	—
ビタミンC	—
食塩相当量	0.1g

味の素冷凍食品（株）
（2022年8月現在）

洋風野菜
内容量300g

ブロッコリー・カリフラワー・にんじん・ヤングコーン・いんげん

1/3袋（100g）食べたら

エネルギー	32kcal
たんぱく質	1.9g
脂質	0.4g
炭水化物	5.3g
カルシウム	—
鉄	—
ビタミンA	—
ビタミンB₁	—
ビタミンB₂	—
ビタミンC	—
食塩相当量	0.1g

（株）ニチレイフーズ
（2022年8月現在）

[コンビニ食品]

シーフードピラフ

米・えび・いか・マッシュルーム・コーン・にんじん・グリンピース・パセリ・にんにく・pH調整剤・グリシン・調味料・酢酸Na・メタリン酸Na・増粘剤・カロチノイド色素・香料・乳酸Ca・保存料・ビタミンB₁

1食分食べると

エネルギー	504 kcal
たんぱく質	14.6 g
脂質	10.1 g
炭水化物	89 g
カルシウム	70 mg
鉄	1.5 mg
ビタミンA	156 µg
ビタミンB₁	0.18 mg
ビタミンB₂	0.12 mg
ビタミンC	8 mg
食塩相当量	2.0 g

すし (いなり・のり巻き)

米・のり・油あげ・かんぴょう・卵・きゅうり・しいたけ・でんぶ・調味料・甘味料・pH調整剤・ソルビット・リン酸塩・着色料

1食分食べると

エネルギー	568 kcal
たんぱく質	16.7 g
脂質	9.0 g
炭水化物	105 g
カルシウム	93 mg
鉄	1.8 mg
ビタミンA	163 µg
ビタミンB₁	0.09 mg
ビタミンB₂	0.18 mg
ビタミンC	5 mg
食塩相当量	2.0 g

牛丼

米・牛肉・たまねぎ・紅しょうが・しょうゆ・砂糖・調味料・pH調整剤・グリシン・着色料・酸味料・保存料・水酸化Ca

1食分食べると

エネルギー	863 kcal
たんぱく質	25.7 g
脂質	30.8 g
炭水化物	121 g
カルシウム	27 mg
鉄	2.0 mg
ビタミンA	13 µg
ビタミンB₁	0.11 mg
ビタミンB₂	0.17 mg
ビタミンC	3 mg
食塩相当量	1.9 g

ざるそば

そば（ゆで）・ねぎ・白ごま・わさび・めんつゆ

1食分食べると

エネルギー	369 kcal
たんぱく質	16.6 g
脂質	4.0 g
炭水化物	66.7 g
カルシウム	83 mg
鉄	3.0 mg
ビタミンA	108 µg
ビタミンB₁	0.16 mg
ビタミンB₂	0.17 mg
ビタミンC	3 mg
食塩相当量	1.5 g

コンビニのすしを食べるときは…

すし	ひじきの煮物	アセロラジュース
568kcal	123kcal	76kcal

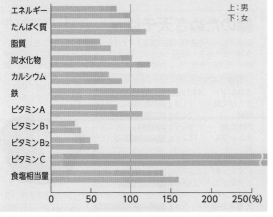

(200mL)

すしは、のりやだいず加工食品の油揚げを使っていて比較的栄養バランスがよいが、ビタミンB₁やビタミンCが不足する。アセロラジュースを組み合わせて、ビタミンCを補う。また、ひじきの煮物を加えてカルシウムや鉄、ビタミンAを補えば、よりバランスのよい食事になる。

上：男
下：女

エネルギー
たんぱく質
脂質
炭水化物
カルシウム
鉄
ビタミンA
ビタミンB₁
ビタミンB₂
ビタミンC
食塩相当量

0　　50　　100　　150　　200　　250(%)

コンビニの牛丼を食べるときは…

牛丼	ほうれんそうのごまあえ	インスタントワカメスープ
863kcal	54kcal	21kcal

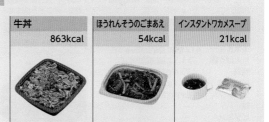

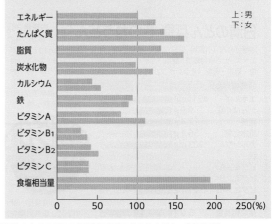

牛丼は、エネルギー・たんぱく質・脂質は単品でも100％前後。これにミネラルやビタミン類を補強するには、ほうれんそうのごまあえを加えるとよい。ご飯物にスープはつきものだが、塩分が多いところに気をつけよう。

上：男
下：女

エネルギー
たんぱく質
脂質
炭水化物
カルシウム
鉄
ビタミンA
ビタミンB₁
ビタミンB₂
ビタミンC
食塩相当量

0　　50　　100　　150　　200　　250(%)

※グラフの100％はp.304凡例と同じく、身体活動レベルⅡ（ふつう）15～17歳男女における1日の食事摂取基準の約1/3を示す。（以下同様）

肉類
卵類
乳類
油脂類
菓子類
し好飲料類
調味料・香辛料類
調理済み流通食品類
外食・中食
市販食品

カップヌードル

内容量78g（めん65g）

油揚げめん（小麦粉（国内製造）・植物油脂・食塩・チキンエキス・ポークエキス・しょうゆ・ポーク調味料・たん白加水分解物・香辛料）・かやく（味付豚ミンチ・味付卵・味付えび・味付豚肉・ねぎ）・スープ（糖類・粉末しょうゆ・食塩・香辛料・たん白加水分解物・香味調味料・メンマパウダー）他

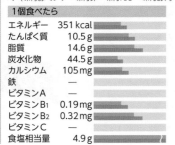

1個食べたら

エネルギー	351 kcal
たんぱく質	10.5 g
脂質	14.6 g
炭水化物	44.5 g
カルシウム	105 mg
鉄	―
ビタミンA	―
ビタミンB₁	0.19 mg
ビタミンB₂	0.32 mg
ビタミンC	―
食塩相当量	4.9 g

日清食品（株）
（2022年8月現在）

明星 中華三昧 榮林 酸辣湯麺

内容量103g（めん70g）

めん（小麦粉（国内製造）・植物性たん白・植物油脂・食塩・卵粉・乳たん白・大豆食物繊維）・スープ（しょうゆ・植物油脂・鶏肉エキス・糖類・食塩・香味油・香味調味料・香辛料・醸造酢・たん白加水分解物・でん粉・デキストリン・黒酢・貝エキス・ねぎ）／調味料（アミノ酸等）他

1袋食べたら

エネルギー	377 kcal
たんぱく質	11.3 g
脂質	9.4 g
炭水化物	61.8 g
カルシウム	―
鉄	―
ビタミンA	―
ビタミンB₁	―
ビタミンB₂	―
ビタミンC	―
食塩相当量	6.0 g

明星食品（株）
（2022年9月現在）

チキンラーメン

内容量85g

油揚げめん（小麦粉（国内製造）・植物油脂・しょうゆ・食塩・チキンエキス・香辛料・糖類・たん白加水分解物・卵粉・デキストリン・香味調味料・オニオンパウダー）／加工でん粉・調味料（アミノ酸等）・炭酸Ca・かんすい・酸化防止剤（ビタミンE）他

1袋食べたら

エネルギー	377 kcal
たんぱく質	8.2 g
脂質	14.5 g
炭水化物	53.6 g
カルシウム	278 mg
鉄	―
ビタミンA	―
ビタミンB₁	0.61 mg
ビタミンB₂	0.74 mg
ビタミンC	―
食塩相当量	5.6 g

日清食品（株）
（2022年8月現在）

日清焼そばU.F.O.

内容量128g（めん100g）

油揚げめん（小麦粉（国内製造）・植物油脂・食塩・しょうゆ・香辛料）・ソース（ソース・糖類・植物油脂・還元水あめ・食塩・香辛料・ポークエキス・ポーク調味油・たん白加水分解物・香味油）・かやく（キャベツ・味付豚肉・青のり・紅生姜）／加工でん粉・カラメル色素・調味料（アミノ酸等）他

1個食べたら

エネルギー	556 kcal
たんぱく質	9.4 g
脂質	20.9 g
炭水化物	82.6 g
カルシウム	167 mg
鉄	―
ビタミンA	―
ビタミンB₁	0.47 mg
ビタミンB₂	0.69 mg
ビタミンC	―
食塩相当量	5.9 g

日清食品（株）
（2022年8月現在）

日清ラ王 背脂醤油

内容量112g（めん75g）

めん（小麦粉（国内製造）・食塩・植物油脂・チキン調味料・大豆食物繊維・卵粉）・スープ（しょうゆ・豚脂・チキンエキス・鶏脂・オニオン調味油・食塩・たん白加水分解物・にぼし調味料・さば調味料・香味油・糖類・魚粉・チキン調味料・香味調味料・香辛料）・かやく（チャーシュー・のり・ねぎ）他

1個食べたら

エネルギー	412 kcal
たんぱく質	11.5 g
脂質	13.4 g
炭水化物	61.4 g
カルシウム	139 mg
鉄	―
ビタミンA	―
ビタミンB₁	0.22 mg
ビタミンB₂	0.32 mg
ビタミンC	―
食塩相当量	6.3 g

日清食品（株）
（2022年8月現在）

スープはるさめ （ワンタン）

内容量22g

春雨（中国製造（でん粉・醸造酢））・かやく（ワンタン・卵・ねぎ）・スープ（食塩・ごま・粉末しょうゆ・チキン調味料・オニオンパウダー・たん白加水分解物・砂糖・香辛料・チキンパウダー・香味調味料・全卵・粉）／調味料（アミノ酸等）・カラメル色素・香料・酸味料 他

1個食べたら

エネルギー	78 kcal
たんぱく質	1.3 g
脂質	1.1 g
炭水化物	16.0 g
カルシウム	―
鉄	―
ビタミンA	―
ビタミンB₁	―
ビタミンB₂	―
ビタミンC	―
食塩相当量	2.1 g

エースコック（株）
（2022年8月現在）

日清のどん兵衛 きつねうどん （東）

内容量96g（めん74g）

油揚げめん（小麦粉（国内製造）・植物油脂・食塩・植物性たん白・こんぶエキス・大豆食物繊維・糖類）・かやく（味付油揚げ・かまぼこ）・スープ（食塩・糖類・魚粉・粉末しょうゆ・かつおぶし調味料・デキストリン・七味唐辛子・ねぎ）／加工でん粉 他

1個食べたら

エネルギー	421 kcal
たんぱく質	9.9 g
脂質	17.4 g
炭水化物	56.1 g
カルシウム	203 mg
鉄	―
ビタミンA	―
ビタミンB₁	0.20 mg
ビタミンB₂	0.22 mg
ビタミンC	―
食塩相当量	5.0 g

日清食品（株）
（2022年8月現在）

緑のたぬき天そば （東）

内容量101g（めん72g）

油揚げめん（小麦粉（国内製造）・そば粉・植物油脂・植物性たん白・食塩・とろろ芋・卵白）・かやく（小えびてんぷら・かまぼこ）・添付調味料（砂糖・食塩・しょうゆ・たん白加水分解物・粉末かつおぶし・香辛料・粉末そうだがつおぶし・ねぎ・香味油脂）／加工でん粉 他

1個食べたら

エネルギー	482 kcal
たんぱく質	11.8 g
脂質	24.3 g
炭水化物	53.9 g
カルシウム	152 mg
鉄	―
ビタミンA	―
ビタミンB₁	0.37 mg
ビタミンB₂	0.32 mg
ビタミンC	―
食塩相当量	5.8 g

東洋水産（株）
（2022年10月現在）

ジャンボむしケーキ（プレーン）　内容量122g

砂糖（国内製造）・卵・小麦粉・食用加工油脂・乳等を主要原料とする食品・しょうゆ／ベーキングパウダー・乳化剤・調味料（アミノ酸等）・香料・（一部に小麦・卵・乳成分・大豆を含む）

1個食べたら

エネルギー	438 kcal
たんぱく質	6.6 g
脂質	20.2 g
炭水化物	57.4 g
カルシウム	—
鉄	—
ビタミンA	—
ビタミンB1	—
ビタミンB2	—
ビタミンC	—
食塩相当量	0.7 g

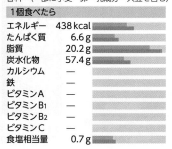

（株）木村屋總本店
（2022年8月現在）

コッペパン（ジャム＆マーガリン）

小麦粉（国内製造）・苺ジャム・マーガリン・糖類・ショートニング・脱脂粉乳・パン酵母・食塩・発酵風味料・発酵種・植物油脂／乳化剤・ゲル化剤（増粘多糖類）・酢酸（Na）・酸味料・香料・イーストフード・カロテノイド色素・V.C・（一部に乳成分・小麦・大豆を含む）

1個食べたら

エネルギー	471 kcal
たんぱく質	9.4 g
脂質	19.7 g
炭水化物	64.0 g
カルシウム	—
鉄	—
ビタミンA	—
ビタミンB1	—
ビタミンB2	—
ビタミンC	—
食塩相当量	0.9 g

山崎製パン（株）
（2022年8月現在）

あんぱん　内容量95g

小豆こしあん（国内製造）・小麦粉・砂糖・食用加工油脂・卵・酒種・パン酵母・脱脂粉乳・桜花塩漬け・バター・醗酵種・小麦たんぱく・食塩・ぶどう糖／乳化剤・pH調整剤・（一部に小麦・卵・乳成分・大豆を含む）

1個食べたら

エネルギー	280 kcal
たんぱく質	6.3 g
脂質	4.0 g
炭水化物	54.6 g
カルシウム	—
鉄	—
ビタミンA	—
ビタミンB1	—
ビタミンB2	—
ビタミンC	—
食塩相当量	0.3 g

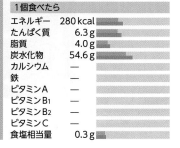

（株）木村屋總本店
（2022年8月現在）

ランチパック（たまご）　内容量2個

卵フィリング（卵・ドレッシング・その他）（国内製造）・小麦粉・砂糖・混合異性化液糖・マーガリン・パン酵母・食塩・脱脂粉乳／増粘剤（加工デンプン・増粘多糖類）・酢酸Na・グリシン・乳化剤・調味料（アミノ酸）・pH調整剤・イーストフード・カロテノイド色素・V.C　他

1個食べたら

エネルギー	146 kcal
たんぱく質	4.3 g
脂質	7.8 g
炭水化物	14.7 g
カルシウム	—
鉄	—
ビタミンA	—
ビタミンB1	—
ビタミンB2	—
ビタミンC	—
食塩相当量	0.8 g

山崎製パン（株）
（2022年8月現在）

カップめんだけでは栄養不足

カップヌードル	切り干し大根	ポテトサラダ
351kcal	112kcal	253kcal

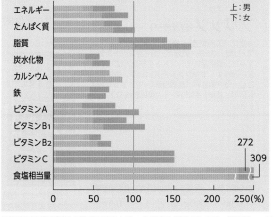

カップめんは脂質や塩分が多く、ミネラルは添加物としてある程度含まれているものの、これだけでは明らかに栄養不足。鉄やビタミンA（カロテン）を多く含む切り干し大根や、ビタミンCを多く含むポテトサラダを組み合わせるとよい。

上：男
下：女

エネルギー
たんぱく質
脂質
炭水化物
カルシウム
鉄
ビタミンA
ビタミンB1
ビタミンB2　272
ビタミンC　309
食塩相当量

0　50　100　150　200　250(%)

ビタミンA不足は野菜ジュースで解消

焼きそば	ヨーグルト	野菜ジュース
556kcal	101kcal	68kcal

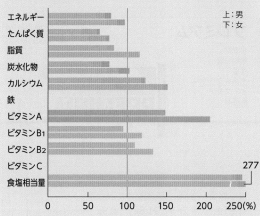

野菜ジュースのビタミンAは、1日の食事摂取基準の約1.5倍も含み、ビタミンA不足の解消には有効。焼きそばは塩分が多いので、ナトリウム代謝に役立つカリウムを多く含むひじきや、ビタミンCを多く含む野菜や果物を加えるとなおよい。

上：男
下：女

エネルギー
たんぱく質
脂質
炭水化物
カルシウム
鉄
ビタミンA
ビタミンB1
ビタミンB2
ビタミンC　277
食塩相当量

0　50　100　150　200　250(%)

※各商品の栄養価は企業分析値のため、未発表の栄養素もある。野菜ジュースのビタミンA、食塩相当量は表記の中央値で計算した。

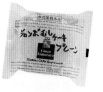

肉類
卵類
乳類
油脂類
菓子類
し好飲料類
調味料・香辛料類
調理済み流通食品類
外食・中食
市販食品

サッポロポテト
（つぶつぶベジタブル）

内容量72g

小麦粉（国内製造）・植物油・じゃがいも・じゃがいもでん粉・乾燥じゃがいも・コーンスターチ・砂糖・ほうれんそう・食塩・上新粉・にんじん・ピーマン・かぼちゃパウダー・トマトペースト・オニオンパウダー・赤ピーマンペースト・レッドビートパウダー・たん白加水分解物　他

1/2袋食べたら	175kcal		
たんぱく質	脂質	炭水化物	食塩相当量
2.2g	7.6g	24.5g	0.5g

カルビー（株）
（2022年8月現在）

チップスター S （うすしお味）

内容量50g

ポテトフレーク（アメリカ製造又はドイツ製造又はその他）・植物油脂・食塩／乳化剤・調味料（アミノ酸）

1箱食べたら	263kcal		
たんぱく質	脂質	炭水化物	食塩相当量
3.2g	14.7g	29.6g	0.5g

ヤマザキビスケット（株）
（2022年8月現在）

じゃがりこ （サラダ）

内容量57g

じゃがいも（国産）・植物油・乾燥じゃがいも・脱脂粉乳・粉末植物油脂・乳等を主要原料とする食品・食塩・乾燥にんじん・パセリ・こしょう／乳化剤（大豆を含む）・調味料（アミノ酸等）・酸化防止剤（V.C）・香料

1カップ食べたら	285kcal		
たんぱく質	脂質	炭水化物	食塩相当量
4.1g	13.7g	36.2g	0.8g

カルビー（株）
（2022年8月現在）

堅あげポテト （うすしお味）

内容量65g

じゃがいも（遺伝子組換えでない）・植物油・食塩・コーンスターチ・こんぶエキスパウダー／調味料（アミノ酸等）・酸化防止剤（ビタミンC）

1/2袋食べたら	167kcal		
たんぱく質	脂質	炭水化物	食塩相当量
2.0g	8.7g	20.1g	0.3g

カルビー（株）
（2022年8月現在）

クリームコロン （あっさりミルク）

内容量81g（6袋）

ショートニング（国内製造）・小麦粉・砂糖・乳糖・麦芽糖・ぶどう糖・鶏卵・デキストリン・全粉乳・乾燥卵白・還元水あめ・洋酒・食塩／乳化剤・香料・パプリカ色素・（一部に卵・乳成分・小麦・大豆を含む）

1袋食べたら	76kcal		
たんぱく質	脂質	炭水化物	食塩相当量
0.6g	4.6g	8.0g	0g

江崎グリコ（株）
（2022年8月現在）

リッツ クラッカー S

内容量128g
（13枚入り3パック）

小麦粉・植物油脂・砂糖・ぶどう糖果糖液糖・食塩・モルトエキス／膨張剤・乳化剤・酸化防止剤（V.E・V.C）・（一部に小麦・大豆を含む）

6枚食べたら	102kcal		
たんぱく質	脂質	炭水化物	食塩相当量
1.5g	4.8g	13.3g	0.3g

モンデリーズ・ジャパン（株）
（2022年8月現在）

プレミアム

内容量241g
（5枚入り8パック）

小麦粉
植物油脂
食塩
モルトフラワー
イースト／
膨張剤

5枚食べたら	136kcal		
たんぱく質	脂質	炭水化物	食塩相当量
3.1g	4.2g	21.8g	0.9g

モンデリーズ・ジャパン（株）
（2022年8月現在）

プリッツ （旨サラダ）

内容量69g（2袋）

小麦粉（国内製造）・植物油脂・ショートニング・砂糖・でん粉・乾燥ポテト・野菜ペースト・ブイヨン混合品・イースト・小麦たんぱく・食塩・酒かす・コンソメシーズニング・香味油・こしょう／調味料（無機塩等）・加工デンプン・乳化剤・香料・酸味料・（一部に乳成分・小麦を含む）

1袋食べたら	177kcal		
たんぱく質	脂質	炭水化物	食塩相当量
3.3g	7.9g	22.3g	0.5g

江崎グリコ（株）
（2022年8月現在）

ポッキー （チョコレート）

内容量72g（2袋）

小麦粉（国内製造）・砂糖・カカオマス・植物油脂・全粉乳・ショートニング・モルトエキス・でん粉・イースト・食塩・ココアバター／乳化剤・香料・膨張剤・アナトー色素・調味料（無機塩）・（一部に乳成分・小麦・大豆を含む）

■1袋食べたら		182kcal	
たんぱく質	脂質	炭水化物	食塩相当量
3.0g	8.2g	24.0g	0.2g

江崎グリコ（株）
（2022年8月現在）

トッポ （チョコレート）

内容量72g（2袋）

小麦粉（国内製造）・砂糖・植物油脂・全粉乳・でん粉・カカオマス・ショートニング・加糖れん乳・ココアパウダー・クリームパウダー・モルトエキス・食塩・ココアバター・大豆胚芽エキス／膨脹剤・乳化剤・香料

■1袋食べたら		192kcal	
たんぱく質	脂質	炭水化物	食塩相当量
2.7g	10.4g	21.9g	0.3g

（株）ロッテ
（2022年8月現在）

オレオ （バニラクリーム）

内容量116g（6枚入り2パック）

小麦粉・砂糖・植物油脂・ココアパウダー・コーンスターチ・食塩／膨張剤・乳化剤・香料・酸味料・酸化防止剤（V.C・V.E）・（一部に小麦・大豆を含む）

■3枚食べたら		147kcal	
たんぱく質	脂質	炭水化物	食塩相当量
1.6g	6.4g	20.8g	0.3g

モンデリーズ・ジャパン（株）
（2022年8月現在）

カントリーマアム （贅沢バニラ）

内容量170g（16枚）

小麦粉・砂糖・植物油脂・チョコレートチップ（乳成分を含む）・還元水あめ・卵・白ねりあん（乳成分を含む）・全脂大豆粉・水あめ・脱脂粉乳・食塩・卵黄（卵を含む）・全粉乳・乳等を主原料とする食品・バニラビーンズ／加工デンプン・乳化剤　ほか

■8枚食べたら		408kcal	
たんぱく質	脂質	炭水化物	食塩相当量
4.0g	19.2g	54.4g	0.4g

（株）不二家
（2022年8月現在）

コアラのマーチ （チョコレート）

内容量48g

砂糖（国内製造又は外国製造）・小麦粉・植物油脂・カカオマス・でん粉・ショートニング・乳糖・全粉乳・液卵・ホエイパウダー・クリームパウダー・脱脂粉乳・食塩・ココアパウダー・ココアバター／炭酸Ca・膨脹剤・カラメル色素・乳化剤（大豆由来）・香料

■1箱食べたら		252kcal	
たんぱく質	脂質	炭水化物	食塩相当量
2.5g	13.8g	29.7g	0.3g

（株）ロッテ
（2022年8月現在）

チョコパイ

内容量186g（6個）

小麦粉（国内製造）・ショートニング・砂糖・水あめ・植物油脂・カカオマス・液卵・乳糖・全粉乳・脱脂粉乳・ホエイパウダー・ココアバター・乳等を主要原料とする食品・洋酒・食塩・でん粉・脱脂濃縮乳・還元水あめ・乾燥卵白・卵黄・乳たんぱく／ソルビトール・酒精・乳化剤（大豆由来）・膨脹剤・加工でん粉・香料・増粘剤（セルロース・カラギーナン）

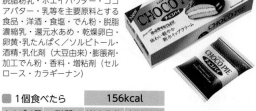

■1個食べたら		156kcal	
たんぱく質	脂質	炭水化物	食塩相当量
1.7g	9.4g	16.2g	0.1g

（株）ロッテ
（2022年11月現在）

18枚ばかうけ （青のり）

内容量105g（2枚×9袋）

米（うるち米（国産・米国産）・うるち米粉（米国産・国産））・植物油脂・でん粉・しょう油（小麦・大豆を含む）・砂糖・醸造調味料・青のり・あおさ・焼のり・みりん・ペパーソース（食酢・唐辛子・食塩）／加工でん粉・調味料（アミノ酸等）

■4袋食べたら		211kcal	
たんぱく質	脂質	炭水化物	食塩相当量
2.8g	8.4g	31.2g	0.8g

（株）栗山米菓
（2022年8月現在）

ぱりんこ

内容量102g（30枚程度）

米（米国産・国産・その他）・植物油脂・食塩・砂糖・粉末しょうゆ（小麦・大豆を含む）・香辛料／加工でん粉・調味料（アミノ酸等）・植物レシチン（大豆由来）

■6枚食べたら		105kcal	
たんぱく質	脂質	炭水化物	食塩相当量
1.0g	5.4g	12.9g	0.4g

三幸製菓（株）
（2022年8月現在）

明治ミルクチョコレート

内容量50g

砂糖（外国製造）
カカオマス
全粉乳
ココアバター／
レシチン
香料
（一部に乳成分・
大豆を含む）

■ 1枚食べたら		283kcal	
たんぱく質	脂質	糖質	食塩相当量
3.8g	18.4g	24.5g	0.1g

（株）明治
（2022年8月現在）

小枝 （ミルク）

内容量
（4本入り11袋）

砂糖（タイ製造）・植物油脂・
乳糖・カカオマス・全粉乳・
米パフ・小麦パフ・ホエイパ
ウダー・アーモンド・脱脂粉
乳・果糖／乳化剤（大豆由来）・
香料

■ 1小袋食べたら		31kcal	
たんぱく質	脂質	炭水化物	食塩相当量
0.34g	1.8g	3.4g	0.008g

森永製菓（株）
（2022年8月現在）

ミルキー

内容量108g
（30粒程度）

水あめ（国内製造）
加糖練乳
上白糖
生クリーム
（乳成分を含む）
植物油脂
牛乳
食塩／
乳化剤

■ 5粒食べたら			75kcal	
たんぱく質	糖質	炭水化物	カルシウム	食塩相当量
0.5g	1.5g	15.0g	20.0mg	0.1g

（株）不二家
（2022年
8月現在）

キシリクリスタル
（ミルクミント）

内容量71g
（17粒程度）

還元麦芽糖水あめ（国内製
造）・食用油脂・ハーブエキ
ス・マルチトール／甘味料（キ
シリトール・ソルビトール）・
香料・乳化剤・（一部に乳成分・
大豆を含む）

■ 5粒食べたら		50kcal	
たんぱく質	脂質	炭水化物	食塩相当量
0g	0.2g	20.0g	0g

春日井製菓販売（株）
（2022年8月現在）

ハイチュウ （ストロベリー）

内容量
（12粒）

水あめ（国内製造）・砂糖・植物油脂・ゼラチン・
濃縮ストロベリー果汁・乳酸菌飲料（乳成分を含
む）／酸味料・グリセリン・香料・乳化剤・アカ
キャベツ色素

■ 1粒食べたら		19kcal	
たんぱく質	脂質	炭水化物	食塩相当量
0.07g	0.36g	3.8g	0g

森永製菓（株）
（2022年8月現在）

果汁グミ （もも）

内容量51g

水あめ（国内製造）・砂糖・
濃縮もも果汁・ゼラチン・植
物油脂・でん粉／酸味料・ゲ
ル化剤（ペクチン）・香料・
光沢剤・（一部にもも・りんご・
ゼラチンを含む）

■ 1袋食べたら		169kcal	
たんぱく質	脂質	炭水化物	食塩相当量
3.4g	0g	39.0g	0g

（株）明治
（2022年8月現在）

メントス （グレープ）

内容量37.5g（14粒）

砂糖・水飴・植物油脂・濃縮グレープ果汁・で
ん粉・デキストリン・ココアバター／酸味料・
香料・増粘剤（増粘多糖類・CMC）・乳化剤・
光沢剤・ブドウ果皮色素

■ 1製品当たり		144kcal	
たんぱく質	脂質	炭水化物	食塩相当量
0g	0.7g	34.4g	0.04g

クラシエフーズ（株）
（2022年8月現在）

クロレッツ XP （オリジナルミント）

内容量
（14粒）

マルチトール（中国製造又はタイ製造）・還元
水飴・緑茶エキス／甘味料（ソルビトール・キ
シリトール・アスパルテーム・L‐フェニルア
ラニン化合物・アセスルファムK）・ガムベース・
香料・アラビアガム　他

■ 1粒食べたら		12kcal	
たんぱく質	脂質	炭水化物	キシリトール
0.01g	0.01g	1.0g	0.0003g

モンデリーズ・
ジャパン（株）
（2022年8月現在）

[冷菓子]

Big プッチンプリン

内容量160g

加糖練乳（国内製造）・砂糖・ローストシュガー・植物油脂・脱脂粉乳・生乳・バター・加糖卵黄・クリーム・濃縮にんじん汁・食塩・こんにゃく粉・寒天・うるち米でん粉／糊料（増粘多糖類）・香料・酸味料・（一部に卵・乳成分を含む）

◼ 1個食べたら		212kcal	
たんぱく質	脂質	炭水化物	食塩相当量
2.8g	9.8g	28.1g	0.3g

江崎グリコ（株）
（2022年8月現在）

CREAM SWEETS コーヒーゼリー

内容量110g

糖類（砂糖・異性化液糖・水飴・ぶどう糖）・植物油脂・コーヒー・乳製品・ゼラチン・食塩／ゲル化剤（増粘多糖類）・香料・pH調整剤・乳化剤（一部に乳成分・ゼラチンを含む）

◼ 1個食べたら		129kcal	
たんぱく質	脂質	炭水化物	食塩相当量
0.4g	4.3g	22.4g	0〜0.1g

雪印メグミルク（株）
（2022年8月現在）

フルティシエ ちょっと贅沢 ぶどう

内容量210g

砂糖・異性化液糖（国内製造）・ぶどうシロップ漬・果糖・ぶどう濃縮果汁・ぶどう種子エキス／酸味料・ゲル化剤（増粘多糖類）・乳酸Ca・香料・乳化剤

◼ 1個食べたら		152kcal	
たんぱく質	脂質	炭水化物	食塩相当量
0.1g	0g	37.8g	0.2g

マルハニチロ（株）
（2022年8月現在）

森永アロエヨーグルト

内容量118g

アロエベラ（葉内部位使用）（タイ産）
生乳
乳製品
砂糖
乳たんぱく質／
香料
増粘多糖類
酸味料

◼ 1個食べたら		101kcal		
たんぱく質	脂質	炭水化物	カルシウム	食塩相当量
3.9g	2.6g	15.6g	130mg	0.1g

森永乳業（株）
（2022年8月現在）

ハーゲンダッツ ミニカップ『バニラ』

（アイスクリーム）

内容量110mL

クリーム（生乳（北海道））
脱脂濃縮乳
砂糖
卵黄／
バニラ香料
（一部に乳成分・卵を含む）

◼ 1個食べたら		244kcal	
たんぱく質	脂質	炭水化物	食塩相当量
4.6g	16.3g	19.9g	0.1g

ハーゲンダッツジャパン（株）
（2022年8月現在）

アイスボックス

（グレープフルーツ）（氷菓）

内容量135mL

グレープフルーツ果汁（イスラエル製造）・異性化液糖・食塩／香料・酸味料・甘味料（スクラロース・アセスルファムK）・ビタミンC・ポリリン酸Na・カロテン色素

◼ 1個食べたら		15kcal	
たんぱく質	脂質	炭水化物	食塩相当量
0g	0g	3.7g	0.2g

森永製菓（株）
（2022年8月現在）

明治エッセル スーパーカップ超バニラ

（ラクトアイス）

内容量200mL

乳製品（国内製造又は外国製造）・植物油脂・砂糖・水あめ・卵黄・ぶどう糖・果糖液糖・食塩／香料・アナトー色素・（一部に卵・乳成分を含む）

◼ 1個食べたら		374kcal	
たんぱく質	脂質	炭水化物	食塩相当量
5.6g	23.4g	35.3g	0.2g

（株）明治
（2022年8月現在）

◼ アイスクリームの種類

	アイスクリーム	アイスミルク	ラクトアイス
乳固形分	15.0%以上	10.0%以上	3.0%以上
うち乳脂肪分	8.0%以上	3.0%以上	―
大腸菌群	陰性	陰性	陰性
細菌数	1gあたり10万以下	1gあたり5万以下	1gあたり5万以下

肉類
卵類
乳類
油脂類
菓子類
し好飲料類
調味料・香辛料類
調理済み流通食品
外食・中食
市販食品

ペプシコーラ／ペプシBIG〈生〉ゼロ

内容量
490mL（ペプシコーラ）
600mL（ペプシBIG〈生〉ゼロ）

ペプシコーラ
糖類（果糖ぶどう糖液糖（国内製造）・砂糖）／炭酸・香料・酸味料・カラメル色素・カフェイン
ペプシBIG〈生〉ゼロ
食塩（国内製造）／炭酸・カラメル色素・酸味料・香料・クエン酸K・甘味料（アスパルテーム・L-フェニルアラニン化合物・アセスルファムK・スクラロース）・カフェイン

■ 1本飲んだら

ペプシコーラ	ペプシBIG〈生〉ゼロ
235kcal	0kcal

サントリー食品
インターナショナル（株）
（2022年10月現在）

ポカリスエット

内容量500mL

砂糖（国内製造）・果糖ぶどう糖液糖・果汁・食塩／酸味料・香料・塩化K・乳酸Ca・調味料（アミノ酸）・塩化Mg・酸化防止剤（ビタミンC）

大塚製薬（株）
（2022年8月現在）

■ 1本飲んだら　125kcal

たんぱく質	脂質	炭水化物	カリウム	カルシウム	食塩相当量
0g	0g	31.0g	100mg	10mg	0.6g

ボス
（贅沢微糖／無糖ブラック／カフェオレ）

内容量185g

贅沢微糖：牛乳（国内製造）・コーヒー・砂糖・乳製品・デキストリン／カゼインNa・乳化剤・香料・甘味料（アセスルファムK）
無糖ブラック：コーヒー（コーヒー豆（ブラジル・エチオピア・その他））
カフェオレ：牛乳（国内製造）・砂糖・コーヒー・脱脂粉乳・クリーム・全粉乳・デキストリン　他

■ 1缶飲んだら

	贅沢微糖	無糖ブラック	カフェオレ
エネルギー	37kcal	0kcal	81kcal
炭水化物	6.5g	0〜1.9g	15.4g

サントリー食品
インターナショナル（株）
（2022年10月現在）

午後の紅茶
（ストレートティー／レモンティー／ミルクティー）

内容量500mL

ストレートティー：砂糖類（果糖ぶどう糖液糖・砂糖）・紅茶（ディンブラ20%）／香料・ビタミンC
レモンティー：砂糖類（果糖ぶどう糖液糖（国内製造）・砂糖）・紅茶（ヌワラエリア15%）・レモン果汁　他
ミルクティー：牛乳（生乳（国産））・砂糖・紅茶（キャンディ20%）・全粉乳・脱脂粉乳・デキストリン・食塩　他

■ 1本飲んだら

	ストレートティー	レモンティー	ミルクティー
エネルギー	80kcal	140kcal	190kcal
炭水化物	20.0g	35.0g	39.0g

キリンビバレッジ（株）
（2022年8月現在）

生茶

内容量525mL

緑茶（国産）・生茶葉抽出物（生茶葉（国産））／ビタミンC

■ 1本飲んだら　0kcal

キリンビバレッジ（株）
（2022年8月現在）

健康ミネラルむぎ茶

内容量650mL

大麦（カナダ・オーストラリア・その他）・飲用海洋深層水・麦芽／ビタミンC

■ 1本飲んだら　0kcal

（株）伊藤園
（2022年11月現在）

トロピカーナ
（100%アップル）

内容量250mL

りんご（中国）／香料・酸化防止剤（ビタミンC）

■ 1パック飲んだら　112kcal

たんぱく質	脂質	炭水化物	食塩相当量
0g	0g	28.0g	0g

キリンビバレッジ（株）
（2022年8月現在）

野菜生活100 オリジナル

内容量200mL

野菜（にんじん（輸入又は国産（5%未満））・小松菜・ケール・ブロッコリー・ピーマン・ほうれん草・アスパラガス・赤じそ・だいこん・はくさい・セロリ・メキャベツ（プチヴェール）・紫キャベツ・ビート・たまねぎ・レタス・キャベツ・パセリ・クレソン・かぼちゃ）・果実（りんご・オレンジ・レモン）　他

KAGOME
野菜生活100
オリジナル

■ 1パック飲んだら　68kcal

たんぱく質	炭水化物	カルシウム	カリウム	食塩相当量
0.8g	16.9g	2〜63mg	140〜590mg	0〜0.3g

カゴメ（株）
（2022年8月現在）

消費者庁許可 特定保健用食品

身体によいはたらきが期待できるものと科学的に実証された食品。整腸効果、コレステロール調節、血圧調節、ミネラル吸収促進などの食品がある。

DHA入り リサーラソーセージ

マルハニチロ（株）　　内容量50g×3本

血清中性脂肪を低下させる作用のあるドコサヘキサエン酸（DHA）とエイコサペンタエン酸（EPA）を含む。

魚肉（輸入）・結着材料（でん粉（コーンスターチ）・植物性たん白（小麦・大豆）・ゼラチン）・DHA含有精製魚油・たまねぎ・食塩・砂糖・香辛料／調味料（アミノ酸等）・くん液・着色料（クチナシ・カロチノイド）・酸化防止剤（V.E）・（一部に小麦・大豆・ゼラチンを含む）

■ 1本食べたら　　88kcal

（2022年8月現在）

ファイブミニ

大塚製薬（株）　　内容量100mL

1本にレタス1.8個分の食物繊維とレモン15個分のビタミンCを配合。

糖類（砂糖・ぶどう糖果糖液糖・オリゴ糖）・ポリデキストロース（アメリカ製造）／ビタミンC・炭酸・酸味料・香料・トマト色素・調味料（アミノ酸）

■ 1本飲んだら　　50kcal

（2022年8月現在）

メッツ コーラ

キリンビバレッジ（株）　　内容量480mL

食事の際に脂肪の吸収を抑える難消化性デキストリンを配合。

難消化性デキストリン（食物繊維）（韓国製造又はアメリカ製造）／炭酸・カラメル色素・香料・酸味料・甘味料（アスパルテーム・L-フェニルアラニン化合物・アセスルファムK・スクラロース）・グルコン酸Ca・カフェイン

■ 1本飲んだら　　0kcal

（2022年8月現在）

キシリトールガム

〈ライムミント〉ファミリーボトル
（株）ロッテ　　内容量143g

むし歯の原因になりにくい甘味料（キシリトール及びマルチトール）を使用。また、歯の再石灰化を増強する成分も配合。

マルチトール（外国製造）／甘味料（キシリトール・アスパルテーム・L-フェニルアラニン化合物）・ガムベース・香料・増粘剤（アラビアガム）・光沢剤・リン酸一水素カルシウム・フクロノリ抽出物　他

■ 7粒食べたら　　19.5kcal

（2022年8月現在）

伊右衛門 特茶

サントリー食品インターナショナル（株）
　　内容量500mL

脂肪分解酵素を活性化させるケルセチン配糖体の働きにより、体脂肪を減らすのを助ける。

緑茶（国産）／酵素処理イソクエルシトリン・ビタミンC

■ 1本飲んだら　　0kcal

（2022年10月現在）

三ツ矢サイダー W

アサヒ飲料（株）　　内容量485mL

食物繊維（難消化性デキストリン）の働きにより、食後の血中中性脂肪と血糖値の上昇をおだやかにする。

食物繊維（難消化性デキストリン）（アメリカ製造又は韓国製造）／炭酸・香料・酸味料・甘味料（アセスルファムK・ステビア）

■ 1本飲んだら　　0kcal

（2022年8月現在）

ビヒダス プレーンヨーグルト

森永乳業（株）　　内容量400g

乳酸菌とビフィズス菌で発酵させたヨーグルト。生きたビフィズス菌を補給できる。

生乳（国産）・乳製品

■ 100g食べたら　　65kcal

（2022年8月現在）

ナタデココ ヨーグルト味

（株）伊藤園　　内容量280g

食物繊維の働きでおなかの調子を整える。

果糖ぶどう糖液糖（国内製造）・はっ酵乳・ナタデココ・水溶性食物繊維／安定剤（ペクチン）・香料・酸味料・ビタミンC

■ 1本飲んだら　　134kcal

（2022年8月現在）

肉類
卵類
乳類
油脂類
菓子類
し好飲料類
調味料・香辛料類
調理済み流通食品
外食・中食
市販食品

「第3表 アミノ酸組成によるたんぱく質1g当たりのアミノ酸成分表」より抜粋

■ アミノ酸成分表とは

たんぱく質はアミノ酸が結合した化合物であり、たんぱく質の栄養価は主に構成アミノ酸の種類と量（組成）によって決まる。そのため、摂取に当たっては、アミノ酸総摂取量のほか、アミノ酸組成のバランスをとることが重要となる。

アミノ酸成分表は、食品のたんぱく質の質的評価を行う際に活用できるよう、日常摂取する食品のたんぱく質含有量とともに、アミノ酸組成がとりまとめられている。

なお、「日本食品標準成分表2020年版（八訂） アミノ酸成分表編（以下「アミノ酸成分表2020」）」では、以下の4種類が収載されている。

第1表 可食部100g当たりのアミノ酸成分表
第2表 基準窒素1g当たりのアミノ酸成分表
第3表 アミノ酸組成によるたんぱく質1g当たりのアミノ酸成分表 **（本書掲載）**
第4表 （基準窒素による）たんぱく質1g当たりのアミノ酸成分表
※第3表・第4表は、Webでのみ収載。

■ 本書のアミノ酸成分表の使い方（→p.135）

本書のアミノ酸成分表は、アミノ酸評点パターン（人体にとって理想的な必須アミノ酸組成）と比較できるよう、第3表「アミノ酸組成によるたんぱく質1g当たりのアミノ酸成分表」から必須アミノ酸を抜粋（448食品）したものである。なお、ここで使用するアミノ酸評点パターンは、成長のために必要量の多い1～2歳の数値である。本表では、制限アミノ酸の数値（アミノ酸評点パターンに満たない数値）は、赤色で示し、かつ第一制限アミノ酸は太字とした。

また、アミノ酸価（制限アミノ酸のうち、最も比率の小さいアミノ酸の数値）も併記している。例えば「01137 とうもろこし コーンフレーク」のアミノ酸価を求めてみる。制限アミノ酸は、リシンとトリプトファンの2つである。それぞれアミノ酸評点パターンと比較すると、リシンは10/52×100≒19、トリプトファンは6.0/7.4×100≒81となるので、コーンフレークのアミノ酸価は、数値の最も低いリシンの19になり、**19**Lysと表記した。

参考として、15～17歳と18歳以上のアミノ酸評点パターンを使用した場合のアミノ酸価も併記している。

食品番号	食品名	イソロイシン Ile	ロイシン Leu	リシン Lys	含硫アミノ酸 AAS	芳香族アミノ酸 AAA	トレオニン Thr	トリプトファン Trp	バリン Val	ヒスチジン His	アミノ酸価(1～2歳)	アミノ酸価(15～17歳)	アミノ酸価(18歳以上)
	アミノ酸評点パターン（1～2歳）	31	63	52	25	46	27	7.4	41	18			
	アミノ酸評点パターン（15～17歳）	30	60	47	23	40	24	6.4	40	16			
	アミノ酸評点パターン（18歳以上）	30	59	45	22	38	24	6.0	39	15			

1 穀類

食品番号	食品名	Ile	Leu	Lys	AAS	AAA	Thr	Trp	Val	His	アミノ酸価(1～2歳)	アミノ酸価(15～17歳)	アミノ酸価(18歳以上)
01002	■あわ 精白粒	47	150	22	59	97	46	21	58	26	42Lys	47Lys	49Lys
01004	■えんばく オートミール	48	88	51	63	100	41	17	66	29	98Lys	100	100
01006	■おおむぎ 押麦 乾	43	85	40	51	100	44	16	60	27	77Lys	85Lys	89Lys
01167	■キヌア 玄穀	50	84	74	49	91	52	17	61	39	100	100	100
01011	■きび 精白粒	47	140	17	56	110	38	15	57	26	33Lys	36Lys	38Lys
	■こむぎ												
01015	[小麦粉] 薄力粉 1等	41	79	24	50	84	31	14	49	26	46Lys	51Lys	53Lys
01016	2等	41	78	26	48	84	31	13	49	26	50Lys	55Lys	58Lys
01018	中力粉 1等	41	79	24	48	84	31	13	49	26	46Lys	51Lys	53Lys
01019	2等	40	79	24	47	84	31	13	49	26	46Lys	51Lys	53Lys
01020	強力粉 1等	40	78	22	46	84	30	13	48	26	42Lys	47Lys	49Lys
01021	2等	40	78	22	44	84	30	13	48	26	42Lys	47Lys	49Lys
01146	プレミックス粉 お好み焼き用	40	75	26	39	88	34	15	50	26	50Lys	55Lys	58Lys
01025	天ぷら用	43	81	26	48	92	33	14	51	27	50Lys	55Lys	58Lys
01026	[パン類] 角形食パン 食パン	42	81	23	42	90	32	12	50	27	44Lys	49Lys	51Lys
01028	コッペパン	43	80	23	41	90	32	12	50	27	44Lys	49Lys	51Lys
01031	フランスパン	41	79	21	45	91	32	11	49	27	40Lys	45Lys	47Lys
01032	ライ麦パン	42	77	33	48	81	42	12	56	28	63Lys	70Lys	73Lys

食品番号	食品名	Ile	Leu	Lys
	アミノ酸評点パターン（1～2歳）	31	63	52
	アミノ酸評点パターン（15～17歳）	30	60	47
	アミノ酸評点パターン（18歳以上）	30	59	45
01034	ロールパン	43	81	25
01148	ベーグル	42	79	21
	[うどん・そうめん類]			
01038	うどん 生	42	79	23
01041	干しうどん 乾	40	79	23
01043	そうめん・ひやむぎ 乾	41	79	22
01047	[中華めん類] 中華めん 生	42	79	24
01049	蒸し中華めん 蒸し中華めん	43	80	23
01056	[即席めん類] 即席中華めん 油揚げ味付け	37	69	19
	[マカロニ・スパゲッティ類]			
01063	マカロニ・スパゲッティ 乾	43	83	21
01149	生パスタ 生	42	83	27
01066	[ふ類] 焼きふ 釜焼きふ	44	81	19
01070	[その他] 小麦はいが	43	79	83
01150	冷めん 生	41	79	26
	■こめ			
01080	[水稲穀粒] 玄米	46	93	45
01083	精白米 うるち米	47	96	42
01151	もち米	48	95	41
01152	インディカ米	47	95	42
01153	発芽玄米	46	93	45
01085	[水稲めし] 玄米	46	93	47
01168	精白米 インディカ米	48	96	42
01088	うるち米	46	95	41
01154	もち米	48	97	39
01155	発芽玄米	46	93	45
01110	[うるち米製品] アルファ化米 一般用	48	95	40
01111	おにぎり	47	94	42
01114	上新粉	48	96	40
01158	米粉	47	95	40
01159	米粉パン 小麦グルテン不使用	49	95	42
01160	米粉めん	47	94	40
01115	ビーフン	48	94	44
01117	[もち米製品] もち	47	94	39
01120	白玉粉	49	97	39
01122	■そば そば粉 全層粉	44	78	69
01127	そば 生	42	79	38
01129	干しそば 乾	42	79	34
01137	■とうもろこし コーンフレーク	44	170	10
01138	■はとむぎ 精白粒	44	150	16
01139	■ひえ 精白粒	55	120	16
01142	■ライむぎ 全粒粉	41	77	46
01143	ライ麦粉	41	74	44

2 いも・でん粉類

食品番号	食品名	Ile	Leu	Lys
02068	■アメリカほどいも 塊根 生	55	99	68
02006	■さつまいも 塊根 皮なし 生	50	74	59
02048	■むらさきいも 塊根 皮なし 生	50	76	58
02010	■さといも 球茎 生	39	91	57
02050	■セレベス 球茎 生	41	98	55
02052	■たけのこいも 球茎 生	39	87	54
02013	■みずいも 球茎 生	41	82	65
02015	■やつがしら 球茎 生	43	99	57
02017	■じゃがいも 塊茎 皮なし 生	42	65	68
02021	乾燥マッシュポテト	46	80	74
02022	■ながいも いちょういも 塊根 生	45	75	55
02023	ながいも 塊根 生	39	57	47
02025	やまといも 塊根 生	47	78	58
02026	■じねんじょ 塊根 生	49	83	56
02027	■だいじょ 塊根 生	48	85	55

左表（含硫アミノ酸以降の続き）

AAS	AAA	Thr	Trp	Val	His	アミノ酸価（1～2歳）	アミノ酸価（15～17歳）	アミノ酸価（18歳以上）
25	**46**	**27**	**7.4**	**41**	**18**			
23	40	24	6.4	40	16			
22	38	23	6.0	39	15			
43	95	35	12	50	27	48Lys	53Lys	56Lys
41	94	33	12	49	27	40Lys	45Lys	47Lys
42	92	33	13	49	26	44Lys	49Lys	51Lys
42	92	34	12	48	25	44Lys	49Lys	51Lys
42	94	33	13	49	26	42Lys	47Lys	49Lys
40	98	50	25	54	26	46Lys	51Lys	53Lys
49	91	33	14	48	28	44Lys	51Lys	51Lys
36	79	30	10	44	24	37Lys	40Lys	42Lys
44	91	34	13	52	30	40Lys	45Lys	47Lys
40	95	35	12	50	27	52Lys	57Lys	60Lys
51	95	32	12	47	26	37Lys	40Lys	42Lys
40	83	54	13	65	32	100	100	100
41	95	34	13	49	26	50Lys	55Lys	58Lys
54	110	45	17	70	32	87Lys	96Lys	100
55	110	44	16	69	31	81Lys	89Lys	93Lys
55	120	43	16	70	30	79Lys	87Lys	91Lys
62	120	45	16	71	29	81Lys	89Lys	93Lys
58	110	44	17	70	30	87Lys	96Lys	100
52	110	44	17	70	32	90Lys	100	100
64	120	45	18	70	29	81Lys	89Lys	93Lys
56	110	45	17	66	30	79Lys	87Lys	91Lys
55	120	44	17	71	30	75Lys	83Lys	87Lys
54	120	44	17	69	33	87Lys	96Lys	100
58	120	44	16	71	30	77Lys	85Lys	89Lys
51	120	44	17	70	30	81Lys	89Lys	93Lys
57	110	43	16	72	30	77Lys	85Lys	89Lys
55	120	44	17	70	30	77Lys	85Lys	89Lys
52	120	46	17	71	30	81Lys	89Lys	93Lys
56	120	44	17	69	30	77Lys	85Lys	89Lys
63	120	46	18	70	29	85Lys	94Lys	98Lys
58	120	43	16	69	29	75Lys	83Lys	87Lys
56	120	44	16	71	30	75Lys	83Lys	87Lys
53	84	48	19	61	31	100	100	100
43	89	38	15	51	27	73Lys	81Lys	84Lys
44	92	37	15	52	27	65Lys	72Lys	76Lys
44	110	38	6.0	55	33	19Lys	21Lys	22Lys
47	99	32	5.6	60	24	35Lys	38Lys	40Lys
46	120	41	14	66	26	31Lys	34Lys	36Lys
50	88	45	14	59	30	88Lys	98Lys	100
48	83	42	13	57	30	85Lys	94Lys	98Lys
31	110	67	25	76	23	100	100	100
37	110	76	17	71	24	100	100	100
43	110	69	17	72	23	100	100	100
52	130	54	26	63	24	100	100	100
45	120	52	24	62	27	100	100	100
43	110	51	21	61	25	100	100	100
48	100	52	21	61	31	100	100	100
43	110	56	22	67	25	100	100	100
36	82	48	14	66	22	100	100	100
36	98	52	16	66	26	100	100	100
32	100	40	20	58	27	100	100	100
26	79	44	19	51	25	90Lys	95Leu	97Leu
33	110	41	12	59	25	100	100	100
34	110	46	23	59	30	100	100	100
31	110	49	20	57	31	100	100	100

右表

食品番号	食品名	Ile	Leu	Lys	AAS	AAA	Thr	Trp	Val	His	アミノ酸価（1～2歳）	アミノ酸価（15～17歳）	アミノ酸価（18歳以上）
	アミノ酸評点パターン（1～2歳）	**31**	**63**	**52**	**25**	**46**	**27**	**7.4**	**41**	**18**			
	アミノ酸評点パターン（15～17歳）	30	60	47	23	40	24	6.4	40	16			
	アミノ酸評点パターン（18歳以上）	30	59	45	22	38	23	6.0	39	15			

4 豆類

食品番号	食品名	Ile	Leu	Lys	AAS	AAA	Thr	Trp	Val	His	アミノ酸価（1～2歳）	アミノ酸価（15～17歳）	アミノ酸価（18歳以上）
04001	■あずき 全粒 乾	51	93	90	33	100	47	13	63	39	**100**	100	100
04004	あん こし生あん	53	100	88	29	110	44	12	63	38	**100**	100	100
04005	さらしあん（乾燥あん）	62	100	84	35	110	48	13	69	39	**100**	100	100
04006	つぶし練りあん	51	97	87	30	100	47	12	62	40	**100**	100	100
04007	■いんげんまめ 全粒 乾	58	98	82	33	110	53	14	67	39	**100**	100	100
04009	うずら豆	57	100	81	23	100	57	13	67	39	**92**AAS	100	100
04012	■えんどう 全粒 青えんどう 乾	49	85	89	31	94	50	11	58	31	**100**	100	100
04017	■ささげ 全粒 乾	54	93	82	38	110	48	14	63	40	**100**	100	100
04019	■そらまめ 全粒 乾	50	90	80	24	89	48	11	57	33	**96**AAS	100	100
	■だいず												
	[全粒・全粒製品]												
04023	全粒 黄大豆 国産 乾	53	87	72	34	100	50	15	55	31	**100**	100	100
04077	黒大豆 国産 乾	38	88	75	34	100	50	16	55	32	**100**	100	100
04025	黄大豆 米国産 乾	53	88	74	35	99	50	15	57	31	**100**	100	100
04026	中国産 乾	52	88	74	34	97	49	15	56	31	**100**	100	100
04078	いり大豆 黄大豆	54	90	66	34	99	50	16	57	32	**100**	100	100
04028	水煮缶詰 黄大豆	54	92	70	33	100	51	15	57	31	**100**	100	100
04029	きな粉 黄大豆 全粒大豆	55	91	75	33	110	50	16	58	34	**100**	100	100
04030	脱皮大豆	56	92	57	32	100	51	16	59	34	**100**	100	100
04031	ぶどう豆	55	92	70	31	100	51	16	58	32	**100**	100	100
04032	[豆腐・油揚げ類] 木綿豆腐	52	89	72	30	110	48	15	57	31	**100**	100	100
04033	絹ごし豆腐	53	88	72	32	110	48	15	57	31	**100**	100	100
04039	生揚げ	53	89	71	31	110	47	15	57	31	**100**	100	100
04040	油揚げ 生	54	91	69	27	100	47	15	56	31	**100**	100	100
04041	がんもどき	54	90	69	27	110	47	15	57	30	**100**	100	100
04042	凍り豆腐 乾	54	91	71	27	100	48	15	57	29	**100**	100	100
04046	[納豆類] 糸引き納豆	54	89	78	40	100	46	17	59	34	**100**	100	100
04047	挽きわり納豆	53	90	75	35	110	44	17	59	33	**100**	100	100
04051	[その他] おから 生	52	91	75	37	99	54	14	64	30	**100**	100	100
04052	豆乳 豆乳	51	86	72	33	100	48	16	55	33	**100**	100	100
04053	調製豆乳	52	86	70	30	100	47	15	56	31	**100**	100	100
04054	豆乳飲料・麦芽コーヒー	53	87	70	33	100	46	15	56	31	**100**	100	100
04059	湯葉 生	55	90	71	30	110	48	15	57	32	**100**	100	100
04060	干し 乾	54	89	71	29	100	48	15	58	31	**100**	100	100
04071	■りょくとう 全粒 乾	51	95	84	25	110	42	12	64	35	**100**	100	100

5 種実類

食品番号	食品名	Ile	Leu	Lys	AAS	AAA	Thr	Trp	Val	His	アミノ酸価（1～2歳）	アミノ酸価（15～17歳）	アミノ酸価（18歳以上）
05001	■アーモンド 乾	46	78	**35**	27	89	35	11	53	30	**67**Lys	74Lys	78Lys
05041	■あまに いり	54	72	**33**	36	89	49	20	65	29	**63**Lys	70Lys	73Lys
05005	■カシューナッツ フライ 味付け	50	86	55	48	91	43	19	68	28	**100**	100	100
05008	■ぎんなん 生	46	80	**45**	45	75	61	19	64	23	**87**Lys	96Lys	100
05010	■日本ぐり 生	41	68	61	33	74	45	15	54	16	**100**	100	100
05014	■くるみ いり	48	84	**32**	41	91	41	15	58	29	**62**Lys	68Lys	71Lys
05017	■ごま いり	44	79	**32**	61	93	46	19	57	34	**62**Lys	68Lys	71Lys
05046	■チアシード 乾	44	79	56	62	100	46	16	57	34	**100**	100	100
05026	■ピスタチオ いり 味付け	52	85	60	39	91	47	17	66	32	**100**	100	100
05038	■ひまわり 乾	54	76	**41**	51	88	45	14	64	32	**79**Lys	87Lys	91Lys
05039	■ヘーゼルナッツ いり	45	83	**31**	40	86	38	17	58	30	**60**Lys	66Lys	69Lys
05031	■マカダミアナッツ いり 味付け	38	70	**45**	55	93	38	13	49	28	**87**Lys	96Lys	100
05033	■まつ いり	44	80	**41**	56	86	36	15	63	28	**79**Lys	87Lys	91Lys
05034	■らっかせい 大粒種 乾	40	76	**42**	28	110	35	12	55	29	**81**Lys	89Lys	93Lys
05037	ピーナッツバター	41	78	**38**	27	100	35	11	52	30	**73**Lys	81Lys	84Lys

6 野菜類

食品番号	食品名	Ile	Leu	Lys	AAS	AAA	Thr	Trp	Val	His	アミノ酸価（1～2歳）	アミノ酸価（15～17歳）	アミノ酸価（18歳以上）
06007	■アスパラガス 若茎 生	41	70	69	33	74	48	14	59	24	**100**	100	100
06010	■いんげんまめ さやいんげん 若ざや 生	44	70	63	30	86	60	14	63	32	**100**	100	100
06015	■えだまめ 生	52	87	73	33	99	48	15	55	33	**100**	100	100
06020	■えんどう類 さやえんどう 若ざや 生	47	66	72	25	73	59	14	68	24	**100**	100	100

アミノ酸成分表

食品番号	食品名	Ile	Leu	Lys	AAS	AAA	Thr	Trp	Val	His	アミノ酸価(1~2歳)	アミノ酸価(15~17歳)	アミノ酸価(18歳以上)
	アミノ酸評点パターン(1~2歳)	31	63	52	25	46	27	7.4	41	18			
	アミノ酸評点パターン(15~17歳)	30	60	47	23	40	24	6.4	40	16			
	アミノ酸評点パターン(18歳以上)	30	59	45	22	38	23	6.0	39	15			
06023	グリンピース 生	51	91	89	25	99	54	11	59	29	100	100	100
06032	■オクラ 果実 生	41	67	60	32	79	47	17	54	27	100	100	100
06036	■かぶ 根 皮つき 生	48	80	87	36	90	62	17	71	32	100	100	100
06046	■日本かぼちゃ 果実 生	48	75	72	37	93	42	19	63	28	100	100	100
06048	■西洋かぼちゃ 果実 生	46	81	78	41	100	44	18	58	31	100	100	100
06052	■からしな 葉 生	48	88	78	35	99	60	17	69	28	100	100	100
06054	■カリフラワー 花序 生	53	85	88	40	95	60	17	61	28	100	100	100
06056	■かんぴょう 乾	51	71	61	32	86	46	7.2	61	27	97Trp	100	100
06061	■キャベツ 結球葉 生	35	55	56	29	62	47	15	52	32	87Leu	92Leu	93Leu
06065	■きゅうり 果実 生	44	70	59	29	72	41	16	53	24	100	100	100
06084	■ごぼう 根 生	38	46	58	20	58	38	12	43	27	73Leu	77Leu	78Leu
06086	■こまつな 葉 生	51	88	72	24	110	56	25	73	29	96AAS	100	100
06093	■ししとう 果実 生	46	72	79	41	95	57	17	63	28	100	100	100
06099	■しゅんぎく 葉 生	53	93	69	30	110	59	21	70	26	100	100	100
06103	■しょうが 根茎 皮なし 生	40	58	29	28	77	60	15	55	24	56Lys	62Lys	64Lys
06119	■セロリ 葉柄 生	43	64	57	18	73	47	15	65	26	72AAS	78AAS	82AAS
06124	■そらまめ 未熟豆 生	48	87	80	23	95	45	10	55	33	92AAS	100	100
06130	■だいこん 葉 生	53	95	75	33	110	64	24	73	29	100	100	100
06132	根 皮つき 生	45	57	61	36	90	57	16	67	28	90Leu	95Leu	97Leu
06149	■たけのこ 若茎 生	35	62	61	30	110	54	12	54	25	98Leu	100	100
06153	■たまねぎ りん茎 生	21	38	66	26	70	29	17	27	24	60Leu	63Leu	64Leu
06160	■チンゲンサイ 葉 生	49	81	69	17	95	56	23	67	25	68AAS	74AAS	77AAS
	とうもろこし類												
06175	スイートコーン 未熟種子 生	41	120	57	52	95	51	11	61	30	100	100	100
06182	■トマト類 赤色トマト 果実 生	31	49	51	30	65	37	10	35	24	78Leu	82Leu	83Leu
06370	ドライトマト	26	42	32	26	59	34	8.2	30	19	62Lys	68Lys	71Lys
06191	■なす 果実 生	46	72	76	31	88	50	16	62	33	100	100	100
06205	■にがうり 果実 生	50	82	93	32	110	57	20	67	39	100	100	100
06207	■にら 葉 生	50	86	74	34	100	62	25	65	24	100	100	100
06212	■にんじん 根 皮つき 生	46	68	67	32	77	54	16	64	25	100	100	100
06223	■にんにく りん茎 生	29	55	61	33	73	37	17	48	22	87Leu	92Leu	93Leu
06226	■根深ねぎ 葉 軟白 生	38	61	68	34	82	47	14	52	22	100	100	100
06227	■葉ねぎ 葉 生	53	91	82	37	100	56	21	65	24	100	100	100
06233	■はくさい 結球葉 生	43	71	71	32	78	53	14	61	31	100	100	100
06239	■パセリ 葉 生	55	100	74	39	120	63	27	72	30	100	100	100
06240	■はつかだいこん 根 生	41	57	62	24	73	50	15	71	27	90Leu	95Leu	97Leu
06245	■ピーマン類 青ピーマン 果実 生	46	76	76	43	90	59	17	64	27	100	100	100
06263	■ブロッコリー 花序 生	44	71	75	39	81	51	16	64	34	100	100	100
06267	■ほうれんそう 葉 通年平均 生	50	86	67	39	110	56	25	66	31	100	100	100
06287	■もやし類 だいずもやし 生	52	74	54	30	97	49	17	62	35	100	100	100
06289	ブラックマッペもやし 生	61	69	46	22	110	47	17	83	44	88AAS	96AAS	100
06291	りょくとうもやし 生	56	62	69	16	110	39	15	75	43	64AAS	70AAS	73AAS
06305	■らっきょう りん茎 生	33	53	83	25	46	35	14	41	29	84Leu	88Leu	90Leu
06312	■レタス 土耕栽培 結球葉 生	51	79	68	28	87	50	16	62	24	100	100	100
06313	■サラダな 葉 生	52	89	68	32	96	50	21	64	25	100	100	100
06317	■れんこん 根茎 生	25	38	38	32	61	33	11	34	24	60Leu	63Leu	64Leu
06324	■わらび 生わらび 生	45	81	80	30	110	53	17	63	26	100	100	100

7 果実類

食品番号	食品名	Ile	Leu	Lys	AAS	AAA	Thr	Trp	Val	His	アミノ酸価(1~2歳)	アミノ酸価(15~17歳)	アミノ酸価(18歳以上)
07006	■アボカド 生	53	91	79	49	95	58	18	69	34	100	100	100
07012	■いちご 生	38	65	51	42	58	44	13	50	23	98Lys	100	100
07015	■いちじく 生	42	63	57	35	52	45	13	57	21	100	100	100
07019	■うめ 生	33	49	48	19	35	35	10	43	26	76AAS	82Leu	83Leu
07049	■かき 甘がき 生	61	92	82	56	87	71	24	69	30	100	100	100
07027	■うんしゅうみかん じょうのう 普通 生	35	60	65	36	56	40	9.7	47	24	95Leu	100	100
07030	ストレートジュース	22	37	40	28	47	29	7.0	31	15	59Leu	62Leu	63Leu
07040	■オレンジ ネーブル 砂じょう 生	32	53	60	31	51	36	9.2	44	22	84Leu	88Leu	90Leu
07062	■グレープフルーツ 白肉種 砂じょう 生	22	37	46	27	38	31	7.8	31	20	59Leu	62Leu	63Leu
07093	■なつみかん 砂じょう 生	31	53	57	27	49	35	8.6	42	21	84Leu	88Leu	90Leu
07142	■ゆず 果皮 生	41	67	67	32	86	51	15	55	30	100	100	100

食品番号	食品名	Ile	Leu	Lys	アミノ酸価(1~2歳)	アミノ酸価(15~17歳)	アミノ酸価(18歳以上)
	アミノ酸評点パターン(1~2歳)	31	63	52			
	アミノ酸評点パターン(15~17歳)	30	60	47			
	アミノ酸評点パターン(18歳以上)	30	59	45			
07156	■レモン 果汁 生	20	32	33			
07054	■キウイフルーツ 緑肉種 生	62	75	67			
07077	■すいか 赤肉種 生	49	53	49			
07080	■にほんすもも 生	32	42	43			
07088	■日本なし 生	31	40	29			
07097	■パインアップル 生	44	59	59			
07107	■バナナ 生	49	97	71			
07116	■ぶどう 皮なし 生	29	48	49			
07179	■マンゴー ドライマンゴー	53	88	72			
07135	■メロン 露地メロン 緑肉種 生	26	37	35			
07136	■もも 白肉種 生	25	40	40			
07184	黄肉種 生	45	49	49			
07148	■りんご 皮なし 生	39	59	52			

8 きのこ類

食品番号	食品名	Ile	Leu	Lys
08001	■えのきたけ 生	51	81	76
08006	■きくらげ類 きくらげ 乾	49	96	64
08039	■しいたけ 生しいたけ 菌床栽培 生	52	84	75
08042	原木栽培 生	52	84	75
08013	乾しいたけ 乾	48	80	71
08016	■ぶなしめじ 生	52	81	74
08020	■なめこ 株採り 生	61	96	64
08025	■ひらたけ類 エリンギ 生	56	87	82
08026	ひらたけ 生	53	82	70
08028	■まいたけ 生	49	57	72
08031	■マッシュルーム 生	58	88	68
08034	■まつたけ 生	48	83	67

9 藻類

食品番号	食品名	Ile	Leu	Lys
09001	■あおさ 素干し	48	83	57
09002	■あおのり 素干し	46	86	57
09003	■あまのり ほしのり	52	91	63
09017	■こんぶ類 まこんぶ 素干し 乾	38	68	47
09023	つくだ煮	47	74	49
09049	■てんぐさ 粉寒天	100	170	41
09050	■ひじき ほしひじき ステンレス釜 乾	60	100	42
09033	■ひとえぐさ つくだ煮	57	78	54
09037	■おきなわもずく 塩蔵 塩抜き	54	99	58
09038	■もずく 塩蔵 塩抜き	53	100	63
09044	■わかめ カットわかめ 乾	58	110	73
09045	湯通し塩蔵わかめ 塩抜き 生	57	100	71
09047	めかぶわかめ 生	46	86	69

10 魚介類

食品番号	食品名	Ile	Leu	Lys
10002	■あこうだい 生	57	95	120
10003	■あじ類 まあじ 皮つき 生	52	91	110
10393	まるあじ 生	52	91	110
10015	■あなご 生	58	95	110
10018	■あまだい 生	59	96	110
10021	■あゆ 天然 生	49	90	100
10025	養殖 生	50	91	110
10032	■あんこう きも 生	57	96	91
10033	■いかなご 生	56	96	100
10042	■いわし類 うるめいわし 生	56	93	110
10044	かたくちいわし 生	54	91	110
10047	まいわし 生	56	93	110
10396	しらす 微乾燥品 生	53	95	100
10055	しらす干し 微乾燥品	53	94	110
10056	半乾燥品	53	94	110
10397	缶詰 アンチョビ	63	97	99

左表

含硫アミノ酸	芳香族アミノ酸	トレオニン	トリプトファン	バリン	ヒスチジン	アミノ酸価〈1~2歳〉	アミノ酸価〈15~17歳〉	アミノ酸価〈18歳以上〉
AAS	AAA	Thr	Trp	Val	His			
25	**46**	**27**	**7.4**	**41**	**18**			
23	40	24	6.4	40	16			
22	38	23	6.0	39	15			
23	40	24	6.9	30	13	**51**Leu	53Leu	54Leu
65	75	61	18	68	30	**100**	100	100
41	71	35	19	49	34	**84**Leu	88Leu	90Leu
17	39	34	5.3	37	21	**67**Leu	70Leu	71Leu
30	32	38	6.4	53	14	**56**Lys	62Lys	64Lys
74	69	43	17	55	28	**94**Leu	98Leu	100
41	63	49	14	68	110	**100**	100	100
35	44	48	10	42	36	**76**Leu	80Leu	81Leu
42	94	55	14	69	37	**100**	100	100
29	44	37	12	44	23	**59**Leu	62Leu	63Leu
21	36	36	5.8	34	19	**63**Leu	67Leu	68Leu
26	51	37	8.7	39	23	**78**Leu	82Leu	83Leu
41	45	40	9.2	45	22	**94**Leu	98Leu	100
32	120	67	22	66	44	**100**	100	100
34	100	81	26	70	37	**100**	100	100
24	89	66	20	65	29	**96**AAS	100	100
32	89	67	19	63	28	**100**	100	100
36	81	64	17	59	28	**100**	100	100
26	90	65	12	64	32	**100**	100	100
33	57	78	11	75	35	**100**	100	100
32	98	69	22	70	28	**100**	100	100
26	100	65	19	68	32	**100**	100	100
28	100	73	22	73	35	**90**Leu	95Leu	97Leu
27	77	66	21	70	30	**100**	100	100
32	92	69	15	60	30	**100**	100	100
44	100	66	20	75	24	**100**	100	100
48	95	64	20	69	22	**100**	100	100
49	89	65	16	81	18	**100**	100	100
41	65	51	12	53	18	**90**Lys	100	100
29	66	44	**6.4**	58	22	**86**Lys	100	100
32	120	42	4.7	120	**6.5**	**36**His	41His	43His
47	100	67	21	74	22	**81**Lys	89Lys	93Lys
25	62	46	**4.7**	42	50	**64**Trp	73Trp	78Trp
57	110	64	22	69	22	**100**	100	100
53	110	65	23	70	23	**100**	100	100
46	98	64	23	75	26	**100**	100	100
49	110	62	23	73	25	**100**	100	100
48	87	60	17	69	25	**100**	100	100
50	90	57	12	60	27	**100**	100	100
47	88	57	13	59	47	**100**	100	100
50	88	57	14	60	56	**100**	100	100
50	87	54	13	61	36	**100**	100	100
53	89	57	13	63	26	**100**	100	100
49	87	55	14	57	36	**100**	100	100
49	89	56	14	59	33	**100**	100	100
50	110	63	17	72	32	**100**	100	100
53	90	60	14	62	32	**100**	100	100
47	91	56	14	64	61	**100**	100	100
49	89	57	13	63	60	**100**	100	100
46	90	58	13	64	61	**100**	100	100
47	93	59	14	64	34	**100**	100	100
46	94	60	15	63	31	**100**	100	100
48	95	60	14	63	32	**100**	100	100
51	100	60	19	70	40	**100**	100	100

右表

食品番号	食品名	イソロイシン	ロイシン	リシン	含硫アミノ酸	芳香族アミノ酸	トレオニン	トリプトファン	バリン	ヒスチジン	アミノ酸価〈1~2歳〉	アミノ酸価〈15~17歳〉	アミノ酸価〈18歳以上〉
		Ile	Leu	Lys	AAS	AAA	Thr	Trp	Val	His			
	アミノ酸評点パターン（1~2歳）	**31**	**63**	**52**	**25**	**46**	**27**	**7.4**	**41**	**18**			
	アミノ酸評点パターン（15~17歳）	30	60	47	23	40	24	6.4	40	16			
	アミノ酸評点パターン（18歳以上）	30	59	45	22	38	23	6.0	39	15			
10067	■うなぎ 養殖 生	44	77	90	43	76	51	9.4	50	42	**100**	100	100
10071	■うまづらはぎ 生	60	97	110	51	89	54	14	68	29	**100**	100	100
10079	■かさご 生	50	90	110	48	87	58	12	54	26	**100**	100	100
10083	■かじき類 くろかじき 生	59	90	100	50	83	53	14	65	98	**100**	100	100
10085	めかじき 生	54	93	110	48	88	58	14	60	69	**100**	100	100
10086	■かつお類 かつお 春獲り 生	51	88	100	47	85	56	15	59	120	**100**	100	100
10087	秋獲り 生	53	89	100	47	86	56	15	61	120	**100**	100	100
10091	加工品 かつお節	56	92	100	46	89	59	15	63	98	**100**	100	100
10092	削り節	55	93	100	47	92	60	16	64	75	**100**	100	100
10098	■かます 生	58	97	110	57	92	55	13	64	34	**100**	100	100
10100	■かれい類 まがれい 生	54	95	110	54	88	58	13	60	29	**100**	100	100
10103	まこがれい 生	48	85	98	47	82	54	12	55	30	**100**	100	100
10107	■かわはぎ 生	52	92	110	48	87	58	14	59	30	**100**	100	100
10424	■かんぱち 背側 生	56	94	110	49	89	59	14	62	49	**100**	100	100
10109	■きす 生	53	92	110	48	88	57	13	59	28	**100**	100	100
10110	■きちじ 生	50	92	110	48	89	57	11	55	26	**100**	100	100
10115	■ぎんだら 生	52	89	110	48	86	56	12	56	27	**100**	100	100
10116	■きんめだい 生	51	90	110	49	88	56	13	59	30	**100**	100	100
10117	■ぐち 生	60	96	110	53	90	58	14	62	30	**100**	100	100
10119	■こい 養殖 生	50	88	94	46	83	56	13	57	40	**100**	100	100
10124	■このしろ 生	59	97	110	54	90	54	14	66	45	**100**	100	100
	■さけ・ます類												
10134	しろさけ 生	54	90	100	49	89	60	13	63	53	**100**	100	100
10141	すじこ	72	110	90	50	100	56	12	85	31	**100**	100	100
10144	たいせいようさけ 養殖 皮つき 生	52	89	100	47	88	59	13	61	31	**100**	100	100
10148	にじます 淡水養殖 皮つき 生	48	85	94	44	84	56	12	60	41	**100**	100	100
10154	■さば類 まさば 生	54	90	100	51	87	58	13	64	73	**100**	100	100
10404	ごまさば 生	52	90	100	46	87	58	13	60	78	**100**	100	100
10168	■よしきりざめ 生	62	96	110	50	90	60	14	63	30	**100**	100	100
10171	■さわら 生	56	91	110	49	87	61	13	62	40	**100**	100	100
10173	■さんま 皮つき 生	53	89	99	47	87	56	14	60	73	**100**	100	100
10182	■ししゃも からふとししゃも 生干し 生	58	96	93	51	91	58	16	72	30	**100**	100	100
10192	■たい類 まだい 天然 生	58	95	110	49	89	58	13	64	31	**100**	100	100
10193	養殖 皮つき 生	54	92	110	49	89	59	13	61	32	**100**	100	100
10198	■たちうお 生	56	92	110	53	89	57	13	60	31	**100**	100	100
10199	■たら類 すけとうだら 生	48	88	100	47	85	55	14	56	31	**100**	100	100
10202	たらこ 生	63	110	87	39	99	58	13	69	25	**100**	100	100
10205	まだら 生	50	90	110	46	86	55	12	56	31	**100**	100	100
10213	■どじょう 生	52	92	100	46	86	56	12	62	27	**100**	100	100
10215	■とびうお 生	59	95	110	52	90	58	14	64	59	**100**	100	100
10218	■にしん 生	59	98	110	53	90	58	13	68	31	**100**	100	100
10225	■はぜ 生	58	97	110	52	94	55	13	61	29	**100**	100	100
10228	■はたはた 生	52	90	100	48	83	56	12	57	26	**100**	100	100
10231	■はも 生	58	94	120	50	86	52	13	61	33	**100**	100	100
10235	■ひらめ 養殖 皮つき 生	53	91	110	49	88	58	13	61	31	**100**	100	100
10238	■ふな 生	58	95	110	49	92	54	13	63	34	**100**	100	100
10241	■ぶり 成魚 生	56	90	110	49	88	59	14	62	57	**100**	100	100
10243	はまち 養殖 皮つき 生	52	86	99	44	83	56	13	58	75	**100**	100	100
10246	■ほっけ 生	57	96	120	49	90	58	13	63	34	**100**	100	100
10249	■ぼら 生	59	95	110	51	85	55	14	65	39	**100**	100	100
	■まぐろ類												
10252	きはだ 生	54	89	100	46	84	57	13	60	100	**100**	100	100
10253	くろまぐろ 天然 赤身 生	54	90	100	46	84	54	13	61	110	**100**	100	100
10254	脂身 生	54	88	110	47	86	55	14	63	100	**100**	100	100
10450	養殖 赤身 生	49	89	110	44	85	56	14	62	110	**100**	100	100
10255	びんなが 生	55	92	110	45	84	57	14	62	110	**100**	100	100
10256	みなみまぐろ 赤身 生	57	93	110	46	84	55	14	66	70	**100**	100	100
10257	脂身 生	56	91	110	47	86	55	14	65	100	**100**	100	100
10425	めばち 赤身 生	54	91	110	47	88	55	14	62	78	**100**	100	100
10426	脂身 生	52	89	110	46	87	58	14	62	76	**100**	100	100

アミノ酸成分表

食品番号	食品名	イソロイシン Ile	ロイシン Leu	リシン Lys	含硫アミノ酸 AAS	芳香族アミノ酸 AAA	トレオニン Thr	トリプトファン Trp	バリン Val	ヒスチジン His	アミノ酸価 (1~2歳)	アミノ酸価 (15~17歳)	アミノ酸価 (18歳以上)
	アミノ酸評点パターン(1~2歳)	31	63	52	25	46	27	7.4	41	18			
	アミノ酸評点パターン(15~17歳)	30	60	47	23	40	24	6.4	40	16			
	アミノ酸評点パターン(18歳以上)	30	59	45	22	38	23	6.0	39	15			
10268	■むつ 生	53	94	110	49	90	59	13	58	35	**100**	100	100
10271	■めばる 生	58	96	120	53	91	55	13	62	27	**100**	100	100
10272	■メルルーサ 生	58	96	110	53	90	54	13	64	25	**100**	100	100
10276	■わかさぎ 生	54	93	100	54	89	52	12	64	30	**100**	100	100
10279	■貝類 あかがい 生	50	84	83	49	82	52	12	53	26	**100**	100	100
10281	あさり 生	48	81	84	45	86	54	12	54	25	**100**	100	100
10427	あわび くろあわび 生	39	72	60	36	68	52	10	44	**16**	**89His**		
10292	かき 養殖 生	48	78	85	46	80	59	13	55	28	**100**	100	100
10295	さざえ 生	45	82	69	46	72	50	14	49	18	**100**	100	100
10297	しじみ 生	51	80	91	47	97	76	17	64	30	**100**	100	100
10300	つぶ 生	45	91	76	49	77	53	11	55	24	**100**	100	100
10303	とりがい 斧足 生	55	89	92	52	82	55	12	57	23	**100**	100	100
10305	ばかがい 生	53	84	87	46	82	54	12	51	21	**100**	100	100
10306	はまぐり 生	52	84	89	50	84	51	14	56	29	**100**	100	100
10311	ほたてがい 生	46	79	81	47	75	55	14	49	16	**100**	100	100
10313	貝柱 生	47	87	91	52	77	51	11	46	23	**100**	100	100
10320	■えび類 いせえび 生	49	84	93	43	87	45	11	51	25	**100**	100	100
10321	くるまえび 養殖 生	43	78	88	41	80	43	10	46	22	**100**	100	100
10328	しばえび 生	53	91	93	51	84	46	13	53	23	**100**	100	100
10415	バナメイえび 養殖 生	48	86	96	45	86	47	12	50	24	**100**	100	100
10333	■かに類 毛がに 生	49	82	85	44	86	54	13	52	26	**100**	100	100
10335	ずわいがに 生	52	83	89	41	90	53	13	55	23	**100**	100	100
10344	■いか類 こういか 生	52	95	97	46	84	55	11	48	25	**100**	100	100
10417	するめいか 胴 皮つき 生	53	90	91	47	83	54	12	51	33	**100**	100	100
10348	ほたるいか 生	61	91	90	69	100	56	14	59	30	**100**	100	100
10352	やりいか 生	49	84	90	45	81	54	11	46	24	**100**	100	100
10361	■たこ類 まだこ 生	53	88	85	39	81	59	11	52	24	**100**	100	100
10365	■その他 うに 生うに	53	79	81	53	95	58	17	56	26	**100**	100	100
10368	おきあみ 生	61	92	99	48	94	57	14	66	29	**100**	100	100
10371	しゃこ ゆで	57	93	100	45	92	52	14	62	31	**100**	100	100
10372	なまこ 生	41	55	41	31	65	64	9.6	50	**14**	**78His**	87Lys	91Lys
10379	■水産練り製品 蒸しかまぼこ	58	94	110	49	82	53	12	61	24	**100**	100	100
10388	魚肉ソーセージ	55	90	93	46	80	48	12	59	25	**100**	100	100

11 肉類

食品番号	食品名	イソロイシン Ile	ロイシン Leu	リシン Lys	含硫アミノ酸 AAS	芳香族アミノ酸 AAA	トレオニン Thr	トリプトファン Trp	バリン Val	ヒスチジン His	アミノ酸価 (1~2歳)	アミノ酸価 (15~17歳)	アミノ酸価 (18歳以上)
11003	■うさぎ 肉 赤肉 生	58	94	110	46	90	58	13	62	55	**100**	100	100
	■うし												
11011	[和牛肉]リブロース 脂身つき 生	51	91	98	41	86	53	12	59	40	**100**	100	100
11016	サーロイン 皮下脂肪なし 生	56	98	110	47	88	60	13	59	47	**100**	100	100
11020	もも 皮下脂肪なし 生	55	96	110	45	90	57	15	59	48	**100**	100	100
11037	[乳用肥育牛肉]リブロース 脂身つき 生	50	90	98	41	85	54	13	58	40	**100**	100	100
11041	赤肉 生	54	95	110	44	89	57	14	58	47	**100**	100	100
11042	脂身 生	32	66	63	25	62	38	**5.7**	49	35	**77Trp**	89Trp	95Trp
11044	サーロイン 皮下脂肪なし 生	52	91	100	46	86	55	13	57	46	**100**	100	100
11046	ばら 脂身つき 生	48	87	95	43	83	52	12	55	42	**100**	100	100
11048	もも 皮下脂肪なし 生	54	96	110	44	91	59	14	58	48	**100**	100	100
11059	ヒレ 赤肉 生	54	96	110	45	90	58	14	59	43	**100**	100	100
11254	[交雑牛肉]リブロース 脂身つき 生	51	91	98	42	86	53	13	57	45	**100**	100	100
11260	ばら 脂身つき 生	51	91	100	41	84	51	13	57	42	**100**	100	100
11261	もも 脂身つき 生	51	92	100	42	87	55	13	57	43	**100**	100	100
11267	ヒレ 赤肉 生	55	98	110	45	90	60	15	58	46	**100**	100	100
11067	[輸入牛肉]リブロース 脂身つき 生	53	93	100	43	88	55	14	57	45	**100**	100	100
11076	もも 皮下脂肪なし 生	53	93	100	43	89	56	14	59	46	**100**	100	100
11089	[ひき肉] 生	50	90	98	41	85	54	14	55	42	**100**	100	100
11090	[副生物]舌 生	51	95	100	46	92	55	13	55	34	**100**	100	100
11091	心臓 生	55	100	94	46	92	54	16	64	32	**100**	100	100
11092	肝臓 生	53	110	92	47	100	55	17	71	35	**100**	100	100
11093	じん臓 生	53	110	84	49	99	55	19	72	32	**100**	100	100
11274	横隔膜 生	51	98	100	42	87	56	13	57	39	**100**	100	100
11109	■うま 肉 赤肉 生	58	96	110	44	89	57	14	60	59	**100**	100	100

食品番号	食品名	イソロイシン Ile	ロイシン Leu	リシン Lys
	アミノ酸評点パターン(1~2歳)	31	63	52
	アミノ酸評点パターン(15~17歳)	30	60	47
	アミノ酸評点パターン(18歳以上)	30	59	45
11110	■くじら 肉 赤肉 生	56	100	120
11275	■しか にほんじか 赤肉 生	52	88	100
	■ぶた			
11123	[大型種肉]ロース 脂身つき 生	53	91	100
11127	赤肉 生	54	94	100
11128	脂身 生	32	65	65
11129	ばら 脂身つき 生	49	88	95
11131	もも 皮下脂肪なし 生	54	94	100
11140	ヒレ 赤肉 生	56	96	110
11150	[中型種肉]ロース 皮下脂肪なし 生	57	94	100
11163	[ひき肉] 生	49	88	96
11164	[副生物]舌 生	55	97	99
11165	心臓 生	55	100	94
11166	肝臓 生	54	110	89
11167	じん臓 生	53	110	83
11198	[その他]ゼラチン	14	34	42
	■めんよう			
11199	[マトン]ロース 脂身つき 生	52	93	100
11245	皮下脂肪なし 生	50	96	110
11202	[ラム]ロース 脂身つき 生	50	91	98
11246	皮下脂肪なし 生	47	97	110
11203	もも 脂身つき 生	53	95	100
11204	■やぎ 肉 赤肉 生	56	96	110
11247	■かも あひる 肉 皮なし 生	56	97	100
11284	皮 生	33	64	64
11210	■しちめんちょう 肉 皮なし 生	59	94	110
	■にわとり			
11285	[若どり・主品目]手羽さき 皮つき 生	44	78	84
11286	手羽もと 皮つき 生	50	86	95
11219	むね 皮つき 生	54	92	100
11220	皮なし 生	56	93	100
11221	もも 皮つき 生	51	88	98
11224	皮なし 生	55	93	100
11230	[二次品目]ひき肉 生	52	89	99
11231	[副品目]心臓 生	56	100	95
11232	肝臓 生	55	100	90
11233	すなぎも 生	51	89	81
11234	皮 むね 生	40	71	75
11235	もも 生	32	62	62
11293	[その他]つくね	53	89	90
11240	■ほろほろちょう 肉 皮なし 生	59	96	110

12 卵類

食品番号	食品名	イソロイシン Ile	ロイシン Leu	リシン Lys
12002	■うずら卵 全卵 生	60	100	85
12004	■鶏卵 全卵 生	58	98	84
12010	卵黄 生	60	100	89
12014	卵白 生	59	96	77

13 乳類

食品番号	食品名	イソロイシン Ile	ロイシン Leu	リシン Lys
13001	■液状乳類 生乳 ジャージー種	57	110	90
13002	ホルスタイン種	62	110	94
13003	普通牛乳	58	110	91
13005	加工乳 低脂肪	56	110	91
13007	乳飲料 コーヒー	57	110	88
13010	■粉乳類 脱脂粉乳	59	110	87
13011	乳児用調製粉乳	68	110	91
13013	■練乳類 加糖練乳	56	110	89
13014	■クリーム類 クリーム 乳脂肪	56	110	89
13016	植物性脂肪	48	110	92
13020	コーヒーホワイトナー 液状 乳脂肪	56	100	87

左表

含硫アミノ酸 AAS	芳香族アミノ酸 AAA	トレオニン Thr	トリプトファン Trp	バリン Val	ヒスチジン His	アミノ酸価(1~2歳)	アミノ酸価(15~17歳)	アミノ酸価(18歳以上)
25	46	27	7.4	41	18			
23	40	24	6.4	40	16			
22	38	23	6.0	39	15			
42	87	56	14	55	45	**100**	100	100
47	88	58	14	62	53	**100**	100	100
44	86	56	14	58	48	**100**	100	100
45	89	58	14	58	52	**100**	100	100
27	65	39	5.9	50	40	**80Trp**	92Trp	98Trp
39	85	53	12	57	41	**100**	100	100
47	90	57	15	60	50	**100**	100	100
46	92	59	16	61	48	**100**	100	100
47	86	57	14	62	59	**100**	100	100
42	84	54	13	60	44	**100**	100	100
48	88	53	16	62	35	**100**	100	100
50	92	55	16	64	31	**100**	100	100
50	100	57	17	71	33	**100**	100	100
48	100	54	19	70	33	**100**	100	100
9.8	26	23	0.1	31	7.8	**1Trp**	2Trp	2Trp
40	88	57	14	57	48	**100**	100	100
47	91	60	15	57	43	**100**	100	100
43	87	56	13	58	43	**100**	100	100
47	91	59	15	59	53	**100**	100	100
44	89	57	15	58	46	**100**	100	100
47	90	57	13	59	49	**100**	100	100
45	92	58	15	59	40	**100**	100	100
30	63	39	5.6	45	23	**76Trp**	88Trp	93Trp
46	87	56	14	61	62	**100**	100	100
38	75	48	10	51	39	**100**	100	100
42	82	53	13	56	46	**100**	100	100
45	87	56	15	58	62	**100**	100	100
46	88	57	15	59	61	**100**	100	100
43	84	54	13	55	41	**100**	100	100
45	88	56	15	58	43	**100**	100	100
44	86	55	14	57	49	**100**	100	100
50	94	55	16	67	31	**100**	100	100
48	100	59	17	69	34	**100**	100	100
47	82	52	11	56	24	**100**	100	100
40	66	41	8.6	55	50	**100**	100	100
29	60	39	5.7	43	32	**77Trp**	89Trp	95Trp
38	82	53	13	58	41	**100**	100	100
45	88	55	15	62	61	**100**	100	100
71	110	66	16	76	34	**100**	100	100
63	110	56	17	73	30	**100**	100	100
50	100	61	17	69	24	**100**	100	100
71	120	54	18	78	30	**100**	100	100
36	110	52	15	70	31	**100**	100	100
40	98	50	15	76	32	**100**	100	100
36	110	51	16	71	30	**100**	100	100
36	110	51	15	69	31	**100**	100	100
35	110	51	15	71	30	**100**	100	100
36	110	51	15	72	30	**100**	100	100
48	84	65	15	74	28	**100**	100	100
35	98	52	14	72	33	**100**	100	100
41	110	57	14	68	32	**100**	100	100
37	110	54	13	72	32	**100**	100	100
36	110	51	14	71	32	**100**	100	100

右表

食品番号	食品名	イソロイシン Ile	ロイシン Leu	リシン Lys	含硫アミノ酸 AAS	芳香族アミノ酸 AAA	トレオニン Thr	トリプトファン Trp	バリン Val	ヒスチジン His	アミノ酸価(1~2歳)	アミノ酸価(15~17歳)	アミノ酸価(18歳以上)
	アミノ酸評点パターン(1~2歳)	31	63	52	25	46	27	7.4	41	18			
	アミノ酸評点パターン(15~17歳)	30	60	47	23	40	24	6.4	40	16			
	アミノ酸評点パターン(18歳以上)	30	59	45	22	38	23	6.0	39	15			
	■発酵乳・乳酸菌飲料												
13025	ヨーグルト 全脂無糖	62	110	90	39	100	50	15	74	31	**100**	100	100
13053	低脂肪無糖	56	110	89	35	110	52	15	70	32	**100**	100	100
13054	無脂肪無糖	60	110	92	36	100	56	16	71	31	**100**	100	100
13026	脱脂加糖	55	100	88	34	100	50	14	69	31	**100**	100	100
13027	ドリンクタイプ 加糖	57	110	91	35	110	52	15	71	32	**100**	100	100
13028	乳酸菌飲料 乳製品	62	110	84	41	98	50	15	75	32	**100**	100	100
	■チーズ類												
13033	ナチュラルチーズ カテージ	56	110	89	33	120	49	14	71	33	**100**	100	100
13034	カマンベール	55	100	85	33	120	46	14	72	34	**100**	100	100
13035	クリーム	57	110	90	33	110	51	16	70	34	**100**	100	100
13037	チェダー	59	110	89	38	120	41	14	75	34	**100**	100	100
13055	マスカルポーネ	57	110	90	37	110	52	15	70	34	**100**	100	100
13040	プロセスチーズ	59	110	90	33	120	41	14	75	34	**100**	100	100
	■アイスクリーム類												
13042	アイスクリーム 高脂肪	58	110	90	39	100	53	14	71	33	**100**	100	100
13045	ラクトアイス 普通脂肪	64	110	92	40	90	53	14	77	32	**100**	100	100
13048	■カゼイン	60	100	86	37	120	48	14	70	33	**100**	100	100
13051	■人乳	63	120	79	46	95	55	18	69	31	**100**	100	100

14 油脂類

食品番号	食品名	イソロイシン Ile	ロイシン Leu	リシン Lys	含硫アミノ酸 AAS	芳香族アミノ酸 AAA	トレオニン Thr	トリプトファン Trp	バリン Val	ヒスチジン His	アミノ酸価(1~2歳)	アミノ酸価(15~17歳)	アミノ酸価(18歳以上)
	■バター類												
14017	バター類 無発酵バター 有塩バター	56	110	88	40	100	56	14	72	34	**100**	100	100
	■マーガリン類												
14020	マーガリン 家庭用 有塩	58	110	88	37	110	53	9.8	71	33	**100**	100	100
14021	ファットスプレッド	65	110	94	34	97	71	12	71	32	**100**	100	100

15 菓子類

食品番号	食品名	イソロイシン Ile	ロイシン Leu	リシン Lys	含硫アミノ酸 AAS	芳香族アミノ酸 AAA	トレオニン Thr	トリプトファン Trp	バリン Val	ヒスチジン His	アミノ酸価(1~2歳)	アミノ酸価(15~17歳)	アミノ酸価(18歳以上)
15125	■揚げパン	44	81	**27**	42	95	35	12	52	27	**52Lys**	57Lys	60Lys
15127	■カレーパン 皮及び具	(45)	(80)	**(34)**	(37)	(91)	(38)	(12)	(52)	(29)	**65Lys**	72Lys	76Lys
15132	■メロンパン	45	82	**30**	47	95	37	13	53	27	**58Lys**	64Lys	67Lys
15097	■ビスケット ハードビスケット	49	88	**19**	46	89	53	16	56	27	**37Lys**	40Lys	42Lys

16 し好飲料類

食品番号	食品名	イソロイシン Ile	ロイシン Leu	リシン Lys	含硫アミノ酸 AAS	芳香族アミノ酸 AAA	トレオニン Thr	トリプトファン Trp	バリン Val	ヒスチジン His	アミノ酸価(1~2歳)	アミノ酸価(15~17歳)	アミノ酸価(18歳以上)
16001	■清酒 普通酒	43	69	39	27	95	45	**4.0**	66	34	**54Trp**	63Trp	67Trp
16006	■ビール 淡色	30	**42**	38	41	84	38	17	53	36	**67Leu**	70Leu	71Leu
16025	■みりん 本みりん	49	89	41	**12**	110	47	6.4	74	30	**48AAS**	52AAS	55AAS
16035	■抹茶 茶	49	91	76	40	89	52	21	63	31	**100**	100	100
16048	■ココア ピュアココア	45	78	**46**	45	110	55	19	71	25	**88Lys**	98Lys	100
16056	■青汁 ケール	51	96	65	39	100	61	22	70	32	**100**	100	100

17 調味料・香辛料類

食品番号	食品名	イソロイシン Ile	ロイシン Leu	リシン Lys	含硫アミノ酸 AAS	芳香族アミノ酸 AAA	トレオニン Thr	トリプトファン Trp	バリン Val	ヒスチジン His	アミノ酸価(1~2歳)	アミノ酸価(15~17歳)	アミノ酸価(18歳以上)
17002	■ウスターソース類 中濃ソース	34	48	46	18	60	40	**3.1**	48	26	**42Trp**	48Trp	52Trp
17007	■しょうゆ類 こいくちしょうゆ	62	91	69	26	70	53	**2.9**	67	27	**39Trp**	45Trp	48Trp
17008	うすくちしょうゆ	60	88	66	30	66	51	**2.7**	66	29	**36Trp**	42Trp	45Trp
17009	たまりしょうゆ	50	66	72	23	59	54	**2.5**	62	27	**34Trp**	39Trp	42Trp
17093	■だし類 顆粒中華だし	16	30	33	13	28	21	**2.5**	24	22	**34Trp**	39Trp	42Trp
17107	■調味ソース類 魚醤油 ナンプラー	45	**59**	120	38	52	69	9.1	74	44	**94Leu**	98Leu	100
	■ドレッシング類												
17118	マヨネーズタイプ調味料 低カロリータイプ	32	**52**	45	30	57	31	8.4	40	16	**83Leu**	87Leu	88Leu
17044	■みそ類 米みそ 甘みそ	54	95	58	31	110	49	14	62	33	**100**	100	100
17045	淡色辛みそ	58	93	68	30	110	49	14	64	33	**100**	100	100
17046	赤色辛みそ	60	96	62	34	110	50	14	66	31	**100**	100	100
17047	麦みそ	55	91	**51**	38	100	48	14	62	32		**98Lys**	
17048	豆みそ	56	90	58	28	120	49	9.1	64	33	**100**	100	100
17119	減塩みそ	56	90	67	33	100	51	11	62	31	**100**	100	100

18 調味料・香辛料類

食品番号	食品名	イソロイシン Ile	ロイシン Leu	リシン Lys	含硫アミノ酸 AAS	芳香族アミノ酸 AAA	トレオニン Thr	トリプトファン Trp	バリン Val	ヒスチジン His	アミノ酸価(1~2歳)	アミノ酸価(15~17歳)	アミノ酸価(18歳以上)
18007	■コロッケ ポテトコロッケ 冷凍	47	76	57	40	81	39	13	59	24	**100**	100	100
18002	■ぎょうざ	47	79	57	39	79	40	12	54	27	**100**	100	100
18012	■しゅうまい	50	84	74	39	80	44	12	56	33	**100**	100	100

アミノ酸成分表

日本人の食事摂取基準 (2020年版　2020年4月〜2025年3月)

■ 食事摂取基準とは

日本人の食事摂取基準は、健康な個人並びに集団を対象とし、エネルギー摂取の過不足を防ぐこと、栄養素の摂取不足を防ぐことを基本としている。また、生活習慣病の予防も目的とする。サプリメントなど、特定の成分を高濃度に含有する食品を摂取している場合には、過剰摂取による健康障害を防ぐことにも配慮する。なお、2020年版では、高齢者の低栄養予防などの観点から、年齢区分が細分化された。

■ エネルギーの指標

エネルギーの摂取量−消費量によって、エネルギー収支バランスがわかる。そのため2015年版の食事摂取基準から、エネルギー収支バランスの維持を示す指標としてBMI (→p.103) が採用されている。実際には、エネルギー摂取の過不足について体重の変化を測定して評価する。また測定されたBMIの値が、目標とする範囲におさまっているかどうかも考慮し、総合的に判断する。

なお、エネルギー必要量の概念＊は重要であること、目標とするBMIの提示が成人に限られていることなどから、推定エネルギー必要量が参考として示されている。

＊エネルギー必要量は、WHOの定義に従い、「ある身長・体重と体組織の個人が、長期間に良好な健康状態を維持する身体活動レベルの時、エネルギー消費量との均衡が取れるエネルギー摂取量」と定義する。

■ 目標とするBMIの範囲 (18歳以上)

年齢 (歳)	目標とするBMI (kg/㎡)
18〜49	18.5〜24.9
50〜64	20.0〜24.9
65〜74	21.5〜24.9
75以上	21.5〜24.9

$$BMI＊= \frac{体重 (kg)}{身長 (m) ×身長 (m)}$$

※BMIは、あくまでも健康を維持し、生活習慣病の発症予防を行うための要素の一つとして扱うに留める。また、個人差が存在することにも注意する。

参考資料

■ 推定エネルギー必要量

成人では、推定エネルギー必要量を以下の方法で算出する。

推定エネルギー必要量 (kcal/日)
＝基礎代謝量(kcal/日) ×
身体活動レベル

基礎代謝量とは、覚醒状態で必要な最小限のエネルギーであり、早朝空腹時に快適な室内 (室温など) において測定される。

身体活動レベルは、健康な日本人の成人で測定したエネルギー消費量と推定基礎代謝量から求めたものである。

なお、小児、乳児、及び妊婦、授乳婦では、これに成長や妊娠継続、授乳に必要なエネルギー量を付加量として加える。

■ 推定エネルギー必要量 (kcal/日)

性別	男性			女性		
身体活動レベル	Ⅰ	Ⅱ	Ⅲ	Ⅰ	Ⅱ	Ⅲ
0〜5 (月)	-	550	-	-	500	-
6〜8 (月)	-	650	-	-	600	-
9〜11 (月)	-	700	-	-	650	-
1〜2 (歳)	-	950	-	-	900	-
3〜5 (歳)	-	1,300	-	-	1,250	-
6〜7 (歳)	1,350	1,550	1,750	1,250	1,450	1,650
8〜9 (歳)	1,600	1,850	2,100	1,500	1,700	1,900
10〜11 (歳)	1,950	2,250	2,500	1,850	2,100	2,350
12〜14 (歳)	2,300	2,600	2,900	2,150	2,400	2,700
15〜17 (歳)	2,500	2,800	3,150	2,050	2,300	2,550
18〜29 (歳)	2,300	2,650	3,050	1,700	2,000	2,300
30〜49 (歳)	2,300	2,700	3,050	1,750	2,050	2,350
50〜64 (歳)	2,200	2,600	2,950	1,650	1,950	2,250
65〜74 (歳)	2,050	2,400	2,750	1,550	1,850	2,100
75歳以上	1,800	2,100	-	1,400	1,650	-
妊婦 (付加量) 初期				(+50)	(+50)	(+50)
中期				(+250)	(+250)	(+250)
後期				(+450)	(+450)	(+450)
授乳婦 (付加量)				(+350)	(+350)	(+350)
摂取量平均値		2,515			1,896	

■ 基礎代謝量 (kcal/日)

性別	男性	女性
年齢 (歳)	基礎代謝量(kcal/日)	基礎代謝量(kcal/日)
1〜2	700	660
3〜5	900	840
6〜7	980	920
8〜9	1,140	1,050
10〜11	1,330	1,260
12〜14	1,520	1,410
15〜17	1,610	1,310
18〜29	1,530	1,110
30〜49	1,530	1,160
50〜64	1,480	1,110
65〜74	1,400	1,080
75以上	1,280	1,010

※身体活動レベルⅠの場合、少ないエネルギー消費量に見合った少ないエネルギー摂取量を維持することになるため、健康の保持・増進の観点からは、身体活動量を増加させる必要がある。

■ 身体活動レベル別に見た活動内容と活動時間の代表例

＊代表値。( ) 内はおよその範囲。

身体活動レベル＊	低い (Ⅰ) 1.50 (1.40〜1.60)	ふつう (Ⅱ) 1.75 (1.60〜1.90)	高い (Ⅲ) 2.00 (1.90〜2.20)
日常生活の内容	生活の大部分が座位で、静的な活動が中心の場合	座位中心の仕事だが、職場内での移動や立位での作業・接客等、通勤・買い物での歩行、家事、軽いスポーツ、のいずれかを含む場合	移動や立位の多い仕事への従事者、あるいは、スポーツ等余暇における活発な運動習慣を持っている場合
中程度の強度 (3.0〜5.9メッツ) の身体活動の1日当たりの合計時間 (時間/日)	1.65	2.06	2.53
仕事での1日当たりの合計歩行時間 (時間/日)	0.25	0.54	1.00

栄養素の指標

栄養素については、次の5種類の指標がある。

推定平均必要量	ある対象集団に属する50%の人が必要量を満たすと推定される摂取量。
推奨量	ある対象集団に属するほとんどの人(97〜98%)が充足している量。推奨量は、推定平均必要量があたえられる栄養素に対して設定される。
目安量	特定の集団における、ある一定の栄養状態を維持するのに十分な量。十分な科学的根拠が得られず「推定平均必要量」が算定できない場合に算定する。
耐容上限量	健康障害をもたらすリスクがないとみなされる習慣的な摂取量の上限量。これを超えて摂取すると、過剰摂取によって生じる潜在的な健康障害のリスクが高まると考えられる。
目標量	生活習慣病の予防を目的として、特定の集団において、その疾患のリスクや、その代理指標となる値が低くなると考えられる栄養状態が達成できる量。現在の日本人が当面の目標とすべき摂取量として設定する。

食事摂取基準の各指標を理解するための概念

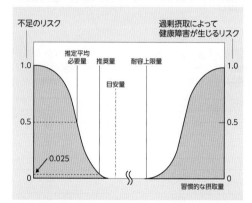

※推定平均必要量では不足のリスクが0.5(50%)あり、推奨量では0.02〜0.03(中間値として0.025)(2〜3%または2.5%)あることを示している。

※目標量については、ここに示す概念や方法とは異なる性質のものであるため、ここには図示できない。

炭水化物の食事摂取基準
(% エネルギー：総エネルギーに占める割合)

性別	男性	女性
年齢等（歳）	目標量	目標量
0〜5（月）	-	-
6〜11（月）	-	-
1〜2	50〜65	50〜65
3〜5	50〜65	50〜65
6〜7	50〜65	50〜65
8〜9	50〜65	50〜65
10〜11	50〜65	50〜65
12〜14	50〜65	50〜65
15〜17	50〜65	50〜65
18〜29	50〜65	50〜65
30〜49	50〜65	50〜65
50〜64	50〜65	50〜65
65〜74	50〜65	50〜65
75以上	50〜65	50〜65
妊婦		50〜65
授乳婦		50〜65
摂取量平均値	56.0	53.6

食物繊維の食事摂取基準
(g／日)

性別	男性	女性
年齢等（歳）	目標量	目標量
0〜5（月）	-	-
6〜11（月）	-	-
1〜2	-	-
3〜5	8以上	8以上
6〜7	10以上	10以上
8〜9	11以上	11以上
10〜11	13以上	13以上
12〜14	17以上	17以上
15〜17	19以上	18以上
18〜29	21以上	18以上
30〜49	21以上	18以上
50〜64	21以上	18以上
65〜74	20以上	17以上
75以上	20以上	17以上
妊婦		18以上
授乳婦		18以上
摂取量平均値	20.0	17.0

脂質の食事摂取基準
(% エネルギー：総エネルギーに占める割合)

性別	男性		女性	
年齢等（歳）	目標量	目安量	目標量	目安量
0〜5（月）	-	50	-	50
6〜11（月）	-	40	-	40
1〜2	20〜30	-	20〜30	-
3〜5	20〜30	-	20〜30	-
6〜7	20〜30	-	20〜30	-
8〜9	20〜30	-	20〜30	-
10〜11	20〜30	-	20〜30	-
12〜14	20〜30	-	20〜30	-
15〜17	20〜30	-	20〜30	-
18〜29	20〜30	-	20〜30	-
30〜49	20〜30	-	20〜30	-
50〜64	20〜30	-	20〜30	-
65〜74	20〜30	-	20〜30	-
75以上	20〜30	-	20〜30	-
妊婦			20〜30	-
授乳婦			20〜30	-
摂取量平均値	29.8		31.3	

たんぱく質の食事摂取基準 (g／日)

※乳児の目安量は、母乳栄養児の値である。

性別	男性		女性	
年齢等（歳）	推奨量	目安量	推奨量	目安量
0〜5（月）	-	10	-	10
6〜8（月）	-	15	-	15
9〜11（月）	-	25	-	25
1〜2	20	-	20	-
3〜5	25	-	25	-
6〜7	30	-	30	-
8〜9	40	-	40	-
10〜11	45	-	50	-
12〜14	60	-	55	-
15〜17	65	-	55	-
18〜29	65	-	50	-
30〜49	65	-	50	-
50〜64	65	-	50	-
65〜74	60	-	50	-
75以上	60	-	50	-
妊婦（付加量）　初期			(+0)	-
中期			(+5)	-
後期			(+25)	-
授乳婦（付加量）			(+20)	-
摂取量平均値	88.7		71.8	

● 飽和脂肪酸の目標量　男女とも3〜14歳で10%以下、15〜17歳で8%以下、18歳以上と妊婦・授乳婦で7%以下

食事摂取基準と4つの食品群

■ ミネラル摂取基準　■は多量ミネラル、■は微量ミネラル

※妊婦・授乳婦の（＋数値）は付加量を示す
摂取量平均値は「令和元年国民健康・栄養調査」より15〜19歳を抜粋

年齢等（歳）	カルシウム (mg／日) ❶		リン (mg／日) ❷		カリウム (mg／日)		ナトリウム（食塩相当量 g／日）❸	
	推奨量		目安量		目安量		目標量	
	男性	女性	男性	女性	男性	女性	男性	女性
0〜5（月）	*200*	*200*	120	120	400	400	*0.3*	*0.3*
6〜11（月）	*250*	*250*	260	260	700	700	*1.5*	*1.5*
1〜2	450	400	500	500	900	900	3.0未満	3.0未満
3〜5	600	550	700	700	1,000	1,000	3.5未満	3.5未満
6〜7	600	550	900	800	1,300	1,200	4.5未満	4.5未満
8〜9	650	750	1,000	1,000	1,500	1,500	5.0未満	5.0未満
10〜11	700	750	1,100	1,000	1,800	1,800	6.0未満	6.0未満
12〜14	1,000	800	1,200	1,000	2,300	1,900	7.0未満	6.5未満
15〜17	800	650	1,200	900	2,700	2,000	7.5未満	6.5未満
18〜29	800	650	1,000	800	2,500	2,000	7.5未満	6.5未満
30〜49	750	650	1,000	800	2,500	2,000	7.5未満	6.5未満
50〜64	750	650	1,000	800	2,500	2,000	7.5未満	6.5未満
65〜74	750	650	1,000	800	2,500	2,000	7.5未満	6.5未満
75以上	700	600	1,000	800	2,500	2,000	7.5未満	6.5未満
妊婦（付加量）		+0		800		2,000		6.5未満
授乳婦（付加量）		+0		800		2,200		6.5未満
摂取量平均値	504	454	1,181	985	2,280	2,060	10.4	8.8

❶1. カルシウムの耐容上限量は18歳以上男女ともに2,500mg／日。　2. 0〜11（月）児の値は男女ともに目安量。　❷リンの耐容上限量は18歳以上男女ともに3,000mg／日。　❸1. ナトリウムの0〜11（月）児の値は男女ともに目安量。　2. 18歳以上男女のナトリウムの推定平均必要量は600mg／日（食塩相当量1.5g／日）。

年齢等（歳）	マグネシウム (mg／日) ❹		鉄 (mg／日) ❺					
	推奨量		推奨量			耐容上限量		
	男性	女性	男性	女性月経なし	女性月経あり	男性	女性	
0〜5（月）	*20*	*20*	*0.5*	*0.5*	-	-	-	
6〜11（月）	*60*	*60*	5.0	4.5	-	-	-	
1〜2	70	70	4.5	4.5	-	25	20	
3〜5	100	100	5.5	5.5	-	25	25	
6〜7	130	130	5.5	5.5	-	30	30	
8〜9	170	160	7.0	7.5	-	35	35	
10〜11	210	220	8.5	8.5	12.0	35	35	
12〜14	290	290	10.0	8.5	12.0	40	40	
15〜17	360	310	10.0	7.0	10.5	50	40	
18〜29	340	270	7.5	6.5	10.5	50	40	
30〜49	370	290	7.5	6.5	10.5	50	40	
50〜64	370	290	7.5	6.5	11.0	50	40	
65〜74	350	280	7.5	6.0	-	50	40	
75以上	320	260	7.0	6.0	-	50	40	
妊婦（付加量）初期		(+40)		(+2.5)			-	
中期・後期		(+40)		(+9.5)			-	
授乳婦（付加量）		(+0)		(+2.5)			-	
摂取量平均値	239	213	7.9		7.0	-	-	

❹1. 通常の食品以外からのマグネシウム摂取量の耐容上限量は成人の場合350mg／日、小児では5mg／kg体重／日とする。通常の食品からの摂取の場合、耐容上限量は設定しない。　2. 0〜11（月）児の値は男女ともに目安量。　❺推奨量の表にある0〜5（月）児の値は男女ともに目安量。

年齢等（歳）	亜鉛 (mg／日) ❻				銅 (mg／日) ❼		マンガン (mg／日) ❽		ヨウ素 (µg／日) ❾			
	推奨量		耐容上限量		推奨量		目安量		推奨量		耐容上限量	
	男性	女性	男性	女性	男性	女性	男性	女性	男性	女性	男性	女性
0〜5（月）	*2*	*2*	-	-	*0.3*	*0.3*	0.01	0.01	*100*	*100*	250	250
6〜11（月）	*3*	*3*	-	-	*0.3*	*0.3*	0.5	0.5	*130*	*130*	250	250
1〜2	3	3	-	-	0.3	0.3	1.5	1.5	50	50	300	300
3〜5	4	3	-	-	0.4	0.3	1.5	1.5	60	60	400	400
6〜7	5	4	-	-	0.4	0.4	2.0	2.0	75	75	550	550
8〜9	6	5	-	-	0.5	0.5	2.5	2.5	90	90	700	700
10〜11	7	6	-	-	0.6	0.6	3.0	3.0	110	110	900	900
12〜14	10	8	-	-	0.8	0.8	4.0	4.0	140	140	2,000	2,000
15〜17	12	8	-	-	0.9	0.7	4.5	3.5	140	140	3,000	3,000
18〜29	11	8	40	35	0.9	0.7	4.0	3.5	130	130	3,000	3,000
30〜49	11	8	45	35	0.9	0.7	4.0	3.5	130	130	3,000	3,000
50〜64	11	8	45	35	0.9	0.7	4.0	3.5	130	130	3,000	3,000
65〜74	11	8	40	35	0.9	0.7	4.0	3.5	130	130	3,000	3,000
75以上	10	8	40	30	0.8	0.7	4.0	3.5	130	130	3,000	3,000
妊婦（付加量）		(+2)		-		(+0.1)		3.5		(+110)		-
授乳婦（付加量）		(+4)		-		(+0.6)		3.5		(+140)		-
摂取量平均値	11.4	8.6	-	-	1.29	1.05	-	-	-	-	-	-

❻亜鉛の推奨量の表にある0〜11（月）児の値は男女ともに目安量。　❼1. 銅の耐容上限量は18歳以上男女ともに7mg／日。　2. 0〜11（月）児の値は男女ともに目安量。　❽マンガンの耐容上限量は18歳以上男女ともに11mg／日。　❾1. 妊婦及び授乳婦のヨウ素の耐容上限量は2,000µg／日。　2. 推奨量の表にある0〜11（月）児の値は男女ともに目安量。

年齢等（歳）	セレン (µg/日) ❿				モリブデン (µg/日) ⓫				クロム (µg/日)	
	推奨量		耐容上限量		推奨量		耐容上限量		目安量	
	男性	女性	男性	女性	男性	女性	男性	女性	男性	女性
0〜5（月）	15	15	-	-	2	2	-	-	0.8	0.8
6〜11（月）	15	15	-	-	5	5	-	-	1.0	1.0
1〜2	10	10	100	100	10	10	-	-		
3〜5	15	10	100	100	10	10	-	-		
6〜7	15	15	150	150	15	15	-	-		
8〜9	20	20	200	200	20	15	-	-		
10〜11	25	25	250	250	20	20	-	-		
12〜14	30	30	350	300	25	25	-	-		
15〜17	35	25	400	350	30	25	-	-		
18〜29	30	25	450	350	30	25	600	500	10	10
30〜49	30	25	450	350	30	25	600	500	10	10
50〜64	30	25	450	350	30	25	600	500	10	10
65〜74	30	25	450	350	30	25	600	500	10	10
75以上	30	25	400	350	25	25	600	500	10	10
妊婦（付加量）		(+5)		-		(+0)		-		10
授乳婦（付加量）		(+20)		-		(+3)		-		10
摂取量平均値										

❿ セレンの推奨量の表にある0〜11（月）児の値は男女ともに目安量。　⓫ モリブデンの推奨量の表にある0〜11（月）児の値は男女ともに目安量。

■ ビタミン摂取基準　■は脂溶性ビタミン、■は水溶性ビタミン

※妊婦・授乳婦の（＋数値）は付加量を示す
摂取量平均値は「令和元年国民健康・栄養調査」より15〜19歳を抜粋

年齢（歳）	ビタミンA (µgRAE/日) ❶				ビタミンD (µg/日) ❷			
	推奨量		耐容上限量		目安量		耐容上限量	
	男性	女性	男性	女性	男性	女性	男性	女性
0〜5（月）	300	300	600	600	5.0	5.0	25	25
6〜11（月）	400	400	600	600	5.0	5.0	25	25
1〜2	400	350	600	600	3.0	3.5	20	20
3〜5	450	500	700	850	3.5	4.0	30	30
6〜7	400	400	950	1,200	4.5	5.0	30	30
8〜9	500	500	1,200	1,500	5.0	6.0	40	40
10〜11	600	600	1,500	1,900	6.5	8.0	60	60
12〜14	800	700	2,100	2,500	8.0	9.5	80	80
15〜17	900	650	2,500	2,800	9.0	8.5	90	90
18〜29	850	650	2,700	2,700	8.5	8.5	100	100
30〜49	900	700	2,700	2,700	8.5	8.5	100	100
50〜64	900	700	2,700	2,700	8.5	8.5	100	100
65〜74	850	700	2,700	2,700	8.5	8.5	100	100
75以上	800	650	2,700	2,700	8.5	8.5	100	100
妊婦（付加量）　初期		(+0)						
中期		(+0)		-		8.5		
後期		(+80)						
授乳婦（付加量）		(+450)				8.5		
摂取量平均値	529	446	-	-	5.9	5.3	-	-

❶ 1. レチノール活性当量（µgRAE）＝レチノール（µg）＋β-カロテン（µg）×1/12＋α-カロテン（µg）×1/24＋β-クリプトキサンチン（µg）×1/24＋その他のプロビタミンAカロテノイド（µg）×1/24　2. ビタミンAの耐容上限量はプロビタミンAカロテノイドを含まない数値。　3. 推奨量の表にある0〜11（月）児の値は男女ともに目安量（プロビタミンAカロテノイドを含まない）。　❷ 日照により皮膚でビタミンDが産生されることを踏まえ、フレイル予防を図る者はもとより、全年齢区分を通じて、日常生活において可能な範囲での適度な日光浴を心掛けるとともに、ビタミンDの摂取については、日照時間を考慮に入れることが重要である。

年齢（歳）	ビタミンE (mg/日) ❸				ビタミンK (µg/日)		ビタミンB₁ (mg/日) ❹		ビタミンB₂ (mg/日) ❺	
	目安量		耐容上限量		目安量		推奨量		推奨量	
	男性	女性	男性	女性	男性	女性	男性	女性	男性	女性
0〜5（月）	3.0	3.0	-	-	4	4	0.1	0.1	0.3	0.3
6〜11（月）	4.0	4.0	-	-	7	7	0.2	0.2	0.4	0.4
1〜2	3.0	3.0	150	150	50	60	0.5	0.5	0.6	0.5
3〜5	4.0	4.0	200	200	60	70	0.7	0.7	0.8	0.8
6〜7	5.0	5.0	300	300	80	90	0.8	0.8	0.9	0.9
8〜9	5.0	5.0	350	350	90	110	1.0	0.9	1.1	1.0
10〜11	5.5	5.5	450	450	110	140	1.2	1.1	1.4	1.3
12〜14	6.5	6.0	650	600	140	170	1.4	1.3	1.6	1.4
15〜17	7.0	5.5	750	650	160	150	1.5	1.2	1.7	1.4
18〜29	6.0	5.0	850	650	150	150	1.4	1.1	1.6	1.2
30〜49	6.0	5.5	900	700	150	150	1.4	1.1	1.6	1.2
50〜64	7.0	6.0	850	700	150	150	1.3	1.1	1.5	1.2
65〜74	7.0	6.5	850	650	150	150	1.3	1.1	1.5	1.2
75以上	6.5	6.5	750	650	150	150	1.2	0.9	1.3	1.0
妊婦（付加量）		6.5		-		150		(+0.2)		(+0.3)
授乳婦（付加量）		7.0		-		150		(+0.2)		(+0.6)
摂取量平均値	7.3	6.6	-	-	237	215	1.17	0.98	1.32	1.11

❸ ビタミンEは、α-トコフェロールについて算定。α-トコフェロール以外のビタミンEは含んでいない。　❹❺ 1. ビタミンB₁はチアミン塩化物塩酸塩（分子量＝337.3）の重量。　2. ビタミンB₁、B₂は、身体活動レベルⅡの推定エネルギー必要量を用いて算定。　3. 0〜11（月）児の値は男女ともに目安量。

年齢（歳）	ナイアシン (mgNE／日) ❻				ビタミンB₆ (mg／日) ❼				ビタミンB₁₂ (μg／日) ❽	
	推奨量		耐容上限量		推奨量		耐容上限量		推奨量	
	男性	女性	男性	女性	男性	女性	男性	女性	男性	女性
0〜5（月）	2	2	-	-	0.2	0.2	-	-	0.4	0.4
6〜11（月）	3	3	-	-	0.3	0.3	-	-	0.5	0.5
1〜2	6	5	60 (15)	60 (15)	0.5	0.5	10	10	0.9	0.9
3〜5	8	7	80 (20)	80 (20)	0.6	0.6	15	15	1.1	1.1
6〜7	9	8	100 (30)	100 (30)	0.8	0.7	20	20	1.3	1.3
8〜9	11	10	150 (35)	150 (35)	0.9	0.9	25	25	1.6	1.6
10〜11	13	10	200 (45)	150 (45)	1.1	1.1	30	30	1.9	1.9
12〜14	15	14	250 (60)	250 (60)	1.4	1.3	40	40	2.4	2.4
15〜17	17	13	300 (70)	250 (65)	1.5	1.3	50	45	2.4	2.4
18〜29	15	11	300 (80)	250 (65)	1.4	1.1	55	45	2.4	2.4
30〜49	15	12	350 (85)	250 (65)	1.4	1.1	60	45	2.4	2.4
50〜64	14	11	350 (85)	250 (65)	1.4	1.1	55	45	2.4	2.4
65〜74	14	11	300 (80)	250 (65)	1.4	1.1	50	40	2.4	2.4
75以上	13	10	300 (75)	250 (60)	1.4	1.1	50	40	2.4	2.4
妊婦（付加量）		(+0)		-		(+0.2)		-		(+0.4)
授乳婦（付加量）		(+3)		-		(+0.3)		-		(+0.8)
摂取量平均値	-	-	-	-	1.31	1.09	-	-	4.9	4.4

❻1. NE＝ナイアシン当量＝ナイアシン＋1/60トリプトファン 2. ナイアシンは、身体活動レベルⅡの推定エネルギー必要量を用いて算定。 3. 耐容上限量は、ニコチンアミドのmg量、（ ）内はニコチン酸のmg量。参照体重を用いて算定。 4. 推奨量の表にある0〜11（月）児の値は男女ともに目安量。 ❼1. ビタミンB₆は、たんぱく質食事摂取基準の推奨量を用いて算定（妊婦・授乳婦の付加量は除く）。 2. ピリドキシン（分子量=169.2）の重量。 3. 推奨量の表にある0〜11（月）児の値は男女ともに目安量。 ❽1. ビタミンB₁₂の0〜11（月）児の値は男女ともに目安量。 2. シアノコバラミン（分子量=1,355.37）の重量。

年齢（歳）	葉酸 (μg／日) ❾				パントテン酸 (mg／日)		ビオチン (μg／日)		ビタミンC (mg／日) ❿	
	推奨量		耐容上限量		目安量		目安量		推奨量	
	男性	女性	男性	女性	男性	女性	男性	女性	男性	女性
0〜5（月）	40	40	-	-	4	4	4	4	40	40
6〜11（月）	60	60	-	-	5	5	5	5	40	40
1〜2	90	90	200	200	3	4	20	20	40	40
3〜5	110	110	300	300	4	4	20	20	50	50
6〜7	140	140	400	400	5	5	30	30	60	60
8〜9	160	160	500	500	6	5	30	30	70	70
10〜11	190	190	700	700	6	6	40	40	85	85
12〜14	240	240	900	900	7	6	50	50	100	100
15〜17	240	240	900	900	7	6	50	50	100	100
18〜29	240	240	900	900	5	5	50	50	100	100
30〜49	240	240	1,000	1,000	5	5	50	50	100	100
50〜64	240	240	1,000	1,000	6	5	50	50	100	100
65〜74	240	240	900	900	6	5	50	50	100	100
75以上	240	240	900	900	6	5	50	50	100	100
妊婦（付加量）		(+240)		-		5		50		(+10)
授乳婦（付加量）		(+100)		-		6		50		(+45)
摂取量平均値	260	245			6.85	5.60			75	81

❾1. プテロイルモノグルタミン酸（分子量=441.40）の重量。 2. 耐容上限量は、通常の食品以外の食品に含まれる葉酸（狭義の葉酸）に適用する。 3. 妊娠を計画している女性、妊娠の可能性がある女性及び妊娠初期の妊婦は、胎児の神経管閉鎖障害のリスクの低減のために、通常の食品以外の食品に含まれる葉酸（狭義の葉酸）を400μg／日摂取することが望まれる。 4. 推奨量の表にある0〜11（月）児の値は男女ともに目安量。 ❿1. L-アスコルビン酸（分子量=176.12）の重量。 2. ビタミンCの0〜11（月）児の値は男女ともに目安量。

■ 食品群の種類

食品群とは、日常の食生活でだれもが簡単に栄養的な食事をつくれるように考案されたものである。食事摂取基準の値を十分に満たすために、すべての食品を栄養成分の類似しているものに分類して食品群をつくり、食品群ごとに摂取量を決め、献立作成に役立つようにしている。p.325で扱っている4つの食品群以外に、3色食品群と6つの食品群がある。

■ 3色食品群

含有栄養素の働きの特徴から、食品を赤、黄、緑の3つの群に分けた。簡単でわかりやすいので、低年齢層や食生活に関心の薄い階層によびかけができたが、量的配慮がないのが欠点である。

■ 6つの食品群

バランスのとれた栄養に重点をおき、含まれる栄養素の種類によって食品を6つに分け、毎日とるべき栄養素と食品の組み合わせを示している。

	色	赤	緑	黄
3色食品群	食品	魚介・肉・豆類・乳・卵	野菜・海藻・くだもの	穀類・砂糖・油脂・いも類
	主な栄養素	たんぱく質・脂質・ビタミンB₂・カルシウム	カロテン・ビタミンC・カルシウム・ヨウ素	糖質・脂質・ビタミンA・B₁・D
	主な働き	血や肉や骨・歯をつくる	からだの調子をよくする	力や体温となる

6つの食品群	1 魚介・肉・卵・豆・豆製品	3 緑黄色野菜	5 穀類・いも類・砂糖
	たんぱく質・脂質・ビタミンB₂ ●血液や筋肉をつくる	カロテン・ビタミンC・カルシウム・鉄・ビタミンB₂ ●皮膚や粘膜の保護 ●からだの各機能を調節する	糖質 ●エネルギー源となる
	2 牛乳・乳製品・小魚・海藻	4 その他の野菜、果物	6 油脂
	カルシウム・たんぱく質・ビタミンB₂ ●骨・歯をつくる ●からだの各機能を調節する	ビタミンC・カルシウム・ビタミンB₁・B₂ ●からだの各機能を調節する	脂質 ●効率的なエネルギー源となる

4つの食品群

　日本人の食生活に普遍的に不足している栄養素を補充して完全な食事にするため、乳類と卵を第1群におき、他は栄養素の働きの特徴から3つの群に分けた。食事摂取基準を満たす献立が簡単につくれるよう、分量が決められている。

■ **4つの食品群の年齢別・性別・身体活動レベル別食品構成**　（1人1日あたりの重量＝g）　（香川明夫監修）

身体活動レベル	年齢／性別	第1群 乳・乳製品 男性	女性	卵 男性	女性	第2群 魚介・肉 男性	女性	豆・豆製品 男性	女性	第3群 野菜 男性	女性	芋 男性	女性	果物 男性	女性	第4群 穀類 男性	女性	油脂 男性	女性	砂糖 男性	女性
身体活動レベルⅠ（低い）	6～7歳	250	250	30	30	80	80	60	60	270	270	50	50	120	120	200	170	10	10	5	5
	8～9	300	300	55	55	100	80	70	70	300	300	60	60	150	150	230	200	10	10	10	10
	10～11	320	320	55	55	100	100	80	80	300	300	100	100	150	150	300	270	15	15	10	10
	12～14	380	380	55	55	150	120	80	80	350	350	100	100	150	150	360	310	20	20	10	10
	15～17	320	320	55	55	150	120	80	80	350	350	100	100	150	150	420	300	25	20	10	10
	18～29	300	250	55	55	180	120	80	80	350	350	100	100	150	150	370	240	20	15	10	10
	30～49	250	250	55	55	150	120	80	80	350	350	100	100	150	150	370	250	20	15	10	10
	50～64	250	250	55	55	150	120	80	80	350	350	100	100	150	150	360	230	20	15	10	10
	65～74	250	250	55	55	120	100	80	80	350	350	100	100	150	150	340	200	15	15	10	10
	75以上	250	200	55	55	120	80	80	80	350	350	100	100	150	150	270	190	15	10	10	5
	妊婦 初期		250		55		100		80		350		100		150		260		15		10
	妊婦 中期		250		55		120		80		350		100		150		310		15		10
	妊婦 後期		250		55		150		80		350		100		150		360		20		10
	授乳婦		250		55		120		80		350		100		150		330		20		10
身体活動レベルⅡ（ふつう）	1～2歳	250	250	30	30	50	50	40	40	180	180	50	50	100	100	120	110	5	5	3	3
	3～5	250	250	30	30	60	60	60	60	240	240	50	50	120	120	190	170	10	10	5	5
	6～7	250	250	55	55	80	80	60	60	270	270	60	60	120	120	230	200	10	10	10	10
	8～9	300	300	55	55	120	80	80	80	300	300	60	60	150	150	270	240	15	15	10	10
	10～11	320	320	55	55	150	100	80	80	350	350	100	100	150	150	350	320	15	15	10	10
	12～14	380	380	55	55	170	120	80	80	350	350	100	100	150	150	430	290	20	20	10	10
	15～17	320	320	55	55	200	120	80	80	350	350	100	100	150	150	480	380	25	20	10	10
	18～29	300	250	55	55	180	120	80	80	350	350	100	100	150	150	440	320	30	15	10	10
	30～49	250	250	55	55	180	120	80	80	350	350	100	100	150	150	450	330	30	15	10	10
	50～64	250	250	55	55	180	120	80	80	350	350	100	100	150	150	440	300	25	15	10	10
	65～74	250	250	55	55	170	120	80	80	350	350	100	100	150	150	400	280	20	15	10	10
	75以上	250	250	55	55	150	120	80	80	350	350	100	100	150	150	340	230	15	15	10	10
	妊婦 初期		250		55		120		80		350		100		150		340		15		10
	妊婦 中期		250		55		150		80		350		100		150		360		20		10
	妊婦 後期		250		55		180		80		350		100		150		420		25		10
	授乳婦		320		55		180		80		350		100		150		380		20		10
身体活動レベルⅢ（高い）	6～7歳	250	250	55	55	100	100	60	60	270	270	60	60	120	120	290	260	10	10	10	10
	8～9	300	300	55	55	140	120	80	80	300	300	60	60	150	150	320	290	15	15	10	10
	10～11	320	320	55	55	160	130	80	80	350	350	100	100	150	150	420	380	20	15	10	10
	12～14	380	380	55	55	200	150	80	80	350	350	100	100	150	150	510	450	25	25	10	10
	15～17	380	320	55	55	200	170	120	80	350	350	100	100	150	150	550	430	30	20	10	10
	18～29	380	300	55	55	200	150	120	80	350	350	100	100	150	150	530	390	30	20	10	10
	30～49	380	250	55	55	200	150	120	80	350	350	100	100	150	150	530	390	30	20	10	10
	50～64	320	250	55	55	200	150	120	80	350	350	100	100	150	150	530	360	25	20	10	10
	65～74	320	250	55	55	200	130	80	80	350	350	100	100	150	150	480	340	25	15	10	10
	授乳婦		320		55		170		80		350		100		150		470		25		10

注）　1）野菜はきのこ、海藻を含む。また、野菜の1/3以上は緑黄色野菜でとることとする。　2）エネルギー量は、「日本人の食事摂取基準（2020年版）」の参考表・推定エネルギー必要量の93～97％の割合で構成してある。各人の必要に応じて適宜調整すること。　3）食品構成は「日本食品標準成分表2020年版（八訂）」で計算。

冠婚葬祭

冠婚葬祭の「冠」は成人式を指す。現在は人生の節目の祝い事をすべて「冠」の儀式とするのが一般的。「婚」は婚礼を指す。「葬」は臨終から年忌供養までを指す。納骨後も末永く供養していく一連の儀式が「葬」と考えるのが一般的。

冠

❶帯祝い

妊娠5か月目の戌の日に妊婦が腹帯を巻く祝い。これから先の妊娠、出産の無事を祈って巻く。戌の日に行うのは、犬が多産・安産であることから。腹帯は、妊婦の動きを楽にし、胎児の位置を安定させる効果がある。

右の写真が腹帯。

❸お食い初め

生後100日目または120日目の赤ちゃんにご飯を食べさせるまねをする。一生、食に困らないようにという願いが込められている。

❺成人式

1月の第2月曜日に20歳に達した人を祝う。社会的権限が認められたことを公に意味し、それを祝う。一般的には、地域ごとの自治体などで式典が開かれる。

❷お宮参り

赤ちゃんの生後30日前後に、家族で神社にお参りする。地域の守り神と赤ちゃんを対面させ、健やかに育つようお祈りをする儀式。

❹七五三

11月15日に男の子は(3歳と)5歳、女の子は3歳と7歳のとき、神社へ参拝する。これまで無事に成長できたことへの感謝と幸福祈願。

❻長寿の祝い

年齢	名称	由来
60歳	還暦	干支がひと回りし、生まれた干支に戻ることから
70歳	古希	「人生七十古来稀なり」という杜甫の詩から
77歳	喜寿	喜の略字が㐂と書くことから
80歳	傘寿	傘の略字が仐と書くことから
88歳	米寿	米の字が八十八を組み合わせて書くことから
90歳	卒寿	卒の略字が卆と書くことから
99歳	白寿	百の字から一を引くと白になることから

長寿の祝いは、古くは中国から伝わったもので、本来は数え年(満年齢＋1)で行ったが、最近では、満年齢で行うことが多くなってきた。

婚

❶披露宴での装い

女性

結婚式は、男性のスーツや黒留袖などで、黒っぽい色が多くなりがちなので、女性は明るく華やかな印象の服装がよい。ただし、花嫁の色である白や、目立ちすぎる服装はひかえるべき。

男性

ブラックあるいはダークスーツに白いネクタイと胸元にチーフが一般的なスタイル。黒白のストライプや銀色のネクタイなどを着けることもある。靴と靴下は黒のプレーンなものが一般的。男女とも、学生の場合は制服でもよい。

❷お祝い

お祝い金のめやす

新郎新婦との関係	金額
家族・親戚	3～10万円
会社の上司	3万円～
会社の同僚、友人・知人	3万円

　陰陽道では奇数を縁起のよい数字と考え、祝い事に使われる。ただし、新郎新婦との関係や立場によって包む金額は変わってくる。

祝儀（しゅうぎ）用のし袋

　婚礼は一度きりという思いをこめて、ほどけやすい「蝶結び」ではなく、「あわじ結び」「結び切り」の水引を使う。

○ あわじ結び　　○ 結び切り

× 蝶結び

❸袱紗

　のし袋を袱紗に包むのは、きれいなまま渡したいという心づかいである。紫色はお祝い・お悔やみの両方に使えて便利。

●袱紗の包み方

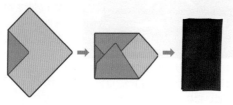

●披露宴への招待状の返信

出席の場合

　「出席」に○を付け、「御欠席」を消す。自分への敬語表現には、2本線を引く（「御」など）。届いたらすぐに返信するのがよい。遅くとも2週間以内に返信するのがマナー。

欠席の場合

　「欠席」に○を付け、「御出席」を消す。どうしても出席できないときは、お祝いのことばを添えて欠席理由を失礼にならないように伝える。ただし縁起の悪いことは書かないようにする。

葬

❶弔事の服装

- ●髪が長い場合はまとめる
- ●香水や化粧は控えめに
- ●アクセサリーは付けない（控えめなパールは可）
- ●黒いワンピースやスーツ
- ●黒いストッキングと靴

- ●黒いスーツとネクタイに白いワイシャツ
- ●黒い靴下と靴

※通夜の場合は、正式な喪服でなくとも地味な色のスーツなどでもよい。学生であれば、通夜・告別式とも学生服でもよい。

●お通夜と告別式

　通夜は本来、線香の火を絶やさないように家族が一晩中お守りし、亡くなった人との最後のお別れをする儀式。

　告別式は、亡くなった人と地上での最後のお別れをするもの。最後に出棺を見送る。

❷香典

香典とは

　香典とは線香のかわりに差し上げるお金のことをいう。お札は新券は避け、裏向きで香典袋（不祝儀袋）に入れ、袱紗に包んで持って行くのがマナー。包む金額は、縁起が悪いとされる偶数と4（死）、9（苦）などの数字は避ける。

香典のめやす

近隣の人	3,000円～
友人・知人	5,000円～
会社の上司・同僚	5,000円～
親族	10,000円～
家族	50,000円～

表の金額は、あくまでめやす。

不祝儀袋

　香典は、宗教や宗派によって不祝儀袋や表書きが異なるので、遺族に確認して間違いのないようにする。

（一例）

❸焼香の仕方（仏式の場合）

　焼香に先立ち、僧侶や遺族に向かって一礼し、焼香台の前で遺影に向かってさらに一礼する。終わったら逆の順序で一礼をする。

❶抹香を右手の3本の指でつまむ。

❷軽く頭を下げ、目の高さまで持ち上げる。

❸香炉の中に静かに落とす（数回）。

❹合掌する。

冠婚葬祭

冠婚葬祭の「祭」とは、古くは祖先や神を迎えて供物をささげ、霊を慰め祈る儀式であった。現在ではその形式のみを残し、年中行事という形で定着している。その行事に込められた思いはどれも、家族の健康、先人や神への感謝である（→p.100）。

春

節分（2月3日）

節分とは、季節の分かれ目を意味する。この日の夜、煎った大豆を「鬼は外、福は内」の掛け声とともに家の内外にまく。年の数だけ豆を食べると、災難から逃れられるといわれている。

また、いわしの頭をヒイラギの枝に刺して玄関に飾る地域もある。

桃の節句（3月3日）

関東ひな

ひな人形を飾り、女の子の健やかな成長と幸せを願う行事。白酒、はまぐりのお吸い物などでお祝いする。人形には、ひしもちやひなあられを供える。人形を飾る時期に決まりはないが、一般に一夜飾りを避け、翌日以降に片づける。

彼岸（春の彼岸）

春分の日を中日にして、前後合わせて1週間を春の彼岸という。先祖の墓をきれいにした後、墓前や仏前にぼたもちや団子を供え、お参りをする。

● おはぎとぼたもち

基本的には同じ食べ物である。春の彼岸に食べるものを「ぼたもち」、秋の彼岸に食べるものを「おはぎ」と一般的にはいう。春に咲くぼたん、秋に咲く萩になぞらえたという説がある。

夏

端午の節句（5月5日）

男の子がたくましく育つようにとの願いが込められた行事。こいのぼりを立て、武者人形やよろいかぶとを飾り、かしわもちを食べて祝う（関西ではちまきも食べる）。別名「菖蒲の節句」ともいい、この日に菖蒲湯に入ると病気にならないといわれている。

七夕（7月7日）

笹飾りを星にささげる行事。願い事を書いた5色の短冊を笹に下げて飾る。昔は織女星にあやかって女の子の手芸の上達を祈ることが多かった。

盂蘭盆会（7月13～16日）

先祖の霊を供養する仏事。先祖の墓を掃除した後、迎え火をたいて先祖の霊を迎える。仏壇の前にきゅうりの馬やなすの牛などを供える。16日には送り火をたく。

土用の丑（7月下旬）

立秋前18日間を土用といい、この間の丑の日を「土用の丑」という。暑い時期をのりきる栄養をつけるため、この日にうなぎを食べる習慣がある。

● 暑中見舞を送る時期

時期：7月20日ごろ～立秋（8月8日ごろ）

```
暑中御見舞い
申し上げます
①季節のことがら
②相手への気遣い
③近況　など
```

暑中見舞は暑中に相手を見舞うもの。季節が感じられる書き出しから始め、相手への気遣い、近況を忘れずに。時期が遅れたら「残暑見舞」とし、8月末日までに出す。

秋

重陽の節句（9月9日ごろ）

中国から伝わった行事で、この日に、菊の花を浮かべた酒を飲むと長寿になれる、といわれていた。現在はこの慣習は薄れたものの、全国でこの時期に菊にちなんだ祭が開かれている。

彼岸（秋の彼岸）

秋分の日を中日にして、その前後合わせて1週間を秋の彼岸という。基本的に春の彼岸とすることは同じである。
墓前・仏前に供えるおはぎは、ぼたもちよりも小さめに作られる。

お月見（9月中旬）

旧暦8月15日の満月の夜（十五夜）に行う月を観賞する行事。「中秋の名月」、「芋名月」とも呼ばれる。ちょうど秋の収穫が始まるころのため、豊作を願い、また収穫のお礼として満月に月見団子や里芋などを供える。月見団子とともに、ススキをはじめとする秋の七草を飾ることもある。

●並べ方

二百十日（9月初旬）

立春から数えて210日目の日のこと。稲が育つころであるとともに、台風が上陸するころでもある。注意を喚起するための日本独自の雑節（季節の変化の目安となる特定の日の総称）。
農村部では二百十日の前に風除けを願うお祭を行うところもある。

●秋の七草

秋の七草はおもに観賞用として親しまれている。萩、ススキ、葛、なでしこ、藤ばかま、女郎花、桔梗または朝顔。ススキは、8月1日に病気予防のためにかゆに混ぜて食べる習慣があった。

冬

新嘗祭（11月23日）

秋の収穫を祝い、天皇が新米を神に供え感謝を示す祭典。転じて勤労を感謝する日になった。現在は「勤労感謝の日」と呼ばれ祝日になっている。

明治神宮の新嘗祭

冬至（12月22日ごろ）

この日にかぼちゃを食べたり、ゆず湯に入ったりすると風邪を引かないといわれている。本格的な寒さに耐えるための知恵と考えられる。

ゆず湯

大晦日（12月31日）

年が明けないうちに年越しそばを食べ、除夜の鐘とともに新たな気持ちで新年を迎える日。

正月

家を清め、正月飾りをほどこして、穏やかな気持ちで新年を迎えるのが正しい正月の迎え方とされている。1月1日から3日までを三が日という。

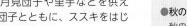

初詣

●おせち料理

家族の健康や子孫繁栄を願って食べられる。よろ「こぶ」や、「まめ」に暮らすなどすべての料理に意味が込められている。

●正月飾り

門松
年神様を迎えるために門に飾る。

しめ飾り
神聖な場所を示すための飾り。

鏡もち
年神様への供物として飾る。

七草がゆ（1月7日）

せり、なずな、ごぎょう、はこべら、ほとけのざ、すずな、すずしろの春の七草をかゆ

に入れて、1月7日の朝に食べる。おせち料理で疲れた胃を休める効果がある。また、邪気を払うともいわれている。

●鏡開き（1月11日）

年神様が宿ったとされる鏡もちを食べることで無病息災を願う行事。鏡もちは木づちなどで割る。

小正月（1月15日）

小豆がゆを食べて家族の健康を祈る。「女正月」ともいう。正月のしめ飾りや書き初めなどを燃やす「どんど焼き」も行われる。

どんど焼き

●寒中見舞を送る時期

時期：小寒（1月6日ごろ）〜立春（2月4日ごろ）

寒中御見舞い申し上げます
①季節のことがら
②相手への気遣い
③近況など

暑中見舞と同じく、季節、気遣い、近況を入れること。喪中に年賀状をもらった場合の返信としてもよい。立春以降は「余寒見舞」とし、2月末日までに出す。

※「祭」の内容は、地域や慣習によって異なることがあります。 329

生活マナーの基本

マナーを身につけておくと、相手に好印象を与えることができる。豊かな人間関係を築くために、最低限のマナーは身につけておきたい。ただし、マナーは形だけではなく、相手のことを思いやる心を持つことが大切だ。家族や友人に対しても思いやりの心を持とう。

マナーの基本

❶時間を守る
時間を守れないと、けじめのない人と見なされることも。遅刻をしないのはもちろん、期限も守ること。

❷決まりを守る
決定された事を守るのは大事だ。自分くらいは…と思っていると後で大変なことになるので気をつける。

❸相手を不快にしない
ため息や舌打ち、髪をいじる、ほおづえをつく、話のコシを折ることや否定する行為は、相手をイライラさせる原因となる。本人も無意識のことが多いため、しないように意識して気をつけること。また、話をするときは相手に体を向けることも大切。

電車・バスの中で

❶座り方
なるべく多くの人が座れるように、ひざを閉じる。荷物は網棚（あみだな）の上かひざの上にのせ、人の迷惑にならないよう心がける。

❷ぬれた傘の持ち方
傘をたたんだら必ずひもで留める。自分の体に近付けて、柄の部分を持つようにする。近くの人がぬれないよう気を配る。

❸席をゆずる
高齢者や体の不自由な人を見かけたら、すぐに席をゆずる。ゆずるのを迷う相手のときは、さりげなく席を立つとよい。

❹音楽の聞き方
ヘッドホンをつけていても、音量が大きいと周囲にも聞こえている。音がもれていないか、はじめにチェックしてから聞くとよい。

あいさつ

❶明るく大きな声で

あいさつは相手に敬意や仲良くなりたいという意志を伝える、一番分かりやすいコミュニケーションの手段。特に初対面でのあいさつは大切。相手に届く声の大きさで、地声よりもやや高めの声を意識し、笑顔ではっきりとあいさつする。何より心を込めることが大切である。

❷相手の目を見て

あいさつは、まず相手の目を見てからすること。あいさつの末尾で頭を下げて、お辞儀をする。お辞儀し終わったら、再び相手の目を笑顔で見る。

TPOを考えよう

「TPO」とは、「Time（時間）」「Place（場所）」「Occasion（場合）」の頭文字をとったことば。時・場所・場合に応じて服装や行為・ことばなどを使い分ける考え方。

❶「平服」と指定されても…
パーティーの招待状に「平服でお越しください」とあっても、普段着は着ていかない。困ったら、招待者に聞いてもよい。

❷電車は自分の部屋ではない！
電車の中で食べたり、大声で騒いだりするのは、周りの人に迷惑。公共の場では、周囲のことを考えて行動する。

❸似合っていれば何を着ても良い？
バーベキューやハイキングなどでは、周りの人に気を遣わせないよう、動きやすく汚れてもよい服を着る。

和室のマナー（席次については➡p.334）

❶和のあいさつ

招待を受けた場合は、まずお礼のあいさつを。室内に入ったら下座のあたりに正座をし、両手をついてお礼を述べ、丁寧（ていねい）にお辞儀をする。手みやげがある場合は、このときに渡す。

❷座布団の座り方

座布団の下座側にいったん座り、両手を軽く握り座布団につく。手を支えにしてひざを座布団の上に進める。

座布団の中央まで進んだら、ひざをそろえて座る。背筋を伸ばし、手はももの上で重ねる。

❸和室のNG

| 敷居を踏む | 畳のへりを踏む・座る | 座布団を踏む | 素足、ペディキュア |

敷居を踏む

敷居はその家の象徴とされ、それを踏むことは家や家人を踏みつけることと同じという考え方。

畳のへりを踏む・座る

畳のへりはその家の格式を表しており、それを踏むことは先祖や家人の顔を踏むことと同じという考え方。

座布団を踏む

座る時はもちろん、歩きながら座布団を踏むのもNG。もてなしの心を踏みにじる行為。

素足、ペディキュア

和室では、素足はNG。また、人が見て驚くような色のペディキュアは避けるようにしたい。

もじもじ…

敬語の使い方

❶尊敬語

相手を尊敬して使うことば。話題中の人や、聞き手に直接使うこともある。

❷謙譲語（けんじょう）

相手への尊敬を表すため、自分の動作などをへり下って言うことば。

❸丁寧語

話題の内容に関係なく、話し手が聞き手に敬意を表し、丁寧に言うことば。

普通の表現	尊敬語	謙譲語	丁寧語
する	なさる	いたす	します
与える	くださる	さしあげる、あげる	与えます
飲む、食べる	召し上がる	いただく	飲みます、食べます
見る	ご覧になる	拝見する	見ます
行く	いらっしゃる	参る、うかがう	行きます
来る	いらっしゃる	参る	来ます
言う	おっしゃる	申す	言います
聞く	お聞きになる	承る、うかがう	聞きます
持つ	お持ちになる	お持ちする	持ちます
話す	お話しになる	お話しする	話します

この言い方、まちがっているの！？

❶
コーヒーでよろしかったでしょうか

ええ…

「コーヒーでよろしいでしょうか」が正解。

少し前に頼まれた内容を確認していることばに聞こえるが、実際に使われるのは現在の場合がほとんど。よってこの言い方は不適切。

❷
1万円からお預かりします

「1万円をお預かりします」が正解。

お店などでよく使われる表現だが、お金を預かるのは1万円からではなく、お客様から。これでは意味がおかしくなってしまう。

●学生ことば・省略ことば

若者の間では学生ことばや省略ことばがよく使われている。就職試験の場合や目上の人と話す場合は、子どもっぽい印象を与えるので使わないよう注意しよう。

放課後っていうと、やっぱバイトっすよ。スマホとか、マジでめっちゃお金かかるじゃないすかぁ。

知っておきたい生活の知識

訪問のマナー

招く側と招かれる側のポイントを押さえておこう。自分が招く場合は、事前にスケジュールを組みしっかり準備しておくと、ゆとりをもって客を迎えることができる。招かれた場合は、その場を楽しむ心の余裕も忘れないようにしよう。

招く側

❶献立とスケジュール

段階にわけて計画をたてるとよい。想定外の事態に備え、余裕をもったスケジュールにしよう。

- 調理に時間がかかるもの、一晩おいたほうがおいしいものは前日にとりかかるとよい。
- 冷蔵庫は計画的に片づけ、作った料理や飲み物を入れる十分なスペースを確保しておく。
- 炒め物など、作りたてがおいしい料理は一品にすると、当日あわてない。
- テーブルセッティングは、直前にやろうとすると意外に手こずる。最低でも30分〜1時間前にとりかかる。

❷掃除

- 自分が客になったつもりで確認するとよい。
- トイレは内側も外側も丁寧に掃除する。トイレットペーパーもチェックしておく。

❸盛りつけと料理

調理不要な食材も
盛りつけを丁寧にすれば立派な一皿になる。

温・冷バランスよく
メリハリをつけるとよい。

大皿で出す
豪華に見えて洗い物が少なくてすむ。

花
食卓に植物があると、心がなごむ。

小さく出す
気軽に手を出せるよう、小さいサイズで出すとよい。

飲み物を冷やすことを忘れずに

招かれる側

❶手みやげ

- 会費制や持ち寄りパーティーでなければ、手みやげを持って行くとよい。
- 迷ったらリクエストを聞いてもよい。

❷訪問時間

- 訪問するときは、時間厳守よりも5分程度遅れて行くとよいと言われる。

❸玄関で

- 靴：玄関先で靴をそろえるときは、ひざをついてそろえる。
- コート：玄関に入る前、もしくは玄関で脱ぐとよい。

❹料理

- 出された料理はすぐに食べる。おしゃべりに夢中になっていてはいけない。
- 好みを聞かれたときは、はっきりと伝える。

❺片づけの手伝い

- 台所を見られたくないという人もいるので、無理に手伝わない。
- テーブルの上の汚れた食器は片づけやすい位置にまとめておく。

❻引き際

- 引き際は招かれた側から。招いた側からお開きにするとはいいにくいもの。

贈り物・お見舞のマナー

贈り物は、親しみや感謝、喜びを分け合う思いやりの心である。あまり高価なものを贈る必要はない。気持ちをこめて贈りたい。

お見舞は、病気やけがが治るようにと励ますためのものだ。相手や家族の気持ちを第一に思いやりたい。

贈り物

贈るのを避けたほうがよいものもあるので気をつけよう。受け取った後のお礼のしかたにも決まりがある。

❶品物を贈る場合

お祝いごと	贈り物の例	贈る時期	お返しの例
出産	ベビーウェア、おもちゃ、現金、ギフト券などをお祝いのカードを添えて贈る	生後1週間～1か月ごろ	お菓子、タオル、石けんなどの消耗品
入園・入学	学用品、現金、図書カードなど	入園・入学の10日前ごろ	お菓子など
卒業・就職	名刺入れ、財布などの品物、現金、商品券など	3月中（新生活が始まる前）	お礼状を出す
成人	現金、花、時計、ネックレス、ネクタイ、財布など大人になっても使えるもの	成人式の1週間前ごろ～当日	お菓子など 本人からのお礼のことばを添える
結婚	キッチン用品、食器、バス用品など新生活で役立つもの	結納後～式の10日前ごろ ご祝儀として当日に渡すことも	引き出物、式に招待することがお返しになる
新築	花びん、食器、観葉植物など	新築披露当日までに	新居披露がお返しになる
定年退職	花束、退職後の趣味につながるようなもの、お酒など	退職の決定後1週間以内が目安	お礼状を出す
開店・開業	先方の希望を聞く、植物、時計、現金など	開店の前日、または当日	名前を入れた記念品、お菓子など
長寿	マフラー、カーディガン、茶器、装飾品、旅行など	本人の誕生日のころ	祝賀会を開く場合は引き出物 内祝いとしては菓子折りや食器、袱紗など

❷贈り物のNG

お茶は葬式を連想させるので、お祝いごとのときは出さないほうがよいとされている。結婚祝いでは「切る」「別れる」を連想させる刃物はタブー。長寿祝いなど目上の人に贈るときは、スリッパやマットは「踏みつける」ということから失礼にあたるため、やめたほうがよい。新築や引越しの祝いには、灰皿など火を連想させるものも贈らないほうがよい。

結婚祝い

長寿祝い

新築祝い

❸いただく側のマナー

贈り物をいただく側にも基本的なルールがある。先方の心づかいに感謝し、きちんとお礼の気持ちを伝えることが必要である。内祝いは、「お返し」としてお祝いをいただいた人だけに行うのが、現在一般的になっている。

結婚内祝い
- 披露宴に出席しなかった人からいただいた場合
- いただいたお祝いの半額程度

出産内祝い
- いただいたお祝いの半額から1/3程度
- 赤ちゃんの名前で贈る

お見舞

❶病気・ケガ見舞

病気やケガで療養している人を見舞うときは、まず相手の状況や気持ちを考えなければならない。入院している場合は、相手の家族に容態を尋ねて見舞えるかどうか、いつごろ伺えばいいかを事前に確認しておく。また、同室の方に迷惑をかけないように、少人数で大声を出さないように気をつけて、短時間（15分程度）で帰るよう心がける。お見舞の品物は、食事がとれるようなら小分けの菓子や果物など、また気軽に気分転換ができるアイテムも喜ばれる。近年、生花の持ちこみを禁止している病院が増えている。

大勢で押しかけない

派手な服装・香水は避ける

❷病気見舞の品物NG

鉢植えは「ね（寝・根）つく」ということで贈るべきではない。

また、花が根元からポロリと取れるもの、シクラメンや菊のような「死」や「苦」を連想させるものも避ける。

❷快気祝い（お返し）

できればお礼状をそえて本人が持参し、元気な姿を見せたい。「きれいに治った」「あとに残らない」という意味で、消耗品を贈るのが一般的。病気が完全に治り、退院した後1週間～10日前後に。

社会人になる

社会人になるにあたって、面接は自分をアピールする大切な場面。面接の流れを理解して、各場面でのポイントを確認しよう。

また、ビジネスの場では、学生気分では通用しない。社会人として必要なルールやマナー、ことばづかいを習得しよう。

面接

❶事前の準備

以下の項目に答えられるように準備しておくとよい。

- 自己PRをしてください。
- 学校生活で打ちこんだことは何ですか。
- 当社を志望した理由は何ですか。
- 得意科目は何ですか。
- 勤務地の希望はありますか。
- 最近のニュースで関心を持っていることは何ですか。
- 現在の日本の首相はだれですか。

このほかにも、志望企業や職種に関しての質問は多いので、情報はできるだけ多く集めておこう。

履歴書に記入したことは、詳しく質問されやすいので、ポイントを整理してスムーズに答えられるようにしておく。

想定される質問に対して、答えだけではなくその理由や意見を説明できるようにしておくとよい。

学生時代の一番の想い出は文化祭です。理由は…

- 深く座り背筋を伸ばす
- 手はひざの上
- 足はそろえる

❷面接の流れ

控え室でのマナー

控え室から面接は始まっている。姿勢を正して座り、静かに順番を待つこと。自分の名前が呼ばれたらはっきりと返事をする。

面接時のマナー

いすの脇に立ってあいさつをし、面接官にいすを勧められたら「失礼いたします」と言って座る。

受け答えは明るく丁寧に。伏し目がちになったり、キョロキョロしたりするのは禁物。受け答えは相手の目を見て、それ以外は面接官の胸元を見るなど、視線を安定させておくとよい。

入室時のマナー

ドアをノックして応答を確認する。「失礼いたします」とあいさつをして、面接官に背中を向けないように中に入る。ノブを反対の手に持ちかえて静かに閉める。

退室時のマナー

いすの脇に立ち「ありがとうございました」や「失礼します」と言って一礼し、ドアに向かう。ドアの前で面接官の方に向き直り、再度「失礼いたします」と言って一礼し、退室する。

服装・身だしなみ

男性はスーツにネクタイ、女性はスーツやワンピースなど清潔感のある服装で。学生の場合は制服でもよい。靴下やシャツなどがだらしなくならないようにしたい。

席次について

お客様や上司と一緒の席になった場合、座る場所にも配慮が必要となる。間違えると失礼にあたる。

❶応接室の場合

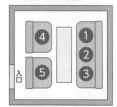

基本は、部屋の出入口に近い方が下座、遠い方が上座となる。下座が出入口に近いのは、雑用をこなすという意味もある。

❷和室の場合

基本は、床の間の位置で決まる。上座は、床の間（床柱）を背にした席。床の間側が次席。脇床側がその次となる。

❸車の場合

タクシーなどの場合は、運転席の真後ろが上座。下座は助手席になる。当事者が運転する場合と混乱しやすいので注意。

当事者のだれかが運転をするときは、上座は助手席に変わる。後部座席の真ん中が下座になるので注意する。

❹エレベーターの場合

エレベーターでは、ボタンがある側の奥が上座、その横、その前、と続く。下座はボタンを操作する役目もある。

ビジネスマナー 電話応対や話し方、仕事に対する姿勢など、社会人としてのマナーを知っておこう。

❶ 電話の基本的な対応

● 電話が鳴ったら3コール以内に取る
「はい、○○社です。」

↓

- 相手が名乗る。「いつもお世話になっております。」
- 相手が名乗らない。「失礼ですが、どちら様でしょう。」

↓

相手を待たせる。「少々お待ちください。」

● 電話を再開する
「お待たせいたしました。」
必要に応じて相づちを打ち、要件を復唱(ふくしょう)するとよい。

● 相手の要望に応えられない
「大変申し訳ございませんが――。」
このとき、代替案を提案できるとよい。

● 注文を受ける
「かしこまりました。」
もう一度、受けた内容を復唱し、間違いがないか確認する。

● 電話を切る
「ありがとうございました、失礼いたします。」
相手が切るのを待ってから切ること。

❷ 社会人にふさわしい言葉づかい

	会社	自分・相手	同行者	訪問
自称	弊社(へいしゃ)・小社(しょうしゃ)	わたくしども	連れの者	うかがう
他称	御社(おんしゃ)・貴社(きしゃ)	そちら様	お連れ様	いらっしゃる

すみません ➡ 申し訳ございません	だれ ➡ どちら様
どうしよう ➡ いかがいたしましょう	ここ ➡ こちら
いいですか ➡ よろしいでしょうか	さっき ➡ 先ほど
ちょっと少し ➡ 少々	あとで ➡ 後ほど

※地域や慣習、企業、業界などにより、異なることがあります。

NG トーク
- そうなんですよぉー
- そんなには食べれないです。
- 語尾はのばさない
- ら抜き言葉

❸ 名刺交換の基本

名刺は目下の方から差し出すのがルール。もし相手が先にあいさつをしたら、「申し遅れました。」と一言付け加えることが大切。同時に名刺交換をする場合は、右手で自分の名刺を出し、左手で相手の名刺を受け取ること。

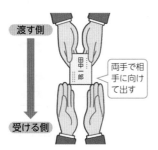

渡す側 → 受ける側
両手で相手に向けて出す
甲田乙一郎

❹ お辞儀の種類

 会釈(えしゃく) 約15°

 敬礼(けいれい) 約30°

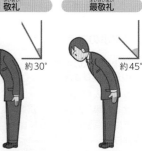 最敬礼(さいけいれい) 約45°

人とすれ違ったときや入退室など、軽くあいさつをするときは会釈を。

出社・退社や上司へのあいさつ、お客様を迎えるときは敬礼を。

感謝や謝罪などの気持ちを表すときは一番丁寧(ていねい)な最敬礼を。

❺ ビジネスの心得

● 給料を得る責任
仕事の対価としてお金を得る、ということを改めて考えよう。

責任 給料 ズシン!…

● 身だしなみ
「外見よりも中身で勝負!」ではダメ。第一印象も社会人の基本。

出直してきます…。

● 時間厳守
時間を守ることは信用の基本。常に余裕をもって行動しよう。遅れるときは、あらかじめ連絡すること。

ねぼうした すみません おそい…

● チームワーク
仕事は協力し合ってこそ結果がでる。コミュニケーションをうまくとるように心がけよう。

● 報告・連絡・相談(ほう・れん・そう)
- 指示された仕事を終えたら必ず報告する。
- 予定変更などの連絡は迅速に。
- 分からないことやトラブル発生時は必ず相談。自分勝手な判断は厳禁。

終わりました 報告
次回のアポは 連絡
実は… 相談

知っておきたい生活の知識

335

スマホ・手紙

現在は、友達や家族と連絡やコミュニケーションをとるにもスマホや手紙などたくさんの方法がある。なかでもスマホは持っていない人のほうが少ないほどだ。これらは、気持ちを伝えるものだからこそマナーが大切。改めてマナーを確認しておこう。

スマホのマナー

❶電車やバスの中での通話はひかえる

多くの人が乗り合わせる電車やバスの中では、周囲に迷惑をかけないよう通話はひかえよう。

❷飛行機では機内モードに

スマホを機内で使用するには、離着陸時を含み、電波を発さない状態（機内モード）にしておく必要がある。飛行機に搭乗する前に、機内モードに設定しておくと良い。

❸相手の前でスマホのチェックをしない

だれかと一緒にいるときに、スマホのディスプレイをのぞいたりアプリのチェックをするのは、相手の話を聞いていないようで失礼な印象を与える。確認は、化粧室など相手のいない所でしよう。

❹通話ではすぐに用件を話さない

相手がどこで何をしているのかわからないので、今話しても大丈夫かどうかを確認してから用件を話し始めよう。

❺早朝・深夜の通信は避ける

緊急の場合以外は、就寝時間中の通信はひかえよう。

❻スマホのメールは短めの文章を送る

パソコンに比べると長い文章は読みにくいので、できるだけ簡潔にする。改行もあまり多用しない。

❼絵文字に注意

相手によっては、使い過ぎると失礼になることもある。相手に応じて使い分けよう。

手紙の書き方
手紙よりもメールのほうが手軽だが、気持ちをこめたメッセージは自分の字で丁寧（ていねい）に書こう。

❶手紙の構成（お礼状の例）

⑩山田健一様

⑥五月五日

①拝啓 ②空が青く澄み渡って、心地よい季節になりました。③お元気でお過ごしですか、僕は大学でたくさん友人ができ、④元気に楽しく過ごしております。

⑤大学入学の際には、お祝いをいただき、ありがとうございました。レポートを書くためのパソコンを購入する費用にあてさせていただきました。大学生活を楽しみながら、勉学にも励んでいきたいと思います。

⑥よしこさんにも、どうぞよろしくお伝えください。

まずは書中にてお礼を申し上げます。

⑦敬具

⑨山田太郎

- ①頭語
- ②時候の挨拶
- ③相手の安否
- ④自分の安否
- ⑤お礼の内容
- ⑥結び
- ⑦結語
- ⑧日付
- ⑨差出人名
- ⑩宛先人名

頭語と結語はセットで使うもの。覚えておこう。

頭語	結語
拝啓	敬具
謹啓	謹白
急啓	草々
前略	草々
拝復	敬具
再啓	敬具

❷お礼状のポイント

好意を受けたら1週間以内に相手に届くように出すのがマナー。相手に感謝の気持ちを伝えるものなので、具体的なエピソードもまじえてうれしかった気持ちをメインに書く。

❸書き方のポイント

万年筆か黒色のペンを使い、縦書きで書く。相手が読みやすい字で書くことがポイント。書き上げたら誤字や脱字がないか、敬語の間違いがないかなどをチェックしてから出すようにする。

❹おもてがき・うらがき

はがき おもて

切手 76543221
静岡県静岡市○○町五ー六
山田健一様
よしこ 様
東京都○○区△△町一ー二
山田太郎

封筒

切手 76543221
静岡県静岡市○○町五ー六
山田健一様
東京都○○区△△町一ー二
山田太郎
123456 7

往復はがき

切手 1234567
東京都○○区△△町一ー二
山田太郎
（行

切手 6310065
奈良市○○町五ー四ー三
山本 拓様

往復はがきを出すときは、自分宛の返信用には「行」とする
返信を出すときは「行」を消して「様」とする

はがきの種類には、大きく分けて通常の往信だけのはがきと往復はがきの2種類がある。往復はがきには、往信面は水色、返信面には緑色の切手が印字されている。往復はがきを出す場合は、あらかじめ返信用はがきのおもてに自分の住所と名前を書いて送る。

病気やケガに備えよう

かぜをひいたりちょっとしたケガをした場合に備えて、自分にあった常備薬を用意し、用法・用量を確認しておこう。

またメンタルヘルス不全防止のためにも、自分なりのストレス解消の方法も見つけておこう。不安な場合は、専門家に相談しよう。

常備薬

❶ 内服薬

・かぜ薬
かぜの症状をやわらげる。総合感冒薬が便利。

・胃腸薬
胃もたれや胃の痛みをおさえる。

・解熱剤
一時的に熱を下げる。

・下痢止め
・鎮痛剤
頭痛・生理痛・歯痛をやわらげる。

❷ 外用薬

・消毒薬
傷口の消毒に。

・軟膏
虫さされや皮膚の炎症に。

・目薬
目の疲れや乾燥、炎症を抑える点眼薬。

・湿布薬
ねんざには冷湿布、腰痛などには温湿布。

❸ 処置用品

・体温計
自分の平熱を知っておくとよい。

・包帯
患部にガーゼを当てたり、固定したりする。

・氷枕（熱冷まし用冷却剤）
発熱時に頭部を冷やす。

・絆創膏
切り傷などによる傷口を守る。

❹ 薬を安全に使用するために

・暗くて涼しい場所に保管する。
・有効期限を守る。
・説明書も保管する。

こんなときどうする！？

やけどした！

・まずは流水で十分冷やす。このとき患部に直接流水を当てない。
・救急絆創膏を貼る。
・水ぶくれをつぶしてはダメ。

包丁で切った！

・滅菌ガーゼを傷口に当て、軽く押さえて止血する。
・救急絆創膏を貼るか包帯を巻く。
・出血が多いときは強く押さえ、心臓より高い位置に。

ねんざした！

・ぬれタオルや冷湿布で患部を冷やす。
・無理に動かさずに、包帯で固定する。

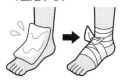

● AED（自動体外式除細動器）

心臓の動きを精査し、必要に応じて電気ショックを与えて蘇生させる医療機器で、設置が広がっている。

薬の飲み方、間違っていない？

Q1 食前、食後、食間っていつ飲めばよい？
A1 食前：食事の30分前。食後：食後30分以内。食間：食事のおよそ2時間後。

Q2 薬を飲み忘れたら次回に倍量飲んでもよい？
A2 ダメ。次に飲む時間が近ければ忘れた分はとばす。そうでなければ全体の時間をくり下げる。

Q3 薬をお茶やコーヒーで飲んでもよい？
A3 ダメ。水以外のもので飲むと効き目が悪くなったり、反対に効き過ぎたりすることがある。

Q4 水なしで薬を飲んでも大丈夫？
A4 ダメ。水の量が少なかったり水なしで飲んだりすると、薬の吸収が低下したり遅くなったりする。

ストレスとメンタルヘルスケア

「ストレスは人生のスパイスである」これはストレス学説を唱えたハンス・セリエの言葉です。ストレスといっても全てが有害なわけではなく、適度なストレスは心を引き締めて、仕事や勉強の能率をあげたり、心地よい興奮や緊張を与えてくれます。

しかし、その興奮や緊張が度を超してしまうと心やからだが適応しきれなくなり（過剰適応）、心身にダメージを与えます。ストレスと上手につきあうためには、自分に過剰なストレスがかかっていることに早く気づくこと、そして自分に合うストレス対処法を見つけて実践することがとても大切です。

（厚生労働省「こころの健康　気づきのヒント集」）

●ストレスと上手につきあうポイント

❶自分に合ったリラクセーション法を身につける

❷規則正しい生活を心がけ、睡眠を十分とる

❸親しい人たちと交流する時間をもつ

❹笑いのすすめ

❺緊張を細切れにする

❻適度に運動をする

知っておきたい生活の知識

電気と郵便の話

普段使っている電気について、基本的な知識を確認しておこう。また、電源コードは使い方を誤ると、思わぬ事故につながりかねないので、注意しよう。
郵便には、メールにはない便利な機能もあるので、賢く使おう。

電気の話

❶アンペアって何?

電流の大きさを表す単位。家庭で同時に使用できる電気の量は、契約アンペア以内である。例えば、40Aの契約をした場合、照明＋冷蔵庫＋炊飯器＋電子レンジ≒34Aまでは同時使用できるが、さらにエアコンを使用すると40Aを超えてしまうため、ブレーカーが落ちてしまう。

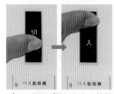

ブレーカーが落ちたら、使用中のおもな家電製品の電源を切ってから、ブレーカーを上げれば復旧する。

エアコン	暖房	6.6A	テレビ	プラズマ（42型）	4.9A
	冷房	5.8A		液晶（42型）	2.1A
掃除機（強）		10A	アイロン		14A
ドラム式洗濯乾燥機	乾燥時	13A	ヘアードライヤー		12A
	洗濯時	2A	IHジャー炊飯器（炊飯時）		13A
電子レンジ		15A	電気カーペット（3畳）		8A
冷蔵庫（450L）		2.5A	IHクッキングヒーター		20〜30A

参考：消費電力（W）＝電圧（100V）×アンペア（A）　（東京電力の資料より）
　　　アンペア（A）＝消費電力（W）÷電圧（100V）

❷電池の種類

一度だけ使い切りの電池

マンガン
小さな電力で長く使うものに適する。寿命が短い。

アルカリ
大きな電力を使うものに適する。マンガンより長寿命。

アルカリボタン
ボタン型。小さくても長寿命。ゲーム機等に適する。

酸化銀
ボタン型。寿命がくる直前までほぼ最初の電圧を保つ。

くり返し使える充電式電池

ニカド
一般的な充電式電池。コードレス電話等に使用。

ニッケル水素
ニカドの約2倍の容量。1回の充電で機器が長く使える。

リチウムイオン
小さくて軽く、パワーがある。携帯電話等に使われる。

❸照明（電灯）の種類（→p.74）

白熱灯

白熱電球
もっとも一般的な電球。浴室、トイレによく使われる。

ハロゲン電球
小型で明るいのが特徴。お店やスポットライトに使用される。

蛍光灯

蛍光ランプ
一般家庭で使われる代表格。リビングや寝室でよく使われる。

電球形蛍光ランプ
白熱電球と同じソケット（器具）に使える蛍光灯。

LED

LED電球
発光ダイオードを利用した照明。消費電力が小さく寿命も長い。

●家電NG集

● 電源コードを束ねてはダメ

蓄熱したり内部で断線したりして、発火の危険がある。

● たこ足配線はダメ

コンセントにも容量が決まっている。発熱・発火の危険がある。

● 電池は種類を混在して使うことはダメ

電池寿命が短くなるだけでなく、破裂や液漏れの危険がある。

● コンセント周辺のホコリはダメ

家具の裏などはホコリがたまりやすく、発火の危険がある。

郵便の話
郵便には、配達を記録・証明できるものもある。クーリング・オフ（→p.83）利用時に有効だ。

❶書留

- **一般書留**　受付から配達までの状況が記録される。万一事故が起きた場合、賠償金が支払われる。
- **現金書留**　現金を送付する場合専用の一般書留。専用封筒はのし袋も入るのでお祝いを贈るのにも便利。
- **簡易書留**　一般書留に比べて料金が安い。万一の場合の賠償額は原則として5万円以内の実損額。

❷証明郵便

- **引受時刻証明**　一般書留の郵便物や荷物の引受時刻について証明するもの。郵便料金に書留と引受時刻証明料金がかかる。
- **配達証明**　一般書留郵便物を受取人に配達した事実を証明する制度。
- **内容証明**　一般書留郵便物の中の文書がどんな内容であったかを証明する制度。
- **特定記録**　郵便物及びゆうメールで利用でき、引受の記録として受領証をもらう。配達は受取人の郵便箱に入れられる。郵便料金に特定記録料金がかかる。

●引っ越したら郵便物はどうなる?

旧住所に届いた郵便物を1年間新住所へ転送することができる。旧住所の最寄窓口へ転居届を提出すればだれでも無料で利用できるサービス。日本郵便のホームページからも利用可能。

●電報を打つには?

一般電話・携帯電話から115番、インターネットの場合はNTTのホームページから申し込める。当日中に届けたい場合はその日の午後7時までに申し込む。

住まいのトラブル シューティング

日常起きるちょっとしたトラブルには、知っていれば自分で解決できることも多い。ここでは、ありがちなトラブル6つを厳選して、その対処法と注意すべきことをまとめた。これ以外のトラブルについても、日ごろから対処方法を調べておくとよい。

電球・蛍光灯が切れたら？

ボルト数・ワット数
電圧にあった器具で、指定されたワット数のランプを使う。器具に表示してある適合ランプを確認してから買おう。

口金のサイズ径
落下や過熱の原因となり、事故をまねくこともあるので、口金径を確かめてからサイズの合うものを取り付けよう。

電球形蛍光ランプの見方
「40W形　消費電力7W」とは？40W形とは40Wの白熱電球と同等の明るさであることを示し、実際の消費電力（7W）とは関係ない。

排水管がつまったら？

❶ 洗面所やお風呂の場合
- とれるごみは取り除く。
- パイプ洗浄剤を使う。
- 配水管用ブラシを使う。

❷ トイレの場合
- ラバーカップを便器の穴に入れ、押すときはゆっくり、引くときに力を入れる。

ラバーカップ

トイレの水が止まらない！ 出ない!?

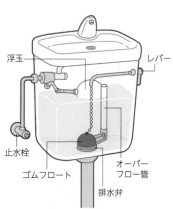

浮玉
レバー
止水栓
ゴムフロート
オーバーフロー管
排水弁

しくみがわかれば、直し方もわかる。
- オーバーフロー管が外れていると、便器に水が流れ続ける。
- ゴムフロートと排水弁がずれていても同様。
- 浮玉がはずれていると、タンクに水がたまらない。
- くさりがはずれたり緩むと、水が出ない。

※タンク内にペットボトルを入れる節水法は、排水量の不足からつまる原因になることもある。

カビが発生したら？

浴室の扉のカビ▶

カビはこすっても落ちない。酢や消毒用アルコールを散布すると効果がある。カビ取り洗浄剤を使う場合は、下記の点に注意。
- 窓を開け、換気扇を回す。
- 手袋やめがね、マスクをつける。
- 製品の注意書きをよく確かめる。

予防のために（→p.76）

「ゴキブリとの同居は無理！」 という人は？

- **殺虫剤**：一番効くが、化学物質に抵抗がある人もいる。
- **サラダ油・液体洗剤**：ゴキブリを窒息死させるが、即効性はいまいち。
- **熱湯**：熱死させるが、使用場所が限られる。
- **スリッパ**：確実性は高いが、後処理が大変。

遭遇しないために
- 水回りを清潔にし、乾燥させる。
- エサとなるものを放置しない。
- ホウ酸だんご（毒性のあるエサ）を置く。
- くん煙剤をたく。
- 粘着シート系トラップなどを置く。

牛乳
たまねぎ
ホウ酸
砂糖
小麦粉

ホウ酸だんごレシピ

天ぷらなべから火が出た！ どうする？

❶ 消火器で火を消す。

❶ピンを抜く	❷ホースを火に向ける	❸レバーをにぎる	❹火元をねらい左右に噴射

❷ 消火器がなければ、ぬらした毛布で覆う。

注意
- 火のついた天ぷら油に水をかけることは厳禁！高温の油が飛び散り、火も急激に拡大する。
- 天ぷら油は300℃以上になると、白煙を出し自然発火する。10分程度で達することもあるので、目を離さないこと。

掃除のコツ

掃除で大切なことは、毎日最低限の作業を積み重ねていくことだ。一度にしようと思うと時間がかかって大変なうえに汚れもとれにくくなる。特に湿気が多いお風呂はこまめに掃除するのが鉄則。上手な掃除のコツを覚え、きれいな家をキープしよう。

掃除の基本

❶上から下へ

ほこりは上から下に落ちてくるので、まず家具や高いところのほこりを落としてから床掃除をする。

❷奥から手前へ

掃除機は、後ろから出る排気でほこりを舞いあげるので、部屋の奥から始めて後ずさりしながら入り口へ移動。

❸時間を決める

10分
がんばろう！

時間を決めて集中すると、掃除がストレスにならず、部屋をきれいに保てる。ズルズルと続けると疲れやすい。

❹洗剤をむやみに使わない

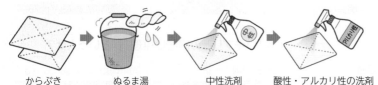

からぶき　　ぬるま湯　　中性洗剤　　酸性・アルカリ性の洗剤

洗剤の間違った使い方で、かえって汚れが目立ったり、本体を傷めることもある。使用法は必ず読もう。また、弱いものから順に試してみよう。最後は必ず洗い流すか水ぶきして、洗剤分を除去する。

❺ふだんの掃除も大切

あっ、
汚れている！

ふだんからこまめに片づけ、汚れがついたらさっとひとふきするくせをつけよう。

キッチン

キッチンの汚れの特徴は、油とほこりが混ざっていることである。しつこい汚れをすっきり落とすには、専用の洗剤を使うのがよい。

❶シンクのまわり

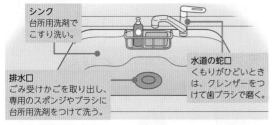

シンク
台所用洗剤でこすり洗い。

水道の蛇口
くもりがひどいときは、クレンザーをつけて歯ブラシで磨く。

排水口
ごみ受けかごを取り出し、専用のスポンジやブラシに台所用洗剤をつけて洗う。

❷ガス台まわり

ステンレスやタイルの壁
台所用洗剤でふき、さらに水ぶきする。

ガス台まわり
余熱が残っているうちに水ぶきしておく。

床
ぞうきんで水ぶきする。

❸冷蔵庫や電子レンジなどの電化製品

台所用洗剤などをつけた台ふきんでふき、さらに水ぶきする。

お風呂

お風呂で気になるのは、水アカなどの汚れやカビ。毎日の掃除である程度の汚れを防ぐことはできるが、1週間に1度は洗剤を使って丁寧に掃除をしよう。

●毎日の掃除

❶壁・シャワーカーテンに熱めのお湯をかけ、泡を完全に流す。

❷浴そう・壁・シャワーカーテンに水をかけ温度を下げる。

❸シャワーカーテンは水気をふきとり、広げておく。

❹窓があれば開け、なければ換気扇を回して乾燥させる。

トイレと洗面台

❶トイレ

毎日の掃除には、トイレ用除菌シートがあると便利。

※週に1度便器の内側にトイレ用洗剤をかけてブラシでこすり洗い。

❷洗面台

毎日スポンジで軽くこすれば汚れはほとんど落ちる。

※週に1度、蛇口のまわりを磨く。定期的に排水パイプもきれいに。

さくいん

さくいん

さくいん

食品名さくいん

食品名さくいん

写真・資料提供

HAデコチップキタムラ／Kai House ／ PPS通信社／ SOYBEAN FARM ／ TOTO株式会社／ YKKファスニングプロダクツ販売株式会社／愛知県農業総合試験場養鶏研究所／アグリシステム株式会社／甘竹田野畑株式会社／家の光フォトサービス／井上哲郎／エスビー食品株式会社／大塚化学株式会社／岡田精糖所／オリジン東秀株式会社／株式会社INAX／株式会社PANA通信社／株式会社PPS通信社／株式会社朝日新聞社／株式会社アフロ／株式会社アマナ／株式会社エセルテジャパン／株式会社カネコ種苗／株式会社カワグレ／株式会社共進牧場／株式会社協同宣伝／株式会社共同通信社／株式会社キングジム／株式会社コムラ製作所／株式会社サイゼリヤ／株式会社サカタのタネ／株式会社ジャノメ／株式会社すかいらーく／株式会社東芝／株式会社道祖神／株式会社ドーコーボウ／株式会社日本航空／株式会社フォーシーズ／株式会社プレナス／株式会社北海道・シーオー・ジェイピー／株式会社ボルボックス／株式会社前田創作舎／株式会社モスフードサービス／株式会社ユニフォトプレスインターナショナル／株式会社吉野家／株式会社読売新聞／キユーピー株式会社／久遠チョコレート／コクヨ株式会社／小松義夫／コレクティブハウスかんかん森／小若順一／財団法人日本食肉消費総合センター／サトレストランシステムズ株式会社／サンスター文具株式会社／三洋電機株式会社／時事通信フォト／渋谷高橋医院／島根県保健環境科学研究所／シャープ株式会社／社団法人京のふるさと産品価格流通安定協会／社団法人静岡県茶業会議所／社団法人日本種豚登録協会／小学館／食品と暮らしの安全／精протип工業界／セーラー万年筆株式会社／世界文化フォト／セコム株式会社／全通企画株式会社／象印マホービン株式会社／タキイ種苗株式会社／チェスコ株式会社／中央エレベータ工業株式会社／帝人株式会社／デザインモリコネクション有限会社／東京国立博物館／東京都消費生活総合センター／東芝ホームアプライアンス株式会社／東芝ライテック株式会社／東レ株式会社／永井撚糸株式会社／西川リビング株式会社／日清食品株式会社／日本KFCホールディングス株式会社／日本化学繊維協会／日本食鳥協会／日本畜産副生物協会／日本ファイバーリサイクル連帯協議会／日本マクドナルド株式会社／ハウス食品株式会社／パナソニック電工株式会社／ピクスタ株式会社／フィスラージャパン株式会社／フォトエージェンシー・アイ／ブルーダイヤモンド・アーモンドグロワーズ日本支社／本田技研工業株式会社／本場奄美大島紬協同組合／松戸市立博物館／ミウラ・ドルフィンズ／森産業株式会社／森永製菓株式会社／結屋さんどっとコム／結城市役所商工観光課／雪印メグミルク株式会社／渡辺採種場

本書の食品成分値は、文部科学省科学技術・学術審議会資源調査分科会による「日本食品標準成分表2020年版（八訂）」および「日本食品標準成分表2020年版（八訂）アミノ酸成分表編」に準拠しています。本書の食品成分値を複製または転載する場合には、文部科学省の許諾が必要となる場合があります。

QRコードは（株）デンソーウェーブの登録商標です。

表紙デザイン／アトリエ小びん　佐藤志帆
本文アートディレクション／鈴木住枝（株式会社コンセント）
本文デザインDTP／株式会社コンセント
イラストレーション／しかのるーむ、戸塚恵子、広瀬祐子、P.U.M.P.、路みちる

ニュービジュアル家庭科 資料+成分表

著作者／実教出版編修部

発行者／小田　良次

印刷所／株式会社広済堂ネクスト

発行所／実教出版株式会社

〒102-8377　東京都千代田区五番町5
電話〈営業〉（03）3238-7777
　　〈編修〉（03）3238-7723
　　〈総務〉（03）3238-7700
https://www.jikkyo.co.jp/

002402012017　　　ISBN 978-4-407-36318-0

■ 穀類

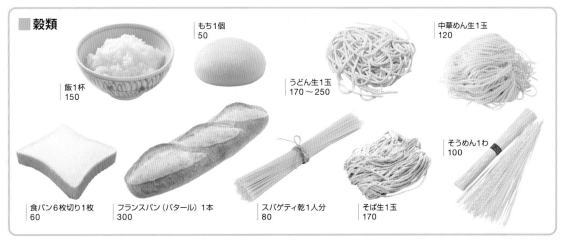

飯1杯
150

もち1個
50

うどん生1玉
170〜250

中華めん生1玉
120

食パン6枚切り1枚
60

フランスパン（バタール）1本
300

スパゲティ乾1人分
80

そば生1玉
170

そうめん1わ
100

■ 野菜・いも・果実・きのこ・藻類

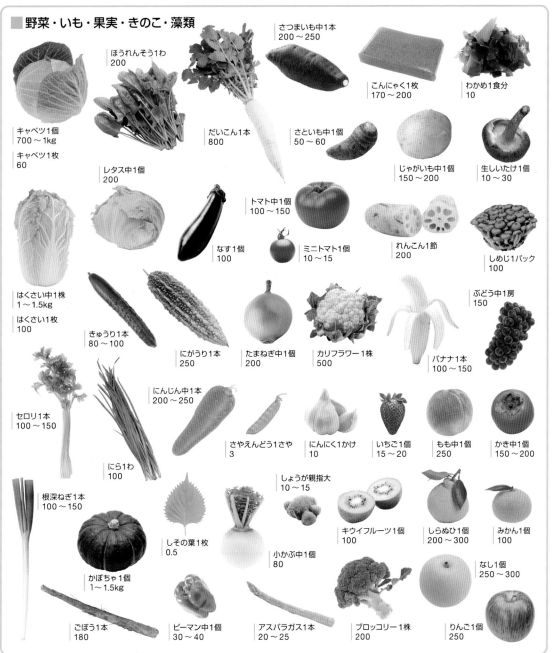

キャベツ1個
700〜1kg

キャベツ1枚
60

ほうれんそう1わ
200

だいこん1本
800

さつまいも中1本
200〜250

こんにゃく1枚
170〜200

わかめ1食分
10

レタス中1個
200

さといも中1個
50〜60

じゃがいも中1個
150〜200

生しいたけ1個
10〜30

はくさい中1株
1〜1.5kg

はくさい1枚
100

きゅうり1本
80〜100

なす1個
100

トマト中1個
100〜150

ミニトマト1個
10〜15

れんこん1節
200

しめじ1パック
100

にがうり1本
250

たまねぎ中1個
200

カリフラワー1株
500

バナナ1本
100〜150

ぶどう中1房
150

セロリ1本
100〜150

にんじん中1本
200〜250

にら1わ
100

さやえんどう1さや
3

にんにく1かけ
10

いちご1個
15〜20

もも中1個
250

かき中1個
150〜200

根深ねぎ1本
100〜150

かぼちゃ1個
1〜1.5kg

しその葉1枚
0.5

しょうが親指大
10〜15

小かぶ中1個
80

キウイフルーツ1個
100

しらぬひ1個
200〜300

みかん1個
100

なし1個
250〜300

ごぼう1本
180

ピーマン中1個
30〜40

アスパラガス1本
20〜25

ブロッコリー1株
200

りんご1個
250

出生後28日未満の赤ちゃんを新生児といいます。
新生児の写真を見てどう思いましたか？
小さいですか？ それとも意外と大きいですか？
手や足はどうでしょう？ 性別はわかりますか？

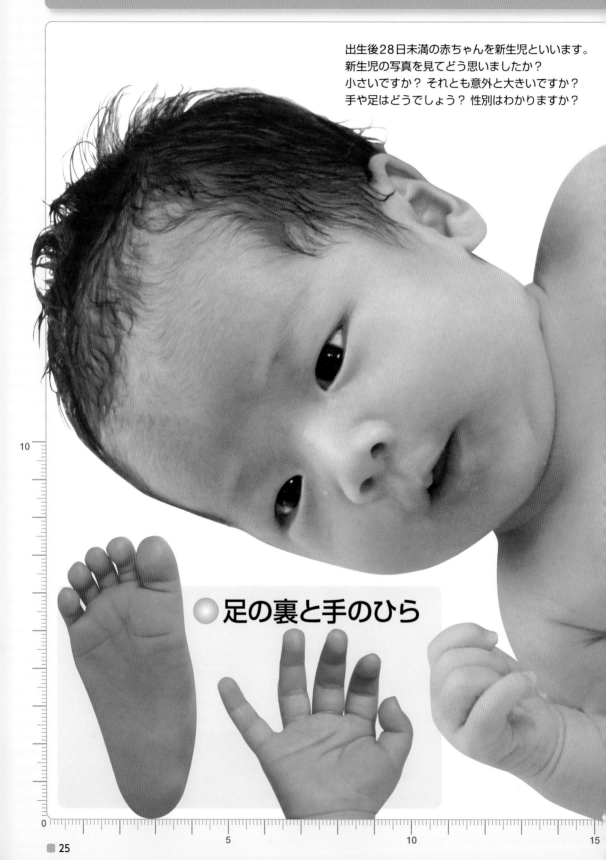

足の裏と手のひら

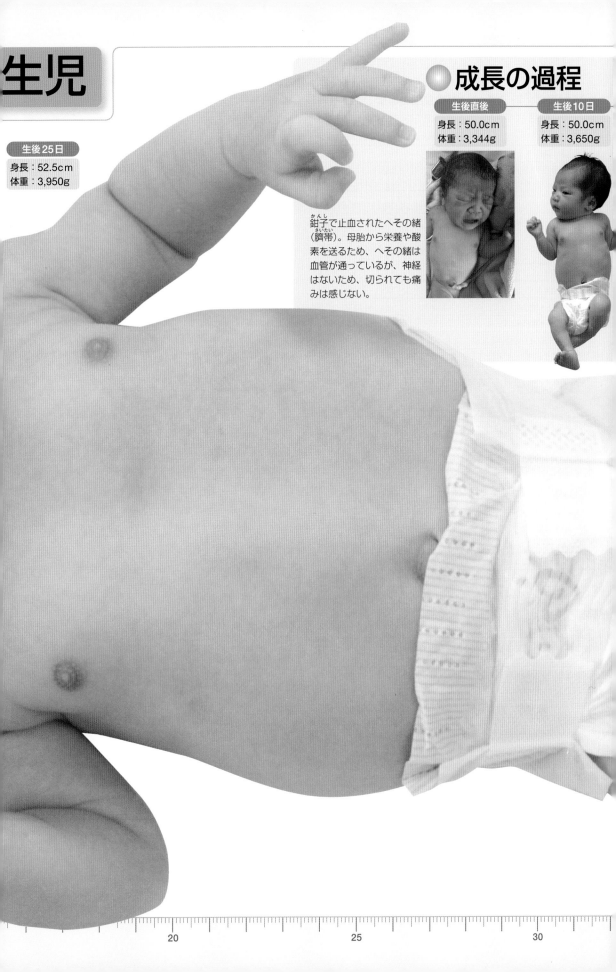

生児

生後25日

身長：52.5cm
体重：3,950g

鉗子で止血されたへその緒
（臍帯）。母胎から栄養や酸
素を送るため、へその緒は
血管が通っているが、神経
はないため、切られても痛
みは感じない。

20　　　　　　　　25　　　　　　　　30

食品の重量のめやす (単位g)

計量カップ・スプーン1杯の食品の重量 [単位g]

▼食品	計量器▶ [容器]	小さじ [5mL]	大さじ [15mL]	カップ [200mL]
水・酢・酒		5	15	200
しょうゆ		6	18	230
みりん		6	18	230
みそ		6	18	230
砂糖	・上白糖	3	9	130
	・グラニュー糖	4	12	180
食塩		6	18	240
油・バター		4	12	180
ショートニング		4	12	160
米	・精白米	−	−	170
	・無洗米	−	−	180
小麦粉 (薄力粉・強力粉)		3	9	110
コーンスターチ		2	6	100
かたくり粉		3	9	130
ベーキングパウダー		4	12	−
パン粉		1	3	40
粉ゼラチン		3	9	−
粉チーズ		2	6	90
牛乳 (普通牛乳)		5	15	210
脱脂粉乳		2	6	90
すりごま・いりごま		2	6	−
トマトケチャップ		6	18	240
トマトピューレー		6	18	230
ウスターソース		6	18	240
マヨネーズ		4	12	190
レギュラーコーヒー		2	6	−
煎茶・番茶・紅茶 (茶葉)		2	6	−
ココア		2	6	−
抹茶		2	6	−

女子栄養大学発表の標準値

むき身	・はまぐり		200
	・あさり		180
	・かき		200
あずき			150
だいず			130
煮干し			40
けずりぶし			12〜15

廃棄率を使った食品の重量の求め方

$$可食部重量 = 購入重量 \times \left(1 - \frac{廃棄率}{100}\right)$$

$$購入重量 = 可食部重量 \times \left(\frac{100}{100 - 廃棄率}\right)$$

豆類

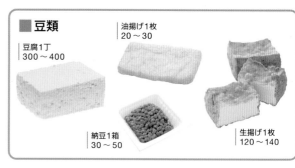

豆腐1丁
300〜400

油揚げ1枚
20〜30

納豆1箱
30〜50

生揚げ1枚
120〜140

乳・卵類

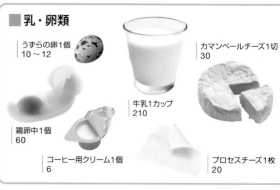

うずらの卵1個
10〜12

牛乳1カップ
210

カマンベールチーズ1切
30

鶏卵中1個
60

コーヒー用クリーム1個
6

プロセスチーズ1枚
20

魚介・肉類

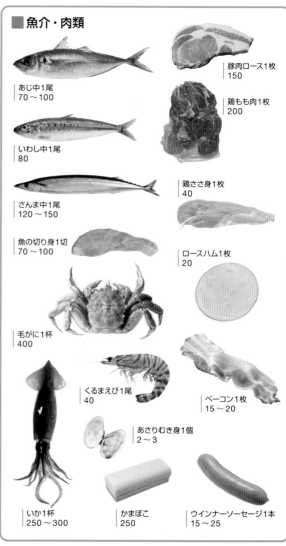

あじ中1尾
70〜100

豚肉ロース1枚
150

いわし中1尾
80

鶏もも肉1枚
200

さんま中1尾
120〜150

鶏ささ身1枚
40

魚の切り身1切
70〜100

ロースハム1枚
20

毛がに1杯
400

くるまえび1尾
40

ベーコン1枚
15〜20

あさりむき身1個
2〜3

いか1杯
250〜300

かまぼこ
250

ウインナーソーセージ1本
15〜25